现代多媒体信息处理技术研究

主　编　任　帅　张丽姿　张连华
副主编　刘彩霞　李　燕　介　军
　　　　申玉宏　刘　丽

中国水利水电出版社
www.waterpub.com.cn

内 容 提 要

本书从应用层面系统地讲述了多媒体技术的基本概念、技术内涵、技术原理和信息处理方法，以及近年来出现的多媒体新技术。全书共11章，主要内容包括：绪论，信息传输基础，多媒体数据压缩与编码技术，多媒体文本信息处理技术，多媒体图形图像处理技术，多媒体数字音频处理技术，多媒体数字视频处理技术，多媒体通信与网络，多媒体数据库与内容检索，网络多媒体技术及应用，多媒体信息安全技术研究等。在基本概念和技术原理的讲解上力求全面准确、深入浅出、简明扼要，在信息处理方法的阐述上力求灵活、实用、多样。本书可供从事多媒体信息处理技术领域工作的研究与开发人员参考。

图书在版编目(CIP)数据

现代多媒体信息处理技术研究/任帅，张丽姿，张连华主编. --北京：中国水利水电出版社，2014.5（2022.10重印）

ISBN 978-7-5170-1910-7

Ⅰ.①现… Ⅱ.①任…②张…③张… Ⅲ.①多媒体技术—应用—信息处理—研究 Ⅳ.①G202

中国版本图书馆CIP数据核字(2014)第075563号

策划编辑：杨庆川　责任编辑：杨元泓　封面设计：马静静

书　名	现代多媒体信息处理技术研究
作　者	主　编　任　帅　张丽姿　张连华 副主编　刘彩霞　李　燕　介　军　申玉宏　刘　丽
出版发行	中国水利水电出版社 （北京市海淀区玉渊潭南路1号D座 100038） 网址：www.waterpub.com.cn E-mail：mchannel@263.net(万水) sales@mwr.gov.cn 电话：(010)68545888(营销中心)、82562819（万水）
经　售	北京科水图书销售有限公司 电话：(010)63202643、68545874 全国各地新华书店和相关出版物销售网点
排　版	北京鑫海胜蓝数码科技有限公司
印　刷	三河市人民印务有限公司
规　格	184mm×260mm　16开本　24.25印张　620千字
版　次	2014年6月第1版　2022年10月第2次印刷
印　数	3001-4001册
定　价	82.00元

前　　言

21 世纪是一个信息化的世纪，在信息化浪潮中的多媒体技术，充分体现了科技带给人们的震撼，使信息传递成为了高效、快捷的代名词。计算机多媒体技术是一门飞速发展的现代科学技术，是信息技术的重要发展方向之一，也是推动计算机新技术发展的强大动力。随着相关技术的发展，计算机不再仅仅作为办公室和实验室的专用品，而是进入了家庭、商业、旅游、娱乐、教育乃至艺术等几乎所有的社会和生活领域。

通常，多媒体技术是指把文本、图形、图像、音频、视频、动画等多种媒体信息，通过计算机进行数字化采集、获取、压缩/解压缩、编辑、存储等一系列加工处理，再以单独或合成的形式表现出来的一体化技术。计算机多媒体技术以极为丰富的声、文、图、像等多媒体信息，改善了人机交互界面，改变了人们使用计算机的方式。

多媒体技术的全方位发展更是带动了相关领域的发展，例如，教育培训、休闲旅游、商业广告、影视娱乐、电子出版、信息管理、军事模拟、互联网络、视频会议、视频点播，等等。

本书共分 11 章，第 1 章就媒体、多媒体、多媒体技术等一系列概念进行了概述；第 2 章为信息传输基础；第 3 章就多媒体数据压缩与编码技术进行了较为详细的论述；第 4 章～第 7 章分别叙述了文本信息、图形图像、数字音频和数字视频处理技术的原理和方法；第 8 章和第 9 章分别阐述了多媒体信息技术在通信、数据库以及信息检索领域中的研究与应用；第 10 章对网络多媒体技术及应用进行了较为详细地论述；第 11 章探讨了多媒体信息安全的技术。

本书在内容编排上既包括了基本理论部分，又融合了多媒体实用技术，同时对某些领域的前沿技术、热点问题也有诸多涉及。在编写中按照信息的不同表现形式将多媒体信息进行了分类，从相关应用技术的角度讲解了多媒体信息处理与应用的知识和技能。

本书的编写，力图体现以下特点：

(1)结构安排合理，语言通俗易懂。

(2)取材精选，内容新颖。

(3)重点突出，注重实用价值。

(4)注重基本技术和基本方法的，可操作性强。

(5)理论与实践紧密结合。

本书在编写过程中查阅了大量的相关资料，具体参见在书末的“参考文献”中列出。在此，对这些文献资料的作者表示真诚的感谢。

多媒体技术是一门发展异常迅速的新兴技术，相关的研究资料浩如烟海，加上编者视野有限和时间仓促，书中难免存在不足与错误之处，恳请读者和同仁、专家批评指正，我们将不胜感激。

编者

2014 年 2 月

目　　录

第1章　绪论 …… 1

1.1　多媒体技术概述 …… 1

1.2　多媒体技术的研究内容 …… 6

1.3　多媒体技术的发展与应用 …… 7

第2章　信息传输基础 …… 13

2.1　传输介质 …… 13

2.2　数据通信方式 …… 19

2.3　数据编码技术 …… 23

2.4　多路复用技术 …… 26

2.5　数据交换技术 …… 31

2.6　差错控制技术 …… 35

第3章　多媒体数据压缩与编码技术 …… 39

3.1　多媒体数据压缩技术概述 …… 39

3.2　常用的数据压缩编码方法 …… 43

3.3　音频压缩标准 …… 50

3.4　静止图像压缩标准 …… 57

3.5　视频压缩标准 …… 66

第4章　多媒体文本信息处理技术 …… 74

4.1　文本信息在计算机中的表示 …… 74

4.2　文本文件 …… 79

4.3　文本信息的获取 …… 82

4.4　文本信息的处理 …… 89

4.5　文本信息处理软件 …… 100

第5章　多媒体图形图像处理技术 …… 114

5.1　图形与图像概述 …… 114

5.2　图像的获取 …… 119

5.3　图像处理技术 …… 124

5.4　图像处理软件 …… 128

第6章　多媒体数字音频处理技术 …… 140

6.1　数字音频概述 …… 140

6.2　音频的数字化 …… 146

6.3　MIDI音乐 …… 153

6.4 音频处理软件 …… 157
第7章 多媒体数字视频处理技术 …… 167
7.1 数字视频概述 …… 167
7.2 视频的数字化 …… 172
7.3 视频数据的采集 …… 177
7.4 数字视频处理软件 …… 182
第8章 多媒体通信与网络 …… 189
8.1 多媒体通信概述 …… 189
8.2 多媒体应用的网络需求 …… 194
8.3 多媒体通信网络的服务质量 …… 198
8.4 典型的多媒体通信网络 …… 202
8.5 多媒体通信协议 …… 215
8.6 无线多媒体通信技术 …… 220
第9章 多媒体数据库与内容检索 …… 222
9.1 多媒体数据库概述 …… 222
9.2 多媒体数据库体系结构 …… 225
9.3 多媒体数据模型 …… 228
9.4 多媒体数据库管理系统 …… 234
9.5 基于内容的多媒体信息检索 …… 238
9.6 跨媒体信息检索技术 …… 258
第10章 网络多媒体技术及其应用 …… 271
10.1 网络多媒体概述 …… 271
10.2 超文本与超媒体 …… 272
10.3 流媒体技术 …… 294
10.4 网络多媒体应用系统 …… 314
第11章 多媒体信息安全技术研究 …… 338
11.1 数据加密技术 …… 338
11.2 信息隐藏技术 …… 356
11.3 数字水印技术 …… 370
参考文献 …… 382

第 1 章　绪论

1.1　多媒体技术概述

1.1.1　媒体

所谓媒体(Medium)是指承载信息的载体。按照 ITU-T 建议的定义,媒体有以下 5 种:感觉媒体、表示媒体、显示媒体、存储媒体和传输媒体。感觉媒体,指的是用户接触信息的感觉形式,如视觉、听觉、触觉等。表示媒体,则指的是信息的表示形式,如图像、声音、视频、运动模式等。显示媒体,是表现和获取信息的物理设备,如磁盘、光盘等。传输媒体,是传输数据的物理设备,如光缆、电缆、电磁波、交换设备等。这些媒体形式在多媒体领域中都是密切相关的,但一般来说,如不特别强调,我们所说的媒体是指表示媒体,因为作为多媒体技术来说,研究的主要还是各种各样的媒体表示和表现技术。

根据国际电信联盟电信标准部推出的 ITU-TI. 374 建议的定义,可以将媒体划分为如下五类。

(1)感觉媒体。

这指只能直接作用于人的听觉、视觉、嗅觉、味觉和触觉等感觉器官,使人直接产生感觉的一类媒体。例如,声音、图像、文字、气味、味道和物体的质地、形状、温度等。

(2)表示媒体。

这指为了能更有效地加工、处理和传输感觉媒体而人为研究、构造出来的一类媒体。例如,商品的条形码、电报码、计算机中使用的文本编码和各种图像编码等都属于表示媒体。常见的表示媒体可概况为对声音、文字、图像、动画、视频等信息的数字化编码表示。简言之,表示媒体就是感觉媒体的数字化代码。

(3)显示媒体。

这指感觉媒体和用于通信的电信号之间的转换媒体,又分为输入表现媒体,如键盘、鼠标、光笔、话筒、扫描仪、摄像机等,输出表现媒体,如显示器、音响、打印机和绘图仪等。

(4)存储媒体

这指用于存放媒体以便于计算机进行加工、处理和调用的物理实体。常用的存储媒体有磁盘、磁带、CD-ROM 等。

(5)传输媒体。

这指用于通信的信息载体,用来将表示媒体从一处传输到另一处。例如,电话线、电缆、光纤、电磁波和红外线等。

1.1.2　多媒体

“多媒体”(Multimedia),从字面上理解就是“多种媒体的综合”,相关的技术也就是“怎样进行多种媒体综合的技术”。

多媒体目前还没有一个统一而严格的定义。不同的研究目的从不同角度对多媒体给出了不同的解释。因而,有些人可能会问“电视既有声音,又有图像,能否算多媒体?”“可视图文算不算多媒体?”“各种家电的组合算不算多媒体?”“各种彩色画报算不算多媒体?”“以前计算机也有图形、图像,为什么不称为多媒体?”“多媒体究竟是指媒体多?还是指处理多媒体的系统?”,等等。事实上,“多媒体”常常是指信息表示媒体的多样化,常见的形式有文字、图形、图像、声音、动画、视频等。那些可以承载信息的程序、过程或活动也是媒体。现在所谓的“多媒体”实际上不是指多媒体信息本身,而是指处理和应用它的一套技术。“多媒体”常作为“多媒体技术”的同义语。而且,多媒体技术往往与计算机技术联系在一起,这是因为计算机的数字化及交互处理能力极大地推动了多媒体技术的发展。

目前多媒体一般被看作是人类运用先进的计算机技术交互处理多媒体信息(其中特别指传统计算机无法处理的音频、视频信息)的方法和手段,例如获取、编辑、存储、传输、展示等。从更加广义的角度看,“多媒体”指的是一个领域,一个和信息处理有关的、包括家用电器、通信、出版、娱乐等在内的所有技术与方法进一步发展的领域。

多媒体的关键特性主要包括信息载体的多样性、交互性和集成性这三个方面,这是多媒体的主要特征,也是在多媒体研究中必须解决的主要问题。在多媒体发展的早期,这三个特性是显而易见的。但随着多媒体应用的深入和发展,许多设备与设施都具备了不同层次的多媒体水平,例如我们一般不再通过字符命令来操作计算机了,但多媒体的这 3 个特性仍然是最关键的,只是又融入了更深层次的理解。

1.1.3 多媒体元素

多媒体元素是指多媒体应用中可以显示给用户的媒体组成元素。涉及大量不同类型、不同性质的媒体元素,这些媒体元素数据量大,同一种元素数据格式繁多,数据类型之间的差别极大。

1. 文本

文本(Text)就是习惯使用的文字集合。包括字体(Font)、字形(Style)、字号(Size)、颜色(Color)和效果(Effect)等属性,是使用最悠久、最广泛的媒体元素,也是信息的最基本的呈现形式。其最大优点是存储空间小,但形式呆板,仅能利用视觉获取,靠人的思维进行理解,难于描述对象的形态、运动等特征。

在人机交互中,文本主要有两种形式,格式化文本和非格式化文本。格式化文本可以进行格式编排,包括各种字体、尺寸、颜色、格式及段落等属性设置,如 .doc 文件;非格式化文本的字符大小是固定的,仅能以一种形式和类型使用,不具备排版功能,如 .txt 文件。

2. 图形

图形(Graphics)也称矢量图形(Vector Graphic),是计算机根据数学模型计算而生成的几何图形。图形是由直线、曲线、圆或曲面等几何形状形成的从点、线、面到三维空间的黑白或彩色几何图,构成图形的点、线和图片由坐标及相关参数定义,如用 CorelDraw 绘制的图形。矢量图形优点是可以不失真缩放、占用计算机存储空间小。但矢量图形仅能表现对象结构,在表现对象质感方面的能力较弱。

3. 图像

图像(Image)是指由输入设备捕获的实际场景画面或以数字化形式存储的画面，是真实物体的影像。对图片逐行、逐列进行采样(取样点)，并用许多点(称为像素点)表示并存储，即为数字图像，通常称之为位图。

图像主要用于表现自然景色、人物等，能表现对象的颜色细节和质感。具有形象、直观和信息量大的优点。但图像文件的数据量很大，需要对图像数据进行压缩，即利用视觉特征，去除人眼不敏感的冗余数据。目前最为流行、且压缩效果好的位图压缩格式为 JPEG，其压缩比高达 30∶1以上，而且图像失真较小。

4. 声音和音乐

声音(Sound)包括人说话的声音、动物鸣叫声和自然界的各种声音；而音乐(Music)是有节奏、旋律或和声的人声或乐器音响等配合所构成的一种艺术。声音和音乐在本质上是相同的，都是具有振幅和频率的声波。声波的幅度表示声音的强弱，频率表示声音音调的高低。

在多媒体项目中加入声音元素，可以给人多感官刺激，不仅能欣赏到优美的音乐，也可倾听详细和生动的解说，增强对文字、图像等类型媒体信息的理解。

声音和音乐(音频)的缺点是数据量庞大。如存储 1 秒钟的 CD 双声道立体声音乐，需要的磁盘空间与存储 9 万个汉字所需的空间相同，因此也必须进行压缩处理。

5. 动画

动画(Animation)就是运动的图画，实质是若干幅时间和内容连续静态图像的顺序播放。用计算机实现的动画有两种，一种叫造型动画，另一种叫帧动画。造型动画每帧由图形、声音、文字和色彩等造型元素组成，由脚本控制角色的表演和行为。帧动画是由一幅幅连续的画面组成的图像序列，这是产生各种动画的基本方法。

为什么一幅幅静态的画面连续播放，就可看到动态的图像画面？这是由于人的眼睛具有视觉暂停现象，在亮度信号消失之后亮度感觉仍然可以保持 1/20～1/10 s 的时间。动态图像(动画)就是根据这个特性而产生的。从物理意义上看，任何动态图像都是由多幅连续的图像序列构成的，沿着时间轴，每一幅图像保持一个很小的时间间隔，按顺序地在人眼感觉不到的速度(25～30 帧/s)下换成另一幅图像，连续不断转换就形成了运动的感觉。电影和计算机中的动画都是如此。

6. 视频

若干幅内容相互联系的图像连续播放就形成了视频(Video)。视频主要来源于摄像机拍摄的连续自然场景画面。视频与动画一样是由连续的画面组成的，只是画面图像是自然景物的图像。计算机处理的视频信息必须是全数字化的信号，但在处理过程中要受到电视技术的影响。

视频有如下几个重要技术参数。

(1)帧速。

每秒钟播放的静止画面数(帧/s)。为了减少数据量，可适当降低帧速。若帧速在 16 帧/s (Frames Per Second)以上，在人的视觉上便可达到一定的满意程度。

(2)数据量。

未经过压缩的数据量为帧速乘以每幅图像数据量。假设一幅图像为 1 MB，则每秒的数据量将达到 25 MB(PAL 制式)，经过压缩之后将减少为原来的几十分之一甚至更少。

(3)画面质量。

画面质量除了原始图像质量外，还与视频数据的压缩比有关。压缩比小时对画面质量不会有太大影响，而压缩比如果超过一定值，画面质量将明显下降。

1.1.4　多媒体特性

多媒体具有如下四个方面的特性。

1. 多样性

多样性是相对于计算机而言的，指的就是信息媒体的多样化，有人称之为信息多维化。把计算机所能处理的信息空间范围扩展和放大，而不再局限于数值、文本或是被特别对待的图形或图像，这是计算机变得更加人性化所必须具备的条件。

人类对于信息的接收和产生主要在5个感觉空间内，即视觉、听觉、触觉、嗅觉和味觉，其中前三者占了95%以上的信息量。借助于这些多感觉形式的信息交流，人类对于信息的处理可以说是得心应手。但是，计算机以及与之相类似的一系列设备，都远远没有达到人类处理信息能力的水平。在信息处理的传统过程中不得不忍受着种种不便：信息只能按照单一的形态才能被加工处理，只能按照单一的形念才能被理解。计算机在许多方面需要把人类的信息进行变形之后才可以使用，例如将中文变换成某种代码才能输入计算机。可以说，在信息交互方面计算机还处于初级水平。

多媒体就是要把机器处理的信息多样化或多维化，使之在信息交互的过程中，具有更加广阔和更加自由的空间。多媒体的信息多维化不仅仅指输入，还指输出。但输入和输出并不一定都是一样的。对于应用而言，前者称为获取(Capture)，后者称为表现(Presentation)。如果两者完全一样，这只能称为记录和重放，从效果上来说并不是很好。如果对其进行变换、组合和加工，亦即我们所说的创作或综合，就可以大大丰富信息的表现力和增强效果。这些创作与综合也不仅仅局限在对信息数据方面，也包括对设备、系统、网络等多种要素的重组和综合，目的都是能够更好地组织信息、处理信息和表现信息，从而使用户更全面、更准确地接受信息。

2. 交互性

多媒体的第二个关键特性是交互性。长久以来，人们在很多情况下已经习惯于被动地接收信息，例如看电视、听广播。多媒体系统将向用户提供交互式使用、加工和控制信息的手段，为应用开辟更加广阔的领域，也为用户提供更加自然的信息存取手段。

交互可以增加对信息的注意力和理解力，延长信息在头脑中保留的时间。但在单向的信息空间中，这种接收的效果和作用就很差，只能“使用”所给的信息，很难做到自由地控制利干预信息的获取和处理过程。多媒体信息在人机交互中的巨大潜力，主要来自于它能提高人对信息表现形式的选择和控制能力，同时也能提高信息表现形式与人的逻辑利创造能力结合的程度。多媒体信息比单一信息对人具有更人的吸引力，它有利于人对信息的主动探索而不足被动地接收。在动态信号与静态信号之间，人更倾向于前者。多媒体信息所提供的种类丰富的信息源恰好能够满足人在这个方面的需要。

当交互性引入时，“活动”本身作为一种媒体便介入到了数据转变为信息、信息转变为知识的过程之中。因为数据能否转变为信息取决于数据的接收者是否需要这些数据，而信息能否转变为知识则取决于信息的接收者能否理解。借助于交互活动，我们可以获得我们所关心的内容，获取更多的信息;例如,对某些事物进行选择,有条件地找出事物之间的相关性,从而获得新的信息内容。对某些事物的运动过程进行控制可以获得某种奇特的效果,例如,倒放、慢放、快放、变形和虚拟等,从而激发学生的想象力、创造力,制造出各种讨论的主题。在某些娱乐性应用中,用户可以改变故事的结局,从而使用户介入到故事的发展过程之中。即使是最普遍的信息检索应用,用户也可以找出想读的书籍、想看的电视节目,可以快速跳过不感兴趣的部分,可以对某些所关心的内容进行编排、插入书评等,从而改变现在使用信息的方法。

可以想象,交互性一旦被引入到用户的活动之中,将会带来多大的作用。从数据库中检寻出某人的照片、声音及文字材料,这是多媒体的初级交互应用;通过交互特性使用户介入到信息过程中(不仅仅是提取信息),才达到了中级交互应用水平。当我们完全地进入到一个与信息环境一体化的虚拟信息空间自由邀游时,这才是交互式应用的高级阶段,这就是虚拟现实(Virtual Realitv)。人机交互不仅仅是一个人机界面的问题,对于媒体的理解和人机通信过程可以看成是一种智能的行为,它与人类的智能活动有着密切的关系。

3. 集成性

多媒体系统充分体现了集成性的巨大作用。事实上,多媒体中的许多技术在早期都可以单独使用,但作用十分有限。这是因为它们是单一的、零散的,如单一的图像处理技术、声音处理技术、交互技术、电视技术和通信技术等。但当它们在多媒体的旗帜下集合时,一方面意味着技术已经发展到了相当成熟的程度;另一方面,也意味着各种技术独自发展不再能满足应用的需要。信息空间的不完整,例如仅有静态图像而无动态视频,仅有语音而无图像等,都将限制信息空间的信息组织,限制信息的有效使用。同样,信息交互手段的单调性、通信能力的不足、多种设备和应用的人为分离,也会制约应用的发展。因此,多媒体系统的产生与发展,既体现了应用的强烈需求,也顺应了全球网络的一体化、互通互连的要求。

多媒体的集成性主要表现在两个方面,一是多媒体信息媒体的集成,二是处理这些媒体的设备与设施的集成。前先,各种信息媒体应该能够同时地、统一地表示信息。尽管可能是多通道的输入或输出,但对用户来说,它们就都应该是一体的。这种集成包括信息的多通道统一获取,多媒体信息的统一存储与组织,以及多媒体信息表现合成等各方面。因为多媒体信息带来了信息冗余性,可以通过媒体的重复、使用别的媒体、或是并行地使用多种媒体的方法消除来自于通信双方及环境噪声对通信产生的干扰。由于多种媒体中的每一种媒体都会对另一种媒体所传递信号的多种解释产生某种限制作用,所以多种媒体的同时使用可以减少信息理解上的多义性。总之,不应再像早期那样,只能使用单一的形态对媒体进行获取、加工和解,而应注意保留媒体之间的关系及其所蕴含的大量信息。其次,多媒体系统是建立在一个大的信息环境之下的,系统的各种设备与设施应该成为一个整体。从硬件来说,应该具有能够处理符种媒体信息的高速及并行的处理系统、大容量的存储、适合多媒体多通道的输入输出能力及外设、宽带的通信网络接口,以及适合多媒体信息传输的多媒体通信网络。对于软件来说,应该有一体化的多媒体操作系统、各个系统之间的媒体交换格式、适合于多媒体信息管理的数据库系统、适合使用的软件和创作工具以及各类应用软件等。

多媒体中的集成性应该说是在系统级的一次飞跃。无论是信息、数据,还是系统、网络软硬件设施,通过多媒体的集成性构造出支持广泛信息应用的信息系统,1+1>2 的系统特性将在多媒体信息系统中得到充分的体现。

4. 实时性

实时性是指在人的感觉系统允许的情况下进行多媒体信息的处理和交互。多媒体信息中的音频信息和视频信息都是与时间密切相关的，在加工、存储和播放它们时，需要充分考虑时间特性，这就决定了多媒体技术必须支持实时处理。比如，在播放视频和音频文件时，应该保证视频图像和声音是同步的和连续的，这就是多媒体信息的实时性。实时性对存取数据的速度、解压缩的速度以及最后的播放的速度提出了很高的要求。对于具有时间要求的媒体进行处理时，不能保证实时性，就没有任何应用价值。

1.2 多媒体技术的研究内容

1. 多媒体数据编码、压缩算法与标准

在多媒体系统中要表示、传输和处理声文图信息，特别是数字化图像和视频要占用大量的存储空间，因此高效的压缩和解压缩算法是多媒体系统运行的关键。本书将介绍多媒体数据表示与编码、几种主要的数字图像编码标准和数字音频编码标准，并将对数据压缩的新技术做一展望。

2. 多媒体数据存储技术

高效快速的存储设备是多媒体系统的基本部件之一，光盘系统是目前较好的多媒体数据存储设备，它又分为只读光盘、一次写多次读光盘，可擦写光盘。本书将对这些光盘的工作原理和数据格式进行介绍，重点介绍流行的 CD 和 DVD 技术与标准，还简要介绍磁盘阵列技术和网络存储技术。

3. 多媒体计算机系统硬件与软件平台

多媒体系统基础是计算机系统，它一般有较大的内存和外存(硬盘)，并配有光驱、多媒体功能卡、信息获取与显示设备等，本书将对常用的多媒体功能卡和输入输出设备进行介绍。另外，还将对典型的专用多媒体系统硬件结构进行介绍。多媒体计算机软件平台以操作系统为基础，一般有两种形式：一是专门设计的操作系统以支持多媒体功能；二是在原有操作系统基础上扩充一个支持音频/视频处理多媒体模块和各种服务工具。本书将以典型的多媒体软件平台为例进行介绍。

4. 多媒体软件开发环境

为了便于用户编程开发多媒体应用系统，一般在多媒体操作系统之上提供了丰富的多媒体开发工具，如 Microsoft MDK 就给用户提出了对图形、视频、声音等文件进行转换和编辑的工具。另外，为了方便多媒体节目的开发，多媒体计算机系统还提供了一些直观、可视化的交互式编著工具(Authoring Tool)，如动画制作软件 Macromedia Director，3D Studio，多媒体节目编著工具 Tool Book，Authorware 等。

5. 多媒体内容管理

和传统的数据管理相比，多媒体数据库包含着多种数据类型，数据关系更为复杂，需要一种更为有效的管理系统来对多媒体数据库进行管理。本书将对多媒体数据库管理系统(MDBMS)、面向对象的多媒体数据库系统和基于内容的多媒体检索技术及其标准进行介绍。随着数字内容服务产业快速发展，数字内容安全和版权管理技术也十分重要，本书也将对此方面进行初步的介绍。

6. 超文本与 Web 技术

超文本是一种有效的多媒体信息管理技术，它本质上是采用一种非线性的网状结构组织块状信息。本书将对超文本概念、特点、标记语言及系统进行介绍，还将讨论目前蓑流行的运行于 Internet 的 HTML 语言和 XML 语言，Web 多媒体软件开发技术，以及 Web 系统的关键实现技术。

7. 多媒体系统数据模型

多媒体系统数据模型是指导多媒体软件系统（软件平台、多媒体开发工具、编著工具、多媒体数据库等）开发的理论基础，对于多媒体系统数据模型形式化（或规范化）研究是进一步研制新型系统的基础。虽然这方面的成果较少，并且已有的成果还不够系统化，本书仍力图介绍一些已有的研究成果，以期能够起到抛砖引玉的作用。

8. 多媒体通信与分布式多媒体系统

进入 21 世纪，计算机系统及应用是以网络为中心，多媒体技术和网络技术、通信技术相结合出现了许多令人鼓舞的应用领域，如可视电话、电视会议、IPTV 视频点播、视频监控以及以分布式多媒体系统为基础的计算机支持协同工作系统（远程会诊、报纸共编等），这些应用很大程度地影响了人类生活工作方式。本书将简要介绍多媒体通信网络和典型的多媒体应用系统。

9. 基于 Internet 的多媒体技术

Internet 是目前最为流行的计算机网络，它可提供大量的多媒体服务。但传统的 Internet 采用尽力而为的信息传输方式，不能保证多媒体的服务质量。本书将就基于 Internet 的多媒体系统实现技术做简要介绍，侧重于 IP 流媒体技术、移动多媒体技术，以及基于 Internet 多媒体服务等。

1.3 多媒体技术的发展与应用

1.3.1 多媒体技术的发展历史

多媒体技术出现于 20 世纪 80 年代中期，由于数字化技术在计算机领域的广泛而卓有成效的应用，使得电视、录像以及通信技术也都开始由模拟方式转向数字化；另一方面，计算机应用开始深入到人们生活、工作的各个领域，这也要求其人机接口不断改善，即由字符方式、文本处理向图形方式、声音和图像处理发展。为此，把电视技术和计算机技术这两项对人类生活产生深刻影响的技术成果结合起来，并相互取长补短，实现信息交流的人为主动控制，以及信息交流形式的多样化，从而促使人们以一种全新的方式应用计算机。

1985 年，美国 Commodore 公司推出世界上第一台多媒体计算机 Amiga 系统。Amiga 机采用 Motorola M68000 微处理器作为 CPU。为了提高多媒体处理能力，Amiga 系统中采用了图形、音响和视频处理的三个专用芯片，同时还提供了一个专用的操作系统，能够处理多任务，并具有下拉菜单和多窗口等功能。

1984 年，美国 Apple 公司在研制 Macintosh 计算机时，为了增加图形处理功能、改善人机交互界面，使用了位图(Bitmap)的概念对图形进行处理，并使用了窗口(Window)和图标(Icon)作为用户接口。这一系列改进所带来的图形用户界面(GUI)深受用户的欢迎，加上引入鼠标(Mouse)作为交互设备，大大方便了用户的操作。在这个基础上，1987 年 8 月，Apple 公司又引入了“超级卡”(Hypercard)，它使 Macintosh 成为用户可以方便使用，并且能处理多种媒体信息的计算机。

1985 年，Microsoft 公司推出了 Windows 操作系统，它是一个多用户的图形操作环境。Windows 使用鼠标驱动的图形菜单，是一个具有多媒体功能、用户界面友好的多层窗口操作系统。

1986 年 3 月，Philips 和 Sony 联合推出了交互式数字光盘系统(Compact Disc Interactive，CD-I)，使得光盘成为交互式视频的存储介质。该系统把各种多媒体信息以数字化的形式存放在容量为 650 MB 的只读光盘上，用户可以通过读取光盘内容播放多媒体信息。CD-I 系统有两种工作方式：一种是与电视机、录像机和音响设备连接在一起，在系统的控制下，把来自光盘的音频、视频或图像数据传递给这些设备；另一种方式是作为多媒体控制权连接到其他计算机、工作站或小型计算机上。

1987 年 3 月，位于新泽西州普林斯顿的美国无线电公司 RCA 推出了交互式数字视频系统(Digital Video Interactive，DVI)，它以计算机技术为基础，用标准光盘存储和检索静止图像、动态图像、声音和其他数据。1989 年 3 月，Intel 公司宣布把 DVI 技术(包括 DVI 芯片)开发成一种可以普及的商品。

交互式光盘系统(CD-I)和交互式数字视频(DVI)技术都属于交互式视频领域，但是，CD-I 是由视频专业公司按照在音像产品中引入微机芯片控制的设计思想开发出来的，设计目的是用来播放记录在光盘上的按照 CD-I 压缩编码方式编码的视频信号。而 DVI 则是由计算机专业公司按照在 PC 机中采用音视频板卡，软件采用基于 Windows 的音频/视频内核(AVK)的思路设计的，这就把彩色电视技术与计算机技术融合在一起。两者从不同的角度，按照不同的设计思想，最终实现了一个共同的目标：电视与计算机的有机结合。CD-I 和 DVI 都是交互式视频领域中以光盘(CD-ROM)为存储介质的阶段性成果，其技术分别在后来的 VCD 和非线性编辑系统中有所体现。

在这段时期，“多媒体”这一专业术语开始在社会上流传开来，并且取代了已经沿用多年的“交互式视频”。1985 年 10 月，IEEE 计算机杂志首次出版了完备的“多媒体通信”专集，是文献中可以找到的最早的出处。1987 年成立了交互声像工业协会，1991 年，该组织更名为交互多媒体协会(Interactive Multimedia Association，IMA)。

自 20 世纪 90 年代以来，多媒体技术逐渐成熟，多媒体技术从以研究开发为重心转移到以应用为重心。由于多媒体技术是一种综合性技术，它的实用化涉及到计算机、电子、通信、影视等多个行业技术协作，其产品的应用涉及各个用户层次，因此，提出了对多媒体相关技术标准化的要求。

多媒体相关标准涉及到多个技术领域，包括多媒体计算机标准、静止图像编码标准、视频编码标准、音频编码标准和多媒体通信标准等。最早出现的多媒体标准是多媒体个人计算机标准，1990 年 10 月，在微软公司会同多家厂商召开的多媒体开发工作者会议上提出了 MPC 1.0 标准。1993 年，由 IBM、Intel 等数十家软硬件公司组成的多媒体个人计算机市场协会(MPMC，The Multimedia PC Marketing Council)发布了多媒体个人机的性能标准 MPC 2.0。1995 年 6

月，MPMC 又宣布了新的多媒体个人机技术规范 MPC 3.0。在多媒体个人计算机标准制定的同时，多媒体编解码技术标准工作也迅速开展起来，多媒体编解码技术的标准主要由国际电信联盟（International Telecommunications Union，ITU）和国际标准化组织（International Organization for Standardization，ISO）两个协会制定。ITU 制定的压缩编码标准主要有静止图像编解码标准 JPEG 和 JPEG2000，视频编码标准 H.261、H.263 和 H.264，音频编码标准 G.721、G.727、G.728 和 G.729 等。ISO 制定的标准主要有 MPEG-1、MPEG-2 和 MPEG-4 等。有关图像和音/视频编码标准。

1.3.2　多媒体技术的发展趋势

多媒体技术目前是信息技术领域最为热门的技术之一，加上大众传媒业与通信业的快速发展与融合以及日益增长的综合信息服务需求，多媒体技术具备了更大的发展潜力和明确的发展方向。

研究和建立新一代多媒体通信网络环境，使多媒体从单机、单点向分布、协同多媒体环境发展，在全球范围内建立一个可自由交互的综合业务通信网。其中，网络结构、网络设备以及网上分布应用与信息服务的研究将是热点。社会生活中的计算机网络、固定通信网络、移动通信网络及广播电视网络首先会在技术层面融合，形成交互式综合网络的服务能力。未来的多媒体通信将朝着不受时间、空间、通信对象等任何约束和限制的方向发展，其目标是实现任何人在任何时刻与任何地点的任何人进行任何形式的通信交流。

利用图像理解、语音识别、全文检索等技术，研究多媒体基于内容的处理，开发能进行基于内容处理的系统是多媒体信息管理的重要方向。

多媒体标准仍是研究的重点。各类标准的研究将有利于产品规范化，应用更方便。因为以多媒体为核心的信息产业突破了单一行业的限制，涉及诸多行业，而多媒体系统的集成特性对标准化提出了很高的要求，所以必须开展标准化研究，它是实现多媒体信息交换和大规模产业化的关键所在。

多媒体技术与相关技术相结合，提供完善的人机交互环境。同时，多媒体技术继续向其他领域扩展，使其应用的范围进一步扩大。目前，多媒体仿真、智能多媒体等新技术层出不穷，不断扩大了原有技术领域的内涵，激发了新的理念。

多媒体技术与外围技术构造的虚拟现实研究仍在继续进展。多媒体虚拟现实与可视化技术需要相互补充，并与语音、图像识别、智能接口等技术相结合，建立高层次虚拟现实系统。同时，多媒体技术将在听觉、视觉、触觉媒体技术研究的基础上，开展味觉和嗅觉媒体技术的研究工作。

多媒体技术总的发展趋势是具有更简易、更自然、更人性化的交互性，能够在更大范围为更多形式的信息服务，为未来人类生活创造出一个在功能、空间、时间及人与人交互方面更完美的崭新世界。

1.3.3　多媒体技术的应用研究

多媒体技术的发展使计算机的信息处理在规范化和标准化的基础上更加多样化和人性化，特别是多媒体技术与网络通信技术的结合，使得远距离多媒体应用成为可能，也加速了多媒体技术在经济、科技、教育、医疗、文化、传媒、娱乐等各个领域的广泛应用。多媒体技术已成为信息社会的主导技术之一。

1. 在教育与培训方面的应用

多媒体技术对教育产生的影响比对其他领域的影响要深远得多。利用多媒体计算机的文本、图形、视频、音频及其交互式的功能，可以编制出计算机辅助教学软件，即课件。课件具有生动形象、人机交流、即时反馈等特点，能根据学生的水平采取不同的教学方案，根据反馈信息为学生提供及时的教学指导，创造出生动逼真的教学环境，改善学习效果。而且教师可以根据情况随时修改程序，不断补充新的教学内容。由于有人机对话功能，师生的关系也发生了变化，改变了以教师为中心的教学方式，学生在学习中担当更为主动的角色；学生可以参与控制以调整自己的学习进度，通过自己的思考进行学习，从而取得良好的学习效果。多媒体技术不仅改变传统的教学方式，也将使教材发生巨大的变化。将来的教材不仅有文字和静态图像，还将具有动态图像和语音等多种形式。

多媒体技术在教育与培训方面的应用可以用以下的“6C”概括。

(1)CAI——计算机辅助教学。

CAI(Computer Assisted Instruction)是多媒体技术在教育领域中应用的典型范例，它是新型的教育技术和计算机应用技术相结合的产物，其核心内容是以计算机多媒体技术为教学媒介而进行的教学活动。

(2)CAL——计算机辅助学习。

CAL(Computer Assisted Learning)也是多媒体技术应用的一个方面。它着重体现在学习信息的供求关系方面。CAL 向受教育者提供有关学习的帮助信息，例如，检索与某个科学领域相关的教学内容，查阅自然科学、社会科学以及其他领域中的信息，征求疑难问题的解决办法，寻求各个学科之间的关系和探讨共同关心的问题等。

(3)CBI——计算机化教学。

CBI(Computer Based Instruction)计算机化教学是近年来发展起来的，它代表了多媒体技术应用的最高境界。CBI 将使计算机教学手段从“辅助”位置走到前台来，成为主角。CBI 必将成为教育方式的主流和方向。

(4)CBL——计算机化学习。

CBL(Computer Based Learning)是充分利用多媒体技术提供学习机会和手段的事物。在计算机技术的支持下，受教育者可在计算机上自主学习多学科、多领域的知识。实施 CBL 的关键，是在全新的教育理念指导下，充分发挥计算机技术的作用，以多媒体的形式展现学习的内容和相关信息。

(5)CAT——计算机辅助训练。

CAT(Computer Assisted Training)是一种教学的辅助手段，它通过计算机提供多种训练科目和练习，使受教育者迅速消化所学知识，充分理解和掌握重点与难点。

(6)CMI——计算机管理教学。

CMI(Computer Managed Instruction)主要是利用计算机技术解决多方位、多层次教学管理的问题。教学管理的计算机化，可大幅度提高工作效率，使管理更趋科学化和严格化，对提高教学管理水平发挥重要的作用。

2. 商业应用

多媒体技术在商业中的应用主要体现在商业广告、产品展示、商务培训、多媒体商品管理、电子商务等方面。图 1-1 所示为一个电子商务网站的实例。

图 1-1　一个典型的电子商务网站

3. 网络通信应用

多媒体技术与网络通信技术的结合产生了可视电话、视频会议、多媒体电子邮件、信息点播和计算机协同工作(Computer Supported Cooperative Work,CSCW)等应用技术,这些技术的应用在某种程度上已经改变了人们的生活方式和习惯,并将继续对人类的生活、学习和工作产生深刻的影响。

信息点播包括桌面多媒体通信系统和交互电视。通过桌面多媒体信息系统,人们可以远距离点播所需的信息,如电子图书馆、多媒体数据的检索与查询等。点播的信息可以是各种数据类型,包括立体图像和感官信息。用户可以按信息的表现形式和信息的内容进行检索,系统根据用户的需要提供相应的服务。交互式电视和传统电视的不同之处在于用户在电视机前可对电视台节目库中的信息按需选取,即用户主动与电视进行交互获取信息。交互式电视主要由网络传输、视频服务器和机顶盒构成。用户可通过遥控器对机顶盒进行控制。交互式电视还可以提供其他信息服务,如交互式教育、交互式游戏、数字多媒体图书、杂志、电视购物、电视/电话等,从而将计算机网络与家庭生活、娱乐、商业导购等多项应用密切地结合在一起。

计算机协同工作是指在计算机支持的环境中,一个群体协同工作以共同完成一项任务。其应用相当广泛,涉及从工业产品的协同设计、制造,到医疗上的远程会诊;从科学研究应用(即不同地域位置的同行进行学术交流),到师生的协同学习。在协同学习环境中,老师和同学之间、学生与学生之间可在共享的窗口中进行同步讨论，修改同一个多媒体文档，也可以利用信箱进行异步修改、浏览等。此外，还有应用在办公自动化中的桌面电视会议，可使异地的同事一起协同讨论并进行决策。

多媒体计算机、电视及互联网络已经形成了一个巨大的多媒体通信环境，特别是 NGN(下一代网络)技术的研发与应用，在网络带宽、信息安全、地址分配、服务质量(QoS)等方面，将产生革命性的变革，使多媒体计算机的交互性、通信的分布性和多媒体的实时性得以充分表现，向社会提供全新的网络信息服务。

4. 家庭应用

像电视机、录像机、音响等设备进入家庭一样，MPC、数码摄像机、数字照相机、MP3 播放器、数字录音笔等多媒体产品已经成为现代家庭的生活必需品，特别是随着信息化住宅小区的发展，宽带网的接入，拥有多功能的 MPC 和各类数码产品既可以办公、创作、学习，也可以游戏、娱乐。采用交互视听功能，用户可以根据自己的喜好联网点播或发布视听节目。

5. 医疗应用

多媒体通信网络的建立，为远程医疗开辟了一个广阔的应用天地。处在现代医疗中心的医生可以通过多媒体通信网为远方的病人提供医疗服务。通过多媒体终端，医生不仅可以面对病人进行观察和询问，同时还可以通过远端的医疗传感器或仪表对病人进行多项病理检查，检查的结果立即传送到中心，为医生诊断提供依据。目前的远程医疗系统主要包括远程诊断、远程会诊、远程咨询、远程手术及其他远程医疗服务等。

6. 军事应用

多媒体通信技术在军事方面的应用也极为广泛，较为典型的就是 C4I 系统。C4I 是指挥(Command)、控制(Control)、通信(Communication)、计算机(Computer)和情报(Information)等内容的简称。在实际的 C4I 系统中，多媒体技术可用来真实地记录作战指挥的全过程、控制和分析战场的发展态势、进行数字加密以达到保密通信等。多媒体技术在军事上的应用，加速了手队信息化的进程。

7. 电子出版

当 CD-ROM、DVD-ROM 光盘出现以后，由于其存储量大，能够将文字、图形、图像、声音等信息进行存储和播放，出现了多种电子出版物，如电子杂志、百科全书、地图集、信息咨询、剪报等。电子出版是多媒体技术应用的一个重要方面，我国国家新闻出版总署对电子出版物曾有过如下定义：电子出版物是指以数字代码方式将图、文、声、像等信息存储在磁、光、电介质上，通过计算机或类似设备阅读和使用，并可复制发行的大众传播媒体。

电子出版物中信息的录入、编辑、制作和复制都借助计算机完成，人们在获取信息的过程中需要对信息进行检索、选择，因此电子出版物的使用方式灵活、方便、交互性强。

电子出版物的出版形式主要有电子网络出版和电子书刊两大类。电子网络出版是以数据库和通信网络为基础的一种出版形式，通过计算机向用户提供网络联机、电子报刊、电子邮件以及影视作品等服务，信息的传播速度快、更新快。电子书刊主要以只读光盘、交互式光盘、集成卡等作为载体，容量大、成本低是其突出的特点。

综上所述，多媒体技术已经广泛应用于各行各业，而且还在拓展新的应用领域。随着技术的不断进步和完善，多媒体技术必将在全面信息化的社会生活中扮演更为重要的角色。

第 2 章　信息传输基础

2.1　传输介质

常用的网络传输介质可分为两类：一类是有线的，一类是无线的。有线传输介质主要有双绞线（包括屏蔽双绞线和非屏蔽双绞线）、同轴电缆及光纤；无线传输介质有无线电和微波等。

2.1.1　双绞线

1. 双绞线的物理特性

双绞线（Twisted Pair）是目前使用最普遍的传输介质，它是由相互绝缘的两根铜线按一定扭距相互绞合在一起的，如图 2-1 所示。为了便于区分，每根铜线加绝缘层并有颜色标记。成对线的扭绞旨在使电磁辐射和外部电磁干扰减到最小。

图 2-1　双绞线

双绞线具有性能好、价格低的特点。双绞线可以用于传输模拟信号和数字信号，传输速率根据线的粗细和长短而变化。一般来讲，线的直径越大，传输距离就越短，传输速率也就越高。

局域网中使用的双绞线分为两类：屏蔽双绞线（Shielded Twisted Pair，STP）和非屏蔽双绞线（Unshielded Twisted Pair，UTP）。两者的差异在于屏蔽双绞线在双绞线和外皮之间增加了一个铅箔屏蔽层，如图 2-2(a)所示。这样就能够有效减少影响信号传输的电磁干扰。

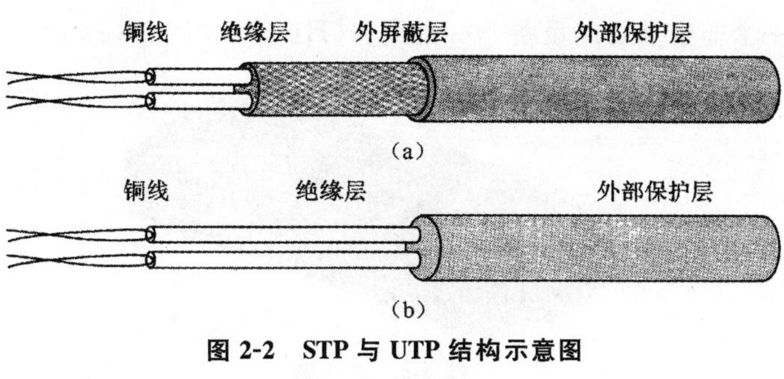

图 2-2　STP 与 UTP 结构示意图

屏蔽双绞线的抗干扰性能更强，但其成本也相应增加了。屏蔽双绞线主要是用于安全性要求较高的网络环境中，如军事网络、股票网络等，而且使用STP的网络为了达到屏蔽的效果，要求所有的插口和配套设施均使用屏蔽的设备，否则就达不到真正的屏蔽效果，所以整个网络的造价会比使用UTP的网络高出很多，因此至今一直未被广泛使用。

2. 非屏蔽双绞线的类型

按照EIA/TIA(电气工业协会/电信工业协会)568A标准，非屏蔽双绞线共分为1～5类。

一类线：可用于电话传输，但不适合数据传输，这一级电缆没有固定的性能要求。通常在局域网中不使用。

二类线：可用于电话传输和最高为4 Mbit/s的数据传输，包括4对双绞线。在局域网中很少使用。

三类线：可用于最高为10 Mbit/s的数据传输，包括4对双绞线。主要用于10 Base-T以太网的语音和数据传输。

四类线：可用于最高为20 Mbit/s的数据传输，包括4对双绞线。主要用于16 Mbit/s的令牌环网和大型10 Base-T以太网。

五类线：可用于最高为100 Mbit/s的数据传输，包括4对双绞线。主要用于100 Mbit/s的快速以太网连接，又支持150 Mbit/s的ATM数据传输，是连接桌面设备的首选传输介质。

其中，三类线(CAT3)和五类线(CAT5)在计算机网络中是最常用的。五类线和三类线的最主要区别是：一方面大大增加了每单位长度的绞合次数，3类线的绞合长度是7.5～10 cm，而5类线的绞合长度是0.6～0.85 cm；另一方面，5类线在线对间的绞合度和线对内两根导线的绞合度都经过了精心的设计，严格的控制生产，使干扰在一定程度上抵消，从而提高线路的传输质量。

3. 双绞线组网

在制作网线时，要使用RJ-45接头，俗称“水晶头”的连接头，如图2-3所示。

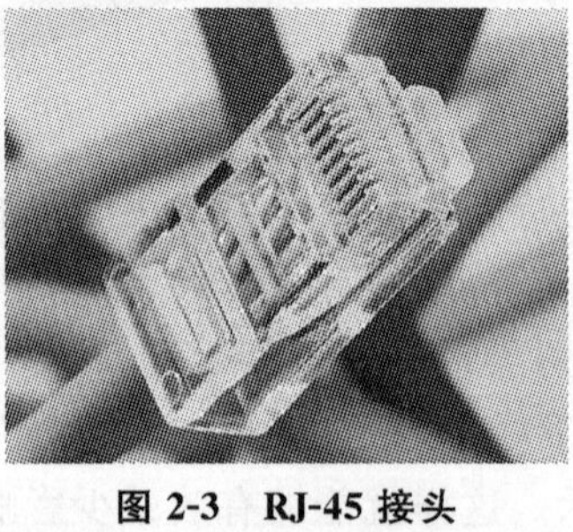

图 2-3 RJ-45 接头

另外，还需要一个非常重要的设备——集线器(HUB)，如图2-4所示。

图 2-4 集线器

2.1.2　同轴电缆

1. 同轴电缆的物理特性

同轴电缆(Coaxial Cable)为圆柱形电缆,它是以硬铜线为芯,外包一层绝缘材料,绝缘层外用由细铜丝编织成的网状导体包裹,形成屏蔽层,屏蔽层外覆盖一层塑料保护膜,如图 2-5 所示。

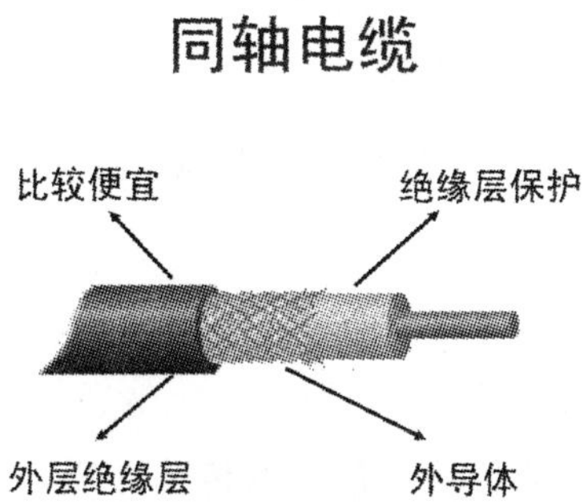

图 2-5　同轴电缆

同轴电缆的典型特点是传输距离长,抗干扰性强。它既支持点到点的连接,也支持多点连接。同轴电缆曾是局域网中使用最普遍的一种线缆,后逐渐被光纤和双绞线取代,但仍被广泛应用于有线电视网。

2. 同轴电缆的分类

(1)按传输特性分类。

同轴电缆可分为基带同轴电缆和宽带同轴电缆。

基带同轴电缆的特性阻抗是 50 Ω,用于数字信号的基带传输,主要用在室内或建筑物内的局域网中。

宽带同轴电缆的特性阻抗是 75 Ω,用于模拟信号的宽带传输,支持多路复用,主要用于城域网中。

(2)按照线缆粗细的不同分类。

基带同轴电缆可分为粗缆和细缆。

粗缆的内导体直径约为 10 mm,接口为 AUI,传输距离可达到 500 m,适用于大型局域网。粗缆的优点:传输距离远,可靠性高;粗缆的缺点:必须使用收发器,电缆粗硬,安装难度大,总体造价高。如图 2-6 为粗缆安装示意图。

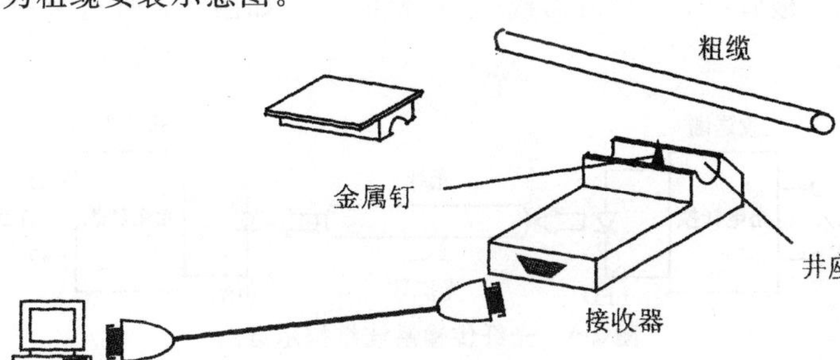

图 2-6　收发器和粗缆的安装

细缆的内导体直径约为 5 mm，接口为 BNC，传输距离可达到 185 m，一般用于与用户桌面连接。粗缆的优点：安装容易，造价低；粗缆的缺点：安装需要 T 型连接器，需要将细缆截断，接入点越多，断点就越多，就越容易产生接触不良或接触不良隐患。如图 2-7 为细缆安装示意图。

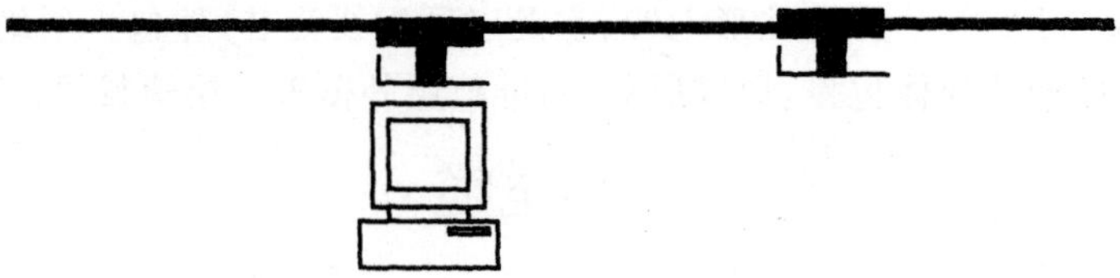

图 2-7　细缆与 T 型连接器的安装

2.1.3　光纤

1. 光纤的物理特性

光导纤维是一种细小、柔韧并能传输光信号的传输介质，简称光纤（Fiber Optics）。它是由纤芯、包层和保护层组成的，如图 2-8 所示。光纤芯的原材料必须是石英或者塑料。包层具有与纤芯不同的折射率，用于全反射光纤芯中传输的光信号。最外层的保护层可以起到很好的保护作用。

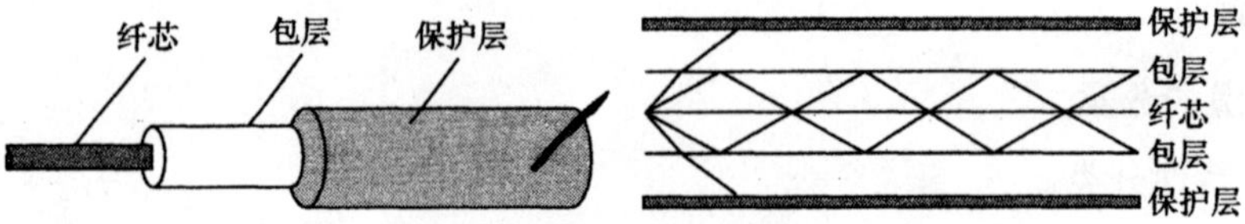

图 2-8　光纤的结构示意图

每根光纤只能单向传送信号，要实现双向通信，光缆中至少应包括两条独立的导芯，分别完成发送和接收的任务。光纤两端的端头都是通过电烧烤或化学环氯工艺与光学接口连接在一起的。一根光缆可以包括两根至数百根光纤，并用加强芯和填充物来提高机械强度。光束在玻璃纤维内传输，防磁防电，传输稳定，质量高。由于可见光的频率大约是 10^{14} Hz，因而光传输系统可使用的带宽范围极大，多适用于高速网络和骨干网。

发光二极管（LED）或注入式二极管（ILD）等可以作为光纤传输系统中的光源。当光通过这些器件时发出光脉冲，光脉冲通过光缆传输信息，光脉冲的出现表示为“1”，不出现表示为“0”。在光缆的两端都要有一个装置来完成电/光信号和光/电信号的转换，接收端将光信号转换成电信号时，要使用光电二极管（PIN）检波器或 APD 检波器。如图 2-9 所示为一个典型的光纤传输系统的结构示意图。

图 2-9　光纤传输系统结构示意图

2. 光纤的分类

根据使用的光源和传输模式的不同，光纤分为单模和多模两种。

(1)单模。

如果光纤做得极细，纤芯的直径细到只有光的一个波长，那么光纤就成了一种波导管，这种情况下光线不必经多次反射式的传播，而是一直向前传播，如图 2-10 所示。这种光纤称为单模光纤。单模光纤具有性能很好，传输速率较高的优点，但其制作工艺比多模更难，成本较高。

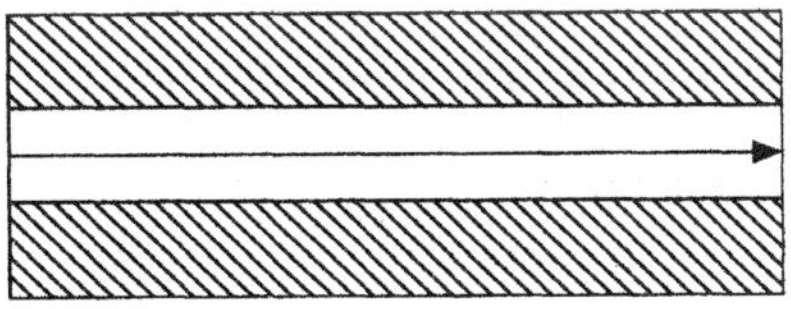

图 2-10　单模光纤传播示意图

(2)多模。

多模光纤的纤芯比单模的粗，一旦光线到达光纤表面发生全反射后，光信号就由多条入射角度不同的光线同时在一条光纤中传播，如图 2-11 所示。这种光纤称为多模光纤。多模光纤的优点是成本较低，但性能上就不如单模光纤了。

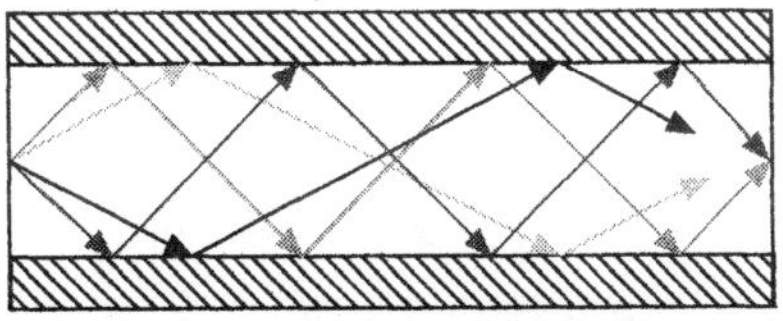

图 2-11　多模光纤传播示意图

3. 光纤的特点

光纤的很多优点使其在远距离通信中起着重要的作用。目前，光缆通常用于高速的主干网络，若要组建快速网络，光纤则是最好的选择。

光纤与同轴电缆相比有如下优点。

1)光纤有较大的带宽，通信容量大。

2)光纤有较高的传输速率，能超过千兆比特每秒。

3)光纤有较低的传输衰减，连接的距离更远。

4)光纤不受外界电磁波的干扰，适宜在电气干扰严重的环境中使用。

5)光纤无串音干扰，不易被窃听和截取数据，有较好的安全保密性。

2.1.4　无线传输介质

无线媒体无需使用电子或光学导体，通常以地球的大气为数据的物理性通路。由于不需要架设或铺埋缆线，因而在计算机网络中占据着重要地位。

无线传输介质所使用的频段很广。图 2-12 示出了电磁波的频谱及其应用领域。无线媒体有无线电、微波、红外线、激光等。

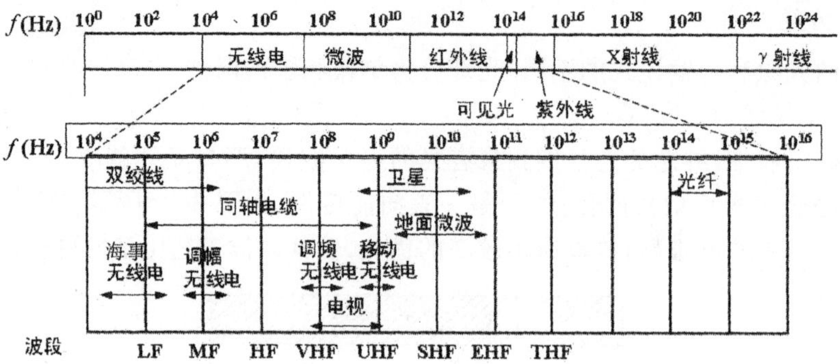

图 2-12 电磁波的频谱及应用领域

1. 无线电

无线电波的覆盖范围很广，应用范围极为广泛，是常用的无线传输媒体。它早就广泛应用于广播和电视。

国际电信联盟的 ITU-R 将无线电超频率（Radio Frequency）划分为不同频段，分别为低频（LF）、中频（MF）、高频（HF）、甚高频（VHF）、超高频（UHF）、特高频（SHF）、极高频（EHF）等，频率范围为 10 kHz～1 GHz。LF 的频率范围为 30～300 kHz，MF 的频率范围为 300 kHz～3 MHz，超高频和特高频达到 1 GHz 以上。其中，调频无线电通信使用 MF，调频无线电广播使用甚高频，电视广播使用甚高频到特高频。

在低频和中频端，电磁波主要是沿着地球表面传播，可以轻易穿透障碍物，但能量随着距离的增加而迅速衰减，传播距离不远。在高频和甚高频波段，如 100 MHz 左右的短波，沿水平传播的电磁波能够被地表吸收，但向空间传播的电磁波会被大气层中的电离层反射回地面，传播距离更远。由于电离层的不稳定产生的衰落影响和电离层反射所产生的多径效应，使得短波信道的通信质量较差。因此，短波一般都是低速传输数据。

2. 微波

微波（Microwave）通信通常是指利用在 10 GHz 范围内的电波来进行通信，它具有如下特点：可传输电话、电报、图像、数据等信息；波段频率高、范围宽，信道容量大；且因为工业干扰和天电干扰的主要频谱成分比微波频率低得多，因而微波传输受到的干扰小，质量高；微波信号没有绕射功能，中间无障碍物遮挡的情况下才能接收。

微波通信分为两种：地面微波通信与卫星通信。尽管两者使用同样的频率，但能力上有较大的差别。

（1）地面微波通信。

由于微波信号波长较短，因此一般采用定向抛物面天线，要求发送方与接收方之间的通路没有障碍物，视线能及。地面微波系统的频率范围为 300 MHz～300 GHz，主要使用 2～40 GHz 的频率范围。由于微波在空间是直线传输，会穿透电离层而进入宇宙空间，而地球表面是个曲面，因此其传输距离受到限制，一般只有 50 km 左右。为了实现远距离通信，必须在两个终端之间建立若干中继站。

（2）卫星通信。

卫星通信（Communication Satellites）是利用卫星上的微波天线接收地球发送站发送的信

号，经过放大后再转发回地球接收站的一种微波接力通信。

通信卫星的覆盖范围广，跨度可达 18000 km，三颗同步卫星就可以覆盖地球。卫星上可以有多个转发器，用来接收、放大、发送信息。目前，一个典型的通信卫星通常是 12 个转发器拥有一个 36 MHz 宽带的信道，不同的转发器使用不同的频率，可用来传输 50 Mbps 速率的数据。卫星通信的主要缺点是由于传输距离远，所以传播延迟大，大约在 500 ms 至数秒之间。

3. 红外线

红外线(Infrared)通信是利用红外线进行的通信，通常用于近距离、无障碍的数据传输。红外线传输信号可以直接或经过墙面、天花板反射后，被接收装置收到。但其只能在视线距离内进行通信，不能在室外太阳光下使用。遥控器是最常见的红外系统。

红外技术采用光发射二极管(LED)、激光二极管(ILD)进行站与站之间的数据交换。红外通信的发送和接收装置硬件相对便宜，并且制造简单，不需要天线。另外还有轻巧便携、保密性好、价格低廉等优势，在手机、掌上电脑、笔记本电脑中广泛使用。

4. 激光

激光(Laser)能直接在空中传输并且无需通过有形的光导体，并能在很长的距离内保持聚焦的特点。激光同样不能被遮挡，对雨雾都比较敏感，这限制了它的应用。激光通信的主要应用领域有地面间短距离通信和星际通信等。

光空间通信技术就是利用激光自身的优点开发的一种无线通信技术。它以自由空间作为传输介质，以半导体振荡器做光源，以激光束的形式在空间传输信息。光空间通信的优点：通信容量大、保密性强、设备结构轻便经济等；缺点：设备瞄准困难、容易受大气干扰、只能进行直线视距传输、人体可能被激光伤害等。

2.2 数据通信方式

2.2.1 根据数据位的传送方式分类

1. 并行数据传送

并行数据传送，是指对于一个二进制数据的各个位，用两条以上的并行信道同时进行传送。例如，表示一个字节的 8 位二进制数，用 8 根导线同时从一个设备传送到另一个设备，如图 2-13(a)所示。PC 与打印机的连接就属于这种情况。计算机在机器内部都实行并行传送，其传输总线的宽度已从以前的 8 位发展到 16 位、32 位。

并行传送的优点是传送速度快，不需另外措施就实现了收发双方的字符同步；缺点是占用线路太多，设备复杂，成本高，不便于长距离传送。一般适用于计算机和其他高速数字系统，特别适合于在设备之间距离较近时使用。

2. 串行数据传送

串行数据传送，是指对于一个二进制数据的各个位，用同一个通道，按照先后顺序一位一位地进行传送。例如，一个 8 位的数据，从低位到高位按顺序一位跟着一位在同一根导线上传送，如图 2-13(b)所示。

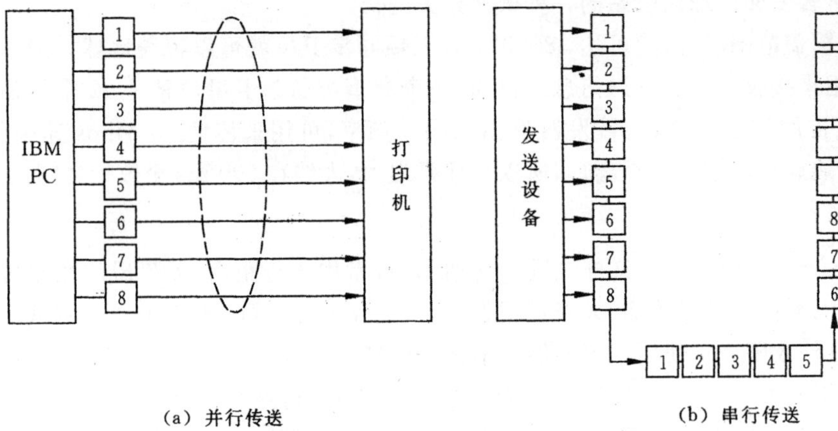

图 2-13　并行数据传送与串行数据传送

串行传送的特点是易于实现，节省设备，相对比较便宜，在长距离传送中更可靠；缺点是传送速度比并行传送慢，而且在发送端要把并行变为串行，在接收端要把串行还原为并行。串行传送的方式是目前采用的一种主要的通信方式。

2.2.2　根据数据的同步方式分类

在计算机网络通信中，计算机产生的并行数字信号先要转变成串行信号，然后送到线路中传输。接收方根据所使用的同步技术，得以知道如何接收数据。

在数据传输过程中必须做到传输同步，接收端要按照发送端所发送的每个码元起止时刻来接收数据，也就是通信双方在发、收时间上要保持协调一致。发送端以某一速率在一定的起止时间内发送数据，接收端也必须以同一速率在相同的起止时间内接收数据。否则，即使收、发端产生微小的误差，随着时间的增加，该误差会逐渐积累，最终也会造成收、发端之间的失调，使传输出错。

根据实现字符同步方式的不同，数据传输有同步传输和异步传输两种方式。

1. 同步传输

同步传输要求发送方和接收方时钟始终保持同步，即每个比特位必须在收发两端始终保持同步，中间没有间断时间。同步传输不是独立地发送每个字符，而是把它们组合起来发送，一般称这些组合为数据帧，简称帧。同步传输又可分为面向字符的同步和面向位的同步，如图 2-14 所示。

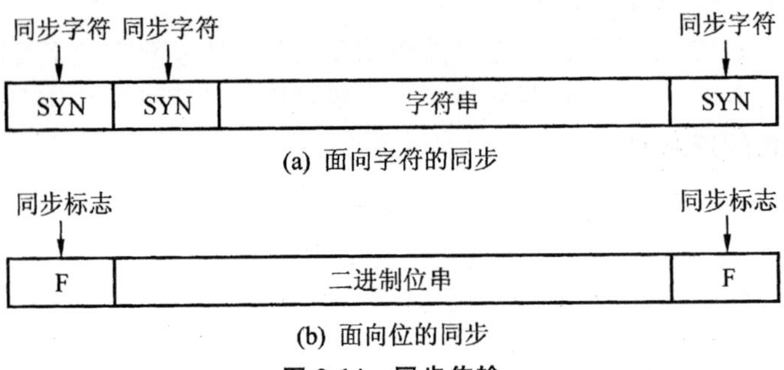

图 2-14　同步传输

(1)面向字符的同步。

在面向字符的同步传输中，数据都被看成字符序列，在字符序列的前后分别设有开始标志和结束标志。在传送一组字符之前加入 1 个(8 bit)或 2 个(16 bit)同步字符 SYN 使收发双方进入同步。同步字符之后可以连续地发送多个字符，每个字符不需任何附加位。

当接收方接收到同步字符时就开始接收数据，直到又收到同步字符时停止接收。典型的面向字符的同步通信规程有 IBM 公司的二进制同步通信规程(Binary Synchronous Communication，简称 BSC)。

(2)面向位的同步。

在面向位的同步传输中，每次发送一个二进制序列，都用某个特殊的 8 位二进制串(如 01111110)作为同步标志来表示发送的开始和结束。典型的面向位的同步通信规程有高级数据链路控制规程(High Level Data Link Control，简称 HDLC)。

同步传输的特点：每次不是传输一个字符，而是传输一个数据块；随着数据比特的增加，开销比特所占的百分比将相应地减少。因此同步传输一般在高速传输数据的系统中采用。

2. 异步传输

异步传输是指在被传送的字符前后加上起止位，实现定时的传输方式，因此又称为起止式同步。异步传输以字符作为数据传输的基本单位。各字符之间的间隔是任意的、不同步的，但在一个字符时间之内，收发双方的各数据位必须同步，这就是起止同步方式。

当没有传输字符时，传输线一直处于停止位，即高电平。一旦接收端检测到传输线状态的变化，即从高电平变为低电平，就意味着发送端已开始发送字符，接收端立即启动定时机构，按发送的速率顺序接收字符。

异步传输的数据格式如图 2-15 所示。在传送的每个字符首末分别设置 1 位起始位以及 1 位或 2 位停止位，起始位是低电平(编码为“0”)，停止位为高电平(编码为“1”)；字符可以是 5 位或 8 位，当字符为 8 位时停止位是 2 位，8 位字符中包含 1 位校验位。

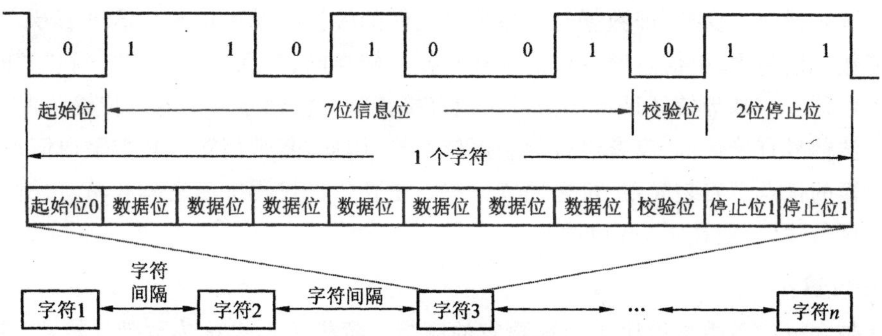

图 2-15　异步传输

异步传输的特点：设备简单，技术易实现，费用低；但由于每一个字符都需补加专用的同步信息(起始位和停止位)，所以效率低。异步传输适用于低速(10～1500 bit/s)的终端设备。

2.2.3　根据数据的传输方向与时间分类

按信号传输的方向与时间不同，通信方式可分为单工、半双工及全双工 3 种方式，如图 2-16 所示。

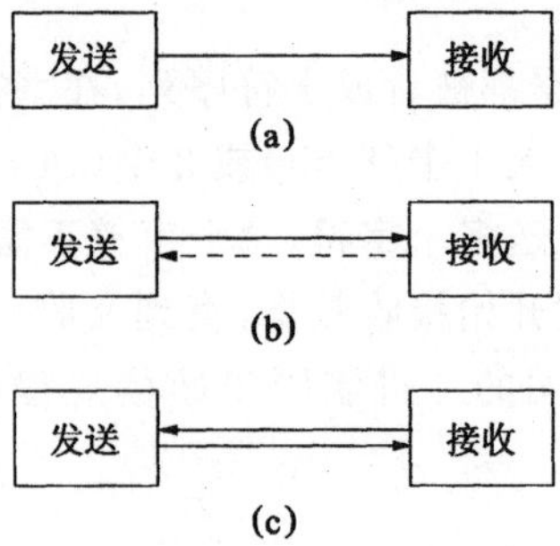

图 2-16　单工、半双工及全双工通信方式

1. 单工通信

单工通信是指两个数据站之间只能沿一个指定方向进行数据传输，如图 2-8(a)所示。计算机局域网常采用单工传输的方式。例如，广播和电视是单工通信的典型。

2. 半双工通信

半双工通信方式是指两个数据站都能收、发信号，但不能同时进行收和发的工作方式，如图 2-16(b)所示。对于半双工通信，通信的双方都具备发送和接收装置，但必须轮流进行。例如，使用同一载频工作的普通无线电收发报话机，就是半双工通信方式。

3. 全双工通信

全双工通信方式是指两个数据站可同时进行收和发双向传输信号的工作方式，如图 2-16(c)所示。全双工通信方式适合计算机和计算机之间的通信。电话系统采用的就是这种传输方式。

2.2.4　根据数据信号是否调制分类

1. 基带传输

通信系统包括两个变换，即数据与原始信号之间的转换和原始信号与信道信号之间的转换。在计算机等数字设备中，由信息源发出的未经转换器转换的、表示二进制数“1”和“0”的原始脉冲信号称为基带信号。基带信号是数字信号。把直接传输方波信号称为基带传输。由于基带传输是将原始方波信号直接传输，没有经过调制解调变换，因此，基带传输只在数字通信系统存在。

基带传输的优点是安装简单、价格便宜。缺点是在传输过程中易衰减和畸变，所以一般用于近距离的数据传输(一般在 1 km 以内)。

2. 宽带传输

所谓宽带在电话网中是指比 4 kHz 更宽的频带。宽带传输也称为频带传输，它是指将原始信号通过调制解调器变换为适合于信道上传输的信道信号进行传输。

宽带传输的优点是传输距离远，可达数十千米，可同时提供多个信道。缺点是技术复杂，接口设备昂贵，需要专门的技术人员安装和维护。

2.2.5　根据通信节点连接线路数分类

从一个通信实体到其他通信实体之间同时建立通信关系的情况看，可以分为广播式通信、点—点通信和点—多点通信。

1. 广播式通信

广播式通信，是指发送者将信号发送至通信群体中所有接收者所在位置，而并不理会接收者情况如何，如果需要，所有的接收者均能接收到发送的信号。

广播式通信不仅广泛用于电台、电视、有线电视的广播，而且在计算机网络上也经常使用。

2. 点—点通信

点到点通信，是指仅发生在两个通信实体之间的通信。

点—点通信是通信中最经常发生的情况。例如，两个人通电话，两台电脑之间交流信息，这都属于点—点通信。

3. 点—多点通信

点—多点通信，是指一个通信实体与多个通信实体同时进行通信。它与全网广播是不一样的，表现为只有在用户申请接收的情况下，信号才会到达其所在的网段，才会占用相应的网络宽带。

这对于协同工作的情况非常有用，例如能用于多边会谈的多点视频会议系统。在计算机网络中使用的一种多播或称组播、群播(Multicast)方式，实际上也是一种点到多点通信。

2.2.6 根据站点之间服务与被服务的关系分类

在计算机网络中，根据站点之间服务与被服务的关系(严格讲是站点上进程之间的服务和被服务的关系)可分为客户机/服务器方式(Client/Server，C/S)和对等方式(Peer-to-Peer，P2P)。

1. 客户机/服务器方式

客户机和服务器是都指通信中所涉及的两个应用进程。客户机/服务器方式所描述的是进程之间服务和被服务的关系。客户机是服务请求方，服务器是服务提供方。

2. 对等方式

对等连接方式是指两个主机在通信时并不区分哪一个是服务请求方，哪一个是服务提供方，只要两个主机都运行了对等连接软件(P2P 软件)，它们就可以进行平等的、对等连接通信。在对等连接中，每一个主机既是客户机又是服务器。对等连接方式可支持大量对等用户同时工作。

2.3 数据编码技术

数字数据的数字编码问题是如何把数字数据用物理信号(如电信号)的波形表示。通常可以由许多不同形式的电信号的波形来表示数字数据。数字信号是离散的、不连续的电压或电流的脉冲序列，每个脉冲代表一个信号单元(或称码元)。这里主要讨论二进制的数据信号，即用两种码元形式分别表示二进制数字符号 1 和 0，每一位二进制符号和一个码元相对应。采用不同的编码方案，产生出的表示二进制数字码元的形式也不同。下面主要介绍最常用的不归零码、归零码和曼彻斯特码等。

2.3.1 不归零码

1. 单极性不归零码

单极性不归零码(NRZ)的波形如图 2-17(a)所示。该码在每一码元时间间隔内，用高电平和低电平(常为零电平)分别表示二进制数据的1和0。容易看出,这种信号在一个码元周期 T_s 内电平保持不变,电脉冲之间无间隔,极性单一,有直流分量。解调时,通常将每一个码元的中心时间作为抽样时间,判决门限设为半幅度电平,即0.5E。若接收信号的值在0.5E与E之间,则判为1;若在0与0.5E之间,则判为0。单极性不归零码适用于近距离信号传输。

2. 双极性不归零码

双极性不归零码(BNRZ)的波形如图2-17(b)所示。该码在每一码元时间间隔内,用正电平和负电平分别表示二进制数据的1和0,正的幅值和负的幅值相等。与单极性不归零码一样,在一个码元周期 T_s 内电平保持不变,电脉冲之间无间隔。这种码中不存在零电平,当1、0符号等概率出现时,无直流成分。解调时,这种情况的判决门限定为零电平。接收信号的值如在零电平以上,判为1;如在零电平以下判为0。双极性不归零码的抗干扰能力较强,适用于有线信号传输。

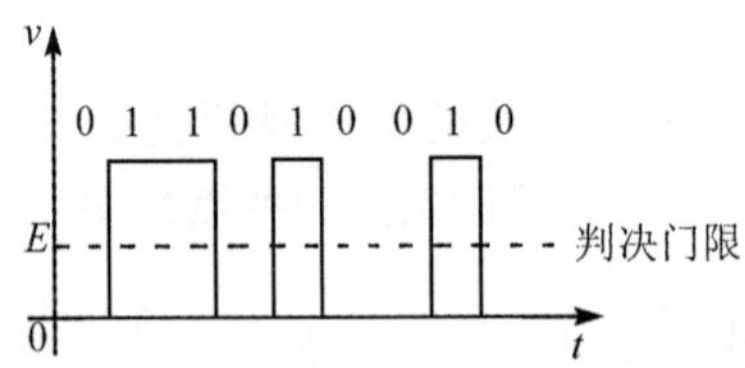

(a)单极性不归零码

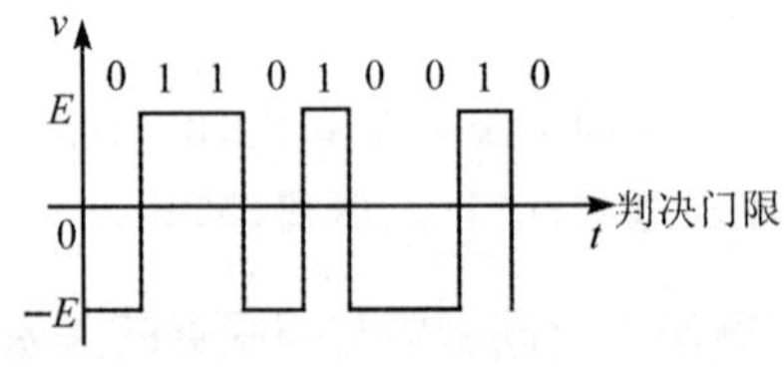

(b)双极性不归零码

图2-17 不归零码

以上两种不归零码信号属于全宽码,即每一位码占用全部的码元宽度,如重复发送1,就要连续发送正电平;如重复发送0,就要连续发送零电平或负电平。这样,上一位码元和下一位码元之间没有间隙,不易互相识别,并且无法提取位同步,需要有某种方法来使发送器和接收器进行定时或同步。此外,如果传输中1或0占优势的话,则将有累积的直流分量。这样,使用变压器,并在数据通信设备和所处环境之间提供良好的绝缘的交流耦合将是不可能的。

2.3.2 归零码

1. 单极性归零码

单极性归零码(RZ)是指它的电脉冲宽度比码元周期 T_s 窄,当发1时,只在码元周期 T_s 内持续一段时间的高电平后降为零电平,其余时间内则为零电平,所以称这种码为归零码,如图2-18(a)所示。单极性归零码的脉冲窄,有利于减小码元间波形的干扰;码元间隔明显,有利于同步时钟提取。但因脉冲窄,码元能量小,接收输出信噪比较低。

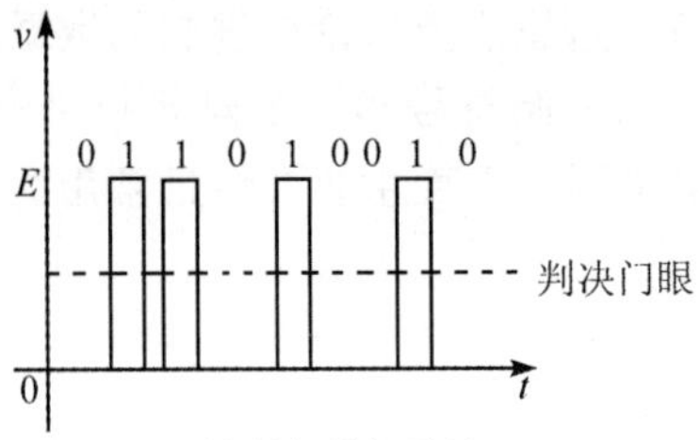

(a)单极性归零码

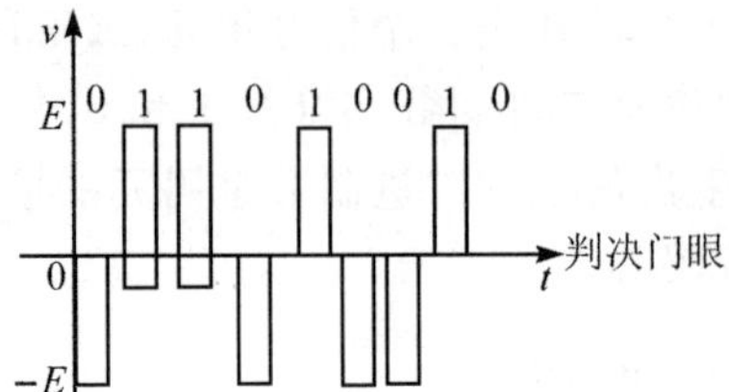

(b)双极性归零码

图2-18 归零码

2. 双极性归零码

双极性归零码(BRZ)是双极性的归零波形，在每一码元周期 T_s 内，当发 1 时，发出正的窄脉冲；当发 0 时，发负的窄脉冲，如图 2-18(b)所示。相邻脉冲之间必定留有零电平的间隔，间隔时间可以大于每一个窄脉冲的宽度。解调时，通常将抽样时间对准窄脉冲的中心位置。双极性归零码的特点与单极性归零码基本相同。

3. 交替双极性归零码

交替双极性归零码(AMI)是双极性归零码的另一种形式。其编码规则是：在发 1 时发一窄脉冲，且脉冲的极性总是交替的，即如果发前一个 1 时是正脉冲，则发后一个 1 时是负脉冲；而发 0 时不发脉冲，如图 2-19 所示。这种交替的双极性码元也可用全宽码，采样定时信号仍对准每一脉冲的中心位置。

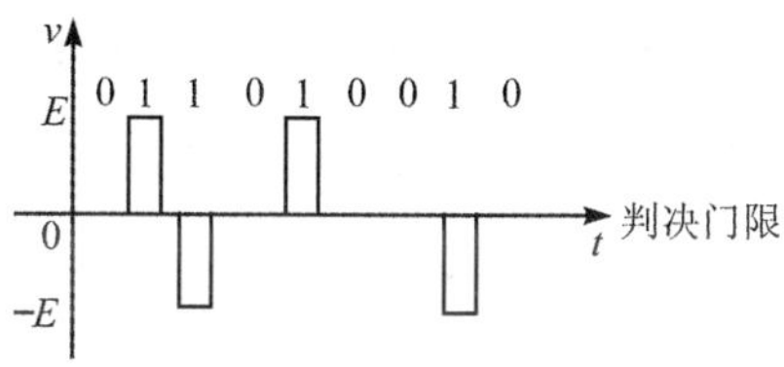

图 2-19　交替双极性归零码

2.3.3　曼彻斯特码

1. 曼彻斯特码

曼彻斯特码(Manchester)又称双相码，如图 2-20(a)所示。曼彻斯特码的编码方式中，当发 0 时，在码元的中间时刻电平从低向高跃变；当发 1 时，在码元的中间时刻电平从高向低跃变。曼彻斯特码的特点是不管信码的统计特性如何，在每一位的中间都有一个跃变，位中间的跃变既作为时钟，又作为数据，因此也称为自同步编码。此外，在任一码元周期内，信号正负电平各占一半，因而无直流分量。曼彻斯特码的编码过程简单，但占用的带宽较宽。

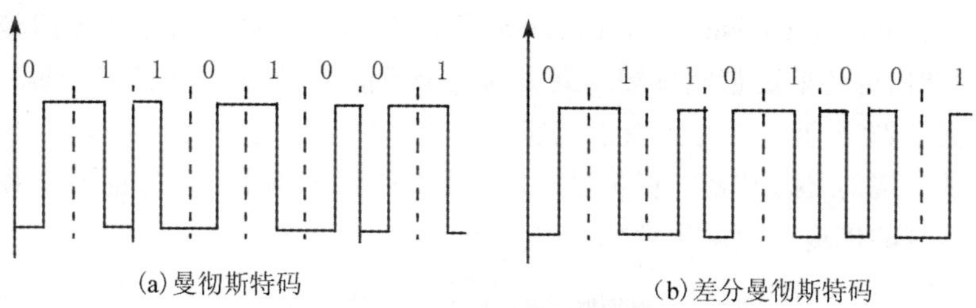

图 2-20　曼彻斯特编码

2. 差分曼彻斯特码

差分曼彻斯特码是曼彻斯特码的改进形式，如图 2-20(b)所示。在每一码元周期内，无论发 1 或发 0，在每一位的中间都有一个电平的跃变，但发 1 时，码元周期开始时刻不跃变(即与前一码元周期相位相反)；发 0 时，码元周期开始时刻就跃变(即与前一码元周期相位相同)。差分曼彻斯特码除了有曼彻斯特码的特点外，还解决了通信中的倒 π 现象。

以上的各种编码各有优缺点，选择应用时应注意：第一，脉冲宽度越大，发送信号的能量就越大，这对于提高接收端的信噪比有利；第二，脉冲时间宽度与传输频带宽度成反比关系，归零码的脉冲比全宽码的窄，因此它们在信道上占用的频带就较宽，归零码在频谱中包含了码元的速率，即在发送信号的频谱中包含有码元的定时信息；第三，双极性码与单极性码相比，直流分量和低频成分减少了，如果数据序列中 1 的位数和 0 的位数相等，则双极性码就没有直流分量输出，交替双极性码也没有直流分量输出，这一点对于在实践中的传输是有利的；第四，曼彻斯特码和差分曼彻斯特码在每个码元中间均有跃变，也没有直流分量，利用这些跃变可以自动计时，因而便于同步（即自同步）。在这些编码中，曼彻斯特码和差分曼彻斯特码的应用较为普遍，成为局域网的标准编码。

2.4 多路复用技术

在计算机网络中，传输信道是网络的主要资源之一。为了充分利用信道资源，需要用一条信道传输多个信号，这就是所谓的多路复用（Multiplexing）。如图 2-21 所示。

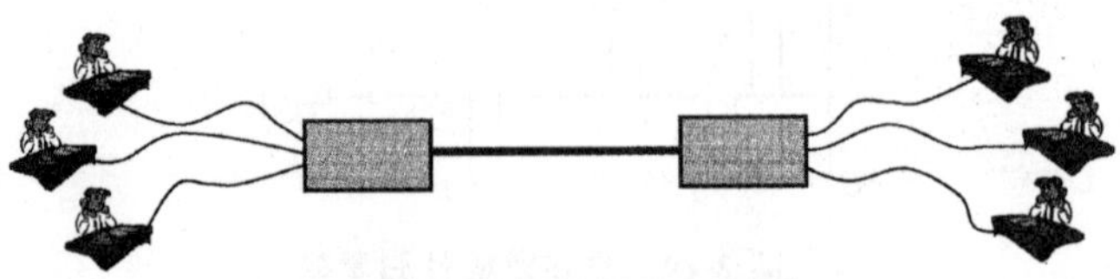

(a) 一条物理信道多个用户通信

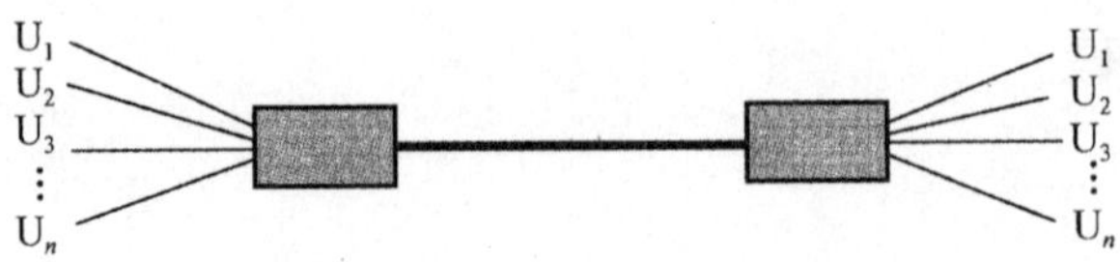

(b) 一条物理信道N对用户通信

图 2-21 共享点到点通信

2.4.1 频分复用

1. 频分复用的概念

频分复用（Frequence Division Multiplexing，FDM）是指当物理信道的可用带宽超过单个信号源的信号带宽时，可将信道带宽按频率划分为若干子信道，每个子信道可传输一路信号。频分复用的模式如图 2-22 所示。为防止由于相邻信道信号频率覆盖造成的干扰，在相邻两个信号的频率段之间设计一定的“保护”带。保护带对应的频谱不可被使用，以保证各个频带相互隔离不会交叠。模拟信号的传输一般采用频分多路复用。

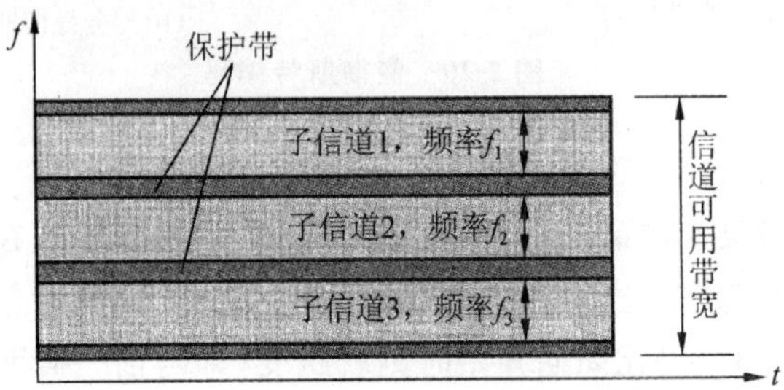

图 2-22 频分复用

在频分复用前，要对多路信号进行频谱搬移，将各路信号的频谱通过不同的载波频率进行调制，将其搬移到以各自载波为中心的不同频段，即子信道上。频分复用的所有用户在同样的时间内占用不同的带宽资源，数据在各个子信道上是并行传输的。

2. 频分复用的应用

频分复用最普遍的应用是语音信号、电视信号和无线电信号的传输，也用在宽带计算机网络中，如在公共电话网中复用电话线路传输语音信号。

下面我们探讨一下电话系统中频分多路复用方式。如图 2-23 所示给出了 3 路语音信号进行频分复用的例子，每路语音的频谱范围为 300～3400 Hz，即一路语音所占的带宽为 3.1 kHz，在频分复用划分子信道时常给每路语音分配 4 kHz 的带宽[①]，并将其分别调制到所分配的频带范围内的载波上，这样就可以在一条物理信道上传输了。

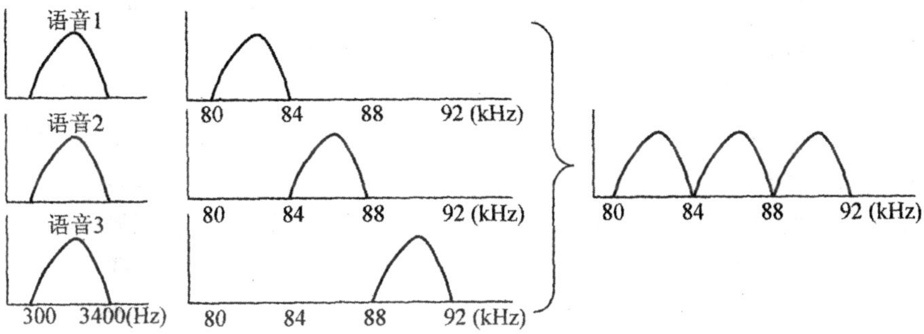

图 2-23　语音信号频分复用

2.4.2　时分复用

时分多路复用(Time Division Multiplexing，TDM)是指将传输信号的时间进行分割，使不同的信号在不同时间内传送，即将整个传输时间分为许多时间间隔(称为时隙、时间片等，Slot Time)，每个时间片被一路信号占用。换言之，TDM 就是通过在时间上交叉发送每路信号的一部分来实现一条线路传送多路信号。线路上的每一时刻只有一路信号存在，而频分是同时传送若干路不同频率的信号。为了避免各路信号干扰，时分复用需要有警戒时间间隔。

时分多路复用技术特别适合于数字信号的传送。根据时间片的分配方法，TDM 又分为同步时分复用 STDM(Synchronous Time DivisionMultiplexing)和异步时分复用 ATDM(Asynchronous Time Division Multiplexing)。

1. 同步时分复用

STDM 采用固定时隙的分配方式，即将传输信号的时间按特定长度连续地划分成特定时间段，再将每一时间段划分成等长度的多个时隙(时间片)，每个时隙以固定的方式分配给各路数字信号，各路数字信号在每一时间段都顺序分配到一个时隙。即使在某个时隙内某个信源没有信号发送，该时隙也只能空着，不能被其他信源使用。各个信道的发送与接收都必须是同步的。

通常，复用器与低速设备(如终端)相连接，并将其送来的在时间上连续的低速率数据经过提高传输速率，压缩到对应时隙，使其变为在时间上间断的高速时分数据，以达到多路低速设备复

① 略大于实际带宽，多出来的约 1 Hz 作为保护宽带，每边约占 500 Hz。

用高速链路的目的。所以与复用器相连的低速设备数目及速率受复用群反复用传输速率的限制。

T1 信道广泛应用于北美和日本的电话系统中。Bell 系统的 T1 载波利用脉码调制(PCM)和时分多路复用(TDM)技术,使 24 路语音信号分时复用一个通道,见图 2-24。

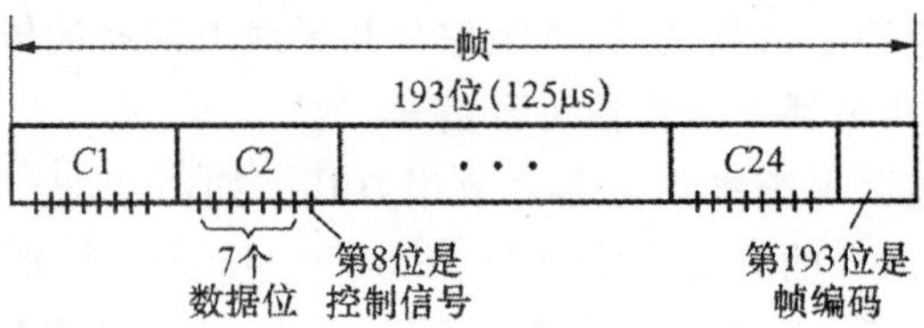

图 2-24　T1 载波帧结构

根据采样定理可知,只要以 8000 次/s 的频率对声音信号进行采样,在接收端即可以将原始信号恢复出来。所以,在发送端以 8000 次/s 的速率依次对每路声音信号采样,每个采样值被编码成 7 bit 数字信号,再加上 1 bit 控制信号,插入信道中。24 路信号的一次采样值组成一个帧,为了便于帧同步,另外加上 1 个帧同步比特。这样,一帧共有(7+1)×24+1=193 bit,每秒传输 8000 帧,由此可以得出,T1 系统总的数据速率为 193×8000=1.544 Mb/s。

在同步时分复用方式中,由于时隙预先分配且固定不变,因此,无论时间片拥有者是否传输数据都占有一定时隙,这无疑造成了一定程度上的时隙浪费,使得时隙的利用率很低。为了克服同步时分多路复用(STDM)技术的缺点,异步时分多路复用(ATDM)技术被引入了。

2. 异步时分复用

异步时分复用技术又被称为统计时分复用(Statistical Time Division Multiplexing,STDM)或智能时分复用(Intelligent Time Division Multiplexing,ITDM),它能动态地按需分配时隙,避免每个时间段中出现空闲时隙。

ATDM 就是只有某一路用户有数据要发送时才把时隙分配给它。在这其中,时隙号与信道号之间不再存在固定的对应关系。当用户暂停发送数据时不给它分配线路资源(时隙),线路的空闲时隙可用于其他用户的数据传输。所以每个用户的传输速率可以高于平均速率(即通过多占时隙),最高可达到线路总的传输能力(即占有所有的时隙)。如线路总的传输能力为 28.8 kb/s,3 个用户公用此线路,当采用 STDM 时每个用户的最高速率为 9600 bit/s,而在采用 ATDM 方式时,每个用户的最高速率可达 28.8 Kb/s。

CCITT 建议了一种 2.048 Mb/s 速率的 PCM 载波标准,称为 E1 载波。E1 信道主要应用于欧洲,它是异步时分多路复用的典型代表。E1 标准没 125 μs 为一个时间片,每个时间片被划分为 32 个时隙,其中 30 个时隙用于传输用户的语音信号,1 个时隙用作帧同步,还有 1 个用于传输信令,每个时隙传送 8 个二进制位,采样频率为 8000 次/s,总的数据传输速率为(32×8 bit)/125 μs =2.048 Mb/s。如图 2-25 所示。对 E1 进一步复用还可构成 E2 到 E5 等高次群。

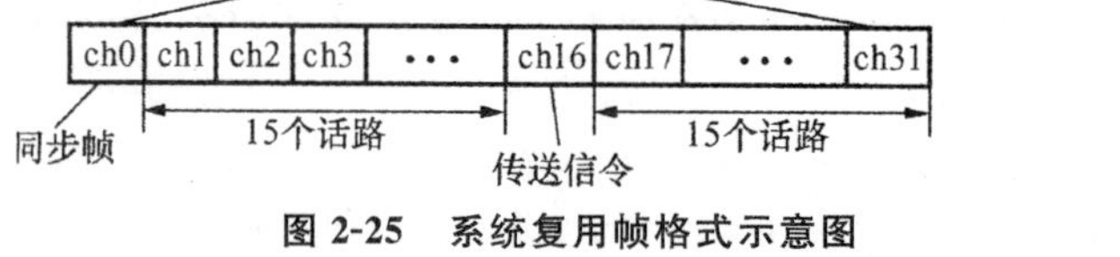

图 2-25　系统复用帧格式示意图

2.4.3　码分复用

码分复用 CDM(Code Division Multiplexing)技术又称为码分多址 CDMA(Code Division Multiple Access)技术，主要用在卫星通信和无线接入领域。CDM 是在扩频通信技术基础上发展起来的一种崭新的无线通信技术。

CDMA 是靠不同的编码来区分各路原始信号的一种复用方式，每个用户可在同一时间使用同样的频带进行通信。由于各用户使用经过特殊挑选的不同码型，因此不会造成串扰。CDMA 在信道和时间资源上均共享，因此，信道的效率高，系统的容量大。随着 CDMA 技术的进步，CDMA 广泛使用在民用的移动通信中，如 IS-95 CDMA、CDMA 2000、WCDMA 等 3G 移动通信系统。

1. CDMA 原理

CDMA 的技术原理是基于扩频技术，其过程是这样的：需要传送的信号 D 经过常规的数据调制，成为带宽为 W1 的基带信号，再用扩频编码发生器产生的伪随机码(Pseudo Noise Code，PNC)对基带信号作扩频调制，形成带宽为 W2(W2 远大于 W1)而功率谱密度极低的扩频信号，发送出去；在接收端用与发射端相同的伪随机码做扩频解调，即压缩其频谱，把宽带信号恢复成常规的基带信号，再用常规的解调方法还原数据信号 D，从而实现数据通信。扩频通信的基本原理如图 2-26 所示。

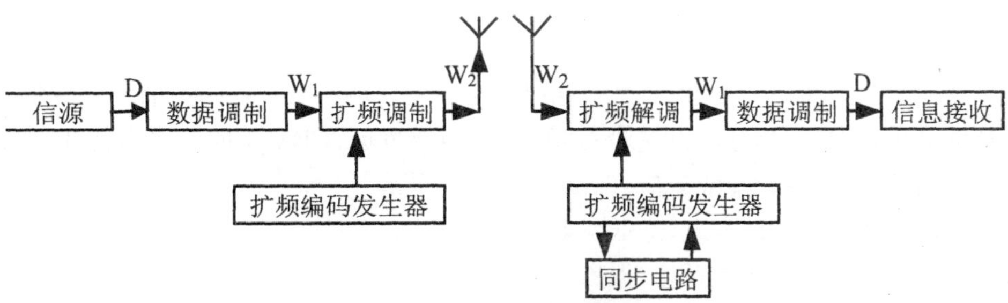

图 2-26　扩频通信基本原理

CDMA 技术利用扩频通信中不同码型的扩频码之间的相关特性，分配给用户不同的扩频编码，以区别不同用户的信号。在众多用户中，只要配对使用自己的扩频编码，就可以互不干扰地同时使用同一频率进行通信，使频谱得到充分利用。发送者可用不同的扩频编码，分别向不同接收者发送数据；同样，接收者用不同的扩频编码，就可以收到不同的发送者发送来的数据，实现了多址通信。该技术多用于移动通信，它完全适合现代通信网络所要求的大容量、高质量、综合业务、软切换等。

2. 扩频码序列

理论研究表明，在信号传输中各路信号之间的差别越大越好，或者说两个信号之间互相关性越小越好。使任意两个信号不混淆、避免发生误判的理想的扩频码序列应是随机码序列。但是随机码序列在实际中并无法实现，它无法重复产生和处理，所以常采用伪随机码序列作为扩频码序列。因而伪随机码序列是一种貌似随机但实际上是有规律的周期性二进制码序列。

M 序列是常用的伪随机码序列。具体来说，M 序列是将每一个比特时间再划分为 m 个短的时间间隔，称为码片(Chip)。使用 CDMA 的每一个站被指派一个唯一的 m bit 码片序列

(Chip Sequence)。一个站点如果要发送比特1,则发送它自己的 m bit 码片序列;如果要发送比特0,则发送该码片序列的二进制反码。例如,指派给S站的8 bit码片序列是00011011,当S要发送比特1时,它就发送序列00011011;而当S发送比特0时,就发送11100100。为了方便,将码片中的0记为−1,1记为+1。因此S站的码片序列是(−1−1−1+1+1−1+1+1)。

CDMA系统的一个重要特点就是系统给每一个站分配的码片序列不仅必须各不相同,并且还必须正相交(Orthogonal)。将M序列看作 n 维向量,由 n 个有次序的比特 a_1、a_2、…、a_n 所组成。设 n 维向量 $x=(x_1,x_2,x_3,\cdots,x_n)T$,$y=(y_1,y_2,y_3,\cdots,y_n)T$,令 $[x,y]=x_1y_1+x_2y_2+\cdots+x_ny_n$),则称 $[x,y]$ 为向量 x 和 y 的内积。如果 $[x,y]=0$ 则称向量 x 与 y 正交。

X站必须知道S站所特有的码片序列才可接收S站发送的数据,X站使用S站的码片向量与接收到的未知信号进行内积运算,其他站的信号被过滤掉(其内积的相关项都是0),只剩下S站发送的信号。

3. CDMA 的优点

CDMA的基础是扩频技术和伪随机码技术,扩频后的信号拥有很宽的带宽。根据香农定理可知,扩频后的信号在较低的信噪比,甚至被淹没在噪音之中,仍然可以保持可靠的通信。基于此,CDMA还有很多其他的优点。

1)具有很强的抗干扰能力。这是扩频通信和CDMA的突出优点。由于各用户使用经过特殊挑选的不同码型,因此其相互之间并不会造成干扰。一般来说,如果信号带宽扩展100倍(20 dB),在相同干扰强度下,噪声信号功率需扩大100倍。或者说在噪声功率不变的条件下,干扰强度只有原来的1/100。

2)具有很好的隐蔽性。一方面,扩频信号带宽很宽,这样,单位频带内的功率就很小,即信号的功率谱密度很低,甚至信号可以淹没在噪声中;另一方面,CDMA的频谱类似于白噪声,不易被人发现。因此,可以进行隐蔽通信。

3)能够增大通信系统的容量,降低发射功率。

4)每个基站只需一个射频系统,提高了频率利用率。

5)软容量、软切换,系统容量大,较高的信道利用率。

6)具有较强的抗衰落、抗多径能力。

2.4.4 波分复用

波分多路复用(Wave Division Multiplexing,WDM)是指在光纤中应用的复用技术,波分复用就是光的频分复用。主要用于全光纤网组成的通信系统。这是近几年才发展起来的新技术。

人们借用传统的载波电话的频分复用的概念,就能做到使用一根光纤来同时传输与多个频率都很接近的光载波信号,这样就使光纤的传输能力成倍地提高了。由于光载波的频率很高,而习惯上是用波长而不用频率来表示所使用的光载波。波分复用的概念由此而来。最初,只能在一根光纤上复用两路光载波信号,但随着技术的发展,在一根光纤上复用的路数越来越多。随着网络用户的猛增,多媒体应用需求越来越大,网络宽带仍然成为瓶颈。密集波分复用(Dense Wavelength Division Multiplexing,DWDM)技术现在已能做到在一根光纤上复用80路或更多路数的光载波信号。

在地下铺设光缆是耗资很大的工程。因此人们习惯在一根光缆中放入尽可能多的光纤,然后每一根光纤使用密集波分复用技术。如图2-27显示的是一种在光纤上获得WDM的简单方法。两根光纤连接到一个棱镜上，每根的能量级处于不同的波段，两束光通过棱镜合成到一根共享光纤上，待传输到目的地后，将它们通过同样方法再分解开以达到复用的目的。

图 2-27　波分多路复用

2.5　数据交换技术

在每对设备间安装一条点到点的链路是实现一对一通信的一个解决方法，而对于大型网络而言由于所有终端之间实现全连接拓扑结构在操作上几乎不可能，而且链路的利用率极低，因此是不切合实际的。实际的广域网中，拓扑结构为部分连接，两个没有直连线路的终端进行通信时，必须经过中间节点的转接，这种由中间节点进行转接的通信称为交换。交换的概念最早源于电话系统。中间节点又称为交换点，当交换节点转接的终端数很多时，称该节点为交换中心。多个交换中心又可互联成交换网络。

数据交换技术主要有电路交换、报文交换和分组交换等。另外还有由分组交换发展而来的快速分组交换——帧交换和信元交换，这里不作详细介绍。如图 2-28 所示为三种电路交换原理。

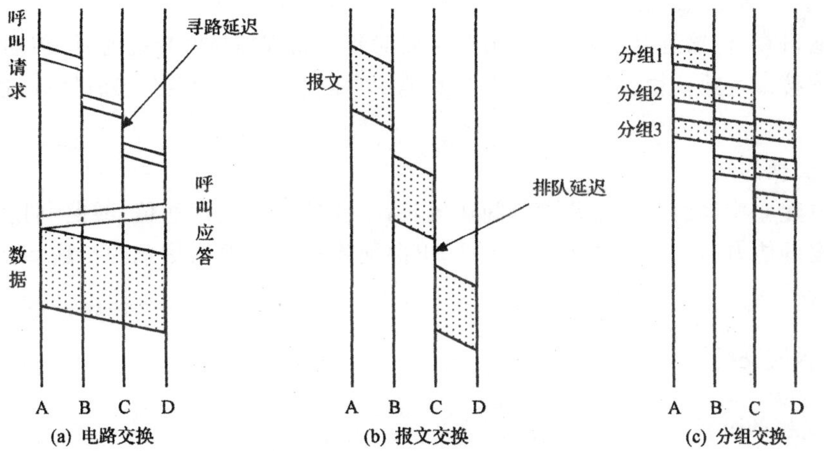

图 2-28　三种交换工作原理

2.5.1　电路交换

1. 电路交换的过程

电路交换技术是指为每次通话会话建立、保持和终止一条专用物理电路。可见，双方的通信活动的前提是首先在两者之间建立连接通道，而且这个连接一直被维持到双方的通信结束。在某次通信活动的整个过程中，这个连接将始终占用着连接建立伊始通信系统分配给它的资源（有线信道、无线信道、频段、时隙、码字等），这也体现了电路交换区别于分组交换的本质特征。

电路交换的速率较低，通常 128 kb/s 以下，其线路使用率也较低。电路交换主要用于远程用户或移动用户连接企业局域网，或用作高速线路的备份。传统的电话服务和窄带综合业务数字网采用的就是电路交换的技术。

与电话系统类似，计算机网络中的电路交换包括三个阶段：线路建立、数据传输和线路释放。

(1) 线路建立。

在通信之前，源站点发出建立连接请求，通过中间节点最终与目的站点之间建立起一条专用通道。该通道可以是物理通道，也可以是逻辑通道。

(2)数据传输。

连接建立后直到线路释放，通信双方一直占用该通道进行数据传输。

(3) 线路释放。

通信结束后，任意一方发出释放连接请求，各中间节点释放传输通道占用的线路资源。

2. 电路交换的实现方式

电路交换的实现方式有两种：

第一种为传统模拟电话采用的空分交换方式，空分交换的优点是即时性，缺点是所需的纵横交叉点太多。

第二种为数字式交换机采用的时分交换方式，时分交换不需要纵横交叉点，但处理每个连接时会引入时延。

3. 电路交换的优缺点

(1)电路交换的优点。

数据传输可靠；传输延迟小，电路交换的主要时延是物理信号的传播时延；传输信道独占，双方一旦建立连接即可独享物理信道而不会与其他用户的通道发生冲突；实时性好，适用于交互式会话类通信。

(2)电路交换的缺点。

通话双方建立物理信道所花费的时间比较长；不能适应突发性通信，线路利用率低；系统不具有存储数据的能力和差错控制能力。因此，电路交换适用于模拟信息的传输和实时大批量连续的数字信息传输。

2.5.2 报文交换

1. 报文交换的过程

由于在电路交换过程中各种不同类型和特性的用户终端之间不能互通，以及存在呼损等缺点，于是出现了报文交换技术。

报文交换是指网络中的每一个节点（交换设备）先将整个报文完整地接收并存储下来，然后选择合适的链路转发到下一个节点。报文交换方式的数据传输单位是报文，报文就是站点一次性要发送的数据块，其长度无限制且可变。一个站要发送报文时，先将一个目的地址附加到报文中，网络节点再根据报文上的目的地址信息，把报文发送到下一个节点，一直逐个节点地转送到目的节点。每个节点在收到整个报文并检查无误后，就暂存这个报文，然后利用路由信息找出下一个节点的地址，再把整个报文传送给下一个节点。因此，在报文交换中，中间设备必须有足够的内存，以便将接收到的整个报文完整地存储下来。端与端之间无需通过呼叫建立连接。

一个报文在每个节点的延迟时间，等于接收报文所需的时间加上向下一个节点转发所需的排队延迟时间之和。通常，一个节点对于一个报文所造成的时延是不确定的。

报文交换时交换机要对用户信息（报文）进行存储和处理。该交换技术适用于电报业务和电子信箱业务。

2. 报文交换的特点

1)报文从源点传送到目的地是采用"存储—转发"方式进行的，该方式在传送报文时，任何时刻一份报文只占用一条链路的资源。

2)在交换节点过程中需要缓冲存储，当没有空闲链路的时候将报文暂时存储起来，等待发送，故报文交换不能满足实时通信的要求。

3. 报文交换的优缺点

(1)报文交换的优点。

1)具有较高的线路利用率。由于许多报文可以分时共享两个节点之间的通道，所以对于同样的通信量，该交换技术对线路的传输能力要求较低。

2)交换机以"存储—转发"方式传输数据信息，一方面可以起到匹配输入/输出传输速率的作用，另一方面还能起到防止呼叫阻塞、平滑通信业务量峰值的作用。

3)发送、接收两端不需要同时处于激活状态。发送端用户将报文全部发送到交换机存储起来，伺机转发出去，不存在呼损现象，而且便于对报文实现多种功能服务，包括优先级处理、差错控制和恢复等。

4)一个报文通过报文交换系统可以被同时发送到多个目的地址。

5)易于实现不同类型终端之间的互通。

(2)报文交换的缺点。

1)数据库的转发可能会长时间占用线路，导致数据在中间节点的时延很大，从而使报文交换方式不太适合于交互式数据通信。

2)交换机必须具有存储报文的大容量和高速分析处理报文的功能，这样就增大了交换机的投资费用。

2.5.3　分组交换

1. 分组交换的过程

为了解决报文交换中的缓存和延迟问题，分组交换的技术被人们引入进来。它与报文交换同属于存储转发式交换。

分组交换是在"存储转发"的基础上发展起来的一种交换模式，但它不像报文交换那样以整个报文为单位进行交换和传输，而是以更短的、标准的"报文分组"(Packet)为单位进行交换传输。

分组是一组包含数据和呼叫控制信号的二进制数，把它作为一个整体加以转接，这些数据、呼叫控制信号以及可能附加的差错控制信息都是按规定的格式排列的。假如 A 站有一份比较长的报文要发送给 C 站，则它首先将报文按规定长度划分成若干分组（小报文，分组大小有严格的上限,通常为 1000～2000 bit),每个分组附加上地址及纠错等其他信息,然后将这些分组顺序发送到交换网的节点 C,由节点对分组进行组装。

交换网可采用两种方式:虚电路分组交换或数据报分组交换。

2. 虚电路分组交换

虚电路就是两个用户的终端设备在开始相互发送和接收数据之前需要通过通信网络建立起逻辑上的连接,而不是建立一条专用的电路。用户不需要在发送和接收数据时清除连接。虚电路是在分组交换网中常用的组网方式。它试图将数据报方式与电路交换方式结合起来,发挥两种方法的优点,从而达到最佳的数据交换效果。

虚电路包括虚电路建立、数据传输和虚电路拆除三个阶段。与电路交换的实质上的区别在于:所有分组都必须沿着事先建立的虚电路传输,且存在一个虚呼叫建立阶段和拆除阶段(清除阶段),如图 2-29 所示。

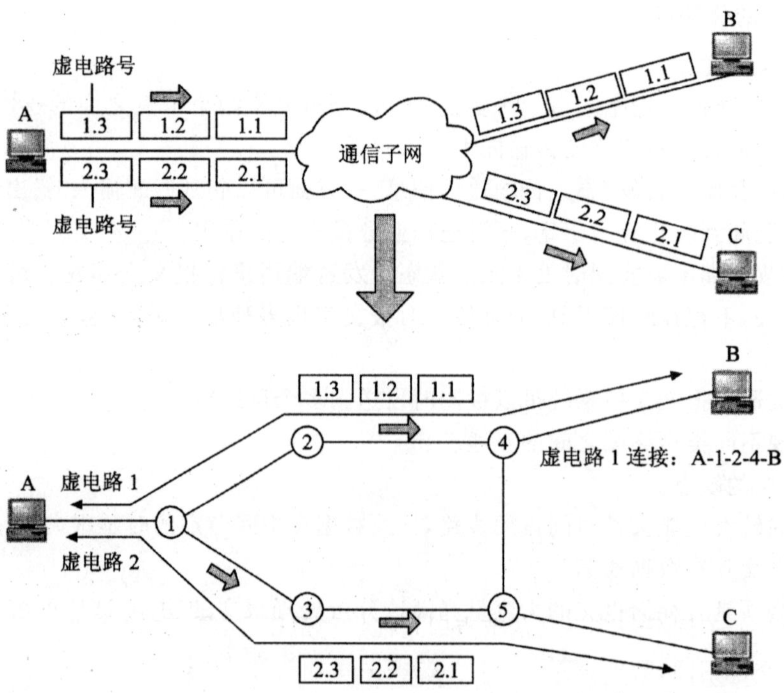

图 2-29　虚电路的工作方式

虚电路在计算机网络中具有广泛的应用,它具有如下特点:

1)类似于电路交换但有别于电路交换。虚电路在每次报文分组发送之前必须在源节点与目的节点之间建立一条逻辑连接。但与电路交换不同的是虚电路建立的通路不是一条专用的物理线路,而只是一条路径,报文分组途经的所有节点都对这些分组进行存储转发,而电路交换无此功能。

2)临时性专用链路。一次通信的所有报文分组都从这条逻辑连接的虚电路上通过,因此,报文分组不必带目的地址、源地址等辅助信息,只需要携带虚电路标识号。报文分组到达目的节点时不会出现丢失、重复与乱序的现象。

3)通信子网中的每个节点可以和任何节点建立多条虚电路连接。

4)报文分组通过每个虚电路上的节点时,节点只需作差错检测,而不需作路径选择。

3. 数据报分组交换

基于分组交换技术的数据报组网方式的思想实际上非常简单。交换网把进网的任一分组都当作单独的“小报文”来处理,而不管它是属于哪个报文的分组,就像报文交换中把一份报文进行单独处理一样。这种分组交换的方式简称为数据报传输,作为基本传输单位的“小报文”被称为数据报(Datagram)。

数据报的工作方式如图 2-30 所示。数据报组网方式要求进入数据报网络的每个报文都要携带完整的目的节点地址。

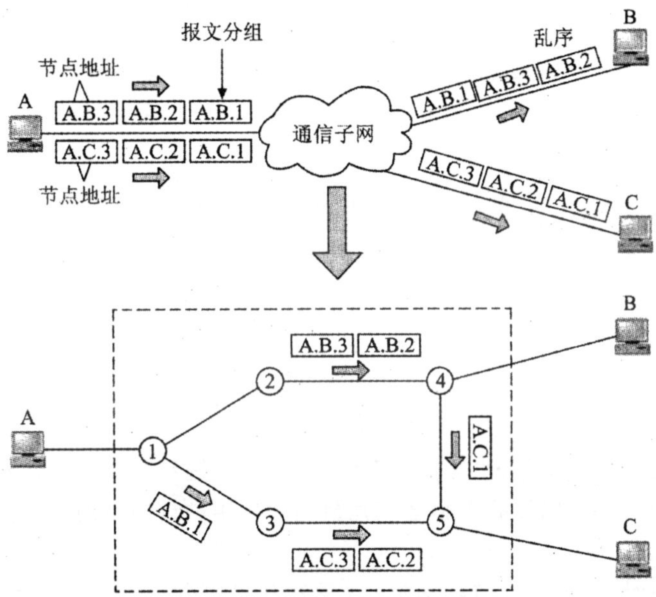

图 2-30　数据报的工作方式

数据报分组具有如下特点:

1)同一报文的不同分组可以由不同的传输路径通过通信子网。

2)同一报文的不同分组到达目的节点时可能出现乱序、重复或丢失现象。

3)与报文交换不同,数据报不是将整个报文一次性转发的。

可见,使用数据报方式时,数据报文传输延迟较大,每个报文中都要带有源节点地址和目的节点地址,增大了传输和存储开销。基于数据报精炼短小的特点,特别适用于突发性通信,而不适用于长报文和会话式通信。

2.6　差错控制技术

2.6.1　差错的产生

根据数据通信系统的模型,当数据从信源发出经过通信信道传输时,由于信道总存在一定的噪声,数据到达信宿端后,接收的信号实际上是数据信号和噪声信号的叠加。接收端在取样时钟作用下接收数据,并根据阈值电平判断信号电平。如果噪声对信号的影响非常大,就会造成数据的传输错误。

通信信道中的噪声分为热噪声和冲击噪声两类。

热噪声是由传输媒体的电子热运动产生的，其特点是持续存在，幅度小，但干扰强度与频率无关，但频谱很宽，属于随机噪声，由它引起的差错属于一种随机差错。

冲击噪声是由外界电磁干扰引起的，与热噪声相比，冲击噪声的幅度较大，是引起差错的主要原因，它的持续时间与数据传输中每个比特的发送时间相比可能较长，因冲击噪声引起的相邻多个数据位出错呈突发性，由它引起的传输差错称为突发差错。

在通信过程中出现的传输差错是由随机差错和突发差错共同构成的，而造成差错可能出现的原因还包括：在数据通信中，信号在物理信道上的线路本身的电气特性随机产生了信号幅度、频率、相位的畸形和衰减：电气信号在线路上产生反射噪声的回波效应：相邻线路之间的串线干扰；大气中的闪电、电源开关的跳火、自然界磁场的变化以及电源的波动等外界因素。

2.6.2 差错的控制

在数据通信的过程中，为了保证将数据的传输差错控制在允许的范围内，就必须采用差错控制方法。

1. 差错编码

目前，差错控制常采用冗余编码方案来检测和纠正信息传输中产生的错误。冗余编码思想就是把要发送的有效数据在发送时按照所使用的某种差错编码规则加上控制码(冗余码)一起发送，当信息到达接收端后，再按照相应的规则检验收到的信息是否正确。

差错检测编码有奇偶校验码、水平垂直奇偶校验码头、循环溶于码等。差错就错编码有海明码和卷积码等。下面仅对奇偶校验码和循环冗余码的使用进行简单的介绍。

(1)奇偶校验码。

采用奇偶校验码时，在每个字符的数据位(字符代码)传输之前，先检测并计算出数据位中“1”的个数(奇数或偶数)，并根据使用的式奇校验还是偶校验来确定奇偶校验位的设置，然后将其附加在数据位之后(最低位)进行传输。当接收端接收到数据后，重新计算数据位中包含的“1”的个数，再通过奇偶校验位就可以判断出数据是否出错。使用奇偶校验码发送和接收数据的过程如图 2-31 所示。

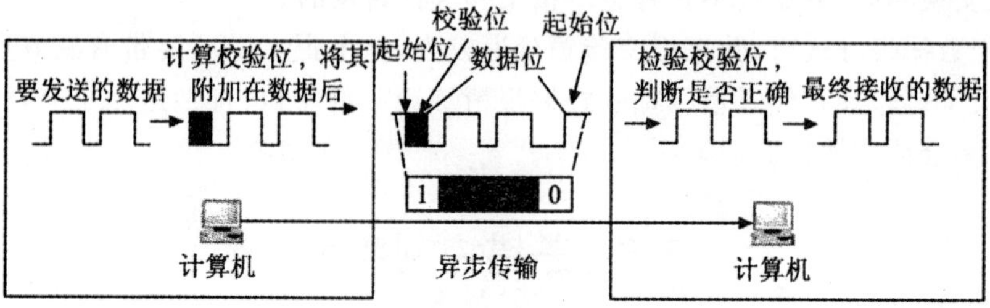

图 2-31 使用奇偶校验码的工作过程

奇偶校验码比较简单，被广泛应用于异步通信中。另外，奇偶校验码只能检测单个比特出错的情况，而当两个或两个以上的比特出错时，它就无能为力了。

(2)循环冗余码。

循环冗余码(Cyclic Redundancy Code，CRC)是一种较为复杂的校验方法，它先将要发送的信息数据与一个通信双方共同约定的数据进行除法运算，并根据余数得出一个校验码，然后将这个校验码附加在信息数据帧之后发送出去。接收端在收到数据后，将包括在校验码在内的数据帧再与约定的数据进行触发运算，若余数为 0，则表示接收的数据正确，若余数不为 0，则表明数据在传输的过程中出错。使用 CRC 的过程如图 2-32 所示。

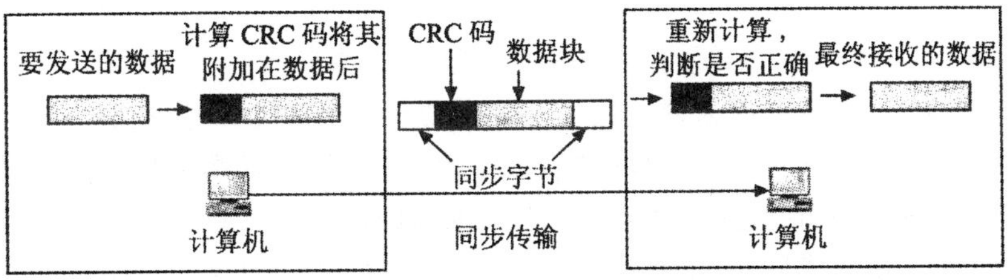

图 2-32　使用 CRC 校验码的工作过程

2. 差错控制技术

差错控制技术主要是通过有效手段检错并纠错，通常采用前向差错控制、自动反馈重发技术实现传输中的差错控制。

(1)前向差错控制。

前向差错控制(Forward Error Control，FEC)也称为前向纠错。接收端通过所接收到的数据中的差错编码进行检测，判断数据是否错处。若使用了差错纠错编码，当判断数据存在差错后，还可以确定差错的具体位置，并自动加以纠正。当然，差错纠错编码也只能解决部分出错的数据，对于不能纠正的错误，就只能使用 ARQ 的方法予以解决。

(2)自动反馈重发控制。

自动反馈重发控制(Automatic Repeat Request，ARQ)又称为停止等待方式。接收端检测到接收信息有错后，通过反馈信道要求发送端重发原信息，直到接收端认可为止，从而达到纠正错误的目的。自动反馈重发包括停止等待 ARQ 和连续 ARQ 方式，而连续 ARQ 又包括选择 ARQ 和 Go-Back-N 方式。图 2-33 显示了它们的工作原理。

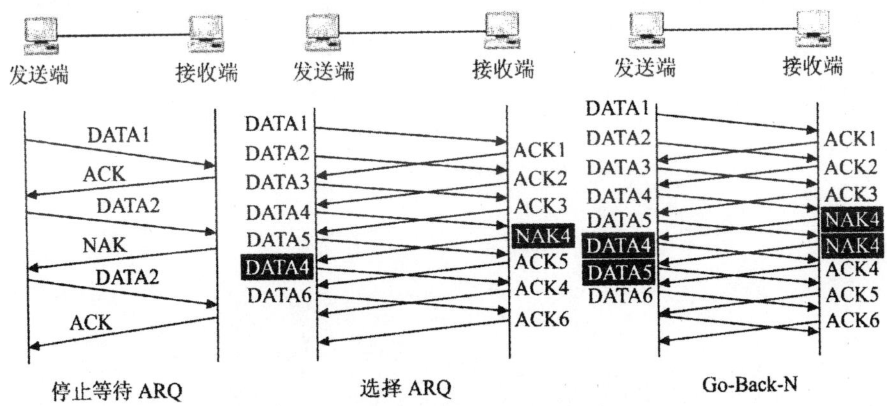

图 2-33　自动反馈重发 ARQ 的 3 中方法

1)停止等待 ARQ 方式。在停止等待 ARQ 方式中，发送端在发送完一个数据帧后，要等待接收端返回的应答信息，当应答为确认信息(ACK)时，发送端才可以继续发送下一个数据帧；当应答为不确认信息(NAK)时，发送端需要重发这个数据帧。停止等待 ARQ 协议非常简单，但由于是一种半双工的协议,因此系统的通信效率比较低。

2)选择 ARQ 和 Go-Back-N 方式。与停止等待 ARQ 方式不同,在选择 ARQ 和 Go-Back-N 方式中,发送端一次可以发送多个数据帧,与此同时,还可以接收对方发送的应答信息,如果接收中出错,则丢弃已接收的出错帧,只从出错的帧开始重发。它们是一种全双工的协议,效率高,应用非常广泛。

下面以一个实例说明选择 ARQ 和 Go-Back-N 方式的不同。

对于选择 ARQ 方式,假设发送端发出了 6 个数据帧,对于前 3 个数据帧,接收端都正确接收并分别返回 ACK 信息,对于第 4 个数据帧,由于出现错误,接收端返回了对第 4 个数据帧的 NAK 信息,此时,发送端只需要重新发送第 4 个数据帧即可。

对于 Go-Back-N 方式,同样假设发送端发出了 6 个数据帧,但接收端返回了对其中第 4 个数据帧的 NAK 信息,由于收到该 NAK 信息时,发送端已经发出了数据帧 5,因此,发送端需要重新发送从第 4 个数据帧开始的所有数据帧,即第 4、第 5 个数据帧。

由于采用选择 ARQ 方式时,接收到的数据帧有可能是乱序的。因此,接收端必须提供足够的缓存先将每个数据帧保存下来,然后对数据帧重新排序,但由于该方式仅重发出错的数据帧,因此,信道利用率高。对于 Go-Back-N 方式,由于接收到的数据帧是按照顺序排列的,因而接收端不需要太多的缓存,但由于发送端要将出错数据之后的已发送数据帧丢弃重新发送,致使信道利用率相对降低。

第 3 章　多媒体数据压缩与编码技术

3.1　多媒体数据压缩技术概述

多媒体计算机技术是面向三维图形、立体声和彩色全屏幕运动画面的处理技术。多媒体计算机面临多种媒体承载的由模拟量转换为数字星的吞吐、存储和传输问题。数字化的视频和音频信号的数据量是非常大的。例如，一幅分辨率为 640×480 的真彩色图像，它的数据量约为 7.37 MB。若要达到每秒 25 帧的全动态显示要求，每秒所需的数据量为 184 MB，而且要求系统的数据传输率必须达到每秒 184 MB。可见，数字化信息的数据量非常大，对数据的存储、信息的传输以及计算机的运行速度都提出了很高的要求。这也是多媒体技术发展中首要解决的问题。为了较好地解决这一问题，不能单纯用扩大存储量、增加通信的传输率来解决。通过数据压缩手段把信息数据量降下来也是解决问题的重要方面，这样可以以压缩形式存储和传输，既节约了存储空间，又提高了传输效率。

3.1.1　多媒体数据的冗余类型

冗余是指信息所具有的各种性质中多余的无用空间，其多余的程度叫做“冗余度”。一般而言，图像和语音的数据冗余度很大。通过去除冗余数据可以使原始图像数据极大地减少，图像数据的压缩技术就是利用图像数据的冗余性来减少图像数据量的方法。

常见的一些图像数据冗余有以下几种。

1. 空间冗余

空间冗余是图像数据中经常存在的一种冗余，在任何一幅图像中记录了画面上可见景物的颜色，同一景物表面上各采样点的颜色之间往往存在空间连续性，基于离散像素采样来表示物体表面颜色的像素存储，可利用空间连续性，达到减少数据量的目的。

2. 时间冗余

运动图像一般为一个时间段的一组连续画面，其中的相邻帧往往包含相同的背景和移动物体，只不过移动物体所在的空间位置略有不同，所以后一帧的数据与前一帧的数据有许多共同的地方，这种共同性是由于相邻帧记录了相邻时刻的同一场景画面，所以称为时间冗余。时间冗余反映在图像序列中就是相邻帧图像之间有较大的相关性，一帧图像中的某物体或场景可以由其他帧图像中的物体或场景重构出来。同理，声音数据中也存在着时间冗余。

3. 视觉冗余

在多媒体技术的应用领域中，人的眼睛是图像信息的接收端，而人类的视觉系统并不是对图像画面的任何变化都能感觉到，视觉系统对于图像的感知并非是线性的，它呈现出非均匀性和非线性，即注意主要部分，同时观察画面的整体效果，不拘泥于每一个细节。人类的视觉敏感度一般小于图像的表现力，图像的微小色彩变化、亮度层次的细腻变化以及轮廓的细微差别不易察觉,这就产生了视觉冗余。

例如,人的视觉对于边缘的急剧变化不敏感,且人眼对图像的亮度信息敏感,对颜色的分辨率弱等。因此,如果由于压缩或量化而使图像发生的变化不能被视觉所感受,我们仍认为图像质量是完好的或是足够好的,即压缩图像在恢复后仍有满意的主观图像质量。

事实上,经研究表明人类视觉系统的一般分辨能力估计为 2^6 灰度等级,而一般图像的量化采用的是 2^8 的灰度等级,这样很多灰度色彩人眼都察觉不到。人类的视觉系统对图像的感觉是非均匀的,但是,在记录原始的图像数据时,通常假定视觉系统近似线性的和均匀的,对视觉敏感和不敏感的部分同等对待,从而产生比理想编码(即把视觉敏感和不敏感的部分区分开来的编码)更多的数据,我们称之为视觉冗余。

4. 信息熵冗余

信息熵冗余也称为“编码冗余”。信息熵是从平均意义上来表征信源的总体信息测度的一个量。信息熵一般定义为:

$$E=-\sum_{i=0}^{K-1}p_i\log_2 p_i$$

式中,E 为信息熵,K 为数据类数或码元的个数,P_i 为发生概率。为使单位数据量 d 等于 E 或接近 E,设单位数据量 d 为:

$$d=-\sum_{i=0}^{K-1}P_i\times b(y_i)$$

式中,d 为单位数据量,K 为数据类数或码元的个数,$b(y_i)$ 为分配给码元类 y_i 的比特数。理论状态下,$b(y_i)$ 应设为:

$$b(y_i)=-\log_2 P_i$$

式中,P_i 是 y_i 的发生概率。由于要预先估算出$\{P_0, P_1, \cdots, P_{k-1}\}$很困难,因此,一般取

$$b(y_0)=b(y_1)=b(y_2)=\cdots=b(y_{k-1})$$

这样一来,单位数据量 d 的值必然大于信息熵 E,产生信息熵冗余。

5. 结构冗余

在数字化图像中,具有规则纹理的表面、大面积相互重叠的相同图案、规则有序排列的图形等结构都存在数据冗余,这种结构上的冗余叫做“结构冗余”。结构冗余一般发生在结构特性明显且突出的图像上。

6. 知识冗余

知识是人类独有的,是认识自然、总结规律而得到的。人类一旦掌握了知识,凭借经验就可辨识事物,无须进行全面的比较和鉴别。而计算机在处理数据时,没有经验可循,只是按部就班地处理数据,这种与人类差异造成的数据冗余就叫做“知识冗余”。

有些图像的理解与某些知识有相当大的相关性,如狗的图像有固定的结构,比如,狗有四条腿,头部有眼、鼻、耳朵,还有尾巴,等等,这些规律性的结构可由先验知识和背景知识得到。

人类在辨识熟悉的图像时,不是逐个像素进行扫描,而是凭借经验就可以知道描述的是什么。图像所表达的主体一旦被辨别出来,次要的、没有明显关联的、视觉不敏感的像素就被忽略,其数据量要比计算机逐个像素描述的图像少得多,这种数据量的差异构成了知识冗余。

7. 统计冗余

统计冗余是空间冗余和时间冗余的总称，在数据处理时，往往采用统计出现概率的办法来鉴别空间冗余和时间冗余，因此，空间冗余和时间冗余具有统计特性。例如，某图像中相邻的相同特性像素重复出现的概率非常大，则相邻像素具有相关性，即被确认有冗余发生。而图像的其他像素重复出现概率很小，相邻像素的相关性不大，冗余就会很小，或不发生冗余。

8. 其他冗余

多媒体数据除了具有以上所说的若干种冗余外，还存在着一些其他的冗余类型，例如由图像的空间非定常特性产生的冗余等，以及其他种类的冗余，均属于其他冗余之列。

3.1.2　数据压缩及其重要性

数据压缩是一种数据处理的方法，它的作用是将一个文件的数据容量减小，而又基本保持原来文件的内容。

多媒体数据压缩及编码技术是计算机多媒体的关键技术。计算机多媒体系统需要具有综合处理声、文、图数据的能力。能面向三维图形、立体声、真彩色、高保真、全屏幕运动画面、应当能实时地处理大量数字化视频、音顿信息。这些操作对计算机的处理、存储、传输能力都有较高的要求。

数据压缩的目的是减少信息存储的空间，缩短信息传输的时间。当需要使用这些信息时，需要通过压缩的反过程——解压缩将信息还原回来。压缩和解压缩的过程为：

多媒体数据的原文件→采样→量化→压缩→存储→传输→解压缩→还原

压缩了的信息经解压缩后，信息的内容能否还原或基本还原，是对压缩是否有意义的衡量标准。

下面列举几个未经压缩的数字化信息的例子：

1)一页印在 B5 纸上的文件，若以中等分辨率(300 dpi)的扫描仪进行采样，其数据量约 6.61 MB/页。一片 65 MB 的 CD-ROM，可存 98 页。

2)双通道立体声激光唱盘(CD-A)，采样频率为 44.1 kHz，采样精度为 16 位/样本，其 1 秒钟时间内采样位数为 44.1×103×16×2=1.41 Mbps。一个 650 MB 的 CD-ROM，可存约 1 小时的音乐。

3)数字音频磁带(DAT)，采样频率 48 kHz，采样精度 16 位/样本，1 秒钟时间内采样位数为 48×103×16=768 kbps，一个 650 MB 的 CD-ROM 可存储近 2 小时的节目。

从以上举的数据例子，看出数字化信息的数据量是何等庞大，这样大的数据量，无疑给存储器的存储容量、通信干线的信道传输率以及计算机的速度都增加了极大的压力。这个问题是多媒体技术发展中的一个非常棘手的瓶颈问题，解决这一问题，单纯用扩大存储器容量、增加通信干线的传输率的办法是不现实的。数据压缩技术是个行之有效的方法，通过数据压缩手段把信息数据量压下来，以压缩形式存储相传输，既节约了存储空间，又提高了通信干线的传输效率，同时也使计算机能实时处理音频、视频信息，以保证播放出高质量的视频、音频节目成为可能。

随着网络时代的到来，网络已渐渐走近了人们的生活中。通过网络，人们可以接收几万公里以外的信息，包括录像、各种影片、动画、声音以及文字。网络数据的传输速率要远远低于硬盘和 CD-ROM 的数据传输速率。所以要实现网络多媒体数据的传输，实现网络多媒体化，数据不进行压缩不可能实现的。

对多媒体信息必须进行实时压缩和解压缩。如果不经过数据压缩，实时处理数字化的较长的声音和多帧图像信息所需的存储容量、传输速率和计算速度，都是目前普通计算机难以达到的。数据压缩技术的发展大大推动了多媒体技术的发展。

研究表明，选用合适的数据压缩技术，有可能将原始文字量数据压缩 1/2 左右；语音数据量压缩到原来的 1/2～1/10；图像数据量压缩到原来的 1/2～1/60。

多媒体数据压缩的理论正在不断地发展和深化。对声音数据的压缩一般要用去掉重复代码和去掉声音数据中的无声信号序列两种方法。

对静止图像信息，特别是视频图像信息数据的压缩是比较复杂的。对静止图像压缩广泛采用了 JPEG 算法标准，由于用计算机的中央处理器来完成 JPEG 算法花费的时间太长，所以都是用专用的 JPEG 算法信号处理器来完成运算。对视频图像压缩算法有 MPEG 算法，这些算法都是由相应的算法信号处理器来完成的。

3.1.3 数据压缩的主要指标

评价一种数据压缩技术的性能好坏主要有 3 个关键的指标：压缩比、图像质量、压缩和解压的速度。除此之外还要考虑压缩算法所需要的软件和硬件。

第一个指标是压缩比，这是反映压缩性能的，也就是在压缩过程中输入数据量和输出数据量之比，希望压缩比尽量地大。在实际应用中一种更好的定义是压缩比特流中每个像素所需的比特数，即 bit/pixel。

第二个指标是图像质量，这与压缩的类型有关。压缩方法可以分为无损压缩和有损压缩。无损压缩是指压缩以及解压过程中没有损失原始图像信息，所以对无损系统不必担心图像的质量。有损压缩则要对原始图像作一些改变，这样压缩前后图像不完全相同，但人眼难以察觉。对有损压缩结果的评价分为主观评分和客观尺度两种。主观评分是建立在人眼对图像的视觉感观上的，其分值为 1～5，如表 3-1 所示。

表 3-1　尺度评分法项目

妨碍尺度	质量尺度
5. 丝毫看不出图像质量变坏	5. 非常好
4. 能看出图像质量变化，但不妨碍观看	4. 好
3. 清楚地看出图像质量变坏，对观看稍有妨碍	3. 一般
2. 对观看有妨碍	2. 差
1. 非常严重地妨碍观看	1. 非常差

而客观尺度通常有以下几种：

均方误差：

$$E_n = \frac{1}{n}\sum_{i}(x(i) - \bar{x}(i))^2$$

信噪比：

$$\mathrm{SNR} = 10\log \frac{\sigma_x^2}{\sigma_r^2}(\mathrm{dB})$$

峰值信噪比：

$$\mathrm{PSNR} = 10\log \frac{x_{\max}^2}{\sigma_r^2}(\mathrm{dB})$$

其中，$x(n)$为原始图像信号序列，$\bar{x}(n)$ 为重建图像信号。$x_{\max}$ 为 $x(n)$的峰值。

$$\sigma_x^2 = E[x^2(n)], \sigma_r^2 = E\{[\bar{x}(n) - x(n)]^2\}$$

第三个指标是压缩和解压的速度，希望压缩解压速度要快。在许多应用中，压缩和解压将在不同的时间、不同的地点、不同的系统中进行，因而必须分别评价压缩和解压速度。在静态图像中，压缩速度没有解压速度要求严格，处理速度只需比用户能够忍受的等待时间快一些即可。但对于动态视频的压缩与解压缩，速度问题是至关重要的。动态视频为保证帧间动作变化的连贯要求，必须有较高的帧速。对于大多数情况来说至少要每秒 15 帧，而全动态视频则要求有 25 帧/秒或 30 帧/秒。在电话线上传送视频，因为受到线路传输速率的限制，帧速率没有这么高，但也要达到每秒 5 帧以上，否则动态图像就会产生跳动感，使人难以接受。

此外还要考虑软件和硬件的开销。有些数据的压缩和解压可以在标准的 PC 硬件上用软件实现，有些则因为算法太复杂或者质量要求太高而必须采用专门的硬件。这就需要在占用 PC 上的计算资源或者另外使用专门硬件的问题上做出选择。

3.2 常用的数据压缩编码方法

多媒体数据压缩方法根据不同的依据可产生不同的分类。第一种，根据质量有无损失可分为有损压缩编码和无损压缩编码。第二种，按照其作用域在空间域或频域上可分为空间方法、变换方法和混合方法。第三种，根据是否自适应分为自适应性编码和非适应性编码。一般来说，每一个编码方法都有其相应的自适应方法。

3.2.1 有损压缩编码

有损压缩编码是有损压缩形成的编码，有损压缩压缩了信息熵，会减少信息量，而损失的信息是不能再恢复的，因此有损压缩具有不可恢复性和不可逆性。有损失真压缩法的冗余压缩取决于初始信号的类型、前后的相关性、信号的语义内容等。由于允许一定程度的失真，可用于对图像、声音、动态视频等数据压缩。如采用混合的 JPEG 标准，它对自然景物的灰度图像，一般可压缩几倍到几十倍，而对于自然景物的彩色图像，压缩比将达到几十倍甚至上百倍。压缩比最为可观的是动态视频数据，如采用混合编码的 DVI 多媒体系统，压缩比通常达到 50∶1～100∶1。有损压缩编码属于不可逆编码，种类较多，主要有：预测编码、PCM 编码、子带编码、混合编码等。

3.2.2 无损压缩编码

无损压缩编码是无损压缩形成的编码，这类编码是在压缩时不丢失数据，还原后的数据与原始数据完全一致。无损压缩具有可恢复性和可逆性，不存在任何误差。从信息语义角度讲，无损压缩编码是泛指那些不考虑被压缩信息性质的编码和压缩技术，它是基于平均信息量的技术，并把所有的数据当作比特序列，而不是根据压缩信息的类型来优化压缩。也就是说，平均信息量编码忽略被压缩信息的语义内容。无损压缩编码是基于信息熵原理，属于可逆编码。所谓“可逆”，是指压缩的数据可以不折不扣地还原成原始数据，无损压缩编码的压缩比一般不高，在2∶1～5∶1之间，这主要是由于该类编码方法必须保证数据“无损”，必要的数据量比较大的缘故。典型的无损压缩编码有：霍夫曼编码、算术编码、游程编码、LZW编码等。无损压缩编码一般用于要求严格、不允许丢失数据的场合。例如医疗诊断中的成像系统，声音鉴别系统，星际探测中的图像传送卫星通信、全球定位系统，传真、网络通信等。

根据压缩的原理进行划分，可以有以下几类。

1. 预测编码

它是利用空间中相邻数据的相关性，利用过去和现在出现过的点的数据情况来预测未来点的数据。通常采用的方法是差分脉冲编码调制(DPCM)和自适应差分脉冲编码调制(ADPCM)。

2. 变换编码

该方法将图像光强矩阵(时域信号)变换到频域空间上进行处理。在时域空间上具有强相关的信号，反映在频域上是某些特定的区域内能量常常被集中在一起，人们只需将主要注意力放在相对小的区域上，从而实现压缩。一般采用正交变换，如离散余弦变换(DCT)、离散傅里叶变换(DFT)、Walsh-Hadamard变换(WHT)和小波变换(WT)等，来实现压缩算法。

3. 量化与向量量化编码

对模拟信号进行数字化时，要经历一个量化的过程。为了使整体量化失真最小，就必须依照统计的概率分布设计最优的量化器。最优量化器一般是非线性的，已知最优量化器是Max量化器。对像元点进行量化时，除了每次仅量化一个点的做法外，也可以考虑一次量化多个点的做法，这种方法称为向量量化。例如，每次量化相邻的两个点，将两个点用一个量化码字表示。向量量化的数据压缩能力实际上与预测方法相近。

4. 信息熵编码

这是根据信息熵原理，让出现概率大的符号用短的码字表达，反之用长的码字表示。最常见的方法有Huffman编码、Shannon编码以及算术编码。

5. 子带编码

将图像数据变换到频域后，按频域分带，然后用不同的量化器进行量化，从而达到最优的组合。或者分步渐近编码，在初始时，对某一频带的信号进行解码，然后逐渐扩展到所有频带。随着解码数据的增加，解码图像也逐渐变得清晰。

6. 模型编码

编码时首先将图像中的边界、轮廓、纹理等结构特征找出来，然后保存这些参数信息。解码时根据结构和参数信息进行合成，恢复原图像。具体方法有轮廓编码、域分割编码、分析合成编码、识别合成编码、基于知识的编码和分形编码等。

3.2.3 几种数据压缩方法的基本原理

1. 统计编码

统计编码包括游程编码、LZW编码和霍夫曼编码等，属于无失真编码。它是根据信息出现概率的分布特性而进行的压缩编码。其办法是：识别一个给定的数据流中出现概率最高的比特或字节模式，并用比原始比特更少的比特数来对其编码；也就是说，出现概率越低的模式，其编码的位数就越多，出现概率越高的模式编码位数就越少。如果码流中所有模式出现的概率相等，则平均信息量最大，信源没有冗余。这种编码的宗旨在于，在消息和码字之间找到明确的一一对应关系，以便在恢复时能准确无误地再现出来，并总是要使平均码长或码率压低到最低限度。

(1)游程编码。

游程编码是最简单、最古老的压缩技术之一，主要技术是检测重复的比特或者字符序列，并用它们的出现次数取而代之。它计算信源符号出现的游程长度，然后将游程长度转换成代码。

游程长度编码(Run Length Coding，RLC)，简称游长编码，是一种特别的无损编码。在传真等二值图像中，每一个扫描行总是由若干段连着的黑像素(1)和连着的白像素(0)组成，它们分别称为“黑游程”和“白游程”。

黑游程和白游程总是交替发生的。对于不同长度，按其不同发生概率，分配以不同码字。游长编码就是对这些游程长度进行 VLC 等熵编码。可以将黑游程与白游程混起来统一编码，也可以将黑游程与白游程分别编码。解码后根据游长值恢复黑、白游程，重建原黑白图像。其符号转换是把物理量“黑”、“白”电平转换为游程长度。

游程编码有多种编码方式，对于 0 出现较多，1 较少出现(或反之)的信源数据，可以对 0 的持续长度(或 1 的持续长度)进行编码，1(或 0)保持不变。而对于 0、1 交替出现的数据，可以分别对 0 的持续长度和 1 的持续长度编码。这种编码适合于 0、1 成片出现的数据的压缩。为了保证解压缩时保持颜色同步，所有的数据行以白色游程代码字集开始。如果实际的扫描线从黑色游程开始，那么假设起始有白色的 0 游程。黑色或白色游程中由规定的代码字来定义。代码字有两种类型：结束代码字和组成代码字。每个游程由 0 个或更多的组成代码字和一个确定的结束代码字来表示。在 0～63 范围内的游程由相应的结束代码字编码。64～2623 范围内的游程首先由组成代码字编码，它表示最接近、但不大于所要求的游程，后再跟结束代码字。游程大于或等于 2624 时，首先由组成代码 2560 编码。如果游程的剩余部分仍大于 2560，则产生附加的组成代码 2560，直到游程的剩余部分少于 2560，再按前述方法编码。如果一行的游程总量不等于图像宽度域中的值，则被认为是不可恢复的错误。

除了二值图像以外，游长编码目前也被用于多值对象的场合。此时，符号变换结果将得到一个符号对：其中之一是幅度相同的连续像素个数，即游长；另外一个是与幅度有关的量，在不同的应用中有所不同。然后对符号对进行 VLC 等熵编码。

游程编码实际上是一维信号的分段常数逼近，是一个相当简单的编码方法。编码器不断比较一维的相邻元素值的变化幅度，一旦发现有明显的变化，就称一个游程开始了。编码器对每一个游程需要确定两种信息：游程的起点位置和该游程对应的信号值。由于游程是连续的，一个游程的终止是下一个游程的开始，所以游程的位置信息和信号位都可以用两种方式记录：差分方式和绝对数值方式。一般情况下，差分方式具有较高的效率。对游程编码来说，显然游程越长则效率越高。

(2)LZW 编码。

LZW 算法在压缩文本和程序数据的压缩技术中唱主角，原因之一在于它的压缩率高。存无失真压缩法中，LZW 的压缩率是出类拔萃的。另一个重要的特点是 LZW 压缩处理所花费的时间比其他方式要少。

在进行 LZW 编码时，首先将原始的数据分成多个条纹，每个条纹都单独进行压缩。条纹大小的选择依据机器的内存而定，一般大约包含 8 KB。这样压缩的和未压缩的条纹都能保留在内存中，且又能接近最优的压缩比。

LZW 算法基于一个转换表或字串表，它将输入字符映射到编码中，使用可变长代码，最大代码长度为 12 位。这个字串表对于每个条纹都不同，并且不必保留给解压缩程序，因为解压缩过程中能自动建立完全相同的字串表。实际上，它是通过查找冗余字符串并将此宁符串用较短的符号标记替代的压缩技术。

编码时，首先把 256 项装入串表中，表中每项均由单字符串组成，而且它关联到代码值。在此它标识为字符本身，即表中的第 0 项由字符串＜0＞组成，对应代码值＜0＞；第 1 项由字符串＜1＞组成，对应代码值为＜1＞；……；表中第 255 项由字符串＜255＞组成，对应的代码值为＜255＞。为了确定每个条纹的开始和结束，需增加清零代码和信息结束代码，因此＜256＞专门用于清零代码，＜257＞专门用于信息结束代码。压缩过程中加到字串表的第一个多字符项从＜258＞位置开始。输出的代码应尽可能用较少的位编写。开始时，可使用 9 位的代码，这是由于新的字符串表项大于 255 但小于 512。但当表项增加到 512 项时，必须转换使用 10 位的代码。同样地，在有 1024 项时必须转换使用 11 位代码，而在有 2048 项时使用 12 位的代码。为了不使表变得太大，可以限制表项最多有 4096 项，当一使用第 4096 项，就写出一个 12 位的清零代码，然后压缩程序重新初始化字符串表并且又开始写出一个 9 位的代码。

(3)霍夫曼编码。

霍夫曼于 1952 年提出了对统计独立信源能达到最小平均码长的编码方法，即最佳码，它完全依据字符出现概率来构造，各码字长度严格按照所对应符号出现概率的大小逆序排列。最佳性可从理论上证明。这种码具有即时性和唯一可译性。

编码时，首先将信源符号按概率递减顺序排列，把两个最小的概率加起来，作为新符号的概率，重复此过程，直到概率和达到 1 为止。然后在每次合并消息时，将被合并的消息赋以 1 和 0 或 0 和 1，寻找从每一信源符号到概率为 1 处的路径，记录下路径上的 1 和 0，对每一符号写出“1”、“0”序列(从码树的右边到左边)。

霍夫曼编码过程实际上是构造一个向左倾倒的码树，右上端为根，向左伸出枝，左端各终节点分配着信源符号，所以这种编码方法可以看作从枝到根的编码顺序，编出的码一定是唯一可译的即时码。当然，这种最佳码并非是唯一的，因为“1”和“0”可以任意调换，而且当有的信源符号概率相等时，选择哪两个符号合并也是任意的。

这种由霍夫曼提出的最佳变长码编码法，当信源符号概率是 2 的负幂次方时，编码效率达到 100%。一般情况下，它的编码效率要比其他编码方法的效率高，是最佳变长码。但霍夫曼码依赖于信源的统计特性，必须先统计得到信源的概率特性才能编码，这就限制了实际的应用。通常可在经验基础上预先提供霍夫曼码表，此时性能有所下降。此外，霍夫曼码缺乏构造性，即它不能用某种数学方法建立起消息和码字之间的一一对应关系，而只能通过某种查表的方法建立起它们的对应关系。如果消息数目很多，那么所需存储的码表也很大，这将影响系统的存储量及编、译码速度。

(4)算术编码。

算术编码产生于 20 世纪 60 年代初，是另一种变字长无损编码方法。与 Huffman 编码不同的是，它无需为每一个符号设定一个码字，可以直接对符号序列进行编码。算术编码既有固定方式的编码，也有自适应方式的编码。后者无需事先定义概率模型，可以在编码过程中对信源统计特性的变化进行匹配，因此对无法进行概率统计的信源比较合适，在这点上优于 Huffman 编码。在一定条件下，算术编码比 Huffman 编码效率要高，但算术编码的实现要比 Huffman 编码复杂。因此在一些图像压缩编码标准中，它被作为 Huffman 编码之外的另一个熵编码项；在最新的 JPEG 2000 中则主要用算术编码进行熵编码。

算术编码可以是静态的或者自适应的。在静态算术编码中，信源符号的概率是固定的，在自适应算术编码中，信源符号的概率根据编码时符号出现的频繁程度动态地进行修改。在编码期间估算信源符号概率的过程叫做建模。需要开发动态算术编码的原因，是因为是事先知道精确的信源概率是很难的，而且是不切实际的。动态建模是确定编码压缩效率的关键。算术编码是一种对错误很敏感的编码方法，如果有一位发生错误就会导致整个消息译错。

算术编码把一个信源集合表示为实数线上的 0 到 1 之间的一个区间。这个集合中的每个元素都要用来缩短这个区间。信源集合的元素越多，所得到的区间就越小，当区间变小时，就需要一些更多的数位来表示这个区间，这就是区间作为代码的原理。算术编码首先假设一个信源的概率模型，然后用这些概率来缩小表示信源集的区间。

对二进制编码来说，信源符号只有两个。因此在算术编码初始阶段可预置一个大概率只和小概率 Q_e，然后对被编码比特流符号进行判断。设编码初始化子区间为[0,1]，Q_e 从 0 算起，则 $P_e=1-Q_e$。随着被编码数据流符号的输入，子区间逐渐缩小。

新子区间的起始位置＝前子区间的起始位置＋当前符号的区间左端×前子区间长度新子区间的长度＝前子区间的长度×当前符号的概率(等价于范围长度)最后得到的子区间的长度决定了表示该区域内的某一个数所需的位数。解码是编码的逆过程。首先将区间[1,0)，按 Q_e 靠近 0 侧、P_e 靠近 1 侧分割成两个子区间。判断被解码的码字值落在哪个区间，赋以对应符号。

算术编码的优点是可方便地使用自适应编码，可以根据当前接收的数据不断地更改概率模型。当信源符号概率比较接近时，一般使用算术编码，而不使用霍夫曼编码，这是由于此时霍夫曼编码效率较低。JPEG 成员对多幅图像的测试结果表明，算术编码比霍夫曼编码能提高 5%的效率。在 JPEG 的扩展系统中，用算术编码代替了霍夫曼方法。

2. 变换编码

变换编码是另一类“经典的”数据压缩的基本方法。图像数据经过线性正交变换，从原先彼此密切相关的像素(空间域)变换为统计上彼此较为相互独立、甚至达到完全独立的变换域系数矩阵。由于正交变换是可逆的，变换前后的信息熵保持不变，这样去相关后，在变换域中的一阶熵可以近似图像的高阶条件熵，用变字长编码就能达到较好的压缩。

变换编码是有失真编码的一种重要的编码类型。在变换编码中，原始数据从初始空间或者时间域进行数学变换，使得信号中最重要的部分(例如包含最大能量的最重要的系数)在变换域中易于识别，并且集中出现，可以重点处理；相反使能量较少的部分较分散，可以进行粗处理。例如将时域信号变换到频域，因为声音、图像大部分信息都是低频信号，在频域中比较集中，再进行采样编码可以压缩数据。该变换过程是逆过程，使用反变换可以恢复原始数据。目前大多数用于人眼观察的图像，实际上并不直接对变换系数进行熵编码，而是对变换系数进行量化处理后，再进行熵编码，以便获得更高的压缩比。统计分析表明，经过正交变换后，能量向新坐标系中的少数坐标集中，这部分系数对视觉效果的影响大，可以进行细量化，而能量分布不集中的地方对视觉效果的影响较小，可以进行粗量化。这样，整体码率可以大大降低而仍然保持良好的图像主观质量。考虑了人的视觉特性的图像编码被称为基于视觉心理的编码。例如，在 JPEG 基本系统中，采用了视觉阈值矩阵对 DCT 系数进行量化。

在现已存在的各种正交变换中，K-L 变换是一种均方误差准则下的最佳变换，变换后各系数之间是不相关的。但是，由于它的变换矩阵与图像的统计特性有关，而且在一般场合没有可行的快速算法，所以实用中很不方便。多数场合是将它作为一个评价各类变换编码性能的参考标准。

在目前的其他正交变换中，离散余弦变换（DCT 变换）被认为是一种准最佳变换。一方面，其性能与 K-L 变换相近，另一方面，其变换矩阵与图像内容无关，而且由于它构造对称的数据序列，避免了在图像边界处的跳跃及所引起的 Gibbs 效应，并也有快速算法，由此在静止图像压缩编码标准 JPEG、视频压缩编码标准 H. 261，H. 263，MPEG-1/2/3/4 等都使用了 DCT 变换。

变换编码系统中压缩数据有 3 个步骤：变换、变换域采样和量化。变换是可逆的，本身并不进行数据压缩，它只把信号映射到另一个域，使信号在变换域里容易进行压缩，变换后的样值更独立和有序。在变换编码系统中，用于量化一组变换样值的比特总数是固定的，它总是小于对所有变换样值用固定长度均匀量化进行编码所需的总数，所以量化使数据得得压缩，是变换编码中不可缺少的一步。为了取得满意的结果，某些重要系数的编码位数比其他的要多，某些系数干脆就被忽略了。在对量化后的变换样值进行比特分配时，要考虑使整个量化失真最小。这样，该过程就称为有损乐缩了。

数据压缩对变换矩阵的选择有两方面的要求，一要能准确地再现信源向量，即要求再现误差尽量地小；二要尽可能地去除信息相关性。基于这两条原则，找到了很多适合数据压缩的变换，其中 K-L 变换是在均方误差最小意义下导出的最优变换，其基向量是输入数据向量协方差矩阵的特征向量，但 K-L 变换矩阵随输入数据的不同而变化，又没有快速算法，不利于实现。离散余弦变换（DCT）是仅次于 K-L 变换的次优变换，它可对固定的某一像素块（例如 8×8 的块）进行变换。变换后的数据称为 DCT 系数，空间频率为零的系数称为直流分量系数，它是块中所有像素的平均值，其余 63 个系数称为交流分量系数，在多数情况下许多高频系数为零或接近于零，可被忽略。当图像数据满足一定分布时，DCT 的性能与 K-L 变换相近，而且 DCT 变换核固定，并已有快速算法，便于软件和硬件实现，因此在实际视频压缩算法中广泛使用，是多媒体压缩标准 JPEG、MPEG 和 H. 261、H. 263 等所采用的基本算法。

（1）最佳变换（K-L 变换）。

数据压缩主要是去除信源的相关性。若考虑剑信号存在于无限区间上，而变换区域又是有限的，那么表征相关性的统计特性就是协方差矩阵，协方差矩阵主对角线上各元素就是变量的方差，其余元素就是变量的协方差，且为一对称矩阵。

当协方差矩阵中除对角线上元素之外的各元素统统为零时，就等效于相关性为零。所以，为了有效地进行数据压缩，常常希望变换后的协方差矩阵为一对角矩阵，同时也希望主对角线上各元素随 i,j 的增加很快衰减。因此，变换编码的关键在于：在已知输入信号矩阵 X 的条件下，根据它的协方差矩阵去寻找一种正交变换 T，使变换后的协方荠矩阵满足或接近为一对角矩阵。

当经过正交变换后的协方差矩阵为一对角矩阵，且具有最小均方误差时，该变换称最佳变换，也称 Karhunen-Loeve 变换。可以证明，以矢量信号的协方差矩阵的归一化正交特征向量所构成的正交矩阵，对该矢量信号所作的正交变换能使变换后的协方差矩阵达到对角矩阵。K-L 变换虽然具有均方误差意义下的最佳性能，但需要预先知道原始数据的协方差矩阵，再求出其特征值。而求特征值与特征向量并非易事，在维数较高时甚至求不出来。即使能借助于计算机求解，也很难满足实时处理的要求，而且从编码应用看还需要将这些信息传送给解码端。这是 K-L

变换不能在工程上广泛应用的原因。人们一方面继续寻求特征值与特征向量的快速算法，另一方面则寻找一些虽不是最佳，但也有较好相关性与能量集中性能，而实现起来很容易的一些变换方法，而把 K-L 变换常常作为对其他变换性能的评价标准。

(2)离散余弦(DCT)变换。

如果变换后的协方差矩阵接近对角矩阵，该类变换就称准最佳变换，它去除相关性不一定最佳，但它可以用固定的正交变换矩阵来对不同的信源进行数据压缩。从实用角度来说，可达到简便、易于实现的目的。典型的准最佳变换有 DCT、DFT、WHT 等。其中，最常用的变换是离散余弦变换 DCT。变换时将输入信号和 DCT 正交矩阵相乘，就可完成 DCT 变换。

DCT 是从 DFT 引出的。DFT 可以得到近似于最佳变换的性能，是用于数据压缩的一种常用而又有效的方法。但 DFT 的运算次数太多，虽然用快速傅里叶变换大大减少了运算次数，但它需要复数运算，使用起来仍不方便。因此，期望在此基础上进行改进，但又保持 FFT 的运算好处。DCT 就是实现这一目标的算法，它从 DFT 中取实部，并运用快速余弦变换算法，因此大大加快了运算。同时其压缩性能十分逼近最佳交换的压缩性能。所以，DCT 在图像压缩中得到了广泛的应用。

3. 其他编码方法

(1)方块编码。

方块编码是将一幅图像分成为 $N\times N$ 像素(通常为 4×4)的方块，利用方块内像素间的相关性编码。一种方法为把方块内的像素只用两个电平 a_1 和 a_2 表示，编码则根据方块内像素计算出平均值 X_{av}，亮度小于平均值的像素的亮度，平均值就是 a_1 值，亮度大于平均值的像素的亮度平均值就是 a_2 值。设 a_1 和 a_2 各以 p 比特编码，再用一个比特指示该像素(例如用 0 表示 a_1，用 1 表示 a_2)，则编成的码率为

$$R=1+2p/N^2$$

例如，$p=8$，$N=4$，则 $R=2$ 比特/像素。可以看出，N 越大则压缩比也越大，但只用两个灰度级来表示一个块内的像素图像的失真也就越大，实际上 N 取 4 较好。

(2)综合高编码。

综合高编码的提出很早，它也是把图像分成为平坦和轮廓两个部分，一维的综合高原理是原信号 S(j)用低通滤波器滤出平坦部分或叫做低信号 $S_L(i)$，并且检测出边沿信号 D(j)。把这两部分信号编码，例如低信号进行相应的降低取样用预测编码，这就有了可观的压缩，边沿信号可经过视觉阈值选择有关信号编以地址和边沿强度数值，边沿信号位于高频部分，可用较少的量化电平表示，并且经过视觉阈值选择占像素比例不大，也有可观的压缩。20 世纪 80 年代后期，Schreiber 在 MIT 研制了二维综合高编码的设备，得到了 15 倍的压缩比。

(3)第二代图像编码。

在这一个阶段，视觉生理和心理学有了新的进展，人们发现视觉信息传递过程中方向性感受细胞的机制。Kunt 等认为，视觉生理和心理学的进展打开了图像编码的新的远景，要把视觉神经的方向灵敏度与边沿及纹理处理机制和数字图像处理方法相结合，找到图像编码的新方向。Kunt 为了尽量保留与视觉有关的主要信息，提出边沿检测必须精确、经济而且易于复原。各个部分和阶段分别对应水晶体、视网膜、大脑视觉皮层等。第一个方框为空间的各向同性低通滤波器，它表示水晶体的球面偏差、瞳孔效应，及由于有限数目的感光细胞引起的频率限制。后面的

是表示感光细胞的非线性特性的器件。为简单起见，可采用对数曲线。再后面是高通滤波器（各向同性），它反映了视网膜中神经节细胞的侧抑制功能。方向滤波器则表示大脑视觉皮层细胞所进行的处理，它可以检测出不同方向的视觉响应。其后则是用以检测不同刺激强度的一排滤波器。

Kunt 做了一幅建筑物图像由从八个不同方向（相差 45°）的空间方向滤波器得到八幅各含不同方向边沿的图像，经 5∶1 取样得到 1107 个边沿点（零交叉点），用该法能恢复 5381 个点的轮廓线条。用了类似于综合高编码方法编码，总压缩比在 17∶1 时，恢复图像仍有很好的质量，压缩到 92∶1 时，人头肖像仍有一定质量。Kunt 把这种方法称为第二代图像编码。这种方法的实质在于尽量利用人眼的视觉特性，把适于人眼特性的必要信息保留下来，把人眼不需要的信息丢掉，尽量利用数字图像处理技术，从而实现更高的压缩比。

3.3 音频压缩标准

3.3.1 音频编码技术的种类

音频压缩编码主要基于两种途径：一种是去除声音信号中的“冗余”部分，另一种是利用人耳的听觉特性，将声音中与听觉无关的“不相关”部分去除。语音信号中存在着大量的冗余。通过去除那些冗余数据可以使原始语音信号的数据量极大地减少，从而解决音频信号数据量巨大的问题。

依据不同，音频信号压缩编码方法的分类也是不同的：根据质量有无损失可分为有损编码和无损编码；按照其作用域在空间域或频率域上分为波形编码、参数编码和混合编码；根据是否具有自适应特性分为自适应性编码和非适应性编码。而不同分类的编码方法之间存在交叉现象，即同一种编码方法可能从不同的角度看作几种分类方法。下面是几种最常见的音频编码技术。

1. 波形编码

基于音频数据的统计特性进行编码，其目标是使重建语音波形保持原波形的形状。它将语音信号作为一般的波形信号来处理，具有适应能力强、话音质量好等优点，缺点是压缩比偏低。

波形编码的基本思想是在满足采样定理的前提下，采样量化，并使编码以后的数据量尽可能小，译码后的输出信号尽可能逼近原来的输入音频信号的波形，如 PCM、DPCM、ADPCM、DM、ADM 等。

(1)PCM。

PCM(Pulse Code Modulation)即脉冲编码调制，用于对输入信号进行采样和量化处理。PCM 的优点是编译码器简单、延迟时间短、音质高。但是它要求数据库高，且对传输通道的错误比较敏感。

(2)DPCM。

基于音频信号相邻样本间的相关性很强造成了 PCM 编码中存在大量冗余信息的问题，人们便开始考虑采取措施去掉冗余信息，查分脉冲编码调制(Differential Pulse Code Modulation，DPCM)就是其中最常用的一种方法。DPCM 的基本工作原理是对信号的差值而不是信号本身进行编码，这个差值是信号值与预测值的差。

(3)ADPCM。

为了进一步提高编码的性能，人们将自适应量化器和自适应 预测器结合在一起用于DPCM中，进而实现了自适应差分脉冲编码调制(Adaptive DPCM)。

自适应量化器用于检测差分信号的变化率和查分信号的幅度大小，而后决定量化的量化阶距；自适应预测器能够更好地跟踪语音信号的变化，将这两种技术组合起来使用能够提高系统性能。

(4)DM。

增量调制(DM)是一种比较简单且有数据压缩功能的波形编码方法其工作原理很容易理解，且是一种非常常见用的音频信号压缩方法。

(5)ADM。

自适用 DM(Adaptive DM，ADM)调制的基本出发点是：当发现信号变化快时，增加阶距；当发现信号变化缓慢时，适当的减少阶距。其常用的规则有两种：一种是控制可变因子 M，使量化阶距在一定的极限范围内变化。对于每一个新的采样，其量化阶距为其前面数值的 M 倍，而 M 的值则由输入信号的变化率来决定。当出现连续的相同码时，说明又发生过载的危险，此时需要加大 M。当出现 0、1 交替时，说明信号变化很慢，会产生散粒噪声，此时就要相应的减少 M 值了。另外一类就是使用较多的自适应增量调制，又称为连续可变斜率增量(CVSD)调制。其基本的工作原理为：的那个调制器(CVSD)连续输出三个相同的码时，量化阶距加上一个大的增量，这主要是由于三个连续相同的码表示有过载发生，反过来，则给量化阶距增加一个小的增量。

2. 参数编码

参数编码也称声码器(Voice coder，Vocoder)其在发送端对语言信号进行分析，提取出语音信号的特征参数加以编码和加密，经信道传递到接受端，接收端根据收到的特征参量恢复原始语音波形。

参数编码的分析可在频域中进行，也可在适于中进行。参数编码技术的优点是数据率低，但还原信号质量差，自然度低，适用于窄带信道的语音通信，如军事通信、航空通信等。

3. 混合编码

混合编码综合了上述两种编码方法，能在较低的码率上得到较高的音质。混合编码的基本原理是合成分析法，将综合滤波器引入编码器，与分析器相结合，在编码器中将激励输入综合滤波器产生与译码器端完全一致的合成语音，然后将合成语音与原始语音相比较(波形编码思想)，根据均方误差最小原则，求得最佳的激励信号，然后把激励信号以及分析出来的综合滤波器编码送给解码端。通过设计不同的码本和码本搜索技术，产生了很多编码标准，如码本激励线性预测编码(Conde Excited Linear Prediction，CELP)、多脉冲激励线性预测编码(Multi-Pule Linear Predictive Code，MPLPC)等。利用此技术的音频压缩编码标准有 C. 723. 1 和 G. 729 等。

4. 感知编码

基于人的听觉特性进行编码，从人的听觉系统出发，利用掩蔽效应，设计心理声学模型，从而实现更高效率的数字音频的压缩。简单地说，感知编码是建立在人类听觉系统的心理声学原理基础上，只记录那些能被人的听觉所感知的声音信号，从而达到减少数据量而又不降低音质的目的。其中 MPEG 标准中的音频编码(如 MP3、AAC)和 Dolby AC-3 是最有影响的。

3.3.2 音频压缩编码标准

1. MPEG-X 系列音频编码标准

国际标准化组织/国际电工委员会所属 WG11 工作组，制定推荐了 MPEG 标准。下面将讨论几种与音频编码相关的标准，包括 MPEG-1 音频、MPEG-2 音频和 MPEG-4 音频。

(1)MPEG-1 音频。

MPEG-1 Audio(ISO/IEC 11172-3)压缩算法是世界上第一个高保真声音数据压缩国际标准，并得到了极其广泛的应用。声音压缩标准只是 MPEG 标准的一部分，但可以独立地应用。MPEG-1 声音编码标准规定其音频信号采样频率可以有 32 kHz、44.1 kHz 和 48 kHz 三种，音频信号的带宽可以选择 15 kHz 和 20 kHz。其音频编码分为 3 层，即 Layer-1、Layer-2 和 Layer-3。Layer-1 的压缩比为 1：4，编码速率为 384 kb/s；Layer-2 的压缩比为 1：6～1：8，编码速率为 192～256 kb/s；Layer-3 的压缩比为 1：10～1：12，压缩速率可以达到 64 kb/s。MPEG-1 标准 1992 年完成。

MPEG 音频编码采用了子带编码，共分为 32 个子带。MPEG 编码的音频数据是按帧安排的。Layer-1 的每帧包含 32×12＝384 个样本数据，Layer-2 和 Layer-3 的每帧包含 32×3×12＝1152 个样本数据，是 Layer-1 的 3 倍。

1)Layer-1 编码：

Layer-1 的子带采用等带宽划分，分为 32 个子带，每个子带有 12 个样本，心理声学模型只使用频域掩蔽特性。Layer-2 与 Layer-1 编码器的结构基本类似，其差别在于滤波器子带的划分不同和 FFT 的运算点数不同。

Layer-1 子带分割的实现是通过时频映射完成的，采用多相正交分解滤波器组将数字化的宽带音频信号分成 32 个子带，每个子带频带宽度为 625Hz；同时，信号通过 512 点 FFT 运算，对信号进行频谱分析；子带信号与频谱同步计算，得出各子带的掩蔽阈值。由各个子带的掩蔽阈值合成为全局的掩蔽阈值。由此掩蔽阈值与子带中最大信号比较，产生信掩比 SMR。

线性量化器找出子带样本中的最大绝对值，将此值量化为 6 位的比例因子。动态比特和比例因子分配器和编码器按照信掩比 SMR 确定每个子带的分配比特数，子带样本按照位分配进行编码，对高度掩蔽的子带就不需要编码。帧比特流形成按照标准的帧格式将声音样本的编码和位分配及比例因子等编码信息封装成帧。

帧是音频数据的组织单位，用于同步、纠错，而且也有利于对音频信息的存取、编辑，它是 MPEG-1 音频处理的最小信息单元。一个完整的帧结构包括下面几个部分：

- 帧头。由每帧开始的前 32 个比特组成，这 32 个比特包含同步码和状态信息。同步码由 12 个全 1 码组成。Layer-1、Layer-2、Layer-3 的这部分都是一样的。
- 帧校验码。帧校验码占 16 bit，用来检测传输后比特流的差错，其多项式表达式为 $X^{16}+X^{15}+X^2+1$ 。Layer-1、Layer-2、Layer-3 的这部分也都是相同的。
- 音频数据。由位分配、比例因子和子带样本组成。其中子带样本是音频数据的最大部分，不同层的音频数据是小同的。
- 附加数据。用来传输相关的辅助信息。

2)Layer-2 编码：

Layer-2 编码在 Layer-1 的基础上进行了改进。32 个子带的划分是不等宽划分，其划分依据是临界频段。每个子带分为 3 个 12 样本组，这样，每帧共有 1152 个样本。在掩蔽特性方面除保留原有的频域掩蔽外，Layer-2 还增加了时域掩蔽。此外，在低频段、中频段和高频段位分配作了重新安排，低频段使用 4 位，中频段使用 3 位，高频段使用 2 位。

考虑到人耳对声音的低频段最为敏感，所以对低频段划分得更细，分配了较多的比特数，高频段分配了较少的比特数。为此，就需要较复杂的滤波器组。心理声学模型使用 1024 点的 FFT，提高了频率分辨率，可以得到原信号更加准确的瞬时频谱特性。

3）Layer-3 编码：

Layer-3 仍然使用不等长子带划分。心理声学模型在使用频域掩蔽和时域掩蔽特性之外又考虑到了立体声信息数据的冗余，还增加了哈夫曼编码器。滤波器组在原有的基础上增加了改进离散余弦（MDCT）特性，可以部分地消除由多相滤波器组引入的混叠效应。

MDCT 采用了两种块长，即 18 个样本组成的长块长和 6 个样本组成的短块长。3 个短块长正好等于 1 个长块长。对于一帧样本信号，可以全部使用长块、全部使用短块或长短块混合使用。对于平稳信号，使用长块可以获得更好的频域分辨率；对于跳变信号，使用短块可以获得更好的时域分辨率。

MPEG 音频 Layer-3 就是现在广为流传的 MP3，是 MPEG 音频系列中性能最好的一个。实际上，MP3 是 MUSICAM 方案和 ASPEC 方案的结合。MP3 最大的好处在于它可以大幅度降低数字声音文件的体积容量，而人耳不会感觉到有什么失真，音质的主观感觉很令人满意。经过 MP3 的压缩编码处理后，音频文件可以被压缩到原来的 1/10，甚至 1/12。1 分钟 CD 音质的音乐，未经压缩时需要 10 MB 的存储空间，而经过 MP3 压缩编码后只有 1 MB 左右。

（2）MPEG-2 音频。

MPEG-2 保持了对 MPEG-1 音频兼容并进行了扩充，提高低采样率下的声音质量，支持多通道环绕立体声和多语言技术。MPEG-2 标准定义了两种音频压缩算法，即 MPEG-2 BC 和 MPEG-2 AAC。

1）MPEG-2 BC：

MPEG-2 BC 是 MPEG-2 向后兼容多声道音频编码标准，它保持了对 MPEG-1 音频的兼容，增加了声道数，支持多声道环绕立体声，并为适应某些低码率应用需求增加了 16 kHz、22.05 kHz、24 kHz 三种较低的采样频率。

此外，为了在低码率下进一步提高声音质量，MPEG-2 BC 还采用了许多新技术，如动态传输声道切换、动态串音、自适应多声道预测、中央声道部分编码等。但它为了与 MPEG-1 兼容，不得不以牺牲码率的代价来换取较高的音质。这一缺憾制约了它在世界范围内的推广和应用。

2）MPEG-2 AAC：

MPEG-2 AAC（Advanced Audio Coding）即高级音频编码标准，于 1997 年 4 月完成。AAC 音频标准的发展标志着标准化工作向新的模块化方向演变的趋势。AAC 与 MPEG-2 的低取样率及多声道编码标准不同，它并不提供对 MPEG-1 标准的后向兼容性。AAC 采用了能提供更高频域分辨率的滤波器组，因而能够实现更好的信号压缩；AAC 还利用了许多新的工具，如暂态噪声整形、后向自适应性预测、联合立体声编码技术以及对量化成分的哈夫曼编码等。以上各工具都能提供附加的音频压缩能力，因此，它具有更高的压缩效果。

MPEG-2 AAC 是真正的第二代通用音频编码，它放弃了对 MPEG-1 音频的兼容性，扩大了编码范围，支持 1～48 个通道和 8～96 kHz 采样率的编码，每个通道可以获得 8～160 kb/s 高质量的声音,能够实现多通道、多语种、多节目编码。AAC即先进音频编码,是一种灵活的声音感知编码,是MPEG-2和MPEG-4的重要组成部分。在AAC中使用了强度编码和MS编码两种立体声编码技术,可根据信号频谱选择使用,也可混合使用。

MPEG-2可提供较大的可变压缩比,以适应不同的画面质量、存储容量以及带宽的应用要求。MPEG-2特别适用于广播级的数字电视编码和传送,被认定为SDTV和HDTV的编码标准。MPEG-2音频在数字音频广播、多声道数字电视声音以及ISDN传输等系统被广泛使用。

(3)MPEG-4音频。

作为一种新的音频标准,MPEG-4音频编码综合了多种类型的音频编码。MPEG-4音频编码标准集成了从话音到高质量的多声道声音,从自然声音到合成声音。采用的编码方法有多种,包括参数编码(Parametric Coding)、码激励线性预测(Code Excited Linear Prediction,CELP)编码、时间/频率(Time/Frequency,T/F)编码、结构化声音(Structured Audio,SA)编码以及文本—语音(Text-To-Speech,TTS)系统的合成声音等。

MPEG-4的系统结构让多媒体数字信号解码器依照已经存在的MPEG标准(如MPEG-2 AAC)进行工作。每一个编码器独立利用它自己的数据流语法进行工作。针对于不同的声音信号,使用以下不同的编码方法:

1)自然声音:

MPEG-4声音编码器支持数据率在2～64 kb/s之间的自然声音。为了获得高质量的声音,MPEG-4采用了参数编码器、CELP编码器和T/F编码器三种类型的声音编码器分别用于不同类型的声音。

2)合成声音:

MPEG-4的译码器支持合成乐音MIDI(Musical Instrument Data Interface)和TTS声音。合成乐音是在乐谱文件或者描述文件控制下生成的声音。

3)文本—语音转换(TTS)声音:

TTS编码器输入的是文本或者带有韵律参数的文本,输出的是语音。编码器的输出数据率可以在200 b/s～1.2 kb/s范围之间。TTS是一个十分复杂的系统,涉及到语言学、语音学、信号处理、人工智能等诸多的学科。目前的TTS系统一般能够较准确、清晰地朗读文本,但是不太自然。

2. AVS标准

上世纪80年代出现的CD技术,全面体现出数字音频的高保真、大动态范围、稳健性等优点,并在实际应用中取得了巨大的成功。普通CD系统,其采样率为44.1 kHz,量化精度为16比特,传输立体声音频信号需要1.41 Mbps的码率。在音频编码标准领域取得巨大成功的是MPEG系列音频标准,即MPEG-1/-2/-4等。随着技术的不断进步,原有的立体声形式已不能满足观众对声音节目的欣赏要求,这使得具有更强定位能力和空间效果的三维音频编码技术得到蓬勃发展,在三维音频编码技术中最具代表的就是多声道环绕立体声编码技术。国家信息产业部科学技术司于2002年6月批准成立数字音视频编解码技术标准工作组(简称AVS工作组)。AVS标准是“信息技术先进音视频编码”(Audio and coding Standard Workgroup of China)系列标准的简称,包括系统、视频、音频等三个主要标准和一致性测试等支撑标准。

AVS音频编码器支持8～96 kHz采样的单/双声道的音频信号作为输入信号,编码器编码后输出码率为16～96 kbps/channel,在64 kbps/channel编码时可以实现接近透明音质,编码后文件可以压缩为原来的 1/10～1/16。输入的 PCM 数据经过长/短窗判决、IntMDCT、SPSC 立体声编码、量化、CBC 熵编码模块后打包成符合 AVS 音频标准的比特流。

(1)长/短窗判决。

长/短窗判决在音频标准在编码端推荐一种基于能量与不可预测度的两极窗判决法，其主要原理为：把输入的一帧音频信号划分为若干个子块，首先在时域内进行第一级判决，简单分析子块能量的变换情况，满足特定条件后才进行第二步的不可预测度判决，具有基于能量判决简单和基于不可预测度判决准确的优点，同时该方法克服了基于能量判决不准确和基于不可预测性计算复杂的缺点，从而在迅速确定瞬变信号的同时减少了误判。

(2)IntMDCT(整数点改进离散余弦变换)。

AVS 音频专家组在制订标准时考虑到和 MPEG 音频保持同步以及以后的无损压缩扩展，选定整数 MDCT 作为分析滤波器的整数！EBU 变换可用来实现无损音频编码或混合感知和无损音频编码，它继承了 MDCT 变换的所有重要特性：临界采样、数据块叠加、优良的频域表示音频信号，对整数点的输入信号经过正向 IntMDCT 和反向 IntMDCT 后可以没有误差地完全重构。

(3)SPSC 立体声编码。

SPSC(Square Polar Coding)是一种比较高效的立体声编码方法，当左/右两个声道有比较强的相关性时，采用 SPSC 能够带来比较大的编码增益。其主要原理为当左/右两个声道有比较强的相关性时，一个声道传大值信号，而另一个声道传两个声道的差值信号，编码端的 SPSC 模块和解码端相对应的重建模块构成无损变换对。

(4)量化。

AVS 音频标准采用和 MPEG AAC 相同的量化方法。

(5)CBC 熵编码。

CBC(Context-depending Bitplane Coding)是一种高效的量化熵编码方法，具有精细颗粒可调特征，可调步长为 1 kbps，编码速率可以从 16～96 kbps 连续可调。音频解码器可以根据解码端解码能力，在低于编码比特率下解 AVS 编码码流。当解码速率从编码速率到较低比特速率时，解码音乐信号的音质从高到低逐级衰减。CBC 编码效率要优于 MPEG AAC 中的哈夫曼编码，在 64 kbps/channel 编码时，CBC 平均编码比特数较 MPEG AAC 中的哈夫曼编码节省约 6%。

3. G.7XX 系列波形编码标准

采用波形编码的编码标准有 G.711 标准、G.721 标准和 G.722 标准。

(1)G.711 标准。

G.711 标准是在 1972 年提出的，它是为脉冲编码调制(PCM)制定的标准。从压缩编码的评价来看，这种编码方法的语音质量好，算法延时几乎可以忽略不计，但缺点是压缩率很有限。G.711 针对的是电话质量的窄带语音信号，频率范围是 0.3～3.4 kHz，采样频率采用 8 kHz，每个采样样值用 8 位二进制码编码，其速率为 64 kb/s。

G.711 标准推荐采用非线性压缩扩张技术，压缩方式有 A 律和 μ 律两种。由于使用了压缩扩张技术，其编码方式为非线性编码，而其编码质量却与 11 比特线性量化编码质量相当。在 5 级的 MOS 评价等级中，其评分等级达到 4.3，语音质量很好；编/解码延时只有 0.125 ms，可以忽略不计；算法的复杂度是最低的，定为 1，其他编码方法的复杂度都与此作对比。

(2)G.721标准。

经过脉冲编码调制后所得到的语音信号，其速率是比较高的，占用的频带宽度也较大，限制了它的应用，需要对其进行压缩处理。在语音的压缩编码过程中，出现了速率低而质量又很好的自适应脉冲编码调制(ADPCM)，其编码速率为32 kb/s。G.721标准就是用于速率是64 kb/s(A或μ律压扩技术)的PCM语音信号与速率是32 kb/s的ADPCM语音信号之间的转换，由ITU-T在1984年制定。

利用G.721可以实现对已有PCM的信道进行扩容，即把2个2048 kb/s(30路)PCM基群信号转换成一个2048 kb/s(60路)ADPCM信号。此标准采用自适应脉冲编码调制技术，语音信号的采样频率为8 kHz，对样值与其预测值的差值进行4 bit编码，其速率为32 kb/s。语音评价等级达到4.0(MOS)，质量也很好。系统延时0.125 ms，可忽略不计，复杂度达到10。

(3)G.722标准。

G.722标准是CCITT 1988年制定的，它规范了一种音频(50～7000 Hz)编码系统的特性，该系统可用于各种质量比较高的语声应用，例如视听多媒体、会议电视等具有调幅广播质量的音频。该编码系统使用比特率在64 kb/s以内的子带自适应差分脉冲编码调制(SC-ADPCM)，在此技术中将音频频带分裂成高低两个子带，在每个子带中信号用ADPCM编码。按照7 kHz音频编码所用的比特率，系统有三种基本的工作模式:64 kb/s、56 kb/s和48 kb/s。后两种模式借助于利用低子带的比特，在64 kb/s内分别可以提供8 kb/s和16 kb/s的辅助数据信道。

4. G.7XX系列混合编码标准

采用混合编码方法的编码标准有G.728标准、G.729标准和G.723.1标准。

(1)G.728标准。

CCITT于1992年制定了G.728标准，该标准所涉及的音频信息主要是应用于公共电话网中的。G.728是LPAS声码器，编码速率为16 kb/s，质量与速率是32 kb/s的G.721标准相当。该标准采用的压缩算法是低延时码激励线性预测(Low Delay Code Excited Linear Prediction，LD-CELP)方式。这是一种基于AbS(Analysis by Synthesis)原理并考虑了听觉特性的编码方法，它具有以下特征：

1)以块为单位的后向自适应高次线性预测。

2)后向自适应型增益量化。

3)以向量为单位的激励信号量化。

语音输入为每帧5个采样值，每帧附加上激励信号的波形与增益表达的信息为10比特，编码的延迟在2 ms以内。32 kb/s的ADPCM方法是对每个采样值进行预测，并使用自适应的量化器，而本方法则是对所有的采样值以向量为单位处理，并将线性预测和增益自适应的最新理论与成果应用其上。

(2)G.729标准。

G.729是ITU-T为低码率应用而制定的语音压缩标准。G.729标准的码率只有8 kb/s，其压缩算法相比其它算法来说比较复杂，采用的基本算法仍然是码激励线性预测(Code Excitation Linear Prediction，CELP)技术。为了使合成语音的质量有所提高，在此算法中也采取了一些新措施，所以其具体算法也比CELP方法复杂。G.729标准采用的算法称作共轭结构代数码激励线性预测(Conjugate Structure Algebraic Code Excited Linear Prediction，CS-ACELP)。

ITU-T制定的G.729标准，其主要应用目标是第一代数字移动蜂窝移动电话，对不同的应用系统，其速率也有所不同，日本和美国的系统速率为 8 kb/s 左右，GSM 系统的速率为 13 kb/s。由于应用在移动系统，因此，复杂程度要比 G. 728 低，为中等复杂程度的算法。由于其帧长时间加大了，所需的 RAM 容量比 G. 728 多一半。

G. 729 是 8 kb/s 的 LPAS 声码器，线性预测技术采用的是前馈型前向自适应技术。预测器的系数根据前一帧和部分下一帧语声数据进行更新，因此，算法的时延相比于 G. 728 来说要长。其帧长取的是 10 ms，由两个子帧组成。由于采用的是前馈型自适应技术，除了传送激励信号外，还需要传送预测器的系数。为了降低编码的比特率，线性预测系数、激励信号波形和激励增益都采用了矢量量化，并利用了多级量化和分割量化技术。激励信号码本则采用高效的共轭结构代数码本，其编码器结构在此不作说明。

(3)G. 723. 1 标准。

G. 723. 1 音频压缩标准是已颁布的音频编码标准中码率较低的。G. 723. 1 语音压缩编码是一种用于各种网络环境下的多媒体通信标准，编码速率根据实际的需要有两种，分别为 5. 3 kb/s 和 6. 3 kb/s。G. 723. 1 标准是 ITU-T 于 1996 年制定的多媒体通信标准中的一个组成部分，可以应用于 IP 电话、H. 263 视频会议系统等通信系统中。其中，5. 3 kb/s 码率的编码器采用多脉冲最大似然量化技术（MP-MLQ），6. 3 kb/s 码率的编码器采用代数码激励线性预测技术（ACELP）。

G. 723. 1 标准的编码流程比较复杂，但基本概念仍基于 CELP 编码器，并结合了分析/合成（A/S）的编码原理，使其在高压缩率情况下仍能保持良好的音质。

3. 4　静止图像压缩标准

3. 4. 1　静止图像压缩技术的种类

随着传真机、扫描仪、数码相机等图像采集设备的飞速发展，以及通信和 Internet 技术的发展，人们开始将更多的注意力转向如何有效地存储和传输大量的图像数据问题中。为了实现图像数据的有效压缩，研究学者提出了针对二值黑白图像和灰度（彩色）图像多种压缩技术，并随着压缩技术的成熟，国际组织制定了一系列图像压缩的编码标准。

从信息论观点来看，图像是一个信源，描述信源的数据是信息量（信源熵）和信息冗余量之和。静止图像编码压缩方法有许多种，从不同的角度出发有不同的分类方法，如从信息论角度可分为两类：一类是冗余度压缩方法，也称无损压缩、信息保持编码或熵编码，特点是解码图像和压缩编码前的图像严格相同；另一类是信息量压缩方法，也称有损压缩、失真度编码或熵压缩编码，特点是解码图像和原始图像是有差别的。

如图 3-1 所示，给出了依据压缩原理对现有就主要的静止图像压缩技术进行分类的结果。

1. 预测编码

预测编码的基本思想是分析信号的相关性，利用已处理的信号预测待处理的信号，得到预测值；然后仅对真实值与预测值之间的差值信号进行编码处理和传输，以达到压缩的目的，并能够正确恢复原信号。

预测编码的方法易于实现，编码效率高，应用广泛，可以达到大比例压缩数据的目的。预测编码有线性预测和非线性预测两类，目前应用较多的是线性预测。线性预测法通常称为差分脉

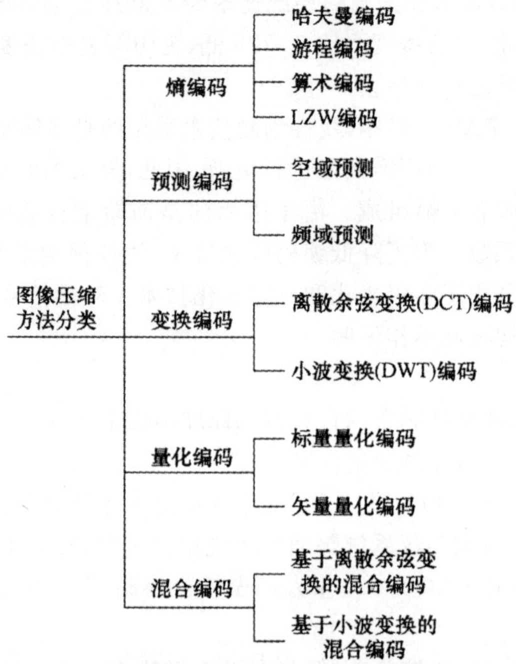

图 3-1 静止图像压缩方法分类

冲编码调制(Differential Pulse Code Modulation,DPCM)。

(1)差分脉冲编码调制。

差分脉冲编码调制主要用于对图像的像素进行预测,并进行压缩处理。差分脉冲编码的基本工作原理:首先比较相邻的两个像素,如果两个像素之间存在差异,将差异之处的差值传送出去,若比较的像素之间没有差异,则不传送差值。由于图像中相邻像素通常是类似的,即具有一定的相关性,像素之间的差异很小,因此,传送出去的差值总是少于整个图像的像素值,达到了减少数据量的目的。

(2)自适应预测编码。

为了进一步提高编码性能,人们将自适应量化技术和自适应预测技术结合在一起,用于差分脉冲编码调制中,从而实现了自适应差分脉冲编码调制(Adaptive Differential Pulse Code Modulation,ADPCM)。

自适应预测是根据常见的信息源求得多组固定的预测参数,再将预测参数提供给编码使用。在实际编码时,根据信息源的特性,以实际值与预测值的均方差最小为原则,自适应地选择其中一组固定的预测参数进行编码。这样,既增加了预测的准确度,又降低了计算的复杂程度,提高了编码效率。ADPCM 编码是 DPCM 编码的发展,通过调整量化的步长,使不同频段内的量化字长发生改变,进而使数据得到进一步的压缩。

(3)运动补偿预测编码。

帧间预测编码处理的对象是序列图像(也称为运动图像)。随着大规模集成电路的迅速发展,已有可能把几帧的图像存储起来作实时处理,利用帧间的时间相关性进一步消除图像信号的冗余度,提高压缩比。

2. 变换编码

变换编码不是直接对空域图像信号编码，而是首先在数据压缩前对原始输入数据作某种正交变换，把图像信号映射变换到另外一个正交向量空间，产生一批变换系数，然后再对这些变换系数进行编码处理。它首先在发送端将原始图像分割成 n 个子图像块，每个子图像块经过正交变换、滤波、量化和编码后经信道传输到达接收端，接收端做解码、逆变换、综合拼接，恢复出空域图像。

变换编码技术已有近 30 年的历史，技术上比较成熟，理论也较完备，广泛应用于各种图像数据压缩，诸如单色图像、彩色图像、静止图像、运动图像，以及多媒体计算机技术中的电视帧内图像压缩和帧间图像压缩等。

3. 分形编码

分形(Fractal)编码是一种模型编码，它利用模型的方法，对需要传输的图像数据进行参数估测。分形编码凭借着自身独特新颖的思想已经成为目前数据压缩领域的研究热点。不同于经典的图像压缩编码方法，分形编码在思想上有了重大的突破，其中突出的特点就是其高压缩比，解压时的高速度及不受图像分辨率的影响。

经典的图像编码方法对图像是以纯数据，并不结合图像内容自身的特点来处理，这是其很大的缺陷。分形的方法是通过一些图像处理技术，如颜色分割、边缘检测，频谱分析、纹理变化分析等，把一幅数字图像分成一些子图像。子图像可以是简单的物体，也可以是一些复杂的景物。然后在分形集中通过迭代函数的反复迭代，恢复原来的子图像。也就是说，子图像所对应的只是迭代函数，而表示这样的迭代函数一般只需要几个数据即可，从而达到很高的压缩比。

4. 向量量化编码

向量量化(Vector Quantization)是一种基于语义，且很有前景的编码方法。其基本思想是采用非线性量化器，对空间频率及能量分布较大的系数分配较多比特数，即采用较小的量化步长；反之分配较少的比特数，即采用较大的量化步长，达到压缩的目的。

向量量化的基本过程：将实际数据流分成向量块，如对一幅图像进行向量量化，向量常常是一个小长方形或者正方形的像素；在压缩编码和解码端都有一个称为“码本”的表，它是模式的集合。该码本可以预定义，也可以动态改造；各向量利用参考码本表，选择最佳匹配模式；一旦找到最佳匹配模式，则将码本中的对应索引进行传送。

5. 神经网络编码

神经网络编码是当今和未来若干年内一项十分新颖且处于探索研究阶段的技术，它利用人工神经网络 ANN(Artificial Neural Networks)进行图像压缩编码。人脑神经相互整合完成一种复杂的、并行的、关联的思维活动。经研究得知，虽然人的神经系统的处理速度仅在毫秒级，但由于神经元(Neurons)的巨量并行性，因此，表现出了极其优越的运算性能。

人工神经网络有四个基本的模型：感知器模型、反向传播模型 BPN(Back Propagation Networks)、自组织特征映射模型 SOFM(Self-Organizing Feature Map)和 hopfield 网络模型。目前直接用于压缩的 ANN 模型主要是 BPN 和 SOFM 两类。

6. 模型编码

模型编码是利用计算机图形学的知识对图像信号的分析与合成。利用模型编码的关键在于对特定的图像建立模型，并根据这个模型确定图像中景物的特征参数，如运动参数、形状参数等。解码时则根据参数和已知模型用图像合成技术重建图像。

由于模型编码进行编码的对象不是原始图像而是特征参数，因此可能实现比较大的压缩比。在模型编码中，误差的引入主要是人眼视觉不太敏感的几何失真，因此重建图像非常自然和逼真。

目前，模型编码已经被确定为新一代的编码方法。

3.4.2 静止图像压缩标准

为了保证图像的基本质量，进一步提高数字图像的压缩比，1986 年国际电报电话咨询委员会(CCITT)和国际标准化组织(ISO)共同成立了 JPEG 专家组(Joint Photographic Experts Group)。该联合专家组与 19991 年提出了“多灰度静止图像的数字压缩编码标准”的建议草案，即后来的“JPEG 高质量静止图像压缩编码标准”，简称“JPEG 标准”。

1. JPEG 压缩标准

静止图像压缩编码标准 JPEG(ISO/IEC 1918)是由 ISO 和 ITU-T 组织的联合摄影专家组为单帧彩色图像的压缩编码而制定的，图像尺寸可以在 1～655 行/帧、1～65535 像素/行的范围之内。采用这一标准可以将每像素 24 比特的彩色图像压缩至每像素 1～2 比特仍具有很好的质量。

(1)JPEG 模式。

1)顺序模式。

其基本算法是将图像 分成 8×8 的块，然后进行 DCT、量化和熵编码(霍夫曼编码或算术编码)。

2)渐进模式。

所采用的算法与顺序方式相类似，不同的是，先传送部分 DCT 系数信息，使收端尽快获得一个“粗略”的图像，然后再将剩余频带的系数渐次传送，最终形成清晰的图像。

3)无损模式。

采用一维或二维的空间域 DPCM 和熵编码，由于输入图像已经是数字化的，经空间域的 DPCM 之后，预测误差也是一个离散量，因此可以不再量化而实现无损编码。

4)分层模式。

在此方式中，首先将输入图像的分辨率逐层降低，形成一系列分辨率递减的图像。现对分辨率最低的底层图像进行编码，然后，将经过内插的低底层图像作为上一层图像的预测值，在对预测误差进行编码，以此类推，直至顶层。

(2)JPEG 标准。

1)JPEG 的基本要素。JPEG 中共定义了以下三个基本要素。

a. 编码器。编码器是编码处理的实体。输入是数字原图像，以及各种定义的表格，输出是根据一组指定过程产生的压缩图像数据。

JPEG 要求一个编码器必须至少满足以下两个要求之一：

· 以合适的精度将输入图像数据转换为符合交换格式的压缩图像数据。

· 以合适的精度将输入图像数据转换为符合简约格式的压缩图像数据。

b. 解码器。解码器是解码处理的实体。输入是压缩图像数据，以及各种定义的表格，输出是根据一组指定过程产生的重建图像数据。

JPEG 要求一个解码器必须满足所有以下三个要求：

· 以合适的精度在应用支持的范围内将压缩的图像数据和参数转换成重建图像。

· 接受和准确地存贮符合简约格式的表格数据。

· 在解码器已经得到解码所需的表格数据的情况下，以合适的精度由简约的压缩图像格式的数据重建图像。

此外，任何基于 DCT 的解码器，如果它支持任何基本的顺序解码模式以外的处理，则也必须支持基本的顺序解码模式。也就是说，任何基于 DCT 的解码系统，必须支持 JPEG 的基本系统功能。

c. 交换格式。交换格式是压缩图像数据的表示，包括了编码中使用的所有表格。交换格式用于不同应用环境之间。

2)JPEG 主要内容。ISO/IEC 10918 号标准“多灰度连续色调静态图像压缩编码”即 JPEG 标准选定 ADCT 作为静态图像压缩的标准化算法。

本标准有两大分类：第一类方式以 DCT 为基础；第二类方式以二维空间 DPCM 为基础。虽然 DCT 和 FFT 变换类似，是一种包含有量化过程的不能完全复原的非可逆编码，但它可以用较少的变换系数来表示，逆变换还原之后恢复的图像数据与变换前的数据更接近，故作为本标准的基础。另一方面，空间方式虽然压缩率低，但却是一种可完全复原的可逆编码，为了实现此特性，故追加到标准中。

在 DCT 方式中，又分为基本系统和扩展系统两类。基本系统是实现 DCT 编码与解码所需的最小功能集，是必须保证的功能，大多数的应用系统只要用此标准，就能基本上满足要求。扩展系统是为了满足更为广阔领域的应用要求而设置的。另一方面，空间方式对于基本系统和扩展系统来说，被称为独立功能。它们的详细功能如下。

· 基本系统。输入图像精度 8 位/像素/色，顺序模式，Huffman 编码（编码表 DC/AC 分别有两个）。

· 扩展系统。输入图像精度 12 位/像素/色，累进模式，Huffman 编码（编码表 DC/AC 分别有 4 个），算术编码。

· 独立功能。输入图像精度 2～16 位/像素/色，序列模式，Huffman 编码（编码表 4 个），算术编码。

3)JPEG 图像压缩的主要步骤。我们已经知道，数字图像 $f(i,j)$ 并不像一维音频信号一样定义在时间域上，它定义在空间（Spatial Domain）上。图像是两维变量 i 和 j 的函数（或者表示为 x,y）。DCT 作为 JPEG 中的一步得到空间频率域的频率响应，用函数 $F(u,v)$ 表示。

JPEG 是有损的图像压缩方法。在 JPEG 中，DCT 变换的编码效率基于下述 3 个特性。

特性 1：在图像区域内，有用的图像内容变化相对缓慢，也就是说，在一个小区域内（例如，在一个 8×8 的图像块内）亮度值的变换不会太频繁。空间频率表示在一个图像块内像素值的变化次数。DCT 形式化地表明了这一变化，它把对图像内容的变化度量和每一个块的余弦波周期数对应起来。

特性 2：心理学实验表明，在空间域内，人类对高频分量损失的感知能力远远低于对低频分量损失的感知能力。

在 JPEG 中应用 DCT 主要是为了在减少高频内容，同时更有效地将结果编码为位串。我们用空间冗余来说明在一张图像里很多信息是重复的。例如，如果一个像素是红色，那么与它临近的像素也很有可能是红色。正如特性 2 所表明的，DCT 的低频分量系数非常重要。因此，随着频率的增加，准确表示 DCT 系数的重要性随之降低。我们甚至可以把它置零，也不会感知到很多信息的丢失。

显然，一个零串可以表示为零的长度数，用这种方式，比特的压缩成为可能。我们可以用很少的数来表示一个块中的像素，摒弃一些和位置相关的信息，达到摒弃空间冗余的目的。

JPEG 可用于彩色和灰度图像。在彩色图像的情况下（如在 YIQ 或 YUV 中），编码器在各自的分量上工作，但使用相同的例程。如果源图像是其他的格式，编码器会执行颜色空间转换，将其转换为 YIQ 或 YUV 空间。

特性 3：人类对灰度（黑和白）的视觉敏感度（区分相近空间线的准确度）要远远高于对彩色的敏感度。如果彩色发生很接近的变化，那么我们很难区分出来（设想在漫画中使用的斑点状的墨水）。这是因为我们的眼睛对黑色的线最敏感，并且我们的大脑总是把这种颜色推广开来。实际上，普通的电视就是利用这个原理，总是传播较多的灰度信息，较少的颜色信息。

(3)JPEG 标准的算法。

JPEG 静态图像编码建议线性预测编码（DPCM）作为无损编码算法，自适应块离散余弦变换编码作为有损编码算法，并且推荐编码方法，下面分别介绍。

1)无损的预测编码。JPEG 建议的无损的预测编码采用最近邻三个像素中的一个或几个作一维或二维预测，得到的预测误差作赫夫曼编码或算术编码的熵编码，于中等复杂度的彩色图像约可得到 2 倍的压缩。预测公式可用一个选择码选择。

2)自适应块离散余弦变换编码。编码基本参数为每幅图像 828 Kb。亮度信号 720×575 像素，8b；色度信号水平方向分辨率减半。在 ISDN64 kb/s 信道中传输时间小于 10 s，要求编码率为 1 比特/像素，即压缩比包括彩色部分分量在内为 16：1。

JPEG 建议的以 ADCT 为基础的算法共分四步：变换、信息有损的量化以及两种信息无损的熵编码。在基本系统和扩展系统中都采用这个算法结构，而在扩展系统中才能提供附加的性能，如逐渐浮现和算术编码。基本系统中，每个标准解码器都能够解释用基本系统编码的数据。扩展系统中，只有当编码器和解码器都配置相应的选择项时才具有所选的附加性能。

基本系统提供顺序建立方式的高效率信息有损压缩，输入图像每个像素的精度为 8 bit。

首先将整个图像分成若干（8×8）像素的方块，接着对各方块进行 DCT 变换，二维的方块 DCT 变换分解成为行和列的一维余弦变换，变换后每个方块得到一个 DC 系数和 63 个 AC 系数。然后对所有 DCT 系数分别线性量化，量化步距 $F_Q(u,v)$ 取决于一个视觉阈值矩阵，其元素为 $Q(u,v)$。DCT 系数为 $F(u,v)$，量化后成为

$$FQ(u,v)=Int[F(u,v)/Q(u,v)]$$

此步距随系数的位置而改变。还能对每种彩色分量作调整，以保证这种量化对人类视觉是最佳的。

其次，将当前方块的直流 DC 系数与上一方块的 DC 系数之差值，利用特殊的一维 VLC 赫夫曼编码以降低其余度。

量化后，量化的方块是稀疏的，仅少数 AC 系数为非零值。AC 系数的编码模型为：将原 AC 系数方阵排列，按折线（Zig-Zag）图案重新排列，并在编码之前检测零系数的游程（或称为行程），把零系数的游程和紧跟的非零系数组成为一个字。如果非零系数前没有零系数作为零游程非零

系数组合的一个字，根据许多图像对于各种游程系数值字出现概率做成赫夫曼码表。基本系统有规定的两组赫夫曼码表，一个用于亮度分量，一个用于色度分量。每组码表中又分成两个码表，一个用于 DC 系数，一个用于 AC 系数。基本系统的编码有两种工作模式：单次通过编码方式，即采用约定的赫夫曼码表，或事先计算好的赫夫曼码表；双次通过编码方式，即在第一次通过时，编码器对图像确定其最佳的赫夫曼码表。

3)扩展功能系统。附加功能包括算术编码和逐渐浮现。

算术编码可用以代替赫夫曼编码，使压缩比增加 5%～10%。

逐渐浮现的图像显示方式在静止图像通信中应用较多。这是由于静止图像以低码率传送时需要一定的传输时间(例如每帧几十秒)，需要等待较长时间才能看到发送过来的图像。逐渐浮现方式是先以较少比特数较快地传送粗略图像，然后分阶段一步一步根据传送到的数据使图像清晰起来，到最后阶段达到所要求清晰度的图像。这种分阶段显示可以在接收时首先看到粗略图像，然后图像逐渐清晰，易为人们所接受。逐渐浮现有两种模形式：第一种是将逐步近似法和频谱选择法结合，有选择地传输量化后的 DCT 系数的数据；第二种是基于空间或间隔抽取的分层次方法模式。

逐渐浮现的第一阶段，压缩到 0.25 比特/像素，压缩比 64∶1，传输时间小于 2 s。第二阶段，压缩到 0.75 比特/像素，压缩比 21∶1，传输时间小于 10 s。第三阶段，压缩到 4 比特/像素，压缩比 4∶1，传输时间小于 10 s，图像质量应与原始图像难以区分。

2. JPEG 2000 标准

JPEG 2000 是 JPEG 工作组制定的一个新的静止图像压缩编码的国际标准，标准号为 ISO/IEC15444|ITU-T T.800，该标准和以往的其他标准一样，由多个部分组成。其中，第一部分在 2000 年 12 月正式公布，而其他部分则在之后被陆续公布。

在 JPEG 2000 工作之前，前面一个(连续色调)静止图像的压缩编码标准 JPEG 已经颁布了多年。特别是它的基本系统，已经被广泛应用，并且取得了巨大的成功。其主要原因包括技术上和实现上的优点，标准的开放性(无需付版税)，以及独立 JPEG 小组 IJG 提供的免费软件等因素。然而，随着它在医学图像、数字图书馆、多媒体应用、Internet 和移动网络的推广，它的一些缺点也日益明显。虽然 JPEG 的扩展系统解决了某些缺陷，但也仅仅是在非常有限的范围内，而且有时还受到专利等知识产权 IPR 的限制。为了能够用单一的压缩码流提供多种性能、满足更为广泛的应用需要，JPEG 工作组于 1996 年开始探索一种新的静止图像压缩编码标准，计划在 2000 年正式颁布，并且将它称为 JPEG 2000。

(1)JPEG 2000 的组成。

JPEG 2000 主要由 6 个部分组成。其中，第一部分为编码的核心部分，具有相对而言最小的复杂性，可以满足约 80%的应用需要，其地位相当于 JPEG 标准的基本系统，也是公开并可免费使用的。它对于连续色调、二值的、灰度或彩色静止图像的编码定义了一组无损和有损的方法。具体地说，它有以下规定：

· 规定了解码过程，以便于将压缩的图像数据转换成重建图像数据。
· 规定了码流的语法，由此包含了对压缩图像数据的解释信息。
· 规定了 JP2 文件格式。
· 提供了编码过程的指导，由此可以将原图像数据转变为压缩图像数据。
· 提供了在实际进行编码处理的实现的指导。

第二至第六部分则定义了压缩技术和文件格式的扩展部分，以便满足一些特殊的应用，或者提供一些复杂的功能，但计算的复杂度大大增加。其中包括：编码扩展（第二部分）；Motion JPEG 2000（MJP2，第三部分）；一致性测试（第四部分）；参考软件（第五部分）；混合图像文件格式（第六部分）。

(2)JPEG 2000 的优点。

需要强调的是，JPEG 2000 不仅提供了比 JPEG 基本系统更高的压缩效率，而且提供了一种对图像的新的描述方法，可以用单一码流提供适应多种应用的性能。特别是第一部分，它与 JPEG 的基本系统相比具有以下的优点：

- 更高的压缩比。
- 同时支持有损和无损压缩。
- 支持多分辨率表示。
- 嵌入式码流（逐渐显示解码和 SNR 可分级）。
- 叠置。
- 感兴趣区域编码。
- 抗误码。
- 码流的随机存取和处理。
- 对多重压缩/解压缩循环的性能改进。
- 更灵活的文件格式。

为了达到以上性能，JPEG 2000 采用了许多新的压缩编码技术。首先，JPEG 基本系统中的基于子块的 DCT 被全帧离散小波变换（DWT）取代。由于 DWT 自身具有多分辨率图像表示性能，而且它可以在大范围内去除图像的相关性、将图像能量分布更好地集中，因此压缩效率得到提高。其次，由于使用整数 DWT 滤波器，在单一码流中可以同时实现有损和无损压缩。第三，通过使用一种带中央“死区”的均匀量化器实现嵌入式编码。对于量化系数各比特面进行基于上下文的自适应算术编码，这些由比特面提供的嵌入式码流同时又提供了 SNR 的可分级性。进一步，每个子带的比特面被限制在独立的矩形块中通过三次扫描完成编码，由此得到最佳的嵌入式码流、改进的抗误码能力、部分空间随机存取能力，简化了某些几何操作，得到了非常灵活的码流语法。

(3)JPEG 2000 的工作原理。

JPEG 2000 的基本模块组成其中包括预处理、DWT、量化、自适应算术编码以及码流组织等五个模块，下面将对此分别进行简要介绍。

1)输入。

输入图像可以包含多个分量。通常的彩色图像包含三个分量（RGB 或 Y、Cb、Cr），但为了适应多频段图像的压缩，JPEG 2000 允许一个输入图像最高有 16384(2^{14})个分量。每个分量的采样值可以是无符号数或有符号数，比特深度为 1～38。每个分量的分辨率、采样值符号以及比特深度可以不同。

2)处理。

在预处理中，首先是把图像分成大小相同、互不重叠的矩形叠块。叠块的尺寸是任意的，它们可以大到整幅图像、小到单个像素。每个叠块使用自己的参数单独进行编码。

第二步是对每个分量进行采样值的电平位移，使值的范围关于 0 电平对称。设比特深度为

B，当采样值为无符号数时，则每个采样值减去 2^{B-1}，当采样值是有符号数时则无需处理。

第三步是进行采样点分量间的变换，以便除去彩色分量之间的相关性，要求是分量的尺寸、比特深度相同。JPEG 2000 的第一部分中有两种变换可供选择，它们假设图像的前面三个分量为 RGB，并且只对这三个分量进行变换。一种是不可逆彩色变换 ICT，它即为 RGB 到 YCbCr 的变换：

$$\begin{bmatrix} Y \\ Cb \\ Cr \end{bmatrix} = \begin{bmatrix} 0.299 & 0.587 & 0.114 \\ -0.16875 & -0.33126 & 0.500 \\ 0.500 & -0.41869 & -0.08131 \end{bmatrix} \cdot \begin{bmatrix} R \\ G \\ B \end{bmatrix}$$

反变换为：

$$\begin{bmatrix} R \\ G \\ B \end{bmatrix} = \begin{bmatrix} 1.0 & 0 & 1.402 \\ 1.0 & -0.34413 & 0.71414 \\ 1.0 & 1.772 & 0 \end{bmatrix} \cdot \begin{bmatrix} Y \\ Cb \\ Cr \end{bmatrix}$$

另一种是可逆彩色变换 RCT，它是对 ICT 的整数近似，既可用于有损编码也可用于无损编码。前向 RCT 为：

$$Y = \left\lfloor \frac{R+2G+B}{4} \right\rfloor, U = R - G, V = B - G$$

式中，G 表示取小于等于 G 的最大整数，即 floor 运算。反变换为：

$$G = Y - \left\lfloor \frac{U+V}{4} \right\rfloor, R = U + G, B = V + G$$

在解码端需要根据情况进行相应的反变换。

3)量化。

JPEG 2000 第一部分采用中央有“死区”的均匀量化器，其区间宽度是量化步长的 2 倍。对于每个子带 b，首先由用户选择一个基本量化步长 Δ_b，它可以根据子带的视觉特性或者码率控制的要求决定。量化将子带 b 的小波系数 $y_b(u,v)$ 量化为量化系数 $q_b(u,v)$：

$$q_b(u,v) = \mathrm{sign}(y_b \cdot (u,v)) \times \left\lfloor \frac{|y_b(u,v)|}{\Delta_b} \right\rfloor$$

量化步长 Δ_b 被表示为一个 2 字节的数，其中 11 比特为尾数 μ_b，5 比特为指数 ε_b：

$$\Delta_b = 2^{R_b - \varepsilon_b}\left(1 + \frac{\mu_b}{2^{11}}\right)$$

其中，R_b 为子带 b 的标称动态范围的比特数。由此保证最大可能的量化步长被限制在输入样值动态范围的两倍左右。

4)熵编码。

为了达到抗干扰和任意水平的逐渐显示，JPEG 2000 对小波变换系数的量化值按不同的子带分别进行编码。它把子带分成小的矩形块——编码子块，每个编码子块单独进行编码。编码子块的大小由编码器设定，它必须是 2 的整数幂，高不小于 4，系数的总数不大于 4096。对于每个编码子块的各比特面分别进行三次扫描通过：重要性传播、细化以及清除。对于每次扫描输出，使用 MQ 算法进行基于上下文的自适应算术编码。最后将压缩的各子比特面组织成数据包的形式输出。

3. JPEG-LS 标准

与 JPEG-2000 提供的无损压缩模式相竞争的专门用于无损压缩的方案就是 JPEG-LS 标

准。JPEG-LS 的正式名称是“信息技术——连续色调静止图像无损/接近无损压缩标准”，JPEG-LS 是 ISO/ITU-T 批准的图像无损压缩标准，它还提供接近无损的压缩功能。

JPEG-LS 采用基于低复杂性算法更好的对医疗图像进行压缩。JPEG-LS 的核心算法是由惠普公司提出的低复杂度无损图像压缩算法（LOw COmplexity LOssless COmpression for Images，LOCO-I）算法。该算法是基于这样的原则：算法复杂度的降低总体上比采用更复杂压缩算法来提高的较小压缩率更重要。图 3-2 给出了简化的 JPEG-LS 无损编码器框图。

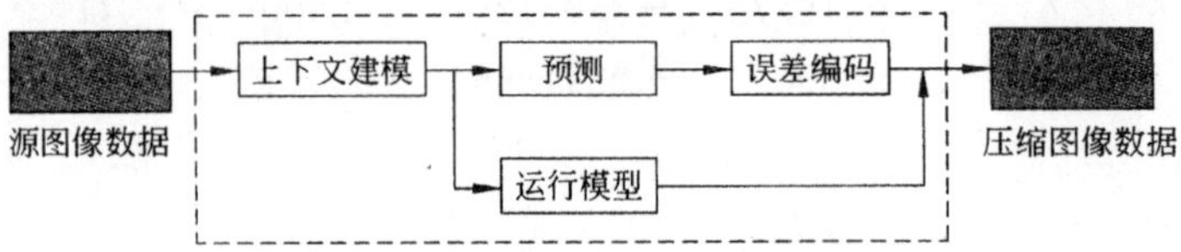

图 3-2　简化的 JPEG 无损编码器框图

JPEG-LS 的编码过程为：源图像以预先指定的扫描顺序输入编码器，无损图像压缩设计为一个归纳推理问题。编码当前像素时，先扫描过去的数据，以前面接收的像素为条件，通过分配当前像素的条件概率 P，推理出当前像素值。对近无损编码，则用先前像素的重建值代替原始值作为条件数据。解码器只依赖已经解码的数据，因此能重建用来解码当前像素的条件概率。

作为 JPEG-LS 编码的基础，上下文建模使用的建模方法是基于对上下文的认识。建立上下文模型时，一个像素值的编码要以它周围的几个像素为条件。根据 a、b、c、d 处像素的重建值，上下文首先决定对 x 处像素是按常规方式预测编码还是采用行程编码。对于行程编码，又分为无损和有损（或近无损）两种情况。

3.5　视频压缩标准

近十年来，图像编码技术得到了迅速发展和广泛应用，其日臻成熟的标志就是几个关于图像编码的国际标准的制定，即国际标准化组织 ISO 和国际电工委员会 IEC 关于静止图像压缩的编码标准 JPEG、国际电信联盟 ITU-T 关于电视电话/会议电视的视频编码标准 H. 261、H. 263、H. 264 和 ISO/IEC 关于运动图像的编码标准 MPEG-1、MPEG-2、MPEG-4、MPEG-7 和 MPEG-21 等。这些图像编码标准融合了各种性能优良的图像编码算法，代表了目前图像编码的发展水平。

3. 5. 1　MPEG-X 系列视频标准系列

MPEG 的发展经历从简单的信号压缩编码，逐渐走向对多媒体信息特征、语义的描述，最终走向知识学研究的过程，为媒体的应用和发展开辟了广阔的空间。MPEG 主要由 3 个部分组成：MPEG 视频，MPEG 音频，视频与音频的同步。其中，MPEG 视频是其标准的核心。

1. MPEG-1 标准

1991 年 11 月底由活动图像专家小组提出了用于数字存储媒介的活动图像及伴音约 1. 5 Mbps 的编码方案，作为 ISO11172 号建议于 1992 年通过，习惯上简称 MPEC-1 标准。

MPEG-1 是 MPEG 的小画面模式，具有 352×240 的分辨率，每秒可达 30 帧图像，在 6 ∶ 1 的压缩比时具有高质量的压缩效果。MPEG-1 对于较低传输速率、窄带宽的应用（如单速 CD-ROM、Video-CD、商业销售演示、远程教育和培训、远程医疗服务、可视会议系统等方面）还是较满意的。它可针对 SIF 标准分辨率(对于 NTSC 制为 352×240;对于 PAL 制为 352×288)的图像进行压缩,传输速率为 1.5 Mbps,每秒播放 30 帧,具有 CD(激光唱盘)音质,质量级别基本与 VHS 相当。MPEG 的编码速率最高可达 4~5 Mbps。

MPEG-1 也被用于数字电话网络上的视频传输,如非对称数字用户线(ADSL)、视频点播(VOD)以及教育网络等,同时,MPEG-1 也可被用做记录媒体或是在 Internet 上传输音频。

由 MPEG-1 开发出来的视频压缩技术的应用范围很广,包括从 CD-ROM 上的交互系统,到电信网络上的视频传送,MPEG-1 视频编码标准被认为是一个通用标准。为了支持多种应用,可由用户来规定多种多样的输入参数,包括灵活的图像尺寸和帧频。MPEG 推荐了一组系统规定的参数:每一个 MPEG-1 兼容解码器至少必须能够支持视频源参数,最佳可达电视标准,包括每行最小应用 720 个像素,每幅图像起码应用 576 行,每秒最少不低于 30 帧,及最低比特率为 1.86 Mbps,标准视频输入应包括非隔行扫描视频图像格式。应该指出,并不是说 MPEG-1 的应用就限制于这一个系统规定的参数组。根据 JPEG 和 H.261 标准,已开发出 MPEG-1 视频算法。当时的想法是,尽量保持与 ITU-T H.261 标准的共同性,这样,支持两个标准的做法就似乎可能。当然,MPEG-1 的主要目标在于多媒体 CD-ROM 的应用,这里需要由编码器和解码器支持的附加函数。由 MPEG-1 提供的重要特性包括:基于帧的视频随机存取,通过压缩比特流的快进/快退搜索,视频的反向重放及压缩比特流的编码能力。

2. MPEG-2 标准

在 MPEG-1 标准基础上进一步扩展和改进,1995 年 MPEG 组织推出了 MPEG-2 标准,主要是针对数字视频广播、高清晰度电视和数字视盘等制定的基本速率为 4~9 Mbps 的运动图像及其伴音的编码标准,MPEG-2 是数字电视机顶盒与 DVD 等产品的基础。

MPEG-2 对 MPEG-1 作了重要的扩展和改进,主要包括:

1)针对隔行扫描的常规电视专门设置了"按帧编码"和"按场编码"两种模式,并相应地对运动补偿和 DCT 方法进行了扩展,从而显著提高了压缩编码效率。

2)考虑到标准的通用性,增大了重要的参数值,允许有更大的画面格式、比特率和运动矢量长度,输入/输出图像格式不限定。

3)亮度分量和色度分量的比例可由原来的 Y:U:V=4:1:1 扩展到 4:2:2 或 4:4:4,每个像素由 8bit 可扩展到 10bit。

4)增加码流结构的可分级性(Scalability)。

5)可以直接对隔行扫描视频信号进行处理。

6)输出码率可以是恒定的也可以是变化的,以适应同步和异步传输。

MPEG-2 标准的算法虽然复杂,但它是具有广泛应用价值的标准。MPEG-2 标准主要应用在广播电视领域,在视音频资料的保存;电视节目的非线性编辑系统及其网络;卫星传输;电视节目的播出等领域都得到了广泛应用。

3. MPEG-4 标准

为了适应多媒体通信尤其是视频会议、视频电话应用需求,在 1994 年 MPEG 开始制定 MPEG-4 标准,经过不断发展成为了一个可以适应于多种多媒体应用、具有良好交互性能的、提供多种编码比特率的国际标准,其正式名称为 ISO/IEC 14496,基于音视频对象的编码。

MPEG-4 标准采用了基于对象的视频压缩编码方法,它不仅可以实现对视频图像数据的高效压缩，还可以提供基于内容的交互功能，支持对多媒体信息的内容访问，提供灵活的时域和空域扩展。除此之外，为了使压缩码流具有抗信道误码的特性，方便应用于带宽受限、误码易发的无线网络和 Internet，MPEG-4 还提供用于误码检测和误码恢复的一系列工具。

MPEG-4 标准主要涉及到以下几类编码方法：

(1)形状编码。

MPEG-4 标准第一次引入了形状编码算法。一个场景中截取的 VOP 是一个不规则的形状，MPEG-4 标准的形状编码方法是用位图法，VOP 被一个边框框住，边框长、宽均为 16 的整数倍同时保证边框最小。位图表示法实际上是一个边框矩阵。如果用 8 位表示灰度，有 256 级灰度分层，如果用阵的编码，矩阵被分成 16×16 的“形状块”，边界信息包含在块中。

(2)纹理编码。

纹理编码有两种，可能是内部编码的 I-VOP 的像素值，也可能是帧间编码的 P-VOP、B-VOP 的运动估计残差值，仍采用基于分块的纹理编码。VOP 的纹理信息包含在视频信号的亮度 y 和两个色度分量 U/V 中。对于 I-VOP，纹理信息直接包含在亮度和色度分量中；而对于运动补偿后的 VOP，纹理信息包含在运动补偿后的残差中。

(3)运动信息编码。

MPEG-4 利用运动估计和运动补偿去除帧间的时间冗余度。主要区别在于：其他标准中采用了基于块的技术，而 MPEG-4 中采用的是 VOP 结构。VOP 编码有四种编码模式。VOP 组则是由一个 I-VOP 开始的若干 VOP 的组合，并用一个头标志来指示解码器。I-VOP 是对序列进行随机访问的标识。一些需要随机访问的操作(例如快进和快退)，常常要频繁地访问 I-VOP。I-VOP 还被用在场景剪切和运动补偿失效时。VOP 组中包含 P-VOP 和 B-VOP，也可以只有 P-VOP，P-VOP 根据它前面的 VOP 利用运动补偿技术来编码，B-VOP 根据它前面和后面的 VOP 利用运动补偿技术来编码。

(4)Sprite 编码。

Sprite 编码是针对背景对象的特点提出来的。通常情况下背景对象本身没有任何运动，通过图像的镶嵌技术把整个序列的背景图像拼接成一个大的完整的背景图像，这个图像叫做 Sprite 图像，是一种 S-VOP。Sprite 图像只需要编码传输一次并存储在解码端，随后的图像可以从 Sprite 上恢复所有图像的背景。MPEG-4 中包括 Sprite 是因为这种编码方式可以提供很高的压缩效率。基于 Sprite 的编码非常适合于合成对象，也可以用在发生了剧烈运动的自然场景中。为了支持低处理延时的应用，传输 Sprite 时可以采用多种方法。

MPEG-4 标准被广泛运用于数字电视、远程多媒体监控、基于内容存储和检索的多媒体系统、互联网上的视频流与交互式视频游戏、基于面部表情模拟的虚拟会议、DVD 上的交互多媒体应用、基于计算机网络的可视化合作实验室场景应用、演播室技术及电视后期制作、监控等。

4. MPEG-7 标准

2001 年制定的 MPEG-7 标准旨在解决对多媒体信息描述的标准问题，并将该描述与所描述的内容相联系，以实现快速有效的搜索。MPEG-7 标准可以独立于其他 MPEG 标准使用，而且 MPEG-4 中所定义的音频、视频对象的描述适用于 MPEG-7。

MPEG-7 定义了一个关于内容描述方式的可交互操作的框架，它超越了传统的元数据概念，具有描述从低级元素信号特征，如颜色、形状、声音特征到关于内容搜集的高级结构信息的能力。MPEG-7 通过定义的一组描述符与多媒体信息的内容本身相关联，支持用户快速有效地搜索其感兴趣的信息。通过给符合 MPEG-7 标准的多媒体信息加上索引，用户可方便地进行信息检索。

MPEG-7 标准化的范围包括：

• 一系列的描述子（描述子是特征的表示法，一个描述子就是定义特征的语法和语义学）。

• 一系列的描述结构（详细说明成员之间的结构和语义）。

• 一种详细说明描述结构的语言、描述定义语言。

• 一种或多种编码描述方法。

MPEG-7 标准的重点是提供对视听内容描述的新的解决方案，因此，对纯文本的描述不包含在 MPEG-7 标准中。但是，视听内容可以包含或涉及到除了视听信息内容之外的文本，因此考虑到现行的标准和惯例，MPEG-7 也包含了对部分文本注释和词汇标准化的描述工具。

组成 MPEG-7 的部分如下：

• MPEG-7 系统：保证 MPEG-7 描述有效传输和存储所必需的工具，并确保内容与描述之间进行同步，这些工具有管理和保护的智能特性。

• MPEG-7 描述定义语言：用来定义描述 MPEG-7 工具的语法和新的描述结构的语言；描述定义语言可以创建新的描述方案和描述子，也可以扩展或修改现有的描述方案。MPEG-7 的描述定义语言以 XML 语言为基础，且在 XML 的基础上作了进一步的扩展。

• MPEG-7 音频：只涉及音频描述的描述子和描述结构。

• MPEG-7 视频：只涉及视频描述的描述子和描述结构。

• MPEG-7 多媒体描述结构：是处理一般特征和多媒体描述的工具。

• MPEG-7 参考软件：实现 MPEG-7 标准相关部分的软件。

• MPEG-7 一致性测试：MPEG-7 执行一致性测试的指导方针和程序。

• MPEG-7 描述的提取和使用：关于提取和使用部分描述工具的信息材料（以技术报告的形式存在）。

• MPEG-7 配置和级别：提出指导方针和标准配置。

• MPEG-7 结构定义：指定使用描述定义语言的结构。

在网络高度发展的今天，MPEG-7 开始试图把网上的多媒体内容变成像现在的文本内容一样，具有可搜索性。MPEG-7 的应用可以分成三大类：第一类是索引和检索类应用；第二类是选择和过滤类应用，可以帮助使用者只接受符合需要的信息服务数据；第三类是与 MPEG-7 中“元（Meta）数据”内容表达有关的专业化应用。这使得 MPEG-7 标准的应用领域十分广泛，包括：数字图书馆（图像目录，音乐词典，……）；音视数据库的存储和检索；广播媒体的选择（广播、电视节目）；因特网上的个性化新闻服务；智能多媒体、多媒体编辑；教育领域的应用（如远程教育、课程内容检索等）；电子商务、远程购物；社会和文化服务（历史博物馆、艺术走廊等）；调查服务（人的特征的识别、辩论等）；遥感、地理信息系统；监视（交通控制、地面交通等）；生物医学应用；建筑、不动产及内部设计；多媒体目录服务（如黄页、旅游信息、地理信息系统等）；家庭娱乐（个人的多媒体收集管理系统等）。

5. MPEG-21 标准

随着多媒体信息技术和互联网技术的飞速发展，为了将不同的协议、标准和技术结合在一起，使得用户可以在现有的各种网络和设备上透明地使用多媒体内容，实现互操作，需要建立一个开放的多媒体框架。MPEG-21 多媒体框架标准就是这样一个支持通过异构终端和网络，使用户透明地、广泛地、交互地使用多媒体信息资源的综合性的技术标准。

MPEG-21 标准(ISO/IEC 21000)的正式名称是“多媒体框架”,其最终目的是创建一个开放的多媒体传输和消费的框架,通过将不同的协议、标准和技术结合在一起,使用户可以通过现有的各种网络和设备透明地使用网络上的多媒体资源,对全球数字媒体资源进行透明和增强管理,实现内容描述、创建、发布、使用、识别、收费管理、产权保护、用户隐私权保护、终端和网络资源抽取、事件报告等功能。

MPEG-21 多媒体框架标准的提出将为多媒体信息的用户提供综合统一的、高效集成的和透明交互的电子交易和使用环境,能够解决如何获取、如何传送各种不同类型多媒体信息,以及如何进行内容的管理、各种权利的保护、非授权存取和修改的保护等问题,为用户提供透明的和完全个性化的多媒体信息服务。总而言之,MPEG-21 必将在多媒体信息服务和电子商务活动中发挥空前的重要作用。

3.5.2 H.26X 视频编码标准

H.26X 是 ITU-T(国际电信联盟)及其前身 CCITT(国际电报电话咨询委员会)研究和制定的一系列视频编码的国际标准。其中最为广泛的就是 H.261、H.262、H.263 和 H.264 这 4 个标准。下面分别对 H.261 标准、H.263 标准和 H.264 标准进行讨论。

1. H.261 标准

H.261 是 ITU-T 在 1988 年发布的适合于在 $p\times64$ kb/s 码率下实现视频通信的视频编码建议,主要应用于可视电话和视频会议系统。它实现了在中等码率下视频信号的实时传输,为工业界的电视会议系统提供了视频压缩的标准算法,主要用于 ISDN 传输,它是几十年来图像压缩编码研究的结晶。随后制定的几个视频压缩编码标准建议都是以其为基础和核心的。

H.261 要求输入的图像格式满足 CIF(352×288)或 1/4CIF(QCIF)(176×144)。

H.261 的传输速率为 $p\times64$ kb/s,其中 p 是一个整数,取值范围是 1～30,对应的比特率为 64 kb/s～1.92 Mb/s。当 $p=1$ 或 2 时,即传输速率为 64～128 kb/s 时,支持 QCIF 分辨率格式,用于帧数率较低的可视电话;当 $p\geqslant6$ 时,即传输速率大于 384 kb/s,支持 CIF 分辨率格式,用于视频会议。

H.261 的编码器采用混合编码方法,利用帧间预测来减少时间冗余,对预测后的残差采用 DCT 以减少空间冗余。首先它将图像(包括亮度和色度)分成互不交叠的 8×8 像素的块,然后由相邻的 4 个亮度块以及相应的两个色度块组成一个宏块,其中每个块只属于一个宏块。接着以宏块为单位进行运动估计得到残差,最后对残差进行 DCT 变换,产生的系数进行量化和变长编码。

运动估计在相继的帧之间进行,对于每一个宏块拥有一个运动矢量,这些运动矢量的水平和垂直分量均为不超过＋15～－15 的整数值。该矢量用于宏块的所有 4 个亮度块,由于色度图像的长与宽分别是亮度图像长宽的 1/2,因此,将运动矢量的两个分量值除以 2 后取整作为色差块的运动矢量。在 H.261 中规定,运动估计只能指向图像的内部。

编码的最小单元为 8×8 的像素块;4 个亮度块和对应的两个色度块构成一个宏块;一定数量的宏块(33 块)构成一个块组;若干块组(对于 CIF 格式为 12 个块组)构成一帧图像。每一个层次都有说明该层次信息的头,编码后的数据和头信息逐层复用就构成了 H.261 的码流。

2. H. 263 标准

H. 263 标准是 ITU-T 于 1995 年发布的低码率视频编码标准，它适应于不同格式（如 CIF、QCIF、SQCIF 等）的图像在较低码率下编码。H. 263 标准曾经被公认为是以像素为基础的采用第一代编码技术的混合编码方案所能达到的最佳结果。随后几年中，ITU-T 又对其进行了多次补充，以提高编码效率，增强编码功能。补充修订的版本有 1998 年的 $H.263^{+}$ 和 2000 年的 $H.263^{++}$。

H. 263 与 H. 261 的编码器框架类似，采用的都是运动补偿、DCT 变换与变字长编码相结合的混合编码方式。与 H. 261 相比，H. 263 为了进一步提高编码效率，它作了如下改善。

(1)半像素运动补偿。

在物体运动需要更高分辨率描述的时候，这一特性可以极大地提高运动估计的精度，从而取代 H. 261 的环路滤波器。半像素值采用双线性内插（简单平均）计算得到，色度块的运动矢量由宏块的运动矢量除以 2 得到。

(2)支持更多的格式。

H. 263 标准不仅能工作在 H. 261 标准的 CIF 和 QCIF 两种图像格式，也能工作于以下几种图像格式：Sub-QCIF、4CIF、16CIF，几种图像格式的大小如表 3-2 所示。

表 3-2　H. 263 的图像格式

图像格式	亮度像素数/行	亮度行数	色度像素数/行	色度行数
QCIF	176	144	88	72
Sub-QCIF	128	96	64	48
CIF	352	28	176	144
4CIF	704	576	352	288
16CIF	1408	1152	704	576

(3)H. 263 的编码模式。

除了核心编码算法之外，H. 263 建议还有 4 个可选编码模式。所有这些编码模式都可以单独或是组合应用于 H. 263 标准中。

1)无约束运动矢量模式。通常运动矢量的范围被限制在参考帧内，而在无约束运动矢量模式中取消了这种限制，运动矢量可以指向图像之外。这样，当某运动矢量所指的参考像素位于图像之外时，可以用边缘图像值代替这个“不存在的像素”。这种方法能够帮助改善边缘有运动物体的图像质量。

2)基于语法的算术编码。在 H. 261 中建议采用哈夫曼编码，但在 H. 263 中所有的变长编/解码过程均采用算术编码，这样便克服了 H. 261 中每一个符号必须用固定长度整比特数编码的缺点，编码效率得以进一步提高。

3)高级预测模式。通常运动估值是以 16×16 像素的宏块为基本单位进行的，而在 H. 263 中的预测模式下，编码器既可以一个宏块使用一个运动矢量，也可以让宏块中的 4 个 8×8 子块各自使用一个运动矢量。

4)PB 帧模式。H. 263 是 ITU-T 于 1995 年公布的低码率的视频编码建议。此建议也吸取了部分 MPEG(活动图像专家组)系列标准的优点,PB 帧的名称正是出自 MPEG 标准。在 H.263 中的一个 PB 帧单元包含了两帧。其中的 P 帧是经前一个 P 帧预测所得的结果,而 B 帧则是经前一个 P 帧和本 PB 帧单元中的 P 帧通过双向预测所得的结果。由此可见,P 帧的运动估值与一般的 P 帧的运动估值相同,但 B 帧则有所不同,它需要利用双向运动矢量来计算 B 帧的前后向预测值,通常是以它们的平均值作为该 B 帧的预测值。

(4)$H.263^{+}$ 和 $H.263^{++}$。

$H.263^{+}$ 和 $H.263^{++}$ 是 ITU-T 在 H.263 的基础上进行补充后得到的标准。$H.263^{+}$ 在保证原 H.263 标准核心句法和语义不变的基础上,增加了若干选项以提高压缩效率或改善某方面的功能。原 H.263 标准限制了其应用的图像输入格式,仅允许 5 种视频源格式。$H.263^{+}$ 标准允许更大范围的图像输入格式,自定义图像的尺寸,从而拓宽了标准使用的范围,使之可以处理基于视窗的计算机图像、更高帧频的图像序列及宽屏图像。

为提高压缩效率,$H.263^{+}$ 采用先进的帧内编码模式;增强的 PB 帧模式改进了 H.263 的不足,增强了帧间预测的效果;去块效应滤波器不仅提高了压缩效率,而且提供重建图像的主观质量。

为适应网络传输,$H.263^{+}$ 增加了时间分级、信噪比和空间分级,对在噪声信道和存在大量包丢失的网络中传送视频信号很有意义;另外,片结构模式、参考帧选择模式增强了视频传输的抗误码能力。

$H263^{++}$ 在 $H263^{+}$ 基础上增加了 3 个选项,主要是为了增强码流在恶劣信道上的抗误码性能,同时为了提高增强编码效率。这 3 个选项为:

1)选项 U:称为增强型参考帧选择,它能够提供增强的编码效率和信道错误再生能力(特别是在包丢失的情形下),需要设计多缓冲区用于存储多参考帧图像。

2)选项 V:称为数据分片,它能够提供增强型的抗误码能力(特别是在传输过程中本地数据被破坏的情况下),通过分离视频码流中 DCT 的系数头和运动矢量数据,采用可逆编码方式保护运动矢量。

3)选项 W:在 $H263^{+}$ 的码流中增加补充信息,保证增强型的反向兼容性,附加信息包括:指示采用的定点 IDCT、图像信息和信息类型、任意的二进制数据、文本、重复的图像头、交替的场知识、稀疏的参考帧识别。

3. H.264 标准

H.264 是 ITU 的 VCEG(视频编码专家组)和 ISO/IEC 的 MPEG(活动图像编码专家组)的联合视频组(Joint Video Team,JVT)开发的一个新的数字视频编码标准,它既是 ITU 的 H.264,又是 ISO/IEC 的 MPEG-4 的第 10 部分。1998 年 1 月份开始草案征集,1999 年 9 月完成第一个草案,2001 年 5 月制定了其测试模式 TML-8,2002 年 6 月的 JVT 第 5 次会议通过了 H.264 的 FCD 版。2003 年 3 月正式发布。

H.264 和以前的标准一样,也是 DPCM 加变换编码的混合编码模式。但它采用"回归基本"的简洁设计,不用众多的选项,获得比 $H.263^{++}$ 好得多的压缩性能;加强了对各种信道的适应能力,采用"网络友好"的结构和语法,有利于对误码和丢包的处理;应用目标范围较宽,以满足不同速率、不同解析度以及不同传输(存储)场合的需求;它的基本系统是开放的,使用无需版权。

H.264 与以前国际标准相比,保留了以往压缩标准的长处又具有新的特点。如低码流,与 MPEG-2 和 MPEG-4 ASP 等压缩技术相比,在同等图像质量下,采用 H.264 技术压缩后的数据量只有 MPEG-2 的 1/8，MPEG-4 的 1/3。显然，H.264 压缩技术的采用将大大节省用户的下载时间和数据流量费用；高质量的图像，H.264 能提供连续、流畅的高质量图像；容错能力强，H.264 提供了解决在不稳定网络环境下容易发生的丢包等错误的必要工具；网络适应性强，H.264 提供了网络抽象层，使得 H.264 编码的数据能容易地在不同网络（如互联网、CDMA、GPRS、WCDMA、CDMA2000 等网络）上传输。

H.264 标准的推出，是视频编码标准的一次重要进步，它与先前的标准相比具有明显的优越性，特别是编码效率的提高，使之能应用于许多新的领域。尽管 H.264 的算法复杂度是编码压缩标准的 4 倍还要多，但随着半导体技术的发展，芯片的处理能力和存储器的容量都将会有很大的提高，所以 H.264 今后必然焕发出蓬勃的生命力，逐渐成为市场的主角。

第 4 章　多媒体文本信息处理技术

4.1　文本信息在计算机中的表示

文本是多媒体信息最基本的表示形式，也是计算机系统最早能够处理的信息形式之一。然而，随着多媒体计算机技术的发展，文本信息处理的内涵也从以前单一的无格式文本编辑发展到可以定义字体、字号、风格、颜色及版面格式信息的格式文本处理。超文本和超媒体技术的出现，使得包括格式文本在内的多种媒体信息（图形、图像、声音、视频、动画等）能够以非线性关系组织在一起，形成一个超文本文件。与此同时，文本信息处理的字符集范围也在逐渐扩大的过程中趋于统一和标准化。本章将围绕以上内容，主要介绍文本信息处理的字符集与编码、文本信息的采集与处理方法，同时介绍相应文本信息处理软件。这些内容构成了多媒体信息处理的文本信息综合处理技术。

4.1.1　英文字符及编码

英文是计算机上最早能够处理的一种文字，字符集由 ASCII（American Standard Code for Information Interchange，美国信息交换标准代码）定义和编码，这是一种基于拉丁字母表的字符编码系统，主要用于显示现代英语和其他西欧语言，是现今最通用的单字节编码系统，已被 ISO 和 IEC 定为国际标准，称为 ISO/IEC 646 标准。适用于所有拉丁文字字母。

ASCII 码用 7 位二进制数表示一个字符，共能表示 $2^7=128$ 个不同的字符，包括了计算机处理信息常用的 26 个英文大写字母 A～Z、26 个英文小写字母 a～z、数字符号 0～9、算术与逻辑运算符号、标点符号等。其中的每一个字符唯一对应一个 7 位二进制编码，如大写字母“A”的编码是 01000001，小写字母“a”的编码是 01100001，将它们转换成十进制数，分别是 65 和 97。多媒体计算机就是通过这些编码进行英文信息处理的。编码特点是：单字节且高位为 0。

需要说明的是，ASCII 码只是美国的国家标准，其中的一些符号无法适应其他国家文本信息的计算机处理，比如货币符号只能是“$”，而不能使用英镑“£”或人民币“￥”或欧元“€”符号。因此，在 ISO/IEC646 标准中，除了英语字母和数字部分不变外，其他符号各国可根据实际需要加以修改，比如，中国的货币符号更换为“￥”。随着计算机文本处理技术的发展和应用的需要，ISO 和 IEC 联合制定了 ISO/IEC8859 编码标准，将码长从 7 位增加到 8 位，字符集码位从原来的 128 个增加到 256 个。

4.1.2　中文字符及编码

中文字符集为多媒体计算机系统提供了处理中文信息的能力支持，主要的字符集有 GB2312 字符集、GBK 字符集、BIG5 字符集、GB18030 字符集等。

1. GB2312 字符集

GB2312 字符集全称为《信息交换用汉字编码字符集 · 基本集》，由中国国家标准总局 1980

年发布，1981 年 5 月 1 日开始实施，属国家标准，标准号是 GB2312-1980，适用于计算机汉字处理、汉字通信等系统之间的信息交换。GB2312 字符集收录了 7445 个汉字或符号，其中，汉字 6763 个(分两级存储，一级 3755 个汉字，二级 3008 个汉字)，其他全角字符 682 个(包括一般符号、序号、数字、拉丁字母、日文假名、希腊字母、俄文字母、汉语拼音符号、汉语注音字母等)。

GB2312 字符集采用双字节(16 位二进制位)编码，每个字节仅使用低 7 位，第 8 位固定为 0，整个字符集被分配在 94 个区中，每个区存储 94 个汉字或符号，提供 8836 个码位，对 7445 个字符编码后，剩余 1391 个码位未使用(可扩展使用)。由于 GB2312 采用了“区位”处理技术，相应编码也称为“区位码”。举例来说，“啊”字是 GB2312 字符集_级汉字中的第一个汉字，它的区位码就是 1601。

由于区位码每个字节的高位为 0，在计算机的文字处理过程中，无法与英文字符编码相区分，为此中文处理系统中，将一个汉字的区位码加上十六进制数 AOAOH，得到的编码称为汉字机内码，简称汉字内码。例如，“啊”的区位码是十进制数 1601，十六进制数为 1001H，加上 AOAOH 后，“啊”的机内码为十六进制数 BOA1H。

GB2312 字符集所收录的汉字已经覆盖了 99.75％的使用频率，基本满足了汉字的计算机处理需要。在中国大陆和新加坡获得广泛使用。

2. GBK 字符集

由于 GB2312-80 只收录了 6763 个汉字，不少常用汉字并未收录在内，部分在 GB2312-80 推出以后才简化的汉字、中国台湾和香港使用的繁体字、日语及朝鲜语汉字等均未收录其中。1993 年，Unicode 1.1 版本推出，收录了中国、日本及韩国通用字符集的汉字，总共有 20902 个。之后，中国制订了等同于 Unicode 1.1 版本的 GB13000.1-93 标准。中文计算机开发商利用了 GB2312-80 未使用的编码空间，收录了所有出现在 GB13000.1-93 之中的汉字，制定了 GBK(汉字内码扩展规范，Chinese Internal Code Specification)字符集，共收录 21886 个符号，分为汉字区和图形符号区，其中汉字 21003 个。GBK 字符集主要扩展了对繁体中文字的支持。

3. BIG5 字符集

BIG5 又称大五码或五大码，1984 年创立。Big5 码的产生，是因为当时不同厂商各自推出不同的编码，如倚天码、IBMPS55、王安码等，彼此不能兼容；另外，台湾地区当时尚未推出正式的汉字编码，而中国大陆的 GB2312 编码亦未有收录繁体中文字。

BIG5 是最常用的计算机繁体汉字字符集标准，共收录 13060 个中文字，普及于中国台湾、香港与澳门等繁体中文通行区。

4. GB18030 字符集

GB18030 的全称是 GB18030-2000《信息交换用汉字编码字符集基本集的扩充》，是中国政府于 2000 年 3 月 17 日发布的新的汉字编码国家标准，2001 年 8 月 31 日后在中国市场上发布的软件必须符合本标准。

GB18030 字符集标准解决汉字、日文假名、朝鲜语和中国少数民族文字组成的大字符集计算机编码问题。该标准的字符总编码空间超过 150 万个编码位，为解决人名、地名用字问题提供了方案，为汉字研究、古籍整理等领域提供了统一的信息平台基础。GB18030-2000 收录了 27533 个字符(其中汉字 27484 个)，覆盖中文、日文、朝鲜语和中国少数民族文字，满足中国、日本和韩国等东亚地区信息交换多文种、大字量、多用途、统一编码格式的要求，并且与以前的国家字符编码标准(GB2312,GB13000.1-93)及 Unicode 3.0 版本兼容。GB18030 目前的最新版本是 GB18030-2005,共收录了 76556 个字符(其中汉字 7 0244 个),采用与 GB18030-2000 完全相同的编码体系结构。

GB18030 标准采用单字节、双字节和四字节 3 种方式对字符编码。单字节使用十六进制 00～7F码位(对应于 ASCII 码的相应码位)。双字节的首字节使用十六进制 81～FE 码位,尾字节使用十六进制 40～FE(除 7F 外)码位。四字节的首字节使用十六进制 81～FE 码位,第二、三、四字节分别使用十六进制 30～39、81～FE、30～39 码位。

1)GB18030-2000 字汇。单字节部分收录了 GB11383 的 00～7F 全部 128 个字符及单字节编码的欧元符号。

2)GB18030-2005 的字汇。单字节部分收录了 GB/T11383-1989 的 00～7F 全部 128 个字符。

目前,我国大部分计算机系统仍然采用 GB2312 编码。GB18030 与 GB2312 一脉相承,较好地解决了旧系统向新系统的转换问题,并且改造成本较小。从我国信息技术和信息产业发展的角度出发,考虑到解决我国用户的需要及解决现有系统的兼容性和对多种操作系统的支持,采用 GB18030 是我国目前较好的选择,而 GB13000.1-93 更适用于未来国际间的信息交换。考虑到 GB18030 和 GB13000 的兼容问题,标准起草组编制了 GB18030 与 GB13000.1 的代码映射表,使得两个编码体系可以自由转换。同时,还开发了 GB18030 基本点阵字型库。

4.1.3 Unicode 编码

在 Unicode 之前,不同语言文字信息通过不同字符集来编码。比如,基于拉丁字母表的英文字符集,提供了处理英文或其他西文信息的能力支持;各种版本的中文字符集,提供了处理中文信息的能力支持;其他文字(如俄文、日文、阿拉伯文等)信息处理能力也是通过制定相应的字符集编码标准来实现。一方面,这些字符集有效解决了多媒体计算机及其他信息处理系统的本土化信息处理能力和双语信息处理能力;另一方面,这种“各自为政”的字符集编码方式使计算机系统中的字符集和编码数增多(有上百种),不同字符集中存在“不同编码标识相同字符”或“相同编码标识不同字符”的问题,当需要进行多文种信息处理时很容易引起冲突。

随着信息处理和信息交流的日趋国际化,人们需要在一个多媒体信息处理平台上,同时能够处理多种文本信息,这就需要一个统一的字符集和编码机制。从 1989 年开始,来自许多知名计算机公司的语言学家、信息专家和工程师携手合作,全力关注如何对多种文字文本和字符进行编码的问题,最后形成了一个统一的编码方案,这就是 Unicode(统一字符编码标准)。

1. Unicode 中 CJK 码区

Unicode 中的汉字编码统称为 CJK 编码,又称为中、日、韩统一汉字编码(Unihan),它包括 CJK 统一表意文字(CJK Unified Ideographs)、CJK 兼容表意文字(CJK Compatibility Ideographs)和相应的各类符号,基本汉字及符号由 Unicode 1.1 版所规定,随着版本的升级,汉字和符号数量也不断增加,所占码区也在扩展和变化,CJK 统一表意文字占用 U＋3400－U＋4DB5、U＋4E00－U＋9FFF、U＋20000－U＋2A6D6 等 3 个码区,CJK 兼容表意文字占用 U＋F900－U＋FAFF、U＋2 F800－U＋2FA1D 两个码区,一些码区是经过版本升级后多个码区合并而成的,所提供的汉字码位为 71340 个,收录的汉字个数约 71226 个。由于不同码区个别码位未用,导致不同资料介绍 Unicode 的汉字总个数略有差异。CJK 相关各类符号占用多个不同码区,共有 21102 个码位。

2. Unicode 编码方式

Unicode 字符集可以简写为 UCS(Unicode Character Set)，早期的 Unicode 采用 2 字节编码，称为 UCS-2 标准，现在的 Unicode 采用 4 字节编码，标准为 UCS-4，编码方式如图 4-1 左侧所示，具体编码用十六进制数表示，其中，最高字节的高位规定为 0，取值在 0～127 之间，次高字节仅使用 0～16 之间的值，可定义 17 个平面，每个平面可有 216＝65536 个码位，共可提供 17×65536＝1114112 个空码位。

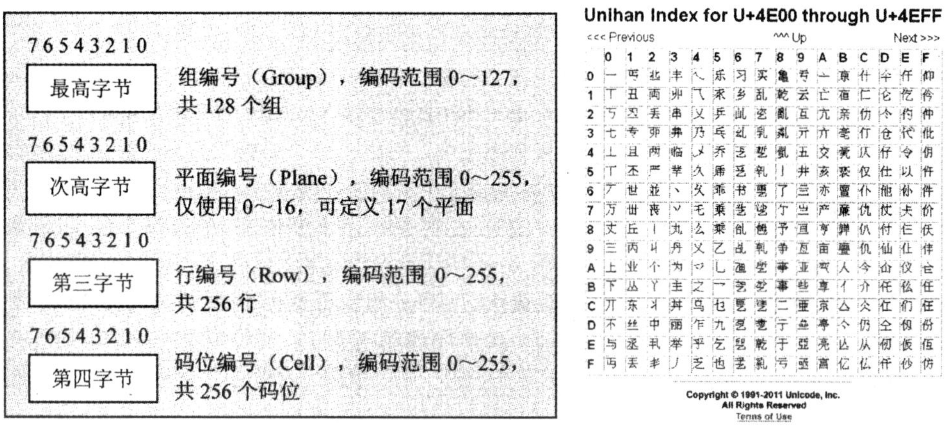

图 4-1　Unicode 编码方式

目前最常用的各类字符集存放在第 0 组的 0 号平面，称为 BMP(Basic Multilingual Plane，基本多文种平面)，如果省去前面的“0 组的 0 平面”字节，就得到双字节编码 UCS-2。图 4-1 右侧给出了一个 0 组 0 平面第 4、E 行的 CJK 编码。

在 Unlicode 5.0 版本中，已定义(使用)的码位有 238605 个，包括 99089 个字符、6400＋2×65534 个码位的自用区(Private Use Area，PUA)和 2048 个码位的代理区(Surrogate)。其中，平面 0 定义了 52080 个字符(其中汉字 27973 个)，平面 1 定义了 3419 个字符，平面 2 定义了 43253 个汉字，平面 14 定义了 337 个字符。自用区分布在平面 0、平面 15 和平面 16，编码范围分别是十六进制 E000～F8FF、F0000～FFFFD 和 100000～10FFFD，代理区位于平面 0，编码范围是十六进制 D800～DFFF。

3. UTF 编码

Unicode 编码只是对所收录的字符集的顺序编码，如何在程序中应用 Unicode 编码，还需要进行相应的转换，所产生的编码称为 UTF(UCS Trans formation Format)编码，按照编码的单位长度，可分为 UTF-8、UTF-16 和 UTF-32 等 3 种形式，编码单位分别是字节、字和双字。UTF-8 编码规则如图 4-2 所示，每个“x”代表一个二进制位。

Unicode 编码(16 进制)	UTF-8 字节流(二进制)
000000～00007F	0xxxxxxx
000080～0007FF	110xxxxx 10xxxxxx
000800～00FFFF	1110xxxx 10xxxxxx 10xxxxxx
010000～10FFFF	11110xxx 10xxxxxx 10xxxxxx 10xxxxxx

图 4-2　UTF-8 编码规则

从图 4-2 可以看出，UTF-8 对不同范围的 Unicode 字符使用不同长度的编码，最大长度为 4 个字节，对于 0x00～0x7F 之间的字符，UTF-8 编码为与 ASCII 完全相同的单字节编码，其他区域的 Unicode 字符，UTF-8 编码分别采用 2 字节、3 字节和 4 字节的不同长度进行编码。例如，“汉”字的 Unicode 编码是十六进制 6C49，落在 0800～FFFF 区间，使用 3 字节编码规则：1110xxxx 10xxxxxx 10xxxxxx。将十六进制 6C49 写成二进制是 0110 1100 0100 1001，用这个比特流从右向左依次代替规则中的 x，得到 11100110 10110001 10001001，即 E6B189，也就是说，“汉”字的 UTF-8 编码是十六进制为 E6B189。

4.1.4 字符处理过程

在多媒体计算机系统中，任何字符都要保存两种信息，一种是该字符的内部编码——内码，另一种是该字符的外观影像——字模。字符处理的基本原理就是通过键盘输入得到字符内码，再用内码查找字模库输出。

1. 西文字符处理过程

在 MPC 中，每一个西文字符均对应一个 ASCII 码。例如，字母 A 的 ASCII 码值为十进制数 65，小写字母 a 的 ASCII 码值为十进制数 97。每一个字符的外观影像可被绘制在一个 M×N 的方格矩阵中，图 4-3(a)所示内容为大写字母 A 的方格矩阵。在图中笔画经过的方格有黑点用 1 表示，未经过的方格无黑点用 0 表示，这样形成的 0、1 矩阵称为字符点阵(也叫字模)。若 M=N=8，可依水平方向按从左到右的顺序将 0、1 代码组成字节信息，每行一个字节，从上到下共形成 8 个字节，如图 4-3(b)所示，灰色一列是对应字节的十六进制值。

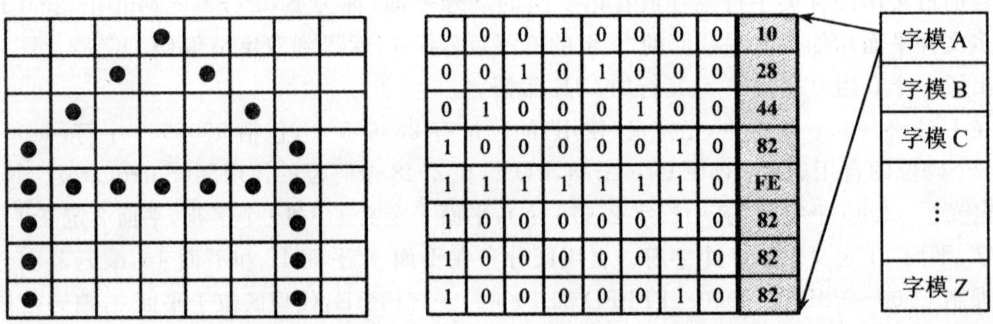

(a) 大写字母A的方格矩阵　　(b) 字符点阵及十六进制编码　　(c) 字模库

图 4-3 大写字母 A 的外形点阵、十六进制字模编码及字模库

将一个字符集中所有字符的字模按照其在 ASCII 码表中的位置顺序存放，就形成了该字符集的字形点阵库(也叫字模库)，如图 4-3(c)所示。计算机处理西文字符的过程如图 4-4 所示，其中从 ASCII 码(内码)找到字符点阵(字模)的功能称为字符发生器。

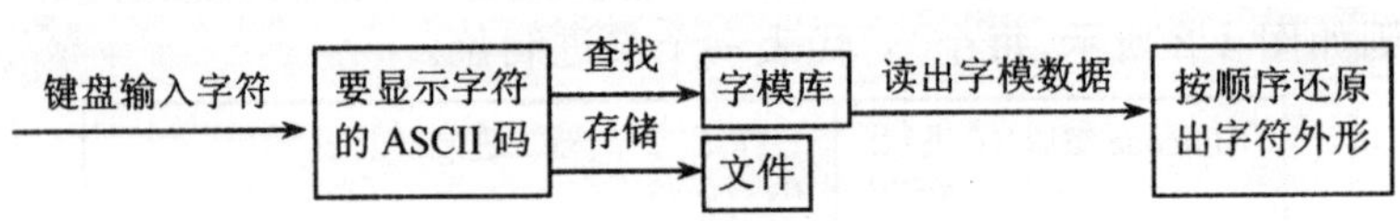

图 4-4 字符处理过程

2. 中文字符处理过程

中文字符的输入不能像英文字母那样直接通过键盘完成，而是要用英文键盘上不同字母的组合对每个汉字进行编码，然后通过输入一组字母编码实现对汉字的输入。因此，对于多媒体计算机系统来说，处理中文字符，除了要存储汉字内码、汉字字模(库)外，还要存储用于汉字输入的输入码(汉字外码)。由于输入理念与编码思想的不同，产生了诸多不同的输入编码，MPC 上常用的汉字输入编码有拼音输入法、五笔字型输入法、郑码输入法等。

中文字符的显示与西文字符的显示过程类似。首先，将汉字在给定的方格内绘制出点阵图像，然后按照 0、1 矩阵形成字节编码(汉字字模)，再将所有汉字的点阵字节编码按照其在汉字字符集中的编码位置顺序存放，形成汉字点阵字库(汉字字模库)。当要显示(输出)一个汉字时，系统通过汉字内码，查找汉字库，读出汉字字模数据，再按顺序在显示器上还原出汉字外形。

对于中文信息处理来说，汉字输入编码(汉字外码)、汉字内码、汉字点阵库(字模库)是 3 个紧密相关的部分。汉字从输入到显示输出的整个过程如图 4-5 所示。

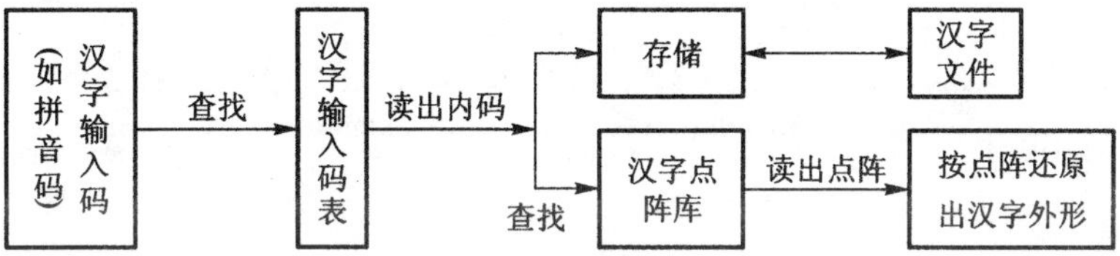

图 4-5　汉字处理过程

需要说明的是，随着计算机技术的发展，出现了矢量字库，因而，字符的显示输出也就从“还原点阵图像”变成了“勾画字形轮廓”，有关矢量字符处理技术可参见相关技术资料。

4.2　文本文件

4.2.1　无格式文本文件

无格式的文本文件只存储文字信息本身，文字以固定的大小和风格输出，因而也称为纯文本，通常保存为 .txt 类型的文件。一般使用简单的文本编辑软件即可进行编辑，如 Windows 操作系统中的“记事本”窗口，如图 4-6 所示。使用“记事本”窗口，用户无法定义文本格式和版面格式，只能进行最基本的文本和临时的简单格式处理(如可以为整个文档指定字体并插入制表符，但不能为某个段落文字指定字体)。由于是纯文本文件，所以这些简单格式不能随文字内容一起保存。因此，如果其他人在另一台计算机上浏览这个文件，用户看到的将是打开程序所指定的某种字体。

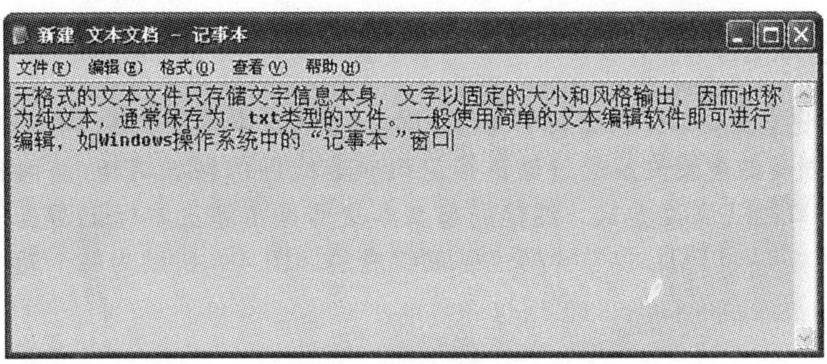

图 4-6　记事本编辑纯文件

4.2.2 格式文本文件

格式文本文件不仅包含文字信息，还包括：丈字的字号、颜色、字体及其他用于规定输出格式的排版（如表格、分栏等）信息。编辑这类文件，可设置文本的字体、字号、颜色、字形（正常、加粗、斜体、下划线、上标、下标等）、字间距、行间距和段间距等。格式文本要用功能较强的字处理软件来编辑，如 MS Word 和金山 WPS 等。通过这些软件用户可以定义和编辑文本的格式和版面信息。如图 4-7 所示，文本中有不同颜色、不同字体、不同字号和不同风格的定义，也有页边距、行距、表格、分栏等版面格式定义。所以，格式文本是计算机文字处理的重要内容之一。

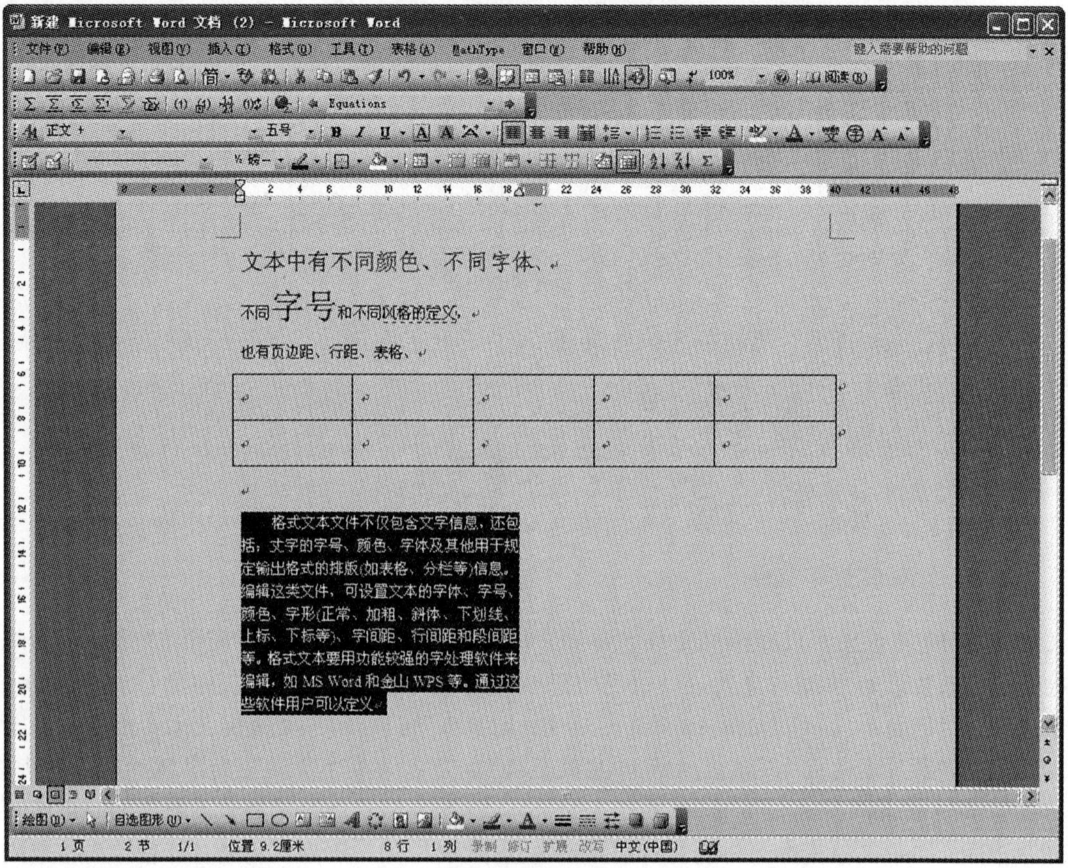

图 4-7 格式文本

4.2.3 超文本文件

超文本文件建立在非线性的超文本概念基础上，它将文本内容按其内容含义分割成不同的文本块，再按其固有的逻辑关系通过超链接组织成非线性的网状结构，从而提供了一种符合人们思维习惯的联想式阅读方式。纯粹的超文本文件是由超文本标记语言（HTML）和被分割的不同文本块按照 HTML 规定的格式要求组成的。图 4-8 所示为一个超文本文件的逻辑结构定义。

图 4-8 超文本文件的逻辑结构定义

在此结构中，<html>和</html>联合定义了超:文本文件的开始与结束；<head>和</head>联合定义了超文本文件的“头”内容，主要指出超文本文件所使用的语言(zh-cn)、字符集(gb2312)和文本格式(text/html)，该项内容由工具软件自动生成，用户一般不进行修改。<body>和</body>联合定义了超文本中各文本块的格式和内容，其中的“格式定义”要转换为 html 的具体格式描述符，使用时可查阅相关的 html 手册。

用超文本标记语言定义的超文本文件需要用相应的浏览器浏览才能按照其非线性组织方式阅读内容。图 4-9 所示为一个具体的超文本文件实例和浏览效果。

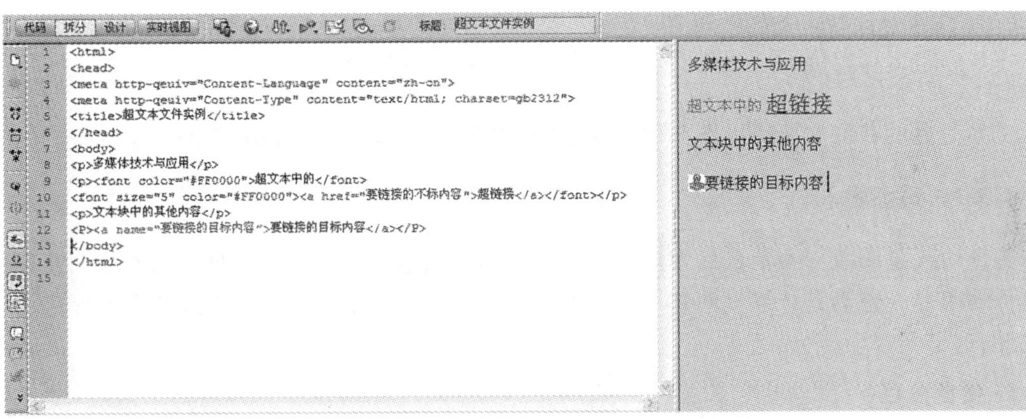

图 4-9 超文本文件的实例和浏览效果

当超文本文件中的内容不仅包含文本块，而且还包含图片、声音、视频、动画等多种媒体信息，且通过超链接实现各种媒体信息的组合使用时，则这种超文本文件又被称为超媒体或超媒体文件。超媒体文件仍具有如图 4-9 所示的逻辑结构，目前流行于 WWW 上的网页大多是超媒体文件。

4.2.4 常用文本文件的存储类型

在 MPC 中，以上介绍的各类文本或超文本文件均对应不同的存储类型，存储类型之间的差别反映了文件内容中的技术差别，如静态文本、动态文本、代码分离文本等，具体内容如表 4-1 所示。

表 4-1 常用文本文件存储类型说明

文件类型	说明	用途
. txt	纯文本文件	用于保存简单的文字内容
. rtf	跨平台格式文本	用于在应用程序间传输带格式文字文档的文件类型，即使应用程序运行在不同的平台（如 IBM 和 Macintosh）上，也可以实现文件交换
. doc	MS Word 文件	用于保存 Windows 平台的 Word 文件
. wps	金山 WPS 文件	用于保存 Windows 平台的 WPS 文件
. htm/. html	静态超文本文件	用于保存 Web 静态网页等
. asD	动态超文本文件	用于保存支持 ASP 功能的动态网页
. asDx	动态超文本文件	用于保存支持 ASP. NET 功能的动态网页
. php	动态超文本文件	用于保存支持 PHP 功能的动态网页
. js	脚本超文本文件	用于保存 JavaScript 脚本文件
. css	超文本样式文件	用于定义以超文本格式保存的网页样式

4.3 文本信息的获取

文本信息的获取主要有以下几种方式：键盘输入、文字识别、语音识别、网络下载等。

4.3.1 键盘输入

键盘输入是获取文本信息最常用的方式。它是指通过键盘输入到字处理软件中而获得所需要的文本内容。键盘是计算机的基本组成部分。利用键盘，人们可以向计算机输入程序、指令、数据等。

1. 键盘分区

现在，微型计算机上配置的标准键盘：大部分为 101 键，其键面可划分为 4 个区域：功能键区、主键盘区、数字键区和编辑键区，如图 4-10 所示。

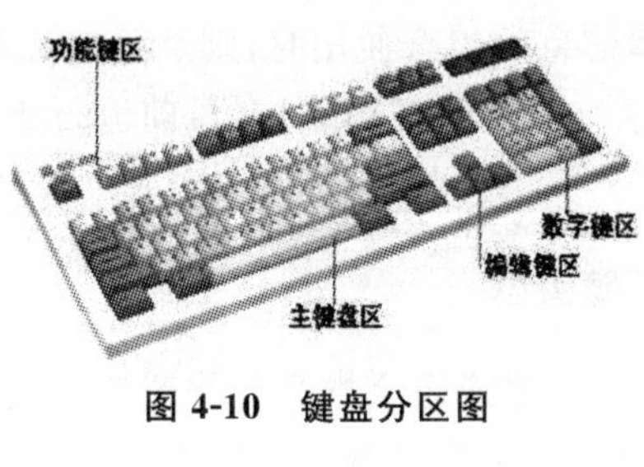

图 4-10 键盘分区图

(1)功能键区。

包括 F1～F12 共 12 个功能键，其具体功能由操作系统或应用软件来定义，并在不同的软件中有不同的定义。一般，F1 键定义为显示帮助，F2 键定义为重新命名所选项目，F5 键定义为刷新当前窗口，F12 键在 Word 中的功能为“文档另存为”。

(2)主键盘区。

包括 26 个英文字母、10 个数字键、标点符号键和特殊符号键，还有一些专用键，这些键的排列大部分和普通的英文打字机相同。基本键区的功能是输入数据和字符。

(3)数字键区。

也称小键盘，在键盘右侧。由 10 个数字键、光标移动键及一些编辑键组成。其功能是专门用于快速输入大批数据、编辑过程的光标快速移动。当使用小键盘输入数字时应按下数字锁定键 Num Lock 键，此键是控制小键盘区的双字符键输入的。按下该键时对应的数码锁定指示灯亮，小键盘区上的双字符键为输入上方数字字符状态，若再按此键，指示灯熄灭，为输入小键盘区双字符键的下方功能符状态。

(4)编辑键区。

在主键盘区和辅助键区之间，由 4 个光标移动键和一些编辑键组成。其功能主要是编辑过程的光标移动和快速操作。

如前所述，标准键盘共有 101 个按键。除了英文字母、数字键、标点符号键和特殊符号键之外，还有一些专用键和编辑键等特殊键。下面就对一些常用的特殊键作简要介绍。

2. 主要专用键

(1)Esc 键。

Esc 是 Escape 的缩写，其功能由操作系统或应用程序定义。但在多数情况下均将 Esc 键定义为退出键。即在运行应用软件时，按此键一次，将返回到上一步状态。

(2)Enter 键。

又称回车键。其作用是执行命令或在字处理软件中换行分段。按回车键后，计算机才正式处理所输入的内容。在 Word 中，按回车键则换行开始新的段落，若按 Shift＋Enter 键则是人工换行，只换行不分段。

(3)Shift 键。

又称上档键。键盘上有些键面上有两个字符，所以又称双字符键。当单独敲这些键时，则输入下方的字符。若先按住 Shift 键不放手，再去敲双字符键，则输入上方的字符。Shift 键也可以配合其他键使用，如 Shift＋Delete 键，其功能是永久删除所选项，而不将它放到“回收站”中。

(4)Backspace 键。

又称退格键。按此键一次，就会删除光标左边的一个字符，同时光标左移一格。常用此键删除错误的字符。

(5)Ctrl 键。

又称控制键。此键需要配合其他键或鼠标使用。例如配合鼠标使用可以选定多个不连续的对象。除此之外，常用的还有：Ctrl＋C 键，其功能为复制；Ctrl＋X 键，其功能为剪切；Ctrl＋V 键，其功能为粘贴；Ctrl＋Z 键，其功能为撤销；Ctrl＋A 键其功能为选中全部内容，Ctrl＋S，其功能为保存文档。

(6)Alt 键。

又称切换键。此键需要配合其他键或鼠标使用。许多快捷方式都需要 Alt 键配合使用。

(7)Tab 键。

又称制表键。Tab 是 Table 的缩写,中文意思是表格。在文字处理软件里按下 Tab 键可以等距离移动插入点或移动到设置好的制表位。

(8)Caps Lock 键。

英文字母大小写转换键,它是一个开关键。计算机启动后,按字母键输入的是小写字母。按一次此键,则位于键盘右上方的大写锁定指示灯亮,输入的字母为大写字母。若再按一次此键,指示灯熄灭,输入的字母又是小写字母。

(9)Print Screen 键。

又称屏幕打印键。其作用实际上是把屏幕的信息复制到计算机剪贴板中。当需要把显示在屏幕上的全部信息打印时,在打印机连通状态下,放好打印纸,按下此键,就可实现屏幕打印。若按下 Alt+Print Screen 键,则复制当前活动窗口信息。

(10)Pause Break 键。

又称暂停中断键。可中止某些程序的执行,特别是 DOS 程序。现在 Windows 操作系统下已经很少使用。在进入操作系统前 DOS 自检界面显示的内容在按 Pause Break 键后,会暂停信息翻滚,之后按任意键可以继续。在 Windows 操作系统下按 Windows 标志+Pause Break 键可以调出系统属性。

(11)Scroll Lock 键。

又称屏幕滚动锁定键。在 DOS 时期用处很大,由于当时的显示技术,限制了屏幕只能一显示宽 80 个字符长 25 行的文字。在阅读文档时,使用该键能非常方便地翻滚页面。随着技术发展,在进入 Windows 时代后,Scroll Lock 键的作用越来越小。在 Excel 中它的用处是:如果在 Scroll Lock 关闭的状态下使用翻页键(如 Page Up 键和 Page Down 键)时,单元格选定区域会随之发生移动;反之,按下 Scroll Lock 键后使用翻页键,选定的单元格则不会发生移动。

3. 主要编辑键

下述各键主要是在文本编辑中使用,所以称为编辑键。

(1)方向键。

↑光标上移键。按下此键,光标上移一行。

↓光标下移键。按下此键,光标下移一行。

→光标左移键。按下此键,光标左移一列。

←光标右移键。按下此键,光标右移一列。

(2)Insert 键。

又称插入键。默认状态是“插入”状态,即在光标之前插入新内容;按下此键,“插入”状态改变为“改写”状态,即用新输入内容代替光标之后的内容。

(3)Delete 键。

又称删除键。按下此键一次可以把紧接光标之后的内容删除。

(4)Home 键。

又称光标移到行首键,不论光标在本行何处,按下此键,光标立即跳到行首。

(5)End 键。

又称光标跳到行末键。不论光标在本行何处,按下此键,光标就跳到行末。

(6)Page UP 键。

又称上翻页键。当文稿内容较长,超出一屏时,按下此键,可把文本内容向上翻一页。

(7)Page Down 键。

又称下翻页键。当文稿内容较长,在编辑状态,按下此键,可把文本向下翻一页。

4. 主要组合键

主要组合控制键介绍如下。

(1)Ctrl+Alt+Del 键。

Ctrl+Alt+Del 键为热启动键。当由于软件故障或操作失误引起系统死机时,可使用热启动键。操作方法是:用左手两手指分别:按住 Ctrl 键和 Alt 键不放,右手一手指再按下 Del 键,然后再把左右手一同放开即可。

(2)Alt+F4 键。

其作用是关闭当前项目或者退出当前程序。

(3)Ctrl+F4 键。

其作用是在允许同时打开多个文档的程序中关闭当前文档。

(4)Alt+Tab 键。

其作用是在打开的项目之间切换。

(5)Alt+菜单名中带下画线的字母键。

其作用是显示相应的菜单。

(6)Alt+带下画线的字母键。

其作用是执行相应的命令或选中相应的选项。

4.3.2　文字识别

文字识别是获取文字信息的另外一种重要方式。从识别过程看,文字识别可以分成脱机识别和联机识别两大类;从识别对象看,文字识别可以分成手写体识别和印刷体识别两大类。一般计算机用户所接触的文字识别实际上是光学字符识别(Optical Character Recognition,OCR),它是一种脱机印刷体识别;文字识别的另一种应用是手写识别,它属于联机手写体识别。

1. 光学字符识别

光学字符识别是指对文本资料进行扫描,然后对图像文件进行分析处理,获取文字及版面信息的过程。由 OCR 文字识别软件把图像中的文本图形转换为可编辑处理的文本。常见的文字识别软件有汉王文本王 OCR 软件、清华紫光 OCR 软件等,另外某些扫描仪在销售时会随机附送相关的 OCR 软件。

下面以汉王文本王 OCR 软件为例介绍文字识别软件的使用方法。

(1)获取图像。

对于已经存在的印刷文本资料,可以通过汉王文本王 OCR 软件用扫描仪扫描来获取图像;也可以用数码照相机拍摄,然后将拍摄的照片输入到计算机中。

但要注意的是,汉王文本王 OCR 软件能处理的图像文件的扩展名只能为 .bmp,.tiff,.jpg 三种。同时,建议将扫描获取的图像分辨率设置为 300 dpi,这样既可保证良好的识别效果,又能减少扫描操作所需的时间。如果文档字体较小则需要将扫描分辨率设定为更高值,如 400 dpi

或 600 dpi。另外，在文字识别处理前，务必先将待识别文件的只读属性去掉。

(2)图像预处理。

为提高识别率，可以用尚书七号 OCR 软件对扫描后的图像进行自动倾斜校正，去噪声(如麻点和下划线等)等处理。需要特别注意，“自动倾斜校正功能”只能对原稿做±2.8°的倾角的校正，如果原稿的倾斜角度大于 2.8°，系统会建议用户重新扫描稿件，以提高识别率。

除此之外，也可以使用 Photoshop 图像处理软件对扫描的图像或拍摄的照片进行图像校正处理。

在处理纯英文文档时，可以利用该软件的“文件”→“系统配置”菜单命令调出“设置系统参数”对话框，如图 4-11 所示。在该对话框中将语言选项设定为“纯英文”以取得最好的识别效果；当处理含有繁体字的文档时，语言选项应设定为“简繁混合”。

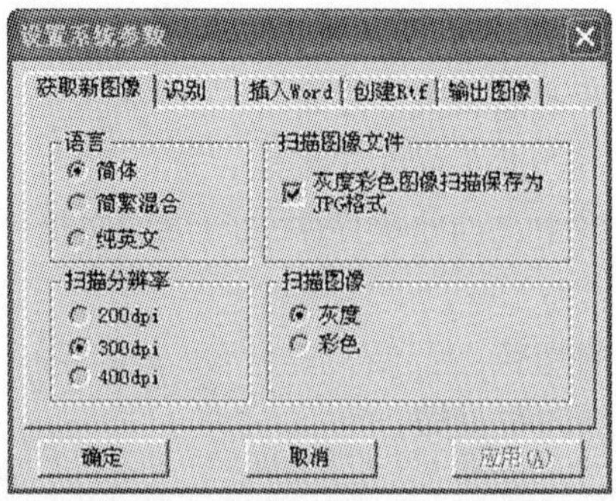

图 4-11 “设置系统参数”对话框

(3)版面分析。

利用“文件”→“打开图像”菜单命令，用汉王文本王 OCR 软件打开需要识别的图像，如图 4-12 所示。

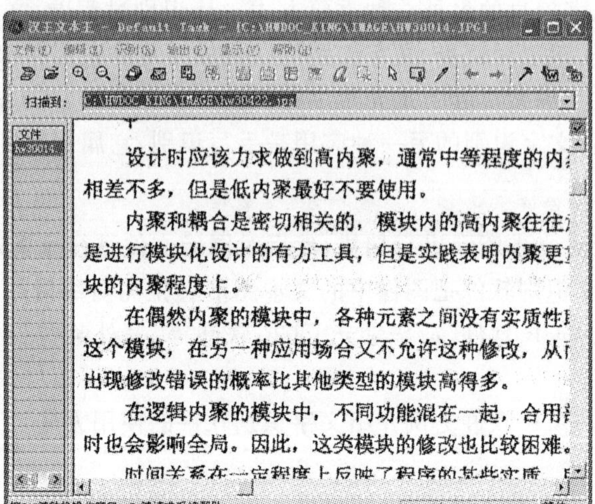

图 4-12 打开文件

自动分析：单击“识别”→“版面分析”命令，自动对图像的版面布局、内容进行分析理解，切分图像页，判别图像框的版面属性(横栏、竖栏、表格、图像)，并以不同颜色的线框标识图像框属性。对分析错误的版面可以手动调整，具体方法为：先用鼠标选中需要调整的版面块，再调整版面块的边框改变大小，如图 4-13 所示。

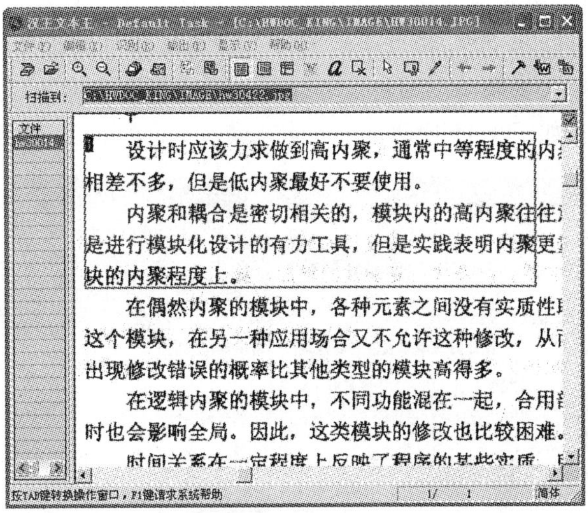

图 4-13　版面分析

手动分析：对于某些比较复杂的图像内容，可以进行手动分析。手动分析时，只要把图像中的文字块按照文章内容的先后，分别拖出选择框即可。如某些文章是分成两个栏目进行阅读的，所以在设定识别区域的时候，需要将这两个栏目分别选定，也就是设定两个识别区域。同时，对于一些文字稿件，如果在中间插有图片的时候，建议采用绕开的方式，对所环绕的文字分别进行识别区域的设定。此外，对于表格类的图像，为了将标题栏也能识别进去，建议将表格部分整个框选，同时标题作为一个单独的框选区域。

如果表格结构因为断线而识别错误，可以先用工具按钮中的画笔在图像上弥补断线再重新进行版面分析。

(4)识别图像。

单击“识别”→“开始识别”命令，按照版面属性(横栏、竖栏、表格、图像)，自动对图像文件管理器选择的图像进行批量识别，识别后的文字会显示在窗口的上方，如图 4-14 所示。

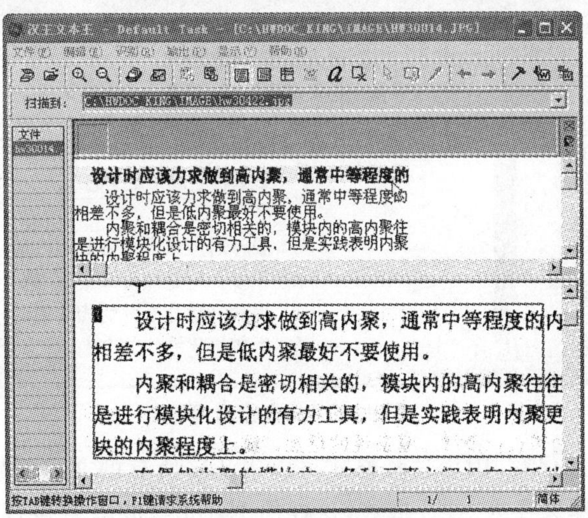

图 4-14　识别图像

(5)文字校对。

通过对比识别结果文本和原图像，以发现识别错误的文字。软件会用醒目的红色标出识别可信度不高的文字，单击这些文字，窗口中的图像会自动移动至相应位置，此时就可方便地进行校对。要修正时，直接输入正确的字即可。要注意文字编辑的状态是插入还是覆盖，在状态栏的最右方有编辑状态说明，如图 4-15 所示。

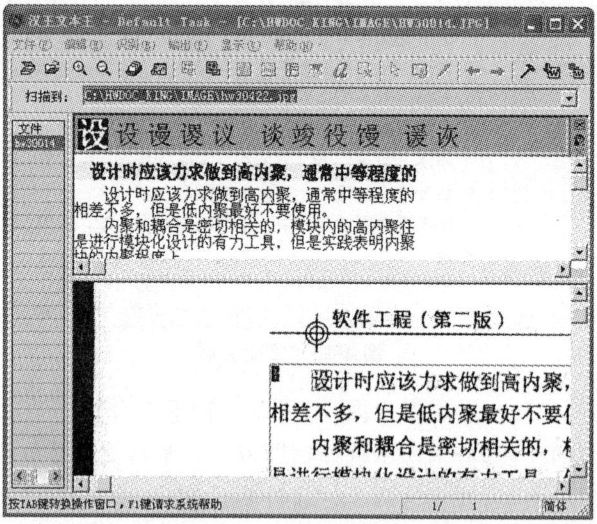

图 4-15　文字校对修改

(6)文件存盘。

一种方法是：单击“输出”→“到指定格式文件”命令，将识别并修改好的文本输出保存成可供计算机阅读和查询检索的 RTF、HTML、XLS、TXT 格式的电子文档，如图 4-16 所示。

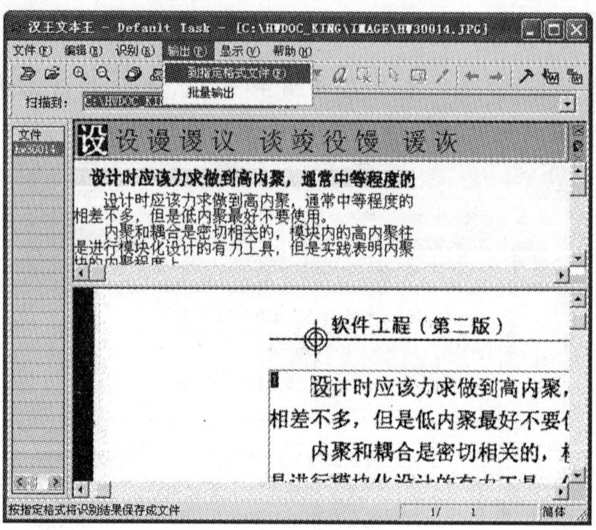

图 4-16　文件输出保存

建议选择 TXT 格式保存，因为这种格式可以用几乎所有的文档编辑器打开；如果进行表格识别，识别结果可以选择保存为 XLS 格式，这样用 Excel 就能够直接打开；而 HTML 格式是针对网页设计使用的，用 IE 等网络浏览器或网页编辑器可以打开。

另一种方法是：在尚书七号 OCR 软件中选择识别出的文字，单击“编辑”→“复制”命令，或直接按下“Ctrl＋C”键复制，然后在 Word 文件中进行粘贴，再把 Word 文件保存。

2. 手写识别

手写识别是指将在手写设备上书写的字体，即产生的有序轨迹信息转化为汉字内码的过程，实际上是手写轨迹的坐标序列到汉字内码的一个映射过程，由计算机来辨别使用者手写的汉字或其他符号。手写识别能够使用户按照最自然、最方便的输入方式进行文字输入，易学易用，可取代键盘或者鼠标。用于手写输入的设备有许多种，比如电磁感应手写板、压感式手写板、触摸屏、触控板、超声波笔等。

常见的手写识别软件有汉王文本王手写输入法软件、文通慧视小灵鼠软件等。下面以文通慧视小灵鼠软件为例介绍手写输入法软件的使用。

文通慧视小灵鼠软件是一种全新的纯软件手写文字识别输入系统，该系统支持所有输入装置，用户可通过鼠标、笔记本触摸板、电磁感应屏、电阻触摸屏、手写板、超声笔等进行手写输入。在系统中安装好文通慧视小灵鼠软件后将其打开，出现软件工具条，如图 4-17 所示。

图 4-17　文通慧视小灵鼠工具条

写字板鼠标手写识别过程、鼠标手写输入过程如图 4-18 所示。

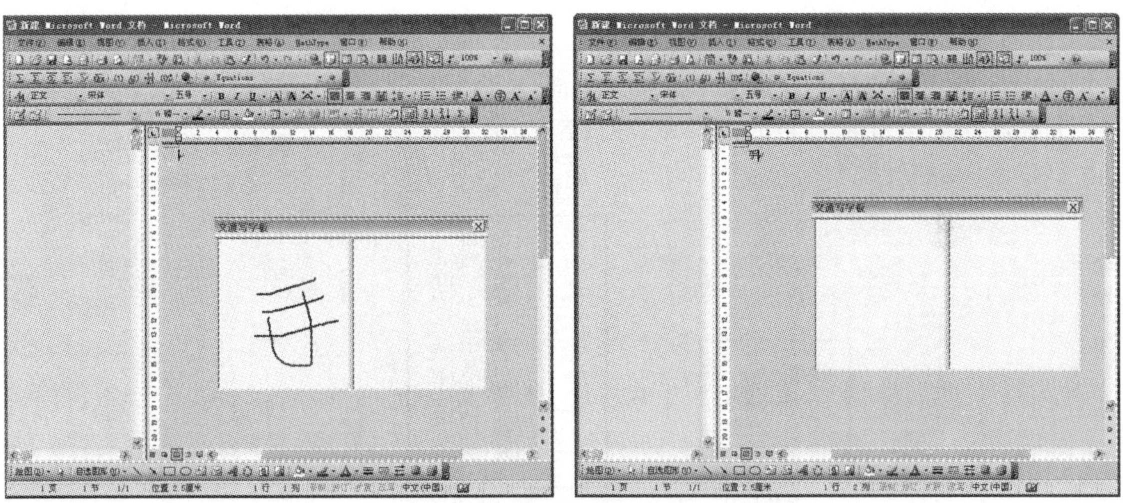

图 4-18　写字板鼠标手写识别与输入

4.4　文本信息的处理

文本信息处理包括对无格式文本、格式文本和超文本的信息处理，主要指根据不同的要求和使用目的，选择相适应的文本格式，进行内容、形式（版面）、风格、阅读效率、交互操作等的编辑与设计工作，并通过设计特殊图符和效果美化文本。文本信息处理的复杂度根据文本结构的不同而不同，对于无格式文本，只要完成文本内容的输入、编辑即可，不存在太多的处理问题；对于格式文本，内容输入完成后，还需要进行相关的处理，包括版面设计、风格设计、文字属性编辑、特殊效果处理、打印输出等。而超文本由于其非线性的网络结构，又能集多种媒体信息于一体，所以具有无限的想象和设计空间，其信息处理难度也较高，不仅需要处理技术，还需要相关的艺术和审美基础。下面将分别介绍格式文本与超文本的设计和处理思想。

4.4.1 格式文本处理

格式文本是由文本信息、文本属性信息及文本版面信息等 3 部分内容组成。文本信息是格式文本的内容，是主体部分；文本属性信息、文本版面信息用来表现和反映文本的形式。内容与形式的适当搭配，是格式文本处理的基本要求。格式文本处理的主要目的是为了出版发行(包括打印、电子发行等)。除了创意和设计风格外，格式文本处理在技术方面包括以下几个方面的内容。

1. 版面格式设置

在进行格式文本处理时，很重要的一项内容就是根据应用目的和场合，选择合适的版面格式，并通过文字处理软件进行设置。

(1)版面布局。

版面布局主要指文本版面的上、下、左、右四周的边距以及页眉、页脚、页码等内容的定位，然后据此确定可排版的版心区域，如图 4-19 所示。

(2)版面风格。

版面风格主要指版心区域文字的排列方向(横向、纵向)和纸张类型(空白纸、横格纸、竖格纸)等内容，如图 4-20(b)、(c)、(d)、(e)所示。

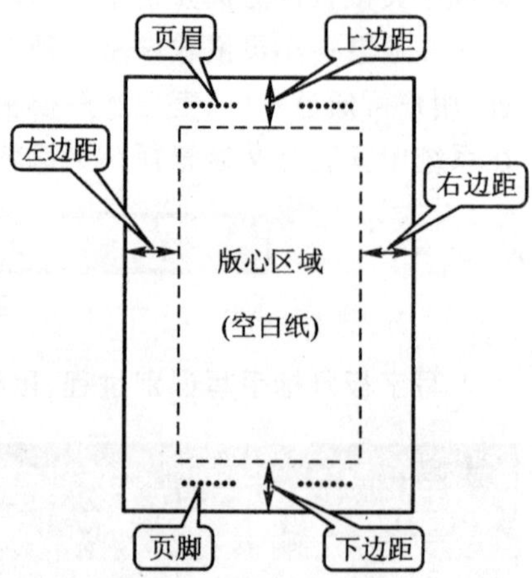

图 4-19 版面布局

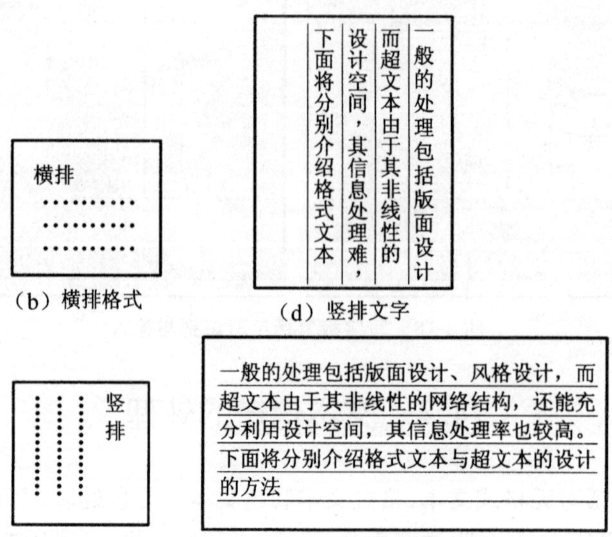

(b) 横排格式　(d) 竖排文字

(c) 竖排格式　(e) 横排文字

图 4-20 格式文本的版面格式

2. 文字属性编辑

文本中的文字属性包括文字的字体(Font)、字号(Size)、风格(Style)、颜色(Color)、定位(Align)等内容,属性编辑就是通过相应的操作实现对这些属性值的设置和修改。

(1)字体。

MPC 中的字体由安装的不同字库来提供,这些字库有两个来源,一是安装操作系统(Windows/2000/XP 等)时由系统自行安装的字库,二是用户自己根据需要扩充安装的各种专业字库或艺术字库。无论是哪种字库,通常都安装在 Windows 系统下的 Fonts 目录中。字体文件的扩展名多为 FON 及 TTF(True Type Fonts)。TTF 支持无级缩放,美观实用,因此一般字体都是 TTF 形式。

除了英文字体外,Windows 系统还提供了许多中文字体,主要包括宋体、仿宋、黑体、楷体、隶书、行楷、幼圆等近 20 种,如图 4-21 所示。在处理文本时,应根据文本的使用需要选择合适的字体。宋体字形工整,结构匀称,清晰明快,一般多用于正文;仿宋体笔画清秀、纤细,多用于诗歌、散文及作者姓名;黑体笔画较粗,笔法自然,庄重严谨,一般用于文章的各类标题;楷体写法自然,柔中带刚,可作插入语及注释用。其他字体多为修饰性艺术字体,可根据文本的内容和版面风格灵活选择。

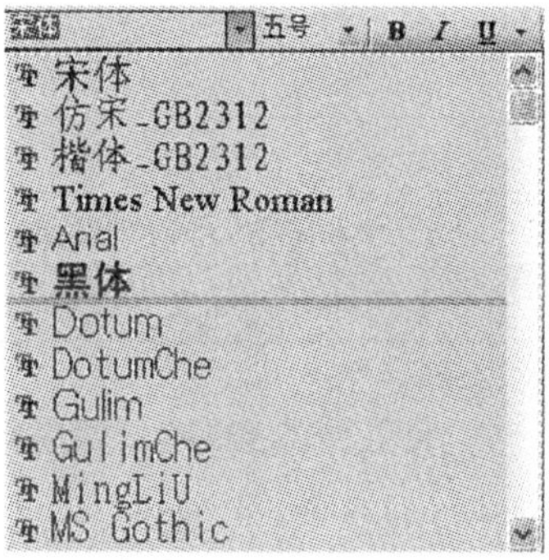

图 4-21　部分中文字体

除了文字字库以外,系统还提供了一些标志符号库,其中存放了许多装饰性标志或符号,需要时可以像使用文字一样使用这些标志符号。例如,Windows 系统中的 Webdings、Wingdings、Wingdings2、Wingdings3 等字体就是一些标志符号(见图 4-22),使用时只要从字体列表中选择它们即可。

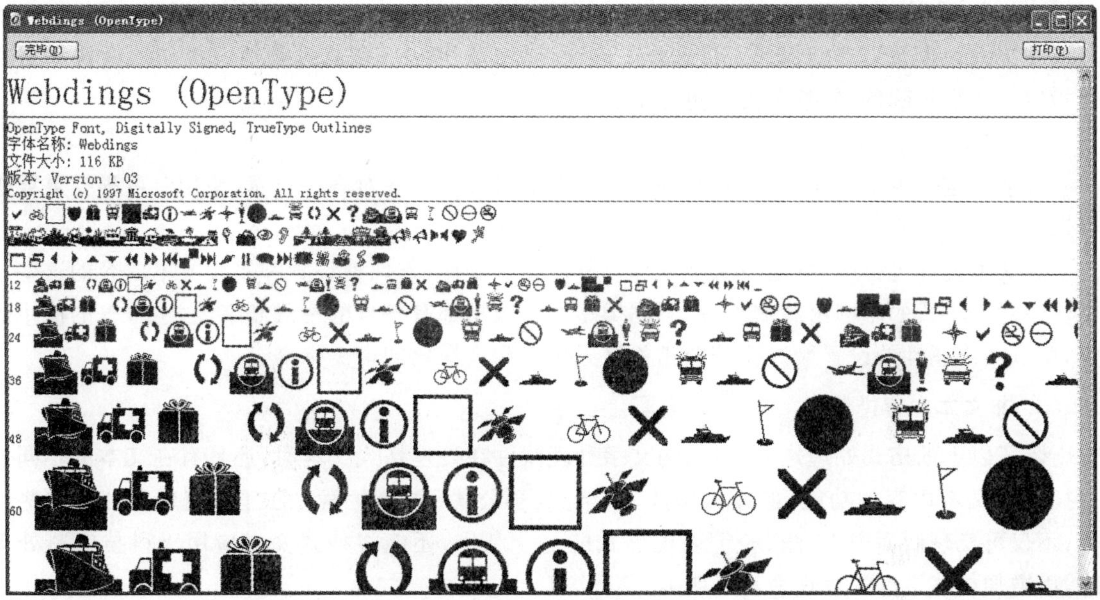

图 4-22　Webdings 字体范例

(2)字号。

文本中字的大小用两种方式来描述。汉字的大小通常用规定大小的字号来描述,分为初号、小初号、一号、二号，一直到八号，初号字最大，八号字最小。西文字符通常是直接给出字符的大小，以“磅”(Point)为单位，最小字为 5 磅，最大字为 72 磅。“磅”值越大，字就越大。汉字字号与“磅”及 mm 之间的对应关系如表 4-2 所示。

表 4-2　汉字字号与“磅”及 mm 之间的对应关系

字号	“磅”值	mm 值	字号	“磅”值	mm 值
初号	42	14.82	四号	14	4.94
小初号	36	12.70	小四号	12	4.32
一号	26	9.17	五号	10.5	3.70
小一号	24	8.47	小五号	9	3.18
二号	22	7.76	六号	7.5	2.65
小一号	18	6.35	小六号	6.5	2.29
三号	16	5.64	七号	5.5	1.94
小三号	15	5.29	八号	5	1.74

在字号的选择上，如果没有特殊要求，正文内容的文字大小一般应选择五号。

(3)风格。

字体的风格主要指在选定的字体、字号基础上，再使文字在造型方面有所变化，从而表现出不同的风格。具体风格选项有普通、加粗、斜体、下划线、字符边框、字符底纹和阴影等。在具体应用中，可以通过字处理软件的风格选项设置文字的不同风格，使整个文本显得活泼、多样。

(4)颜色。

格式文本中的文字属性还包含了显示颜色。多媒体计算机的显示系统均提供真彩显示，所以对文字来说也有丰富的颜色可供选择。在文字处理过程中，可通过颜色选择与修改操作对文字指定任何显示颜色，使整个文本更加丰富多彩。

(5)定位。

文字的定位主要有左对齐、右对齐、居中、两端对齐及分散对齐等设置，使用时可根据需要进行选择。

在文本处理过程中，可通过文字处理软件的相应操作，方便地设置和修改文本内容的这些属性。但对于正式的印刷出版物来说，不同类型的出版物都有各自的格式和字体、字号等的使用规定，所以文字属性的设置最好应符合相关格式规定和大众化的审美标准。

3. 非文本内容排版

除了以上的格式处理之外，目前的文字处理软件在处理格式文本时，还具有在文本的不同位置插入非文本内容的功能，如插入图片、表格、数学公式、文本框等。合理地使用和处理这些内容，不仅可实现版面中文、图、表等表现形式的综合利用，还能将格式文本应用于科技资料处理中，以增加格式文本的表现力和说明力。

以上是格式文本处理的 3 项主要技术，具体处理过程可通过相应的文字处理软件来完成，比如 Windows 平台下的 MS Word 和 WPS 字处理软件等。

需要特别强调的是，以上介绍的文本版面及文字属性设置虽然是格式文本处理的主要途径和重要内容，但文本内容的正确性、准确性、翔实性、权威性等更为重要。所以，要在保证内容质量的前提下再追求形式的多样性，这是任何文本处理的最基本原则。

4.4.2　超文本处理

超文本处理是在格式文本处理的基础上，充分发挥超文本的非线性网络结构的优势，集成多种媒体信息于一体，设计灵活方便的交互操作，实现交互式联想阅读。所以，超文本处理具有无限的想象和设计空间，既需要一定的处理技术，也需要相关的艺术和审美基础。超文本处理主要应用于 Web 页面设计等方面，主要的处理内容包括文本设计、文字风格和表现方式、图标符号的运用、交互操作与导航、脚本编程等。

1. 文本设计

文本设计主要包括内容设计、结构设计、交互操作设计 3 个方面。

(1)内容设计。

文本内容设计强调内容要精简、适当，不能繁琐。假设一个较简单的多媒体项目若根本不采用文本，而只是用图片、符号、语音和音乐来引导使用者，则不会得到好的效果，用户很快就会厌倦。因为。比起用眼睛浏览文本来说，关注听到的语音需要花费更多的时间和精力。另外，MPC 的屏幕只是一个非常有限的显示窗口，如果是介绍性或演讲性展示，要显示的信息应该是精简浓缩后能准确表现思想的文本，太多的文本会使屏幕过于拥挤，令人不快。而对于资料性文本，则应该详细全面，并将文本放于可滚动的文本框中，减少换页或更换屏幕的次数，以便于使用者快速、详细地阅读。

需要特别说明的是，冗长的文本在网络浏览器中最好采用滚动显示的方式，这样不易使用户感到厌倦。此外，在设计制作网页时应该尽量不要让文本页面超过屏幕的显示范围，这样会形成上下和左右滚动。特别是对于那些希望引起人们关注的文本内容，更应在位置和显示方式上做特殊处理，必要时可通过超链接在新窗口打开整个文本阅读。

(2)结构设计。

文本结构设计是指根据超:文本的非线性网络特点，按照文本内容的内在逻辑关系，将要表现的文本内容分成若干相对独立的文本块，并为每个文本块设置检索关键词，以便更好地反映它们之间的联想关系。在设计时，可对每个文本块进行编号或命名，并通过列对照表或画网状图的方式来表示文本结构，具体情况如图 4-23 所示。目前的大多数超文本设计工具都支持多层文本结构，所以文本结构设计中还要考虑层叠显示的文本内容。

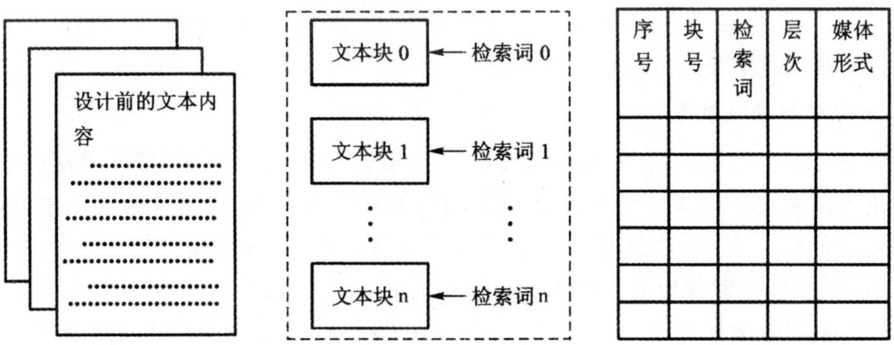

(a) 设计前的文本　(b) 文本块与检索词　(c) 对照表

图 4-23　文本结构设计

(3)交互操作设计。

文本的交互操作设计是指通过超文本中的菜单、按钮、超链接等机制实现检索词与文本块的链接关系及导航功能，从而实现网状文本结构的搭建，如图4-24所示。图中上半部分为菜单、按钮或超链接等组成的检索性超文本内容，下半部分为相应的内容信息。检索内容可到达对应的内容文本块，而从内容文本块也可返回到检索文本块。使用者可通过单击鼠标、操作键盘或接触显示器等操作文本内容，以达到交互浏览的目的。需要注意的是，根据导航应在尽可能少的操作下达到目标。

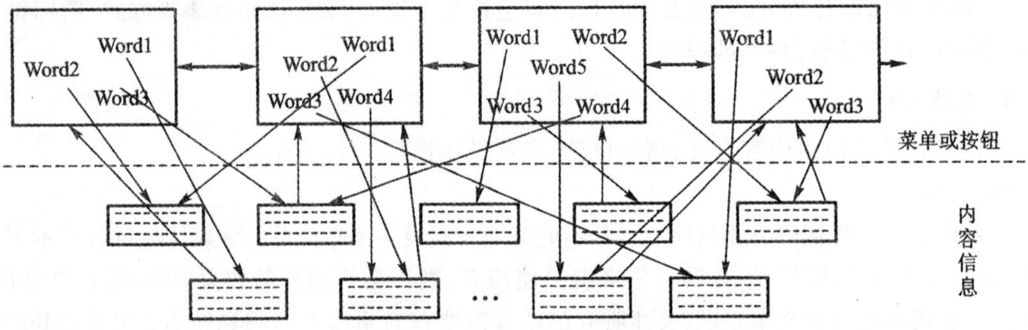

图4-24 交互设计构建网状结构

2. 选择合适的字体和风格

对多媒体应用中的文本处理来说，选择合适的字体非常重要，这不仅是一个技术问题，更是一个艺术创意，需要从美工设计者或广告策划人的视角，感觉用户在看到屏幕显示时的潜在反应。下面列出一些相关的设计建议：

1)中文字体的选择要在考虑艺术性的基础上，考虑人的文字使用习惯，正式场合应用的文本要符合有关标准要求。在选择英文小字体时，应尽量选择清晰易读的字体，避免使用难以识别的装饰型字体。

2)同一文本内容应采用尽可能少的字体，在必要时可利用斜体和粗体来调整显示效果，如果在同一页面中字体变化太多，则会影响整体的表现效果。同时，文本块的行间距要调整合适，行与行之间不要太拥挤。

3)文本标题应设计得更显眼或更清晰，可通过改变颜色或增加背景效果等凸显标题。

4)试着使用阴影样式。阴影是指再复制一行相同内容的文本，然后将原文本向上平移若干个像素，并将文本颜色设置为灰色(或者其他颜色)。对于网页来说，在一块纯白的背景上绘制带有阴影的文本和图片能够增强页面的立体感。

3. 图形文字和动画文字

为了强调文本中的子标题、重点词语或短语，并使文本看上去更加美观，通常可把文字当成静态图片或动画来处理，然后为文字赋予更多的效果和艺术内涵，再插入到文本中，从而达到更好的表现力和艺术效果。处理图形化文字主要有3种途径：一种是用图像处理软件(如Photoshop等)将标题或短语制作成各种效果(如拉伸、缩紧、旋转或添加灯光照射效果等)。另一种途径是利用一些常用的动画制作工具(如Ulead Cool 3D等)设计制作相应的“动画字”或“3D字”，并以Gif动画格式保存。有关利用Ulead Cool 3D 3.5版制作3D动画文字的方法可参阅该软件的帮助文件。第三种是通过图符/字体设计软件(如Fontographer、Truerrype造字程序等)重新设计自己独特的专用图标或符号，然后在文本中使用或按照以上两种方法制作出对应的图标或动画。最后，将设计结果插入到文本中，不仅可突出重点内容，还可使文本整体具有一定的艺术效果。在本节的稍后内容中将专门介绍制作专用字符的方法。

除了以上提到的工具软件外，市面上还有很多以图形方式处理文字的应用程序，如 Broderbund 公司的 TypeStyler、RayDream 公司的 ddDepth 2 及 Xaos Tools 和 Vertigo 公司为 Photoshop 开发的插件 TvpeCaster 和 HOTTEXT 等。利用这些软件也能设计出风格独特的效果字，然后在超文本的 Web 页面、Word 文档、幻灯片及应用程序界面等文本中使用。注意：不要过分运用这些特殊效果，否则很可能会变得令人厌烦。

4. 通用符号和图标

符号是以独立的图形为形式的浓缩文本，可以传递有意义的信息。例如，Macintosh 机器上的垃圾桶符号表示用来扔掉旧文件的地方；Windows 系统中的沙漏符号表示计算机正在处理，请稍等片刻。尽管有人会认为符号在严格意义上属于图形艺术的范围，但是在多媒体中应当把它当作文本或者可视化的单词。类似垃圾桶和沙漏这样的符号更适合被称为图标，它们是许多计算机操作系统的图形用户界面中常用的对象和进程的符号。

处理超文本时，适当选择一些常见通用的符号或图标来替代文字内容，会产生比文字本身更简洁、直观的作用，如各种交通标志、禁烟标志、生活中的各种注意标志等。需要说明的是，应尽量避免使用只有自己才明白的符号和图标。

5. 导航与路径

一个交互式的多媒体应用项目(如网站)通常包含大量的内容信息，每部分文本信息都存在交互操作设计的问题(前面已介绍过)。所有的信息组合在一起即可成为一个超文本系统，此时更要强调整体的交互操作——导航。

导航可由整个系统中的多层菜单组成，用户通过操作本层菜单可进入下层菜单，也可浏览文本内容或返回上层菜单。为了便于用户在各层菜单中找到感兴趣的内容，还需要在屏幕的特定位置记录并显示浏览路径，使得用户可随时知道自己所处的位置，以便确定下一步如何操作。

6. 特殊字符处理

在前面介绍的字符集中，包括了标准字符集和扩展字符集两部分。通过计算机键盘所能输入的是标准字符集的内容，对于支持中英文处理的 MPC 来说，主要指 ASCII 字符集和 GB2312-80 中的汉字和中文符号。扩展字符集中的字符则无法通过键盘直接输入，如注册符号“№”和摄氏温度符号“℃”。如果在文本处理过程中遇到无法输入的特殊字符，则可通过处理软件所提供的“插入字符”功能，通过打开字符集并选择所需的字符来实现，如 MS Word 字处理软件、FrontPage 2003 超文本页面设计软件等都提供了插入特殊字符的功能。图 4-25 所示为选择特殊字符的操作实例。

浏览器能够识别 HTML 中基于拉丁语 . 1(ISO-Latin. 1)标准字符所构成的内容，其中包括了英文键盘上所有常用的字符，但是对于扩展字符集中的特殊字符则不能直接进行处理。这些特殊字符在 HTML 文档中是通过“转义序列(Escape Sequence)”处理来识别的，即把一个特殊字符用它的数字编码或名称来表示，并将它们置于“&”和“;”之间。标准 HTML 语言中可用的符号正在不断增加，以后还将包含数学符号，甚至还会包含表示垃圾桶、时钟和磁盘驱动器等的图标。

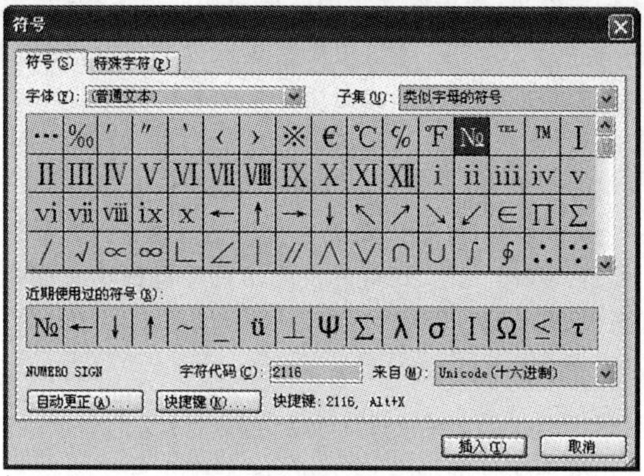

图 4-25　选择特殊字符

7. HTML 标签

超文本及超媒体处理的所有内容将包含在超文本文件中，而超文本文件是由一种被称为超文本标记语言(HTML)的标准文件格式来存储的。在 HTML 文件中，可以通过标签对文件中的文本进行标记，以便规定字样、大小、颜色以及其他属性。例如，要描述文本的粗体属性，只需要将文本内容放在标签＜B＞和＜/B＞或者＜Strong＞和＜/Strong＞之间即可；若希望将文本作为标题，则可将文本内容放在标签＜H1＞和＜/H1＞之间。这样，当使用浏览器阅读该 html 文件时，浏览器就会将这些标签之中的文字按照各自的标签所代表的含义进行处理，显示出正确的效果。在 HTML 中，还有很多描述超文本页面排版的各种标签，如定义超链接、定义表格、嵌入其他媒体(声音、图片、视频、动画)等。有关 HTML 的具体内容请参见其他相关技术资料。

以上介绍了超文本与超媒体处理过程中的主要内容，属于基本的静态超文本处理，即用户在交互浏览这类超文本时，所能浏览到的内容和检索方式都是设计者预先设计好的，不能够随着交互操作的进行而变化。脚本程序可使超文本能够处理可变的检索方式和内容，因而也就构成了动态超文本或动态超媒体，即典型的动态 Web 页面。有关动态 Web 中的脚本编程或其他动态技术可参阅其他相关技术资料，在此不做详细介绍。

4.4.3　特殊图符处理

在以上的文本处理过程中，当需要一些系统内没有的特殊符号和图标时，可以通过系统提供的造字程序(或下载其他的字体设计工具)，用造字方式自行设计所需的图标，然后再添加到系统中，按照图形文字的处理方式，设计出自己满意的效果，以便在文本中使用。

Windows 系列操作系统(如 Windows 2000/2003/XP/Vista)中提供了一个名为 eudcedit.exe 的 True Type 造字程序，位于系统目录下的 system32 文件夹中，该程序可以设计最大 64×64 点阵的字符。使用时，既可以直接运行该程序进行设计，也可以选择“开始”→“程序”→“附件”→“True Type 造字程序”选项运行该程序后再设计。下面介绍一下该程序的基本使用方法。

1. 基本功能介绍

True Type 造字程序可以点阵的方式造字，可将所造的专用字符链接到字体库中的所有字体(这样选定的任何字体都可以显示专用字符),也可以选择只将专用字符链接到特定字体(这样只有指定的字体可以显示专用字符)。同时,还可以使用“选择代码”对话框查看专用字符的整个集合。“选择代码”对话框显示所有具有相应十六进制值的专用字符的缩小视图。如果要使用现有字符作为模型创建新的专用字符,可以将现有字符复制到“编辑”窗口,然后按需要进行更改。此外,也可以在用作虚拟参考的“编辑”窗口旁边的“参照”窗口中显示现有字符,引用计算机上安装的任何字体的任何字符。默认情况下,该程序使用 Unicode 字符集创建字符。

2. 运行程序选择代码和字符集

使用造字程序的第一步是运行程序,选择代码,用来标识设计出的专用符号,以便今后在程序中像其他字符一样使用。运行程序的具体操作方法为:选择“开始”→“程序”→“附件”→“True Type 造字程序”选项,打开“True Type 造字程序”窗口,并直接进入“选择代码”对话框(可通过“编辑”菜单中的“选择代码”命令打开),如图 4-26 所示。

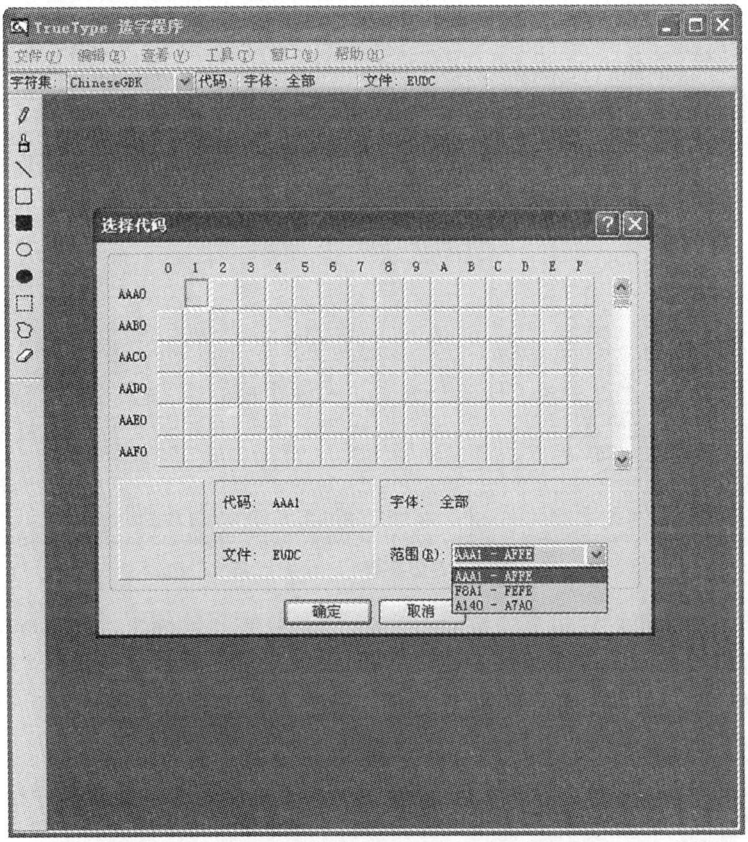

图 4-26 “选择代码”对话框

首先选择造字所用的代码。造字用代码一般占用字符集的自用区,在图 4-26 中,由于选用的是字符集 ChineseGBK,所以,可用的自用代码分为 A140～A7A0、AAA1～AFFE、F8A1～FEFE 等 3 段,如果是 Unicode 字符集,可用的白用代码将落在平面 0 的 E000～F8FF 区。这些都是空闲可用的编码区。通过鼠标单击方块区域,即可选择对应的代码,造好的专用字符就会保存在此位置。

3. 使用绘图工具造字

在图 4-26 中选好代码后，单击“确定”按钮即可打开造字窗口，如图 4-27 所示。进入该窗口后，就可以使用窗口左侧提供的绘图工具进行点阵绘图。详细的操作过程可阅读该程序的“帮助”菜单命令。

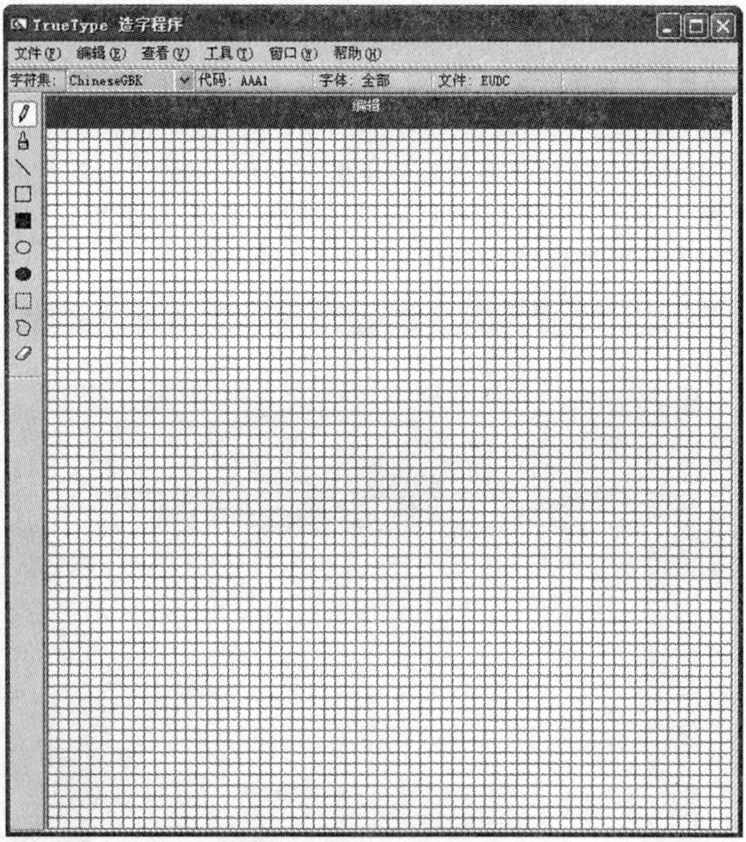

图 4-27 造字窗口、绘图工具

为了方便用户更快地设计出自己所需的专用字符，该程序还提供了两个方便的设计途径，一是直接选用系统中的某个字符图像作为设计基础，在此基础上修改成自己所需的字符图像，具体操作可通过“编辑”菜单的“复制字符”命令来完成。当选择了基础字符图像后，就会显示在造字编辑区域，然后就可以使用绘图工具进行修改，快速造出自己所需的专用字符。

另一种是选择系统中的某个相近字符图像作为参考，并在此基础上设计自己的专用字符。具体方法是：选择“窗口”→“参考”菜单命令，在打开的“参考字符”选择对话框中选择与自己要造的专用字符相近的参考字符（本例选择“@”），单击“确定”按钮后就会显示如图 4-28 所示的造字窗口。

此时，就可以参照参考字符设计自己的专用字符。设计过程中，可以使用工具箱中的各类区域选择工具，选择参考字符的任何区域，然后复制、粘贴到设计区域；也可选择设计字符的任何区域，进行移动、放大、缩小、复制、粘贴等操作。这样，就可以快速完成专用字符的设计。

4. 保存专用字符

当完成或暂停设计工作时，可以保存设计结果。具体操作方法为：选择“编辑”菜单中的“保存字符”或“将字符另存为”命令，如图 4-29 所示。此时，前者将专用字符保存到了开始选定的代

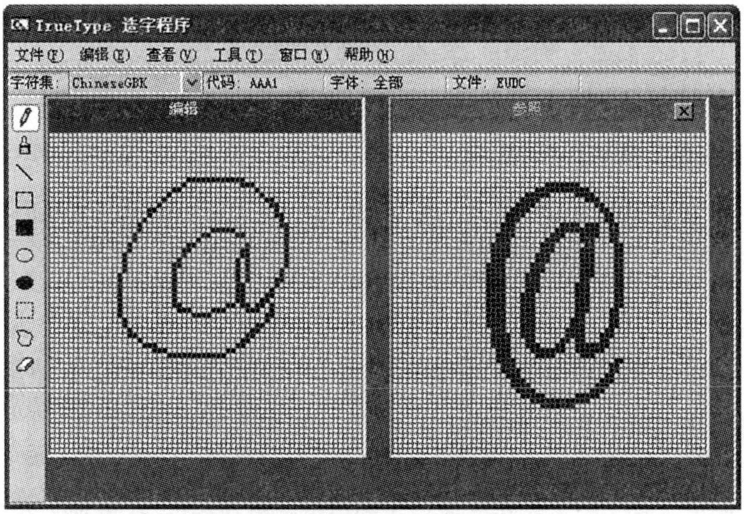

图 4-28　用参考字符设计专用字符

码位置，而后者可重新选择保存代码的位置。保存后，可在对应的编码位置看到自己设计的专用字符，如图 4-30 所示。

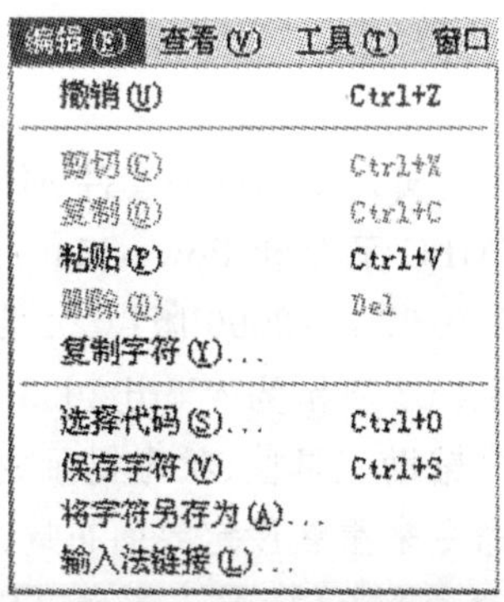

图 4-29　“编辑”菜单

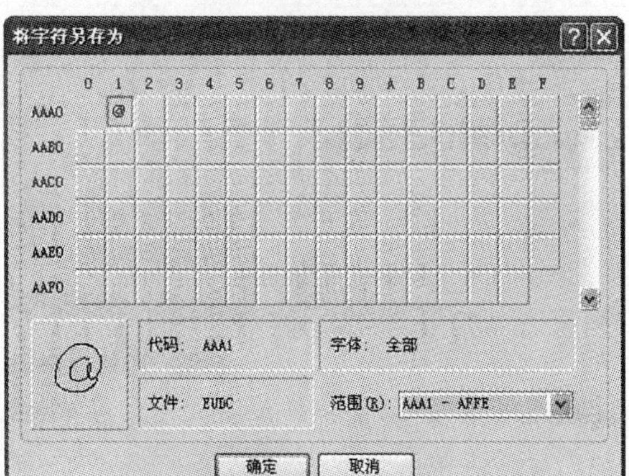

图 4-30　查看设计的专用字符

4.5 文本信息处理软件

4.5.1 文本信息处理软件概述

随着计算机文字处理和多媒体技术的发展，特别是超文本和超媒体概念的引入，使得文本信息处理从单一的无格式文本迅速发展到格式文本和超文本的阶段。由于超文本的非线性及超媒体的综合性，使得各种独立的多媒体信息（如文字、图片、声音、视频、动画、超文本文件等）都可以按照网状架构组织成可交互操作的超媒体，形成全方位的综合媒体交互系统。

为了适应不同类型的文本信息处理需求，市面上不断出现新的文本信息处理工具软件。根据文本信息处理应用目的的不同，目前的文本信息处理工具软件主要分为以下 3 类。

1）无格式文本编辑工具。其主要完成文字输入和内容编辑功能。

2）格式文本编辑工具。除了完成文本输入和内容编辑功能外，还增加了对文本内容的格式、风格、版面及其他非文本内容（表格、图片、公式等）的处理。

3）超文本编辑工具。在前两种处理功能的基础上，采用不同版本的超文本标记语言来描述超文本中的各种属性和非线性结构。

4.5.2 Word 字处理软件

Word 字处理软件是 Microsoft 公司开发的办公套件 Microsoft Office 中的一个专门用来进行文字处理的软件产品，可运行于 MPC 平台和 PowerMac 平台。MPC 平台下的 Word 字处理软件经历了早期版本、Word 6.5/7.0/97 版/2000 版/2002 版/2003 版/2007 版，2003 版以前的 Word 软件的操作界面基本一致，图 4-31 所示为 Word 2003 中文版默认界面，主要包括标题栏、主菜单栏、常用工具栏、用户编辑区、辅助工具栏、状态提示栏等 6 部分，用户可根据操作需求和个人喜好，通过"视图"菜单或相应命令来重新设定界面布局。

图 4-31　Word 2003 中文版界面

MS Word 2007 改变了用户操作界面的布局思路，不再使用“菜单式”操作，而是改用“卡片式”操作。具体做法是，把常用操作按功能分类，形成“开始”、“插入”、“页面布局”、“引用”、“邮件”、“审阅”、“视图”等 7 类（卡片标题），每类所包含的具体功能“按快捷工具”方式排列在一起，形成一张功能卡片，单击卡片标题即可打开卡片进行具体操作。图 4-32 是 Word 2007 的“开始”卡片及其操作工具，它包含了文字处理的基本常用操作。“卡片式”操作设计提高了操作速度，但改变了人们长期以来形成的“菜单式”操作习惯。

图 4-32　MS Word 2007 卡片式界面

无论哪个版本，MS Word 字处理软件都是 MPC 平台上最为常用的字处理软件，它具有良好易用的用户界面、操作简单直观、文字处理功能强大等特点，其主要功能如下。

（1）内容编辑。

键盘和鼠标结合起来就可以方便地实施修改、插入、删除、复制等操作。

（2）图文混排。

Word 具有强大的图形处理能力。在 Word 文档中可任意地链接或插入各种剪贴画、图片、图像、艺术字或声音等对象，从而很容易地实现图文混排，获得图文并茂的效果。

（3）排版功能。

Word 提供了丰富的字体、字号、字样、颜色、艺术字处理功能以及灵活、规范、可选的版面格式定义和不同风格的排版形式，可以快速设置字符格式与文本段落格式；可以插入页眉或页脚等对象；可以选定用来打印文档纸张的大小；可以指定打印纸的上、下、左、右页边距的尺寸。此外，Word 还会根据纸张的大小及页边距来自动调整文本的位置，把文档组织排版成报纸风格的外观，以满足各种版面的印刷要求。Word 真正实现了“所见即所得”的功能，提高了排版工作的效率。

（4）表格功能。

Word 对表格的处理独具一格，与其他文字处理软件的表格功能相比更显得灵活机动。Word 提供了不同种类的多种风格的表格模式，可以根据数据的宽度自动调节表格的列宽，对数据进行汇总计算及逻辑处理。

（5）特殊功能。

Word 增设了许多新功能，主要有数理公式编辑、文件格式转换、打印预览、电子邮件预处理、连接 Internet 进行网页浏览及制作 Web 页功能等。

4.5.3　典型的网页设计软件 Dreamweaver

Dreamweaver 可以说是目前最常用的一种所见即所得的网页制作与网站管理工具，它能将网页界面自动翻译成对应的 HTML 标记语言，它是针对专业网页设计师的可视化网页开发工具，利用它可以轻而易举地制作出跨越平台、跨越浏览器的充满动感的网页。Dreamweaver 支持最新的 DHML 和 CSS 标准，采用多种先进技术，能够快速高效地创建极具表现力和动态效果的网页。

1. Dreamweaver 核心功能

Macromedia 公司开发的 Dreamweaver 是制作网页的首选专业工具，因其功能全面，使用方便，兼容性强而深受专业人士和广大业余爱好者的欢迎。Dreamweaver CS3 之所以受到业内人士的青睐，是因为它可以方便地进行页面设计，实现网站的管理等，同时具备网页设计功能和网页编程功能，它适用于从个人主页设计到企业站点开发的众多领域。使用业界领先的 Web 创作工具之一构建世界级的网站，处理像素级设计或编写复杂代码，在实时视图的真实环境中以最佳方式工作。

(1)页面编辑。

在万维网的早期，大多数开发者利用简单的文本编辑器，如记事本手工编写 Web 页。第二代 Web 编写工具引入了可视化设计的概念，并将“所见即所得”编辑器带入市场。这些产品简化了页面布局，但仍缺乏代码的完整性。专业的 Web 开发者们发现，即使使用最尖端的“所见即所得”编辑器，他们仍需手工编写 Web 页。面对这种情况，Dreamweaver 把一个极好的可视化编辑器和代码编辑器集成在一起。可以使用 Dreamweaver 内置的 HTML 源代码编辑器，也可以使用专门的外部编辑器。可视化编辑器中的任何变化都会立即反映到源代码编辑器中，反之亦然。

Dreamweaver CS3 集成了网页设计功能和网络编程功能，在支持大多数领先 Web 开发技术的工具中进行设计和编码，这些技术包括 HTML，XHTML，CSS，XML，JavaScript，Ajax，PHP，ColdFusion 软件和 ASP，是将设计网页的 HTML 编辑功能和论坛、在线购物等服务器开发环境所需要的网络编程功能集成在一起的综合应用程序。

(2)站点管理。

站点维护是一项持续、费时的琐碎工作。为了使站点的维护简单化，Dreamweaver 提供了一组站点管理工具，包括重复元素库以及可以简化组更新的文件锁定性能。在 Dreamweaver CS3 中，站点的维护比以往更容易、更直观。当文件从一个目录移动到另一个目录后，可以自己动手更正链接，也可以 Dreamweaver 自动更新链接。此外，用户不仅可以利用重复元素库向页面中插入元素，还可以通过定义模板使整个 Web 站点具有统一的外观——只需改动模板就可以更新站点中的所有页面。

1)以浏览器为目标。

在任何站点项目的开发过程中，一个主要的步骤就是在不同的浏览器中测试 Web 页，以找出冲突和无效的代码。Dreamweaver 的“以浏览器为目标”功能可以使用户依据任何存在的浏览器配置文件来检查自己的 HTML。Dreamweaver 包含了多种预定义的浏览器配置文件，用户可以根据自己的需要创建相应的浏览器配置文件。

2)检查链接。

Web 站点是一个不断变化的统一体。在不断变化的同时还要保持有效的链接，这是一项具有挑战性的工作。Dreamweaver 有一个内置的链接检查器，可以利用它对一个页面、一个目录甚至跨越整个 Web 站点的链接进行验证。链接检查器能够快速显示出哪些文件含有断开的链接，哪些文件含有指向外部站点的链接，以及哪些文件呈“孤立”状态等。

3)签入与签出。

在大型 Web 项目中，通常不止一个人负责站点的创建和日常维护。一个编辑可能需要公司的最终发布版本，或者图形设计师也许需要上传一幅最新产品的图片——所有这些都在同一个页面上。为了避免重复更新而引起的冲突，Dreamweaver 设计出一种系统。在系统中，Web 页可以标记为“签出”并被锁定以防止他人修改，直至文件再次被“签入”。

4)FTP 发布。

创建 Web 页的最后一步就是在 Internet 上发布它们。Dreamweaver 提供了一个 FTP 发布器，用以简化站点发布操作。更重要的是，Dreamweaver 可以只用一条命令就能让远程站点与本地站点同步。

(3)最新的代码标准。

几乎所有的 Web 页都是用 HTML(超文本标识语言)创建的，这种编程语言其实就是一套用于修改文本文件的标识，由万维网联盟组织对这些标识进行了标准化处理。HTML 的每一个新版本部增加了一些增强的命令和特性，最新版本 HTML4 能被目前绝大多数的浏览器识别。当用户在可视化编辑器中插入或修改元素时，Dreamweaver 就会自动编写清晰流畅、与现实浏览器兼容的 HTML4 代码。

Dreamweaver CS3 内建代码提示的强大功能，令 HTML，JavaScript，Spry 和 jQuery 等 Ajax 框架、原型和几种服务器语言中的编码更快、更清晰。

1)文字图片支持。

文本是任何 Web 页的基本组成结构，Dreamweaver 可帮助用户快速设置文本格式。不论是直接输入的文本还是从其他程序中粘贴的文本，都可以对其进行格式设置，既可以使用一般的 HTML 格式，如 H1～H6 标题及相关的字号，也可以使用其他字体和字号。利用 Dreamweaver 的附加文本支持，可在 Web 页中添加编号和项目符号列表。文本属性面板提供了用于各种列表和对齐格式控制的按钮。

图形的处理同样很容易。选择图像或其占位符，激活图像属性面板，就可以修改诸如图像来源、图像宽度和高度、对齐方式等属性。

2)增强的表格功能。

在 Dreamweaver 中，用户可对表格的功能进行全面的控制。Dreamweaver 的表格处理非常灵活，可以对任何选定的单元格、行或列应用样式。通过命令还可对表格中的数据进行排序。

3)简易的表单。

表单是 Web 页数据交换的基本工具，在 Dreamweaver 中使用表单和使用表格一样容易。切换到插入面板的表单分类列表中，可以插入各种表单元素，如文本框、选项按钮、复选框、弹出式菜单甚至滚动列表。使用验证表单功能，可以指定所需域并进行检查，以确保信息的正确输入。

4)增强的多媒体。

Dreamweaver 允许添加任何类型的多媒体扩展、插件程序、Applet 或控件，只需在插入面板上单击相应的按钮，然后利用属性面板进行设置即可。Dreamweaver 对 Flash 文件还进行了专门的优化。在插入这类对象时，Dreamweaver 会自动写入必要的 HTML 代码以确保尽可能多的浏览器能够接受它们。

另外，通过轻松单击和应用符合标准的编码将 FLV 文件集成到任何网页中，设计时可以在全新的实时视图中播放 FLV 影片。

5)支持框架。

利用框架技术，可以使不同的 Web 页显示在同一屏幕上。在 Dreamweaver 中，只需单击并拖动即可创建框架的轮廓。在设置完框架结构后，打开框架面板，选择要修改的框架并使用属性面板进行修改。不论用户使用了多少个文件，Dreamweaver 会写入必要的代码将所有 HTML 文件链接进一个框架集中。

6)层。

Dreamweaver 支持动态 HTML 层控制，也就是说，一些对象可以放置于其他对象的前面或后面。层可以包含文本、图形、链接、控件，甚至可以在一个层中嵌套另一个层。一旦层创建好以后，单击并拖动选择手柄，层就可以被定位到页面上的任何地方。与其他 Dreamweaver 象一样，可以通过属性面板对层进行修改。

(4)动态效果支持。

Dreamweaver 是最早支持动态 HTML 技术的网页编辑软件，并不同程度地依赖层叠样式表标准，同时还支持对定位和相对定位。Dreamweaver 考虑到了各种可能性，为 Web 开发者提供了一个良好的应用这些浏览器性的接口。

1)层叠样式表。

Dreamweaver 完全支持由 W3C 组织所通过的层叠样式表(CSS)规范，CSS 可使 Web 设计者更加灵活地控有 Web 页中的绝大多数元素。在 Dreamweaver 中使用 CSS 特性就像在字处理程序中使用样式一样简单。例如，可以使所有的<h1>标识都变为蓝色、斜体和小写。当想改变站点的配色方案时，可以将所有的<h1>标识变为红色，而且只需使用一个命令就可以将这一更改应用于整个 Web 站点。Dreamweaver 允许用户对包括类型、背景、块、框、边界、列表和位置在内的各种样式进行控制。

使用 Dreamweaver CS3 中增强的 CSS 实施工具令站点脱颖而出。可以在属性面板中即时定义和修改 CSS 规则。使用相关文件和代码导航器功能找到特定 CSS 规则。

2)JavaScript 行为。

随着 JavaScript 技术的发展，Dreamweaver 将 JavaScript 的强大功能和简单易用的界面结合了起来。所谓行为被定义为事件和动作的组合，即当 Web 页的浏览者做了某件事情后，随之会有另外的事情发生，这个过程被称为行为。由于在 Dreamweaver 中基本上不需要编程，所以行为得到了广泛的应用。

行为是基于 JavaScript 的，这一点很重要，因为目前的各种浏览器对 JavaScript 的支持程度不同。Dreamweaver 简化了对特定浏览器中 JavaScript 命令适用性的验证任务。用户可以从一个所有可用动作的列表中选择动作，例如跳转到某个 URL、播放声音、弹出消息或者启动动画等。

另外，Dreamweaver CS3 通过集成包括 jQuery，Prototype 和 Spry 在内的流行 JavaScript 框架，充分利用 Dreamweaver CS3 的扩展编码功能。只需附加适当的 JavaScript 外部文件，Dreamweaver 即可自动显示代码提示。

3)Spry 程序。

通过使用 Spry 程序可以方便地向网页中加入通用的用户界面。这些预置的程序可以使用 CSS 进行定制，然后加入到网页中。包括 XML 驱动的列表和表格，分页界面以及表单元素的验证等内容。Spry 使创建和向网页中加入高级界面元素更加容易。

Spry 还包括一组特效，它能使页面元素产生各种动态的视觉效果。Spry 特效几乎可以应用于 HTML 页面中的任何元素。使用这些特效可以使网页元素发光、缩小、淡化、高光等。Spry 特效完全不需要任何服务器端的逻辑和脚本支持。

(5)提高工作效率。

当用户的网站发布了很长一段时间之后,可能会发现自己总是在不停地对它进行更新和修订。从这一点来看,有必要在 Dreamweaver 中使用各种提高工作效率的方法。

1)模板。

随着 Web 站点的发展,用户会越来越多地发现不同页面上需要使用同样基本格式的内容。利用 Dreamweaver 模板,不仅可以规范 Web 站点的外观,还能够减少页面创建过程中的重复性工作。Dreamweaver 模板提供了基本的页面结构,并带有尽可能多的预定义元素,如嵌入的背景图像、页面左端的导航栏或者页面中心用于放置主文本的表格等。但是,Dreamweaver 模板绝非仅是创建 Web 页的模型。模板基本上是由一系列被锁定和可编辑的区域组成,当需要对一个基于模板的整个站点进行更新时,用户所要做的工作就是改变一个或多个被锁定的区域。

2)库项目。

众所周知,在站点开发过程中如果重复使用某个元素,那么将来肯定要在每一页上对其进行修改。Dreamweaver 库可以轻松解决这种不必要的麻烦问题。几乎所有的元素都可以被定义为库元素:文本段落、图像、链接、表格、表单、Java 小程序、ActiveX 控件等。一旦创建了库条目,就可以在整个 Web 站点重复使用。每个 Web 站点都可以拥有自己的库,也可将条目从一个库复制到另一个库中。

(6)良好的可扩展性。

Dreamweaver 最主要的长处在于它的可扩展性。由于最终的页面千变万化,因此 Web 创作工具越灵活,越便于设计者进行更大范围的开发。随着可扩展性的引入,Dreamweaver 利用非常易于自定义的对象和行为开辟了一片新天地。

1)扩展对象。

在 Dreamweaver 中,对象是一小段 HTML 代码,用来表示一个特定的图像或者 HTML 标识,如<table>或<form>。Dreamweaver 的对象是完全开放的,用户可以自定义或者彻底地重建对象。

2)扩展行为。

利用 Dreamweaver 的行为特性,即使是初级的 Web 设计者也能够插入复杂的 JavaScript 函数。Dreamweaver 本身带有一套非常全面的标准行为,但这还只是所有行为中极少的一部分。由于行为也是可以进行自定义的,而且可以由任何一个具有 JavaScript 使用知识的人进行创建。

3)扩展命令。

命令的前景非常光明,从效果上看,它们比对象或行为的组合具有更强大的功能。实际上,一些较为复杂的对象,例如鼠标经过图像对象,其实就是命令。命令也可以从站点中提取信息,并在 Dreamweaver 中提供了一个功能很强的可编程语言。

2. Dreamweaver 工作界面

Dreamweaver 采用了多种先进技术,无论是在可视化编辑环境中工作,还是手工编写 HTML 代码,都为用户提供了便捷的工具,使用户能够快速、高效地创建高质量的网页。

单击“开始”→“所有程序”→“Adobe Dreamweaver CS3”,即可启动 Dreamweaver。启动的起始页如图 4-33 所示。

(1)文档窗口。

文档窗口显示当前文档。可以选择“设计”、“代码”或“代码和设计”视图。

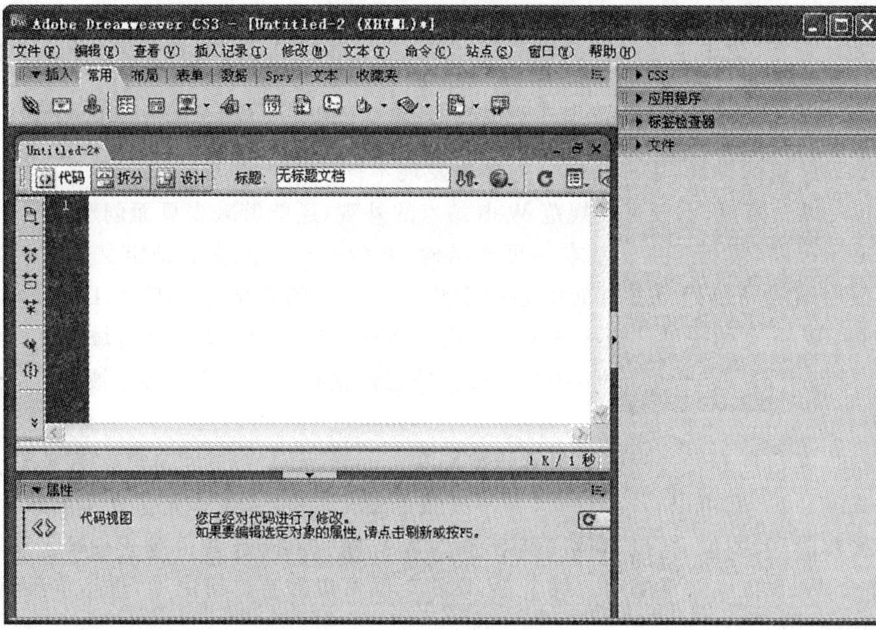

图 4-33 Dreamweaver 起始页

1)“设计”视图：用于可视化页面布局、编辑的设计环境。在本视图中，显示文档的可视化表示形式，类似于在浏览器中查看页面时看到的内容。

2)“代码”视图：用于编写和编辑 HTML、JavaScript、服务器语言等代码的手工编码环境。单击“文档”工具栏中的[代码]，将切换到“代码”视图，如图 4-34 所示。在“代码”视图中，文档窗口的左侧还将显示一个“编码”工具栏。

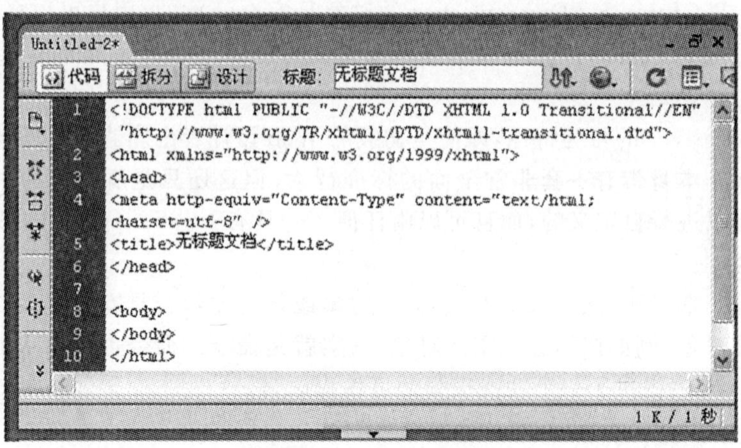

图 4-34 “代码”视图

3)“代码和设计”视图：单击[拆分]按钮，或者单击“查看”菜单→“代码和设计”命令，可以在一个窗口中同时看到同一文档的“代码”和“设计”视图，如图 4-35 所示。

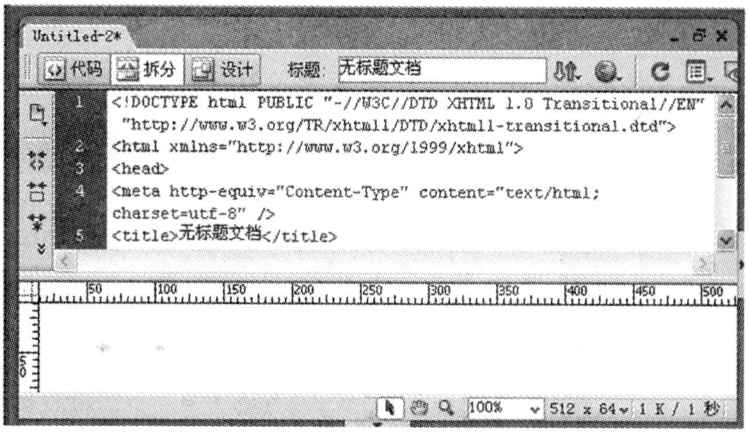

图 4-35　“代码和设计”视图

当文档窗口有一个标题栏时，标题栏显示页面标题，并在括号中显示文件的路径和文件名。如果做了更改后尚未保存，将在文件名后显示一个星号“＊”。当文档窗口为最大化状态时，页面标题以及文件的路径和文件名显示在主工作区窗口的标题栏中，文档选项卡显示所有打开文档的文件名。若要切换到某个文档，单击该选项卡，如图 4-36 所示。

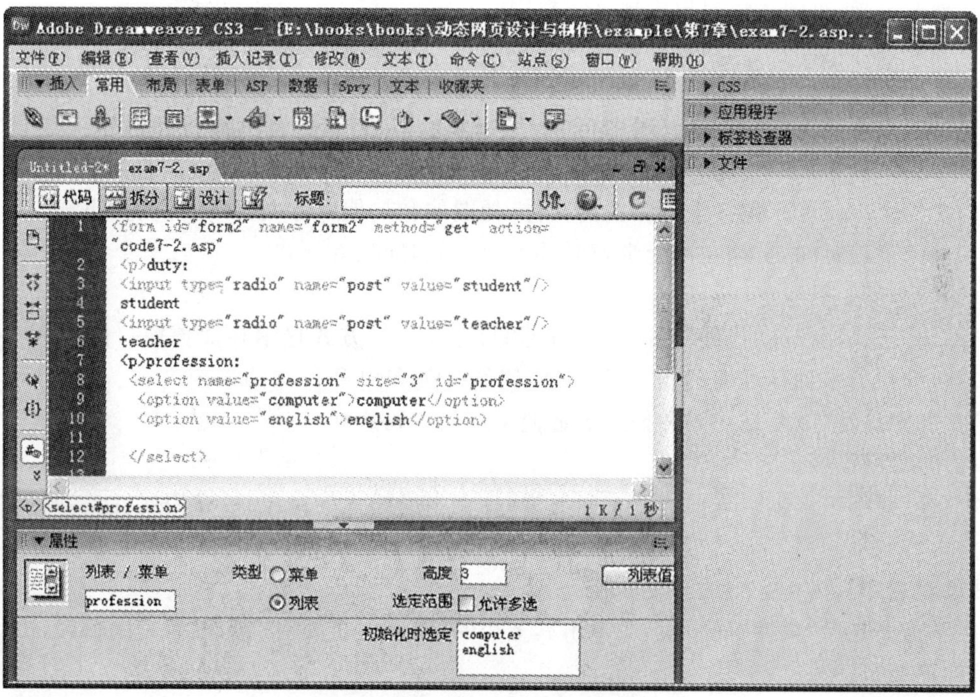

图 4-36　多个文档之间的切换

(2)文档工具栏。

文档工具栏中包含的按钮有切换视图、查看选项和一些常用的功能，如图 4-37 所示。

图 4-37　文档工具栏

(3)插入工具栏。

插入工具栏包含用于创建和插入对象(如表格、层和图像)的按钮,这些按钮被组织到了几个类别中,可以单击“插入”工具栏左侧的▼来切换,如图 4-38 所示。

图 4-38 插入工具栏

若要关闭或打开插入工具栏,可执行“窗口”→“插入”命令。

(4)状态栏。

文档窗口底部的状态栏提供与当前文档有关的信息,如图 4-39 所示。

图 4-39 状态栏

1)标签选择器:显示环绕当前选定内容的标签的层次结构。单击该层次结构中的任何标签,可以选中该标签及其全部内容。单击＜body＞可以选择文档的整个正文。若要设置标签选择器中某个标签的 class 或 id 属性,在状态栏中右键单击该标签,从弹出菜单中选择一个类或 id。标签选择器是选择标签的首选方法,因为它可以确保始终准确地选择标签。

2)选取工具:可在文档窗口中拖动选取内容。

3)手形工具:可单击文档并将其拖入文档窗口。

4)缩放工具和设置缩放比率:可以为文档设置缩放比率。

5)窗口大小:仅在“设计”视图中可见,用来将文档窗口的大小调整到预定义或自定义的尺寸。

6)文档大小:页面(包括全部相关的文件,如图像和其他媒体文件)的文档大小。

7)估计下载时间:文档在网上浏览时的大致下载时间。

(5)“编码”工具栏。

“编码”工具栏仅在“代码”视图中是可见的,它以垂直方式显示在文档窗口的左侧。“编码”工具栏包含执行多种标准编码操作的按钮,例如折叠和展开代码的选定内容、高亮显示无效代码、应用和删除注释、缩进代码和插入最近使用过的代码片断。

(6)“属性”面板。

“属性”面板可以编辑当前选定页面元素(如文本或插入的对象)的常用属性。“属性”面板根据选定内容的不同而不同。“属性”面板默认位于工作区的底部,也可以将它停靠在工作区的顶部,或者将它变为工作区中的浮动面板。

在不需要显示“属性”面板时,可单击其上边的“展开或折叠”按钮,以扩大编辑区。

(7)面板组。

面板组中包括“CSS”、“应用程序”、“标签检查器”和“文件”面板。单击面板标题,可以展开或折叠该面板。每个面板又包含多个选项卡,可鼠标单击切换。

在编辑网页时,有时由于面板的遮盖无法看到网页的全貌,可单击面板列表框左侧的“展开或折叠”按钮。面板列表框折叠后,文档窗口的编辑区域扩大,有利于编辑网页。

3. Dreamweaver 新特性

借助 Dreamweaver 软件,可以快速、轻松地完成设计、开发和维护网站以及 Web 应用程序的全过程。

Dreamweaver 是为设计人员和开发人员而构建的，它提供一个选择：是在直观的可视布局界面中工作，还是在简化的编码环境中工作。

(1)实时视图。

Dreamweaver 使用户在保持直接访问代码的同时，能够使用新的“实时视图”在实际的浏览器条件下设计网页。对代码所做的更改会立即反映在呈现的显示中。

“实时视图”与传统 Dreamweaver 设计视图的不同之处在于它提供页面在某一浏览器中的非可编辑的、更逼真的呈现外观。“实时视图”不替换“在浏览器中预览”命令，而是在不必离开 Dreamweaver 工作区的情况下提供另一种“实时”查看页面外观的方式。

(2)针对 Ajax 和 JavaScript 框架的代码提示。

代码提示功能有助于用户快速插入和编辑代码，并且不出差错。在“代码”视图中键入字符后，将看到可自动完成输入的候选项列表。例如，当键入标记、属性或 CSS 属性名的前几个字符时，将看到以这些字符开头的选项列表。此功能简化了代码的插入和编辑操作。也可以使用此功能查看标记的可用属性，功能的可用参数或对象的可用方法。

由于改进了对 JavaScript 核心对象和原始数据类型的支持，现在可以更加快速准确地编写 JavaScript。也可以通过组合常用的 JavaScript 框架(包括 JQuery，Prototype 和 Adobe Spry)来使用 Dreamweaver 的扩展编码功能。

(3)相关文件和代码导航器。

Dreamweaver 使用户能够有效地管理组成当今网页的各种文件。单击任何相关文件即可在“代码”视图中查看其源代码并同时在“设计”视图中查看父页面。新增的“代码导航器”功能可显示影响当前所选内容的所有代码源，如 CSS 层叠样式表规则、服务器端包括、外部 JavaScript 函数、Dreamweaver 模板、iFrame 源文件等。

(4)CSS 最佳做法。

Dreamweaver 属性面板使用户能够创建新的 CSS 规则，并对每个属性所适合的层叠样式提供简单明确的解释。可以使用文本属性面板应用 HTML 格式或层叠样式表(CSS)格式。应用 HTML 格式时，Dreamweaver 会将属性添加到页面正文的 HTML 代码中。应用 CSS 格式时，Dreamweaver 会将属性写入文档头或单独的样式表中。

(5)HTML 数据集。

用户可以在网页中集成动态数据的功能，而无需另外学习掌握数据库和 XML(可扩展标记语言)编码。Spry 数据集将简单的 HTML 表内容识别为交互式数据源。

就其本质而言，Spry 数据集是用于容纳所指定数据集合的 JavaScript 对象。利用 Dreamweaver，可以快速创建此对象，然后将数据源(如 XML 文件或 HTML 文件)中的数据加载到该对象中。数据集将以由行和列组成的标准表格形式生成数组。利用 Dreamweaver 创建 Spry 数据集时，还可以指定数据在网页上的显示方式。

(6)Photoshop 智能对象。

在 Dreamweaver 中插入任何 Photoshop PSD 文档即可创建一个图像智能对象。智能对象与源文件紧密相连。无需打开 Photoshop 即可在 Dreamweaver 中对源图像进行更改并更新图像，用户可以在 Dreamweaver 中将 Photoshop 图像文件(PSD 格式)插入到 Web 页上，然后让 Dreamweaver 将这些图像文件优化为可用于 Web 的图像(GIF，JPEG 或 PNG 格式)。执行此操作时，Dreamweaver 将图像作为智能对象插入，并维护与原始 PSD 文件的实时连接。

(7)新的用户界面。

使用共享的用户界面设计可以在 Adobe 组件中更加快速智能地工作。使用工作区切换器可以快速从一种工作环境切换到另一种工作环境。

(8)InContext Editing(快速编辑)。

可以使最终用户无需求助于制作者或其他软件即可对其网页进行简单编辑。作为 Dreamweaver 设计人员，用户可以快速准确地将更改限制在特定的页面、独立区域，甚至是自定义的格式设置选项。

4.5.4 常用的网页设计软件 FrontPage

MS FrontPage 是微软公司推出的超文本编辑工具软件，其最大的特点就是与 MS Office 的软件具有同样的操作界面和操作设计习惯，用户很容易上手操作。同 MS Office 的其他产品一样，目前国内较为流行的 MS FrontPage 产品是 2003/2007 简体中文版。与以前的版本相比较，MS FrontPage 2003 在页面布局设计、代码编程、数据驱动、网站发布及网站维护等方面，均增加了新的功能，因此 FrontPage 不仅是一个超文本编辑软件，也是一个在动态超文本设计方面具有较强功能的动态超文本开发工具，广泛应用于网页设计、网站开发和电子出版等领域。

1. FrontPage 2003 窗口组成

FrontPage 2003 有了更新颖、更贴近于用户的工作界面，其窗口主要由标题栏、菜单栏、工具栏、状态栏、任务窗格、编辑区和网页视图切换区组成，如图 4-40 所示。

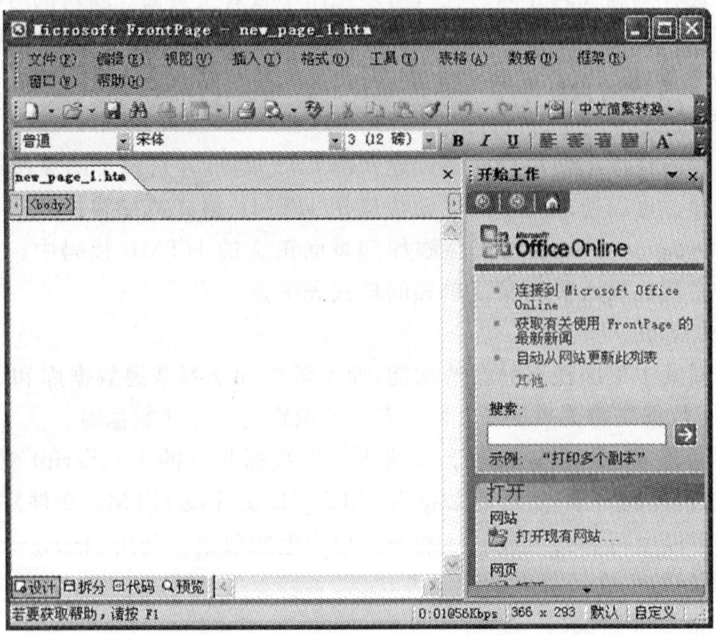

图 4-40 FrontPage 2003 工作窗口

(1)标题栏。

标题栏位于窗口的顶端，由控制按钮、窗口标识和窗口按钮 3 部分组成，FrontPage 2003 默认的文件名为 new_Page_1. htm。双击标题栏可以使窗口最大化显示，再次双击标题栏，窗口将恢复原有大小，并在原来位置处显示。当窗口处于还原状态时，拖动标题栏可以改变窗口在屏幕上的显示位置。

(2)菜单栏。

FrontPage 2003 菜单栏中有“文件”、“编辑”、“视图”、“插入”、“格式”、“工具(T)”、“表格”、“数据”、“框架”、“窗口”和“帮助”共 11 个菜单项，选择菜单中的命令，可执行相应的操作。

(3)工具栏。

对 FrontPage 2003 的各种常用的操作，最简单的方法是使用工具栏上的工具按钮，这些工具按钮的运用也可以通过菜单栏上提供的命令来完成。刚开始启动 FrontPage 时，屏幕上显示常用和格式工具栏。

(4)工作区编辑窗口。

网页制作的场所。网页设计的所有工作都是在这个窗口完成的，该窗口用于编辑和预览网页。

(5)状态栏。

位于屏幕的底部，显示不同运行状态下的命令信息提示。在状态栏的右边列出了某种传输速度下的网页下载时间。要显示或隐藏状态栏，通过“工具”→“选项”命令，在该对话框的“常规”标签“显示状态栏”复选框中进行设置。

(6)网页视图切换区。

这包括 4 种切换方式。分别为“设计”、“拆分”、“代码”和“预览”。编辑网页多数情况在“设计”方式下进行，设计是可视化的操作区；切换到拆分窗口，可以到网页源代码和编辑效果查看方式；切换到代码窗口，可显示整个网页的源代码；切换到预览窗口，“预览”方式则可以查看网页发布后的运行情况和实际效果。方便在设计网页的过程中随时调试效果。

2. FrontPage 2003 视图模式

FrontPage 2003 的视图模式有 6 种，分别说明如下。

(1)网页视图。

网页视图是最基本的一个视图模式，在网页视图模式下，工作区中可显示或编辑当前网页的内容。

当处于网页视图模式时，在编辑窗口可选择“设计”、“拆分”、“代码”和“预览”4 种方式显示选定的网页。

工作区窗口是窗口主体部分，在编辑区左下方有 4 个选项卡，用于切换网页文件的显示模式。“设计”模式用于可视化地编辑页面；“拆分”模式用于显示可视化编辑页面和显示 HTML 源文件；“代码”模式用于显示和编辑 HTML 源文件：“预览”模式用于查看网页在浏览器中的实际显示效果。在预览模式下，是不能编辑网页的。

(2)文件夹视图。

文件夹视图是以列表的形式，显示出当前 Web 网站的文件和文件夹的内容及有关状态信息。Web 上具有共同性质、相似内容的一组资源就是一个 Web 站点，对于复杂的站点来说，将所有的网页都存放在站点的根目录下，显然是不可取的，有必要在站点内部创建文件夹，对诸多网页进行划分、归类，这样才能使站点的组织结构、网页管理更加清晰。

在“文件夹视图”中共有两个区域。其中，“文件夹列表”区域在屏幕的左侧，列出了目前打开的 Web 站点中的所有文件夹；屏幕的右侧区域是所选择文件夹中的“内容”部分。

(3)报表视图。

报表视图用于查看文件的大小和超链接的信息统计状况，使用它可以方便地观察所选网站网页的状况。网站报表主要包括网站摘要、文件、共享内容、工作流、使用率信息、问题等内容。统计选项包括“所有文件”、“图片”、“链接的文件”和“最近新增的文件”等。

(4)导航视图。

导航视图用于组织站点中各网页的层次关系，在导航视图中可以显示和编辑 Web 网站的整体结构，并可在结构中创建、编辑新的网页，也可将网页从结构中删除。导航视图是由数个导航图框组成的，每个图框都代表着一个网页文件，展现 Web 站点的主页、从页之间的逻辑关系。

(5)超链接视图。

超链接视图把 Web 站点的网页信息显示为链接文件的网络，通过超链接视图可以了解某一网页与其他网页的链接关系。在 FrontPage 2003 中，超链接视图可以将网站中的超链接状态显示在一个列表中，该列表中既有外部链接，也有内部链接。

(6)任务视图。

任务视图的基本作用是帮助记录 Web 站点创建和维护过程中的任务列表信息，用来提示维护人员当前的工作进程，还有哪些任务需要完成等，如果站点由许多人共同维护，就可以通过任务列表了解工作的进展情况。

3. FrontPage 2003 功能特点

(1)自定义浏览器分辨率预览检查。

在设计网页时，可实时调节当前页面为在客户端显示的分辨率，以便预览当前效果。在 FrontPage 2003 界面右下端的状态栏上显示了当前网页大小的区域，默认为 792×533。单击右键后，弹出快捷菜单，在此可设置任意分辨率以便预览。

(2)层功能。

现在层的应用在网页制作中已经是不可或缺了，FrontPage 2003 也开始支持层的功能了。选择菜单栏上的“插入”→“层”命令，将在当前页面中显示一个默认为 layer1 的层，用鼠标在各节点上拖动，调节其大小，然后把光标插入点置于层中，输入所需的文字。另外，将光标定位于该层内，在其右键弹出的菜单中选择“层属性”，就可在界面右侧的任务窗格上设置该层的 ID、边框和底纹的样式、边距，以及定位样式和位置等参数。

(3)描摹图像。

大家在学习书法的时候，都接触过临摹吧？描摹图像的功用与其类似，就是通过创建一个图像(一般为网页的效果图)作为参照物，以便于网页的设计制作。选择菜单栏上的“视图”→“描摹图像”→“设置”命令，在弹出的对话框中指定图像；然后设置其坐标(即在设计页面上显示的位置)，再设置透明度；最后单击“确认”按钮即可。这个描摹图像只是显示在 FrontPage 2003 的设计视图中，不会在制作完毕的页面中显示出来。

(4)检查网页错误。

选择菜单栏上的“工具”→“辅助功能”命令，在弹出的对话框中可以设置检查范围、内容及显示对象，单击“检查”按钮即可。利用此项功能，可以快速找出指定网页是否有错误，并可查看问题原因。

(5)行为的应用。

行为是事件和由该事件触发的动作的组合，由于行为代码是客户端的 JavaScript 代码，因此它无需服务器的支持就可触发事件。选择 FrontPage 2003 菜单栏上的“格式”→“行为”命令，查看界面右侧的“行为”窗格，单击“插入”向下箭头按钮，在弹出菜单中可选择播放声音、弹出消息、调用脚本及弹出菜单等事件。

(6)插入交互式按钮。

选择菜单栏上的“插入”→“交互式按钮”命令，弹出对话框。在“按钮”选项卡中，设置按钮的显示文字、样式以及链接。在“字体”选项卡中可以设置按钮上显示的文字的效果，最后，再切换到“图像”选项卡，可以设置悬停图像及鼠标按下时的图像等效果。

(7)使用网页重定向。

在 FrontPage 2003 中，选择菜单栏上的“工具”→“中文简繁转换”→“插入重定向代码”命令，在弹出的对话框中，可以设置简体页面网址及繁体页面网址，插入的代码将通过浏览器对支持语言进行检测，实现自动转向。

(8)规划页面布局。

选择菜单栏上的“表格”→“布局表格和单元格”命令，在弹出窗口的右侧窗格中将显示相应的属性设置。查看“表格布局”下拉列表，在其中有若干布局样式可供选择；选择一种合适的应用在当前页面上，并可随时在设计视图中按需自行调节其布局样式。

9. 优化 HTML 代码

FrontPage 系列过去在代码效率方面做得相当不好，经常产生大量的垃圾代码；而在 FrontPage 2003 中，选择菜单栏上的“工具”→“优化 HTML”命令，在弹出的对话框中可酌情选择删除对象，包括注释性内容及空白信息等，从而删除大量垃圾代码，提高了网页代码的效率，为网页“减肥”。

第 5 章　多媒体图形图像处理技术

5.1　图形与图像概述

图像处理是利用计算机技术对数字化图像改变形态、尺寸，色彩调整，编辑调整，文件格式转换等，被广泛地应用于多媒体产品制作、平面广告设计、教育教学等领域。

随着计算机技术的发展，图像处理技术也得到了长足的发展，除了常规的图像处理以外，还可对图像数据进行压缩，提供印刷模式的文件格式，生成用于各种场合的图像格式，甚至创造出自然界中没有的图像形态。

图像是人们最熟悉的事物，自然界中多姿多彩的景物和生物通过视觉感官，在大脑中留下了印象，这就是图像。现在，利用计算机技术把图像进行数字化，从而使数字化的图像处理成为可能。

5.1.1　位图与矢量图

表示“图”的手段有两种，一种是图像，一种是图形。

图像是直接量化的原始信号形式，构成图像的最基本元素是像点。一个像点由若干个二进制位描述，且对应一个可见的显示像素，这种“像点—二进制位—像素”的对应关系被叫做位映射关系。换言之，二进制位描述了图像，因此图像又被称为位图。

计算机在处理图像时，并不直接处理每个像点，而是采用压缩数据算法，找出并去掉图像中的冗余，然后才以较少的数据量进行保存和传送。图像通常用于表现自然景观、人物、动物、植物和一切引起人类视觉感受的事物，如图 5-1 所示。

(a)　　　　(b)

图 5-1　由像点组成的图形

图形，即矢量图形。它使用由线连接的点来描述图像，图形的元素是点和线，如图 5-2 所示。矢量图形先被分解为单个的线条、文字、圆形、矩形等图形元素，再利用代数表达式分别表示每个元素。这些图形元素都具有各自的颜色、形状、大小等属性，在图像中是相对独立的实体。由于矢量图形可通过数学公式计算获得，所以矢量图形文件体积一般较小。例如，一个圆形图案只需记录圆心的坐标位置和半径长度以及圆形边线和内部的颜色。因此，矢量图形的显示与分辨率无关，无论被放大、缩小或旋转都不会出现显示失真的现象，这意味着矢量图形能够以显示设备的最高分辨率显示。其缺点是显示时往往耗费大量的系统资源和时间做复杂的分析和演算工作，而且难以表现色彩层次丰富的逼真效果。使用 Flash 软件制作的动画就是矢量图形动画。

图 5-2　矢量图形

表 5-1 所示为位图与矢量图的比较表。

表 5-1　位图与矢量图的比较表

类型	文件内容	存储量	显示速度	几何失真	应用特点
矢量图	表达式	与图的复杂度有关	图像越复杂，需执行的指令越多，显示越慢	不失真	易于编辑
位图	点阵	与图的尺寸有关	与组成图的元素数量有关	失真	视觉效果好，编辑较麻烦

5.1.2　像素

多媒体作品中出现的图片大多情况下都是位图图像，一般非计算机相关领域专业人员在计算机和网络上浏览、处理、传输、使用的图片大多也都是位图图像。位图图像是由像素组成的。利用相关软件处理位图时，实际上是编辑像素而非图像本身。

1. 像素

像素对应的英文单词为 pixel，它是由 picture（图像）和 element（元素）这两个单词的字母所组成的。像素是用来计算数码影像的一种单位，对于数字图像而言，它是组成位图图像的最小单元。

像素具有以下两个特点：

1)像素是矩形的。

2)像素的颜色是单一的。

像素可以是长方形的或者正方形的,用长宽比来进行表述。例如,1.25∶1的长宽比表示每个像素的长度是其宽度的1.25倍。计算机显示器上的像素通常是正方形的,但是用于数码影像的像素也有矩形的,例如,那些用于CCIR 601数字图像标准的PAL和NTSC制式的,以及所对应的宽屏格式。

单色图像的每个像素有自己的灰度。0通常表示黑,而最大值通常表示白色。例如,在一个8位图像中,最大的无符号数是255,是表示白色的值。在彩色图像中,每个像素可以用它的色调、饱和度和亮度来表示,但是通常用红绿蓝强度来表示。

2. 像素大小

位图图像在宽度和高度方向上的像素总量称为图像的像素大小。一幅位图图像的像素总量可以通过如下公式计算获得:

像素总量=宽度×高度(以像素点计算)

例如,通常当一张图片被标记为1024×768像素时,意思是说这幅图像总共是由1024行、768列像素构成的,即这幅图像横向有1024个像素点,纵向有768个像素点。那么,组成这幅位图图像的像素总量为1024×768=786432个像素。也就是说这幅图像的像素大小为786432像素,通常说成1024×768像素。

由此可见,像素大小并不是指的单个像素的面积大小,而是指构成一幅位图图像的像素总量。

位图图像的像素大小决定了这幅图像中细节的数量。换句话说,像素大小决定了图像的品质。

5.1.3 分辨率

图像分辨率的高低直接影响图像的质量。图像分辨率的单位是dpi(display pixels/inch),即每英寸显示的像点数。如某图像的分辨率为300 dpi,意思是说像点密度为每英寸300个。像点密度越高,图像对细节的表现力越强,清晰度也越高。

图5-3中有两幅图像,图5-3(a)的图像的分辨率为72 dpi,细节部分很清晰;图5-3(b)的图像的分辨率是25 dpi,几乎看不清细节部分。

(a)高分别率　　(b)低分辨率

图5-3 分辨率不同的图像

根据应用场合的不同，图像分辨率有 3 种类型：屏幕分辨率、显示分辨率和打印分辨率。

1. 屏幕分辨率

屏幕分辨率（Screen Resolution）是显示器硬件条件决定的，PC 个人计算机显示器的屏幕分辨率是 96 dpi。换言之，当图像用于显示时，其分辨率应取 96 dpi。

2. 显示分辨率

显示分辨率（Display Resolution）是一系列标准显示模式的总称，其单位是：横向像素×纵向像素，如 1024×768 像素。常见的标准显示分辨率有 800×600 像素、1024×768 像素、1280×1024 像素、1600×1280 像素等，还有一些非标准的显示分辨率。显示分辨率的高低与显示器性能、显示卡的缓冲存储器容量有关。性能高的显示器和显示缓存容量大的显示卡，其显示分辨率就高。同一台显示器可采用多种显示分辨率，显示分辨率越高，像素密度越大，图像越精细。

3. 打印分辨率

打印分辨率（Print Resolution）是打印机输出图像时采用的分辨率，单位是 dpi。同一台打印机可以使用不同打印分辨率，打印分辨率越高，图像输出质量越好。

5.1.4 图像文件格式

1. BMP 格式

BMP 格式是标准的 Windows 和 OS/2 的图像位图格式，文件扩展名是 . bmp。BMP 与硬件设备无关，采用位映射存储格式，颜色深度可以选择 1 位、4 位、8 位及 24 位，不采用其他任何压缩。BMP 格式通用性好，Windows 环境下运行的所有图像处理软件都支持 BMP 格式，但由于 BMP 格式未经过压缩，图像占用存储空间较大。

2. GIF 格式

GIF（Graphics Interchange Format，图形交换格式）文件的扩展名为 . gif，是一种压缩的 8 位图像文件。它可以指定透明的区域，使图像与背景很好地融为一体。但它只能处理 256 色，不能用于存储真彩色图像。由于 256 色已经能满足网页制作的需要，加上 GIF 文件独特的显示效果、极小的磁盘空间占用和背景的可透明性，使得它被广泛地应用于网页制作中。利用 GIF 动画程序，把不同的 GIF 图像集成在一个文件里，可以实现动画效果，俗称“GIF 动画”。虽然 GIF 图像的颜色深度较低，图像质量不高，但 GIF 图像文件短小、下载速度快、可以存储简单动向，所以 GIF 格式在网络上应用广泛。

3. TIFF 格式

TIFF（Tagged Image File Format，标记图像文件格式）文件的扩展名为 . tif 或 . tiff。TIFF 格式支持 256 色、24 位真彩色、32 位颜色深度，支持具有 Alpha 通道的 CMYK、RGB、CIE Lab、索引颜色和灰度图像以及无 Alpha 通道的位图模式图像。TIFF 格式非常灵活，支持几乎所有的绘画、图像编辑和页面版面应用程序。TIFF 格式可包含压缩和非压缩像素信息。TIFF 采用 LZW 无损压缩算法，压缩比在 2∶1 左右。TIFF 格式可以制作质量非常高的图像，在出版印刷业中应用广泛。

4. JPEG 格式

JPEG（Joint Photographic Experts Group，联合图像专家组）格式是目前应用范围非常广泛的一种图像格式，文件扩展名是 .jpg。JPEG 格式是按照该专家组制定的 DCT 压缩标准进行压缩的图像格式。JPEG 格式采用有损压缩方式去除冗余的图像数据，在获得极高的压缩比的同时展现生动的图像。JPEG 格式具有调节图像质量的功能，允许采用不同的压缩比对文件进行压缩，JPEG 的压缩比通常在 10∶1～40∶1 之间，压缩比越大，图像质量就越低，压缩比越小，图像质量就越好。JPEG 格式对色彩的信息保留较好，压缩后的文件较小，下载速度快，在网络上应用广泛。

5. PSD 格式

PSD 格式是 Photoshop 图像处理软件的专用文件格式，文件扩展名是 .psd。PSD 格式支持图层、通道、蒙板和不同色彩模式的各种图像特征，能够将不同的物件以层的方式分离保存，便于修改和制作各种特殊效果。PSD 格式采用非压缩方式保存，所以 PSD 文件占用存储空间较大，但这样可以保留所有原始信息，通常用来保存在图像处理中尚未制作完成的图像。在 Photoshop 中，PSD 存取速度比其他格式快的多。很少有其他图像处理软件支持它。

6. PNG 格式

PNG(Portable Network Graphics，可移植网络图形)格式综合了 GIF 和 JPEG 格式的优点，支持多种色彩模式；采用无损压缩算法减小文件占用的存储空间；采用 GIF 格式的渐显技术，只需下载 1/64 的图像信息就可以显示出低分辨率的预览图像；支持透明图像的制作，使图像和网页背景能和谐地融合在一起。

表 5-2 列出了多种图像文件格式及其有关说明。

表 5-2　多种图像文件格式

文件格式	文件扩展名	分辨率	颜色深度/bit	说明
BITMAP	bmp、dib、rle	任意	32	Windows 以及 OS/2 用点阵位图格式
GIF	gif	96 dpi	8	256 索引颜色格式
JPEG	jpg、jpe	任意	32	JPEG 压缩文件格式
JFIF	jif、jfi	任意	24	JFIF 压缩文件格式
KDC	kdc	任意	32	Kodak 彩色 KDC 文件格式
PCD	pcd	任意	32	Kodak 照片 CD 文件格式
PCX	pcx、dcx	任意	8	Zsoft 公司 Paintbrush 制作的文件格式
PIC	pic	任意	8	Softlmage's 制作的文件格式
PIX	pix	任意	8	Alias Wavefront 文件格式
PNG	png	任意	48	Portable 网络传输用的图像文件格式
PSD	psd	任意	24	Adobe Photoshop 带有图层的文件格式
TARGA	tga	96 dpi	32	视频单帧图像文件格式
TIFF	tif	任意	24	通用图像文件格式
WMF	wmf	96 dpi	24	Windows 使用的剪贴画文件格式

5.1.5　图像的体积与保存

图像文件的大小是用数据量来衡量的，数据量大是图像文件的显著特点，即使采用数据压缩算法进行处理，其数据量也是非常可观的。图像文件的数据量只与图像的画面尺寸、分辨率、颜色数量以及文件格式有关，与图像所表现的内容无关。

数字化图像具有一定的分辨率和颜色深度。对于没有经过任何压缩的图像，可以根据其分辨率和颜色深度估算其占用的存储空间大小。计算图像数据量的公式如下：

图像数据量(byte)＝分辨率×颜色深度/8

比如，对分辨率是 800×600 像素的真彩色图像，采用 24 bit 的颜色深度，其数据量在没有压缩之前计算如下：

数据量 $s=(800\times600\times24)/8=1440000$(B)

目前，用于 Windows 桌面显示的图像尺寸通常采用 1024×768 像素，颜色深度为 24 bit，则图像文件的体积是：

数据量 $s=(1024\times768\times24)/8=2359296$(B)

在保证图像视觉效果的前提下，尽量减少数据量是制作多媒体产品的重要课题。适当降低颜色深度(如采用 8 b 图像)、减少画图尺寸、适当降低分辨率等都可以减少数据量。图像的分辨率越高，所占空间就越多，图像也就越大，在等尺寸对比时，自然也就越清晰。

同一幅图像若保存成不同的文件格式，其数据量差异将会很大。这是由于采用了不同的数据压缩算法所致。例如，一幅颜色深度为 24 bit、分辨率为 300 dpi、画图尺寸为 10 cm×8 cm 的图像，保存成 GIF、BMP、TGA、JPG 等格式后，其数据量差异如表 5-3 所示。

从表 5-3 中可见，JPG 格式的数据量最小，TIF 格式的数据量最大。但是，JPG 在压缩时存在一定程度的失真，因此，在制作印刷制品的时候，最好不要使用这种格式。

表 5-3　各种格式图像文件的数据量差异

No	文件格式	颜色深度/bit	文件数据量/KB	说明
1	JPG	24	293	损失 15%彩色图像
2	GIF	8	689	256 色图像
3	RLE	8	1062	256 色图像
4	PSD	24	3267	真彩色图像
5	PCX	24	3173	真彩色图像
6	TGA	24	3267	真彩色图像
7	BMP	24	3268	真彩色图像
8	TIF	24	3476	真彩色图像

5.2　图像的获取

5.2.1　网络下载

随着 Internet 的普及，网上可以利用的共享图像资源越来越多，如有很多素材网站，提供各种类型、各种内容的图像素材下载服务。如果需要某个素材图片，还可以使用 Google 和百度等搜索引擎的图片搜索功能也可以登录各种图库网站来检索，如图 5-4 所示。当在网络上检索到自己需要的图片后，可以按照下列方式将其下载到本地机器上即可。

(a)百度图片搜索引擎

(b)图片素材网站

图 5-4 图片检索

5.2.2　从数码相机上获取

使用数码相机直接拍摄自然影像也是一种简单的获取图像素材的方法。数码相机的工作原理如图 5-5 所示，CCD(带动感光元件)作为成像部件，把进入镜头照射于 CCD 上的光信号转换为电信号，再经 A/D 转换器处理成数字信息，并把数字图像数据存储在数码相机内的存储器中。数码相机拍摄的照片质量与相机的 CCD 像素数量有直接关系。使用数码相机拍照时同样应该根据需要选择或调整 CCD 像素数量。如果拍摄的照片用来制作 VCD 视频，照片选用 640×480 像素，使用 30 万像素拍摄即可；如果照片用来屏幕演示或制作多媒体作品，图像至少应采用 1024×768 像素，如果要冲印 5 英寸(12.7 cm×8.9 cm)照片，图像应使用 1200×840 像素，以上两种情况至少要使用 100 万像素进行拍摄；如果要冲印 15 英寸照片，图像应至少为 3000×2000 像素，应使用 600 万以上像素进行拍摄。

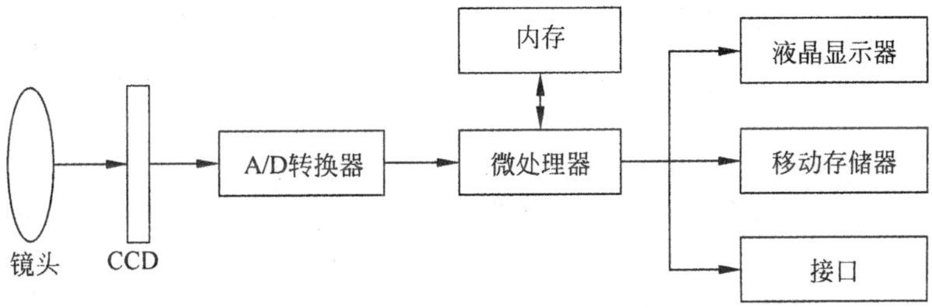

图 5-5　数码相机的工作原理图

5.2.3　图像扫描

图像扫描借助于扫描仪进行，其图像质量主要依靠正确的扫描方法、设定正确的扫描参数、选择合适的颜色深度，以及后期的技术处理。各种图像处理软件中，均可启动 TWAIN 扫描驱动程序。不同厂家的扫描驱动程序各具特色，扩充功能也有所不同。

扫描时，可选择不同的分辨率进行，分辨率的数值越大，图像的细节部分越清晰，但是图像的数据量会越大。为了保证图像质量，应遵循"先高分辨率扫描，后转换其他分辨率使用"的原则。也就是说，不论图像将来采用何种分辨率，都应采用 300 dpi 或更高分辨率扫描。

如果扫描印刷品，应选择扫描仪的去网纹功能，以便去掉印刷品上的网纹。表 5-4 列出了图像在不同场合的分辨率数值，供扫描时参考。

表 5-4　图像

分辨率/dpi	应用场合	说明
96	Windows 环境的信息显示 · 画面投影 · 网页制作 · 动画的画面制作 · 视频信号的画面显示	凡是计算机显示场合，一般都使用 96 dpi的分辨率

续表

分辨率/dpi	应用场合	说明
300	普通彩色印刷 ·招贴广告制作 ·平面设计作品的印制 ·书籍、报刊、杂志封面设计 ·各种效果图制作	只要是提供印刷，图像的分辨率至少不低于 300 dpi
600	高级彩色印刷 ·高清晰度彩色印刷品 ·票证印刷 ·产品印样 激光打印输出	高档印刷需要 600 dpi 的分辨率。除此之外，由于大多数激光打印机产品的分辨率是 600 dpi，因此，打印时需采用与图像相同的分辨率，才能保证最佳图像质量
720～2880	彩色喷墨打印输出 ·一般彩色文稿和图片采用 720 dpi ·家用照片级打印采用 1440 dpi ·专业级高清晰度打印采用 2880 dpi	若想达到喷墨打印机能够输出的最高质量，一般应采用打印机的最高分辨率扫描图像。不过，这样的图像其数据量会非常大
1200～4800	照片底片扫描 ·正片扫描 ·负片扫描	把照片底片直接扫描成大幅的彩色图像，需要相当高的分辨率，这是由于底片尺寸非常小的缘故

5.2.4 屏幕截图

1. 直接截图

如果多媒体作品中需要使用计算机屏幕上的某些内容，可以通过屏幕截取来获得对应图像。屏幕截取可以使用键盘上的 Print Screen 键，使用 Print Screen 键能够截取整个屏幕或当前窗口图像，并将其存放在系统剪贴板中，将系统剪贴板中的图片粘贴到 Windows 画图工具中就能够保存下来。使用这种方法虽然功能有限，但简单、方便，不需要另外安装软件。

使用 Print Screen 键截取屏幕图像步骤如下：

1)在 Windows 系统中按 Print Screen 键，将屏幕内容复制到系统剪贴板中。

2)打开 Windows 画图程序。

3)执行“编辑”→“粘贴”命令，将系统剪贴板中的屏幕图像粘贴到画图工具中，如图 5-6 所示。

4)保存图像文件。

图 5-6　在画图程序中粘贴截取的图片

2. 利用软件截取

使用 Print Screen 键和 Windows 画图程序截图虽然简单方便，但实现的功能有限，例如，截图时不能截取鼠标、光标，不能滚动截屏，截取的图像内容修改比较麻烦等。要更好地完成截图任务，可以选择专业截图软件，例如，SnagIt、Hyper-snap 等。

SnagIt 截图软件不仅可以截取窗口、屏幕，还可以截取按钮、工具条、输入栏、不规则区域等。SnagIt 可以直接保存被截取的画面，不需要另外粘贴保存。另外，SnagIt 还能截取动态画面，并保存为 AVI 视频文件。

通过 SnagIt 软件截取图像的主要步骤如下：

1)打开 SnagIt，SnagIt 窗口如图 5-7 所示。

2)在 SnagIt 窗口中进行设置，单击“捕获”按钮开始捕获屏幕内容。

3)在 SnagIt 预览窗口中预览捕获的屏幕图像，单击“另存为”按钮，保存图像。

图 5-7　SnagIt 窗口

5.3　图像处理技术

5.3.1　图像的点处理

数字图像处理是指将图像信号转换为数字信号并利用计算机对其进行处理。数字图像处理的手段非常丰富，所有处理手段均建立在对数据进行数学运算的基础上。

图像的处理需要通过图像处理软件来完成。图像处理软件是一种实施各种算法的平台，通过各种运算实现对图像的处理。例如，图像尺寸的放大与缩小、翻转、旋转以及亮度的调整、对比度的调整等。如果采用稍微复杂的特殊算法，还可以生成很多特殊图像效果，例如，水纹涟漪效果、油画效果、扭曲效果等。

点处理的处理对象是像素点。点处理是图像处理中最基本的算法，简单且有效，主要用于图像亮度的调整、图像对比度的调整以及图像亮度的反置处理等。

1. 亮度调整

图像的亮度对图像的显示效果有很大影响，亮度不足或者过高，都将影响图像的清晰度和视觉效果。

亮度调整是点处理算法的一种应用。为了增加图像的亮度或者降低图像的亮度，通常采用对图像中的每个像素点加上一个常数或者减少一个常数的方法。其亮度调整公式为：

$$L' = L + \lambda$$

其中，L' 代表像素点亮度，λ 代表亮度调节常数。当 λ 为正数时，亮度增加；若其为负数，则亮度降低。如图 5-8 所示，两幅亮度不同的图像，有明显差别。

(a)高亮度

(b) 低亮度

图 5-8　亮度不同的图像

在运用亮度调整公式时，如果某像素点的亮度已达到最大值，若再加上一个常数而继续增加亮度的话，此时就会超出最大亮度允许值，从而产生高端溢出。这时，点处理算法将采用最大允许值代替溢出的亮度值，以避免图像数据错误。如果某像素点的亮度已达到最小值，若再继续降低亮度，减去一个常数的话，亮度值就会为负数，从而产生低端溢出。点处理算法在此时将采用最小允许值 0 来代替溢出值。

2. 对比度调整

点处理算法的另一种应用就是图像对比度的调整。对比度低的图像看起来不清晰，图像细节也较难分辨。对图像对比度进行调整时，首先找到像素点亮度的阈值，然后对阈值以上的像素点增加亮度，对阈值以下的像素点降低亮度，造成像素点的亮度向极端方向变化的趋势，使像素点的亮度产生较大的差异，从而达到增加对比度的目的。如图 5-9 所示为两幅对比度不同的图像。

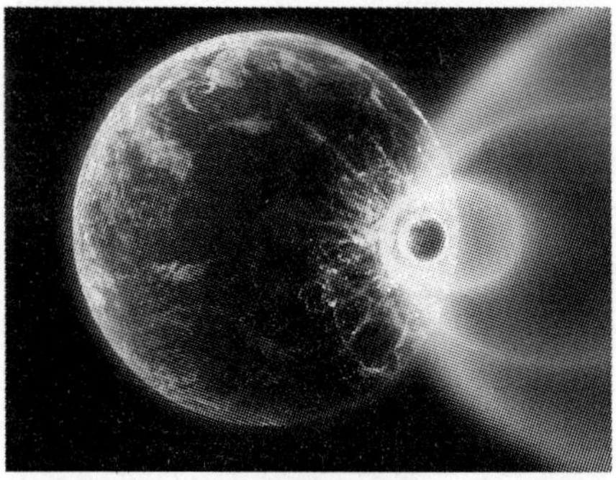

(a)高对比度

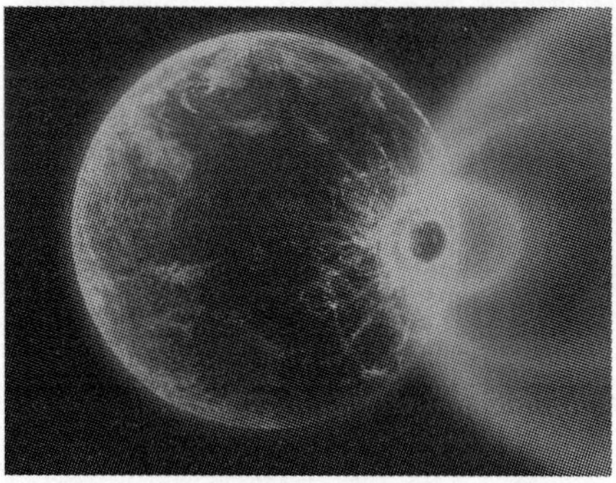

(b)低对比度

图 5-9　对比度不同的图像

3. 图像亮度反置

亮度反置处理也是一种点处理算法的应用。基本原理是：用最大允许亮度值减去当前像点

的亮度值,并用得到的差值作为该像点的新值。其计算公式如下:

$$L_{new}=L_{\max}-L$$

其中,L_{new} 是像点的新亮度值;$L_{\max}$ 是像点的最大允许亮度值;L 是像点的当前亮度值。

通俗地说,点处理算法把亮度高的像点变暗,亮度低的像点变亮,形成类似照片负片的效果。如图 5-10 所示为亮度反置处理前后的图像。

点处理算法还可对图像进行其他形式的处理,如把图像转变成只有黑门两色的形式,或对图像进行伪彩色处理,以便人们分析和观察不可见的自然现象等。

(a)普通图像

(b)经过处理的图像

图 5-10 亮度反置处理

5.3.2 图像的组处理

图像的组处理对象是一组像素点,又叫"区处理"或"块处理"。在图像处理中的应用主要表现在:图像锐化和柔化、检测图像边缘并增强边缘、增加或减少图像随机噪声等。

1. 图像锐化处理

图像锐化处理是指通过运算适当地增加像素点之间亮度差异的过程。图像锐化处理使图像原本柔和的亮度变化和色彩变化变得尖锐,从而提高图像的清晰度。在对图像进行锐化处理的过程中,首先通过低通空间滤波器滤掉图像的高频成分,保留图像的低频成分,得到低频成分相对较多的图像;之后再在原图像中减去低通空间滤波器处理过的图像,使高频成分相对增强,从而得到锐化程度较高的图像。

采用高通空间滤波器同样可以锐化图像。高通空间滤波器可直接增强图像的高频成分,滤掉低频成分,从而提高图像的锐化程度。但需要注意的是,高通空间滤波器在增强高频成分的同时,也将高频噪声增强,使图像的质量受到一定影响。

就视觉效果而言,经过锐化处理的图像内容清晰、轮廓分明。图像锐化处理通常用于增强扫描图像和数码照片的清晰度,尤其对于细节的显示起到一定的增强作用。但是,在实际的图像处理过程中,对整幅图像进行锐化处理的情况并不多见,通常是根据需要对限定区域内的像素进行锐化处理,使该局部图像更加清晰可辨,以此达到最佳视觉效果。

2. 图像柔化处理

图像柔化处理与图像锐化处理正好相反,柔化处理追求图像柔和的过渡和朦胧的效果,采用计算相邻像素平均值的运算方法。图像柔化处理的应用十分广泛,可对数字照片的远景进行柔化，形成大光圈景深的效果；对文字背景进行柔化，形成阴影效果；对人像作品进行柔化，产生朦胧感等。

3. 图像边缘处理

图像边缘处理通常是指增强边缘影像，使图像轮廓变得清晰。在制作特殊的艺术效果时，经常使用图像边缘处理手段。在增强图像边缘的处理过程中，一般采用 3 种算法：拉普拉斯(Laplace)变换、平移和差分运算、梯度边缘运算。

5.3.3　图像的几何处理

图像的几何处理是指经过运算，改变图像的像素位置和排列顺序，从而实现图像的放大与缩小、图像旋转、图像镜像以及图像平移等效果的处理过程。图像经过几何处理后，其像素的排列和位置与原图像一般没有映射关系，通常采用差值算法进行补偿。在对图像进行几何处理时，计算出来的像素坐标值会产生小数，而像素的实际坐标值只能是整数，不可能是小数。这时，需要用线性差值来代替带有小数的坐标值，从而确保图像的像素排列保持完整和顺畅。

1. 图像的放大与缩小

图像放大时，原图像的一个像素点变成若干个像素点，使被放大的图像像素点数量大于原图像，而像素点排列密度是固定不变的，因此，图像的几何尺寸就会增加，从而达到放大图像的目的。

图像缩小时，原图像的多个像素点变成一个像素点，使被缩小的图像像素点数量小于原图像，使图像的几何尺寸缩小。缩小的图像与原图像相比，像素点的对应关系发生很大变化，像素点的大量丢失，使图像的细节难以辨认。

无论图像进行放大还是缩小，其缩放比例很重要。对图像进行整比放大时，如放大 1 倍、2 倍、3 倍，像素点增加的数目为 1 个、2 个、3 个，不存在小数，放大的图像就不会产生畸变。如果图像放大不是整数倍，例如，1.35 倍、1.75 倍，则像素点增加的个数不是整数，为了使图像不产生畸变，此时需要计算线性差值，以整数个像素点作为图像数据。在图像缩小时，若干个像素点合并成一个像素点，计算也是必不可少的。

由于图像在缩放时不能保证像素之间的映射关系，如果多次进行图像缩放的话，将会产生非常大的图像畸变。因此，在图像处理过程中，为了保证图像的质量，一般不进行一次以上的缩放操作。

2. 图像旋转

图像旋转是指图像在平面上绕垂直于平面的轴进行旋转，其算法如下：

$$x' = x_0 + (x - x_0)\cos\alpha - (y - y_0)\sin\alpha$$

$$y' = y_0 + (y - y_0)\cos\alpha + (x - x_0)\sin\alpha$$

其中，旋转轴坐标为 (x_0, y_0)；旋转前的像素点坐标为 (x_0, y_0)；旋转后的像素点坐标为 (x', y')；旋转角度为 α。在实际应用中，经过计算得到的像素点坐标 (x', y') 还要经过差值运算才能产生实际的像素点坐标。

由于图像在旋转时存在运算误差和差值误差，如果进行多次旋转操作，则运算误差和差值误差会累积增大，造成较大的畸变失真。因此，在进行图像处理时，为尽量减少图像失真，旋转操作应该尽可能一次完成。

3. 图像镜像

把图像进行水平翻转或者垂直翻转，是几何处理的又一种应用形式。该处理能够形成图像的镜像。镜像的形成原理十分简单，只需改变像素点的排列顺序即可。若把对称于横向中轴线的像素点的位置对调，即可形成垂直镜像；若把对称于纵向中轴线的像素点的位置对调，就能形成图像的水平镜像。图像镜像处理常被用于形成对称格局的平面效果。

4. 图像平移

图像平移也是几何处理的一种形式，可以整体平移，也能够局部平移。图像在平移时，其像素点之间的相对位置保持不变，而像素点的绝对坐标发生变化。图像的平移不存在差值问题，像素点之间的映射关系是固定不变的。图像在平移后，其坐标对应关系如下：

$$x' = x + m$$

$$y' = y + n$$

其中，m 和 n 分别是横向平移和纵向平移的像素点个数；(x, y) 是平移前的像素点坐标；(x', y') 是平移后的像素点坐标。

5.3.4 图像的帧处理

图像的帧处理是将一幅以上的图像以某种特定的形式合成在一起的过程。所谓特定的形式是指以下几个方面。

1)经过“逻辑与”运算进行图像的合成。

2)按照“逻辑或”运算关系合成。

3)以“异或”逻辑运算关系进行合成。

4)图像按照相加、相减以及有条件的复合算法进行合成。

5)图像覆盖、取平均值进行合成。

通常，大部分图像处理软件都具有图像的帧处理功能，并且可以以多种特定的形式合成图像。由于多种形式的图像合成使成品图像的色彩更加绚丽、内容更加丰富、艺术感染力更强，因此，图像的帧处理被广泛用于平面广告制作、美术作品创造、多媒体产品制作等领域。

5.4 图像处理软件

5.4.1 图形处理软件简介

图形处理软件是利用矢量绘图原理描述图形元素及其处理方法的绘图设计软件，通常有平面矢量图形设计与三维设计之分。最有代表性的软件产品有 CorelDRAW、Adobe Illustrator、Macromedia FreeHand、3ds max、AutoCAD 等。下面分别对这几款软件进行简单介绍。

1. CorelDRAW

CorelDRAW 是 Corel 公司开发的基于矢量图形原理的图形制作软件。该软件设置了功能丰富的创作工具栏，其中包含经常使用的编辑工具，可通过单击右下角的黑色箭头展开具体工具项，使得操作更加灵活、方便。使用这些工具可以创建图形对象，可以为图形对象增添立体化效果、阴影效果，进行变形、调和处理等。另外，该软件还提供了许多特殊效果供用户使用。

与 CorelDRAW 相配合，Corel 公司还推出了 CorelPhoto Paint 和 CorelRAVE 两个工具软件，目的是更好地发挥用户的想象力和创造力，提供更为全面的矢量绘图、图像编辑及动画制作等功能。

2. Adobe Illustrator

Illustrator 是 Adobe 公司出品的全球最著名的矢量图形软件，该软件广泛应用于封面设计、广告设计、产品演示、网页设计等方面，具有丰富的效果设计功能，给用户提供了无限的创意空间。例如，使用动态包裹（Enveloping）、缠绕（Warping）和液化（Liquify）工具可以让用户以任何可以想象到的方式扭曲、弯曲和缠绕文字、图形和图像；使用符号化（Symbolism）工具，用户可以快速创建大量的重复元素，然后运用这些重复元素设计出自然复杂的效果；使用动态数据驱动图形使相似格式（打印或用于 Web）的制作程序自动化。另外，Adobe Illustrator 与 Adobe 专业的用于打印、Web、动态媒体等的图形软件（包括 Adobe Photoshop、Adobe InDesign、Adobe AlterCast、Adobe GoLive、Adobe LiveMotion、Adobe Premiere、Adobe After Effects 等）密切整合，便于设计出高品质、多用途的图形/图像作品。

3. Macromedia FreeHand

FreeHand 是 Macromedia 公司推出的一款功能强大的矢量平面图形设计软件，在机械制图、建筑蓝图绘制、海报设计、广告创意的实现等方面得到了广泛应用，是一款实用、灵活且功能强大的平面设计软件。使用 FreeHand 可以以任何分辨率进行缩放及输出向量图形，且无损细节或清晰度。在矢量绘图领域，FreeHand 一直与 Illustrator、CorelDRAW 并驾齐驱，且在文字处理方面有着更明显的优势。

在 FreeHand MX 版中，Macromedia 公司加强了与 Flash 的集成，并用新的 Macromedia Studio MX 界面增强了该软件。与 Flash 的集成意味着可以把由 Flash 生成的 .SWF 文件用在 FreeHand MX 中。如果某个对象在 Flash MX 进行了编辑，则其改动会自动地反映到 FreeHand MX 中。同样，Flash MX 也可直接打开 FreeHand MX 文件。FreeHand 能创建动画，并支持复合 ActionScrlpt 命令的拖放功能。

FreeHand MX 支持 HTML、PNG、GIF 和 JPG 等格式，具有对路径使用光栅和矢量效果的能力，使用突出（Extrude）工具，可为对象赋予 3D 外观。

4. 3ds max

3ds max 是 Autodesk 公司推出的三维建模、渲染、动画制作软件，其基本设计思想是通过建模完成物品的形状设计，通过材质的选择和编辑实现物品的质感设计，通过光源类型的选择和灯光调整赋予物品适当的视觉效果，最后通过渲染完成物品的基本设计。在动画设计方面，3ds max提供了简单动画、运动命令面板、动画控制器、动画轨迹视图编辑器等设计功能，特别是 3ds max 6中新增的 Reactor 特性，它基于真实的动力学原理，能创建出符合物理运动定律的动画。该软件广泛应用于高质量动画设计、游戏场景与角色设计及各种模型设计等领域。

5. AutoCAD

AutoCAD 也是 Autodesk 公司推出的一款基于矢量绘图的更为专业化的计算机辅助设计软件，广泛应用于建筑、城市公共基础设施、机械等设计领域。

5.4.2 图像处理软件概述

图像处理软件是以位图为处理对象、以像素为基本处理单位的图像编辑软件，可对平面图片进行裁剪、拼接、混合、添加效果等多种处理，属于平面设计范畴。表5-5列出了常见的图像处理软件的基本信息，最有代表性的软件产品有Photoshop、PhotoImpact、PaintShop Pro、Painter等。

表5-5 常见的图像处理软件

软件名	出品公司	功能简介
Photoshop	Adobe公司	图片专家，平面处理的工业标准
Image Ready		专为制作网页图像而设计
Painter	MetaCreations公司	支持多种画笔，具有强大的油画、水墨画绘制功能，适合于专业美术家从事数字绘画
PhotoImpact	Ulead公司	集成化的图像处理和网页制作工具，整合了Ulead GIF Animator
PhotoStyler		功能十分齐全的图像处理软件
Photo Paint	Corel公司	提供了较丰富的绘画工具
Picture Publisher	Micrografx公司	Web图形功能优秀
PhotoDraw	Microsoft	微软提供的非专业用户图像处理工具
PaintShop Pro	JASC Software公司	专业化的经典共享软件，提供“矢量层”，可以用来连续抓图

Photoshop是Adobe公司的专业图像处理软件；PhotoImpact则是Ulead公司的位图处理软件，与Photoshop相比，该软件更倾向于易用性和功能集成；PaintShop Pro是JASC公司出品的一款位图处理共享软件，体积小巧而功能却不弱，适合于日常图形的处理；特别值得一提的是Painter，它是美国Fractal Design公司的图像处理产品，后转给Metacre ations公司，如果说Photoshop定义了位图编辑标准的话，Painter则定义了位图创建标准。该软件提供了上百种绘画工具，多种笔刷可重新定义样式、墨水流量、压感及纸张的穿透能力等。Painter中的滤镜主要针对纹理与光照，很适合绘制中国国画。因此，可把Painter划分为艺术绘画软件之列，使用Painter的人们可以用模拟自然绘画的各种工具创建丰富多彩的位图图形。

总之，多媒体计算机中不同平台的图形/图像处理软件很多，但其处理对象、处理功能、应用目的等有一定差别。用户应根据自己的专业技术水平、特点和应用目的等因素，选择适合自己的工具软件。

5.4.3 典型图像处理软件Photoshop

1. Photoshop主界面

在Windows“开始”菜单的Adobe组中单击Adobe Photoshop CS5命令，启动Photoshop程序，屏幕显示Photoshop主界面，如图5-11所示。界面中包括菜单栏、工具选项栏、工具箱、控制面板、图像窗口和状态栏等几部分。

图 5-11　Photoshop CS5 操作主界面

(1)菜单栏。

Photoshop CS5 的菜单栏由“文件”、“编辑”、“图像”、“图层”、“选择”、“滤镜”、“分析”、“3D”、“视图”、“窗口”和“帮助”11 个菜单项组成，菜单栏提供了图像处理过程中使用的大部分操作命令。最主要的是“图像”和“图层”菜单，“图像”菜单主要针对图像的颜色、大小进行操作，如图 5-12 所示。“图层”菜单主要针对图像的颜色模式、转换等进行操作，如图 5-13 所示。最具特色的地方是“滤镜”菜单，里面包含着 Photoshop 的很多独特功能，如图 5-14 所示，可以十分方便的使用景象滤镜类操作。

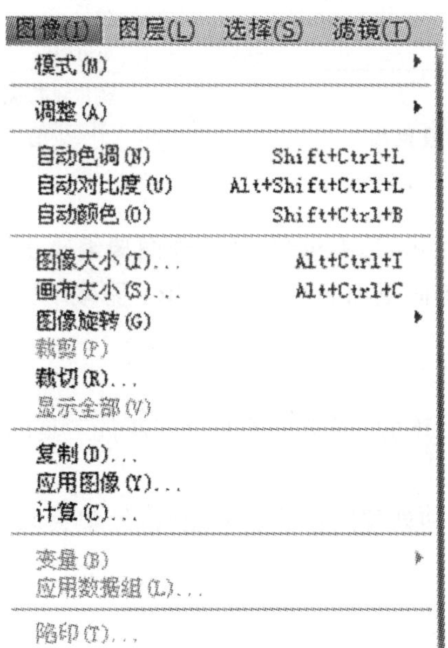

图 5-12　图像菜单

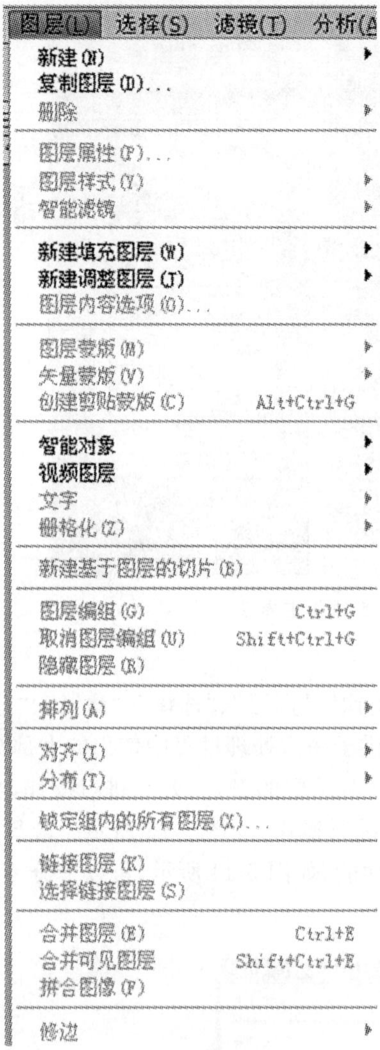

图 5-13 图层菜单

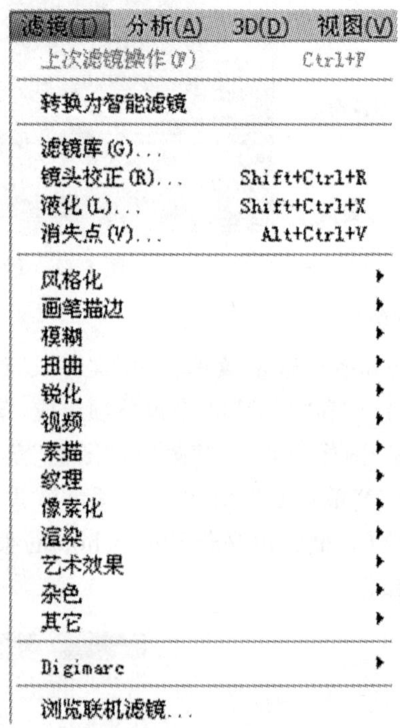

图 5-14 滤镜菜单

(2)工具箱。

工具箱位于图像窗口的左侧,其中包含 50 多种图像编辑工具,用户可以通过它们方便地对图像进行各种修改。为了使界面更加简洁,Photoshop 隐藏了大部分按钮,只保留了一些常用按钮供用户使用。

(3)工具选项栏。

工具选项栏位于菜单栏的下方,用于显示和设置所选工具的各项控制参数。

(4)图像窗口。

图像窗口用于显示、编辑和处理图像。在处理时,经常会同时打开多个图像,每幅图像的图像窗口都是独立的。

(5)控制面板。

控制面板用于控制图像的各种参数的设置,完成颜色、图层等的编辑功能。

(6)状态栏。

状态栏用于显示当前的工作状态，提供一些当前操作的帮助信息。

2. Photoshop 的基本用法

Photoshop 的基本用法可以分为图像文件操作、基本编辑操作、高级编辑操作这 3 个部分。

(1)图像文件操作。

图像文件的操作是针对整个文件的，包括新建、打开、存储等。

1)新建文件。

执行“文件” →“新建”命令，弹出“新建”对话框，在此对话框中可以设置新建文件的名称、大小、色彩模式等属性，单击“好”按钮，即可完成新建文件操作。

2)打开文件。

执行“文件”→“打开”命令，弹出 Windows 标准的“打开”对话框；双击 Photoshop 界面中的空白部分，同样可以弹出“打开”对话框；也可以通过快捷键“Ctrl＋O”直接打开“打开”对话框。可以一次打开多个文件。

3)存储文件。

执行“文件”→“存储”命令，可存储当前编辑的图像文件。如果是修改已有图像，则是覆盖性保存；如果是新建图像，则弹出“存储为”对话框。在编辑文件时，常因一些意外、死机、程序非法操作、断电等造成文件的丢失，所以经常存盘。

在编辑文件的过程中，如果要想存储该图像又不想覆盖掉原来的文件，就可以使用“文件”→“保存”命令。

(2)基本编辑操作。

Photoshop 基本编辑操作包括基本工具的使用，图层、通道、蒙版的使用等。

1)基本工具的使用。

Photoshop 工具箱如图 5-15 所示，包括如下工具。

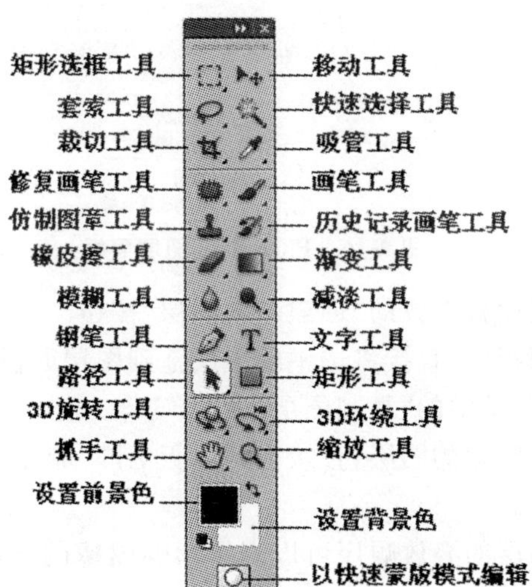

图 5-15　Photoshop 工具箱

①选取工具：主要用作图像的区域选择，包括矩形选框工具、套索工具、移动工具、裁切工

具等。

②修图工具:主要用作已有图像的修改,包括仿制图章工具、修复画笔工具、模糊工具、减淡工具、海绵工具等。

③绘图工具:主要用作新建图像的绘制,包括画笔工具、钢笔工具、橡皮擦工具、渐变工具等。

④其他工具:主要用作图像的其他操作,包括路径工具、3D旋转工具、抓手工具等。

2)图层操作。

图层可以理解为一张透明纸,图层之间的关系就好像一张张相互叠加的透明纸,能够根据需要在这张“纸”上添加、删除构图要素或是对其中的某一层进行编辑而不影响其他图层,也可以对每个图层进行独立的编辑、修改。

图层是 Photoshop 非常重要的一个工具,也是制作精致效果所必不可少的工具,除了最下面的背景图层外,还可以根据需要为图像添加多个图层。

执行“窗口”→“显示图层”命令,或者按键盘上的 F7 键,可以将图层面板显示出来,如图 5-16 所示。

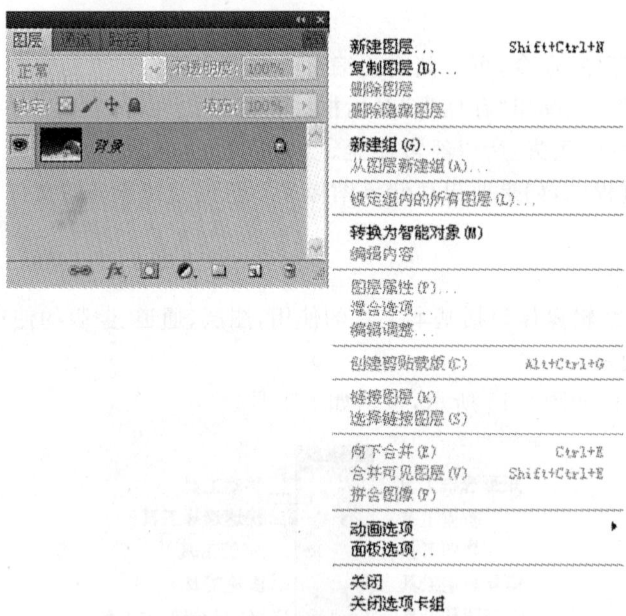

图 5-16 Photoshop 图层面板

①新建图层。单击图层面板下方的“创建新的图层”按钮。

②复制图层。在图层面板中,直接将选中的图层拖到图层面板下方的“创建新的图层”按钮上,或者选择图层面板弹出菜单中的“复制图层”命令。

③删除图层。选择需要删除的图层,直接拖到面板上的“删除图层”按钮处,或者选择面板弹出菜单中的“删除图层”命令。

④调整图层的顺序。图层的叠放顺序可以直接影响图像的显示效果,下面的图层总被上面的图层遮盖,可以通过图层面板来改变图层的顺序。选取要移动的图层,执行“图层”→“排列”命令,从弹出的子菜单中选择一个命令,或者使用鼠标直接在图层面板上拖动来改变图层的顺序。

⑤链接图层。链接图层后,可以对同一图像的多个图层进行自由变形和旋转等操作,也可以对不相邻的图层进行合并。打开一张分层的图像,在图层面板上选中某层作为当前层所要链接

层前面的方框，当出现链接图标时，表示链接图层与当前作用层链接在一起了。

⑥合并图层。在一幅图像中，图层越多，文件尺寸就越大。因此可以将一些基本上不用改动的图层或一些对全局影响不大的图层合并在一起，以节约磁盘的使用空间，提高操作效率。选择要合并的图层，在图层面板右侧的下拉式菜单中选择合并方式，Photoshop 软件中提供了“向下合并”、“合并可见图层”和“拼合图像”共 3 种合并图层的方式。需要注意的是，图层一旦合并，将不可再分开。

⑦图层的混合模式。图层的混合模式是将当前选定的图层与下面的图层进行混合，从而产生另外一种图像显示效果。当两个图层重叠时，默认状态为“正常”。图层混合模式面板如图 5-17 所示。

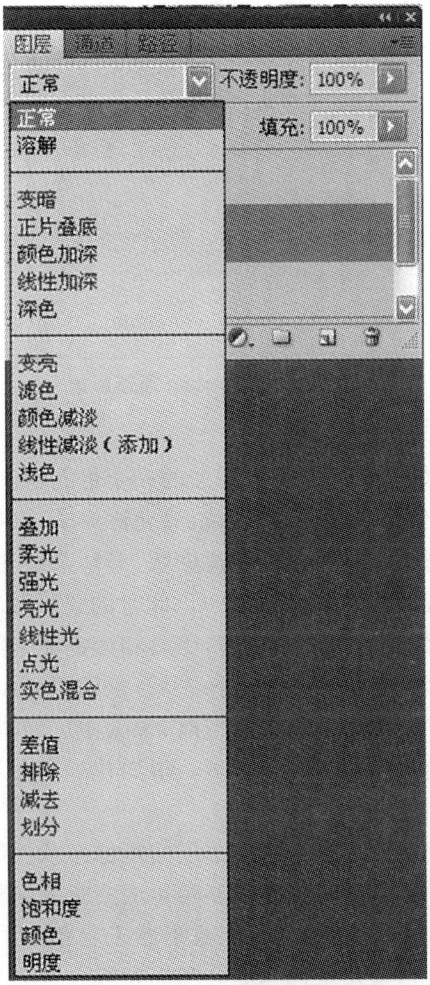

图 5-17　Photoshop 图层混合模式面板

⑧使用图层样式。在 Photoshop 中，可以针对图层使用多种特效。执行“图层”→“样式”命令，或单击图层面板底部的图层样式按钮，再从弹出的下拉式菜单中选择一种图层样式。

3）通道。

通道用来保存图像的颜色数据、不同类型信息的灰度图像，还可以用来存放选区和蒙版，以方便用户以更复杂的方法操作和控制图像的特定部分。Photoshop 中的通道包括颜色通道、专色通道和 Alpha 通道三种。执行“窗口”→“通道”命令，即可显示通道面板。

打开一幅图像即可自动创建颜色信息通道。如果图像有多个图层，则每个图层都有自身的一套颜色通道。通道的数量取决于图像的模式，与图层的多少无关。如图 5-18 所示为一幅 RGB 颜色模式图像的 4 个默认通道。默认通道为：红色(R)、绿色(G)、蓝色(B)各一个通道，它们分别包含了此图像红色、绿色、蓝色的全部信息；另外一个默认通道为 RGB 复合通道，改变 RGB 中的任意一个通道的颜色数据，便会立马反映到复合通道中。

在操作过程中，可以创建 Alpha 通道，将选区存储为 8 位灰度图像放入通道面板中，用来处理、隔离和保护图像的特定部分。通道中白色区域对应于选择区域，黑色区域对应于非选择区域，灰色代表部分选择或者有一定透明度的选择。

专色通道可以用来指定用于专色油墨印刷的附加印版。

图 5-18　Photoshop 通道面板

4)蒙版。

蒙版也叫遮罩或屏蔽，就好比在图层上方添加的一个带孔的遮罩，用户可以看到未被遮蔽的区域。利用“蒙版”可以隔绝出一个受保护的区域，只允许对未被遮蔽的区域进行修改，被遮蔽的区域将不受任何编辑作用的影响。蒙版包括快速蒙版、剪贴蒙版、矢量蒙版和图层蒙版等类型。

创建的蒙版会自动临时存储在 Alpha 通道中。此时的蒙版可以看做是一幅 256 级的灰度图像，因此可以像处理其他图像使用绘画工具、编辑工具和滤镜命令等对它进行编辑。

①快速蒙版。使用快速蒙版可以灵活地选择区域，快速蒙版模式可将选区转换为临时蒙版以便更轻松地编辑。当选择某个图像的部分区域时，未选中区域将“被蒙版”或受保护以免被编辑，默认状态下，以透明的红色显示“被蒙版”区域。退出快速蒙版模式之后，蒙版将转换为图像上的一个选区。

②剪贴蒙版。利用剪贴蒙版可以透过基底图层的图像形状控制上面内容图层的显示区域。

③矢量蒙版。矢量蒙版作用是通过创建的路径生成蒙版来隐藏当前部分图层并显示下面的部分图层。矢量蒙版与分辨率无关，可使用钢笔或形状工具创建。矢量蒙版可在图层上创建边缘清晰分明，光滑无锯齿的形状，常用来创建图形和标志等。

④图层蒙版。执行“图层”→“图层蒙版”命令，可以显示或隐藏整个图层的蒙版。图层蒙版是一项重要的非破坏性复合技术，可用于将多张照片组合成单个图像，也可用于局部的颜色和色调校正。

蒙版实际上是一个 8 位灰阶的 Alpha 通道，白色区域可见，黑色区域将被隐藏，灰色区域将呈现出不同的透明度。可以从选区创建图层蒙版，默认状态下，选择区域转换成白色，非选择区域转换成黑色，羽化区域转换成不同的灰色。图层蒙版是与分辨率相关的位图图像，可使用绘画或选择工具进行编辑。

(3)高级编辑操作。

Photoshop 高级编辑操作包括色彩调整、路径和滤镜的使用。

1)色彩调整。

色彩调整主要是对图像进行细微调整,改变图像的对比度和色彩等。如图 5-19 所示,在“图像”→“调整”命令的下拉菜单中提供了一系列命令来帮助调整图像色调以及色彩平衡。

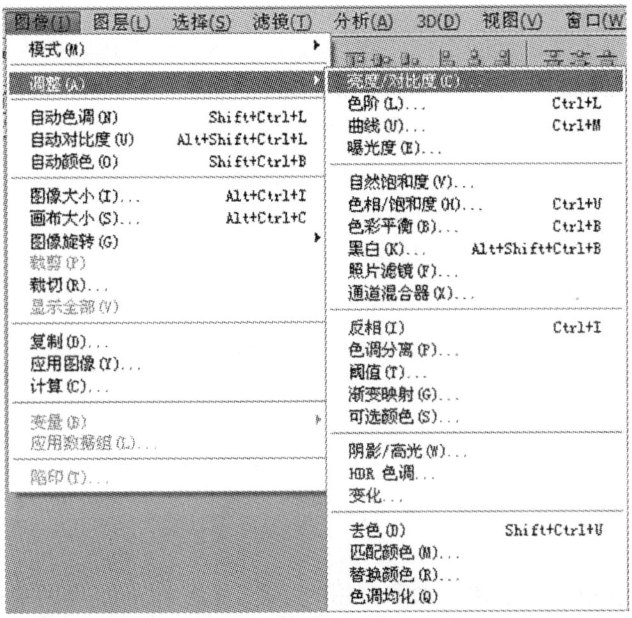

图 5-19　色彩调整菜单

①色阶。允许通过调整图像的明暗度来改变图像的明暗反差及反差效果,调整图像的色调范围和色彩平衡。

②自动色调。用来自动调整图像的明暗度。

③自动对比度。可以自动调节整幅图像的暗部与亮部的对比度。

④自动颜色。可以让系统自动对图像进行颜色校正。

⑤曲线。用来调整图像的整个色调范围,但“曲线”命令调节更为精确、细致,可以调整灰阶曲线中的任意一点,而“色阶”命令只能调整亮部、暗部和中间灰度。

⑥色彩平衡。进行一般的色彩校正,快速调整图像颜色构成,通过混合各种色彩以达到平衡。

⑦亮度/对比度。用来调整图像的亮度和对比度,能简单、直观地对图像进行调整,缺点是效果比较粗略。

⑧色相/饱和度。主要用于改变图像像素的色相、饱和度和明度,而且还可以通过给像素定义新的色相和饱和度来实现给灰度图像上色的功能,或创作单色调效果。

⑨去色。能够去除图像中的饱和色彩,将图像中所有颜色的饱和度都变为 0,使之转变为灰度图像。

⑩替换颜色。能让用户围绕要替换的颜色创建一个暂时的蒙版,并用其他颜色替换所选颜色。

⑪可选颜色。可以调整颜色的平衡，使用该命令可以有选择性地在图像的某一主色调成分中增加或减少印刷颜色的含量，而不会影响该印刷色在其他主色调中的表现，从而对图像的颜色进行调整。

⑫通道混合器。通过“通道混合器”命令可以将当前通道中的像素与其他颜色通道中的像素进行混合，从而改变主通道的颜色，创建一些其他颜色调整工具不易做到的效果。

⑬渐变映射。主要功能为将预设的几种渐变模式作用于图像，可以自动根据图像中的灰阶数值来填充所选取的渐变颜色。

⑭反相。利用此命令可以反转图像的颜色和色调，将一张正片转换为负片。

⑮色调均化。可以重新分配图像像素的亮度值，使它们能更均匀地表现所有的亮度级别。

⑯阈值。可以将一张灰度图像或彩色图像转变为高对比度的黑白图像。

⑰色调分离。为图像的每个颜色通道定制亮度级别，只要在色阶中输入想要的色阶数，便可以将像素以最接近的色阶显示出来。色阶数越少，色调分离的效果越明显；相反，色阶数越大，则颜色的变化越细腻，色调分离的效果不是很明显。

⑱变化。可在调整图像、选取范围或图层的色彩平衡、对比度和饱和度的同时，很容易地预览图像或选取调整前和调整后的缩略图，使调节更为精确、方便。

2)路径。

路径是连接锚点与锚点的线段或曲线。路径工具是绘制各种形状的矢量图形的工具，它提供了一种有效的方式来精确地选取外框。路径可以存储在路径面板中，可将其转化为选区范围，然后对选择区域进行填色、描边或执行编辑操作。

3)滤镜。

滤镜是 Photoshop 中一个非常强大和实用的功能，主要用来处理图像的各种效果。滤镜的操作非常简单，但是真正用起来却很难恰到好处。通常需要将滤镜和通道、图层等综合使用。

如图 5-20 所示，“滤镜”菜单下共有 12 类滤镜工具，各种滤镜工具又有多个具体滤镜。

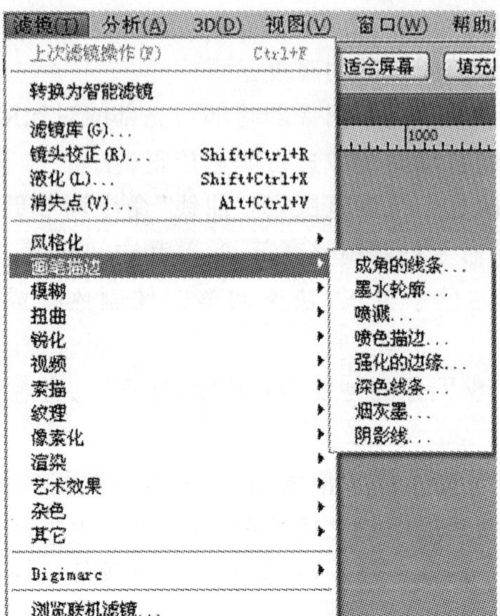

图 5-20 滤镜菜单

①风格化。通过置换像素并查找和增加图像中的对比度，通过浮雕效果等选项，在选区上产生如同印象派或其他画派般的作画风格。

②画笔描边。该滤镜使用不同的画笔和油墨笔触效果产生绘画式或精美艺术的视觉效果。使用该滤镜可以为图像增加颗粒、绘画、杂色、边缘细节或纹理，从而达到点画法的效果。

③模糊。可以平衡图像中已定义线条和遮蔽区域的清晰边缘旁边的像素，使变化显得柔和。

④扭曲。主要用来产生各种不同的扭曲效果，从水滴形成的波纹到水面的漩涡效果都可以处理。

⑤锐化。主要功能是增加图像的对比度，使画面达到清晰的效果。此滤镜通常用于增强扫描图像的轮廓。

⑥视频。用来处理视频图像，将视频图像转换成图像并输出到录像带上。

⑦素描。此滤镜使用前景色和背景色重绘图像，产生徒手速写或其他的绘画效果，包含半调图案、便条纸、粉笔和炭笔等 14 种子滤镜。

⑧纹理。为图像创造某种特殊的纹理或材质效果，以增加组织结构的外观。共有 6 种子滤镜。

⑨像素化。利用此滤镜可以将图像先分解成许多小块，然后进行重组，因此处理过后的图像外观像是由许多碎片拼凑而成的。

⑩渲染。主要用于图像着色以及明亮化，有些滤镜则用于造景。该滤镜可以对图像产生云彩、分层云彩、纤维、镜头光晕和光照等效果。

⑪艺术效果。共包括 15 种滤镜，可以对图像进行各种艺术处理。这些滤镜模仿天然或传统的媒体效果，必须在 RGB 模式下使用。

⑫杂色。将杂色与周围像素混合起来，使之不太明显，也可以用来在图像中添加粒状纹理。

第 6 章　多媒体数字音频处理技术

6.1　数字音频概述

在多媒体信息处理领域，人类能够听到的所有声音都称之为音频。音频信息是由于物体振动而产生的一种波动现象的具体表现，人类依靠自身的听觉器官来感知这些音频信息。音频信息是表达思想和情感必不可少的信息表现形式之一，是多媒体信息的重要组成部分。音频信息的种类很多，譬如人类语言、音乐、风声、雨声等。多媒体应用中涉及的音频信息主要有：背景音乐、解说词、电影或动画配音、按钮交互反馈声以及其他特殊效果等。

6.1.1　声音的基本知识

1. 声音的基本物理属性

声音是一种波动现象。当声源振动时，振动体对周围相邻媒质产生扰动，而被扰动的媒质又会对它的外围相邻媒质产生扰动，这种扰动的不断传递就是声波产生与传播的基本机理。声音本质上既然是波，那么声音就具有以下基本的物理属性。

(1)频率。

声源在 1 秒钟内振动的次数，记作 f，单位为 Hz。

(2)周期。

声源振动 1 次所经历的时间，记作 T，单位为 s。

(3)波长。

沿声波传播方向，振动 1 个周期所传播的距离，或在波形上相位相同的相邻两点间的距离，记为 λ，单位为 m。

(4)振幅。

声源振动时最大的位移距离，即声源振动的幅度。记作 A，单位为 m。

2. 声场与声波的能量

存在着声波的空间称为声场。声场中能够传递上述扰动的媒质称为声场媒质。声波的性质不仅决定于声源特性，还与声场媒质有很大关系。这里，我们以空气声场媒质为例研究其基本参量。

未被扰动的空气媒质是静态的。设媒质密度为 ρ_0，媒质压强为大气压强 P_0，媒质质点振动速度为 0。但是，空气媒质一旦受到扰动并以波的形式传播时，上述参量将随之变化。

(1)媒质密度 ρ。

由于空气媒质具有弹性，当扰动在其中传播时，媒质中每一小区都处于“压缩—舒张—压缩—舒张”的变化状态中。当媒质某区被压缩时，其密度 ρ 将大于静态时的 ρ_0，或者说，此时密度增量 $\Delta\rho > 0$；反之，当媒质处于舒张状态时，其密度 ρ 将小于静态密度 ρ_0，即 $\Delta\rho < 0$。

(2)声压 p。

根据气体状态方程，当媒质被压缩时，媒质压强 P 将大于静态时的大气压强 P_0，压强增量 $\Delta P > 0$；反之，当媒质处于舒张状态时，媒质压强 P 将小于 P_0，此时，$\Delta P > 0$。媒质的这一压强增量定义为声压，即 $p = \Delta P$，单位为 Pa。

(3)质点振速。

声波传播过程中，媒质质点均在各自的平衡位置附近振动。通常，质点位移是时间的正弦(或余弦)函数。当媒质质点的运动方向与波的传播方向同向时，质点的振速规定为正，反之则为负。

声波传播过程中，声场媒质均在各自平衡位置附近振动，因此，媒质质点既具有动能又具有弹性势能。相邻媒质间的扰动传递，实际上也就是“动能—势能”及“势能—动能”的能量传递。

(4)声能量。

单位体积内由于质点的振动而产生的动能和势能的总和称为声能量，单位是 W。

(5)声功率。

声功率是指单位时间内，声波通过垂直于传播方向某指定面积的声能量，单位是 W。

(6)声强。

声强是指单位时间内，声波通过垂直于传播方向单位面积的声能量，用 I 表示，单位是 W/m^2。

3. 人耳的听觉特性

人是通过耳朵来感知声音信息的。人耳是一个非常精细的物理器官，它只有在大脑的配合下才能发挥作用。正常人的听觉系统是极为灵敏的，人耳所能感觉的最低声压接近空气分子热运动产生的声压。人的左耳和右耳在生理结构上并不存在对声音判断的差异，它们之间的差异是由分别与其相连的右脑和左脑之间的差异造成的。人的右耳连接至左脑，而左耳连接至右脑。一般来说，声音从右耳传递速度比较快，声音从左耳传至大脑的速度比较慢，即两耳传递速度不同。或者说，左大脑接收右耳传来的声音要快些，右大脑接收左耳传来的声音要慢些。正常人可听声音的频率范围为 20～20 kHz，年轻人可听到 20 kHz 的声音，而老年人可听到的高频声音要减少到 10 kHz 左右。

从人类感知声音的角度讲，声音具有音调、响度和音色三个要素。

(1)音调。

人耳对声音频率高低的主观感受称为声音的音调，有时也称为音高或音准。一种基音音调对应一种频率。频率越高，音调就越高；频率越低，音调就越低。频率低的声音给人以低沉、厚实粗犷的感觉，而频率高的声音则给人以亮丽、明快、尖锐的感觉。客观上用频率来表示音调，主观上感觉音调的单位则采用美(mel)来标度。这是两个概念上不同却有联系的计量单位。一般对于频率低的声音，听起来觉得它的音调低，而频率高的声音，听起来感觉它的音调高。但是，音调和频率并不是成正比的关系，它还与声音强度及波形有关。

(2)响度。

只有一种频率的声音叫做纯音(如音叉发出的声音就是纯音)，而一般的声音是由几种频率的波组成的复合音，它由包含了很多频率成分的谐波组成。对频率不同的纯音，人耳具有不同的听辨灵敏度。响度就是反映一个人主观感觉不同频率成分的声音强弱的物理量，单位为方(phone)。在数值上 1 方等于 1 kHz 的纯音的声强级，而零方对应人耳的听阈。所谓正常人的听阈是指声音小到人耳刚刚能听见时的大小。听阈值及响度的大小是随着频率的变化而变化的。例如，在 1 kHz 的纯音下，响度为 10 方时相当于 10 dB 的声压级；而对于 100 Hz 的纯音，为了使它听起来与 10 方的 1 kHz 的纯音同样响，则声压级应该为 30 dB。这说明人耳对不同频率的声音的响应是不一样的。这样，人耳感知的声音响度是频率和声压级的函数，通过比较不同频率和幅度的声音可以得到主观等响度曲线，如图 6-1 所示。在该图中，最上面那根等响度曲线是痛阈，最下面那根等响度曲线是听阈。该曲线组在 3～4 kHz 附近稍有下降，意味着感知灵敏度有提高，这是由于外耳的共振引起的。

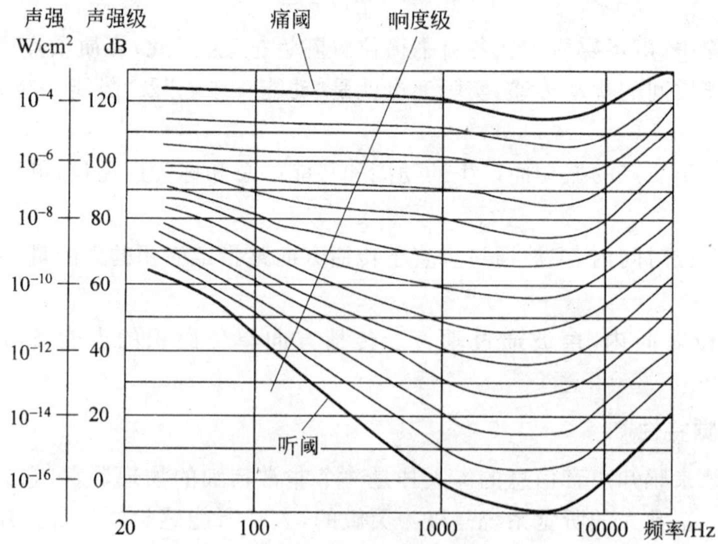

图 6-1　等响度曲线与声强级的关系

(3)音色。

人耳在主观感觉上区别相同响度和音高的两类不同声音的主观听觉特性称为音色。音色是由混入基音的泛音决定的，每个人讲话的声音以及钢琴、提琴、笛子等各种乐器所发出的不同的声音，都是由于音色不同造成的。

人耳对音色的听觉反应非常灵敏，并具有很强的记忆与辨别能力。譬如，当熟人跟你谈话时，即使你未见到他(她)的面也会知道是谁在跟你谈话。甚至连熟人的走路声，你都可以辨认出来。这说明人耳对经常听到的音色具有很强的记忆力。又如，熟知乐器者，只要听到音乐声就能迅速指出是何种乐器演奏的。仅就中国弦乐器而言，就有拉弦乐器和拨弦乐器，拉弦乐器有二胡、京胡、板胡、椰胡、马头琴等；拨弦乐器有古筝、古琴、三弦、琵琶、柳琴、月琴等。即使在同一频段内演奏，人们仍能分辨出是哪一种弦乐器演奏的。这说明每种乐器都有其独特的音色，人耳对各种音色的分辨能力非常强。

除此之外，人类对声音音色的感知还有一种特殊的综合性感受，称为音色感。它是由声场(无论是自由声场还是混响声场)内的纵深感，方向、距离、定位、反射、衍射、扩散、指向性与质感等多种因素综合构成的。譬如，即使选用世界上最先进的电子合成器模拟出各种乐器，如小号、钢琴或其他乐器，虽然频谱、音色可以做到完全一样，但对于音乐师或资深的发烧友来讲，仍可清晰地分辨出来。这说明频谱、音色虽然一样，但复杂的音色感却不相同，以至人耳听到的音乐效果不同。这也说明音色感是人耳特有的一种复杂的听觉上的综合性感受，是无法模拟的。

6.1.2　模拟音频和数字音频

自然界中声音信号是典型的连续信号，它不仅在时间上是连续的，而且在幅度上也是连续的。在时间上连续是指在一个指定的时间范围内声音信号的幅值有无穷多个，在幅度上连续是指幅度的数值有无穷多个。一般来说，人们将在时间和幅度上都是连续的信号称为模拟信号，也称为模拟音频。模拟音频技术中以模拟电压的幅度表示声音强弱。模拟声音在时间上是连续的，而数字音频是一个数据序列，在时间上是断续的。数字音频是通过采样和量化，把模拟量表示的音频信号转换成由许多二进制数 1 和 0 组成的数字音频信号。如图 6-2 所示。

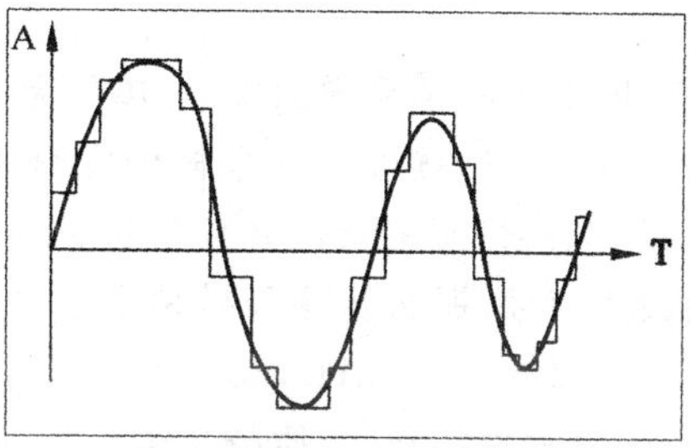

图 6-2　模拟音频和数字音频

1. 首频信息的数字化

数字化的声音易于用计算机软件处理，现在几乎所有的专业化声音录制、编辑器都是数字方式。对模拟音频进行数字化的过程涉及音频的采样、量化和编码。采样和量化的过程可由 A/D 转换器实现。A/D 转换器以固定的频率去采样，即每个周期测量和量化信号一次。经采样和量化后声音信号经编码后就成为数字音频信号，可以将其以文件形式保存在计算机的存储介质中，这样的文件一般称为数字声波文件。

(1)采样。

信息论的奠基者香农(Shannon)指出：在一定条件下，用离散的序列可以完全代表一个连续函数，这是采样定理的基本内容。为实现 A/D 转换，需要把模拟音频信号波形进行分割，这种方法称为采样(Sampling)。采样的过程是每隔一个时间间隔在模拟声音的波形上取一个幅度值，把时间上的连续信号变成时间上的离散信号。该时间间隔称为采样周期，其倒数为采样频率。采样频率是指计算机每秒钟采集多少个声音样本。

采样频率与声音频率之间有一定的关系，根据奈奎斯特(Nyauist)理论，只有采样频率高于声音信号最高频率的两倍时，才能把数字信号表示的声音还原成为原来的声音。

(2)量化。

采样只解决了音频波形信号在时间坐标(即横轴)上把一个波形切成若干个等分的数字化问题，但是还需要用某种数字化的方法来反映某一瞬间声波幅度的电压值大小。该值的大小影响音量的高低。人们把对声波波形幅度的数字化表示称之为“量化”。

量化的过程是先将采样后的信号按整个声波的幅度划分成有限个区段的集合，把落入某个区段内的样值归为一类，并赋予相同的量化值。

(3)编码。

模拟信号经过采样和量化以后，形成一系列的离散信号——脉冲数字信号。这种脉冲数字信号可以按一定的方式进行编码，形成计算机内部运行的数据。所谓编码，就是按照一定的格式把经过采样和量化得到的离散数据记录下来，并在有用的数据中加入一些用于纠错、同步和控制的数据。在数据回放时，可以根据所记录的纠错数据判别读出的声音数据是否有错，如在一定范围内有错，可加以纠正。编码的形式比较多，常用的编码方式是 PCM——脉冲调制。脉冲编码调制是把模拟信号变换为数字信号的一种调制方式，即把连续输入的模拟信号变换为在时域和振幅上都离散的量，然后将其转化为代码形式传输或存储。

2. 影响数字音频质量的主要因素

影响数字音频质量的因素主要有三个，即采样频率、采样精度和通道个数。

(1)采样频率。

采样频率，也称为采样速率，即指每秒钟采样的次数，单位为 Hz(赫兹)。奈奎斯特采样定理指出采样频率高于信号最高频率的两倍，就可以从采样中完全恢复原始信号的波形。对于以 11 kHz作为采样频率的采样系统，只能恢复的最高音频是 5.5 kHz。如果要把 20～20 kHz 范围的模拟音频信号变换为二进制数字信号，那么脉冲采样频率至少应为 40 kHz，其周期为 25 μs。目前流行的采样频率主要为 22.05 kHz，44.1 kHz，48 kHz。采样速率越高，采样周期越短，单位时间内得到的数据越多，对声音的表示越精确，音质越真实。所以采样频率决定音质清晰、悦耳、噪音的程度，但高采样率的数据要占用很大空间。

(2)采样精度。

采样精度，也称为采样位数，即采样位数或采样分辨率，指表示声波采样点幅度值的二进制数的位数。换句话说，采样位数可表示采样点的等级数，若用 8 b 二进制描述采样点的幅值，则可以将幅值等量分割为 256 个区，若用 16 b 二进制分割，则分为 65536 个区。可见，采样位数越多，可分出的幅度级别越多，则分辨率越高，失真度越小，录制和回放的声音就越真实。但是位数越多，声音质量越高，所占的空间就越大。常用的采样精度分别是 8 位、16 位和 32 位。国际标准的语音采用 8 位二进制位编码。根据抽样理论可知，一个数字信源的信噪比大约等于采样精度乘以 6 分贝。8 位的数字系统其信噪比只有 48 分贝，16 位的数字系统的信噪比可达 96 分贝，信噪比低会出现背景噪声以及失真。因此采样位数越多，保真度越好。

(3)通道个数。

声音的采样数据还与声道数有关。单声道只有一个数据流，立体声的数据流至少在两个以上。由于立体声声音具有多声道、多方向的特征，因此，声音的播放在时间和空间性能方面都能显示更好的效果，但相应数据量将成倍增加。

要从模拟声音中获得高质量的数字音频，必须提高采样的分辨率和频率，以采集更多的信号样本。而能够进一步进行处理的首要问题，那就是大量采样数据文件的存储。采样数据的存储容量计算公式如下：

$$\text{存储容量(字节)}=\text{采样频率}\times\text{采样精度}/8\times\text{声道数}\times\text{时间}$$

例如，采用 44.1 kHz 采样频率和 16 位采样精度时，将 1 分钟的双声道声音数字化后需要的存储容量为：$44.1\times16/8\times2\times60=10584\text{B}$

6.1.3 音频文件格式

在计算机中存在很多音频格式，不同格式所提供的音质相差较大，有些格式还具有丰富的附加功能。可以满足不同用户对音频质量的要求。要能够正确地选择出适合自己的音频格式文件，首先要了解不同音频格式文件的特点。下面介绍一些主流的音频文件的格式。

1. WAV

WAV 文件又称波形文件，来源于对声音模拟波形的采样，并以不同的量化位数把这些采样点的值转换成二进制数，然后存入磁盘，这就产生了波形文件。WAV 文件用于保存 Windows 平台的音频信息资源，被 Windows 平台及其应用程序所广泛支持。

WAV 声音文件是使用 RIFF(Resource Interchange File Format，资源交换文件)的格式描述的，它由文件头和波形音频文件数据块组成。文件头包括标志符、语音特征值、声道特征以及 PCM 格式类型标志等。WAV 数据块是由数据子块标记、数据子块长度和波形音频数据 3 个数据子块组成。

WAV 格式支持多种压缩算法，支持多种音频位数、采样频率和声道，是 PC 机上最为流行的声音文件格式，但其文件尺寸较大，多用于存储简短的声音片断。

2. MP3

MP3 即 MPEG Audio Layer3(Moving Picture Experts Group，Audio LaverⅢ)，是 Fraunhofer-IIS 研究所的研究成果。MP3 可将音频文件以 1∶10～1∶12 的压缩率进行压缩。这种技术主要是利用了知觉音频编码技术，削减了音乐中人耳所听不到的成分，尽可能保持原有的音质。换句话说，MP3 能够在音质丢失很小的情况下把文件压缩到更小的程度。

正是因为 MP3"体积小、音质高"的特点使得 MP3 格式几乎成为网上音乐的代名词。每分钟音乐的 MP3 格式只有 1 MB 左右大小，这样每首歌的大小只有 3～4 MB。使用 MP3 播放器对 MP3 文件进行实时的解压缩(解码)，高品质的 MP3 音乐就播放出来了。

3. RM

RM 即 Real Media，它是网络流媒体文件格式。这种音频格式是由 Real Networks 公司推出的，其特点是可以在低达 28.8 kbps 的带宽下提供足够好的音质。流媒体最大的特点就是支持"边下载、边播放"的功能，而不必像大多数音频文件那样，必须先下载然后才能播放。在网络传输过程中，流媒体是被分割处理的。首先要将原来的音频分割成多个带有顺序标记的小数据包，经过网络的实时传递后，在接收处将重新按顺序组织这些数据包以提供播放。

较成功的 Real Media 播放器是 Real One Player，利用它可以获得许多服务，包括录制音频、播放 CD 或音频文件、管理文件、刻录 CD，并具有在网上搜索和播放流媒体、收听电台、收看节目频道等功能。

4. WMA

Microsoft 推出的 Windows Media，也是一种网络流媒体技术。Windows Media 包含了 Windows Media Audio& Video 编码和解码器、可选集成数字权限管理系统和文件容器。其特点是高质量、高安全性、最全面的数字媒体格式。可用于 PC、机顶盒和便携式设备上的流式处理、下载和播放等应用程序。

WMA 用于包括利用 Windows Media Audio 编解码器压缩的音频的文件，其还可用于同时包括利用 Windows Media Audio 和 Windows Media Video 编解码器压缩的音频和视频的文件。利用其他编解码器压缩的内容应该存储在文件中，应使用 ASF 扩展名。

Windows Media 使用高级的系统格式：文件容器，支持高达 1700 万 TB 的文件大小。在一个文件中可存储音频、多比特率视频、元数据(如文件的标题和作者)以及索引和脚本命令。

5. MP3Pro

随着网络上收听声音和收看视频的需求不断增加,网络流媒体 Real 和 Windows Media 格式传播的媒体质量不断提高,特别是 Microsoft 推出的 WMA 格式可使相同内容的 MP3 文件缩小至原来的一半大小,极大地冲击着 MP3 格式在流行应用中的地位。

MP3Pro 的特点是降低了压缩比,并可以在 64 Kb/s 速率下最大限度地保持压缩前的音质。音乐文件大小只有原 MP3 文件的 1/2。同时,MP3Pro 实现了高低版本的完全兼容,所以它的文件类型也是 MP3。高版本的 MP3Pro 播放器也可以播放低版本的 MP3 文件,低版本的播放器也可以播放高版本的 MP3Pro 文件,但只能播放出 MP3 的音质。

6. CDA

CDA 即通常所说的 CD 音轨,是人们所熟悉的 CD 音乐光盘中的文件格式。其最大的特点便是近似无损,也就是说基本上忠实于原声,因此是音箱发烧友的最佳选择。不过,大家在 CD 光盘中看到以 CDA 为后缀名的文件并没有真正包含声音的信息,而只是一个索引信息。因此不论 CD 音乐的长短,大家看到的“*.cda 文件”都是 44 字节长,这种文件直接复制到硬盘上是无法播放的,只有使用专门的抓音轨软件才能对 CD 格式的文件进行转换。

7. MIDI

MIDI,有时也简写为 MID,是 Music Instrument Digital Interface 的英文缩写,其意思是“数字化乐器接口”。也就是说,MIDI 的真正含义是一个供不同设备进行信号传输的接口的名称。如今的 MIDI 音乐制作全都要靠这个接口,在这个接口之间传送的信息也就叫 MIDI 信息。

MIDI 最早是应用在电子合成器(一种用键盘演奏的电子乐器)上,由于早期的电子合成器的技术规范不统一,不同的合成器的连接很困难。在 1983 年 8 月,YAMAHA、ROLAND、KAWAI 等著名的电子乐器制造厂商联合制定了统一的数字化乐器接口规范,这就是 MIDI 1.0 技术规范。

此后,各种电子合成器包括电子琴等电子乐器都采用了这个统一的规范。这样各种电子乐器就可以互相连接起来,传达 MIDI 信息,形成一个真正的合成音乐演奏系统。

由于多媒体计算机技术的迅速发展,计算机对数字信号的强大的处理能力,使得计算机处理 MIDI 信息成为顺理成章的事情了,所以,现在不少人把 MIDI 音乐称之为电脑音乐。事实上,利用多媒体计算机不但可以播放、创作和实时地演奏 MIDI 音乐。甚至可以把 MIDI 音乐转变成看得见的乐谱(五线谱或简谱)打印出来,反之,也可以把乐谱变成美妙的音乐。利用 MIDI 的这个性质,可以用于音乐教学(尤其是识谱),让学生利用计算机学习音乐知识和创作音乐。

6.2 音频的数字化

数字音频系统是通过将声波波形转换成一连串的二进制数据来再现原始声音的,实现这种转换所用的设备是模数转换器(Analog-to-Digital Converter),它以上万次每秒的速率对声波进行采样,每一次采样都记录了原始模拟声波在某一时刻的状态,称之为样本。将一串串的样本连接起来,就可以描述一段声波了。

在多媒体技术中,计算机必须先将采样的声音数字化,然后再进行后期处理。数字音频数据量很大,如果不进行处理,计算机系统几乎无法对它进行存取和转换。因此,必须对数字音频进行压缩，它是数字音频处理技术中一项十分关键的技术。

6.2.1　音频采样基本原理

声音信号是典型的连续信号，不仅在时间上是连续的，而且在幅度上也是连续的。在时间上“连续”是指在一个指定的时间范围内声音信号的幅值有无穷多个，在幅度上“连续”是指幅度的数值有无穷多个。模拟信号就是这种在时间和幅度上都连续的信号。在某些特定的时刻对这种模拟信号进行测量，叫做采样(Sampling)，由这些特定时刻采样得到的信号称为离散时间信号。采样得到的幅值是无穷多个实数值中的一个，因此幅度还是连续的。如果把信号幅度取值的数目加以限定，这种由有限个数值组成的信号就称为离散幅度信号。例如，假设输入电压的范围是 0.0～0.7 V，并假设它的取值限定为 0、0.1、0.2、…、0.7 共 8 个值。如果采样得到的幅度值是 0.123 V，它的取值就应该算作 0.1 V，如果采样得到的幅度值是 0.26 V，它的取值就应该算作 0.3 V，这种数值就称为离散数值。把时间和幅度都用离散的数字表示的信号就称为数字信号。

因此，截取模拟声音信号振幅值的过程叫做“采样”，得到的振幅值叫做“采样值”。采样值用二进制数的形式表示，该表示形式叫做“量化编码”。

声音采样的基本原理是：首先输入模拟声音信号，然后按照固定的时间间隔截取该信号的振幅值，每个波形周期内截取两次，以取得正、负相的振幅值，该振幅值采用若干位二进制数表示，从而将模拟声音信号变成数字音频信号。模拟声音信号是连续的，而数字音频信号是离散的。

每一秒钟所采样的数目称为采样频率或采率，单位为 Hz(赫)。采样频率越高，所能描述的声波频率就越高。采样频率的高低是根据奈奎斯特理论(Nyquist Theory)和声音信号本身的最高频率来决定的。奈奎斯特理论指出：采样频率不应该低于声音信号最高频率的两倍，这样就能把以数字表达的声音还原为原来的声音，这叫做无损数字化(Lossless Digitization)。

可以这样来理解奈奎斯特理论：声音信号可以看成由许许多多正弦波组成，一个振幅为 A、频率为 f 的正弦波至少需要两个采样样本表示，因此，如果一个信号中的最高频率为 f，采样频率最低要选择 $2f$。例如，电话话音的信号频率约为 3.4 KHz，采样频率就选为 8 kHz。

6.2.2　音频数据处理

音频数据处理是指对模拟音频数据的数字化，以及利用音频处理软件对数字音频进行后期合成、多媒体音效制作、视频声音处理等工作的总称。

1. 音频数据数字化

在电视机、收音机等许多会发出声音的设备中，声音信号都是模拟信号。但是，在多媒体技术中，计算机不能直接处理模拟信号，必须先把模拟信号转换成数字信号，计算机才能对其进行处理。把模拟信号转换成数字信号的过程称为数字化。

在模拟音频信号数字化的过程中，关键的问题有两个，即采样和量化。其中，采样前面已经介绍过，这里不再赘述；而量化就是音频信号在幅值方面的数字化。量化的具体方法是：把模拟音频信号的每次采样值进行“整数化”。例如，如果把每次采样的幅值用一个 8 位的二进制数来表示，则采样值的可能取值范围是 0～255，实际采样值若不是这一范围内的某个整数值，就按“四舍五入”法则将其整数化，数值 255 与该模拟音频信号的最大音量相对应；当模拟音频信号的采样数值用一个 16 位的二进制数表示时，那么，音频的可能取值范围是 0～65535，数值 65535 与该音频信号的最大音量相对应。把模拟音频信号的幅值划分为一小份、一小份，如果幅度的划分是等间隔的，称为线性量化；如果幅度的划分不是等间隔的，称为非线性量化。可以简单地说，对采样值整数化称为量化，所得的值称为量化值，采样值与量化值之间的差值称为量化误差。音频信号的量化值位数可以采用 8 位、16 位、32 位、64 位、128 位中的一种。量化位数越大，量化精度越高，声音的逼真程度就越好。

选用合适的量化位数，量化误差所引起的噪声就不会被人的耳朵觉察出来，声音的逼真程度才好。当量化位数为 8 位时，每个采样值可以用一个 8 位的二进制整数表示，即用一个字节表示；当量化位数为 16 位时，则需要用两个字节表示。可见量化位数越多，量化后声音的数据量越大，即声音文件越大。

2. 音频数据压缩

音频数据压缩指的是对原始数字音频数据流运用适当的数字信号处理技术，在不损失有用的信息量或所引入损失可忽略的条件下，降低(压缩)其码率，也称为压缩编码。它必须具有相应的逆变换，称为解压缩或解码。音频信号在通过一个编解码系统后可能引入大量的噪声和一定程度的失真。

音频信号量化位数越多，声音的存储容量也就越大。例如，一张 CD，其采样率为 44.1 kHz，量化精度为 16 位，则 1 min 的立体声音频信号需要占用约 10 MB 的存储容量。也就是说，一张 CD 唱盘的播放时间只有 1 h 左右。研究发现，这样的音频文件存在非常大的冗余度。事实上，在无损的条件下对声音至少可进行 4∶1 压缩，即只用 25%的数据量就可以保存所有的信息。

一般来讲，可以将音频压缩技术分为无损(Lossless)压缩及有损(Lossy)压缩两大类，而按照压缩方案的不同，又可将其划分为时域压缩、变换压缩、子带压缩以及多种技术相互融合的混合压缩等。各种不同的压缩技术，其算法的复杂程度(包括时间复杂度和空间复杂度)、音频质量、算法效率(即压缩比)以及编解码延时等都有很大的不同，各种压缩技术的应用场合也因此而各不相同。

有很多专业的音频编辑软件，如 Audition、Sound Forge 和 SOX 等可以对声音文件进行压缩和转换。常用的最简单的方法是在 Windows 系统中，使用系统自带的“录音机”程序，具体的操作步骤如下。

1)在 Windows 系统任务栏中，单击“开始”→“程序”→“附件”→“娱乐”→“录音机”命令。

2)打开一个 WAV 文件，再打开“另存为”对话框，其下方的“格式”一栏显示当前 WAV 文件的音频格式。

3)单击此对话框右下方的“更改”按钮，弹出一个“声音选定”对话框，如图 6-3 所示。在“属性”下拉列表框中有许多音频格式的组合可供选择，在“格式”下拉列表框中则有许多压缩格式可供选择。如果选择系统默认的 PCM 格式中的“8.000 kHz，8 位，单声道 7 KB/s”属性组合，则所获得的压缩比最大，可压缩至原来的 1/10，而音质并不会发生多大变化。

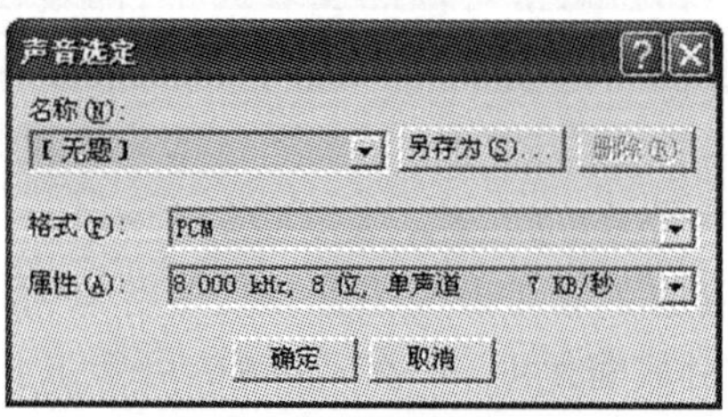

图 6-3 “声音选定”对话框

4)选择完成后,单击“确定”按钮即可。

6.2.3　音质标准与评价

无论是模拟音频还是数字音频,均需要制定明确的音质标准等级,以满足不同用途的音频信号处理要求,经编码压缩和传输后的声音质量,更需要进行科学的评价,以评判编码系统或传输系统对声音信号的保真度(或失真度)。音质评价就是通过对音频信号相应技术指标的测量以及人对再现声音的主观感觉,给出声音质量优劣的认定。目前,声音质量的评价方法有客观评价和主观评价两种。由于声音特征和音质要求的不同,具体评价时,把声音分成语音和乐音两类来分别评价,适用的主、客观指标也有差异。

1. 音质等级标准

音质是指音频信号经传输、处理后所再现的声音质量(保真度)。目前,业界公认的声音质量标准分为电话、AM 广播、FM 广播、CD-DA、标准 DVD 和高端 DVD 等 6 个音质等级,具体参数见表 6-1。很明显,高端 DVD 等级的声音质量最高,电话音质等级的声音质量最低。

表 6-1　业界公认的音质等级标准

等级	频率范围	音质
高端 DVD	0～48 kHz	顶级
标准 DVD	0～24 kHz	
CD-DA 音质	10～20 kHz	高
FM 广播音质	20～15 kHz	较高
AM 广播音质	50～7 kHz	中
电话音质	200～3.4 kHz	低

除了频率范围外,人们还用其他方法和指标来进一步描述不同用途的音质标准。对于模拟音频来说,经过放大处理或传输,会影响到声音信号的频率成分和信噪比,再现声音的频率成分越多,失真与干扰就越小,声音保真度就越高,音质也越好。对于数字音频来说,单个声道音频信号的保真度与采样频率和量化位数密切相关,若采样频率高,相应的量化比特位数多,音频信号的保真度就高。如果是多个声道,再现出来的声音效果会更好,当然,随之而来的是数据量的成倍增加。

事实上,数字音频再现出来的声音质量还与所采用的数据压缩算法有关,由于用途不同,人们对声音质量的要求也不同,不同音质要求的音频信号可采用不同的数据压缩算法,从而获得音质与处理、传输开销之间的平衡。

2. 音质客观评价

客观评价是指通过检测仪器测量音频信号的技术指标来进行声音质量评价,主要技术指标有频带宽度、动态范围和信噪比等。

理论上,声音信号是由许多频率不同的分量信号组合而成的复合信号,因此,声音的频带宽度特指复合声音信号的频率范围,范围越大,频带越宽,可包含的音频信号(谐波)越丰富,因而声音质量就越高;音频信号的最大音强与最小音强之比称为声音的动态范围。动态范围越大,说明音频信号振幅的相对变化范围越大，则音响效果越好；音频信号中有用声音信号 S 与噪声信号 N 之比称为信噪比，用 S/N 或 SNR(dB)来表示，信噪比越大，说明有用声音信号越强，因而声音质量也就越好。事实上，噪声频率的高低和信号的强弱对人耳的影响是不一样的，通常，人耳对 4～8 kHz 的噪声最灵敏，弱信号比强信号受噪声影响更明显。

实际上，再现声音(特别是乐音)的质量与所用的播放设备和场地条件有关。高质量的音频信号要通过高品质的音响设备在较好的音响环境中，才能再现出高质量的音响效果。对于音响设备而言，主要关注失真度、频响、瞬态响应、信噪比、声道分离度、声道平衡度等指标。失真度包括谐波失真和相位失真两个方面，如果谐波失真，会引起声音发硬、发炸、毛糙、浑浊等，如果相位失真，会使 1 kHz 以下的低频声音模糊，同时影响中频声音层次和声像定位，通常音响系统的音响失真度最大，一般最小的失真度也要超过 1%，若失真度超过 3%，则音质明显劣化。频响是指音响设备的增益或灵敏度随信号频率变化的情况，反映出设备对音频信号频带宽度和带内不均匀度的支持能力，设备的带宽越宽，高、低频响应越好，不均匀度越小，频率均衡性能越好，优质音响功放设备的频响一般在 1～200 kHz±1 dB 之间，并且具有较细致的频段均衡调节能力，具体应用中，可根据听感，定量调节音响系统的频响效果。瞬态响应是指音响系统对突变信号的跟随能力，它反映了脉冲信号的高次谐波失真大小，严重时影响音质的透明度和层次感。瞬态响应常用转换速率 V/μs 表示，指标越高，谐波失真越小，一般音响设备的转换速率大于 10 V/μs。不同类型的设备，其信噪比指标也不同，如 Hi-Fi 音响要求 SNR>70 dB，CD 播放机则要求 SNR>90 dB。音响设备的声道分离度，是指不同声道间立体声的隔离程度，用一个声道的信号电平与串入另一声道的信号电平差来表示，差值越大说明隔离越好，一般要求 Hi-Fi 音响声道分离度大于 50 dB。音响设备的声道平衡度是指两个声道的增益、频响等特性的一致性，一致性好，则相应各声道声像位置协调；反之，将造成声道声像的偏移。

3. 音质主观评价

主观评价是指通过人聆听各种声音而产生的好恶感觉来进行声音质量评价。

(1)语音质量评价方法。

常用的主观评价方法有平均主观分法(Mean Opinion Score，MOS)、失真平均主观分法(Degradation Mean Opinion Score，DMOS)、判断满意度测量法(Diagnostic Acceptability Measure，DAM)等。这些方法规定了相应的语音质量等级标准与主观感觉，比如，ITU-TP800 标准中定义的 MOS，它将语音质量分为 5 级，如表 6-2 所示，评价者根据自己对被评语音的感觉分级打分。正常情况下，被评语音频率大于 7kA-Iz 以上，主观评价可得 5 分。这种评价标准广泛应用于多媒体技术和通信技术中的语音编码质量评价，如可视电话、电视会议、语音电子邮件、语音信箱等。

表 6-2　语音质量主观评价等级

等级	音质	主观感觉
5	优	未察觉失真
4	良	刚察觉失真，但不讨厌
3	中	察觉失真，稍微讨厌
2	差	讨厌，但不令人反感
1	劣	极其讨厌，令人反感

(2)乐音质量评价。

乐音音质的优劣取决于多种因素，如声源特性(声压、频率、频谱等)、音响器材的信号特性(如失真度、频响、动态范围、信噪比、瞬态特性、立体声分离度等)、声场特性(如直达声、前期反射声、混响声、两耳间互相关系数、基准振动、吸声率等)、听觉特性(如响度曲线、可听范围、各种听感)等。因此，对音响设备再现的乐音音质的准确评价难度较大。

主观评价乐音音质，一般是通过再现乐音的响度、音调和音色的变化及其组合来评价音质的，如低频响亮为声音丰满，高频响亮为声音明亮，低频微弱为声音平滑，高频微弱为声音清澈等。下面结合声源、声场及信号特性介绍几种典型的听感。

1)定位感。

若声源是以左右、上下、前后不同方位录音后发送，则接收重放的声音应能将原声场中声源的方位重现出来，这就是定位感。根据人耳的生理特点，由同一声源首先到达两耳的直达声的最大时间差为 0.44 ms～0.5 ms，同时还有一定的声压差、相位差。生理心理学证明：20 Hz～200 Hz 低音主要靠人两耳的相位差定位，300 Hz～4 kHz 中音主要靠声压差定位，更高的高音主要靠时间差定位。可见，定位感主要由首先到达两耳的直达声决定，而滞后到达两耳的一次反射声和经四面八方多次反射的混响声主要模拟声像的空间环绕感。

2)空间感。

一次反射声和多次反射混响声虽然滞后直达声，对声音方向感影响不大，但反射声总是从四面八方到达两耳，对听觉判断周围空间大小有重要影响，使人耳有被环绕包围的感觉，这就是空间感。空间感比定位感更重要。

3)层次感。

声音高、中、低频频响均衡，高音谐音丰富，清澈纤细而不刺耳，中音明亮突出，丰满充实而不生硬，低音厚实而无鼻音。

4)厚度感。

低音沉稳有力，重厚而不浑浊，高音不缺，音量适中，有一定亮度，混响合适，失真小。

5)立体感。

主要指声音的空间感(环绕感)、定位感(方向感)、层次感(厚度感)等构成的综合听感。根据人耳的生理特点，只要通过对乐音的强度、延时、混响、空间效应等进行适当控制和处理，在两耳人为的制造具有一定的时间差、相位差、声压差的声波状态，并使这种状态和原声源在双耳处产生的声波状态完全相同，人就能真实、完整地感受到重现乐音的立体感。

除此之外，还有力度感、亮度感、临场感、软硬感、松紧感、宽窄感等许多评价音质的听感。

6.2.4　语音识别技术

语音识别是模式识别的一个分支，又从属于信号处理学科领域，同时与语音学、语言学、数理统计及神经生物学等学科有非常密切的关系。语音识别的目的就是让机器“听懂”人类口述的语言，包括两个方面的含义：其一是逐字逐句听懂并转化成书面语言文字；其二是对口述语言中所包含的要求或询问加以理解，做出正确响应，而不拘泥于所有词的正确转换。

1. 语音识别的基本原理及过程

语音识别系统可以分为：特定人与非特定人的识别、独立词与连续词的识别、小词汇量与大词汇量以及无限词汇量的识别。无论采用哪种语音识别系统,其基本原理和处理方法都大体类似,都是使用特定的语音合成库合成自然语音,把用户要求的文本转换成语音,然后进行朗读。

自动语音识别技术有 3 个基本条件:首先,语音信号中的语言信息是按照短时幅度谱的时间变化模式来编码;其次,语音是可以阅读的,即它的声学信号可以在不考虑说话人试图传达的信息内容的情况下用数十个具有区别性的、离散的符号来表示;第三,语音交互是一个认知过程,因而不能与语言的语法、语义和语用结构割裂开来。

语音识别过程主要包括语音信号的预处理、特征提取、模式匹配等部分。预处理包括预滤波、采样和量化、加窗、端点检测、预加重等过程。语音信号识别最重要的一环就是特征提取,所提取的参数必须满足:

1)能有效地代表语音特征,具有很好的区分性。

2)各阶参数之间有良好的独立性。

3)特征参数要计算方便,最好有高效的算法,以保证语音识别的实时实现。

具体识别过程如下。

(1)预处理。

预处理包括语音信号采样、反混叠带通滤波、去除个体发音差异和设备或环境引起的噪声影响等,预处理涉及语音识别基元的选取和端点检测问题。

(2)特征提取。

特征提取是指提取语音中反映本质特征的声学参数,如平均能量、平均跨零率、共振峰等。如有必要,可先行训练。训练是在识别之前通过让讲话者多次重复语音,从原始语音样本中去除冗余信息,保留关键数据,再按照一定规则对数据加以聚类,形成模式库的过程。

(3)模式匹配。

模式匹配是根据一定的规则(如某种距离测度)以及专家知识(如构词规则、语法规则、语义规则等)计算输入特征与库存模式之间的相似度(如匹配距离、似然概率),进而判断出输入语音的语义信息。它是整个语音识别系统的核心。

在以上 3 个步骤中,在训练阶段,将特征参数进行一定的处理后,为每个词条建立一个模型,并保存为模板库。在识别阶段,语音信号经过相同的通道得到语音特征参数,生成测试模板,与参考模板进行匹配,将匹配分数最高的参考模板作为识别结果。同时,还可以在很多先验知识的帮助下,提高识别的准确率。

2. 文本-语音转化技术

使用 Microsoft Office 语音识别的相关技术,能够实现从文本到语音转换的功能。但是,目前只有 Excel 这个组件提供了从文本到语音转换的功能。

在 Microsoft Office Excel 2003 中,执行“工具”→“自定义”→“文本到语音”命令,主界面即可显示“文本到语音”工具栏,如图 6-4 所示。单击“文本到语音”工具栏中的相应按钮,即可实现文本-语音转化。

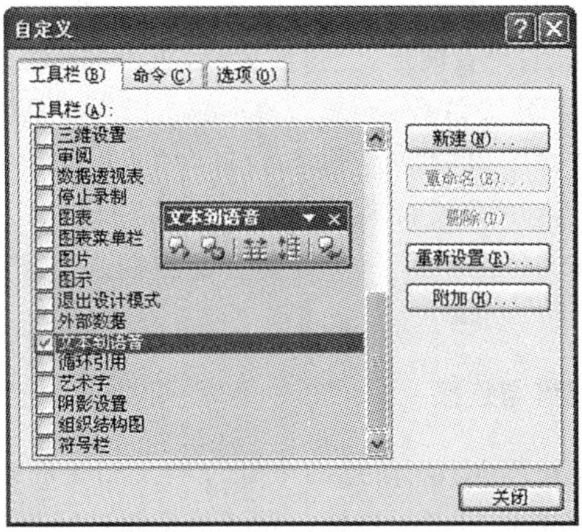

图 6-4　“文本到语音”主界面

(1)播放工作表数据。

单击“朗读单元格”按钮即可。本功能需要安装扬声器才能实现。

(2)播放一组单元格。

操作步骤如下：

1)选择要重读的一组单元格。

2)在“文本到语音”工具栏中单击“按行”或“按列”按钮来选择计算机重读数据的方式。

3)单击“朗读单元格”按钮。

4)若要更正错误，请单击“停止朗读”按钮，然后使用鼠标和键盘进行必要的更改。

5)再单击“朗读单元格”按钮，使计算机继续重读选定内容。

(3)在每次单元格输入后播放。

操作步骤如下：

1)单击“按回车键开始朗读”按钮。

2)在单元格中输入数据。在按“回车”键后，计算机将重读该单元格中的数据。

目前，虽然文本—语音转化技术还有一些课题有待解决，但是对使用环境加以适当的限制后，其实用系统正在进入市场。

6.3　MIDI 音乐

6.3.1　MIDI 概述

MIDI(Musical Instrument Digital Interface，乐器数字接口)是由 YAMAHA、Roland 等公司在 1983 年联合提出并不断发展确定的数字音乐的国际标准，它规定了电子乐器和多媒体计算机之间进行连接的硬件及数据通信协议，是多媒体计算机所支持的又一种声音产生方法——MIDI 方法。

MIDI 方法就是将数字式电子乐器的弹奏过程记录下来，如选择的是什么乐器、弹下哪一个键、用了多大力气、持续了多长时间等。因此，MIDI 格式的数字化文件可以看作是乐谱的数字化描述，它记录的不再是声音的波形，而是乐器的种类及音阶的高低、长短、强弱、速度等因素，这些被称为MIDI消息，存储为MIDI文件。当需要播放时，从相应的MIDI文件中读出MIDI消息，通过音乐合成器产生相应的声音波形，经过放大后，再由扬声器输出。所以，MIDI乐谱播放的质量取决于最终用户的MIDI设备，而不是乐谱本身。因为MIDI文件保存的是一系列由MIDI消息组成的“乐谱”，因此MIDI的播放音质与设备有关。

与其他的声音文件（如VOICE文件和WAVE文件）相比，MIDI音乐文件所占的存储空间非常小（5 min乐曲的MIDI文件还不到20 KB的存储空间），特别适合于音乐创作及长时间播放音乐的需要。

6.3.2 MIDI设备的配置与连接

一件乐器只要包含了能处理MIDI信息的微处理器及相关的硬件接口，就可以认为是一台MIDI设备。两台MIDI设备之间可以通过接口发送信息而进行相互通信。

一台MIDI设备可以有1～3个端口。

1）MIDI In接口：接收来自其他MIDI设备上的MIDI信息。

2）MIDI Out接口：用来输出本设备生成的MIDI信息。

3）MIDI Thru接口：将从MIDI In端口传来的信息发送到另一台相连的MIDI设备上。

接收设备的MIDI In连接器内常采用光电耦合器实现收、发设备之间的电气隔离。MIDI信息采用异步串行方式传输，传输速率为31.25 kb/s。在进行MIDI通信时，用户可以通过标准的MIDI电缆来相互连接各端口。MIDI电缆由一根屏蔽双绞线和两端带有插入式的5针D型插头组成，如图6-5所示。

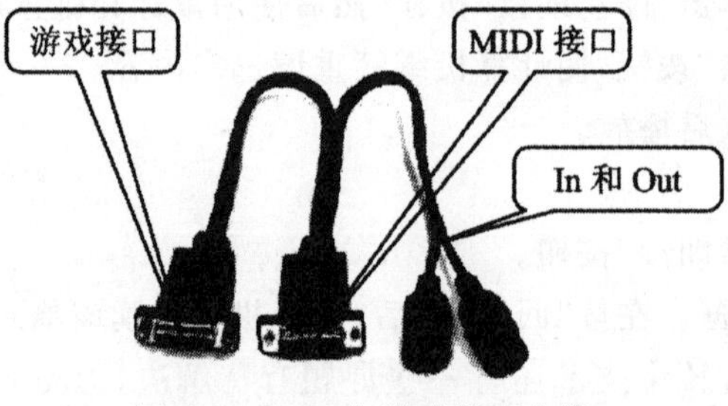

图6-5 MIDI与游戏接口电缆

另外，MIDI设备还可以配备电子键盘、合成器、音序器（MIDI软件）及扬声器或音箱等。多媒体计算机与MIDI设备的连接方法如图6-6所示。

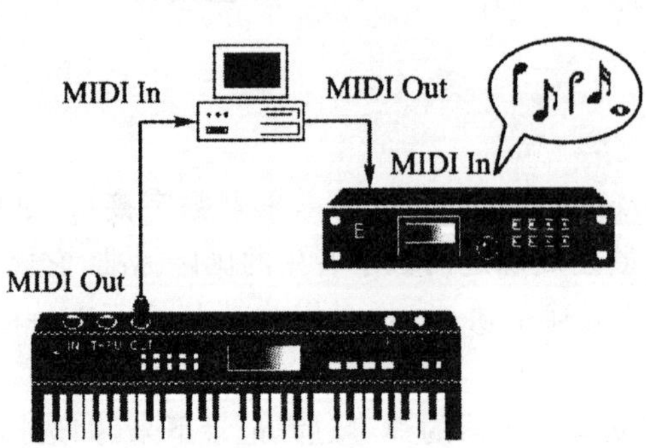

图6-6 多媒体计算机与MIDI设备连接示意图

MIDI 键盘主要用于产生 MIDI 信息。可以将一个 MIDI 的输出接口用 MIDI 电缆连接到 MIDI 声音合成器的输入端口，这样，便可以在 MIDI 键盘上演奏或编曲，而计算机则可以把乐曲演奏或编辑的信息记录下来。

MIDI 合成器是一种电子设备，使用数字信号处理器或其他类型的芯片产生音乐或声音。当一组 MIDI 音乐通过音乐合成器芯片进行演奏时，音乐合成器负责对这些指令符号进行解释，产生声音波形并通过声音发生器送至扬声器。标准的多媒体计算机平台能通过内部的合成器或者与计算机的 MIDI 端口相连的外部合成器把 MIDI 文件播放成音乐。

MIDI 软件(音序器)是用于记录、编辑和播放 MIDI 文件的一种软件，其作用相当于 MIDI 乐器的一台多轨磁带录音机。大多数音序器都可以输入和输出 MIDI 文件。MIDI 软件可以帮助专业音乐工作者和音乐爱好者通过 MIDI 文件进行多种乐器的合成、乐曲的修改和播放等。综上所述，一个 MIDI 创作系统大致应具备电子键盘、合成器(或音序器)、MIDI 控制器、扬声器及连接这些设备的 MIDI 电缆。

6.3.3　播放 MIDI 音乐

声卡播放 MIDI 音乐最常用的方法有两种，即 FM 合成与波表合成。FM 是运用声音振荡的原理对 MIDI 进行合成处理的，但由于其技术本身的局限，加上这类声卡大多采用廉价的 YAMAHA OPI 系列芯片，因此效果较差。

另一种是波表(WaveTable)合成，效果较好。波表合成是将各种真实乐器所能发出的所有声音(包括各个音域、声调)录制下来，存储在声卡的 ROM 中，称为硬波表。播放时，根据 MIDI 文件记录的乐曲信息向波表发出指令，从表格中逐一找出对应的声音信息，经过合成、加工后回放出来。由于它采用的是真实乐器的采样，所以效果好于 FM。

6.3.4　制作 MIDI 音乐

MIDI 是制作原创音乐时最快捷、最方便、最灵活的工具。但是制作一段原创的 MIDI 乐谱还需要对音乐有一定的了解。

从技术上讲，创作 MIDI 音乐的过程与将现有的音频数字化的过程完全不同。如果把数字化音频比成位图图像(两者都利用采样技术将原始的模拟媒体转换为数字信息)，那么 MIDI 就可以类比为矢量图形(两者都利用给定的指令在运行时重建)。对于数字化音频，只需要利用声卡录制或播放音频文件。但是为了制作 MIDI 音乐(乐谱)，还需要按图 6-6 所示的示意构成系统，即多媒体计算机中的声卡需要带一个声音合成器(Sound Synthesizer)。此外，还要有一个作曲软件及一个 MIDI 键盘，这样才具备创作 MIDI 乐谱的基础条件。

乐谱创作软件能够录制、编辑、打印 MIDI 乐谱并播放 MIDI 音乐。另外，一些乐谱创作软件还能通过对乐谱进行量化来调节节拍的不一致问题。

MIDI 编辑中的一个很重要的问题就是选择 MIDI 乐器。例如，同一首乐曲，可选择钢琴或萨克斯等不同的乐器来演奏。MIDI 标准规定了不同的演奏乐器并用编号加以区分，范围在 0～127 之间。在 MIDI 乐谱中，有一个乐器 ID 用来决定以何种乐器来播放乐曲，为了改变乐器，只需改变该数值即可。需要注意的是，有些 MIDI 设备对编号增加一个单位的偏移，即采用 1～128，大多数软件内部都有开关来适应这样的设备。

由于 MIDI 与设备有关，同时用户使用的播放硬件设备的质量有很大差异，因此它在多媒体工作中的主要角色与其说是发布媒体，不如说是制作工具。目前，MIDI 是为多媒体项目创建原始音乐素材的最佳途径，使用 MIDI 能够带来所希望得到的灵活性和创新。当 MIDI 音乐创作完成且能够用于多媒体项目时，应该将其转换成数字音频数据来准备发布。

市面上能创作 MIDI 乐谱的软件产品很多，较专业的是 Cakewalk，目前国内流行的是 Cakewalk 9.0x 版。

6.3.5 乐谱的扫描与识别

除了通过 MIDI 方法创作乐谱(MIDI 音乐)以外，还可以利用扫描识别技术，快速将印刷乐谱数字化，保存为 MIDI 乐谱。

Musitek 公司开发的 Smartscore 软件不仅是一款乐谱创作软件，而且可以用来扫描识别乐谱，其基本思想与文字的 OCR 技术类似。首先，通过扫描仪将乐谱以图像的方式扫描成数字图像(注意扫描参数的选择与设置)，分辨率一般选择 150～300 dpi，图像类型为黑白二值或 OCR，扫描后的图片以 TIF 格式存储；然后，通过乐谱识别功能识别出可编辑的数字乐谱并进行校对、编辑。SmartScore 不仅能对当前扫描的图片进行识别，也可以打开事先存储好的乐谱图片并进行识别，识别完成后会提示将识别的结果保存为 SmartScore 专用格式的 .anf 文件。为了编辑、校对方便，该软件将窗口分为上、下两个部分：上半部分显示扫描到的图像原稿，下半部分是识别的结果，使用者可对照原稿检查、试听识别的准确性，并利用不同的编辑工具进行修改；最后，将编辑结果保存为多音轨的 MIDI 文件。

6.3.6 MIDI 与数字音频的比较

MIDI 是 20 世纪 80 年代为电子音乐设备和计算机之间进行通信而开发的通信标准，它允许不同制造商生产的音乐和声音合成器通过在彼此之间连接的电缆上发送消息来实现相互的通信。MIDI 提供了用于传递音乐乐谱的具体描述协议，它能够描述音符、音符序列及播放这些音符采用的设备。但是，MIDI 数据本身并非数字化的声音，它只是利用数字形式对乐谱进行速记的符号。数字音频是一段录音，而 MIDI 只是乐谱，前者取决于音响系统的性能，后者取决于音乐设备的质量和音响系统的性能。

一个 MIDI 文件是一组带有时间戳的命令，这些命令记录了音乐的动作(如按下钢琴的一个键或者控制盘的一次移动)。当 MIDI 文件被送到 MIDI 回放设备时，这些动作就形成了声音。一个简单的 MIDI 消息能够导致乐器或者电子合成器产生复杂的声音或者声音序列，因此 MIDI 文件通常比相当的数字化波形文件要小。

与 MIDI 数据不同，数字音频是以成千上百个实际的数值(称为样本)形式存储的声音，这些数字化的数据描述了一个声音在离散空间的瞬时值。由于数字音频与播放设备无关，因此无论在什么时候回放，总能听到同样的声音。但是，这种一致性需要较大的数据存储空间。数字音频多用于 CD 和 MP3 文件。

MIDI 数据相对于数字音频的数据而言，正如矢量图形相对于位图图形一样，即 MIDI 数据与设备有关，而数字音频数据与设备无关。矢量图形会根据打印设备和显示设备的不同而呈现不同外观，同样，MIDI 音乐文件制作的声音也依赖于特定的回放设备。而数字化的音频数据与回放的设备关系不大，播放效果几乎一样。

相对于数字音频来说，MIDI 具有以下几个优点：

1)MIDI 文件比数字音频文件尺寸更小，MIDI 文件的大小与播放质量完全无关。通常一个 MIDI 文件的大小比具有 CD 音质的数字音频文件要小 200～1000 倍。由于 MIDI 文件非小，因此它们不用占据很大的 RAM 存储器、磁盘空间和 CPU 资源。

2)由于 MIDI 文件非常小，可以嵌入到网页中，因此下载和播放要比数字音频速度快。

3)在有些情况下，如果使用的 MIDI 声源质量很高，MIDI 音乐听起来将会比相当的数字音频文件更好。

4)MIDI 数据是完全可编辑的，可对 MIDI 音乐的音符、音高、输出设备等很小的乐谱单元(通常精确度可以达到几分之一毫秒)做精确的编辑和修改；而对于数字音频来说这是不可能的。

另外，MIDI 也有以下几个方面的不足：

1)由于 MIDI 数据并不表示实际的声音，而是音乐设备的声音，因此只要 MIDI 的播放设备与制作 MIDI 时使用的设备不一样(播放设备的电子特性及采用的声音合成方法不同)，就无法保证播放的最佳效果。

2)采用 MIDI 无法表示语音信号。

采用数字音频还有两个额外的，而且经常是起决定性作用的原因：

1)Macintosh 和 Windows 平台为数字音频提供了更多的应用软件和系统支持。

2)创建数字音频的准备和编程工作并不需要具备音乐理论的专业知识，但是处理 MIDI 数据不但需要了解音频制作，而且还需要对音乐乐谱、键盘和音符有所了解。

6.4　音频处理软件

数字音频处理软件是对音频信号进行录音、编辑、缩混等操作的软件，是数字音频工作站的重要组成部分，是数字音频处理的核心工具。

在 Windows 自带的录音机中可以进行一些简单的录音、剪切、混合等操作，但其编辑功能有限，远不能满足多媒体信息处理的需要。由专业公司开发的、功能强大的商业化音频编辑处理软件，可以实现音频信息的多种处理，进而可以制作出美妙的音频作品。

6.4.1　常用软件简介

目前，常用的音频处理软件有 Sound Forge、Cool Edit Pro、GoldWave 和 Adobe Audition，可以进行 MIDI 制作的有 Sonar(原 Cakewalk)、Cubase SX 和 Nuendo 等。

1. Sound Forge

Sound Forge 是一个非常专业的音频处理软件，功能强大而复杂，可以处理大量的音效转换的工作，并且包括全套的音频处理工具和效果制作等功能，需要一定的专业知识才能使用。

2. Cool Edit Pro

Cool Edit Pro 音频文件处理软件主要用于对 MIDI 信号的加工和处理，它具有声音录制、混音合成、编辑特效等功能，该软件支持多音轨录音，操作简单，使用方便。

3. GoldWave

GoldWave 是运行在 Windows 环境下的典型的音频处理软件，功能非常强大，所支持的音频文件有 WAV、OGG、VOC、AIFF、AIF、AFC、AU、SND、MP3、MAT、SMP、VOX、SDS、AVI 等

多种格式,可以从CD、VCD、DVD或其他视频文件中提取声音。GoldWave内含丰富的音频处理特效,从一般特效(如多普勒、回声、混响、降噪)到高级的公式计算,而利用公式在理论上可以产生想要的任何声音。

4. Adobe Audition

Adobe Audition是一个专业音频编辑和混合环境软件,提供专业化音频编辑环境。它专门为音频和视频专业人员设计,可提供先进的音频混音、编辑和效果处理功能。Adobe Audition具有灵活的工作流程,使用起来非常简单,并配有绝佳的工具,使用它可以制作出音质饱满、细致入微的最高品质音效。

5. Sonar

Sonar是在计算机上创作声音和音乐的专业工具软件,专为音乐家、作曲家、编曲者、音频和制作工程师、多媒体和游戏开发者以及录音工程师而设计。Sonar支持WAV、MP3、ACID音频、WMA、AIFF和其他流行的音频格式,并提供所需的所有处理工具,可以高效地完成专业质量的工作。

6. Cubase SX

Cubase SX是集音乐创作、音乐制作、音频录音、音频混音于一身的工作站软件系统。使用Cubase SX,用户不再需要其他昂贵的音频硬件设备,不再需要频繁更新音频硬件设备就能获得非常强大的音频工作站。Cubase SX不仅是一种系统,它远比单一的系统更全面且更灵活,比如由Cubase SX所支持的VST System Link技术,能够使得用户通过多台计算机相互连接而形成庞大的系统工程,从而完成海量数据的项目任务。

7. Nuendo

Nuendo是音乐创作和制作软件工具的最新产品,它将音乐家的所有需要和最新技术都浓缩在其中。有了Nuendo,用户不再需要其他昂贵的音频硬件设备就能获得非常强大的音频工作站。

6.4.2 GoldWave软件的使用

GoldWave软件诞生于1997年,是一个功能强大的数字音乐编辑器,可以对音乐进行播放、录制、编辑以及转换格式等处理。GoldWave具有以下优点。

1)具有直观、可定制的用户界面,这使操作变得更简便。

2)具有多文档界面,使用户可以同时打开多个文件,简化了文件之间的操作。

3)缓存空间可以自动扩展。当编辑较短的音乐时,GoldWave会使用读取速度较快的内存资源,而在编辑较长的音乐时,GoldWave会自动使用硬盘空间来应对存储的需要。

4)可以编辑多种声音效果。例如,倒转、回音、摇动、镶边、动态和时间限制、增强、扭曲等。

5)具有精密的过滤器,可以帮助修复声音文件。

6)批量转换命令可以把一组声音文件转换为不同的格式和类型。该功能可以转换立体声为单声道,将8位声音转换为16位声音,或者是文件类型支持的任意属性的组合,例如,转换成MP3音频格式。

7)CD音轨提取工具可以将CD音轨转换为其他音频格式的文件。

8)表达式求值程序在理论上可以制作任何声音,支持从简单的声调调整到复杂的过滤器。

内置的表达式具有电话拨号音的声调、波形和效果等。

GoldWave 是标准的绿色软件，不需要安装且体积小巧，对于中文版操作系统环境下的用户，只需将软件包解压到某一个目录下，直接双击 GoldWave.exe 文件的图标，即可启动，并进入主界面，如图 6-7 所示。这时，窗口上的大多数按钮、菜单均不能使用，需要先建立一个新的声音文件或者打开一个声音文件才能使用。

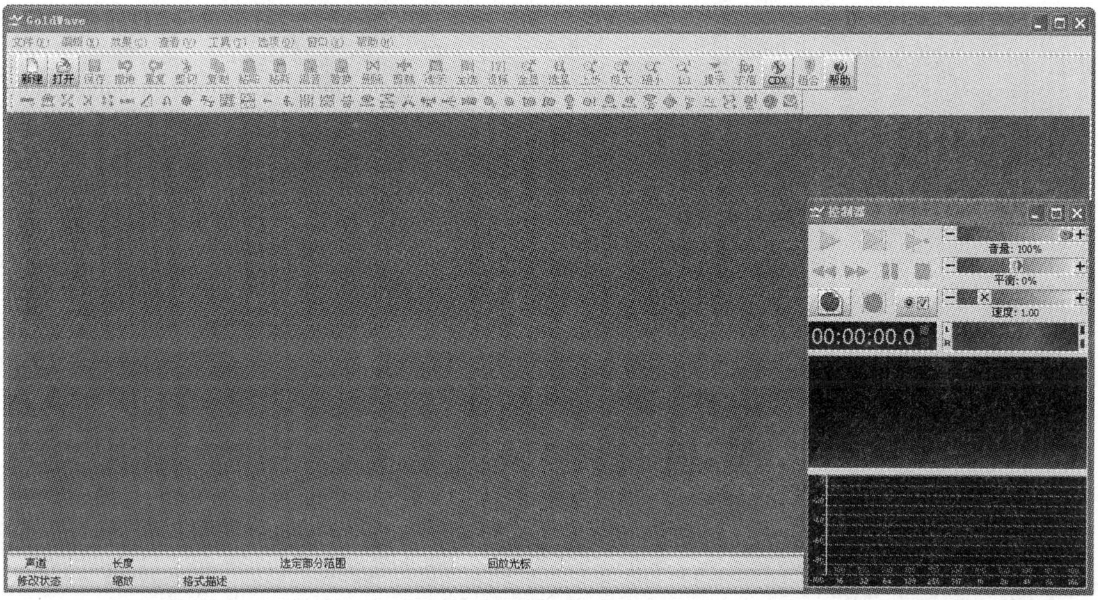

图 6-7　GoldWave 主界面

GoldWave 窗口右下方的小窗口是控制器窗口，控制器窗口的作用是播放声音以及录制声音。

1. GoldWave 基本操作

GoldWave 的基本操作包括打开、播放、保存文件等。

(1)打开文件。

执行"文件"→"打开"命令，打开一个声音文件，并在 GoldWave 主界面中显示它的波形状态，如图 6-8 所示。整个主界面从上到下分为 3 个部分，最上面是菜单栏和工具栏，中间是波形显示，下面是文件属性。

(2)播放文件。

在控制器面板上有两个播放按钮，即"播放"和"自定义播放"按钮。使用"播放"按钮时，总是播放选中的波形；如果使用"自定义播放"按钮，就可以自己决定播放哪一段波形。

在播放波形文件的过程中，可以随时暂停、停止、倒放、快放播放进度，使用方法与普通的录音机一样。单击"属性"按钮，操作如图 6-9 所示，GoldWave 就会弹出"控制器属性"对话框，如图 6-10 所示。

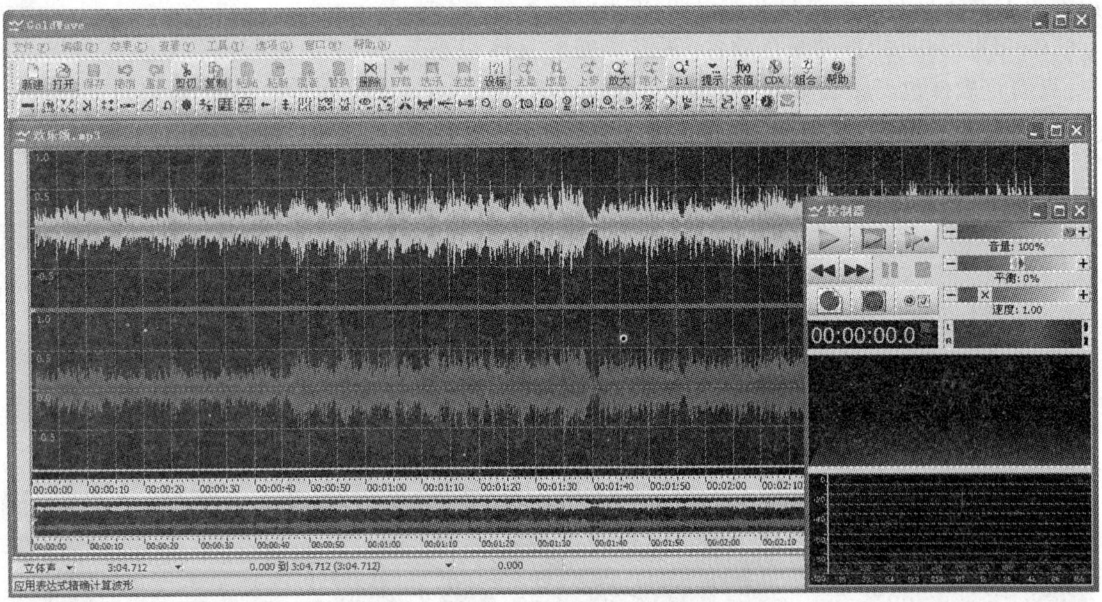

图 6-8　GoldWave 打开声音文件后的主界面

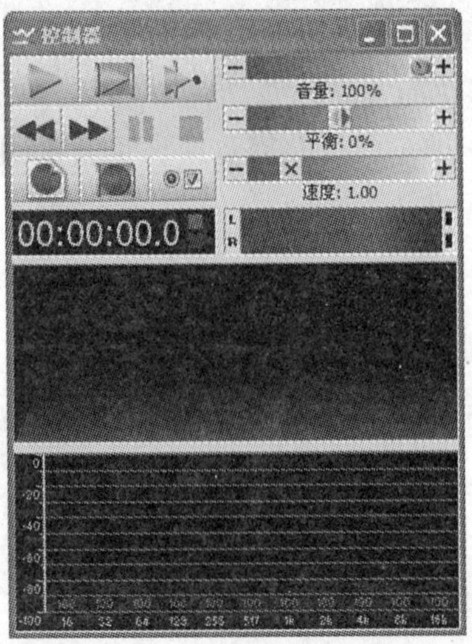

图 6-9　GoldWave 控制器面板“属性”按钮

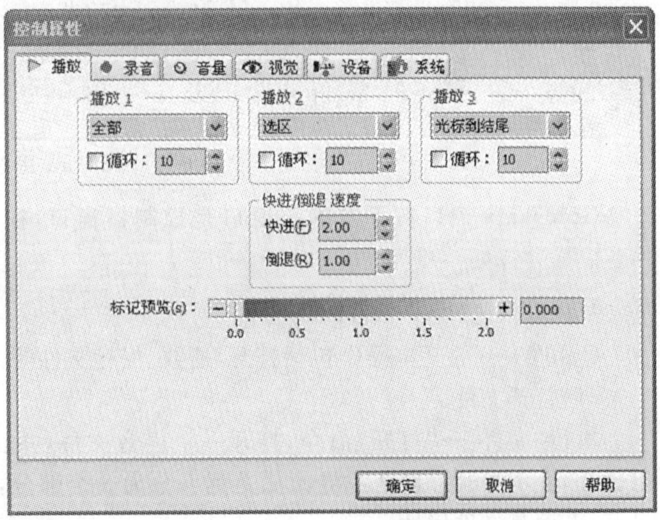

图 6-10　GoldWave“控制器属性”对话框

在图 6-10 中可以看到，在这里可以定义控制器面板中的“自定义播放”按钮的功能，包括播放整个波形、选中的波形、未选中的波形、在窗口中显示出来的波形等。另外，还可以调整快进和倒带的速度。

(3)保存文件。

保存文件最简单的方法是使用工具栏上的“保存”按钮。如果要把声音文件保存为其他的格式，就要执行“文件”→“另存为”命令，然后在“另存为”对话框中选择要保存的文件格式。

2. 对波形文件进行简单操作

波形文件的简单操作主要是指选择波形段及对其进行编辑处理操作。

(1)选择波形段。

在处理波形之前，要先选择需要处理的波形段。为便于选择波形，建议改变显示比例，可以执行“视图”→“缩小”或“视图”→“放大”命令(用 1∶10 或 1∶100 较为合适)。选择波形段的顺序是：

1)在波形图上，用鼠标左键确定所选波形的开始。

2)在波形图上，用鼠标右键确定波形的结尾。

这样，就选择了一段波形，选中的波形以较亮的颜色并配以蓝色底色显示，未选中的波形则以较淡的颜色并配以黑色底色显示，如图 6-11 所示。

图 6-11　选择波形段

(2)复制、剪切、删除、裁剪波形段。

1)复制波形段。

选择波形段后，首先，单击工具栏上的“复制”按钮，选中的波形即被复制；然后，用鼠标选择需要粘贴波形的位置；最后，用鼠标单击工具栏上的“粘贴”按钮，即可完成波形段的复制。

2)剪切波形段。

剪切波形段与复制波形段的操作方法一样，只是复制的时候所用的按钮是“复制”按钮，而剪切的时候所用的按钮是“剪切”按钮。剪切波形段与复制波形段的区别是：复制波形段是把一段波形复制到某个位置上，而剪切波形段则是把一段波形剪切下来，并粘贴到某个位置。

3)删除波形段。

删除波形段是直接把一段选中的波形删除，而不保留在剪贴板中。操作方法是：选中一段波形，单击“编辑”→“删除”按钮，或者直接使用键盘上的 Delete 键。

4)裁剪波形段。

裁剪波形段类似于删除波形段，不同之处是，删除波形段是把选中的波形删除，而裁剪波形段是把未选中的波形删除，两者的作用可以说是相反的。裁剪波形段的方法是：单击“编辑”→“裁剪”按钮。裁剪以后，GoldWave 会自动把剩下的波形放大显示，如图 6-12 所示。

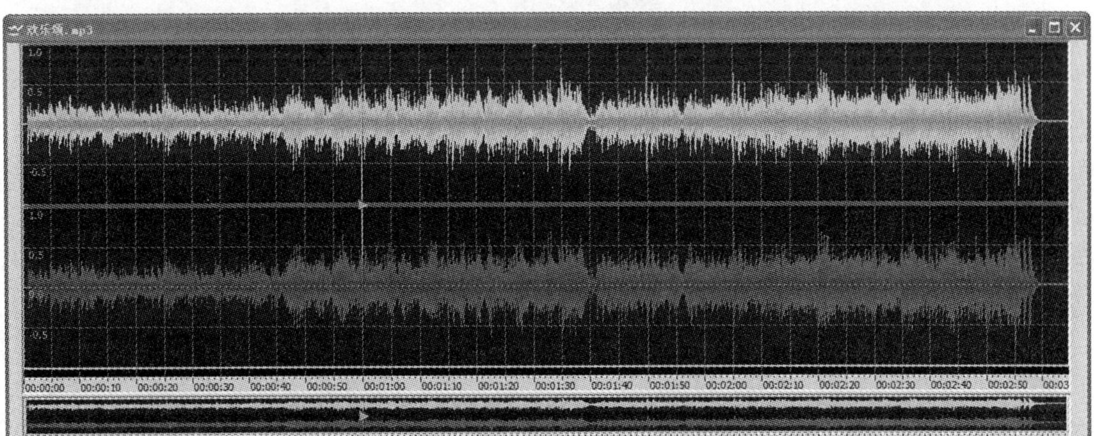

图 6-12　波形被裁剪后剩余部分放大的效果

5)粘贴的几种形式。

除普通的"粘贴"命令外,在 GoldWave 工具栏的第一行中还有"粘新"以及"混合"这两种特殊的粘贴命令。这三种粘贴命令的区别如表 6-3 所示。

表 6-3　3 种粘贴命令的区别

图标名称	作用
粘贴	把复制的波形简单地粘贴到插入点上
粘新	把复制的波形粘贴到一个新文件中
混合	把复制的波形与原有的波形相混合

3. 对波形文件进行音频特效制作

在 GoldWave 的"效果"菜单中提供了十多种常用的音频特效命令,从压缩到延迟再到回声等,每一种特效都是日常音频应用领域使用最为广泛的效果。掌握它们的使用方法,能够更方便地在多媒体制作、音效合成等方面进行操作,得到令人满意的效果。

(1)回声效果。

回声是指声音发出后经过一定的时间再返回被听到,就像在旷野上面对高山呼喊一样,在很多影视剪辑、配音中被广泛采用。

GoldWave 的回声效果的制作方法十分简单,执行"效果"→"回声"命令,弹出"回声"对话框,如图 6-13 所示。在"回声"对话框中输入延迟时间、音量大小和打开"立体声"复选框就行了。

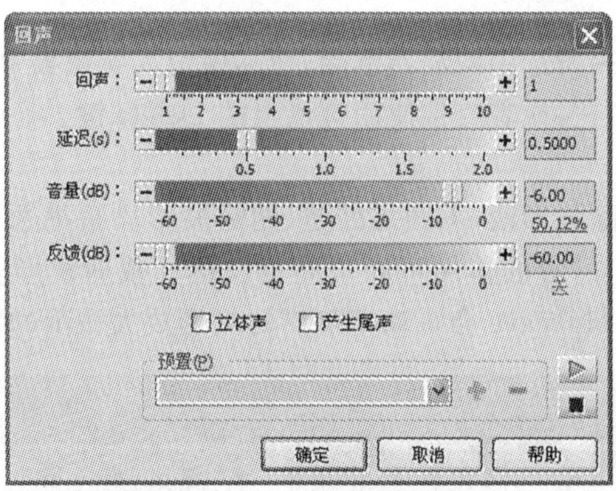

图 6-13　"回声"对话框

延迟时间值越大,声音持续时间越长,回声反复的次数越多,效果就越明显。而音量所控制的是返回声音的音量大小,这个值不宜过大,否则回声效果就显得不真实了。打开立体声效果之后,能够使声音听上去更润泽、更具空间感,所以建议一般都将它选中。

(2)压缩效果。

在唱歌的录音中,录制出来的效果往往不那么令人满意。有的语句发音过强、用力过大,几乎造成过载失真了;有的语句却"轻言细语",造成信号微弱。如果对这些录音后的音频数据使用压缩效果器,就会在很大程度上减少这种情况的发生。压缩效果器利用"高的压下来,低的提上去"的原理,对声音的力度起到均衡的作用。

在 GoldWave 中,执行"效果"→"压缩器/扩展器"命令,弹出如图 6-14 所示的"压缩器/扩展器”对话框。在它的三项参数中，最重要的是阈值的确定，它的取值就是压缩开始的临界点，高于这个值的部分就会以比值(%)的比率进行压缩。

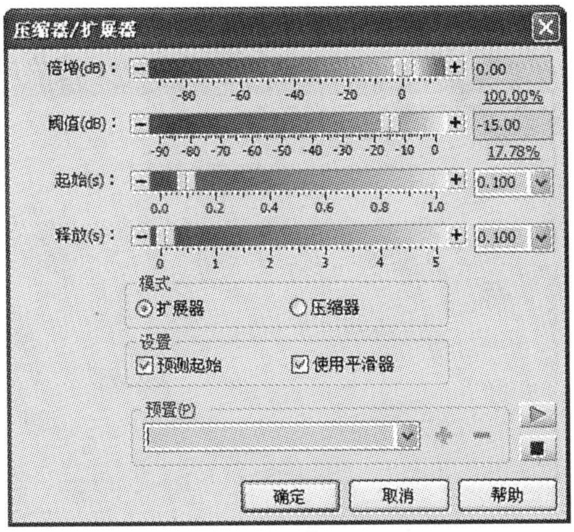

图 6-14　“压缩器/扩展器”对话框

(3)镶边效果。

使用镶边效果能在原来音色的基础上给声音再加上一道独特的“边缘”，使其听上去更有趣、更富有变化性。

执行 GoldWave 的“效果”→“镶边器”命令，弹出如图 6-15 所示的“镶边器”对话框。镶边的效果主要依靠可变延迟、频率和固定延迟这三项参数决定，试着改变它们各自的取值就可以得到很多意想不到的奇特效果。

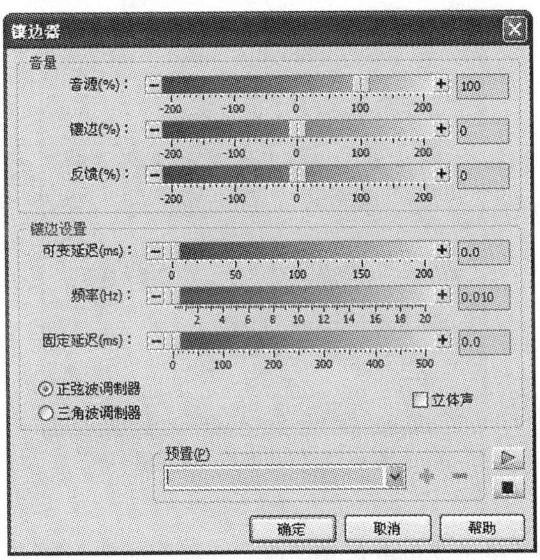

图 6-15　“镶边器”对话框

(4)改变音调。

由于音频文件属于模拟信号，要想改变它的音高将是一件十分费劲的事情，而且改变后的效果不一定理想。GoldWave 的“音调变化”命令能够轻松实现这一功能。执行“效果”→“音调”命令，弹出如图 6-16 所示的“音调“对话框。其中“比例”表示音高变化到现在的 0.5～2.0 倍，是一种倍数的设置方式。“半音”表示音高变化的半音数，12 个半音就是一个八度，所以可用＋12 或－12 来升高或降低一个八度。它下方的“微调”是半音的微调方式，以 100 个单位表示一个半音。

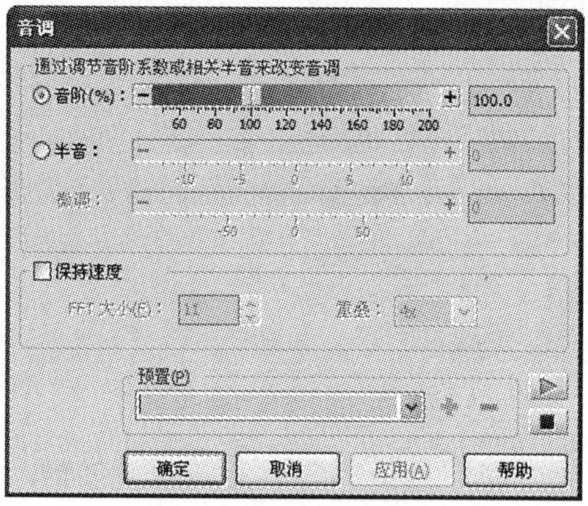

图 6-16 “音调”对话框

(5)均衡器作用。

均衡调节也是音频编辑中一项十分重要的处理方法，它能够合理改善音频文件的频率结构，达到理想的声音效果。

执行“效果”→“滤波器”→“均衡器”命令，打开 GoldWave 的“均衡器”对话框，如图 6-17 所示。最简单的调节方法就是直接拖动代表不同频段的数字标识到一个指定的位置上，注意声音每一段的增益不能过大，以免造成过载失真。

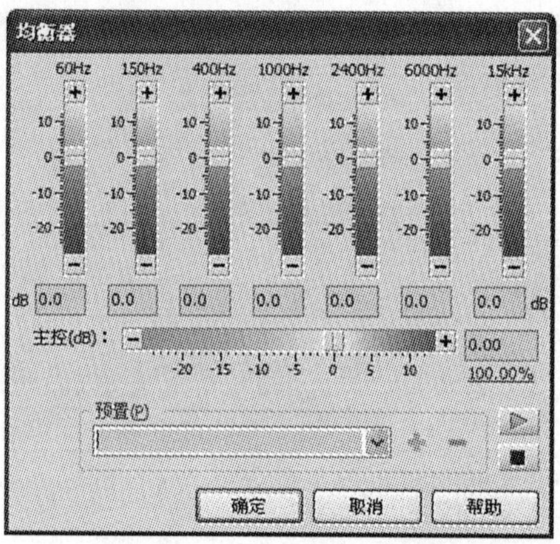

图 6-17 “均衡器”对话框

(6)音量效果。

GoldWave 的“音量”效果子菜单中包含了改变选择部分的音量大小、淡出淡入效果、音量最大化、匹配音量、定型音量等命令，可以满足各种音量变化的需求。例如，执行“效果”→“音量”→“外形音量”命令，弹出“外形音量”窗口，如图 6-18 所示。

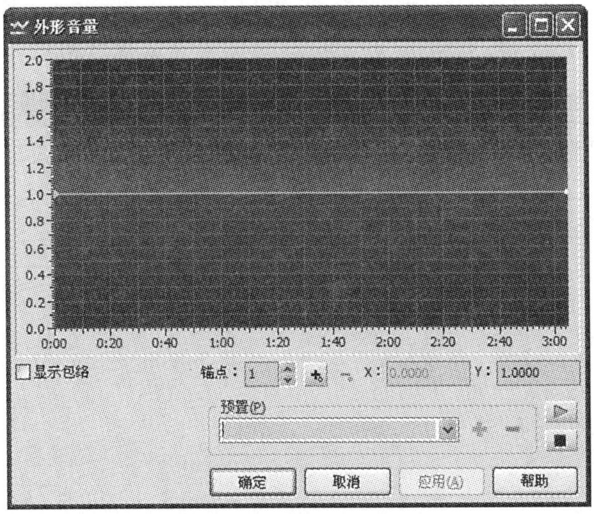

图 6-18　“外形音量”窗口

(7)声相效果。

声相效果是指控制左、右声道的声音位置并进行变化，以达到声相编辑的目的。GoldWave 提供了反相、偏移、混响、机械化等效果。

(8)其他实用功能。

GoldWave 除了提供丰富的音频效果制作命令外，还准备了 CD 抓音轨、批量格式转换、多种媒体格式支持等非常实用的功能。

- CD 抓音轨：如果要编辑的音频素材在一张 CD 中的话，直接选择 GoldWave“工具”菜单中的“CD 读取器”命令，就能够一步完成抓音。相应的窗口如图 6-19 所示。

图 6-19　“CD 读取器”窗口

- 批量格式转换：GoldWave 中的批量格式转换是一项十分有用的功能，它能够同时打开多个它所支持的格式的文件，并转换为其他音频格式。

执行“文件”→“批处理”命令，弹出“批处理”窗口，如图 6-20 所示。添加要转换的多个文件，并选择转换后的格式和路径，然后单击“开始”按钮，即可完成批量格式转换。

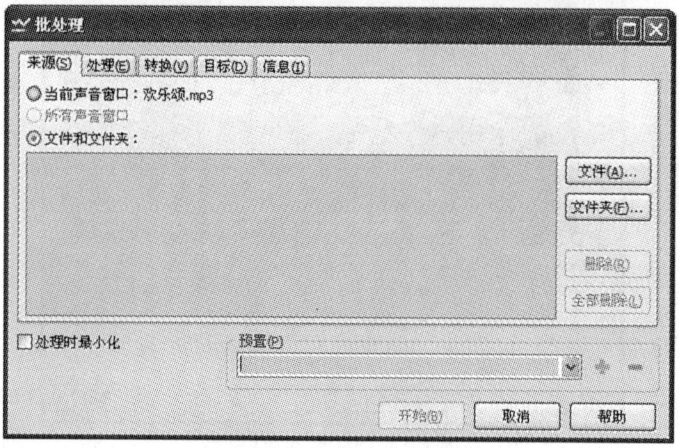

图 6-20 “批处理”窗口

4. 使用表达式计算器

GoldWave 不但有完善的声音编辑功能，还有强大的声音生成功能，可以使用一些数学公式来生成各种各样的声音。

选定插入点后，单击工具栏上的表达式计算器“$f(x)$”按钮，即可弹出“表达式计算器”对话框，如图 6-21 所示。既可以在“表达式计算器”对话框中修改声音，也可以直接在“表达式”编辑框中直接输入表达式来产生声音。

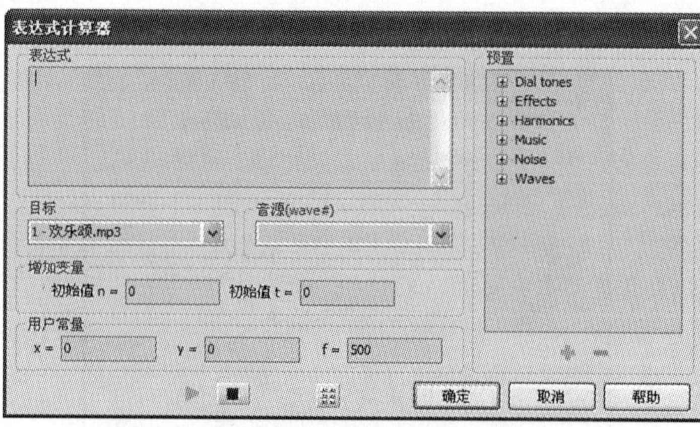

图 6-21 “表达式计算器”对话框

第 7 章　多媒体数字视频处理技术

7.1　数字视频概述

7.1.1　视频的定义

视频(Video)信息是连续变化的影像，是多媒体技术最复杂的处理对象。视频通常是指实际场景的动态演示，例如，电影、电视、摄像资料等。在视频中，一幅图像称为一帧，是构成视频信息的最基本单位。在空间、时间上互相关联的图像序列(帧序列)连续起来，就是动态视频图像。视频既可以提供高速信息传送，也可以显示信息瞬间的相互关系。视频信息是由相继拍摄并存储的图像组成的。除了具有图像的高速信息传送特性外，由于加入了随同图像的时间因素，因而视频包含更多的信息。例如，人们可以自始至终地观看到整个设备的运作顺序，并显示出每一个步骤；可以准确地看到每一个零部件的位置；可以看到调整的整个过程，并且知道所花费的时间。这是用任何形式的书面材料都不可能完全表达的信息。

7.1.2　视频的分类

按照处理方式的不同，视频分为模拟视频和数字视频。

1. 模拟视频

模拟视频属于传统的电视视频信号的范畴。模拟视频信号是基于模拟技术以及图像显示的国际标准来产生视频画面的。

电视信号是视频处理的重要信息源。电视信号的标准也称为电视的制式。目前各国的电视制式不尽相同，不同制式之间的主要区别在于不同的刷新速度、颜色编码系统、传送频率等。目前世界上最常用的模拟广播视频标准(制式)有中国、欧洲使用的 PAL 制，美国、日本使用的 NTSC 制及法国等国使用的 SECAM 制。

PAL(Phase Alternate Lock)标准是联邦德国 1962 年制定的一种兼容电视制式。PAL 意指“相位逐行交变”，主要用于欧洲大部分国家、澳大利亚、南非、中国和南美洲。屏幕分辨率增加到 625 条线，扫描速率降到了每秒 25 帧。采用隔行扫描。

NTSC 标准是 1952 年美国国家电视标准委员会(National Television Standard Committee)制定的一项标准。其基本内容为：视频信号的帧由 525 条水平扫描线构成，水平扫描线每隔 1/30 秒在显像管表面刷新一次，采用隔行扫描方式，每一帧画面由两次扫描完成，每一次扫描画出一个场需要 1/60 秒，两个场构成一帧。美国、加拿大、墨西哥、日本和其他许多国家都采用该标准。

SECAM 标准是 Sequential Color and Memory 的缩写，该标准主要用于法国、东欧、前苏联和其他一些国家，是一种 625 线、50 Hz 的系统。

模拟视频信号主要包括亮度信号、色度信号、复合同步信号和伴音信号。在 PAL 彩色电视制式中采用YUV模型来表示彩色图像。其中Y表示亮度，U、V用来表示色差，是构成彩色的两个分量。与此类似，在NTSC彩色电视制式中使用YIQ模型，其中的Y表示亮度，I、Q是两个彩色分量。YUV表示法的重要性是它的亮度信号(Y)和色度信号(U、V)是相互独立的，也就是Y信号分量构成的黑白灰度图与用U、V信号构成的另外两幅单色图是相互独立的。由于Y、U、V是相互独立的，所以可以对这些单色图分别进行编码。

模拟视频一般使用模拟摄录像机将视频作为模拟信号存放在磁带上，用模拟设备进行编辑处理，输出时用隔行扫描方式在输出设备(如电视机)上还原图像。模拟视频信号具有成本低、还原性好等优点。但它的最大缺点是不论被记录的图像信号有多好，经过长时间的存放之后，信号和画面的质量将大大降低；经过多次复制之后，画面会有很明显的失真。

2. 数字视频

数字视频是对模拟视频信号进行数字化后的产物，它是基于数字技术记录视频信息的。模拟视频可以通过视频采集卡将模拟视频信号进行A/D(模/数)转换，这个转换过程就是视频捕捉(或采集过程)，将转换后的信号采用数字压缩技术存入计算机磁盘中就成为数字视频。

与模拟视频相比，数字视频有以下优点。

(1)更强的稳定性。

模拟摄像机使用基于分压元器件，电容器和放大器件的电路来实现诸如白平衡，增益调整，灰度电平调整等与视频图像品质相关的参数调整。数字摄像机已经在数字域中进行了校准和定位。一旦在出厂前进行了校准，校准和定位后的数值就会保存在摄像机的只读存储器中(ROM)。这些数值保持恒定从而把随使用时间和温度变化而产生的漂移降低到了最小。

(2)更强的噪音信号抑制能力。

模拟摄像机通常基于一个视频输出信号，而这个输出信号用一个很窄的电压波动范围来表示从黑色到全饱和的白色的颜色变化。尽管同轴电缆确实在一定程度上对噪音信号进行了抑制，但因为只有相对于整个输出信号幅度的若干毫伏的外部噪音信号就可以影响输出的视频信号，所以，模拟视频的噪声较大。数字信号是由某一特定阈值控制的电压或电流信号。噪音信号如果要对视频信号构成干扰必须达到一定的级别以使得视频信号大于或者小于阈值。

(3)高性能的视频图像。

受电缆和采集技术的限制，模拟摄像机最大的像素时钟只能达到40 MHz，这极大地制约了摄像机的性能提升。而当前的数字标准允许像素时钟最大到85 MHz，并且当使用多路数据同时传输的技术后还可近一步提升数据的传输能力。当视频帧率达到每秒几百帧甚至上千帧时，分辨率达到200万像素、400万像素甚至更高时，只有数字方案的速度和带宽可以满足这种需求。

(4)使用方便。

每台数字摄像机的心脏是一片微处理器，比如FPGA、ASIC或其他处理设备。近几年，这些处理器变得更小巧更高效。这些芯片除了可对摄像机提供基本的控制以外，摄像机的生产厂商还可以加入更高级的特性，比如阴影校正，运行时修改采集图像尺寸，提供定制的Gamma查找表等。对OEM用户，摄像机的高级特性可以加入用户自己的检测算法，使得摄像机成为更加直接高效的图像处理设备。而所有的这些都是模拟摄像机不可能提供的。

(5)没有像素抖动。

模拟摄像机使用一个“像素时钟”来决定何时应该读出在模拟视频信号中的每个像素的值。

在很多的情况下，图像采集卡使用称为锁相循环的电子器件(Phase Locked Loop)来产生像素时钟。在图像卡和摄像机交换像素时钟信号时，时钟信号的定时会有微小的漂移发生。这种漂移就造成了“像素抖动”，它会造成读取错误的像素值的情况发生。即便使用最高品质的 PLLs 器件，抖动仍然会在 5 ns 到 20 ns 之间，尽管看起来似乎很小，但当采样像素时钟信号自己只有 25 ns长时就会变的影响非常显著。对数字摄像机，视频信号被数字化，单一的信号时钟即用作采样也用作像素时钟，不需要 PLL，像素的定时开关协调一致，这就提高了数字摄像机的采样精度。

7.1.3　视频标准与视频文件类型

数字视频技术广泛应用于通信、计算机及广播电视等领域，从而产生了许多视频编码标准和各种各样的视频文件。

1. 数字视频标准

伴随着数字视频、音频技术的应用，其技术规范也在不断发展，形成了不同时期的数字视频标准。

(1)MPEG-1。

MPEG-1 制定于 1992 年，是针对 1.5 Mbps 以下数据传输速率的数字存储媒质运动图像及其伴音编码的国际标准。采用 CIF 视频格式(分辨率为 352×288 像素)，帧速率为 25 帧每秒或 30 帧每秒，码率为 1.5 Mbps(其中视频约 1.2 Mbps，音频约 0.3 Mbps)。主要用于多媒体存储与再现，为了追求更高的压缩率，同时满足多媒体应用所需的随机存取要求，MPEG-1 将视频图像序列划分为 I 帧(内帧)、P 帧(预测帧)和 B 帧(内插帧)，根据不同的图像类型而不同对待。

MPEG-1 的应用领域包括光盘、数字音频磁带(Digital Audio Tape，DAT)、温彻斯特硬盘以及通信网络(如 ISDN 和局域网等)，其典型的应用是 VCD。为了支持多种应用，可由用户来规定多种输入参数，包括灵活的图像尺寸和帧频。

(2)MPEG-2。

MPEG-2 制定于 1994 年，称作“运动图像及其伴音信息的通用编码”，是针对 3～10 Mbps 的运动图像及其伴音的国际标准。MPEG-2 具有较强的分级编码能力，其压缩比可变，且最高可达 200：1。MPEG-2 的应用领域很广，它支持面向存储媒质的应用；支持各种通信环境下数字视频信号的编码和传输，如数字电视、TV 机顶盒和 DVD 等；还可以应用于 Internet、卫星通信、视频会议和多媒体邮件等，其典型的应用是 DVD 和 HDTV(高清晰度电视)。为了适应不同的应用环境，MPEG-2 中有很多可以选择的参数和选项，改变这些参数和选项，可以得到不同的图像质量，满足不同的需求。

(3)MPEG-4。

MPEG-4 制定于 1998 年，称作“甚低速率视听编码”，是针对一定的数据传输速率下的视频、音频编码标准，更注重多媒体系统的交互性和灵活性，是为了播放流式媒体的高质量视频而专门设计的。MPEG-4 推动了数字广播电视、实时多媒体监控、低比特率下的移动多媒体通信、基于内容的信息存储和检索、Internet/Intranet 上的视频流与可视游戏、DVD 上的交互多媒体应用、演播室和电视节目制作等各方面的发展。

(4)MPEG-7。

MPEG-7 制定于 2001 年，是为不同类型的多媒体信息描述定义的一个新标准。MPEG-7 描述能通过数据(如静止图画、图形、三维模型、音频、演讲、视频)来定位,或远程地用该数据描述的双向指针来定位,解决了计算机查找音频和视频很困难的问题。MPEG-7 的应用范围很广泛,既可用于存储,也可用于流式应用。MPEG-7 的典型应用场合有数字图书馆、多媒体索引服务、广播节目选择、多媒体编辑(如电子新闻出版)等。另外,MPEG-7 在多媒体教育、地理信息系统、旅游信息、环境监控、建筑和室内设计、娱乐购物以及电影电视节目档案制作等方面都有潜在的应用价值。

(5)H. 261 和 H. 263。

H. 261 标准和 H. 263 标准是 CCITT 分别于 1990 年、1995 年制定的,用于 ISDN(综合业务数字网)和 PSTN(公共交换电话网)的视频编码标准。H-261 标准的名称为“视听业务速率为 $P\times64$ kbps的视频编译码”,又称为 $P\times64$ kbps 视频编码标准($P=1,2,\cdots,30$)。$P=1$ 或 2 时,仅能支持 QCIF(176×144 像素)分辨率格式、每秒钟帧数较低的可视电话;当 $P\geqslant6$ 时,则可支持图像分辨率格式为 GIF(352×288 像素)的视频会议。H. 263 标准是 ITU-T 关于低于 64 kbps 的窄带通道视频编码建议,其目的是能在电话网上传输活动图像。这些标准的出现不仅使低带宽网络上的视频传输成为可能,而且解决了不同软、硬件厂商产品之间的互通性,因而对多媒体通信技术的发展起到了非常重要的作用。

(6)T. 120。

20 世纪 90 年代以来,Internet 的开放性以及电信业务的不断扩展使人们对电话线路的使用方式发生了明显的变化,人们越来越多地使用电话线路传输数据,进行多媒体通信。为了能将传统的线路交换网络和现代的信息包交换网络紧密地融合在一起,满足多媒体数据通信业务急剧增长的需要,国际电信联盟制定了许多相关标准。其中,T. 120、H. 320、H. 323 和 H. 324 标准组成了多媒体通信的核心技术标准。T. 120 是实时数据会议标准,H. 320 是综合业务数字网视频会议标准,H. 323 是局域网上的多媒体通信标准,H. 324 是公共交换电话网上的多媒体通信标准。

2. 视频文件类型

视频文件可以分为动画文件和影像文件两大类。动画文件是由动画制作软件如 Flash、3ds Max、Director 等设计生成的文件;影像文件主要是指包含实时音频、图像序列的多媒体文件,通常由视频设备输入。常见的影像文件有 AVI 文件、MPEG 文件、QuickTime 文件、Real Video 文件等。

(1)AVI 文件。

AVI 是 Microsoft 公司开发的数字音频与视频文件格式,它允许视频和音频交错在一起同步播放,支持 256 色和 RLE 压缩,数据量巨大。但 AVI 文件(. avi)并未限定压缩标准,因此,AVI 文件格式只是作为控制接口上的标准,不具有兼容性,用不同压缩算法生成的 AVI 文件,必须使用相应的解压缩算法才能播放出来。

AVI 格式的优点是采用帧内压缩编码使得图像清晰,可用一般的视频编辑软件对其编辑或处理,缺点是所需存储空间较大。也正因为这一点,才有了 MPEG-1 和 MPEG-4 的诞生。

AVI 文件目前主要应用在多媒体光盘上,用来保存电影、电视等各种影像信息,有时也出现在 Internet 上,供用户下载、欣赏新影片的精彩片断。

(2)MPEG 文件(. dat、. mpg)。

MPEG 是运动图像压缩算法的国际标准,采用有损压缩方法减少运动图像中的冗余信息。

MPEG 标准包括 MPEG 视频、MPEG 音频和 MPEG 系统这三个部分，MP3 文件就是 MPEG 音频的一个典型应用，而 VCD、DVD、SVCD 则全面采用 MPEG 标准产生。VCD 采用 MPEG-1 标准，DVD 采用 MPEG-2 标准。

(3)QuickTime 文件。

QuickTime 是苹果公司开发的音频、视频文件格式，用于保存音频和视频信息，被包括 Apple Mac OS、Microsoft Windows 在内的所有主流计算机平台支持。

QuickTime 文件(. nov)格式支持 25 位元彩色，支持 RLE、JPEG 等集成压缩技术，提供 150 多种视频效果。新版的 QuickTime 进一步扩展了原有的功能，包含基于 Internet 应用的关键特性，能够通过 Internet 提供实时的数字化信息流、工作流与文件回放功能。

(4)Real Video 文件。

Real Video 是 Real Networks 公司开发的流式视频文件(. rm、. rf)格式，主要用于低速率的广域网上实时传输活动视频影像，可根据网络传输速率的不同而采用不同的压缩比，实现影像数据的实时传送和实时播放。

Real Video 还可以与 Real Server 服务器相配合实现实时播放，即先从服务器上下载一部分视频文件，形成视频流缓冲区后实时播放，同时继续下载，为接下来的播放做好准备。这种“边传边播”的方法避免了用户必须等待整个文件从 Internet 上全部下载完毕才能观看的缺点，因而特别适合在线观看视频。

(5)ASF 文件和 WMV 文件。

ASF 文件和 WMV 文件是针对 RM 格式的缺点而提出的。ASF 文件(. asf)是 Microsoft 公司开发的流媒体文件格式，用来在 Internet 上实时播放音频和视频；WMV 文件(. wmv)是 Microsoft 公司开发的与 MP3 齐名的视频格式文件，也是一种独立于编码方式的、在 Internet 上实时传播多媒体的技术标准。它们的共同特点是采用 MPEG-4 压缩算法，所以压缩率和图像的质量都很理想。与绝大多数的视频格式一样，画面质量同文件尺寸成反比关系。也就是说，画质越好，文件越大；文件越小，画质就越差。在制作 ASF 文件时，推荐采用 320×240 像素的分辨率和 30 帧每秒的帧速，可以兼顾清晰度和文件体积，这时的两个小时影像约为 1 GB。

(6)DV 格式。

DV 格式是一种国际通用的数字视频标准，是数码摄像机用于在它的 Mini DV 磁带上记录影像的文件结构。

(7)DIVX 格式。

DIVX 分别采用 MPEG-4 和 MP3/WMA 为视频和音频编码，把视频和音频合并在一起。DIVX 视频编码技术可以说是针对 DVD 而产生的，其画质接近 DVD 且体积只有 DVD 的几分之一；同时它也是为了打破 ASF 的种种约束而发展起来的。其播放对机器的要求也不高，只要有主频 300 MHz 的 CPU、64 MB 的内存和 4 MB 显存的显卡，就可以流畅地播放了。

7.1.4　视频质量与文件大小

对同一个视频剪辑，存储的文件格式不同，文件的大小也不一样。一个 120 min 的视频文件的不同格式与大小的关系如表 7-1 所示。

表 7-1 文件格式与大小的关系

类型	扩展名	描述	大小
微软视频	avi	兼容性好、调用方便且图像质量好，但数据量巨大	4 GB
微软视频	wmv	独立于编码方式的、在 Internet 上实时传播多媒体的技术标准，采用 MPEG-4 压缩算法	1 GB
微软视频	asf	流媒体文件格式，用来在 Internet 上实时播放音频和视频	300 MB
Real Player 视频	rm	在低速率的网上实时传输视频的压缩格式，具有小体积而又比较清晰的特点，文件的大小完全取决于制作时选择的压缩率	200 MB
Apple 视频	mov	采用有损压缩方式，画面效果较 AVI 格式要稍微好一些	500 MB
MPEG 视频	dat	采用 MPEG-1 格式压缩	1.2 GB

7.2 视频的数字化

要在多媒体计算机系统中处理视频信息，就必须对不同信号类型、不同标准格式的模拟视频信号进行数字化处理，形成数字视频。模拟视频的数字化主要包括视频信号采样、彩色空间转换、量化等工作。

7.2.1 视频数字化方法

通常视频数字化有复合数字化(Recombination Digitalization)和分量数字化(Component Digitalization)两种方法。

复合数字化是指先用一个高速的模/数(A/D)转换器对全彩色电视信号进行数字化，然后在数字域中分离亮度和色度，以获得 YC_bC_r 分量、YUV 分量或 YIQ 分量，最后再转换成 RGB 分量。

分量数字化是指先把复合视频信号中的亮度和色度进行分离，得到 YUV 或 YIQ 分量，然后用 3 个模/数转换器对 3 个分量分别进行数字化，最后再转换成 RGB 分量。分量数字化是采用较多的一种模拟视频数字化方法。

7.2.2 视频数字化过程

由于视频信号既是空间函数又是时间函数，而且又采用隔行扫描的显示方式，所以视频信号的数字化过程远比静态图像的数字化过程复杂。首先，多媒体计算机系统必须具备连接不同类型的模拟视频信号的能力，可将录像机、摄像头(机)、电视机、VCD 机、DVD 机等提供的不同视频源接入多媒体计算机系统，然后再进行具体的数字化处理。如果采用分量采样的数字化方法，则基本的数字化过程包括以下内容：

1)按分量采样方法采样，得到隔行样本点。

2)将隔行样本点组合、转换成逐行样本点。

3)进行样本点的量化。

4)彩色空间的转换，即将采样得到 YUV 或 YC_bC_r 信号转换为 RGB 信号。

5)对得到的数字化视频信号进行编码、压缩。

具体数字化过程中的彩色空间转换、量化等环节，其顺序可随所用技术的不同而变化。数字化后的视频经过编码、压缩后，形成不同格式和质量的数字视频，可适应不同的处理和应用要求。

7.2.3 视频采样

对视频信号进行采样时可以有两种采样方法：一种是使用相同的采样频率对图像的亮度信号和色差信号进行采样，这种采样将保持较高的图像质量，但会产生巨大的数据量；另一种是对亮度信号和色差信号分别采用不同的采样频率进行采样(通常是色差信号的采样频率低于亮度信号的采样频率)，这种采样可减少采样数据量，是实现数字视频数据压缩的一种。

视频采样的基本原理是依据人的视觉系统所具有的两个特性：一是人眼对色度信号的敏感程度比对亮度信号的敏感程度低，利用这个特性可以把图像中表达颜色的信号去掉一些而使人察觉不到；二是人眼对图像细节的分辨能力有一定的限度，利用这个特性可以把图像中的高频信号去掉而使人不易察觉。如果用 Y∶C_r∶C_b 来表示 Y、C_r、C_b 这 3 个分量的采样比例，则数字视频常用的采样格式分别为 4∶4∶4、4∶2∶2、4∶1∶1 和 4∶2∶0 等 4 种。实验表明，使用这些采样格式，人的视觉系统对采样前后显示的图像质量不会感到有明显差异。每种采样格式的空间采样位置如图 7-1 所示。通常，把色度样本数少于亮度样本数的采样称为子采样。

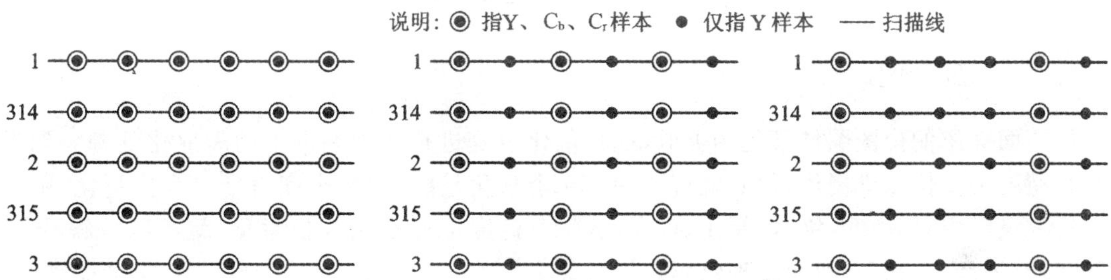

(a) 4:4:4 采样格式 (b) 4:2:2 采样格式 (c) 4:1:1 采样格式

图 7-1 3 种采样格式的采样空间位置

1. 4∶4∶4 采样格式

这种采样格式中，Y、C_b 和 C_r 具有同样的水平和垂直清晰度，在每一像素位置，都有 Y、C_b 和 C_r 分量，即不论水平方向还是垂直方向，每 4 个亮度像素相应的有 4 个 C_b 和 4 个 C_r 色度像素，如图 7-1(a)所示。这种采样相当于每个像素用 3 个样本表示，因而也称为“全采样”。

2. 4∶2∶2 采样格式

这种采样格式是指色差分量和亮度分量具有同样的垂直清晰度，但水平清晰度彩色分量是亮度分量的一半。水平方向上，每 4 个亮度像素具有 2 个 C_b 和 2 个 C_r。在 CCIR601 标准中，这是分量彩色电视的标准格式，如图 7-1(b)所示。这种采样平均每个像素用 2 个样本表示。

3. 4∶1∶1 采样格式

这种采样格式在每条扫描线上每 4 个连续的采样点取 4 个亮度 Y 样本、1 个红色差 C_r 样本和 1 个蓝色差 C_b 样本，如图 7-1(c)所示。这种采样平均每个像素用 1.5 个样本。

4. 4∶2∶0 采样格式

这种采样格式是指在水平和垂直两个方向上每 2 个连续的(共 4 个)采样点上各取 2 个亮度 Y 样本、1 个红色差 C_r 样本和 1 个蓝色差 C_b 样本，C_b 和 C_r 的水平和垂直清晰度都是 Y 的一半，平均每个像素用 1.5 个样本。该格式的色差分量最少，对人的彩色感觉与其他几种类似，最适合数字压缩，常用的 DV、MPEG-1 和 MPEG-2 等均使用该格式。然而，尽管是同一种格式，MPEG-1 与 MPEG-2 在采样空间位置上还有一定的区别。MPEG-1 中的色差信号位于 4 个亮度信号的中间位置，而 MPEG-2 中的色差信号在水平方向上与左边的亮度信号对齐，没有半个像素的位移，如图 7-2 所示。

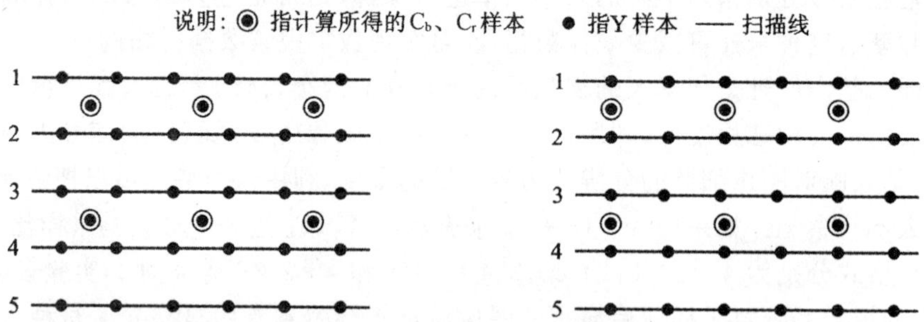

（a） MPEG–1 采用的 4:2:0 采样格式　　（b） MPEG–2 采用的 4:2:0 采样格式

图 7-2　4∶2∶0 格式的两种不同采样位置

7.2.4　视频量化

同前面介绍的位图图像量化相类似，视频量化也是进行图像幅度上的离散化处理。如果信号量化精度为 8 位二进制位，信号就有 $2^8=256$ 个量化等级；如果亮度信号用 8 位量化，则对应的灰度等级最多只有 256 级；如果 R、G、B 等 3 个色度信号都用 8 位量化，就可以获得约 1700 (256×256×256=16777216)万种色彩。

对于以上不同的采样格式，如果用 8 位的量化精度，则每个像素的采样数据如表 7-2 所示。

表 7-2　采样格式与像素数据位数

采样格式	样本个数(像素)	采样数据位数(像素)
4∶4∶4	3	3×8=24
4∶2∶2	2	2×8=16
4∶1∶1	1.5	1.5×8=12
4∶2∶0		

量化位数越多，量化层次就分得越细，但数据量也成倍上升。每增加一位，数据量就翻一番。例如，DVD 播放机视频量化位数多为 10 位，灰度等级达到 1024 级，而数据量则是 8 位量化的 4 倍。所以，量化精度的选择要根据应用需求而定。一般用途的视频信号均采用 8 位或 10 位量化，而信号质量要求较高的情况下可采用 12 位量化。

7.2.5 视频数字化标准

为了在 PAL、NTSC 和 SECAM 标准的模拟视频之间确定共同的数字化参数，早在 20 世纪 80 年代初，国际无线电咨询委员会（International Radio Consultative Committee，CCIR）就制定了彩色电视图像（模拟视频）数字化标准，称为 CCIR601 标准，现改为 ITU-RB T.601 标准。该标准规定了彩色电视图像转换成数字图像时使用的采样频率、采样格式以及 RGB 和 YC_bC_r 两个彩色空间之间的转换关系等。

1. 采样频率

ITU-RB T.601 为 NTSC 制、PAL 制和 SECAM 制规定了共同的视频采样频率，这个采样频率也用于远程通信网络中的电视图像信号采样。其中，亮度信号采样频率 f_S=13.5 MHz，而色度信号采样频率 f_c=6.75 MHz 或 13.5 MHz。PAL 标准的每行采样点数 N=864，NTSC 标准的每行采样点数 N=858。对于所有制式，每个扫描行的有效样本数均为 720。

这样的参数规定可用以下的方法来验证：

对于 PAL 和 SECAM 标准的视频信号，采样频率 f_S 为：

$$f_S = \text{每帧行数} \times \text{帧频} \times N = 625 \times 25 \times 864 = 13.5\ (\text{MHz})$$

对于 NTSC 标准的视频信号，采样频率 f_S 为：

$$f_S = \text{每帧行数} \times \text{帧频} \times N = 525 \times 29.97 \times 858 = 13.5\ (\text{MHz})$$

2. 分辨率与帧率

对于不同标准的模拟视频信号，ITU-RB T.601 制定了不同的分辨率与帧率参数，具体内容如表 7-3 所示。

表 7-3　分辨率与帧率参数表

模拟视频标准	分辨率(像素)	帧率(fps)
NTSC	640×480	30
PAL	768×576	25
SECAM	768×576	25

3. 采样格式与量化范围

ITU-RB T.601 也对 NTSC 和 PAL 标准的视频信号的采样格式和量化范围做了规定，推荐使用 4∶2∶2 的视频信号采样格式，量化范围取值为：亮度信号 220 级，色度信号 225 级。使用这种采样格式时，Y 用 13.5 MHz 的采样频率，C_r 和 C_b 分别用 6.75 MHz 的采样频率。采样时，采样频率信号要与场同步信号和行同步信号同步。表 7-4 给出了两种采样格式、采样频率和量化范围参数。

表 7-4 视频信号数字化参数摘要

采样格式	信号形式	采样频率(MHz)	样本数/扫描行		量化范围
			NTSC	PAL	
4∶2∶2	Y	13.5	858(720)	864(720)	220 级(16～235)
	C_r	6.75	429(360)	432(360)	225 级(16～240)
	C_b	6.75	429(360)	432(360)	(128±112)
4∶4∶4	Y	13.5	858(720)	864(720)	220 级(16～235)
	C_r	13.5	858(720)	864(720)	225 级(16～240)
	C_b	13.5	858(720)	864(720)	(128±112)

4. 彩色空间的转换

数字域中 RGB 和 YC_bC_r 两个彩色空间之间的转换关系，可用下式表示，即

RGB→YC_bC_r 转换

$Y=0.2990R+0.5870G+0.1140B$

$C_b=0.564(B-Y)$

$C_r=0.713(R\ Y)$

YC_bC_r→RGB 转换

$R=Y+1.4.2C_r$

$G=Y-0.344C_b-0.714C_r$

$B=Y+1.772C_b$

5. CIF、QCIF 和 SQCIF

为了既可用 625 行又可用 525 行的模拟视频，CCITT 规定了 CIF(Common Intermediate Format，公共中间格式)、QCIF(Quarter-CIF，1/4 公共中间格式)和 SQCIF(Sub-Quarter Common Intermediate Format)格式，具体规格参数如表 7-5 所示。

表 7-5 CIF、QCIF 和 SQCIF 图像格式参数

项目	CIF		QCIF		SQCIF	
	行数/帧	像素/行	行数/帧	像素/行	行数/帧	像素/行
亮度(Y)	288	360(352)	144	180(176)	96	128
色度(C_b)	144	180(176)	72	90(88)	48	64
色度(C_r)	144	180(176)	72	90(88)	48	64

CIF 格式具有以下特性：

1)视频的空间分辨率为家用录像系统 VHS 的分辨率，即 352×288。

2)使用逐行扫描。

3)使用 NTSC 帧速率，即视频的最大帧速率为 30000/1001≈29.97 幅/s。

4)使用 1/2 的 PAL 水平分辨率，即 288 线。

5)对亮度和两个色差信号(Y、C_b 和 C_r)分量分别进行编码，它们的取值范围与 ITU-RB T.601 规定的量化范围相同，即黑色为 16，白色为 235，色差的最大值等于 240，最小值等于 16，如表 7-4 所示。

6. 视频序列的 SMPTE 表示单位

通常用时间码来识别和记录采样视频数据流中的每一帧，从一段视频的起始帧到终止帧，其间的每一帧都有一个唯一的时间码地址。动画和电视工程师协会(Society of Motion Picture and Television Engineers，SMPTE)使用的时间码标准格式：

小时：分钟：秒：帧(hours：minutes：seconds：flames)

在具体的数字视频进行编辑处理时，就是通过 SMPTE 时间码准确定位视频帧的。

7.3　视频数据的采集

为了在计算机中存储视频信息，模拟视频信号必须实现模数转换，这个转变过程就是视频采集(或视频捕捉)。所谓视频采集就是将模拟摄像机、录像机、LD 视盘机、电视机输出的模拟视频信号通过专用的模数转换设备，转换为二进制数字信息的过程。采集到的视频内容还必须进行剪辑修改，删除不必要的内容、添加各种特效、增加字幕和配音等，这就是视频处理。

7.3.1　视频采集的基本原理

模拟视频的数字化包括不少技术问题，如电视信号具有不同的制式，而且采用复合的 YUV 信号方式，而计算机则工作在 RGB 空间；电视机是隔行扫描，计算机显示器大多是逐行扫描；电视图像的分辨率与显示器的分辨率也不尽相同，等等。因此，模拟视频的数字化主要包括色彩空间的转换、光栅扫描的转换以及分辨率的统一等。

模拟视频一般采用分量数字化方式，先把复合视频信号中的亮度和色度分离，然后用 3 个模数转换器对 3 个分量分别进行数字化，最后再转换成 RGB 空间。另一种做法是首先用一个高速模数转换器对彩色全电视信号进行数字化，然后在数字域中进行分离，以获得所希望的 YUV 或 RGB 分量数据。

人眼对彩色细节的分辨能力远比对亮度细节的分辨能力低，因此降低彩色分量的分辨率不会明显影响图像质量。而模拟电视信号的亮度信号带宽又是色度信号带宽的两倍。因此在其数字化时可采用幅色采样法，即对信号的色差分量的采样率低于对信号的亮度分量的采样率。在视频采集工作中，视频采集卡是主要设备。

1. 视频采集卡的概念

视频采集卡(Video Capture Card)又称视频捕捉卡，用它可以获取数字化视频信息，并将其存储和播放出来。很多视频采集卡能在捕捉视频信息的同时获得伴音，使音频部分和视频部分在数字化时同步保存、同步播放。视频采集卡的功能就是将视频源的模拟信号通过处理转换成数字信号(即 0 和 1)，并将这些数字信息存储在计算机硬盘上。

按照信号源和接口的不同，视频采集卡可分为两类：一类是模拟采集卡，它通过 AV 或 S 端子将模拟信号采集到计算机中，使模拟信号转化为数字信号，其视频信号源可来自模拟摄像机、电视机、模拟录像机等；另一类是数字采集卡，它通过 IEEE 1394 数字接口，以数字对数字的形式将数字信号无损地采集到计算机中，其视频信号源主要来自数码摄像机及其他一些数字化设备。模拟采集卡与数字采集卡的一个重要区别就是：使用数字采集卡，在采集过程中视频信号没有损失，可以保证得到与原始视频源一模一样的效果，而使用模拟采集卡，视频信号会有一定程度的损失。

从视频采集卡的性能来分,视频采集卡可分为专业和家用两个级别。专业级视频采集卡不仅可以进行视频采集,并且还可以实现硬件级的视频压缩和视频编辑。家用级视频采集卡只能做到视频采集和初步的硬件级压缩,而更为“低端”的电视卡,虽可进行视频的采集,但它通常省却了硬件级的视频压缩功能。如果要在电视机或计算机上观看数字视频,则需要一个从数字信号到模拟信号的数模转换器,将二进制信息译码成模拟信号才能进行播放。播放时,视频信号被转变为帧信息,并以约 30 帧每秒的速度投影到显示器上,使人眼认为它是连续运动着的。

2. 视频采集卡的工作原理

视频采集卡可以接收来自视频输入端的模拟视频信号,将该信号进行采集、量化成数字信号,然后压缩编码成数字视频。其工作流程如图 7-3 所示。

大多数视频采集卡都具备硬件压缩的功能,在采集视频信号时首先在卡上对视频信号进行压缩,然后再通过 PCI 接口把压缩的视频数据传送到主机上。一般的视频采集卡采用帧内压缩的算法把数字化的视频存储成 AVI 文件,高档一些的视频采集卡还能直接把采集到的数字视频数据实时压缩成 MPEG-1 格式的文件。

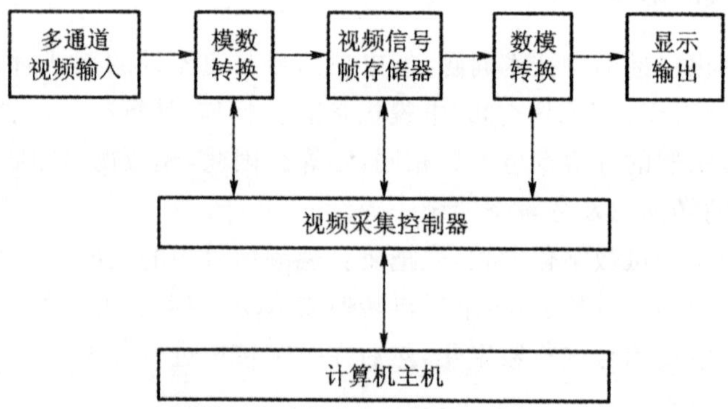

图 7-3　视频采集卡的工作流程

由于模拟视频输入端可以提供不间断的信息源,视频采集卡要采集模拟视频序列中的每帧图像,并在采集下一帧图像之前把这些数据传入计算机系统。因此,实现实时采集的关键是每一帧所需的处理时间。如果每帧视频图像的处理时间超过相邻两帧的间隔时间,则要出现数据的丢失,即丢帧现象。视频采集卡都是把获取的视频序列先进行压缩处理,然后再存入硬盘。也就是说,视频序列的获取和压缩是在一起完成的,免除了再次进行压缩处理的不便。不同档次的视频采集卡具有不同质量的采集压缩性能。

3. 视频采集卡的接口

视频采集卡的接口包括与计算机的接口和与模拟视频设备的接口。视频采集卡通常采用 32 位的 PCI 总线接口,它插到计算机主板的扩展槽中,以实现视频采集卡与计算机的通信和数据传输。视频采集卡至少要具有一个复合视频接口(Video In)以便与模拟视频设备相连。高性能的视频采集卡一般具有一个复合视频接口和一个 S-Video 接口。

此外,以前的电视卡并不是视频采集卡,视频采集卡一般不具备电视天线接口和音频输入接口,不能用视频采集卡直接采集电视射频信号,同时也不能直接采集模拟视频中的伴音信号。

7.3.2 视频数据处理技术

视频处理泛指对视频信息的所有操作,视频处理技术主要包括视频的编辑、视频的压缩等方面,其目的是增强视频的观赏性。

1. 视频的编辑

采集到的数字视频文件一般要经过编辑加工后,才能在多媒体系统中使用。常见的视频编辑操作如下。

(1)基本编辑。

视频的基本编辑主要是针对所选取的视频片段进行编排、剪切、复制等操作,在时间轴上将视频片段从头到尾排列,形成从头到尾连续播放的视频节目。

(2)过渡特技。

视频是一组连续播放的画面,剪辑时如果画面间的连接不当,会造成跳动、画面拖沓等感觉,使用过渡特技可使画面连接自然流畅。

(3)视频特技。

视频特技是指对片段本身所做的处理,包括透明处理、运动处理、速度处理、色彩处理等。例如,透明处理可以将两个片段的画面内容叠加在一起,常用在表示回忆的场景中;运动处理可以使静止的画面进行移动。

(4)字幕。

视频上叠加的文字称为字幕。字幕在画面变化时要保持一段时间,不同的画面内容要配合显示不同的文字说明,字幕可以选用不同的出现方式,如移入、溶解、放大、缩小、旋转、变色等,以产生不同的视觉效果。

(5)配音。

视频节目制作中除了音乐之外,往往还需要添加适当的配音进行旁白。在录制节目的同时录下当时的环境声音称为同期声,编辑时可以单独处理,进行剪辑或添加效果,也可以为语音解说配上背景音乐。

2. 视频的压缩

数字化的视频信号以视频文件的形式存储在磁盘上,所占空间非常大。而经过适当压缩减少或去除视听冗余后,并不影响其最终的视觉效果,传输和存储会更方便。

由于视频是连续的静态图像,因此其压缩编码算法与静态图像的压缩编码算法有某些共同之处,但是运动的视频还有其自身的特性,因此在压缩时还应该考虑其运动特性才能达到高压缩率的目标。

(1)有损压缩和无损压缩。

在视频压缩中,有损压缩和无损压缩的概念与静态图像中基本类似。无损压缩也即压缩前和解压缩后的数据完全一致。有损压缩意味着解压缩后的数据与压缩前的数据不一致,在压缩的过程中要丢失一些人眼和人耳所不敏感的图像或音频信息,而且丢失的信息不可恢复。几乎所有高压缩率的算法都采用有损压缩。

(2)帧内压缩和帧间压缩。

帧内压缩也称为空间压缩。当压缩一帧图像时,仅考虑本帧的数据而不考虑相邻帧之间的冗余信息，这实际上与静态图像压缩类似。帧内压缩一般采用有损压缩算法，由于帧内压缩时各个帧之间没有相互关系，所以压缩后的视频资料仍可以以帧为单位进行编辑。

帧间压缩也称为时间压缩，是通过比较时间轴上不同帧之间的数据进行压缩的。这是基于许多视频或动画的相邻两帧具有很大的相关性，也即连续的视频其相邻帧之间具有冗余信息。根据这一特性，压缩相邻帧之间的冗余量就可以进一步提高压缩量，减小压缩比。帧间压缩一般是无损的，帧差值算法是一种典型的时间压缩法，它通过比较本帧与相邻帧之间的差异，仅记录本帧与其相邻帧的差值，这样可以大大减少数据量。

7.3.3 视频编辑软件概述

具有编辑视频文件功能的程序一般被称为数字视频编辑器。能够编辑数字视频数据的软件也称为非线性编辑软件，这是相对于传统的磁带和电影胶片的线性编辑而言的。数字视频编辑器的应用范围很广，从功能非常简单的软件到专业化的软件都有应用，数字化视频的编辑和制作已经慢慢融入人们的日常生活。

1. 非线性编辑系统的概念

非线性编辑系统是随着多媒体技术的飞速发展而产生的，以计算机为平台，配以专用板卡和高速硬盘，由相应软件控制完成视频、音频节目制作。使用视频、音频非线性编辑系统已经成为电视节目后期制作、电子出版物和多媒体课件制作的发展方向。

非线性编辑是将传统视频编辑系统要完成的工作全部或部分放在计算机上实现的技术。由于多媒体技术的交互性，人们可以对数字文件反复地更新或编辑。所以，从本质上讲，非线性技术提供了一种分别存储许多单独素材的方法，使得任何视频片段都可以立即播放，并随时进行修改。非线性编辑具有传统线性编辑无法比拟的很多优点。

(1)编辑制作方便。

传统线性编辑中的剪辑与增加特技要交替顺序进行，非线性编辑可以先编好镜头的顺序，然后根据要求在需要的编辑点上添加特技。

(2)有利于反复编辑和修改。

在实际工作中，发现不理想之处或出现错误时可以恢复到若干操作步骤之前。可在任意编辑点上插入一段素材，切入点以后的素材可被自动向后推；同样删除一段素材，切出点以后的素材可以自动向前递补，重组素材段。

(3)制作图像画面的层次多。

每一段素材都相当于传统编辑系统中一台播放机播放的视频信号，而素材数量是无限的，这使得节目编辑中的连续特技可一次完成多个，它不仅提高了编辑效率，而且丰富了画面的效果。

(4)图像与声音的同步对位准确方便。

图像通过加帧、减帧可拉长或缩短镜头片段，随意改变镜头的长度。声音可不变音调而改变音长(即保持声音频率不变，延长或缩短时间)。因此，在实际制作过程中，在一段音乐与一幅图像相配时，很容易把它们的长度编成一致。这在传统的线性编辑方式中是不太容易做到的。

2. 非线性编辑系统的工作流程

非线性编辑系统的工作流程主要分为以下几步。

(1)视频素材的准备和搜集。

视频素材可以是来自于传统视频设备的原始视频资料，如摄像设备、录放像设备、影碟机等视频源，也包括用计算机本身获得或生成的图形、动画素材。为了获得高质量的最终视频产品，高质量的原始素材是非常重要的。

(2)视频采集与数字化。

这一过程是非线性编辑系统的关键一环，其结果会直接影响最终产品的品质。视频数字化是通过视频采集卡及相应的软件实现的，主要工作是对视频信号进行动态捕获、压缩和存储，形成数字化视频文件。

(3)数字视频编辑。

典型的编辑过程是：首先，创建一个编辑的过程平台，这个平台可自由设定视频展开的信息，既可以逐帧展开也可以逐秒展开，间隔可以任意选择；其次，将数字化的视频素材用拖曳的方式放入过程平台；再次，调用编辑软件提供的编辑手段，对各种素材进行剪辑、重排和衔接，添加各种特殊效果，如二维或三维特技，叠加活动字幕、动画等。在整个编辑过程中，各种参数可以任意调整，便于对过程的控制和对最终效果的把握。

3. 常用数字视频编辑软件

目前，市场上的数字视频编辑软件有很多，虽然基本功能相近，但又各具特色，定位不同。实际应用时，可视具体情况选择使用。

常见的数字视频编辑软件有 Microsoft 公司的 Windows Movie Maker、Adobe 公司的 Adobe Premiere、Ulead 公司的 Video Studio(会声会影)以及 Pinnacle 公司的 Pinnacle Studio 和 Pinnacle Edition。其中，Windows Movie Maker、会声会影和 Pinnacle Studio 定位于普通家庭用户，Adobe Premiere 和 Pinnacle Edition 则定位于中高端商业用户。

(1)Adobe Premiere。

Adobe Premiere 是 Adobe 公司推出的基于非线性编辑设备的视频、音频编辑软件，作为功能强大的多媒体视频、音频编辑软件，它具有广泛的素材兼容性、精确的素材剪辑功能、方便的镜头转换功能、丰富的视频特技技巧、强大的素材叠加功能和直观的音频合成功能，已经在影视制作领域取得了巨大的成功。它广泛应用于电视台、广告制作、电影剪辑等领域，成为 Windows 和 MAC 平台上应用最为广泛的视频编辑软件。

(2)Ulead Media Studio Pro。

Media Studio Pro 是 Ulead 公司开发的多媒体影视制作软件，它是一套整合性完备、面面俱到的视频编辑套餐式软件，最新版本为 7.0 版。它集成了五大功能模块，即 Video Editor(视频编辑)、Audio Editor(音频编辑)、CG Infinity(动画制作)、Video Paint(特效绘图)和 Video Capture(视频捕获)，可以轻松地对视频、音频进行捕获、编辑以及输出。其独特之处在于 Video Paint 可以对视频片段中的任意一帧或者连续帧进行画面处理，而且它内置了 MPEG 编码器，可不借助任何插件轻松制作 VCD 影片。

(3)Ulead Video Studio。

虽然 Media Studio Pro 功能强大，但它专业性太强，上手比较难。而 Ulead 公司的另一套编辑软件 Video Studio(会声会影)是完全针对家庭娱乐、个人纪录片制作开发的简便型视频编辑软件，非常适合家庭和个人使用。

会声会影提供了 12 类 114 个转场效果，可以用拖曳的方式应用，并且每个效果都可以做进一步的控制。另外,还具有字幕、旁白或动态标题的文字编辑功能。它还提供了多种输出方式,可以输出传统的多媒体电影文件,例如,AVI、FLC动画、MPEG电影;也可以将制作完成的视频嵌入贺卡,生成一个可执行文件;通过内置的Internet发送功能,可以将制作完成的视频通过电子邮件发送出去或者自动将它作为网页发布。

(4)Ulead DVD Movie Factory(Ulead DVD 制片家)。

Ulead DVD制片家是针对那些希望得到简单实用、快捷方便的高质量存储和分享解决方案的家庭和商业用户而设计的。它具备简单的向导式制作流程,可以快速将用户的影片刻录到VCD或DVD上。内置的DV-to-MPEG技术可以直接把视频捕获为MPEG格式,然后马上进行VCD/DVD光盘的刻录,成批转换功能可以不受视频格式的限制。它还包含一个简单的视频编辑模块,可以让用户对影片进行快速剪裁。制作有趣的场景选择菜单可以为用户的DVD增加互动性,支持多层菜单,可以选择预制的专业化模板或用自己的相片作为背景。最终可以将影片刻录到DVD、VCD或SVCD上,在家用DVD/VCD播放机或计算机上播放。

(5)Windows Movie Maker。

Windows Movie Maker简称WMM,是Windows XP的一个标准组件,其功能是将用户自己录制的视频素材经过剪辑、配音等编辑加工,制作成富有艺术魅力的个人电影。它也可以将大量照片进行巧妙的编排,配上背景音乐,还可以加上自己录制的解说词和一些精巧特技,加工制作成电影式的电子相册。Windows Movie Maker最大的特点就是操作简单,使用方便,并且用它制作的电影体积小巧,非常适合通过电子邮件发送给亲朋好友,或者上传到网络供用户下载收看。

7.4 数字视频处理软件

Adobe Premiere是以Project(项目)为基础制作影片的,项目中记录了Premiere影片中的所有编辑信息,例如,素材信息、效果信息等。一般情况下,在Premiere中制作影片按以下步骤进行。

1)建立一个新项目。

2)导入原始素材片段。

3)装配和编辑素材。

4)对素材应用转场特效、滤镜特效、运动特效以及叠加处理。

5)为影片添加声音和字幕。

6)输出影片。

7.4.1 Adobe Premiere的窗口组成

启动Adobe Premiere Pro,系统会出现启动对话框,如图7-4所示。

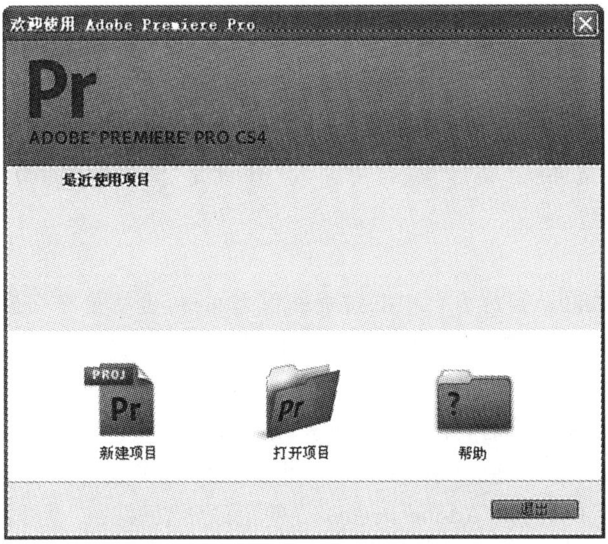

图 7-4　Adobe Premiere Pro 启动对话框

单击“新建项目”图标按钮，系统会出现预设框，设置项目的名称，即可进入 Adobe Premiere Pro 的主界面，主界面由菜单栏和小工作窗口组成，如图 7-5 所示。

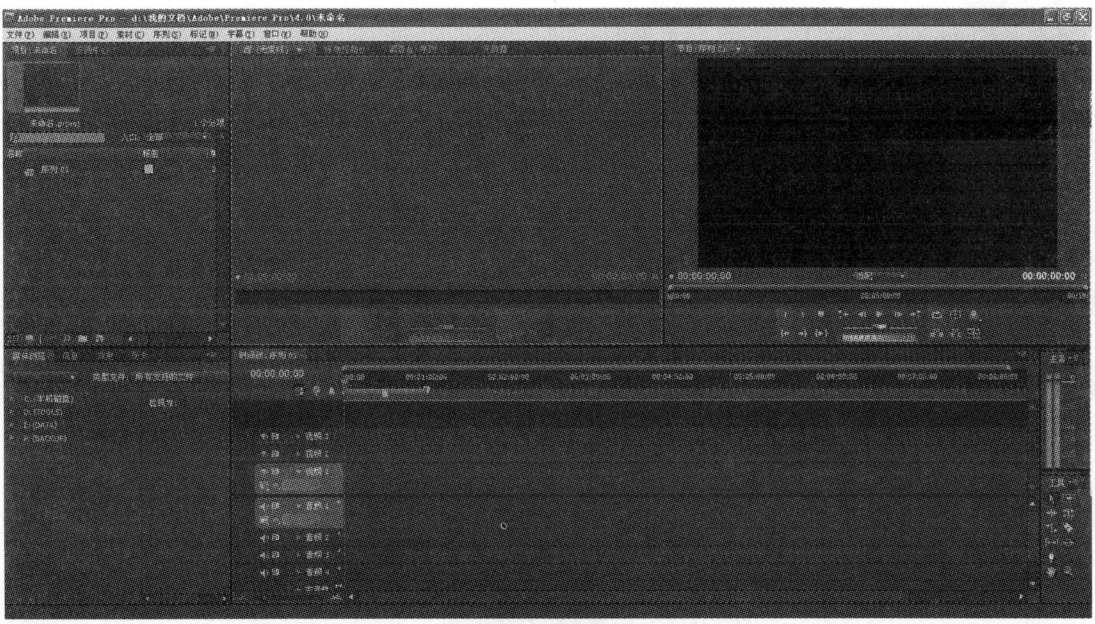

图 7-5　Adobe Premiere Pro 的主界面

1.“项目”窗口

Adobe Premiere 的素材来源是多种多样的，如用摄像机采集的视频、用扫描仪得到的图片、自己制作的动画和用录音设备捕获的声音序列等。但不管是哪种素材，都是数字化的或经过数字化处理的资料。

“项目”窗口就是用来管理各种素材的，其中详细地列出了项目的名称、类型、区间、视频信息和音频信息等。可以将素材添加到项目列表中，也可以将素材从项目中删除。

(1)添加素材。

执行“文件”→“导入”命令，弹出导入文件对话框。在对话框中，既可选择项目文件(“.prproj”文件)，也可直接选择一个或多个其他文件(如“.avi”文件、“.fim”文件、“.mov”文件等)；选择完成后，单击“打开”按钮，便会弹出“项目”窗口，并将选中的文件输入到窗口中。在进行编辑时，可以直接将文件从“项目”窗口中拖入“时间线”窗口的“视频”或“音频”轨道上进行处理。

(2)视频捕捉。

将视频和音频信号记录到计算机中的过程被称为捕捉，也就是将模拟视频、音频信号数字化的过程。执行“文件”→“采集”命令，弹出其对话框，根据对话框中的提示信息便可采集视频。

(3)删除素材。

在“项目”窗口中添加素材时，并非真的把素材全部加入到项目中了，而只是将硬盘上的素材文件和项目之间建立了一种对应关系，即有一个指针指向这个文件。因为这些要编辑的素材会占用大量硬盘和内存空间，所以 Adobe Premiere 使用原始素材的一个样品或一串略图来代替实际的视频或其他资源。这样在不影响操作的情况下，既节省了空间，又节省了时间。只有在生成预览或生成影片时，才对素材进行实际操作。所以，如果要从“项目”窗口中去掉一个素材，直接用鼠标选中这一素材，然后按 Delete 键即可。这样操作并没有删除实际的文件，只是去掉了项目与文件之间的关系。

2.“时间线”窗口

时间线是整个软件包中最重要的视频编辑工具。从“项目”窗口里选择要使用的视频与音频片段，并将它们拖曳到时间线上，按照希望的顺序排列。在这个阶段，可以在处理之前或之中选择编辑特定的场景。

执行“窗口”→“时间线”命令，弹出“时间线”窗口，它提供了 3 个视频时间线——视频 1、视频 2 与视频 3。在这个架构下，时间线最好的使用方法是将片段在视频 1 与视频 2 上连续排列。视频 3 时间线可以使用额外的特效，如变色文字、片头标题连续视频、片尾标题等。

把项目中的素材加入到“时间线”窗口中时，选中要添加的素材，当看到鼠标变成手形时，按住鼠标左键不放，移动鼠标拖到要添加的轨道上，然后松开鼠标即可。如果所添加的是有声视频，相应的音频部分会自动地添加到音频轨道上。

3. 工具箱

在“时间线”窗口的左侧有一个工具箱，可以用来选择和编辑素材，如图 7-6 所示。

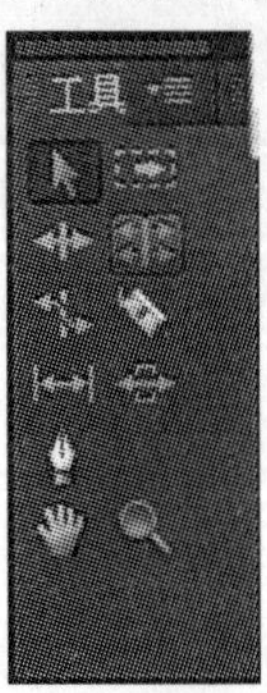

图 7-6　工具箱

(1)选择工具。

选择素材和移动素材。当它位于一个素材的边缘时,就会变成拉伸光标,可用来拉长或缩短素材。

(2)轨道选择工具。

可对单轨道上的所有素材进行整体性的操作,例如,可将整个一条轨道上的素材移到另一条轨道上去,或者对两条轨道上的所有素材同时进行平移操作。操作方法是:单击轨道选择工具,在轨道上单击可选中轨道上的所有素材,也可以在按 Shift 键的同时单击轨道实现多选。

(3)波纹编辑工具。

在不影响"时间线"窗口中同一轨道上的所有其他素材持续时间的前提下,改变某一素材的持续时间。操作方法是:单击波纹编辑工具,将鼠标箭头移到两段素材交界的地方,在出现波纹标记时前后拖动即可。

(4)旋转编辑工具。

在不改变影片总长度的情况下,调整两段相邻素材的长短关系。操作方法是:单击旋转编辑工具,将鼠标箭头移到两段素材交界的地方,出现滚动标记时前后拖动即可。需要注意的是,要进行编辑的两段素材的长度应该小于原始素材的长度,这样其中的一段素材才有余地"补充"失去的时间。

(5)比例伸展工具。

对素材放映的速率进行调整。操作方法是:单击速率调整工具,在某一片段的边缘拖动,缩短素材速度加快,拉长素材速度减慢。

(6)剃刀工具。

将一个素材剪成多个素材,并生成新素材,它们分别具有独立的长度和出入点,可独立操作。操作方法是:单击剃刀工具,在片段上单击,即可将素材切断。

(7)滑动工具。

可以同时改变当前片段的入点(起始帧)和出点(结束帧)位置,要求进行滑动的素材的长度应该小于原始素材的长度。

(8)滑行工具。

保持被拖动片段的出点和入点的位置不变,变更相邻的片段的出点和入点。

(9)钢笔工具。

对于关键帧进行一些特定方式的调整。

(10)抓取工具。

主要用于移动轨道,和滚动条的效果是一样的。

(11)缩放工具。

缩小或放大时间单位,通过改变时间单位来改变素材的显示长度。操作方法是:单击缩放工具,单击一次放大一级,单击两次则放大两级。如果要缩小,可以在按住键盘上的 Alt 键的同时再单击。

4. 监视窗口

监视窗口不仅可用来监视单个素材,还可用来监视合成的节目,同时它也可以做一些编辑工作。窗口中有两个监视区域。左边的是"素材"窗口,右边的是"时间线播放"窗口。移动时间线的滑块,可改变监视的帧。两个窗口都分别设有"播放"、"停止"、"前一帧"、"后一帧"、"循环播放”、“标记入点”和“标记出点”等按钮，这些播放控制按钮可以随意实现倒退、前进、停止、播放、单步播放或循环播放选定区域等动作。

7.4.2 Adobe Premiere 的基本用法

Adobe Premiere 的基本用法可以分为视频制作、特技效果、视频滤镜、合成音效和制作字幕这五个部分。

1. 将图片制作成连续播放的视频文件

将一幅幅独立的图片利用 Adobe Premiere 制作成连续播放的视频文件，是影视制作中经常要用到的一种形式。具体操作步骤如下。

1)将图片整合成 704×576 像素大小的“.bmp”文件，将伴音准备为“.wav”文件。

2)进入 Adobe Premiere Pro 后，将上述图片文件和伴音文件输入到“项目”窗口中备用。

3)分别按顺序将图片文件从“项目”窗口中拖入“时间线”窗口的视频 1 轨道中，每放入一个图片文件时，即右击以激活快捷菜单，选取快捷菜单上的“速度/持续时间”选项，便会弹出“速度/持续时间”对话框，输入新的播放时间，如 00：00：05：00，即将图片播放持续时间定为 5 s。

4)在“.bmp”图片全部放置完成后，可将伴音“.wav”文件放入“时间线”窗口的音频 1 轨道中。

5)拖动编辑线到最左边，单击监视窗口中的“时间线播放”子窗口中的播放按钮，预览影片。

6)执行“文件”→“保存”命令存盘，执行“文件”→“输出”→“影片”命令，取名为“影片 .avi”，输出影片时会出现进度条。

2. 特技效果

Premiere 的特技效果包括视频画面的切换、音频片段之间的转换、在音频和视频片段上应用滤镜等，所有的特技效果均在“项目”窗口的“特效”子窗口中。当应用了某一特效之后，特效参数可在监视窗口的“特效控制”子窗口中设置，其特技效果可在监视窗口的“时间线播放”子窗口中预览。

一个场景结束，另一个场景接着开始，这就是电影的镜头转场。在 Premiere 中，提供了多种类型的转场效果，既可以在同一轨道的两个相邻片段之间转场，也可以在不同轨道的两个部分重叠的片段之间转场。例如，实现 4 个视频片段转场的具体操作步骤如下。

1)新建一个项目，导入 4 个视频片段。

2)将其中两个视频片段拖到视频 1 轨道，相邻摆放。将另外两个视频片段拖到视频 2 轨道，相邻摆放。其中，视频 1 轨道中的第二个视频应该和视频 2 轨道中的第一个视频有小部分交叉。

3)打开“特效”子窗口，选择“视频转场”中的“3D 过渡”中的“窗帘”转场效果。把此效果拖到时间线的“1.avi”和“2.avi”片段之间。

4)同理，把“3D 过渡”中的“翻页”转场效果拖到时间线的“3.avi”和“4.avi”片段之间，把“3D 过渡”中的“翻转”转场效果拖到时间线的“2.avi”和“3.avi”片段之间，把“3D 过渡”中的“关门”转场效果拖到时间线的“4.avi”片段末尾。

5)最后，播放保存影片即可。

选中应用特效的片段，还可以通过“特效控制”子窗口设置转场持续时间、转场地点等参数。

3. 视频滤镜

Premiere 中提供了多种视频滤镜，可以快速对原始素材进行加工，制造一些有趣的特技效果。添加视频滤镜的操作方法如下。

1)选择欲添加滤镜的素材，将其拖到时间线上。

2)在“特效”子窗口中，单击“视频特效”。选择“通道”中的“翻转”滤镜并直接拖到时间线中的视频片段上。

3)同理，可将“光效”中的“镜头眩光”滤镜拖到同一片段上，前后效果对比图。

选中应用滤镜的片段，在“特效控制”子窗口中可以调节各种滤镜参数，或者通过在滤镜名称上单击鼠标右键，在弹出的快捷菜单中单击“清除”命令删除滤镜。

4. 合成音效

一般的节目都是视频和音频的合成，音乐和声音的效果给影像节目带来的冲击力是令人震撼的。传统的节目在后期编辑的时候，根据剧情需要配上声音效果，叫做混合音频，生成的节目电影带叫做双带。胶片上有特定的声音轨道存储声音，当电影带在放映机上播放的时候，视频和音频以同样的速度播放，实现了画面和声音的同步。Premiere 可以很方便地处理音频，获得不可或缺的音频效果。

获得音频的方式有很多，最多的就是从网上下载自己喜欢的 MP3 或 WAV 音频剪辑，还可以利用软件获得音频。例如，用 Premiere 将 AVI、WMV 等视频文件导入到 Premiere 的时间线上，音频和视频就会自动分开。

(1)音频持续时间的调整。

音频的持续时间就是指音频的入、出点之间的素材持续时间，因此，对于音频持续时间的调整就是通过对入、出点的设置来进行的。改变整段音频持续时间可采用的方法如下。

1)在“时间线”窗口中，用选择工具直接拖动音频的边缘，以改变音频轨迹上音频素材的长度。

2)选中“时间线”窗口的音频片段，然后右击，从弹出的快捷菜单中单击“速度/持续时间”就会弹出“速度/持续时间”对话框，在其中可以设置音频片段的持续时间和音频的速度。但是，改变音频的播放速度会影响音频播放的效果，音调会因速度的提高而升高，因速度的降低而降低。同时，播放速度变化了，播放的时间也会随着改变，但这种改变与单纯改变音频素材的入、出点而改变持续时间不是一回事。

(2)使用滤镜效果。

Premiere 还包括很多音频的效果，许多音频滤镜都是硬件提供滤镜效果的软件版。有些滤镜用来提供或者纠正音频的特征，有些滤镜用来添加声音的深度、声调的颜色或者特殊的效果。改变每一个滤镜的设置都能达到改变原始素材音频效果的目的。Premiere 支持 3 种声道文件：5.1 声道、立体声和单声道，采用不同声道的音频文件只能采用对应的音频滤镜。例如，立体声可以将声源位置在左、右声道之间循环移动，产生一种声音在左、右喇叭之间循环移动的效果，具有较强的立体感。在立体声文件上应用“混响”音频滤镜的操作步骤如下。

1)选择音频素材，将其拖到“时间线”窗口的音频 1 轨道上。

2)单击“项目”窗口中的“特效”子窗口，将“音频特效”中的“混响”滤镜效果直接拖到“时间线”窗口中的音频片段上。

5. 制作字幕

在影片的制作中，有时需要为影片画面配上文字说明、为影片中的对白和解说加上字幕、为影片添加片头、片尾和演职员表等，Premiere 中可使用字幕设计器完成这些功能。

(1)输入字幕。

输入字幕的操作步骤如下。

1)选择“文件”→“新建”→“字幕”命令，弹出字幕设计器。白色的区域就表示电视画面，其中有两个虚线框，外框是图像安全框，由于电视标准的历史原因，电视画面的周边有 10%左右是超出显像管的边界的，因此只有在此图像的 90%的方框中的图像是可以安全显示的。同理，内部的虚线框是字幕安全框，制作的字幕都不要超出这个框，不然在电视上看到的字幕很可能紧贴着屏幕的边缘。

2)在编辑区中单击鼠标，出现一个方框，书写所需的字幕文字，如“计算机基础主讲：张力”。

3)拖动鼠标选中“计算机基础”字样，在字幕设计器的“对象风格”列表中选择 LiShu(隶书)、大小为 56、填充红色。

4)拖动鼠标选中“主讲：张力”字样，在字幕设计器的“对象风格”列表中选择 LiShu(隶书)、大小为 36、填充黑色。

5)单击工具箱中的选择工具，将文字调整到中间位置。

6)执行“文件”→“保存”命令，存储为“计算机课程字幕 . prtl”。

7)导入视频片段“1. avi”，将其拖到视频 1 轨道上。

8)导入“计算机课程字幕 . prtl”并将其拖到视频 2 轨道上即可。

(2)滚动字幕。

滚动字幕的操作步骤如下。

1)执行“文件”→“新建”→“字幕”命令，弹出字幕设计器。

2)选择字幕类型为“滚动”型，单击工具箱中的文字工具，拖出一个显示框，输入滚动字幕的文本，并设置相应的格式。

3)单击字幕设计器上方的滚动选项按钮，在弹出的对话框中勾选“Start off Screen”和“End Off Screen”选项。

4)执行“文件”→“保存”命令，存储为“制作人员 . prtl”。

5)在“项目”窗口中导入“制作人员 . prtl”并将其拖到视频 3 轨道上，配合监视器，调整“计算机课程字幕 . prtl”和“制作人员 . prtl”字幕之间的重叠部分，做出片头刚消失、制作人员表紧跟的效果。

如果想做水平滚动字幕的效果，可在字幕设计器中选择字幕类型为“左飞”。

第 8 章　多媒体通信与网络

8.1　多媒体通信概述

8.1.1　多媒体通信的特点和应用

1. 多媒体通信的特点

多媒体通信具有以下 3 个特点。

(1)集成性。

多媒体通信系统应能同时传送两种及两种以上的媒体信息，例如，视频和声音、图像与文字、动画、文字和音乐等。并且具有对这些媒体信息的处理、存取和传送的能力。

(2)交互性。

多媒体通信系统必须能以交互方式进行工作，而不是像通常的通信系统那样进行简单的单向、双向传输或广播。因此，它能真正实现多点之间的自由传输和多媒体信息之间的自由交换。根据需要，信息的传输和交换有时要做到实时进行。而且多媒体终端用户对通信的全过程有完整的交互控制能力。

(3)同步性。

多媒体信息大都具有时间和空间上的相关性，因此，多媒体通信系统必须能支持这种相关性，即通过多媒体网络传送的各种媒体信息能保持它们在时间上的同步关系，以及在空间位置上的协调关系。

在多媒体通信的发展中，涉及到许多技术问题，其中影响最为显著，同时也是多媒体通信的难点所在的 4 项关键技术为：

1)多媒体信息处理，特别是多媒体信息压缩技术。

2)多媒体通信的网络技术和多种媒体之间的同步、实时传输以及一体化技术。

3)分布式多媒体信息处理技术及计算机支持协同工作。

4)多媒体终端技术。

多媒体应用分为单机多媒体应用系统和分布式多媒体应用系统两大类。像多媒体邮件系统、协同工作系统、分布式虚拟现实应用系统等都需要具有高传输速率的网络作为信息传送的通道。有些网络具有较高的带宽和较低的错误率，它们对多媒体信息的传输具有强有力的支撑功能，例如 FDDI、宽带以太网和 ATM 等。

多媒体应用有许多共同特征，但对其他应用来说这些特征又是多媒体应用所特有的。

1)需要实时传输连续媒体的信息。

2)要交换的数量比较大，因而连续媒体信息需要编码。

3)应用是面向分布的。

2. 多媒体通信终端的特点

多媒体通信终端具有集成性、交互性、同步性和实时性等特点，一般由三部分构成。

(1)交互式检索和解码输出。

交互式检索包括输入方法、菜单选取等输入方式。多媒体信息经过解码、A/D变换输出人们需要的表示信息。

(2)同步。

通过这一部分完成各种媒体同步的功能，用户可以得到一个完整的声、文、图一体化的信息。同步是多媒体通信终端中的核心部分。

(3)编辑和执行。

编辑功能指剪辑、编辑和创作，执行部分则由网络和各种接口组成。多媒体终端要用到接口(I)协议、同步(B)协议以及应用(A)协议。多媒体通信终端的核心部分是Modem主机，它可以是一台PC或工作站，且具有处理、存储、控制和复用功能。此外，还需包括必要的外设，例如多媒体信息输入、输出与显示单元，有时还需要各种专门的处理/控制的海量存储单元。多媒体通信终端将电话、传真和通信的功能合为一体。

国际电信联盟的标准部门(ITU-T)成立了视听多媒体业务联合协调组(JCG/AVMMS)，已提出了在公用电信网上视听多媒体业务的标准框架草案。这一草案包括多媒体业务的定义、系统和终端、基础结构以及呼叫控制、一致性和互操作测试等。H.320终端已用来提供会议电视系统的音频和视频压缩信号，它是多媒体通信的一种终端。

3. 网络多媒体技术的应用

随着网络多媒体技术的迅速发展，形成了多种网络多媒体技术的应用，如：可视电话、视频会议系统、视频监控系统、多媒体电子邮件、视频点播(VOD)、远程多媒体数据库、远程计算机辅助教学、虚拟现实等。

多媒体技术和它的应用正在迅速发展，新的技术、新的应用、新的系统不断涌现。从多媒体应用方面看，有以下几个发展趋势。

1)从单个PC用户环境转向多用户环境和个性化用户环境。

2)从集中式、局部环境转向分布式、远程环境。

3)从专用平台和系统有关的解决方案转向开放性、可移植的解决方案。

4)多媒体通信从单向通信转向双向通信。

5)从被动的、简单的交互方式转向主动的、高级的交互方式。

6)从改造原有的应用转向建立新的应用。

7)多媒体技术越来越多地应用于生产，协同工作、生产过程可视化等将换来生产率的提高。

4. 多媒体通信网络的系统组成

多媒体技术的主要目标之一就是为了满足人们对各种信息的处理和交流的需要。没有信息的交流，多媒体技术也不会如此迅速地被应用和发展。因此，以信息交流为主要任务的多媒体通信在多媒体技术领域中必然占有极其重要的地位。

多媒体通信技术是多媒体技术和通信技术的有机结合，是整个多媒体技术的一个重要组成部分。在多媒体通信中，所传输和交换的信息类型不只是一种，而是多种信息类型的综合信息体。由于通信发展的多媒体趋势，终端设备要处理不同的信号，如图像、声音和文本等。通信线路不仅要实现一般的传输而且还要将这些信号混杂起来传送，信息传送有时必须是实时的，有时也可以是非实时的，那么担任将信息传送到目的地的交换功能也必须能传输多种信号，适应多媒体的要求。

多媒体通信的体系结构仍然在完善阶段。ITU-T 的 1.211 建议为 B-ISDN 提出了一种适应于多媒体通信的体系结构模型。

该体系结构主要包括以下 5 个方面的内容。

(1)传输网络。

传输网络是体系结构的最底层。包括 LAN、MAN、WAN、ISDN、B-ISDN(ATM)和 FDDI 等高速网络。该层为多媒体通信提供了最基本的物理环境，其中，B-ISDN(ATM)、FDDI 是多媒体通信网络的发展方向。

(2)网络通信平台。

该层提供各类网络服务。可以按用户的要求提供不同等级的服务，使用户能直接使用这些服务内容，而无需知道底层传输网络是怎样提供这些服务的，即网络服务平台的创建使传输网络对用户透明。

(3)多媒体通信平台。

该层主要以不同媒体(文本、图形、图像、语音等)的信息机构为基础，提供其通信支援(如多媒体文本信息处理)，并支持各类多媒体应用。

(4)一般应用。

该应用指人们常见的一般多媒体应用。如多媒体文本检索、宽带单向传输、联合编辑以及各种形式的远程协同工作。

(5)特殊应用。

该应用指的是业务性较强的一些多媒体应用，如电子邮购(Electronic Shopping)、远程培训(Teletraining)、远程维护和视频会议等。

随着 RISC 体系结构、高速 RAM 和高速磁盘等相关技术的发展，以高性能工作站为代表的各类计算机的性能指标得到迅速的提高。并且由于工业和商业的原因，独立 PC 和工作站性能的提高总是比网络性能的提高在具体得到应用时要容易得多。

8.1.2　多媒体通信中的关键技术

1. 音视频编解码技术

多媒体元素的形式有文字、声音、图形、图像、动画、视频等，它们也被称为基本信息类型。信息的表示主要分为两种方式，即模拟方式和数字方式。在多媒体计算技术中都采用数字方式。鉴于数字化多媒体信息量的巨大，必须对多媒体数据进行压缩。目前存在多种图像信息和声音信息的压缩标准，在多媒体技术领域通常采用 JPEG 和 MPEG 两种标准。前者用于静止图像的压缩标准，有失真的压缩比可达 50∶1，后者用于视频图像及其伴音，在允许噪声存在的前提下，其压缩比也可达 50∶1。若用于 27 Mbps 的 640×480×24 的动态图像，则可压缩到 550 kbps。

2. 多媒体存储技术

随着计算机数据量以成倍的速率增长，虽然硬盘的容量越来越大，但依然满足不了用户的需求。尤其是随着多媒体技术的日益普及，硬盘已难以容纳下多媒体程序运行时所需要的图形、图像、声音和音乐等庞大的数据文件。数字化的多媒体对存储技术提出了两方面的要求：其一是大容量存储技术，其二是足够的数据传送带宽和支持多媒体的实时处理功能。

3. 多媒体数据库技术

多媒体数据类型不同，表示方式也各不相同。当应用数据库技术来支持多媒体应用时，需要将多媒体数据对象的各种固有特性（如是否采用编码形式或结构形式等）映射到相应的表示形式，如正文文件、图像参数文件、图像数据文件、图形结构等。多媒体数据库应能处理数据对象的上述各种表示方式，包括很多复杂数据对象是由异构的子对象组成的情况，例如在图形上叠加图像等。

不同对象表示形式、存取方式、绘制方法等各不相同，因此，多媒体数据库还应包括处理不同对象的相关方法库。多媒体数据库与方法库应紧密关联，以便进行数据对象的组合、分解和变换等操作。另外，为了方便管理数据对象，应建立数据对象的说明，以便于定义数据对象的二级属性。因此，数据对象、数据对象的说明以及与对象相关联的方法是多媒体数据库的三个组成成分。

除了管理的数据类型复杂外，多媒体数据库的另一特点是存在着时间上的限制，这主要是指实时性和同步要求都很严格。

4. 多媒体网络通信技术

多媒体数据的分布性以及计算机支持的协同工作（CSCW）等应用领域均要求在计算机网络上传输大量的数据。这里，传输速率不是问题的本质，因为无论是以太网，还是光纤网都可以满足 550 kbps 的带宽。现有局域网传输声像数据所遇到的问题是多媒体数据在时间上的连续性，因此要求不间断的传输。在 CSCW 应用中，对同时在网络上传输多路双向声音和图像的要求更高，因为在一个会议室里可以有多个摄像机、监视器和话筒同时发送和接收声像数据。现有局域网络是基于各节点可共享网络带宽的思想设计的，它假设各节点间传送的数据在时间上是相互独立的，从而可以把数据打成包，分别传送。因此从这个观点来看，现有局域网技术不符合多媒体通信的要求。除了带宽问题外，多媒体通信技术中仍有许多特殊问题需要解决，例如，相关数据类型的同步、多媒体设计的控制、不同终端和网络服务器的动态适应、多媒体信息的实时性要求、可变视频数据流的处理、网络频谱及信道分配、高性能和高可靠性以及网络和工作站的连接结构等。

8.1.3 多媒体网络的传输介质

网络中的传输介质，就是指网络中传送信息的载体，即通信线路。传输介质的物理特性、传输特性、地理范围和抗干扰性等将影响其传输性能，具体有以下几种。

1. 网络传输介质

(1)双绞线。

将两根相互绝缘的铜线绞合成有规则的螺旋形成为一对双绞线，多对双绞线外加保护套则构成多对双绞线（Twisted Pair Cable）。双绞线电缆在电话系统中应用较为普遍，也是计算机局域网中最为廉价的传输介质。双绞线电缆结构简单、成本低，可以支持星形、环形和总线形拓扑结构。在局域网中，如采用 10BaseT，0.4～0.6 mm 无屏蔽组合电缆，数据传输速率可达 10 Mb/s。最新的双绞线技术其数据传输速率达到 1000 Mb/s，实现了千兆以太网。双绞线电缆现在已经成为局域网中应用最普遍且技术成熟的传输介质。

(2)同轴电缆。

同轴电缆是网络中应用十分广泛的传输介质之一。同轴电缆抗干扰能力较强,传输距离较远,价格比较便宜。

同轴电缆由同心的导线、绝缘体、屏蔽层和保护套构成。其中,导线为单股或多股的铜芯,起传输信号的作用。屏蔽层为铜或铝制成的金属丝网或金属管,可以提高电缆的抗干扰能力。保护套由塑料、橡胶等材料制成,是同轴电缆的外壳。在远距离电话、电报传输和有线电视信号传输中常采用同轴电缆作传输介质。同轴电缆根据内外导体的直径不同,可以分为中同轴、细同轴和微同轴。按照传输信号的形式,同轴电缆又可以分为基带同轴电缆和宽带同轴电缆两种。

基带同轴电缆一般采用铜丝网作为屏蔽层,只能传送一路数字信号,网上信号可以双向传输,可连接的设备比较多,每段可接几百个设备,加中继器后可达上千个。能支持各种拓扑结构,价格也相对便宜。其在传输距离、安全性等方面的指标高于双绞线电缆,但仍嫌不够。

宽带同轴电缆多用挤压成的铝带为屏蔽层,能够传送模拟信号,也能传送数字信号,信号传输为单向。宽带同轴电缆的带宽可达 300～400 MHz 以上,可以使用频分多路复用技术将一条宽带电缆分为几十个数据通信信道,因而可以在一条电缆上实现数据、语音、图形、图像等多媒体信息的同时传输。在可连接设备数、传输距离、安全性、抗干扰能力等方面较基带同轴电缆更为优越,但其安装维护较为复杂,造价偏高。

基带同轴电缆的最大传输距离在几千米范围内,而宽带同轴电缆的最大传输距离可达几十千米。宽带同轴电缆性能优于基带同轴电缆,但是宽带同轴电缆需要附加信号处理设备,安装比较困难,适用于有线电视网络和宽带计算机网络。基带同轴电缆主要应用于计算机局域网。

(3)光缆。

光缆(Light Wave Cable)以光导纤维为纤芯,纤芯外包有固体包层。若干根光纤组合在一起成为光缆,其组合方式或者是多根光纤再加一个保护层,或者是将光纤放在一个空腔体中。

光纤与其他导体的显著不同在于光纤传导的是光能,而其他导体多传导电能。光纤工作是基于光在两介质交界面上的全反射原理。纤芯的折射率高于包层的折射(约 1%左右),这就将以光的形式出现的电磁能量约束在两介质界面以内,并使光沿着与轴线平行的方向传播。光缆作为传输介质的主要优势在于其物理尺寸小(一根光纤的直径仅 10～20 μm)、带宽大(可达数千 MHz)、信息容量大(一根光纤能传输 500 个电视频道的图像信号、50 万路电话的语音信号,而外径为 1 cm 的光缆通常组合了 32 根光纤)、抗干扰能力强、安全性好、传递衰减小(几个 dB/km)、拉伸强度高(约相当于钢材料)、传输速率高、无须中继,传输距离远。需要说明的是,传输速率与传输距离是两个相互制约的指标。对廉价光纤通信系统,一般采用传输速率与传输距离的乘积作为其传输能力的指标。随着光纤技术的发展,光纤通信系统的传输能力大约每 4～5 年提高 10 倍。现在,传输能力为 1000 Gb/s・km 的系统已进入实用。

光纤应用也有一定的局限性,如很难在不断开光缆的情况下读出光信号,而光能在分岔与接头处损耗很大,这是目前光纤的分岔与接头技术未能解决的,这也使得光缆还不适宜应用于总线形一类的拓扑结构。另外,光纤技术复杂、敷设要求高、造价高。

(4)无线通信。

无线通信是一种无需架设或铺埋通信介质的通信技术。无线通信技术的实现方式主要有:微波通信和红外通信。常用的是微波通信。

微波通信的频率很高，其载波频率可为2～40 GHz范围，可同时传输大量信息。如两个带宽为2 MHz的频率可容纳500条话音线路，用来传输数字信号，其传输速率可达几Mb/s。由于微波沿直线传播，而地球表面是曲面，因此微波在地面上的传播距离有限，一般在40～60 km范围内。当传输距离超出上述范围内时，要设置中继站，以便转接信息继续发送。微波通信也可与有线通信结合使用。

(5)卫星通信。

卫星通信是一种较新的通信技术。它利用人造卫星作中间站转发微波信号，实现各地之间的通信。一般来说，地面通信线路的成本随距离的增加而增加；卫星通信成本则与距离无关。所以，远距离、通信面大的领域多采用卫星通信。此外，卫星通信还具有通信容量大、可靠性高等优点。

2. 传输介质的选择

传输介质的选择取决于多种因素，包括：网络结构、实际需要的通信容量、可靠性要求和可接受的价格等。

双绞线的显著特点是价格便宜，但带宽受限制，对于低通信量要求的局域网，双绞线是最好的选择。

同轴电缆的价格较双绞线高，对大多数局域网来说，通常不再选用同轴电缆。

光纤有宽频带、高速度、小体积、重量轻、衰减小、误码率低和能隔离电磁干扰等优点。因此，光纤已经应用于高速数字通信网中，使用也日趋普遍，光纤分布数据接口FDDI就是其中之一。

21世纪由于Internet的发展，可移动式无线网的需求量日益增加。人们可随时通过无线网将计算机或者手机等产品接入Internet。WAP手机就是基于无线通信的应用型设备。

8.2 多媒体应用的网络需求

8.2.1 音频和视频的实时传送

音频和视频是对多媒体系统特别重要的两种媒体类型。对音频和视频信息的处理能力也是多媒体系统区别于一般计算机系统的主要方面。音频和视频信息对网络通信有其特殊需求，本节将对此进行一般性讨论。

所有媒体类型，包括音频和视频，都可以用两种方式传送——下载方式和实时传送方式。下载方式是一个异步过程，在下载方式下对待多媒体数据和对待其他数据几乎没有什么不同。与其他数据相比多媒体数据只不过数据量大，需要传送的数据量大，在接收端存储量大而已。但在实时传送方式下，音频和视频作为连续媒体，在速率、同步等方面对网络有特殊的要求。这里我们主要讨论音频、视频信息的实时传送。

对于音频和视频的实时传送应注意以下几点。

1)与一般数据信息和控制信息相比实时音频和视频系统对网络传输在速率、延迟、延迟变化、同步等方面要求更高，而在差错率方面要求较低。

2)音频和视频信息均可在非压缩方式下和压缩方式下传送。在压缩方式下，对差错率要求应高一些。这是因为考虑到有些数据被作为参考值而多次使用，它们的差错会造成较大的影响。

3)对于音频和视频信息差错的容忍度还有人听觉和视觉的生理和心理的因素。人耳的听觉可以被建模为一个“微分器”，它对微小的变化十分敏感。而人的视觉机构可以被建模为一个“积分器”，它对短暂的变化不敏感，因此，音频信息对网络的抖动、差错率的要求要比视频信息更高。

8.2.2　音频信息的网络需求

计算机系统产生的声音质量差别很大，它可以是 PC 上低档扬声器产生的声音，也可以是广播质量的三维立体声。从音频质量分类，可以从电话音频质量到 CD 音频质量。音频数据可以是压缩的也可以是不压缩的。不同质量、不同类型的音频信息对网络的要求也不同。我们将之概括如下。

1. 音频流需要的比特率

（1）非压缩音频流所需要的比特率。

1）电话质量：64 kb/s。G.711 规定在非压缩的情况下，模拟信号每秒采样 8000 次并且每个样本用 8 位编码。因而电话质量音频流的最终比特率是 64 kb/s。

2）CD 质量（立体声）：1.4 Mb/s。CD 音频标准是基于模拟信息以 44.1 kHz 的频率采样，每一个样本使用 16 位编码，对单声道的结果是 705.6 kb/s。由于 CD 是立体声的，因此以 CD 质量从网络传送完整的立体声所要求的比特率是 1411.2 kb/s。

（2）压缩音频流所需要的比特率。

1）电话质量：32 kb/s、16 kb/s 和 4 kb/s。在 20 世纪 80 年代发展了许多编码和压缩技术，采用这些技术，电话音频质量可用 32 kb/s，稍低一些的质量能以 16 kb/s 的速率提供，最近的算法产生了低到 4 kb/s 的比特率。

2）CD 质量（立体声）：192 kb/s。CD 质量的声音处理有许多压缩技术。MPEG 采用 MUSI-CAM 方法压缩的立体声，CD 质量的声音需要 192 kb/s。注意，在这个数据流中两个立体声通道都被编码。MPEG 更高的层次对单声道，在 64 kb/s 时可达到近似 CD 质量。

不同质量的音频流需要的比特率表示如表 8-1 所示。

表 8-1　音频流需要的比特率

质量		技术或标准	比特率（kb/s）
电话质量	标准	G.711 PCM	64
	标准	G.721 ADCMP	32
	高级的	G.722 SB-ADCMP	48、56、64
	较差的	G.728 LD-CELP	16
CD 质量（立体声）	CD 音频	CD-DA	1411
	CD 音频	MPEG 音频 FFT	192
	演播室质量	MPEG 音频 FFT	384

2. 音频流对传送延迟的要求

音频流的实时传送对传送延迟的要求取决于具体的应用。交互式的应用对传送延迟有较高的要求。音频流的交互方式可能包括两种。

1）人们之间的交谈：对于人们之间的交谈，过长的延迟时间会使人感觉到应答的滞后。而且，如果端到端的回程延迟时间超过某一特定的值，且没有采用特别的措施来限制回声，则可能会听得见回声。ITU-TS 已将 24 ms 定义为单向传输延迟的上限，超过它就要使用回声消除技术。

2)声控：对于声音输入后需要系统响应的应用，为了有实时的效果，单向传输延迟应低于 100～500 ms，往返延迟一般应为 200～1000 ms。在实际应用中，希望在输入后小于 100 ms 的时间内得到反馈，这要求网络传输延迟在 40 ms 的数量级。

3. 音频流对延迟抖动的要求

延迟抖动指标是支持实时声音的一个重要性能参数。实际上，在所有信息类型中，实时音频对抖动最敏感。所以，网络上的音频实时传送对延迟变化要求很高。为了克服延时变化，需要在终端上使用一个缓冲环节来进行延迟均衡。这个技术自然有两个结果：首先，在终端引入了一个附加延迟；其次，必须有足够的缓冲存储区。

在以典型的 PC 或工作站作为端系统的情况下，网络传送延迟变化对电话质量音频不应超过 400 ms，而对压缩的 CD 质量的音频则一般不应超过 100 ms，对传送延迟严格有限制的多媒体应用，如虚拟现实，抖动不应超过 20～30 ms。

4. 音频流对差错率的要求

在仅需对用户播放(不需要为下一步处理而作记录)的情况下，电话质量音频流的残余误码率应低于 10^{-2}，CD 质量音频流的残余误码率在不压缩格式下应低于 10^{-3}，而在压缩格式下应低于 10^{-4}。

5. 媒体间的同步

多媒体信息在传输之后，不仅在单个数据流如音频流中的时间关系必须恢复，有时在不同的流或各部分间的时间关系也必须恢复，这称为恢复同步，是媒体间同步的问题。

媒体间同步的一个典型情况是音频流和视频流之间的同步。一个严格的同步要求发生在播放语言的同时显示说话者的图像，这个特殊同步要求被称为唇同步。在这种情况下，声音的播放和图像的显示之间的时间差不应超过 100 ms。

8.2.3 视频信息的网络需求

计算机系统产生的运动视频的质量差别也很大。我们考虑了 5 类视频质量：HDTV(高清晰度电视)、演播室质量的数字电视、广播质量的电视、VCR(录像机)质量以及低速视频会议质量。对于 HDTV，建议使用某些分辨率等级、帧率方式。我们提出这些组合中的 3 种：高分辨率/高帧率(1920×1080/60 fps)、高分辨率/常规帧率(1920×1080/30 或 24 fps)和增强分辨率/常规帧率(1280×720/30 或 24 fps)。一般情况下，所指的都是第一种。

常规广播电视使用隔行扫描，每帧都被分为两个场，每一个场只处理奇数行或偶数行。计算机显示器常常使用逐行扫描，在相当的比特率下，逐行扫描能给出更好的感觉质量。

在 ITU-R 推荐的 601 标准中定义了演播室质量的数字电视。帧的格式是每行 720 个像素，并且根据 NTSC 或 PAL/SECAM 制式，每一帧为 525 或 625 行。每个像素用 24 位编码。NTSC的帧速为 30 fps，而 PAL/SECAM 为 25 fps。VCR 比广播电视的分辨率更低。

电视会议质量指的是 CIF 格式(352×288)以及在 5～10 fps 数量级的帧速率。

不同类型视频的实时传送对网络的要求也不同。我们将之概括如下。

1. 实时非压缩视频需要的比特率

由于视频会议质量实际上只运行于压缩情况下，故只提供 HDTV 和演播室质量电视的比特率。

1）非压缩 HDTV，2Gb/s。非压缩 HDTV 采用高清晰度格式。因为高分辨率/高帧率（1920×1080/60 fps）和每个像素 24 位的分辨率，HDTV 的数据流需要的非压缩比特率是 2 Gb/s。

2）非压缩演播室质量电视，166 Mb/s。非压缩演播室质量电视的帧为 720×570 个像素，标准帧速率 25 fps（对 PAL/SECAM），每个像素 24 位，其数据流需要的非压缩比特率是 166 Mb/s。

2. 实时压缩视频所需的比特率

1）采用 MPEG-2 压缩。高分辨率/高帧速率的 HDTV 所需的比特率：20～34 Mb/s；高分辨/常规帧速率 HDTV 所需的比特率：15～25 Mb/s。

2）广播质量的电视：3～6 Mb/s。执行现有的 MPEG-2 压缩标准，大约为 6 Mb/s，人们期望对于 NTSC 广播质量能达到 2～3 Mb/s，而对于 PAL/SECAM 广播质量可为 4 Mb/s。

3）VCD 质量：1.2 Mb/s。采用 MPEG-1 或 DVI 压缩方法，可达 1.2 Mb/s。可另用 200 kb/s 于声音，形成总计 1.4 Mb/s 的数据流。

4）视频会议质量：典型为 112 kb/s。H.261 视频会议标准产生的视频数据流的比特率为 98 kb/s或 112 kb/s（被定义为视频会议的质量）。在这种方式下，一般另分配 16 kb/s 给音频流。H.263 标准产生的视频数据流的比特率可为 64 kb/s 或小于 64 kb/s（也可大于 64 kb/s）。

MPEG-4 定义的方案能够压缩电视会议质量至 64 kb/s 甚至到 32 kb/s。

3. 实时视频对延迟和延迟抖动的要求

实时运动视频流与音频流一般同时传送以便同步显示。在这种情况下，传送延时和延迟抖动上的要求常常是由音频流决定的。

网络传送延迟的变化对 HDTV 质量来说不应超过 50 ms，对广播质量来说不超过 100 ms，对视频会议质量来说不超过 400 ms。

4. 实时视频对差错率的要求

特别是压缩数据流比非压缩数据流对错误更敏感。现在简单阐述运动视频帧受错误传送影响的频率，假设错误在时间上是统计分布的。受影响的帧之间的间隔如下。

1）在视频会议质量下（100 kb/s），误码率（BER）是 10^{-5}时，两个相邻受影响帧之间的平均时间间隔为 1 s。误码率是 10^{-9}时，时间间隔为 3 h。

2）在广播质量电视的压缩方式下，如果误码率是 10^{-5}，连续错误间的平均间隔则为 20 ms。这就是说每帧平均有两个错误，或每秒有 50 个错误比特。如果 BER 为 10^{-9}，则差错率也会减少至平均每 4 d 一个错误。

3）在 HDTV 质量下的压缩方式时，10^{-5}的 BER 将产生大约每帧 4 个错误比特，也就是每秒 240 个错误比特。而 10^{-9}的 BER 将导致在两个连续出错的帧之间大约有 1 d 平均时间间隔。

我们再给出一些数据。考虑到可能使用 FEC（正向纠错）技术，可形成下列网络差错率要求：在作错误恢复之前，端对端网络误码率对 HDTV 质量不应超过 10^{-6}，对广播电视不应超过 10^{-5}，对电视会议质量不应超过 10^{-4}。这些数字都是针对压缩数据流而言。

如果不使用 FEC 技术，上面给出的误码率必须除以 10000。

这些数据是基于下述假设：首先，压缩率是上面所描述过的。其次，在广播质量电视下，被观察者判断为“好”的质量要求每 4 d 受影响不超过 1 帧，而对 HDTV 则为每 10 d。

实际上，这些要求并不高，这是由于光纤电缆一般每千米的 BER 低于 10^{-12}，并且数字线路可望提供端到端网络的 BER 在 $10^{-9}\sim10^{-10}$之间。

8.3 多媒体通信网络的服务质量

服务质量(Quality of Service，QoS)是一种抽象概念，用于说明网络服务的“好坏”程度。在开放系统互连 OSI 参考模型中，有一组 QoS 参数，描述传送速率和可靠性等特性。但这些参数大多作用于较低协议层，某些 QoS 参数是为传送时间无关的数据而设置的，因此，多媒体通信网络需要定义合适的 QoS。

8.3.1 QoS 参数

QoS 是分布式多媒体信息系统为了达到应用要求的能力所需要的一组定量的和定性的特性，它用一组参数表示，典型的有吞吐量、延迟、延迟抖动和可靠性等。QoS 参数由参数本身和参数值组成，参数作为类型变量，可以在一个给定范围内取值。例如，可以使用上述的网络性能参数来定义 QoS，即

QoS={吞吐量，差错率，端到端延迟，延迟抖动}

由于不同的应用对网络性能的要求不同，因此，对网络所提供的服务质量期望值也不同。用户的这种期望值可以用一种统一的 QoS 概念来描述。在不同的多媒体应用系统中，QoS 参数集的定义方法可能是不同的，某些参数相互之间可能又有关系。表 8-2 给出了 5 种类型的 QoS 参数。

表 8-2 5 种类型的 QoS 参数

分类方法	列举参数
按性能分	端到端延迟、比特率等
按格式分	视频分辨率、帧率、存储格式、压缩方法等
按同步分	音频和视频序列起始点之间的时滞
从费用角度分	连接和数据传输的费用和版权费
从用户可接受性分	主观视觉和听觉质量

对连续媒体传输而言，端到端延迟和延迟抖动是两个关键的参数。多媒体应用，特别是交互式多媒体应用对延迟有严格限制，不能超过人所能容忍的限度；否则，将会严重地影响服务质量。同样，延迟抖动也必须维持在严格的界限内，否则将会严重地影响人对语音和图像信息的识别。表 8-3 给出了几种多媒体对象所需的 QoS。

表 8-3　QoS 参数举例

多媒体对象	最大延迟/ms	最大延迟抖动/ms	平均吞吐量/(Mb/s)	可接受的比特差错率
语音	0.25	10	0.064	$<10^{-1}$
视频(TV 质量)	0.25	10	100	$<10^{-2}$
压缩视频	0.25	1	2～10	$<10^{-6}$
数据(文件传送)	1	—	1～100	0
实时数据	0.001～1	—	<10	0
图像	1	—	2～10	$<10^{-9}$

从支持 QoS 的角度,多媒体网络系统必须提供 QoS 参数定义方法和相应的 QoS 管理机制。用户根据应用需要使用 QoS 参数定义其 QoS 需求,系统要根据可用资源容量来确定是否能满足应用的 QoS 需求。经过双方协商最终达成一致的 QoS 参数值应该在数据传输过程中得到基本保证,或者在不能履行所承诺 QoS 时应能提供必要的指示信息。因此,QoS 参数与其他系统参数的区别就在于它需要在分布系统各部件之间协商,以达成一致的 QoS 级别,而一般的系统参数则不需要这样做。

8.3.2　QoS 参数体系结构

在一个分布式多媒体信息系统中,通常采用层次化的 QoS 参数体系结构来定义 QoS 参数,如图 8-1 所示。

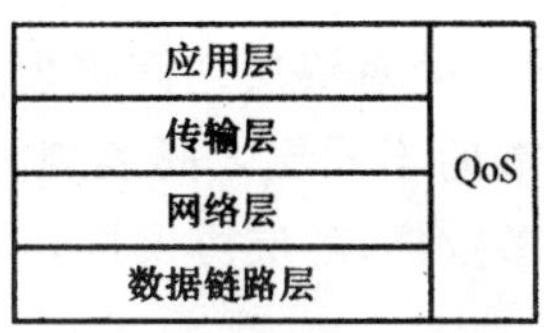

图 8-1　QoS 参数体系结构

(1)应用层。

应用层 QoS 参数是面向端用户的,应当采用直观、形象的表达方式来描述不同的 QoS,供端用户选择。例如,通过播放不同演示质量的音频或视频片断作为可选择的 QoS 参数,或者将音频或视频的传输速率分成若干等级,每个等级代表不同的 QoS 参数,并通过可视化方式提供给用户选择。表 8-4 给出了一个应用层 QoS 分级的示例。

表 8-4　一个视频分级的示例

QoS 级	视频帧传输速率/fps	分辨率/%	主观评价	损害程度
5	25～30	65～100	很好	细微
4	15～24	50～64	好	可察觉
3	6～14	35～49	一般	可忍受
2	3～5	20～34	较差	很难忍受
1	1～2	1～9	差	不可忍受

(2)传输层。

传输层协议主要提供端到端的、面向连接的数据传输服务。通常,这种面向连接的服务能够保证数据传输的正确性和顺序性,但以较大的网络带宽和延迟开销为代价。

传输层 QoS 必须由支持 QoS 的传输层协议提供可选择和定义的 QoS 参数。传输层 QoS 参数主要包括:吞吐量、端到端延迟、端到端延迟抖动、分组差错率和传输优先级等。

(3)网络层。

网络层协议主要提供路由选择和数据报转发服务。通常,这种服务是无连接的,通过中间点(路由器)的"存储—转发"机制来实现。在数据报转发过程中,路由器将会产生延迟、延迟抖动、分组丢失及差错等。

网络层 QoS 同样也要由支持 QoS 的网络层协议提供可选择和定义的 QoS 参数。网络层 QoS 参数主要包括:吞吐量、延迟、延迟抖动、分组丢失率和差错率等。

(4)数据链路层。

数据链路层协议主要实现对物理介质的访问控制功能,与网络类型密切相关,并不是所有网络都支持 QoS,即使支持 QoS 的网络其支持程度也不尽相同。例如:

· 各种以太网都不支持 QoS,Token-Ring、FDDI 和 100VG-AnyLAN 等是通过介质访问优先级定义 QoS 参数的。

· ATM 网络能够较充分地支持 QoS,它是一种面向连接的网络,在建立虚连接时可以使用一组 QoS 参数来定义 QoS。

主要的 QoS 参数有峰值信元速率、最小信元速率、信元丢失率、信元传输延迟和信元延迟变化范围等。

在 QoS 参数体系结构中,通信双方的对等层之间表现为一种对等协商关系,双方按所承诺的 QoS 参数提供相应的服务。同一端的不同层之间表现为一种映射关系,应用的 QoS 需求自顶向下地映射到各层相对应的 QoS 参数集,各层协议按其 QoS 参数提供相对应的服务,共同完成对应用的 QoS 承诺。

8.3.3 QoS 管理

QoS 管理分为静态和动态两大类。静态资源管理负责处理流建立和端到端 QoS 再协商过程,即 QoS 提供机制。动态资源管理处理媒体传递过程,即 QoS 控制和管理机制。

1. QoS 提供机制

QoS 提供机制包括以下内容。

(1)QoS 映射。

QoS 映射完成不同级(如操作系统、传输层和网络)的 QoS 表示之间的自动转换,即通过映射,各层都将获得适合于本层使用的 QoS 参数,如将应用层的帧率映射成网络层的比特率等,供协商和再协尚之用,以便各层次进行相应的配置和管理。

(2)Qos 协商。

用户在使用服务之前应该将其特定的 QoS 要求通知系统,进行必要的协商,以便就用户可接受、系统可支持的 QoS 参数值达成一致,使这些达成一致的 QoS 参数值成为用户和系统共同遵守的"合同"。

(3)接纳控制。

接纳控制首先判断能否获得所需的资源,这些资源主要包括端系统以及沿途各节点上的处理机时间、缓冲时间和链路的带宽等。若判断成功,则为用户请求预约所需的资源。若系统不能按用户所申请的 QoS 接纳用户请求,则用户可以选择“再协商”较低的 QoS。

(4)资源预留与分配。

按照用户 QoS 规范安排合适的端系统、预留和分配网络资源,然后根据 QoS 映射,在每一个经过的资源模块(如存储器和交换机等)进行控制,分配端到端的资源。

2. QoS 控制机制

QoS 控制是指在业务流传送过程中的实时控制机制,主要包括以下内容。

(1)流调度。

调度机制是向用户提供并维持所需 QoS 水平的一种基本手段,流调度是在终端以及网络节点上传送数据的策略。

(2)流成型。

流成型基于用户提供的流成型规范来调整流,可以给予确定的吞吐量或与吞吐量有关的统计数值。流成型的好处是允许 QoS 框架提交足够的端到端资源,并配置流安排以及网络管理业务。

(3)流监管。

流监管是指监视观察是否正在维护提供者同意的 QoS,同时观察是否坚持用户同意的 QoS。

(4)流控制。

多媒体数据,特别是连续媒体数据的生成、传送与播放具有比较严格的连续性、实时性和等时性,因此,信源应以目的地播放媒体量的速率发送。即使发收双方的速率不能完全吻合,也应该相差甚微。

为了提供 QoS 保证,有效的克服抖动现象的发生,维持播放的连续性、实时性和等时性,通常采用流控制机制,这样做不仅可以建立连续媒体数据流与速率受控传送之间的自然对应关系,使发送方的通信量平稳地进入网络,以便与接收方的处理能力相匹配,而且可以将流控和差错控制机制解耦。

(5)流同步。

在多媒体数据传输过程中,QoS 控制机制需要保证媒体流之间、媒体流内部的同步。

3. QoS 管理机制

QoS 管理机制应当提供如下的 QoS 管理特性。

(1)可配置性。

分布式多媒体应用是多样化的,不同应用的 QoS 要求是不同的,QoS 参数及其定义方法也不同。因此,应允许用户对系统的 QoS 管理功能进行适当剪裁,以便建立与应用相适应的 QoS 级。

(2)可协商性。

一个应用在初始启动时,首先以适当的方式提出 QoS 请求。系统根据其可用资源容量计算和分配应用所需的资源。在该应用运行时,系统动态监测应用的资源需求和实际的 QoS。当网络负载发生变化而导致 QoS 改变时，用户与系统需要重新协商，使之在可用资源约束内自适应于该应用的 QoS 需求。

(3)动态性。

一个分布式多媒体应用在运行过程中，应用的资源需求和系统的可用资源都是动态变化的，只是在初始时说明 QoS 参数并要求它们在整个会话期间都保持不变是不现实的。因此，系统应具有自适应管理能力，在可用资源约束内进行动态调节，以满足该应用的 QoS 需求，或者提供一种可视化界面，允许用户在会话期间根据应用实际情况动态地改变 QoS 参数值，提供动态 QoS 控制能力

(4)端到端性。

分布式多媒体应用是一种端到端的活动，源端获取多媒体数据并经过压缩后通过网络传输系统传送到目的端，目的端进行解压并播放多媒体数据。在端到端的传输路径上，任何一个中间节点未履行其 QoS 承诺都会影响多媒体播放的一致性。因此，允许用户对各个环节所支持的 QoS 进行抽象，在会话的两端来配置和控制 QoS。

(5)层次化性。

一个端系统的 Qos 管理任务应按 QoS 参数体系结构分解在系统的各个层次上，每个层次都承担各自的管理任务，并且应充分考虑网络链路层对 QoS 支持能力的影响。对于 QoS 主动链路层(如 ATM 或某些 LAN)，高层负责与链路层协商，使链路层能够设置合适的 QoS，以充分发挥这种链路层对 QoS 的支持能力。

总之，一个良好的多媒体通信系统必须具有 QoS 支持能力，能够按照所承诺的 QoS 提供网络资源保证。最大限度地满足用户的 QoS 需求。

8.4 典型的多媒体通信网络

网络环境使指网络的硬件环境，也称网络基础结构，从网络体系结构的角度来看，它对应于 ISO 的 OSI 参考模型的物理层和数据链路层，也是 IEEE 802 标准定义的网络层。为了更好地支持多媒体通信，无论是局域网还是广域网都呈现出高速化的发展态势。目前，网络的传输速率已经超过 10Gb/s，为多媒体通信提供了高带宽的保证。

8.4.1 局域网络

对于局域网(LAN)，可以提供 100 Mb/s 以上(包括 100 Mb/s)传输速率的高速网络技术有快速以太网(100BASE-T)、千兆位以太网、光纤环网(FDDI)、100VG-AnyLAN 以及 ATM 网络等，这些网络都是标准化的，在实际中已得到广泛的应用。从支持 QoS 的角度来看，100VG-AnyLAN、FDDI 以及 ATM 等网络都具有一定的支持能力，只是程度不同而已。其中，ATM 对 QoS 的支持最为充分，是高带宽、交换式以及支持 QoS 网络环境的典型代表，也是人们推崇 ATM 的原因所在，因此，将在后续小节中专门进行讨论。

1. 100BASE-T 网络

100BASE-T 是由快速以太网(Fast Ethernet)联盟开发的 100 Mb/s 以太网，又称快速以太网。IEEE 已将 100BASE-T 确定为 IEEE 802.3u 标准。其介质为在 100 m 内传输速率为 100 Mb/s的 100BASE-T 规范双绞线(通称五类线)，快速以太网常用的连接方式如图 8-2 所示。

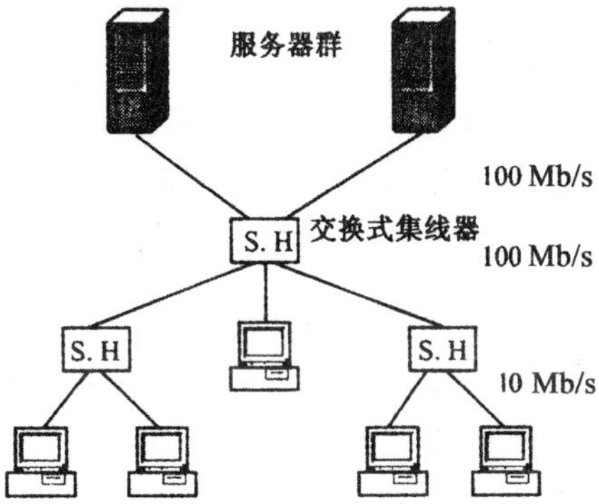

图 8-2　100BASE-T 的连接方式

100BASE-T 标准主要定义了物理层规范，它的介质访问控制(MAC)层仍沿用原有的 IEEE 802.3 MAC 协议，即 CSMA/CD 协议。从支持多媒体通信的角度，CSMA/CD 协议不能提供有效的网络带宽保证。

100BASE-T 技术规范主要是物理层规范，定义了新的信号收发标准，将传输速率提高到 100 Mb/s。100BASE-T 定义了三种物理层规范：100BASE-T4、100BASE-TX 和 100BASE-FX，分别支持不同的传输介质。

(1)100BASE-T4。

100BASE-T4 是 4 对无屏蔽双绞线(UTP)电缆系统，在 4 对线中，3 对用于数据传输，1 对用于冲突检测。支持 3、4 和 5 类 UTP 电缆，使用 RJ45 连接器，传输距离为 100 m。它是一种新的信号收发技术，采用 886T 编码方法，链路操作模式为半双工操作。

(2)100BASE-TX。

100BASE-TX 是一个 2 对 UTP 电缆系统，支持 5 类 UTP 或 1 类屏蔽双绞线(STP)电缆，5 类 UTP 电缆使用 RJ45 连接器，1 类 STP 电缆则使用 9 芯 D 型(DB-9)连接器，传输距离为 100 m。采用的是 FDDI 物理层标准，使用相同的 485B 编码器和收发器，链路操作模式为全双工操作，即 100BASE-TX 将已标准化的 802.3 MAC 子层和 FDDI 的物理介质(PMD)子层结合起来，形成其信号收发标准。

(3)100Base-FX。

100Base-FX 是多模光纤系统，使用 2 芯 62.5 m 或 125 m 光纤，传输距离为 400 m。它也采用 FDDI 的物理层标准，使用相同的 485B 编码器、收发器以及光纤连接器(如 MIC、ST 或 SC)，链路操作模式为全双工操作，比较适合于超长距离或易受电磁干扰的环境。

100BASE-T 标准定义了两级中继器，即一级中继器和二级中继器，一个网段中最多允许有一个一级中继器和两个二级中继器。另外，100BASE-T 技术的另一个重要特点是保留了 10BASE-T 的网络拓扑结构，但对网络拓扑规则进行了适当地调整和重定义。其主要拓扑规则为：

1)集线器与站点之间的最大 UIP 电缆长度仍为 100 m。

2)采用半双工 100BASE-FX 进行 MAC 到 MAC 连接时，光纤长度可达 400 m。

3)采用两个 2 级中继器时，中继器之间的最大电缆长度为 5 m。

4)采用双中继器结构时，两个站点之间(端点到端点)的最大网络电缆长度为 205 m(100＋5＋100＝205 m UTP)。

5)采用单中继器结构时,可连接 185 m 的光纤。这种情况下的最大网络线缆长度为 285 m(100 m UTP+185 m 光纤下行链路)。

6)采用全双工 100BASE-FX 进行远距离连接时,两台设备之间的连接距离可达 2000 m。

可见,快速以太网 100BASE-T 加强了服务访问方面的功能,解决了网络通信的“瓶颈”问题和与低速以太网匹配的问题,使网络无论从性能上,还是从其他方面均有很大提高,使网络应用发展到适应多媒体信息的通信应用。

2. 千兆位以太网

千兆以太网是由千兆以太网联盟开发的 1000 Mb/s 以太网技术,IEEE 已将它作为 IEEE802.3z 和 802.3ab 标准,成为 802.3 标准家族中的新成员。

IEEE 802.3z 定义的传输介质为光纤和宽带同轴电缆,链路操作模式为全双工操作。其中光纤系统支持多模光纤和单模光纤系统,多模光纤的传输距离为 500 m 单模光纤的传输距离为 2000 m。宽带同轴电缆系统的传输距离为 25 m。

IEEE 802.3ab 定义的传输介质为 5 类 UTP 电缆,传输距离 100 m,链路操作模式为半双工。

千兆以太网标准主要定义了物理层规范,而 MAC 层仍采用 CSMA/CD 协议,但对其规范进行了重定义,以维持适当的网络传输距离。

千兆以太网技术将显著地提高网络的可用带宽,可应用于任何规模的局域网中。目前这种技术主要用于交换机与交换机之间或者交换机与企业超级服务器之间的网络连接,将网络核心部件挂到千兆以太网交换机上,而将 100BASE-T 系统迁移到网络的边缘,如图 8-3 所示。这样,可为用户提供更大的网络带宽。但千兆以太网和其他以太网一样,没有提供对 QoS 的支持,这对于多媒体通信来说,仍然是一种缺陷。

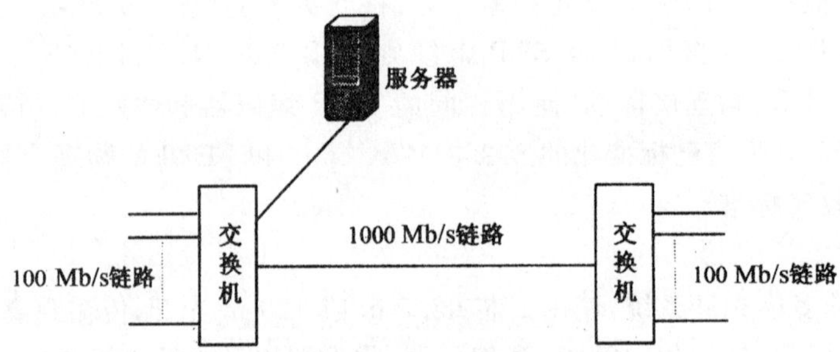

图 8-3 千兆位以太网方案

3. FDDI 网络

光纤分布式数据接口(Fiber Distributed Data Interface,FDDI)是由美国国家标准化协会(ANSI)的 X3T9.5 委员会制定的一种以光纤为传输介质、传输速率为 100 Mb/s 的网络标准,IEEE 已将 FDDI 确定为 IEEE 802.8 标准。

FDDI 采用双环结构,主环进行正常的数据传输,次环为冗余的备用环,一旦主环链路发生故障,则备用环的相应链路就代行其工作,使 FDDI 具备较强的容错能力。FDDI 网络的覆盖区域比较大,可达 100 km,可连接 500 多个站点,站点间的最大距离为 2 km。

FDDI 标准由物理层、MAC 层以及站点管理等协议组成。其中,物理层分成物理媒体相关(PMD)和物理协议(PHY)两个子层。

(1)PMD——物理媒体相关子层。

PMD 子层定义了光纤介质以及光纤连接器、光纤收发器等连接设备的技术特性。定义了两种光纤：一种是多模光纤；另一种是单模光纤。对于多模光纤，链路长度可达 4 km；对于单模光纤，Ⅰ型收发器所允许的链路长度可达 10～15 km，Ⅱ型收发器所允许的链路长度可达 40～60 km，并允许单模光纤和多模光纤混合使用。

(2)PHY——物理协议子层。

PHY 子层规定了信号的编码、解码以及定时同步等方面的技术特性。采用 485B 编码方式，即每次对 4 bit 数据进行编码，每 4 bit 数据编成 5 bit 符号码组，用光的存在与否来表示 5 bit 符号码组中的每一位是 1 还是 0。这种编码方法的效率是 80%，编码后的信号速率为 125 Mb/s。

PHY 子层还定义了一种分布式时钟同步机制，每个站点都设有独立的时钟和弹性缓冲器。接收数据时，是从进入站点缓冲器的数据信号中提取时钟并恢复数据；而发送数据时，则按站点的时钟对数据重新编码后再输出。这样就有效地克服了因长距离传输而产生的信号时钟偏移问题，并且可使环网中站点数量不受时钟偏移因素的限制。

(3)MAC 层——媒体访问控制。

MAC 主要定义了一种称为定时令牌循环协议的 MAC 协议。它是 IEEE 802.5 MAC 协议的改进型。它决定哪一站点可以访问环路，提供地址识别、帧对网络的复制、插入或删除等功能。帧的长度是可变的，最长不超过 4500 B。除控制点对点的通信外，它还可提供多点发送和广播发送通信。

(4)SMT——站点管理。

站点管理协议主要定义了若干管理服务功能，用于管理和协调 FDDI 中各个子层的操作，以保证网上的所有站点都能协调一致的工作。站点管理服务功能主要有连接管理(站的插入和删除)、站点的初始化管理、内部配置管理、故障的隔离与恢复、外部控制接口协议、统计信息的收集以及地址管理等。

FDDI 作为 100 Mb/s 的光纤主干网，而 FDDI-Ⅱ使用了不同的 MAC 层协议，期望提供定期服务以便支持多媒体信息特别是音视频信息的传输。FFOL(FDDI，Follow-on LAN)目前正处在研发和初期阶段，期望能够提高传输率达 150 Mb/s～2.4 Gb/s 的速率下运行。一个典型的 FDDI 网络如图 8-4 所示。

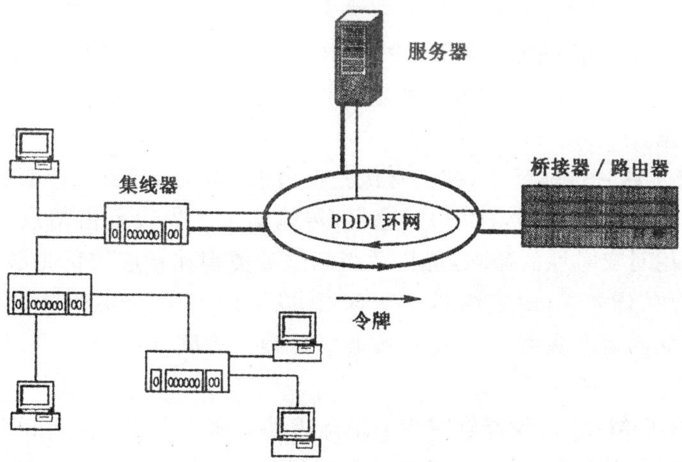

图 8-4　典型的 FDDI 网络

4. 100VG-AnyLAN 网络

100VG-AnyLAN 是由 100VG-AnyLAN 论坛开发的一种 100 Mb/s 高速网络。IEEE 已将 100VG-AnyLAN 确定为 IEEE 802.12 标准。100VG-AnyLAN 的含义是指在语音级(Voice Grade)的 UIP 电缆上进行 100 Mb/s 速率传输且支持 IEEE 802.3 和 802.5 两种帧格式(不是同时支持)。

100VG-AnyLAN 技术规范主要定义了物理层和 MAC 层两层。其中,物理层由物理媒体相关(PMD)子层和物理媒体独立(PMI)子层组成。

(1)PMD——物理媒体相关子层。

PMD 子层的主要功能是信道复用(仅用于 2 对电缆或光纤系统)、NRZ 编码、链路操作模式和连接状态控制等。100VG 标准支持 4 种介质类型:4 对 UIP、2 对 UIP、2 对 SIP 和光纤。

对于 2 对电缆或光纤系统,由 PMD 子层通过多路转换的方法将 4 个通道分别转换成 2 个或 1 个通道,实现信道复用。

对于 4 对电缆系统,每对线都构成 1 个传送通道,并以 25 MHz 的信号速率工作,那么 4 个传送通道的数据速率之和可达到 100 Mb/s。

根据传送的数据类型,链路操作可采用全双工或半双工方式。全双工操作用于在集线器与站点之间传输链路状态控制信息。半双工操作用于在集线器与站点之间传输数据。

(2)PMI——物理媒体独立子层。

PMI 子层的主要功能包括传输通道选择、586 B 编码和数据帧封装等,为 PMD 子层传输帧做好准备。

1)通道选择是把 MAC 帧 8 bit 组分成 5 bit 组,并顺序地分配给 4 个通道的过程。其中分成 5 bit 组是为了 586 B 编码的需要。

2)586 B 编码是将 5 bit 组数据编码成 6 bit 符号,通过这一编码过程将产生一个平衡的数据模式,以便于接收端的时钟同步。

3)每个通道都要进行数据帧的封装,为数据帧添加帧前导码、帧起始定界符和帧结束定界符,形成最终在网络上传输的帧格式。

(3)MAC 层——媒体访问控制。

MAC 层没有沿用原有的 IEEE 802.3 协议(即 CSMA/CD 协议)或 IEEE 802.5 协议(即 Token-Ring 协议),而是定义了一种称为需求优先访问(DPA)的媒体访问控制协议。

DPA 协议是一种集中式确定型协议,由集线器对站点的网络访问实行集中控制。当一个站点需要传送数据时,首先要向集线器发出传输请求,只有当集线器认可请求并指示传送时,该站点才能开始传送数据。

DPA 协议定义了两种传输请求,即正常优先权请求(Normal Priority Request,NPR)和高优先级请求(High Priority Request,HPR)。通常,传输请求优先权是由站点上高层软件设定的。高层软件将根据应用对实时性的需求,选择适当的服务类别和相应的优先级,然后提交给 MAC 层。MAC 层将根据其优先级,向集线器发出 NPR 或 HPR。每个集线器为 NPR 和 HPR 分别建立和维护一个独立的请求队列。NPR 是按端口号顺序排队等待处理,而 HPR 则按先来先服务的规则进行处理。

从理论上讲,这种 MAC 协议能够减少或消除因冲突而产生的重复传送现象,可提供优先级控制和带宽保证,有利于提高网络有效带宽,减少网络延时,这些对多媒体通信来说是很重要的。

8.4.2　广域网络

由于广域网(WAN)通过高速交换式网络技术能够较容易地解决网络带宽和延迟问题。对多媒体通信的支持比较充分,因此,多媒体通信技术的重点是解决广域网支持多媒体流的综合传输和 QoS 问题。近几年,相继推出了一些以光纤为传输介质的广域网,如同步光纤网(SONET)、同步数字序列(SDH)和密集波分复用(DWDM)等,其传输速率已达 10 Gb/s,大大改善了广域网的拥挤状况。

随着 Internet 的发展,大量的话音和视频信息需要在基于分组交换的数据网上传输,这就需要在网络基础结构上解决数据、话音和视频流的综合传输和资源协调问题,实现各种应用的有机集成,使整个广域网具有高度的适应性、开放性和可伸缩性。

1. X. 25 网络

分组交换网是一种采用分组交换方式的数据通信网,它所提供的网络功能相当于 ISO/OSI 参考模型的低 3 层,即物理层、数据链路层和网络层功能。ITU 的 X. 25 建议就是针对分组交换网而制定的国际标准。因此,分组交换网有时也称为 X. 25 网。

分组交换网主要由分组交换机、传输线路和用户接入设备组成。

(1)分组交换机。

是分组交换网的核心,分组交换机之间以全互联方式连接。根据它在网中所处的地位,可分为中转交换机和本地交换机。其主要功能是为网络的基本业务和可选业务提供支持;提供路由选择和流量控制;实现 X. 25、X. 75 等多种协议的互联;完成局部的维护、运行管理、故障报告和诊断、计费及网络统计等功能。

(2)传输线路。

可以说是整个分组交换网的神经系统。目前分组交换网的中继传输线路主要有模拟和数字两种形式。模拟信道利用调制解调器可转换成数字信道,速率为 9600 b/s、48 kb/s 和 64 kb/s,而 PCM 数字信道的速率为 64 kb/s、128 kb/s 和 2 Mb/s。用户线路也有两种形式,即利用数字电路或利用电话线路加装调制解调器上实现,速率为 64～1200 b/s。

(3)用户接入设备。

主要是用户终端。用户终端分为分组型终端和非分组型终端两种。非分组型终端要使用分组装拆(PAD)设备接入网络,有些网络还支持非标准的同步终端,如 SDLC 终端等。局域网要使用路由器接入网络。

X. 25 的全称是:在公用数据网上,以分组方式进行操作的 DTE 和 DCE 之间的接口。它定义了 3 级通信协议:物理级、链路级和分组级。

(1)物理级。

对应于 ISO/OSI 模型的物理层,X. 25 建议对物理级的功能做如下定义:利用物理的、电气的、功能的和规程的特性在 DTE 和 DCE 之间实现物理链路的建立、保持和拆除功能。

DTE(Data Terminal Equipment)为数据终端设备或计算机等终端装置;DCE(Data Circuit terminal Equipment)为数据电路端接设备,即自动呼叫应答设备、调制解调器以及其他一些中间装置的集合。

物理层接口协议是用于定义 DTE 与 DCE 之间的物理接口,并为物理接口规定了机械连接特性、电气信号特性、信号的功能特性以及交换电路的规程特性。

(2)链路级。

对应于 ISO/OSI 模型的链路层。在链路层最常用的通信规程是 ISO 所制定的高级数据链路控制 HDLC(High Level Data Link Control)规程,其功能是将不可靠的物理链路提升为可靠的、无差错的逻辑链路。IEEE 802.2 的 LLC 规范是 HDLC 规程的子集。

(3)分组级。

对应于 ISO/OSI 模型的网络层,它规定了 DTE 和 DCE 之间进行信息交换的分组格式,并规定了采用分组交换的方法,在一条逻辑信道上对分组流量、分组传送差错执行独立的控制。该协议主要内容有:分组级 DTE/DCE 接口的描述、虚电路规程、数据报规程、分组的格式、用户自选业务的规程与格式以及分组级 DTE/DCE 接口状态变化等。

传统的 X.25 分组交换网存在着传输速率低,网络延时大,吞吐量小以及通信费用高等缺陷,已难以满足今后通信业务质量的要求。这促使人们研究新的分组交换技术,于是,帧中继、ATM 等快速分组交换技术便应运而生。

2. 帧中继网络

近年来,光纤数字传输系统逐渐取代传统的电缆传输系统,明显改善了传输系统的可用带宽和误码率。光纤数字传输系统的误码率实质上已低于 10^{-9}。为了给用户提供高质量、低成本的数据传输业务,在 20 世纪 90 年代初推出了一种新型的 WAN 技术:帧中继(Frame Relay)。帧中继是一种支持 HDLC 规程的宽带数据业务标准,并已获得 ANSI 和 ITU 的批准。

帧中继实质上是由 X.25 分组交换技术演变而来的,它一方面继承了 X.25 的优点,如提供统计复用功能、永久虚电路、交换虚电路等;另一方面又改进了 X.25 的性能。其改进主要表现在以下两个方面。

1)提高了网络传输速率,用户接入速率可在 56 kb/s~1.54 Mb/s 及 64 kb/s~2.048 Mb/s 的范围内,而上限速率实际可达到 50 Mb/s。

2)简化了大量的网络功能,网络不再提供流量控制、纠错和确认等功能,由用户终端根据需要自行解决。这样,就可以减少网络时延,降低通信费用。

帧中继网由 3 个部分组成:帧中继接入设备、帧中继交换设备和帧中继服务。

(1)帧中继接入设备。

可以是具有帧中继接口的任何类型的接入设备,如主机、桥接器或路由器、分组交换机以及特殊的帧中继"PAD"等,通常采用 56 kb/s、64 kb/s 链路入网。两端的传输设备速率可能不同。

(2)帧中继交换设备。

有 T1/E1 一次群复用器、分组交换机、专门设计的帧中继交换设备等几种类型。这些设备的共同点是为用户提供标准的帧中继接口。帧中继网络是以可变长的信息帧或固定长度的信元为基础实现网内传输的。

(3)帧中继服务。

是由帧中继服务提供者通过帧中继网提供的。帧中继接入设备与专用帧中继设备可通过标准的帧中继接口(UNI)与帧中继网相连,UNI 的用户一侧是帧中继接入设备,用于将本地用户设备接入帧中继网络;UNI 的网络一侧是帧中继交换设备,用于帧中继接口与骨干网之间的连接。

用户在接入帧中继网时,通常采用以下 3 种主要方式:LAN 接入方式、计算机接入方式和用户帧中继交换机接入公用帧中继网方式。目前,用户接入速率大都在 56 kb/s~2 Mb/s 范围内。

随着帧中继业务的发展，帧中继作为广域 ATM 网络的接入网将会为用户提供更高的接入速率。

3. ISDN 网络

综合业务数字网(Integrated Service Digital Network，ISDN)是一种由数字交换机和数字信道构成的，以传输数字信号为目的的综合数字网，并利用这个网提供话音、数据等各种业务。

ISDN 主要是依靠数字电话网的交换和接续功能提供话音和各种非语音业务的，是一种电路交换网络，传输速率一般为 64 kb/s，这种通信速率很难满足不断增长的多媒体业务对带宽的要求。但随着 Internet 的发展，ISDN 作为一种用户接入技术有了新的应用领域。

用户是通过 ISDN 所提供的 UNI 接入 ISDN 的。在 ISDN 的 UNI 中提供了两种类型的信道：一种是信息信道，用于传送各种信息流；另一种是信令信道，用于传送对用户和网络实施控制的信令信息。

对于电路交换来说，ISDN 信道的信息信道分为 B 信道和 H 信道。B 信道是速率为 64 kb/s 的信道。几个 B 信道合成 H 信道，H 信道分为 384 kb/s 和 1920 kb/s 两种信道。ISDN 的信令信道为 D 信道。D 信道的速率根据不同的接口结构分为 16 kb/s 和 64 kb/s 两种。在某种情况下，D 信道也能用于传送分组交换数据。

ITU 规定了两种 UNI，即基本速率接口(BRI)和基群速率接口(PRI)。

(1)基本速率接口。

基本速率接口是把现有电话网的普通用户线作为 ISDN 用户线而规定的接口，它是 ISDN 最常用、最基本的用户—网络接口。它由两个 B 通路和一个 D 通路(2B+D)构成。B 通路的速率为 64 kb/s，D 通路的速率为 16 kb/s，所以，用户可以利用的最高信息传递速率是 64×2+16=144 kb/s。

这种接口是为广大用户使用 ISDN 而设计的。它与用户线的二线双向传输系统相配合，可以满足千家万户对 ISDN 业务的需求。使用这种接口，用户可以获得各种 ISDN 的基本业务和补充业务。

(2)基群速率接口。

基群速率接入方式主要提供给有大容量通信要求的用户，例如，数字化 PBX 和局域网的出口等。基群速率接口的传输速率与 PCM 的基群相同。由于国际上有两种规格的 PCM 制式，即 1.544 Mb/s 的 T1 和 2.048 Mb/s 的 E1，因此，ISDN 基群速率接口也有两种速率。

基群速率的用户—网络接口的结构根据用户对通信的不同要求可以有多种安排。一种典型的结构是 nB+D。n 的数值对应于 2.048 Mb/s 和 1.544 Mb/s 的基群，分别为 30 或 23。在此，B 通路和 D 通路的速率都是 64 kb/s。

这种接口结构，对于 NT2 为综合业务用户交换机的用户而言，是一种常用的选择。当用户需求的通信容量较大时，一个基群速率的接口可能不够使用，这时可以多装备几个基群速率的用户—网络接口，以增加通路数量。当存在多个基群速率接口时，不必要在每个基群接口上都分别设置 D 通路，可以让 n 个接口合用一个 D 通路。

4. IP 宽带网络

随着 Internet 的迅猛发展，大量的话音和视频信息需要在基于分组交换的数据网上传输，对广域网的网络带宽和 QoS 支持能力提出了更高的要求。近几年，相继推出了一些以光纤为传输介质的宽带广域网，如同步光纤网(SONET)、同步数字序列(SDH)、密集波分复用(DWDM)和

10 Gb/s 以太网等，其传输速率已达 10 Gb/s，从而大大提高了广域网的网络带宽，明显改善了广域网的拥挤状况。

宽带 Internet 骨干网是以宽带 IP 网络为基础，其物理网络采用 ATM、SONET、SDH 和 DWDM 等高速网络，通过 IP Over ATM、IP Over SONET、IP Over SDH 以及 IP Over DWDM 等技术构成基于 IP 的集成平台，在网络基础结构上解决数据、话音和视频流的综合传输和网络带宽问题，实现各种应用的有机集成。再通过 IPv6、RSVP 和区分服务等协议协调网络资源，提供 QoS 保证和特性化服务，以满足应用对网络服务质量的需求。这种宽带 IP 网络也是下一代 Internet 的核心技术。

IP 宽带网络的主要特点如下所示。

(1)无连接。

打破电路交换面向连接，静态预留全部网络资源的通信模式，IP 技术首次采用无连接、统计复用方式实现同远程数据通信，这十分适合数据业务突发性的特点。

(2)自适应选路。

为适应互联网开放、独立自治的要求，IP 网络提供标准的路由协议，每个路由器可以动态发现并更新路由表，与无连接方式相配合，使得每个分组在网上都独立选路转发，因而具有天然的绕开网络拥塞、故障的能力。

(3)尽力而为(Best Effort)的服务。

网络内部不提供差错控制和流量控制，如果出现问题，数据将被网络简单丢弃。相应的功能原则上由终端完成。

IP 宽带网络的主要缺点是：核心网不保证稳定可靠的服务质量，难以支持实时和多媒体应用。然而对于简单的数据通信而言，IP 网络技术足以满足要求。

8.4.3 ATM 网络

为了改善电路交换和分组交换技术的缺点和不足，需要一种新型的交换技术来满足宽带网络的传输要求，使宽带网络应能适应各种信道速率，并具有低延迟和与业务种类无关的特性。这种宽带交换技术就是异步传输模式(Asynchronous Transfer Mode，ATM)。

根据 CCITT 1988 年发表的蓝皮书 I. 121 建议，ATM 是建立一个统一通信网的最终解决方案。ATM 技术于 20 世纪 60 年代起源于贝尔实验室。进入 20 世纪 80 年代后，B-ISND 的研究与开发有力地推动了 ATM 技术的发展。ITU 已将 ATM 作为 B-ISND 的核心技术，并于 1990 年公布了面向 B-ISND 的 ATM 技术详细规范建议书。

1. ATM 的结构与特点

ATM 网络的允许范围很大，小到几米大到数千公里以上，能够传输各种类型的数据。ATM 可用于局域网、广域网和城域网。典型的 ATM 网络的结构，如图 8-5 所示。

ATM 网络采用先进的网络传输机制，从根本上克服了传统网络技术的缺陷，提供了很高的网络性能，其主要特点如下所示。

(1)面向连接的传输机制。

ATM 在低层是以面向连接的方式传送数据，以获得电路交换的实时性优点。

(2)以信元(Cell)为信息传输单位。

每个信元固定为 53 Byte，其中信元头为 5 Byte，主要是与虚连接有关的信息，而不包含地址

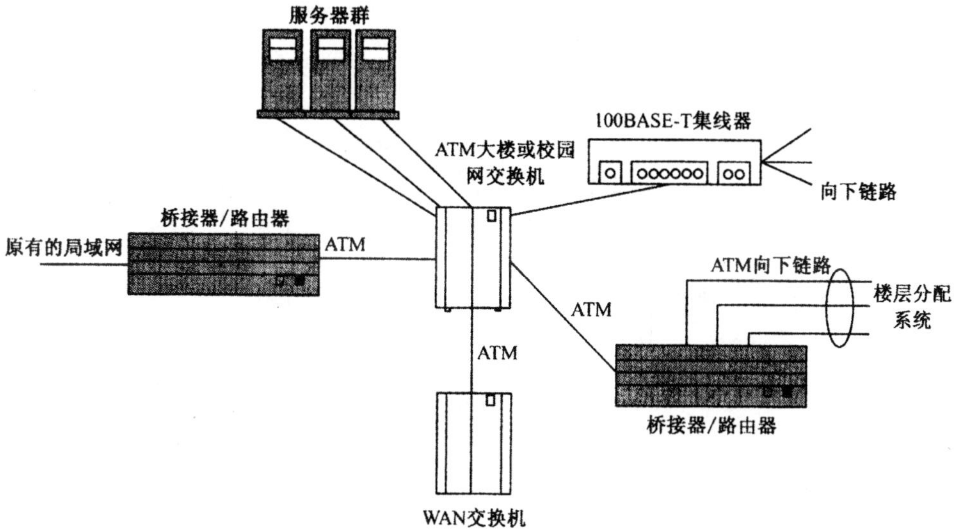

图 8-5　典型的 ATM 网络结构

信息。信元载体为 48 Byte，在信元载体内可以携带任何类型的信息。这种短小而固定的信元有利于在传输过程中减小信息传输延迟。长度固定的信元头可以使网络节点的处理尽量减小，只用硬件电路就可以对信元进行处理，缩短了每个信元在节点处理的时间。

(3)基于 ATM 交换机的交换式网络。

通过 ATM 交换机提供点到点的链路，取代了共享的传输介质，并允许在同一网络中以不同的链路速度同时进行通信，使每个站点都能独享自己的专用带宽，大大提高了网络的吞吐量和实时性。

(4)多种速率接口。

ATM 定义了多种不同速率的物理接口，将 LAN 和 WAN 综合起来考虑，提供一个公共的、统一的网络基础设施。

(5)多种服务类型。

ATM 提供了多种传输服务类型，分别代表不同的 QoS，并且提供了 QoS 协商和保证机制。

(6)高层进行差错控制和流量控制。

由于光纤信道的误码率非常低，信道容量大，因此，ATM 网可以不在数据链路层进行差错控制和流量控制，而放在高层处理。这种方式明显地提高了信元的传输速率。

2. ATM 协议参考模型

ATM 协议参考模型也是 B-ISDN 的协议参考模型。它是一个立体模型，由 ITU-T 标准定义。如图 8-6 所示，从整体上分为层和面。按水平分为层，按垂直分为面。从面看(垂直方向)，模型分为三个平面：用户平面、控制平面和管理平面。

1)用户平面：具有分层结构，提供用户所要求的应用、协议和服务。

2)控制平面：也具有分层结构，包括呼叫建立、维护以及撤销连接等有关的功能。

3)管理平面：提供层管理和平面管理两部分功能。层管理执行各层实体间的控制交互管理。

平面管理执行与系统整体有关的管理功能，协调各平面之间的关系。管理平面实现本地管理功能，不必分层。用户和控制平面可分为物理层、ATM 层、ATM 适配层和用户层(高层)。

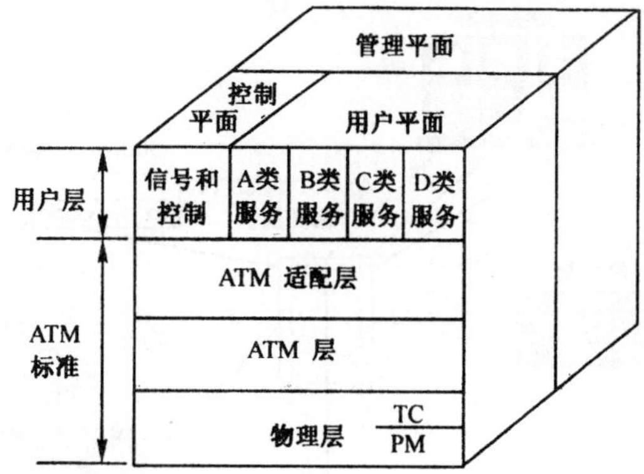

图 8-6 ATM 参考模型

ITU-T 主要定义了以下 3 个层次。

(1)物理层。

物理层由两个子层组成,即物理介质 (Physical Medium,PM)子层和传输汇聚 (Transmission Convergence,TC)子层。

1)PM 子层:负责在物理介质上正确传输和接收位流,它要完成与介质相关的功能,如线路编解码、位定时以及光电转换等。

2)TC 子层:实现信元流和位流的转换,包括速率适配(空闲信元的插入)、信元定界与同步、帧的产生等以实现标准的 ATM 物理层。

(2)ATM 层。

ATM 层主要定义面向连接的信元传输服务机制和通信规程,对网络中的用户和用户应用提供一套公共的传输服务。用户应用也可以是高层协议功能,如数据协议、视频或音频应用。ATM 层提供的基本服务完成 ATM 网上的用户与设备间的信息传输(交换、复用等)。信息传输通过在这些用户和设备间建立的连接进行。

ATM 的连接是基于虚电路概念的,并分为永久虚电路(PVC)和交换虚电路(SVC)两种。PVC 是通过人工方式在 ATM 网络端点之间进行网络路径映射而建立的连接,这种虚电路是事先设置好的,不随业务和网络状态改变,必须由人工干预才能撤销;SVC 是通过 ATM 信令协议动态地在 ATM 网络端点之间建立的连接或撤销,无需人工干预,这种连接可根据业务要求和设备状态动态地建立和撤销。无论是 PVC 还是 SVC,它们都是建立在虚路径(VP)和虚通道(VC)概念基础上的。

在建立连接时,每个连接都被分配一个唯一的虚路径标识符(VPI)和虚通道标识符(VCI)。VPI 和 VCI 的组合则可唯一地标识 ATM 网络内部的一个连接,也可以在 ATM 网络上实现多个端点间的相互映射。

ATM 网络定义了两种网络节点:端点和中间节点。端点是用户节点,如工作站、服务器或其他设备;中间节点是 ATM 交换结点,如 ATM 交换机。端到端的连接要通过中间节点才能连接起来,中间节点一般不关心信息的内容,只提供信息转发服务。在转发过程中,中间节点要保证在建立连接时所承诺的服务质量。

(3)ATM 适配层。

ATM 适配层(ATM Adaptation Layer,AAL)的作用是增强 ATM 层所提供的服务,负责适配从用户层来的信息，以形成 ATM 网可以利用的格式。AAL 将用户的协议数据单元 PDU 装入 ATM 信元的信息字段中，或进行相反的操作。ATM 适配层对用户屏蔽了 ATM 层的具体操作。当用户层把一个长的数据包提交给 ATM 适配层后，ATM 适配层按规定长度将数据包分割成若干信元体，再传送给 ATM 层。

ATM 适配层由汇聚子层(Convergence Sublayer)和分割组装子层(Segmentation and Reassembly Sublayer)组成。

1)汇聚子层：为分割用户信息做准备，并能够将这些包再组装成原来的信息包。为了使目的端点的 ATM 适配层能够重新装配数据包，汇聚子层需要将一些控制信息附加在用户信息上。也就是说，48 Byte 的信元体将包含控制信息和用户信息两部分内容。

2)分割组装子层：在发送数据时负责将汇聚子层传来的信息单元(称为汇聚子层协议数据单元 CS-PDU)精确地分割成 8 Byte 的信元体，然后提交给 ATM 层；接收数据时负责将 ATM 层传来的信元体重新组装成原始数据包，然后再传送给用户层。

由于送给 ATM 的信息可有多种格式，如数据、语音以及视频。每一种都要求对 ATM 网络有不同的适配。因此，ATM 定义了不同类型的 5 种传输服务。

1)A 类(Class A)服务：其特点是端点间保持定时同步、数据率固定、面向连接。这种服务也称恒定比特率(CBR)业务，主要用于 64 kb/s PCM 语音以及静止图像的传输服务。

2)B 类(Class B)服务：其特点是端点间保持定时同步、数据率可变、面向连接。这种服务也称可变比特率(VBR)业务，可用于支持变速率的语音和压缩视频信息的传输服务。

3)C(Class C)类服务：其特点是端点间不要求定时同步、数据率可变、面向连接。这种服务也称可用比特率(ABR)业务，可用于支持面向数据的传输服务。

4)D 类(Class D)服务：其特点是端点间不要求定时同步、数据率可变、非连接。这种服务也称未确定比特率(UBR)业务，主要用于 QoS 要求较低或不要求的场合。

5)X 类(Class X)服务：由用户或厂家自定义的服务。

ATM 适配层提供了 5 个 AAL 子层，即 AAL1、AAL2、AAL3、AAL4 及 AAL5 与上述服务类型相适配。

3. ATM 定义的信令协议

在 ATM 网络中，连接的建立、维护和拆除以及其他的网络控制和管理操作是由信令协议实现的。ATM 定义两类信令，即 UNI(User to Network Interface)信令和 NNI(Network to Network Interface)信令。UNI 用于端点与交换机之间的连接，形成用户网络接口；NNI 用于交换机与交换机之间的连接，形成网络间的接口。

信令协议由一系列用服务原语描述的过程组成，定义了建立、维护和拆除连接所需要的操作。在建立连接时，端点所使用的相应的 UNI 信令原语向中间点发出建立连接请求，该连接请求包含有特性参数信息。交换机将为该连接分配 VPI 和 VCI 标识符，并按特性参数预留网络资源。

(1)用户网络接口 UNI。

UNI 用于端点与交换机之间的连接。ATM 网络的端点设备通过用户网络接口 UNI 连接到 ATM 交换机上。UNI 可以是工作站、PC 或主机到交换机的接口、路由器到交换机的接口、PBX 到交换机的接口、“黑箱子”到交换机的接口。根据 ATM 交换机的责任，UNI 分为两种：专用 UNI 和公共 UNI。专业 UNI 是用户端点到专用 ATM 交换机之间的接口；公共 UNI 是用户端点设备与公用交换机之间的接口。专用网交换机与公用网之间的接口也用 UNI。

(2)网络间的接口 NNI。

NNI 用于 ATM 交换机之间的接口。一个网络可以有多个 ATM 交换机，这些交换机连接在一起形成更大的网络。同样，NNI 也分为两种：专用 NNI 和公共 NNI。专用 NNI 是两个专业网络交换节点之间的接口；公用 NNI 是公用网络交换节点之间的接口。

4. ATM 用于 LAN 和 WAN 的网络结构

利用 ATM 技术可以构成局域网或广域网的主要网络结构。

(1)局域网 LAN 的主干网。

ATM 技术可以用于构造宽带和大型的校园(或企业)主干网，如图 8-7 所示。在这种 ATM 主干网中，交换机连接路由器和服务器提供可伸缩和高带宽的交换能力。高性能服务器可以直接与 ATM 交换机连接。

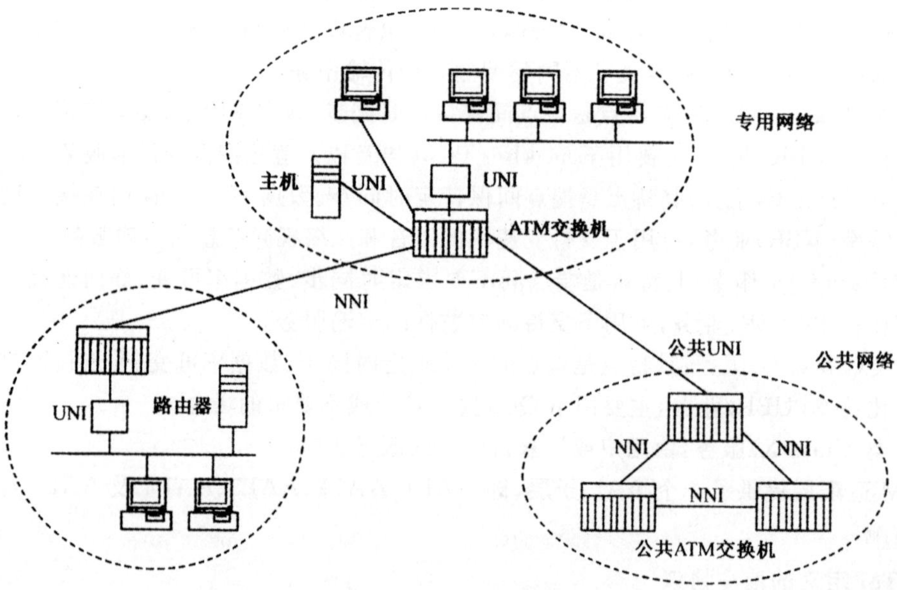

图 8-7 ATM 主干网结构

(2)ATM 群局域网。

高速以太网或 FDDI 网可能不能满足高性能工作站和分布式网络工程应用对带宽的要求，这时可以用 ATM 网作为高速用户群的局域网。通过路由器把 ATM 与传统的主干网相连接，如图 8-8 所示。

(3)LAN/WAN 服务体系。

ATM 作为宽带综合业务数字网 B-ISDN 的交换技术，提供基于 ATM 的广域网的体系结构。利用 ATM 网络技术，最终将为所有网络互联环境提供综合的解决方案，为 LAN 和 WAN 上的数据和多媒体信息提供无缝的传输服务。

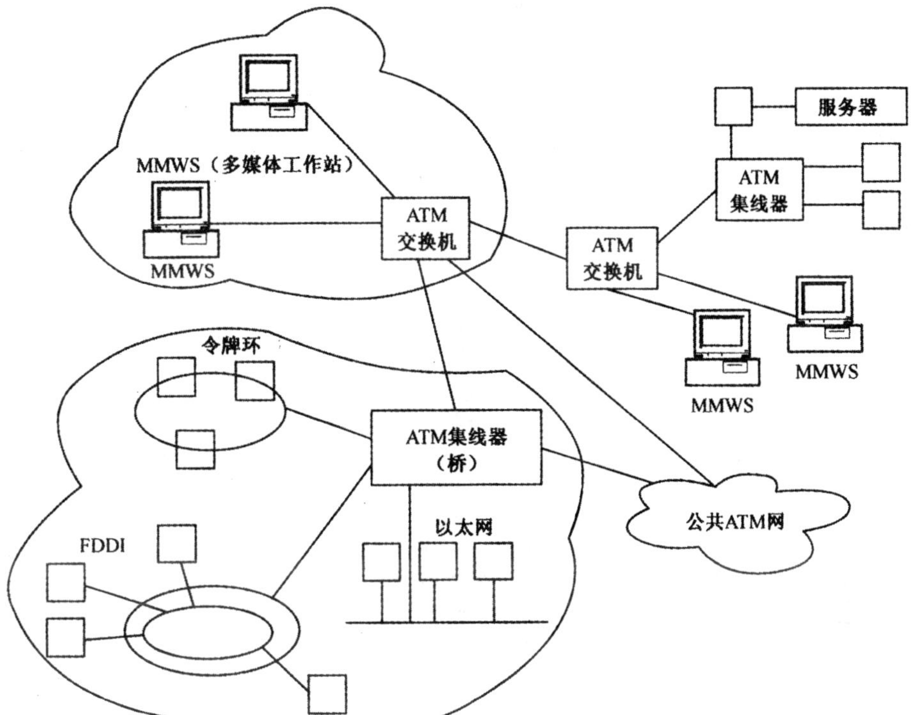

图 8-8　ATM 与传统的主干网相连

8.5　多媒体通信协议

网络传输协议是在网络基础结构上提供面向连接或无连接的数据传输服务，以支持各种网络应用。目前，在实际系统中经常使用的网络传输协议有 TCP/IP、SPX/IPX 和 AppleTalk 等。其中，TCP/IP 应用最为广泛。由于这些传输协议是在 20 世纪 70 年代到 80 年代间开发的，当时还没有多媒体的概念，也就没有考虑支持多媒体通信的问题。随着多媒体技术的发展，对网络支持多媒体通信的能力提出越来越高的要求，这些传输协议便显露出明显的不足，越来越难以满足多媒体通信对服务质量的需求。于是，人们提出一些支持多媒体通信的新协议。对于新协议的研究，有两种观点：一是采用全新的网络协议，以充分支持多媒体通信，但存在着和大量已有的网络应用程序相兼容的问题，在实际中很难推广和应用；二是在原有传输协议的基础上增加新的协议，以弥补原有网络协议的缺陷。尽管这种方法在某些方面也存在一定的局限性，但可以保护用户大量已有的投资，容易得到广泛的支持。这也是目前增强网络对多媒体通信支持能力的主要方法。

由于 Internet 的核心协议是 TCP/IP，为了推动 Internet 上多媒体的应用，近几年 IETF 提出了一些基于 TCP/IP 的多媒体通信协议，对多媒体通信技术的发展产生了重要的影响。

8.5.1　IPv6 协议

IPv6 是下一代 Internet 的核心协议，是 IETF 为解决现有 IPv4 协议在地址空间、信息安全和区分服务等方面所显露出的缺陷以及未来可预测的问题而提出的。IPv6 在 IP 地址空间、路由协议、安全性、移动性及 QoS 支持等方面做了较大的改进，增强了 IPv4 协议的功能。

1. IPv6 的数据报格式

IPv6 数据报的逻辑结构如图 8-9 所示，它由基本报头（Header，首部）和扩展报头两部分构成。基本报头包括版本号、优先级、流标识、负荷长度、后续报头、步跳限制、源 IP 地址和目标 IP 地址等内容。

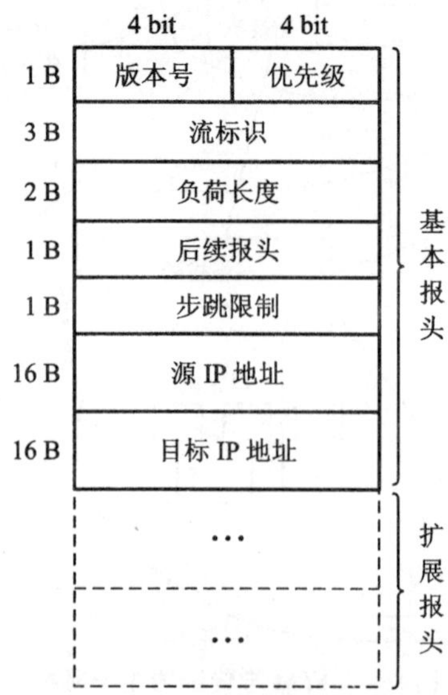

图 8-9　IPv6 数据报格式

1）版本号（Version）：4 bit，Internet 协议版本号。

2）优先级：4 bit，指明其分组所希望的发送优先级，这里的优先级是相对于发自同一源结点的其他分组而言的。优先级的取值可分为两个范围：0～7 用于源结点对其提供拥塞控制的信息传输，像 TCP 这样在发生拥塞时做出退让的通信业务；而 8～15 用于在发生拥塞时不做退让的信息传输，如以固定传输率发送的“实时”分组。

3）流标识（Flow Label）：24 bit，如果一台主机要求网络中的路由器对某些报文进行特殊处理，若非缺省服务质量通信业务或实时服务，则可用这一字段对相关的报文分组加标识。

4）负荷长度（Payload Length）-16 bits，IPv6 首部之后，报文分组其余部分的长度以字节为单位。为了允许大于 64 kb 的负荷，若本字段的值为 0，则实际的报文分组长度将存放在逐个路段（Hop-by-Hop）选项中。

5）后续报头（Next Header）-8 bits，标识紧接在 IPv6 报头之后的下一个报头的类型。下一个报头字段使用与 IPv4 协议相同的值。

6）步跳限制（Hop Limit）-8 bits，转发报文分组的每个结点将路径段限制字节值减一，如果该字段的值减小为零，则将此报文分组丢弃。

7）源 IP 地址 128 bits，报文分组起始发送者的地址。

8）目标 IP 地址 128 bits，报文分组预期接收者的地址。

扩展报头（可选）用来增强协议的功能，如果选择了扩展报头，则位于 IPv6 报头之后。IPv6 扩展报头可有多种定义，如路由、分段、封装、安全认证及目的端选项等。一个数据报中可以包含多个扩展报头，由扩展报头的后续报头字段指出下一个扩展报头的类型。

2. IPv6 的地址格式

IPv6 中的 IP 地址用 128 bits 来定义，用“:”分成 8 段，标准地址格式为 X:X:X:X:X:X:X:X，每个 X 为 16 bits，用 4 位十六进制数表示。RFC23 73 中详细定义了 IPv6 地址，按照定义，一个完整的 IPv6 地址应表示为：

XXXX:XXXX:XXXX:XXXX:XXXX:XXXX:XXXX:XXXX

例如：2031:0000:1F1F:0000:0000:0100:11A0:ADDF 就是一个符合格式要求的 IP 地址。为了简化其表示方法，RFC2373 还规定每段中前面的 0 可以省略，连续的 0 可省略为“::”但只能出现一次，具体示例如表 8-5 所示。

表 8-5　IPv6 的地址省略形式

标准格式的 IP 地址(V6 版)	省略格式的 IP 地址(V6 版)
1080:0:0:0:8:800:200C:417A	1080::8:800:200C:417A
FF01:0:0:0:0:0:0:101	FF01::101
0:0:0:0:0:0:0:1	::1
0:0:0:0:0:0:0:0	::

在 IPv6 的地址中，仍然包含网络地址和主机地址两部分，并通过所谓的地址前缀来表示网络地址部分，具体格式为 X/Y。其中 X 为一个合法的 IPv6 地址，Y 为地址前缀的二进制位数。例如，2001:250:6000::/48 表示前缀为 48 位的地址空间，其后的 80 位可分配给网络中的主机，共有 280 个主机地址。一些常见的 IPv6 地址或者前缀如表 8-6 所示。

表 8-6　常见的 IPv6 地址或前缀

IPv6 地址或前缀	使用说明
::/128	即 0:0:0:0:0:0:0:0，只能作为尚未获得正式地址的主机的源地址，不能作为目的地址，不能分配给真实的网络接口
::1/128	即 0:0:0:0:0:0:0:1，回环地址，相当于 IPv4 中的 localhost(127.0.0.1)，ping localhost 可得到此地址
2001::/16	全球可聚合地址，由 IANA 按地域和 ISP 进行分配，是最常用的 IPv6 地址
2002::/16	6to4 地址，用于 6to4 自动构造隧道技术的地址
3ffe::/16	早期开始的 IPv6 6bone 试验网地址
fe80::/10	本地链路地址，用于单一链路，适于自动配置、邻机发现等，路由器不转发
ff00::/8	组播地址
::A. B. C. D	其中＜A. B. C. D＞代表 IPv4 地址，兼容 IPv4 的 IPv6 地址。自动将 IPv6 包以隧道方式在 IPv4 网络中传送的 IPv4/IPv6 结点将使用这些地址
::FFFF:A. B. C. D	其中＜A. B. C. D＞代表 IPv4 地址，例如：:ffff:202.1 20.2.30 是 IPv4 映射过来的 IPv6 地址，它是用于在不支持 IPv6 的网上表示 IPv4 结点

3. IPv6 的新特点

IPv6 是对 IPv4 的改进，在 IPv4 中运行良好的功能在 IPv6 中都给予保留，而在 IPv4 中不能工作或很少使用的功能则被去掉或作为选项。为适应实际应用的要求，在 IPv6 中增加了一些必要的新功能，使得 IPv6 呈现出以下主要特点。

(1)扩展了地址和路由选择功能。

IP 地址长度由 32 位增加到 128 位，可支持数量大得多的可寻址结点、更多级的地址层次和较为简单的地址自动配置，改进了多播(Multicast)路由选择的规模可调性。

(2)定义了任一成员(Anycast)地址。

用来标识一组接口，在不会引起混淆的情况下将简称“任一地址”，发往这种地址的分组将只发给由该地址所标识的一组接口中的一个成员。

(3)简化的数据报格。

IPv4 数据报的某些字段被取消或改为选项，以减少报文分组处理过程中常用情况的处理费用，并使得 IPv6 数据报的带宽开销尽可能低。尽管地址长度增加了(IPv6 地址长度是 IPv4 地址的 4 倍)，但 IPv6 数据报的长度只有 IPv4 的 2 倍。

(4)支持扩展报头和选项。

IPv6 的选项放在单独的数据报中，位于报文分组中 IPv6 首都和传送层首部之间。因为大多数 IPv6 选项首部不会被报文分组投递路径上的任何路由器检查和处理，直至其到达最终目的地，这种组织方式有利于改进路由器在处理包含选项的报文分组时的性能。IPv6 的另一改进是其选项与 IPv4 不同，可具有任意长度，不限于 40 B。

(5)支持验证和隐私权。

IPv6 定义了一种扩展，可支持权限验证和数据完整性。这一扩展是 IPv6 的基本内容，要求所有的实现必须支持这一扩展。IPv6 还定义了一种扩展，借助于加密支持保密性要求。

(6)支持自动配置。

从孤立网络结点地址的“即插即用”自动配置，到 DHCP 提供的全功能的设施，IPv6 支持多种形式的自动配置。

(7)QoS 能力。

IPv6 增加了一种新的能力，如果某些报文分组属于特定的工作流，发送者要求对其给予特殊处理，则可对这些报文分组加标号，如非缺省服务质量通信业务或“实时”服务。

4. IPv6 的路由支持

路由器的基本功能是存储转发数据报。在转发数据报时，路由选择算法将根据数据报的地址信息查找路由选择表，选择一条可以到达目的站点的路径。路由选择表的维护和更新由路由协议完成，IPv6 的路由选择是基于地址前缀概念实现的。这样，服务提供者就可以很方便地建立层次化的路由选择关系，并根据网络规模汇聚 IP 地址，充分利用 IP 地址空间。IPv6 帕勺路由协议尽量保持了与 IPv4 相一致，当前 Internet 的路由协议稍加修改后便可用于 IPv6 路由。此外，IETF 正在研究一些新的路由协议，如策略路由协议、多点路由协议等，研究的重点集中在支持 QoS 和优化路由等方面，这些研究成果将应用于 IPv6。

5. IPv6 的 QoS 支持

IPv6 报头中的优先级和流标识字段提供了 QoS 支持机制。IPv6 报头的优先级字段允许发送端根据通信业务的需要设置数据报的优先级别。通常，通信业务被分为可流控业务和不可流控业务两类。前者大多数是对时间不敏感的业务，一般使用 TCP 协议作为传输协议；当网络发生拥挤时，可通过调节流量来疏导网络交通，其优先级值为 1～7。后者大多数是对时间敏感的业务，如多媒体实时通信；当网络发生拥挤时，则按照数据报优先级对数据报进行丢弃处理，疏导网络交通，其优先级值为 8～15。

数据流是指一组由源端发往目的端的数据报序列。源结点使用 IPv6 报头的流标识符，标识一个特定数据流。当数据流途经各个路由器时，如果路由器具备流标识处理能力，则为该数据流预留资源，提供 QoS 保证；如果路由器不具备这种能力，则忽略流标识，不提供任何 QoS 保证。可见，在数据流传输路径上，各个路由器都应当具备 QoS 支持能力，网络才能提供端到端的 QoS 保证。通常，IPv6 应当和 RSVP 之类的资源保留协议一起使用，才能充分发挥应有的作用。

8.5.2　RTP 协议

RTP(Real-time Transport Protocol)是 Internet 上针对多媒体数据流的一种传输协议，工作在一对一或一对多的传输模式下；RTCP(Real-time Transport Control Protocol)是与 RTP 对应的实时传输控制协议，提供媒体同步控制、流量控制和拥塞控制等功能。RTP 通常使用 UDP (User Datagram Protocol)来传送数据，但 RTP 也可以在 TCP 或 ATM 等其他协议之上工作。当应用程序开始一个 RTP 会话时将使用两个端口：一个给 RTP，一个给 RTCP。通常 RTP 算法并不作为一个独立的网络层来实现，而是作为应用程序代码的一部分。在 RTP 会话期间，各参与者周期性地传送 RTCP 包。RTCP 包中含有已发送的数据包的数量、丢失的数据包的数量等统计资料，因此服务器可以利用这些信息动态地改变传输速率，甚至改变有效载荷类型。RTP 和 RTCP 配合使用，能以有效的反馈和最小的开销使传输效率最佳化，因而特别适合传送网上的实时数据。

8.5.3　RTSP 协议

RTSP(Real Time Streaming Protocol，实时流协议)是由 Real Networks 和 Netscape 共同提出的，该协议定义了应用程序如何有效地通过 IP 网络在一对多模式下传送多媒体数据的方法。因此，RTSP 是一个应用级协议，在体系结构上位于 RTP 和 RTCP 之上，通过使用 TCP 或 RTP 完成数据传输。RTSP 提供了一个可扩展框架，可控制实时数据的发送，使实时数据(如音频、视频)的受控、点播成为可能。

RTSP 建立并控制一个或几个时间同步的连续流媒体，充当多媒体服务器的网络远程控制功能，所建立的 RTSP 连接并没有绑定到传输层连接(如 TCP)，因此在 RTSP 连接期间，RTSP 用户可打开或关闭多个对服务器的可靠传输连接以发出 RTSP 请求。此外，还可使用像 UDP 这样的无连接传输协议进行传输。所以，RTSP 操作并不依赖用于携带连续媒体的传输机制。

与 HTTP 相比，RTSP 传送的是多媒体数据，而 HTTP 用于传送 HTML 信息；HTTP 请求由客户机发出，服务器作出响应；而使用 RTSP 时，客户机和服务器都可以发出请求，即 RTSP 可以是双向的。类似的，应用层传输协议还有微软的 MMS，这里不再赘述。

8.5.4　RSVP 协议

RSVP(Resource Reserve Protocol)是运行于 Internet 上的资源预订协议，通过建立连接，为

特定的媒体保留资源，提供 QoS 服务，从而满足传输高质量的音频、视频信息对多媒体网络的要求。

RSVP 运行在 TCP/IP 层次中的运输层，与 ICMP 和 IGMP 相比，它是一个控制协议。RSVP 涉及发送者、接收者、主机或路由器。发送者负责让接收者知道数据将要发送及需要什么样的 QoS；接收者负责发送一个通知到主机或路由器，这样接收者就可以准备接收即将到来的数据；主机或路由器负责留出所有合适的资源。具体的资源预订过程如图 8-10 所示。

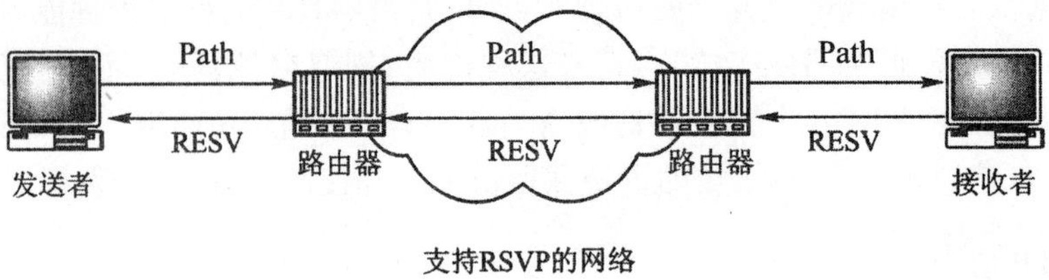

图 8-10 资源预订过程示意图

发送一个流前，发送者需要首先发送一个路径信息(Path)到目的接收方，这个信息包括源 IP 地址、目的 IP 地址和一个流规格。其中，流规格是由流的速率和延迟组成的，这是流的 QoS 需要的。接收者在收到路径信息后向发送者发送 RESV 预订消息，对发送者的保留请求给予确认。RESV 预订消息沿路径消息的反向路径回馈发送者，并在沿途路由器上预留资源。

流是 RSVP 协议的重要概念，反映从发送者到一个或多个接收者的连接特征，可通过 IP 包中的“流标识”来鉴别。

实现 RSVP 的关键技术是路由器对 RSVP 的支持能力，包括路由器的 QoS 编码方案、资源调度策略及可提供的 RSVP 连接数量等。

8.6 无线多媒体通信技术

在任何时候、任何地方可以和任何人(Anytime、Anywhere、Anybody)进行通信，这自古以来就是人类美好的梦想，无线通信就是实现这个梦想的基础。近年来，无线通信技术的发展进入了窄前活跃的历史时期，呼之欲出的第三代(3G)移动通信不仅能提供现有的各种移动通信业务，还能提供高速率的宽带多媒体业务，支持高质量的分组数据业务、话音以及实时的视频传输。3G 开创了无线通信与多媒体融合的新时代，由此产生的无线多媒体必将成为未来无线移动通信业务新的增长点。

8.6.1 无线多媒体通信网的系统结构

无线多媒体终端具有多媒体终端和无线通信的功能，一个典型的无线多媒体终端包括信源编码器、信道编码器、RF 调制器和功率放大器。

在无线多媒体通信系统中，基站和常规的移动通信基站一样，实现与终端的双向通信和同基站控制器的连接。

基站控制器是实现接入不同固定通信网络的重要设备，通过协议转换等方式完成介入功能。由于 ATM 交换机和 IP 路由器的通信协议和通信规程不同，基站控制器除了完成对基站的控制管理、数据业务通信外，还要有接入网络适配器、ATM 网络接口、ATM 网络接口和相应的软件系统。

8.6.2　无线多媒体通信的关键技术

1. 无线多媒体信源编码技术

多媒体信息中大部分是音频和视频数据，它们数字化的数据量相当庞大，H. 263、H. 26L、MPEG-4，G. 729 和 G. 723. 1 等国际标准提供了很好的压缩方法。

2. 无线多媒体信道编码和差错恢复技术

陆地移动无线信道的传播环境是十分恶劣的，由于多经引起的多经衰落、电波传播扩散损耗和阴影效应引起的阴影衰落等，均会对信号的传输质量产生严重的影响，为了支持多媒体通信，应该采用有效的纠错技术。

信道编码一般有自动重传（ARQ）和前向纠错（FEC）两种方式，信道编码能有效降低系统的误差比特率，但是会减小带宽利用率，增加比特率。现有的无线系统中不存在专门的 ARQ 信道。

Turbo 码，又称并行级联卷积码（PCCC），是由 C. Berrou 等在 ICC' 93 会议上提出的，它巧妙地将卷积码和随机交织器结合在一起，实现了随机编码的思想；同时，采用软输出迭代译码来逼近最大似然译码。Turbo 码有着接近信道极限的性能，因此特别适合对功率要求严格的情形；另外由于 Turbo 码接近随机码，有很好的距离特性，因此有很强的抗干扰能力，但是它有计算量大、译码延时长的缺点。随着快速译码算法和更快速的硬件技术的出现，Turbo 码的应用会越来越广泛。Turbo 码已被美国空间数据系统顾问委员会（CCSDS）作为深空通信的标准，同时它也被确定为第三代移动通信系统 IMT-2000 的信道编码方案之一。

现有的视频压缩标准，如 H. 263^{+}、H. 263^{++} 和 MPEG-4 等，为了提高差错复原能力，以满足已发生差错环境下视频传输业务的要求，均采用了若干差错复原技术，并成为标准中的重要内容。在 MPEG-4 中定义了多种差错复原的工具，主要有重同步（Resynchronization）、数据分割（Data Partitioning）和可逆变长编码（Reversible VLC，RVLC）等。在 H，263^{+} 中用于差错复原的编码选项有前向纠错编码（FEC）模式、条带。（Slice）模式、独立分段解码（Independent Segment Decoding）和参考图像选择（Reference Picture Selection）等。H. 263^{++} 则在 H. 263^{+} 的基础上又增加了数据分割的条带模式，并对参考图像选择进行了修改。

3. 无线多媒体信息传输技术

从视频技术的角度来看，无线多媒体信息传输技术并没有多大的发展，但新频段的开发和应用却从来没有停止。第三代移动通信系统规定使用 2 GHz 频段，而其他的一些宽带技术使用各种各样的频段。

从技术层面来看，3G 主要以 CDMA 为核心技术，4G 则以正交频分复用（OFDM）技术最为瞩目。研究者们针对 OFDM 技术在移动通信技术上的应用，提出了相关的基础理论。例如无线区域环路（WLL）、数字音讯广播（DAB）等，都将在未来采用 OFDM 技术，而第四代移动通信系统则计划以 OFDM 为核心技术，提供增值服务。

从应用的角度来看，无线多媒体信息传输中一个重要的方面就是同步，例如视频与音频的同步。由于无线信道的特性非常恶劣，容易造成信息的拥塞、丢失与延时，这对于视频传输来说是非常不利的，终端接收到的视频质量很容易遭受损害，同步技术对于无线多媒体通信的最终商用非常重要。

第 9 章　多媒体数据库与内容检索

9.1　多媒体数据库概述

9.1.1　多媒体数据及其特点分析

1. 多媒体数据类型

多媒体数据库中，常用的多媒体数据不仅有字符、数值、文本、图像、图形等类型的静态数据，也有像声音、视频、动画等基于时间的时基类型的动态数据。

（1）字符数值。

字符数值型数据记录事件的属性（如人的性别、数量、职业等），结构简单、规范，易于管理，多媒体中仍然有大量的此类数据，传统关系型数据库系统可以较好地处理这类数据。

（2）文本数据。

此类数据如书籍、文献、档案等。文本数据由特定字符串表示，长短不一，存储和检索有一定困难，常用关键字检索和全文检索方法。

（3）声音数据。

声音数据如音乐和语音数据，单、双声道声音数据。MIDI 数据用符号表示，语音数据以数字化波形数据为主，要求存储空间大。声音数据有两种检索方法，一种是在声音数据上附加属性或文本描述，检索属性字符或文本数据即可；另一种方法是浏览、播放声音数据从中找出需要的语音数据。后一种方法速度慢，一般与第一种方法配合使用。

（4）图像数据。

图像数据是指位图式图像。图像数据在实际应用中出现的频率很高，也很有实用价值。图像数据库经过多年的研究，提出了许多方法，包括：描述属性方法，特征提取、分割、纹理识别、颜色检索等。目前，已经成功开发出许多特定图像数据库系统，例如，指纹数据库、头像数据库等，但在多媒体数据库中更强调通用的图像数据的管理和查询。

（5）图形数据。

图形数据可以分解为点、线、弧等基本图形元素。描述图形数据的关键是要有可以描述层次结构的数据模型。对于图形数据的最大问题是如何对数据进行表示，这和应用密切相关，对图形检索同样也是如此。通常来说，图形是用符号或特定的数据结构来表示，计算机还是比较容易管理的。目前，图形数据的数据库管理已经比较成熟，例如，工业图纸管理、地理信息系统等。

（6）视频数据。

动态视频很复杂，管理上也存在新的问题。特别是引入了时间属性，视频的管理还要在时间上进行管理。检索和查询的内容可以包括镜头、场景、内容等许多方面。对基于时间的媒体，为了真实地再现就必须做到实时，而且需要考虑和动画与其他媒体的合成与同步。合成和同步不仅是多媒体数据管理的问题，它还涉及通信、媒体表现、数据压缩等许多方面。

2. 多媒体数据特点

多媒体数据具有如下几个特点：

(1)数据量大。

无论是声音信息还是图像信息，数据量都非常大且媒体之间量的差异十分明显，因而使数据在库中的组织方式和存储方法变得复杂。只有组织好多媒体数据并在数据库中选择合理的物理结构和逻辑结构，才能保证应用系统的快速存取。

(2)数据种类繁多。

媒体种类的繁多使得数据处理变得复杂。虽然前面只介绍了 6 类多媒体数据，但在具体实现时，常常根据系统定义、标准转换而演变成几十种媒体形式。从理论上讲，多媒体系统应能接受任何形式的数字化媒体形式，但却很难了解并且正确处理这些媒体的语义信息。这些基于内容的语义在有些媒体中是易于确定的，但对另外一些媒体来说却不易于确定，甚至会因为应用的不同和观察者的不同而有差异，也不能仅用人工输入的方法加以限定。面向对象的数据模型使异质数据类型的统一处理问题得到了缓解，但尚未完全解决。

(3)数据操纵复杂。

多媒体不仅改变了数据库和应用系统的界面，使其声、图、文并茂，而且改变了数据库的操纵形式，其中最重要的便是查询机制和查询方法。媒体的复合、分散、时序性质及其形象化的特点，使得查询不再只通过字符查询，查询的结果也不仅仅是一张表，而是多媒体的一组“表现”。数据库接口的多媒体化将对查询提出更复杂也是更友好的设计要求。

9.1.2　多媒体数据对数据库的影响

在传统的数据库中引入多媒体数据和操作，是一项极大的挑战。这不只是把多媒体数据引入到数据库中就可以完成的问题。传统的字符、数值型的数据虽然可以对很多的信息进行管理，但由于这一类数据具有抽象特性，应用范围十分有限。为了构造出符合应用需要的多媒体数据库，必须解决从体系结构到用户接口等一系列的问题。多媒体对数据库的影响主要表现在以下几个方面。

1. 数据存储

多媒体数据量巨大，且媒体之间数据量的差异也极大，从而影响数据库的组织和存储方法。如动态视频压缩后每秒仍达上百千字节的数据量，而字符、数值等数据可能仅有几个字节。只有组织好多媒体数据库中的数据，选择设计好、合适的物理结构和逻辑结构，才能保证磁盘的充分利用和应用的快速存取。数据量的巨大还反映在支持信息系统的范围的扩大、应用范围的扩大上，显然不能指望在一个站点上就存储上万兆的数据，而必须通过网络加以分布，这对数据库在分布环境下进行存取也是一种挑战。

2. 数据处理

媒体种类的繁多，增加了数据处理的困难。每一种多媒体数据类型都有自己的一组操作和功能、数据结构和存取方法以及高性能的实现。除此之外，也需要一些标准的操作，如各种多媒体数据通用的操作及多种新类型的集成等。虽然前面列出了几种主要的媒体类型，但事实上，在具体实现时往往根据系统定义、标准转换等演变成几十种媒体格式。不同媒体类型对应不同数据处理的方法。随着新的媒体类型的不断出现，要求多媒体多媒体数据库管理系统必须不断扩充，以便增加相应的操作方法。

3. 数据库的多解查询

传统的数据查询只处理精确的概念和查询。但在多媒体数据库中非精确匹配和相似性查询将占相当大的比重。即使是同一个对象，若用不同的媒体表示，对计算机来说也肯定是不同的；若用同一种媒体表示，如果有误差，在计算机看来也是不同的。与之相类似的还有诸如纹理、颜色和形状等本身就是不易精确描述的概念。如果在对图像、视频进行查询时用到它们，很显然是一种模糊的、非精确的匹配方式。

媒体的复合、分散、时序性质及形象化的特点，使数据库不能只通过字符进行查询，而应通过媒体的语义进行查询。然而，我们很难了解并且正确处理许多媒体的语义信息。这些基于内容的语义对某些媒体是不易于确定的，甚至会因为应用的不同和观察者的不同而不同。

4. 用户接口的支持

多媒体数据库的用户接口不能只用一个表格来描述，对于媒体的公共性质和每一种媒体的特殊性质，表现在用户接口上，只有在查询的过程中才能体现。例如，对媒体内容的描述、对空间的描述，以及对时间的描述。在大多数情况下，面对多媒体的数据，用户有时甚至不知道自己要查找什么，不知道如何描述自己的查询需求。因此，多媒体数据库对用户的接口要求不仅仅是接受用户的描述，而是要协助用户描述出他的想法，找到他所要的内容，并在用户接口上表现出来。

5. 多媒体信息的分布

多媒体信息的分布给多媒体数据库体系带来了巨大的影响。这里所说的分布，主要是指以WWW 全球网络为基础的分布。随着 Internet 的迅速发展，网络上的资源日益丰富，使用传统固定模式的数据库形式已经很难满足要求。多媒体数据库系统必须考虑如何从 WWW 网络信息空间中寻找信息，查询所要的数据。

6. 长事务处理能力

事务是数据库管理系统完成一项完整工作的逻辑单位，数据库管理系统应保证一个事务要么被完整地执行，要么被彻底地取消。传统数据库中的事务一般都较短小，在多媒体数据管理系统中也应尽可能采用短事务。但有些场合，特别是多媒体应用场合，短事务不能满足需要，如从视频库中取出并播放一部数字化电影，数据库应保证播放过程不中断，这就不得不处理长事务。

7. 服务质量要求

许多应用对多媒体数据的传输、表现和存储的质量要求是不同的，系统所能提供的资源也要根据系统运行的情况进行控制。因此，对每一类媒体数据都必须考虑如何按所需要的形式及时、正确的表现数据；当系统不能满足全部的服务要求时，如何合理的降低服务质量；能否插入和预测一些数据；能否拒绝新的服务请求或撤消旧的请求等一系列的问题。

8. 版本控制的问题

在具体的应用中，常常会涉及记录和处理某个处理对象的不同版本。版本包括两个概念，一是历史版本，同一处理对象在不同的时间有不同的内容；二是选择版本，同一处理对象有不同的表述，因此，需要解决多版本的标识、存储、更新和查询等。多媒体数据库系统应提供很强的版本管理能力。

由此可见，多媒体对数据库的影响涉及数据库的用户接口、数据模型、体系结构、数据操纵以及应用等许多方面。

9.2　多媒体数据库体系结构

9.2.1　多媒体数据库的一般结构

目前,尚没有标准的多媒体数据库体系结构。现在大多数多媒体数据库系统还局限在专门的应用上,如图像数据库、文本数据库等,只对那些专门的应用结构进行了设计。在这里仅对一般的多媒体数据库的结构形式进行介绍。

1. 松散型多媒体数据库的体系结构

针对各种媒体单独建立数据库,每一种媒体的数据库都有自己独立的数据库管理系统。虽然它们是相互独立的,但可以通过相互通信来进行协调和执行相应的操作。用户既可以对单一的媒体数据库进行访问,也可以对多个媒体数据库进行访问以达到对多媒体数据进行存取的目的。这种多媒体数据库系统的体系结构如图 9-1 所示。

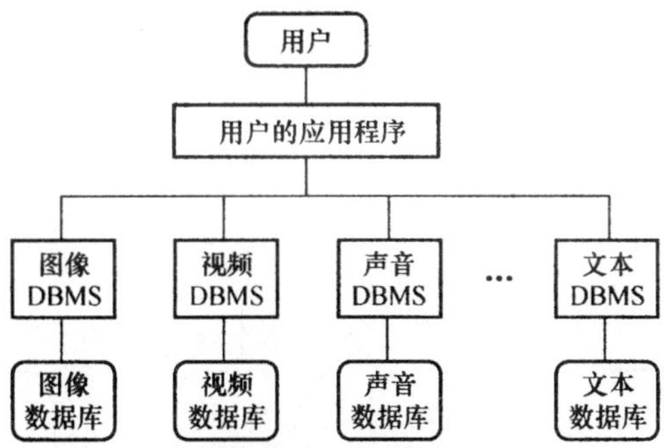

图 9-1　松散型多媒体数据库的体系结构

在这种数据库体系结构中,对多媒体数据的管理是分开进行的,可以利用现有的研究成果直接进行组装,每一种媒体数据库的设计也不必考虑与其他媒体的匹配和协调。但是,由于这种多媒体数据库对多媒体的联合操作实际上是交给用户去完成的,给用户带来灵活性的同时,也为用户增加了负担。该体系结构对多种媒体的联合操作、合成处理和概念查询等都比较难于实现。如果各种媒体数据库设计时没有按照标准化的原则进行,它们之间的通信和使用都会产生问题。

2. 集中统一型多媒体数据库的体系结构

在集中统一型结构中,只存在一个单一的多媒体数据库和单一的多媒体数据库管理系统,其体系结构如图 9-2 所示。

在这种体系结构中,各种媒体被统一地建模,对各种媒体的管理与操纵被集中到一个数据库管理系统之中,各种用户的需求被统一到一个多媒体用户接口上,多媒体的查询检索结果可以统一地表现。

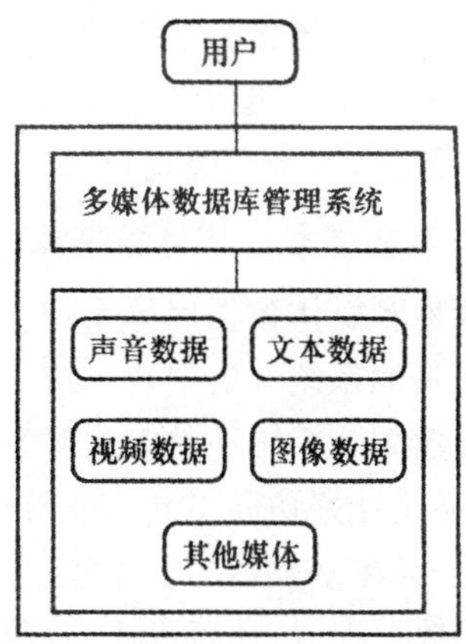

图 9-2　集中统一型多媒体数据库的体系结构

由于这种多媒体管理系统是统一设计和研制的，所以在理论上能够充分地做到对多媒体数据进行有效的管理和使用。但实际上，这种多媒体数据库系统是很难实现的，目前还没有一个比较恰当而且效率很高的方法来管理所有的多媒体数据。虽然面向对象的方法为建立这样的系统带来了一线曙光，但要真正做到还有相当长的距离。如果把问题再放大到计算机网络上，这个问题就会更加复杂。

3. 客户/服务器型多媒体数据库的体系结构

减少集中统一型多媒体数据库系统复杂性的一个很有效的办法是采用客户/服务器结构。在这种结构中，各种单媒体数据仍然相对独立，系统将每一种媒体的管理与操纵各用一个服务器来实现，所有服务器的综合和操纵也用一个服务器来完成，与用户的接口采用客户进程实现，其体系结构如图 9-3 所示。

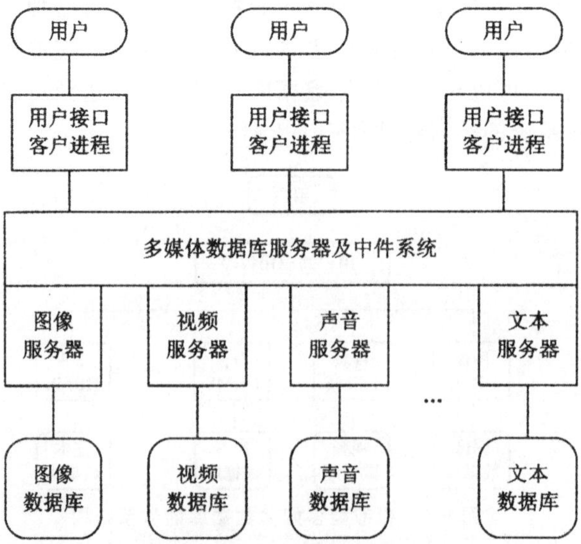

图 9-3　客户/服务器型多媒体数据库的体系结构

客户与服务器之间通过特定的中件系统连接。使用这种类型的体系结构，设计者可以针对不同的需求采用不同的服务器、客户进程组合，因此，很容易符合应用的需要，对每一种媒体也可以采用与这种媒体相适合的处理方法。同时，这种体系结构也很容易扩展到网络环境下工作。但采用这种体系结构必须对服务器和客户进行仔细的规划和统一的考虑，采用标准化的和开放的接口界面，否则会遇到与联邦型结构相近的问题。

4. 超媒体型多媒体数据库的体系结构

这种多媒体数据库体系结构强调对数据时空索引的组织，在它看来，世界上所有计算机中的信息和其他系统中的信息都应该连接成一体，而且信息也要能够随意扩展和访问。因此，也就没有必要建立一个统一的多媒体数据库系统，而是把数据库分散到网络上，把它看成一个信息空间，只要设计好访问工具就能够访问和使用这些信息。

此外，在多媒体的数据模型上，要通过超链建立起各种数据的时空关系，使得不仅可以访问抽象的数据形式，还可以去访问形象化的、真实的或虚拟的空间和时间。目前的 WWW 已经使我们看到了这种数据库的雏形。

9.2.2　多媒体数据库的层次结构

1. 传统数据库的层次

传统的数据库系统分为 3 个层次，按 ANSI 的定义分别为物理模式、概念模式和外部模式，如图 9-4 所示。

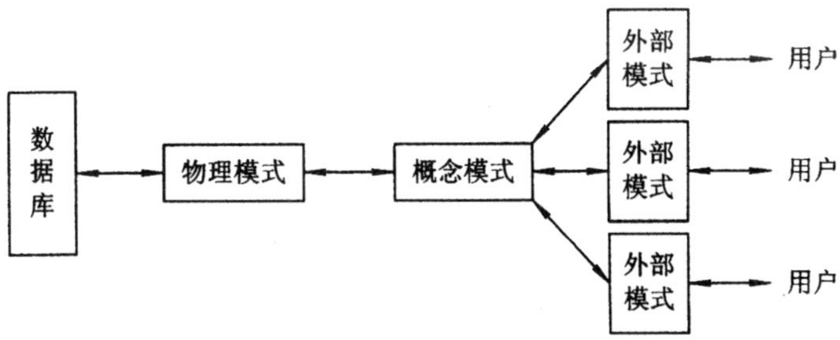

图 9-4　传统数据库的层次

传统的数据库采用这种层次结构是由它所管理的数据决定的。在这种数据库中，数据主要是抽象化的字符和数值，管理和操纵的技术也是简单的比较、排序、查找和增删改等操作，处理起来容易，也比较好管理。

由于数据种类单一，数据模型比较简单，对数据的处理也可以相对采取统一的方法，用户除了表格之外没有更复杂的数据表现工作。因此，如果要引入多媒体的数据，这种系统分层肯定不能满足要求，就必须寻找恰当的结构分层形式。

2. 多媒体数据库的层次

已经有许多人提出过多媒体数据库的层次划分，包括对传统数据库的扩展、对面向对象数据库的扩展、超媒体层次扩展等。虽然各有所不同，但总的思路是很相近的，大都是从最低层增加对多媒体数据的控制与支持，在最高层支持多媒体的综合表现和用户的查询描述，在中间增加对多媒体数据的关联和超链接的处理。在这里，综合各种多媒体数据库的层次结构的合理成分，我们提出一种多媒体数据库层次划分的概念结构图，如图 9-5 所示。

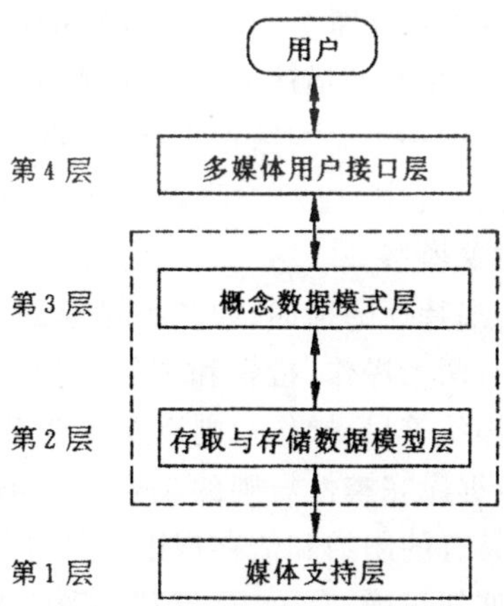

图 9-5　多媒体数据库的层次

在图 9-5 中，最低层也就是第 1 层，称为媒体支持层，建立在多媒体操作系统之上。针对各种媒体的特殊性质，在该层中要对媒体进行相应的分割、识别、变换等操作，并确定物理存储的位置和方法，以实现对各种媒体的最基本数据的管理和操纵。由于媒体的性质差别很大，对于媒体的支持一般都分别对待，在操作系统的辅助下对不同的媒体实施不同的处理，完成数据库的基本操作。

第 2 层称为存取与存储数据模型层，完成多媒体数据的逻辑存储与存取。在该层中，各种媒体数据的逻辑位置安排、相互的内容关联、特征与数据的关系以及超链接的建立等都需要通过合适的存取与存储数据模型进行描述。

第 3 层称为概念数据模型层，是对现实世界用多媒体数据信息进行的描述，也是多媒体数据库中在全局概念下的一个整体视图。在该层中，通过概念数据模型将为上层的用户接口、下层的多媒体数据存储和存取建立起一个在逻辑上统一的通道。第 3 和第 2 层也可以统称为数据模型层。

第 4 层称为多媒体用户接口层，完成用户对多媒体信息的查询描述和得到多媒体信息的查询结果。很显然，这一层在传统数据库中是非常简单的，但在多媒体数据库中这一层成了最重要的环节之一。首先，用户要能够把他的思想通过恰当的方法描述出来，并能使多媒体系统所接受，这对于多媒体数据库系统而言本身就是一个非常困难的问题，不是用某一种类似于 SQL 之类的语言所能描述的。其次，查询和检索到的结果需要按用户的需求进行多媒体化的表现，甚至构造出“叙事”效果，这也是表格一类描述方式所不能做到的。

上面的多媒体数据库的层次划分是非常概念化的，也是很初步的。多媒体数据库的结构应该能够包含像图像数据库、视频数据库、全文数据库等一系列的专业数据库类型，并能统一地管理和使用，但目前的状况离这一目标还很远。

9.3 多媒体数据模型

9.3.1 数据模型的概念

数据模型是数据库管理系统中用于提供信息数据表示和操作手段的形式构架，数据模型通常由数据结构、数据操作和完整性约束 3 部分组成，也称数据模型三要素。

数据结构是对数据库系统静态特性的描述，是所研究的对象类型的集合，这些对象是数据库的组成部分。对象一般分为两类，即一类是与数据类型、内容、性质有关的对象；另一类是与数据之间关联有关的对象。在数据库系统中，通常按照数据结构的类型来命名数据模型，如层次模型、网状模型、关系模型和面向对象模型。

数据操作是对数据库系统动态特性的描述，如各种对象的实例、允许执行的操作集合（包括操作及操作规则）。数据库主要有两大操作：检索和更新（包括插入、删除、替换、修改）。数据模型要定义这些操作的确切含义、操作符号、操作规则以及实现操作的语法。

数据的完整性约束是实现数据库完整性规则的集合。所谓完整性规则，是指给定的数据模型中，数据以及它们之间关联所具有的制约和依存规则，用以限定符合数据模型的数据库状态以及状态的变化，以保证数据库数据的正确、有效、相容和一致。数据模型应该提供定义数据完整性约束条件的机制，以反映数据必须遵守的特定的语义约束条件（如数据的有效值等）。

多媒体数据具有复合性、分散性、时序性的特点。复合性是指数据的形式多种多样，可以是文本、图形、图像、声音、动画视频，也可以是通过各种信息单元集成而得的复合对象。从结构上，数据可分为两大类，即一类是格式化数据，包括数字、字符；另一类是非格式化数据，包括文本、图形、图像、声音和视频。非格式化数据具有数据量极大、处理复杂等特点。

分散性是指有关联的数据可以分散地存储在不同的机器、不同的设备上，可用不同的(甚至是异构的)数据库系统来存储与管理，这些数据库可以是存储在光盘上的大型归档数据库，也可以是存储在高速磁盘上的动态数据库。

一些多媒体数据本身就是时序性的，而多媒体信息实体之间的关系也可能是时序性的，因此，在编组时要保证成员信息单元之间时间上的同步和空间上的搭接，对实时性的数据要求更高。

多媒体数据的复合性、分散性和时序性对数据模型提出了如下要求：

1)支持丰富的数据类型及相应的处理。

2)说明不完备信息。

3)扩充个别对象的定义到其类型定义之外。

4)编组来自不同数据库的数据并加以一致性处理。

5)描述结构化信息。

6)模拟对象的内部概念与外部表达。

7)支持上下文无关和上下文有关的引用。

8)支持数据共享。

9)支持版本的生成与控制。

10)支持系统预定义的操作和用户定义的操作。

11)支持对象的同频与集成。

然而，现有的多媒体数据模型均无法满足这些需求。

现有的多媒体数据模型可以分为 3 类：关系数据模型、面向对象数据模型和超媒体数据模型，下面将分别进行讨论。

9.3.2 关系数据模型

基于关系数据模型的多媒体数据库管理系统是目前比较实用且较多的一类系统，这是因为关系数据模型具有以下几个优点。

1)关系模型的概念单一，结构简单，实际上是一张二维表。

2)关系模型的集合能力强，用户对数据的检索操作不过是从原来的一些表中提取到一张新表，关系模型中的操作是集合操作。

3)关系模型的数据独立性强，它向用户隐藏了数据的存取路径，提高了数据的独立性。

4)关系模型有坚实的理论基础，这就是关系代数。

5)关系模型有标准的语言。1986 年 10 月，美国国家标准局(ANSI)颁布结构化查询语言(Structured Query Language，SQL)的美国数据库语言标准，1987 年 6 月，ISO 把 SQL 定为数据库语言的国际标准。

但是，传统的关系模型由于结构简单，是单一的二维表，数据类型和长度也被局限在一个较小的子集中，又不支持新的数据类型和数据结构，很难实现空间数据和时态数据，缺乏演绎和推理操作，因此，表达数据特性的能力受到限制。在多媒体数据库中使用关系模型，必须对现有的关系模型进行扩充，使它不但能支持格式化数据，也能处理非格式化数据。模型扩充的主要技术策略如下所示。

策略一，关系数据库管理系统技术和操作系统中文件系统的功能相结合，实现对非格式化数据的管理。其主要处理策略是：如果关系中元组某列（或属性）所定义的数据是非格式化数据，则将该列数据放在一个特定的文件上，该文件的完全文件名存放在该列的位置上。在这种方式中，数据库管理系统不负责非格式化数据本身的存储分配，对非格式化数据的管理是相当松散的，它管理的只是对非格式化数据的引用即文件名，而不是非格式化数据本身，对非格式化数据的并发控制和恢复只能通过操作系统的文件系统和应用程序来实现。

另外，这一方法在处理中要涉及操作系统文件 I/O，致使效率较低。但它可方便地扩充不支持非格式化数据的数据库管理系统，来间接地"管理"非格式化数据，方法简单，实现容易。更大的好处是，它可以充分利用操作系统文件系统的优点，即实现非格式数据文件共享。在数据库中只是存放该数据文件的文件名，减少了非格式化数据的冗余存储，这是相当重要的，因为非格式化数据往往数据量很大。

策略二，将格式化数据和非格式化数据装在一起形成一个完整的元组。将关系元组中的格式化数据和非格式化数据装在一起形成一个完整的元组，存放在数据页面或数据页面组中。由于非格式化数据的数据量一般很大，因此，存放非格式化数据常常需要多个页面，这样读取一个完整的元组时就需要多次的页面 I/O。这种策略的缺点是：如果只涉及元组中的格式化数据的操作，无形中增加了不必要的页面 I/O，影响了系统的响应速度。而且，数据库必须能够确定元组中各页在页面中的存储情况，这就增加了实现难度和系统开销，因此，一般小系统不采用这种策略，而大型数据库则往往采用这种策略。这种策略的优点是统一处理格式化和非格式化数据，实现了管理的一致性。

策略三，将元组中非格式化数据分类。将元组中非格式化数据分成两部分，即一部分是非格式化数据本身，另一部分是对非格式化数据的引用。将元组中格式化数据和对非格式化数据的引用放在一起存储，而非格式化数据本身则单独存储。这样，一般元组的存储只涉及格式化部分，仅当有必要访问对应的非格式化数据时，才要求进行较多的页面 I/O。

在这一策略中，数据库元组中包括两部分：格式化数据和非格式化数据的引用，故可称为格式化数据部分和非格式化数据部分。对非格式化数据的访问必然要经过非格式化数据的引用，后者是格式化数据。因此，通常情况下，对非格式化数据的访问必然要经过元组的格式化数据部分，其中某些处理如并发控制等，只需着重考虑对格式化数据部分进行处理即可，而这恰好是传统关系数据模型的处理，这就把某些有关非格式化数据处理问题简化为格式化数据处理问题了。当然，某些处理还要同时考虑非格式化数据。采用这一策略的优点是资源分配使用较为合理，实现性能较好，对资源不太充裕的小系统可为适宜。

以上这三种策略各有所长，可根据特定的多媒体系统的可能条件灵活选用，特别是后两种方法也可结合使用，如在存储策略中将格式化数据与非格式化数据分开存放，在缓冲、并发控制、恢复等处理中选用统一策略等。不论采用这三种策略的哪一种，首先要扩充数据类型，解决非格式化数据的语义解释，以便定义较长的文本和图形、图像、声音等非格式化数据类型。

9.3.3 面向对象数据模型

面向对象（OO）方法在许多的领域都得到了很好的应用。面向对象数据模型（OODM）中，面向对象的很多特点，能够较好地解决多媒体数据所遇到的建模问题。因此，面向对象数据模型也是一种多媒体的数据模型。

1. 面向对象的基本概念

(1)对象。

对象是对现实世界的任何一个实体模型化。对象由实体所包含的数据和定义在这些数据上的操作所组成。

(2)属性。

组成对象的数据称为对象的属性。对象的属性可以是系统或用户定义的数据类型，或者是一个抽象数据类型。组成对象的属性也可以是一个对象。属性是对象的静态特性，表现为一种聚合关系。

(3)方法。

定义在对象的属性上的一组操作称为对象的方法。它和属性一样是组成对象的成分，方法是对象的动态特性。

(4)消息。

面向对象系统中，对象间的交流和请求对象完成某种处理工作，是通过消息传递实现的。消息传送相当于一个间接的过程调用。对象对它能接受的每一个消息有一个相应的方法解释消息的内容，执行消息指示的处理操作。一个对象可以同时向多个对象发送消息，也可以接受多个对象发送的消息。由于消息内容由接受消息的对象解释，同样的消息可能被不同对象解释为不同的含义。

(5)对象类。

面向对象系统中，如果每个对象都单独定义其属性和方法，就会使得整个系统过于复杂和庞大，也会出现许多冗余的信息。因此，将类似的对象组合在一起，组成对象类。一个对象类中的对象，具有相同的属性名和定义在这些属性上的方法，也响应同样的消息。

(6)类的层次结构。

系统中的对象还存在一种概括关系。如果用节点表示对象类。用连接两点的边表示两个对象类的概括关系，形成概括关系的对象类就构成了类层次。上层的对象类是对下层的对象类的概括。上层对象类称为超类，下层对象类则称为子类。

(7)继承性。

面向对象模型有两类继承，即单继承和多继承。如果一个子类只能从一个超类中继承它的属性、方法和消息，这种继承称为单继承。如果一个子类能从多个超类中继承它们的属性、方法和消息，就称多继承。继承性的优点主要有：能对现实世界进行简明而精确的描述，提供了信息重用机制。

2. 语义关联的描述

在多媒体数据模型中，常用的语义关联主要有以下一些，但它们并不是标准的，在不同的系统中，可能会有不同的定义。

(1)聚集关联(Aggregation association，A 关联)。

定义一个实体类的一组属性，这些属性的域既可以是实体类也可以是域类。

(2)概括关联(Generalization association，G 关联)。

表示实体之间的子类与超类的继承性关系。当一个子类又同时是另一类的超类时，就形成了G关联层次结构。当允许有一个或一个以上的超类时，就形成了G关联网格结构。

(3)相互作用关联(Interaction association,I关联)。

类似于E-R模型中的实体间的relation关系，用来表示两个实体类之间的相互作用或关系。I关联定义的类之间的关系可以是一对一、一对多或多对多的关系。I关联可以由用户命名，也可以带有自己的属性、操作与约束规则。

(4)示例关联(Instance association)。

用IS-INST-OF表示一个具体对象与所述实体类之间的关系，用来对具体对象建模。

(5)规则关联和方法关联。

为表示一个实体类(包括广义实体类)具有数据类型为方法或规则的属性而引入的比较特殊的聚集关联。

3. 运算体系

在数据库系统中，运算基本上有3种：定义、查询和操纵。对多媒体数据库而言，应对类和对象分别定义这3种运算。

(1)定义。

包括类的创建和对象的创建两部分。类的创建需提供5个方面的信息：类标识、一组相关属性(包括实例属性和类属性)、一组操作程序、一组语义完整的约束条件和可以继承的超类集合。对象创建时，对象内容与对象所属类的属性必须匹配并符合类定义的约束条件。

(2)查询。

是使用数据库的基本方法，包括通过类名查询类结构，通过对象名或对象标识查询对象或对象的属性值，通过类名查询该类中满足某些约束条件的对象或对象的属性，以及对对象操作的查询等。在多媒体数据库中，查询还应包括基于内容或概念的检索等。

(3)操纵。

操纵运算包括插入、删除和修改。

1)插入：能够实现把对象和对象的属性插入到面向对象的多媒体数据库。类的属性增加，必须将该类中所有对象增加该类属性域并设其值为空或缺省值。

2)删除：删除一个对象时，必须将该对象所有属性一起删除。当属性是一个对象时，这个对象也同样被删除。删除一个类的属性时需将类内的所有对象的对应属性域删除。

3)修改：类的修改包括对类的属性集合、操作集合、约束条件集合、超类集合中元素的更新以及整个类的删除。其属性的修改还要根据具体情况再对它的对象作相应的改变。所有的属性更新将影响到所有的子类。类的约束条件的更新要涉及所有对象满足新的约束条件。它的超类中的元素的更新主要包括检查类层次结构，会不会出现断路或环路，以及类层次中属性、操作和约束条件的继承性检查、相关对象的改变的更新。

4. 数据模型的特点分析

(1)聚集层次。

面向对象模型支持“聚集关联”和“概况关联”，从而能更好地处理多媒体数据等复杂对象结构语义。由于多媒体信息通常是多种媒体所能提供信息的组合，聚集关联实现不同媒体信息的有机结合，因此，利用聚集关联可以很方便地得到复杂对象的层次结构，以及同上一层中各个子对象间的顺序关系。

(2)方法管理。

面向对象数据模型支持抽象数据类型和用户定义的方法，因此，对多媒体数据的存取主要是通过具体媒体技术来处理。

(3)版本控制。

面向对象数据模型支持的对象类、类层次和继承性等特点能够较容易地进行版本控制和减少数据冗余及数据冗余所带来的一系列问题。

(4)快速查询。

面向对象数据库系统的查询语言，通常是沿着系统提供的内部固有联系进行的，从而避免了大量的查询优化工作。

(5)模型容易扩展。

面向对象数据模型支持数据抽象、功能抽象与消息传递等特点，使对象在系统中是独立的，具有较好的封闭性，它屏蔽了多媒体数据之间的巨大差异，从而使并行处理容易实现，也便于系统扩展。

总之，面向对象的数据模型允许现实世界的对象以更接近于用户思维的方式来描述，而且具有描述和处理聚集层次、概括层次的能力，能支持抽象数据类型和行为，可扩充性和可共享性好，适宜于表示和处理多媒体信息，也适宜于多媒体数据库中各种媒体数据的存取与不同操作的实现。

9.3.4　超媒体数据模型

超媒体模型的基本结构是网状的，是由节点和链组成的有向图，在这点上有点像传统数据库中的网状数据模型，但又截然不同。节点和链是超媒体模型中的两个核心概念。节点是信息单位(信息元)，链用来组织信息，表达信息间的关系，把节点连成网状结构。由于超媒体节点和链的形式可以比较容易地推广到多媒体的形式，可以基于包括不同媒体的节点，链也可用来表示媒体间的时空关系，所以超媒体模型自然成了一种很普遍的多媒体数据模型。

超媒体结构具有面向对象的特性。不同媒体对象可以封装在节点内，外界只能通过节点对象的成员函数对节点进行操作。链也用来表示媒体间的语义关系。超媒体使每一种媒体都有自己的内部数据结构和处理信息的过程。由于超媒体的节点和链具有描述多媒体信息及其相互关系的能力，因此，它成为目前普遍采用的描述多媒体数据模型的工具。基于超文本模型或超媒体方法的数据库系统有 Hypercard、KMS、INTERMEDIA 以及我国国防科技大学研制的 HWS、GBH 系统等。

超媒体近年来得到迅速发展，正逐渐向智能化或专家系统方向发展。在超媒体系统中增加“推理引擎”，它就能够主动获取信息并将其加入超媒体网络。超媒体将具有计算能力，而不仅仅在静态网中迁移和运动。智能超媒体打破了常规超媒体节点之间链的限制，在超媒体的链和节点中嵌入知识或规则，允许链进行计算和推理，使得多媒体信息的表现具有智能性。

以上讨论了现有的三种多媒体数据模型，还应说明的是：目前的多媒体数据库不只局限于一种数据模型，在实现多媒体数据库的过程中吸纳了许多其他领域的技术。因此，在设计多媒体数据库时，应采取具体情况具体分析的原则，可以考虑让多种数据模型并存，把多种数据库的优点相结合。

9.4 多媒体数据库管理系统

多媒体应用系统涉及的数据结构有格式化与非格式化两大类。非格式化数据除了具有数据量极大的特点外,还具有复合性、分散性、时序性的特点。多媒体数据库管理系统(Multimedia Data Base Management System,MDBMS)不但要对各媒体数据进行内部概念模拟,还需要对其外部表达进行模拟。

9.4.1 MDBMS 的特点与功能

1. 多媒体数据库管理系统的特点

数据库是按一定的方式组织在一起的可以共享的相关数据的集合。数据库系统中一个重要的概念是数据独立性。根据独立性原则,DBMS 一般按层次可划分为 3 种模式:物理模式、概念模式和外部模式,如图 9-6 所示。

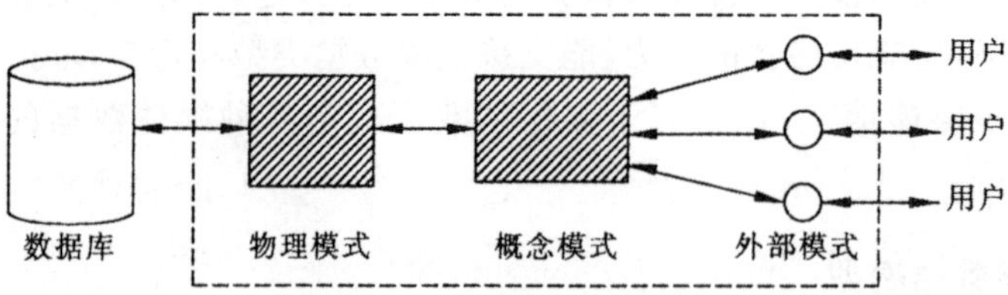

图 9-6 DBMS 的模式结构图

物理模式也称内部模式,其主要功能是定义数据存储组织方法,如数据库文件的格式、索引文件组织方法、数据库在网络上的分布方法等,有时该模式还称为存储模式,对于用户来说它是透明的。概念模式描述了数据库的逻辑结构而隐藏了数据库的物理存储细节,借助数据模型来描述,它定义抽象现实世界的方法。概念模式服务于一个数据库全部用户,数据库性能与数据模型密切相关,数据库模型经历了网状模型、关系模型和面向对象模型等阶段。外部模式又称为视图,它是概念模式对用户有用的那一部分。外部模式描述了一个特定用户组用户所关心的数据的结构,这些数据可以是数据库所存数据的一个子集,也可以是数据库所存数据经过加工整理后所得到的数据。总之,这 3 种模式含义不同,层次不同,服务对象也是各不相同的。

当前,以关系模型为基础的关系数据库在商业数据库中占有主导地位。关系模型主要针对的是整数、实数、定长字符等规范数据,关系数据库的设计者必须把真实世界抽象为规范数据。声音、图像、视频等信息引入计算机之后,可以表达的信息范围增大,但带来的新问题有数据不规则,没有统一的取值范围,没有相同的数据量级,也没有相似的属性集。

2. MDBMS 的功能

根据多媒体数据管理的特点,MDBMS 应包括以下几个功能。

1)MDBMS 必须能表示和处理各种媒体的数据,主要有不规则数据如图形、图像、声音等。

2)MDBMS 必须能反映和管理各种媒体数据的特性,或各种媒体数据之间的空间或时间的关联。

3)MDBMS 除必须满足物理数据独立性和逻辑数据独立性外,还应满足媒体数据独立性。物理数据独立性是指当物理数据组织(存储模式)改变时,不影响概念数据组织(逻辑模式)。逻辑数据独立性是指概念数据组织改变时,不影响用户程序使用的视图。媒体数据独立性是指在

MDBMS 的设计和实现时，要求系统能保持各种媒体的独立性和透明性，即用户的操作可最大限度地忽略各种媒体的差别，而不受具体媒体的影响和约束；同时要求它不受媒体变换的影响，从而实现复杂数据的统一管理。

4）MDBMS 的网络功能。当前的多媒体应用一般以网络为中心，应解决分布在网络上的多媒体数据库中数据的定义、存储、操作等问题，并对数据一致性、安全性、并发性进行管理。

5）MDBMS 的数据操作功能。除了与传统数据库系统相同的操作外，还提供许多新功能：提供比传统 DBMS 更强的适合非规则数据查询搜索功能、提供浏览功能、提供演绎和推理功能。对非规则数据，不同媒体的提供了不同的操作，如图形数据编辑操作和声音数据剪辑操作等。

6）MDBMS 应具有开放功能，提供 MDB 的应用程序接口 API，并提供独立于外设和格式的接口。

7）MDBMS 还应提供事务和版本管理功能。

9.4.2　MDBMS 的组织结构

当前还没有标准的多媒体数据库的组织结构。现在大多数多媒体数据库系统还局限在专门的应用上，只对那些专门的应用结构进行了设计。下面我们介绍一般的多媒体数据库组织结构形式。

1. 多媒体数据库一般的组织结构

(1)集中统一型结构。

只存在一个单一的多媒体数据库和单一的多媒体数据库管理系统。各种媒体被统一地建模，对各种媒体的管理与操作被集中到一个数据库管理系统之中，各种用户的需求被统一到一个多媒体用户接口上，多媒体的查询检索结果可以统一地表现。因为这种多媒体管理系统是统一设计和开发的，所以在理论上能够充分地做到对多媒体数据进行有效的管理和使用。但事实上这种多媒体数据库系统是很难实现的，目前还没有一个比较好的方法来管理所有的多媒体数据。虽然面向对象的方法为建立这样的系统带来了希望，但要真正做到还需很长的时间。如果把问题再放大到计算机网络上，这个问题就会更加复杂。

(2)联邦型结构。

它是对各种媒体单独建立数据库，每一种媒体的数据库都有自己独立的数据库管理系统。虽然它们是相互独立的，但可以通过相互通信来进行相应的操作。用户既可以对单一的媒体数据库进行访问，也可以对多个媒体数据库进行访问，从而实现对多媒体数据进行存取的目的。这种结构的示意图如图 9-7 所示。

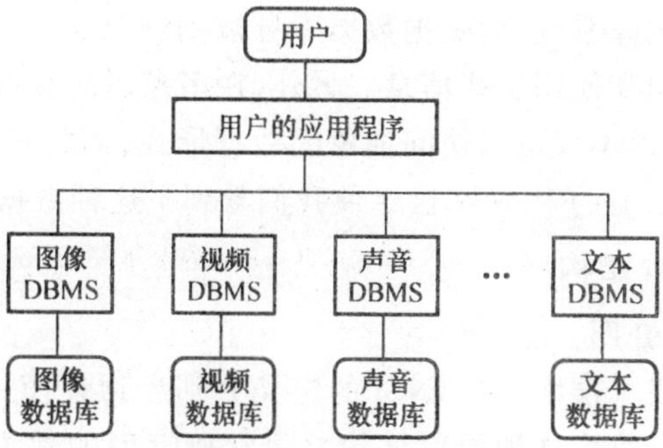

图 9-7　联邦型结构示意图

在这种数据库组织结构中，对多媒体数据的管理是分开进行的，可以利用现有的研究成果直接进行组装，每一种媒体数据库的设计也不需考虑与其他媒体的匹配和协调。但是，由于这种多媒体数据库对多媒体的联合操作实际上是交给用户去完成的，给用户带来灵活性的同时，也为用户增加了负担。该组织结构对多种媒体的联合操作、合成处理和概念查询等都很难实现。如果各种媒体数据库设计时并没有按照标准化的原则进行的话，它们之间的通信和使用都会产生问题。

(3)客户/服务器结构。

它是减少集中统一型多媒体数据库系统复杂性的一个十分有效的办法，是采用客户/服务器结构。各种单媒体数据仍然相对独立，系统将每一种媒体的管理与操纵各用一个服务器来实现，所有服务器的综合和操纵也用一个服务器完成，与用户的接口采用客户进程实现。客户与服务器之间通过特定的中件系统连接。使用这种类型的组织结构，设计者可以对不同的需求采用不同的服务器、客户进程组合，所以很容易满足应用的需要，对每一种媒体也可以采用与这种媒体相适合的处理办法。同时，这种体系结构也很容易扩展到网络环境下工作。但采用这种体系结构必须要对服务器和客户进行严格的规划和统一的考虑，并采用标准化的和开放的接口界面，否则也会遇到与联邦型相似的问题。客户/服务器组织结构的示意图如图 9-8 所示。

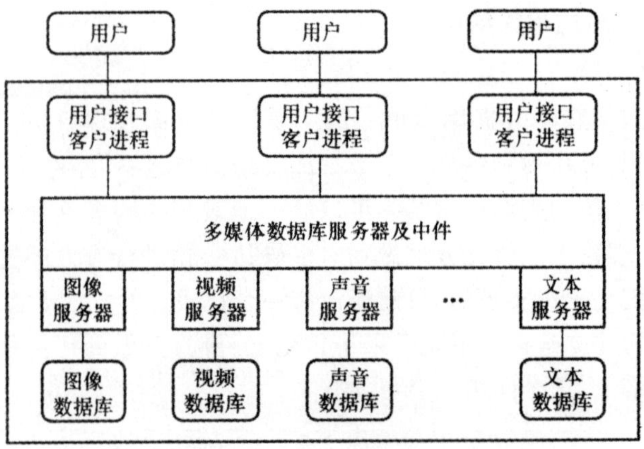

图 9-8 客户/服务器结构示意图

(4)超媒体型结构。

这种组织结构强调对数据时空索引的组织，在这种结构下，世界上所有的计算机中的信息和其他系统中的信息都应该连接成一体，而且信息也要能够随意扩展和访问。因此，也就没有必要建立一个统一的多媒体数据库系统，而是把数据库分散到网络上，把它看成一个信息空间，只要设计好访问工具就能够访问和使用这些信息。另外，在多媒体的数据模型上，要通过超链接建立起各种数据的时空关系，使得不仅可以访问抽象的数据形式，而且还可以去访问形象化的、真实的或虚拟的空间和时间。当前的 WWW 已经使我们看到了这种数据库的雏形。

2. 多媒体数据库的层次结构

(1)传统数据库的层次介绍。

传统的数据库系统有 3 个层次，按 ANSI 的定义分别为物理模式、概念模式和外部模式，如图 9-9 所示。传统的数据库采用这种层次结构是由它所管理的数据所决定的。在这种数据库中，数据主要是抽象化的，管理和操纵的技术也是比较简单的操作，处理起来很容易，也比较好管理。由于数据种类单一，数据模型比较简单，对数据的处理也可以相对采取统一的方法，用户除了表格之外没有更复杂的数据表现工作。因此，如果要引入多媒体的数据，这种系统分层肯定不能满足要求，就必须寻找适当的结构分层形式。

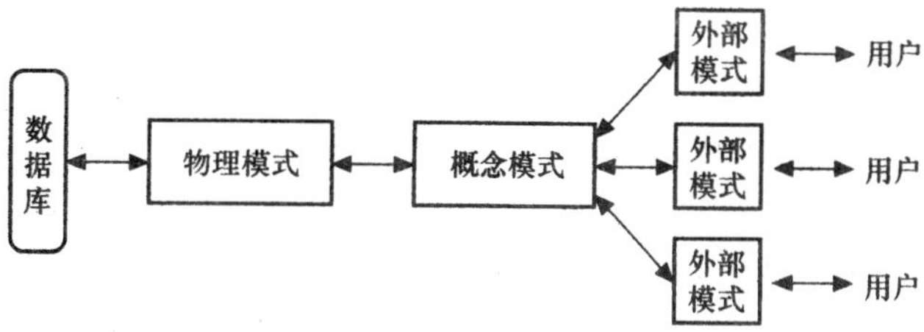

图 9-9　传统数据库模式

(2)多媒体数据库的层次划分。

多媒体数据库的层次划分，包括对传统数据库的扩展、对面向对象数据库的扩展，以及超媒体层次扩展等。虽然有所不同，但总的思路很相似，大部分是从最低层增加对多媒体数据的控制与支持，在最高层支持多媒体的综合表现和用户的查询描述，在中间层增加了对多媒体数据的关联和超链的处理。下面我们结合各种多媒体数据库的层次结构的合理成分，提出一种多媒体数据库层次划分的概念结构图，如图 9-10 所示。

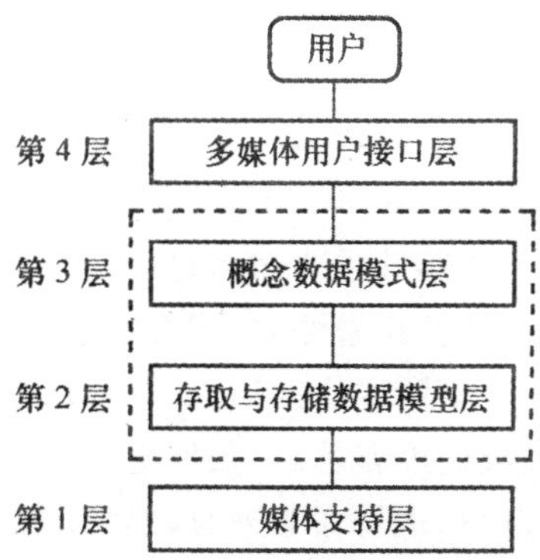

图 9-10　多媒体数据库层次示意图

图 9-10 中，最低层(第 1 层)为媒体支持层，建立在多媒体操作系统之上。针对各种媒体的特殊性质，在该层中要对媒体进行相应的分割、识别和变换等操作，并确定物理存储的位置和方法，以实现对各种媒体的最基本数据的管理和操作。由于媒体的性质差别很大，对于媒体的支持一般都要分别对待，在操作系统的辅助下对不同的媒体实施不同的处理，完成数据库的基本操作。

第 2 层为存取与存储数据模型层，完成多媒体数据的逻辑存储与存取。在该层中，各种媒体数据的逻辑位置安排、相互的内容关联、特征与数据的关系以及超链接的建立等都需要通过适当的存取与存储数据模型进行描述。

第 3 层为概念数据模型层，是对现实世界用多媒体数据信息进行的描述，也是多媒体数据库在全局概念下的一个整体视图。在该层中，通过概念数据模型将为上层的用户接口、下层的多媒体数据存储和存取建立起一个统一的通道。第 3 和第 2 层也可以统称为数据模型层。

第 4 层为多媒体用户接口层，完成用户对多媒体信息的查询描述并得到查询结果。很显然，这一层在传统数据库中是十分简单的,但在多媒体数据库中这一层成了最重要的环节之一。首先,用户要能够把他的思想通过恰当的方法描述出来,并使多媒体系统接受,这在多媒体数据库系统中本身就是一个十分困难的问题,不是用某一种类似于 SQL 之类的语言所能描述的。其次,查询和检索到的结果需要按用户的需求进行多媒体化的表现,甚至构造出"叙事"效果,这也是表格一类所不能做到的。

上面的多媒体数据库的层次划分是十分概念化的,也是很初步的。多媒体数据库的结构应该能够包含像图像数据库、视频数据库和全文数据库等一系列的专业数据库类型,并能统一地管理和使用,但目前离这一目标相差还是很远。

9.5 基于内容的多媒体信息检索

9.5.1 多媒体与媒体语义

各种多媒体数据中含有大量信息,但有时常错误地把数据当成信息。信息来源于数据,但信息需要从数据中提取出来。数据可以有多种形式或类型,这些形式取决于其来源,例如,图像、视频、声音或其他媒体类型。信息与任务有关,它需要根据特定的上下文并利用知识才能推导解释出来。"一幅画胜过千言万语",这句话对所有的数据类型都是正确的,它说明了信息表示方法的重要性。但从另一个角度来看,这也说明同样的数据可以提供不同的信息,有时甚至是相互矛盾的信息,这完全取决于使用者的知识和解释,以及对上下文的了解。所谓的"信息爆炸",实际上只是数据的过载而非信息的过载。

信息的抽象在理解上扮演了一个非常重要的角色。在早期的应用中,这个抽象的过程都是由人自已将所获取的数据转换成为某种符号形式,但在其中也已损耗了相当多的信息。抽象过程的复杂程度与任务有关,会有多种不同层次的抽象。一般说来,越接近信息原始状态的数据抽象程度越低,而符号化后的数据抽象程度就越高,数据量也随着抽象程度的增加而逐步减少。抽象的过程实际上就是引入语义的过程,也与任务或领域密切相关。如果计算机只是一个通信的通道,它就可以少管甚至不管数据的任何语义,理解语义的任务直接交给用户。但如果要把两种媒体的信息相互比较或者把它们放在一块,就必须理解这些不同媒体的信息,而不管其媒体是什么。

目前大多数多媒体的应用还很少使用到不同媒体间的语义信息,相当多的人把多媒体只看作一种界面工具,而并没有在各种媒体的内容上建立起联系,并且依据这些联系组织、处理和使用这些信息。从另外一个方面来看,多媒体的语义复杂性也是带来其语义瓶颈的重要原因。因此,必须要有相应的方法和工具,对多媒体的数据按不同的形式和来源获取、增加与任务相关的语义,以方便对多媒体信息内容的检索。这对于多媒体信息系统来说应该是基本的要求。如何使系统直接从各种媒体中获取信息线索,并将这些线索用于数据库中的检索操作,帮助用户从数据库中检索出合适的多媒体信息对象,这就是基于内容分析与检索(Content Based Analyzing and Retrieval)的主要研究内容。

所谓多媒体基于内容的分析与检索,是指对多媒体数据(如视频、图像和音频等)所蕴含的物理的和语义的内容进行计算机分析理解,其本质是对无序的多媒体数据结构化,进而提取语义信息,这些物理特征和语义信息有助于用户从大量存储在数据库中的媒体中检索出具有相似特征

的媒体数据。对多媒体数据来说，每一种媒体数据都具有难以用符号化方法描

描述的信息线索。例如，图像中某对象的形状、颜色，视频中的对象运动、镜头的切换，声音的音调、含义等。虽然人能够理解这些媒体的含义，但要利用这些语义线索对多媒体数据库进行检索，就不得不在建立数据库时就事先输入并与媒体数据一起存储对应的字符信息，对这些媒体的语义进行描述；检索时，由人把这些语义再转换为相应的字符，根据字符的匹配查找相应的媒体信息。很显然，这个转换过程妨碍了有效地交互，被称为“转换障碍”，很难满足用户各种各样的需求。对设计者来说，给多媒体数据赋予能够表示全部语义特征的关键词也非常困难，这与个人的经验、知识和对媒体信息的理解程度密切相关，而且也并不是所有对象的所有特征都能用字符描述出来的。基于内容检索就是要从媒体中直接地提取媒体的语义线索，根据这些语义线索进行检索。这就把检索过程与语义的提取直接地联系到了一起，使得检索过程更加有效，适应性更强。

9.5.2　基于内容检索系统的一般结构

从基于内容分析与检索的角度出发，基于内容分析与检索系统由组织媒体输入的插入子系统，对媒体做特征提取的媒体处理子系统，储存插入时获得的特征和相应媒体数据的数据库，以及支持对该媒体的查询子系统等组成；同时需要相应的知识辅助支持特定领域的内容处理。一般基于内容分析与检索系统的结构示意如图 9-11 和图 9-12 所示。

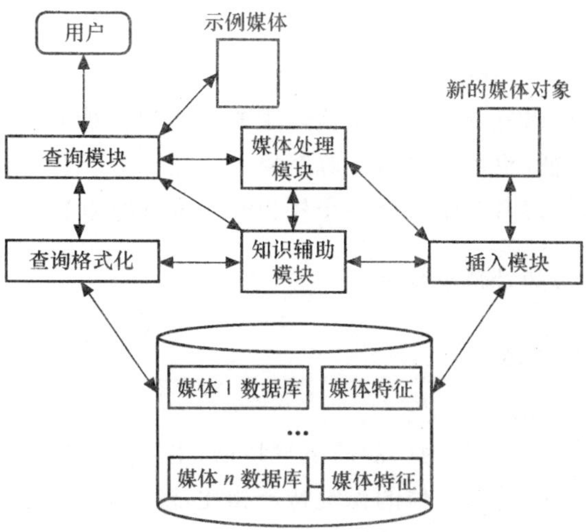

图 9-11　多媒体数据库中基于内容检索的结构示意

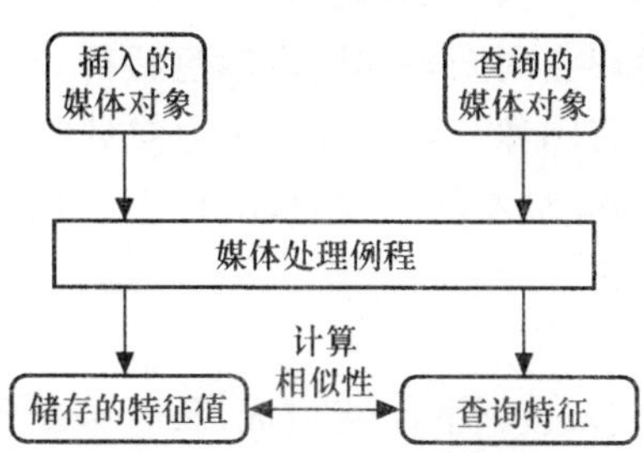

图 9-12　查询的方法示意

1. 插入子系统

插入子系统负责将媒体输入到系统之中，同时根据需要为用户提供一种工具，以全自动或半自动（即需用户部分干预）的方式对媒体进行分割，标识出需要的对象或内容关键点，以便有针对性地对目标进行特征提取。

2. 特征提取子系统

特征提取子系统负责对用户或系统标明的媒体对象进行特征提取处理。特征提取可以由人完成，例如，给出一些描述特征的关键字；也可以通过对应的媒体处理例程完成，提取一些所关心的媒体特征。提取的特征可以是全局性的，如整幅图像或视频镜头的颜色分布；也可以针对某个内部的对象，如图像中的子区域、视频中的运动对象等。在提取特征时，往往需要知识处理模块的辅助，由知识库提供有关的领域知识。

3. 数据库

媒体数据和插入时得到的特征数据分别存入媒体数据库和特征数据库。媒体库包含各种媒体数据，如图像、视频、音频和文本等。特征库包含这种媒体用户输入的特征和预处理自动提取的特征。数据库通过组织与媒体类型相匹配的索引来达到快速搜索的目的，从而可以应用到大规模多媒体数据检索过程中。

4. 查询子系统

查询子系统主要以示例查询的方式向用户提供检索接口。检索允许针对全局对象，如整幅图像、视频镜头等，也允许针对其中的子对象以及任意组合形式来进行。检索返回的结果按相似程度进行排列，如有必要可以进一步查询。检索主要是相似性检索，模仿人类的认知过程，可以从特征库中寻找匹配的特征，也可以临时计算对象的特征。对于不同的媒体数据类型，具有各自不同的相似性测度算法，检索系统中包括一个较为有效可靠的相似性测度函数集。

9.5.3 基于内容的图像分析及检索

1. 图像特征的提取与表达

(1)颜色特征的原理及性质。

颜色特征是图像检索中应用最为广泛的视觉特征，主要原因在于颜色往往和图像中所包含的物体或场景十分相关。此外，与其他的视觉特征相比，颜色特征对图像本身的尺寸、方向和视角的依赖性比较小，从而具有较高的稳健性。

图像颜色特征的表达涉及若干问题。首先，由于存在许多不同的颜色色彩空间，对不同的具体应用，需要选择合适的颜色色彩空间来描述图像颜色特征；其次，需要采用一定的量化方法将颜色特征表达为向量的形式，在将图像色彩特征表示为向量形式后，才能进行相似度比较。

颜色特征的表示方法有很多，如颜色直方图、颜色矩、颜色集、颜色聚合向量以及颜色相关图等。

1)颜色直方图原理及性质。

假设一幅图像 G 的颜色（或灰度）由 N 级组成，每一种颜色值用 $q_i(i=1,2,\cdots,N)$ 表示。在整幅图像中，具有 q_i 颜色值的像素数为 h_i，则这一组像素统计值 $h_1,h_2,\cdots,h_N$ 就是该图像的颜色直方图，可用 $H(h_1,h_2,\cdots,h_N)$ 表示。如果用 $H(h_1,h_2,\cdots,h_N)$ 来描述一幅图像的颜色特征，则该直方图具有以下性质。

①直方图中的值都是统计而来，描述了该图像关于颜色的数量特征，可以反映图像的部分内容。举例来说，如果是一幅“蓝色的海洋”的图像，“篮色”将是像素的主要成分，在数量上将占很大的比例。

②直方图丢失了颜色的位置特征。因此，不同的图像可能具有相同的颜色分布，从而也就具有相同的颜色直方图。

③如果将图像划分为若干子区域，这所有子区域的直方图之和等于全图直方图。

④一般情况下，由于图像上的背景和前景物体颜色分布明显不同，从而在直方图上会出现双峰特性，但前景和背景颜色较为接近的图像不具备该性质。

2)颜色矩。

颜色矩方法的数学基础在于图像中任何的颜色分布均可以用它的矩来表示，此外，由于颜色分布信息主要集中在低阶矩中，因此仅采用颜色的一阶矩、二阶矩和三阶矩就足以表达图像的颜色分布。与直方图相比，该方法的另一个好处在于无需对特征进行向量化。颜色的 3 个低次矩的数学表达形式为

$$\mu_i = \frac{1}{N}\sum_{j=1}^{N} p_{ij}$$

$$\sigma_i = \left(\frac{1}{N}\sum_{j=1}^{N}(p_{ij}-\mu_i)^2\right)^{\frac{1}{2}}$$

$$s_i = \left(\frac{1}{N}\sum_{j=1}^{N}(p_{ij}-\mu_i)^3\right)^{\frac{1}{3}}$$

其中，p_{ij} 是图像中第 j 个像素的第 i 个颜色分量。因此，图像的颜色矩一共只需要 9 个分量(3 个颜色分量，每个分量上 3 个低阶矩)，与其他的颜色特征相比是非常简洁的。

3)颜色集。

颜色集方法作为颜色直方图的一种近似，可支持大规模图像库中的快速查找。这种方法首先将图像从 RGB 颜色空间转化成视觉均衡的颜色空间(如 HSV 空间)中的图像，并将颜色空间进行量化，然后用色彩自动分割技术将图像分为若干区域，每个区域用量化颜色空间的某个颜色分量来索引，从而将图像表达为一个二进制的颜色索引集。在图像匹配中，比较不同图像颜色集之间的距离和色彩区域的空间关系。因为颜色集表达为二进制的特征向量，可以构造二分查找树来加快检索速度，这对于大规模的图像集合十分有利。

4)颜色相关图。

颜色相关图是图像颜色分布的另一种表达方式。这种特征不但刻画了某一种颜色的像素数量占整个图像的比例，还反映了不同颜色对之间的空间相关性。

假设 l 表示整张图像的全部像素，$I_{c(i)}$ 则表示颜色为 $c(i)$ 的所有像素。颜色相关图可以表达为

$$\gamma_{i,j}^{(k)} = \Pr_{p_1\in I_{c(i)},\, p_2\in I}\left[p_1 \in I_{c(i)} \mid |p_1 - p_2| = k\right]$$

其中，$I,j \in \{1,2,\cdots,d\}$，$k \in \{1,2,\cdots,d\}$，$|p_1 - p_2|$ 表示像素 p_1 和 p_2 之间的距离。颜色相关图可以看作是一张用颜色对 $<i,j>$ 索引的表，其中 $<i,j>$ 的第 k 个分量表示颜色为 $c(i)$ 的像素和颜色为 $c(j)$ 的像素之间的距离小于 k 的概率。如果考虑到任何颜色之间的相关性，颜色相关图会变得非常复杂和庞大。一种简化的变种是颜色自动相关图上它仅仅考察具有相同颜色

的像素间的空间关系。

(2)图像纹理特征。

纹理也是图像中重要而又难以描述的特征。很多图像在局部区域内呈现不规则性,但在整体上表现出规律性,习惯上把图像这种局部不规则而宏观有规律的特性称为纹理。纹理特征是一种不依赖于颜色或亮度的、反映图像中同质现象的视觉特征。它是所有物体表面共有的内在特性,例如,云彩、树木、砖和织物等都有各自的纹理特征。纹理特征包含了物体表面结构组织排列的重要信息以及它们与周围环境的联系。Tamura 等人基于人类对纹理的视觉感知心理学的研究,提出了 6 个分量的纹理特征表达,分别是粗糙性、方向性、对比度、线似性、规整度和粗略度,这也就是纹理检索的主要特征。其中前 3 个分量对于图像检索尤为重要。除了 Tamura 纹理特征,纹理特征还有其他表示形式,如自回归纹理模型、方向性特征、小波变换和共生矩阵等。

纹理的分析方法已有不少,大致上可分为统计方法和结构方法。统计方法被用于分析像小纹、沙地和草坪等细密而规则的对象,并根据像素间灰度韵统计性质对纹理规定出特征,以及特征与参数的关系。结构方法适于像布料的印刷图案或砖瓦等排列较规则对象的纹理,可以根据纹理基元及其排列规则来描述纹理的结构及特征,以及特征与参数间的关系。

由于纹理难以描述,因此对纹理的检索都是 QBE 方式的。另外,为缩小查找纹理的范围,纹理颜色也作为一个检索特征。通过对纹理颜色的定性描述,把检索空间缩小到某个颜色范围内,再以 QBE 为基础,调整粗糙度、方向性和对比度 3 个特征,逐步逼近检索目标。

检索时首先将一些大致的图像纹理以小图像形式全部显示给用户,一旦用户选中其中某个和查询要求最接近的纹理形式,则以查询表的形式让用户适当调整纹理特征,如“方向再往左一点”、“再细密一点”、“对比度再强一点”等。通过将这些概念转化为参数值进行调整,并逐步返回越来越精确的结果。

(3)图像形状特征。

图像中的物体和区域形状是图像表达和图像检索中要用到的另一类重要特征。但不同于颜色或纹理特征,形状特征的表达必须以图像中的物体或区域的分割为基础。由于当前的技术无法做到准确而稳健的自动图像分割,图像检索中的形状特征只能在某些特殊应用场合使用,在这些应用中图像包含的物体或区域可以直接获得。另一方面,由于人们对物体形状的变换、旋转和缩放主观上不太敏感,合适的形状特征必须满足对变换、旋转和缩放无关,这给形状相似度的计算也带来了难度。

通常来说,形状特征有两种表示方法,一种是轮廓特征,一种是区域特征。图像轮廓特征用到物体的外边界,而图像区域特征则关系到整个形状区域。基于骨架或轮廓的检索能使用户通过勾勒图像的大致轮廓,从数据库中检索出轮廓相似的图像。

取图像的轮廓线是一个困难的任务,一般的图像分割和边缘检测提取很难得到理想的结果。目前较好的方法是采用图像的自动分割方法结合识别目标的前景和背景模型来得到比较精确的轮廓。由于用户的勾画只是对整个图像目标的大体描述,如果用整个轮廓线来作为匹配特征并不合适,必须用一些轮廓的简化特征作为检索的依据。一般以轮廓的中心为基准,计算中心到边界点的最长轴和最短轴、长轴与短轴之比、周长与面积之比,以及拐点等作为轮廓检索的特征。事实上,要识别目标的轮廓是很困难的,在有些情况下,也直接采用轮廓追踪方法进行轮廓检索。

对轮廓进行检索的过程是交互完成的。首先对图像进行轮廓提取,并计算轮廓特征,存于特征库小。为方便用户描绘轮廓,一般检索接口应给出基本的绘画工具,用户可以用工具来手绘查询的要求。检索时，通过计算手绘轮廓的特征与特征库中的图像轮廓特征的相似距离来决定匹配程度。轮廓特征检索也可以结合颜色进行描述，例如，用户可用绘图工具在一个绿色的背景上画一个红色的圆，系统将与圆形轮廓相似的目标图像都从数据库中找出来，然后用户再在这些图像中选择需要的内容。

(4)图像空间关系特征。

上述的颜色、纹理和形状等多种特征反映的都是图像的整体特征，而无法体现图像中所包含的对象或物体。事实上，图像中对象所在的位置和对象之间的空间关系同样是图像检索中非常重要的特征。提取图像空间关系特征可以有两种方法：一种方法是首先对图像进行自动分割，划分出图像中所包含的对象或颜色区域，然后根据这些区域对象索引；另一种方法则简单地将图像均匀划分为若干规则子块，对每个图像子块提取特征建立索引。

1)基于图像分割的方法。

这类方法中的图像空间关系特征主要包括二维符号串、空间四叉树和符号图像。二维符号串方法的基本思想是将图像沿 x 轴和 y 轴方向进行投影，然后按二维子串匹配进行图像空间关系的检索。符号图像方法是基于图像中全部有意义的对象已经被预先分割出来的假设，将每个对象用质心坐标和一个符号名字代表，从而构成整幅图像的索引。

这些特征都是在图像分割的基础上的，然而对于通用领域内没有经过预处理的图像，自动图像分割技术的效果就不太好。通常分割算法所划分的仅仅是区域而不是对象。如果想在图像检索中获得高层语义上的对象，就需要人工或领域知识的辅助。

2)基于图像子块的方法。

为了克服图像准确自动分割的困难，同时又要提供有关图像区域空间关系的基本信息，一种折中的方法是将图像预先等分成若干子块，然后分别提取每个子块的各种特征。在检索中首先根据特征计算图像的相应子块之间的相似度，然后通过加权计算总的相似度。

(5)图像高维特征缩减和索引。

1)图像高维特征缩减。

在图像检索中，有时为了增加检索精确度，不得不提取更多的图像特征，通常情况下，图像特征向量的维数数量级可以达到 10^2。特征维数多对于图像精确检索并不是好事，一方面特征信息中存在冗余信息，会导致检索精度下降，同时维数过多也降低了检索的效率。因此需要降低所提取特征维数之间的相关性，进行高维特征缩减。常用的两种高维特征缩减方法是 Karhunen-Loeve 变换(KLT)和按列聚类。

2)图像高维特征索引。

如果经过维数缩减，除去了图像特征之间的相关性，图像特征向量的维度仍然较高，那么就需要选择一个合适的多维索引算法来为特征向量建立索引。

有 3 个研究领域对多维索引技术做出了贡献，它们分别是计算几何、数据库管理系统和模式识别。较为流行的多维索引技术包括 Bucketing 成组算法、k-d 树、优先级 k-d 树、四叉树、K-D-B 树、HB 树、R 树以及它的变种 R^+ 树和 R^* 树等。除了上述几种方法，在模式识别领域有广泛应用的聚类和神经网络技术也可以对高维特征数据进行索引。

2. 图像相似性检索与匹配方法

我们以颜色直方图表示方法为例说明图像相似性检索与匹配方法。

(1)利用颜色直方图进行检索。

对颜色直方图方法来说，采用 QBE 方法，示例可以用以下方法给出。

1)指明颜色组成。

例如，查询“大约 30%红色、50%蓝色的图像”，查询“穿深红色衣服的人的头像”等。系统将把这些查询转换为对颜色直方图匹配的模式，前者实际上是限定了“红色”和“蓝色”在直方图中所占总颜色数的比例范围；而后者指明了在颜色直方图中应具有“深红色”和“肉色”这两种重要成分。所以，在这些查询中，所获得的结果是很宽的，对于第二个图像来说，查到的也可能不是人的头像，而是其他什么图像，只是它的颜色分布恰好符合罢了。但这毕竟缩小了查询空间。一般说来，对颜色的指定也不能用文字，而是用一个“调色盘”，以挑选方式进行颜色组合可能会更实际一些。

2)指明一幅图像。

在浏览过程中确定一个示例图像，自然也就得到了它的颜色直方图。然后，用该颜色直方图与数据库中的图像颜色直方图进行匹配，最后确定所要找的图像集合。严格地要求精确匹配实际上是没有多大意义的，但通过色调、颜色组合的相似性找到类似的图像，就可以缩小查找的范围。这种示例方法可以免去组合颜色之苦，因为经实验研究证实，恰恰是组合颜色对用户来说是最难以接受的。

3)指明图像中的一个子图。

这个子图可以是图像分割后的一个子块(区域)，也可以是利用对象轮廓方法确定的一个对象。利用这个子图确定相应的颜色直方图，再从图像数据库中寻找出具有类似子图颜色特征的目标图像集合。当然，仅用一般的颜色直方图是难以做到的，必须建立更为复杂的颜色关系，才能描述出其颜色特征。

利用颜色直方图必须确定颜色的级数。当颜色级很大时(例如真彩色)，对每一种颜色都要计算与处理显然不合适。一个可行的办法是减少颜色样点数，将其限定在一个较小的范围内(例如 256 色、16 色甚至 RGB 3 色)。另外，也可以利用主成分变换(如 K-L 变换)将其变换到一个较为集中的范围之内。在匹配时，采用模糊的匹配方式，也将收到良好的效果。前面所举的例子中，“红色”、“蓝色”也只能看作是“各种各样的红色”、“各种各样的蓝色”，只是所占的权重随着颜色的偏离而减弱而已。

值得注意的是，认知科学及视觉心理学证明，人类不能像通常计算机显示器那样只使用 RGB(红、绿、蓝)成分感知颜色。一个恰当的颜色空间是实现颜色直方图方法的基础。同时，这个颜色空间中两种颜色的差别应与人类的感觉差别相对应，才能使颜色值间的距离转变为人眼感觉上的不同。现已知道，用 CIEL×U×V 颜色空间可以较好的解决这个问题，并且也易于从 RGB 颜色向 CIEL×U×V 颜色转换。

(2)颜色直方图的相似性匹配。

假设示例图像直方图用 $G(g_1,g_2,\cdots,g_N)$ 表示，数据库中的目标图像直方图用 $S(s_1,s_2,\cdots,s_N)$ 表示，这两个直方图是否相似可以通过欧氏距离来描述，即将它们看作欧氏空间中两点间的距离：

$$Ed(G,S)=\sqrt{\left(\sum_{i=1}^{N}(g_i-s_i)^2\right)}$$

将其规范化并简化，并按“1”为完全相似，“0”为完全不相似来确定两个图像的相似性，则可以用下式描述：

$$\mathrm{Sim}(G,S)=\frac{1}{N}\sum_{i=1}^{N}\left(1-\frac{|g_i-s_i|}{\mathrm{Max}(g_i,s_i)}\right)$$

其中 N 为颜色级数，$g_i \geqslant 0$，$s_i \geqslant 0$。

从式中可以看出，如果 Sim 靠近 1，则说明两幅图像在颜色上相似；否则，则不相似。直方图中可能有许多颜色的统计值很小，其中就包含那些“噪声”的点。为了消除这些外来的影响，一般采用一个阈值加以限制，对不超过这个阈值的颜色不进行比较，以减少“噪声”对图像相似程度的影响。这个阈值要根据颜色数和实验结果进行调整，一般在 10 左右。

如果对其中某些颜色要有重要程度的区别，可以用权重因子 $W_j(0 \leqslant W_j \leqslant 1, j=1,2,\cdots,N)$ 来描述，这样上式就变换为

$$\mathrm{Sim}(G,S)=\frac{1}{N}\sum_{i=1}^{N}\left\{W_i-\left(1-\frac{|g_i-s_i|}{\mathrm{Max}(g_i,s_i)}\right)\right\}$$

由于 $0 \leqslant W_j \leqslant 1$，它的引入反而会导致 $\mathrm{Sim}(E,S)$ 的值下降，没有反映出直方图中重要成分在相似性中的地位。为此，将其做一调整，从Ⅳ个颜色值中选取上个最大的单元值进行求和平均，即

$$\mathrm{Sim}(E,S)=\frac{1}{L}\sum_{i=1}^{N}W_k\left(1-\frac{|e_k-s_k|}{\mathrm{Max}(e_k,s_k)}\right)$$

这样，利用这个权重公式，再利用直方图性质 4 的双峰特性，结合相似性方法，可以确定重要特征或特征的组合。例如，可以做“寻找某一背景”、“寻找某一前景”、“A 图像的背景，B 图像的前景之组合的图像”等查询。

9.5.4　基于内容的音频处理及检索

1. 音频结构化的概念模型

音频结构化包括两个彼此相关的内容：音频语义内容分析和音频结构分析。音频语义内容是通过对音频数据的分析获得音频中的一些特定语义内容。原始音频是非结构化的数据流，无法直接从中提取有意义的语义内容，这就需要对原始音频按一定语义内容进行时域上的分割，即音频结构分析。

音频结构分析的目标是将组成音频的音频帧序列分割成时间上连续的几个集合，每个集合是一个内容上相对独立、稳定和连续的结构单元，这些结构单元是音频内容语义提取的对象。时间粒度较小的结构单元，虽然技术处理更为方便，但由于时间粒度过小，很难从中提取有价值的内容语义；时间粒度过大的结构单元，虽然可以从中提取较完整的语义内容，但根据现有的技术对这样的结构单元直接处理是难以实现的。因此，音频结构分析应该集成不同时间粒度的结构单元，从低到高分层实现。

分类是音频结构分析的一种主要方法，类别信息包含了音频数据的重要语义内容，它能够让用户对音频内容有一个全局概念上的认识，所以它通常是用户检索和浏览的首要依据。在音频处理领域，获取音频信息的渠道和手段多种多样，音频内容也千差万别，但不同内容的音频信息含有的音频类别相对固定。根据音频的作用和特点一般可将音频分为如图 9-13 所示的类别层次。

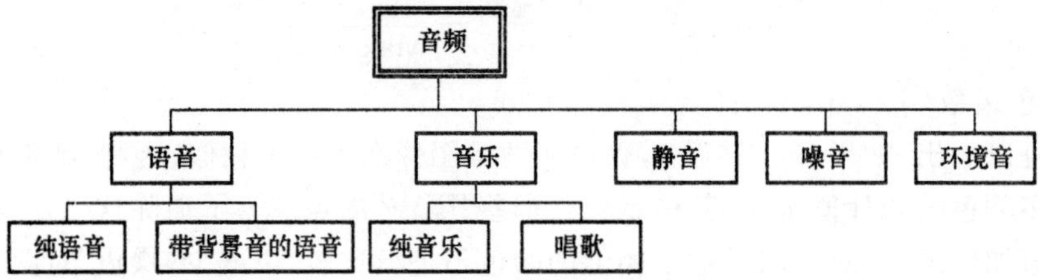

图 9-13　音频的一种分类

另一种结构化模型类似视频的结构化，如图 9-14 所示，定义了如下不同时间粒度的音频结构单元。

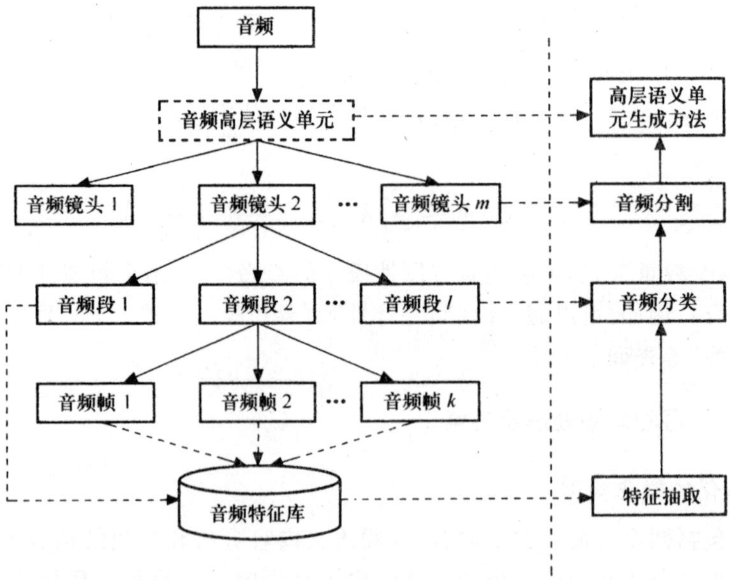

图 9-14　层次化音频结构图

(1)音频帧(frame)。

音频是一个非平稳随机过程，其特性是随时间变化的，但这种变化是很缓慢的。鉴于此，可以将音频信号分成一些相继的短段进行处理。这些短段一般长为 20～30 ms，称为音频帧，是音频处理中的最小单元。

(2)音频段(clip)。

由于音频帧的时间粒度太小，很难从中提取有意义的语义内容，所以需要在帧的基础上定义时间粒度更大的音频结构单元(通常比帧长大若干个数量级)，本文称之为音频段(clip)。clip 由若干帧组成，时间长度一定，是本文中音频分类的基本对象，具有一定语义，如语音 clip、音乐 clip 等。clip 的特征在音频帧特征的基础上计算得到。

(3)音频镜头(shot)。

这是从视频镜头引申过来的概念。由于 clip 太短，不适合进行语义内容分析。本文中定义含有同种音频类别的音频结构单元为音频镜头，音频镜头由若干相同类别的 clip 组成，时间粒度更大，时间长度不定，是音频分割的结果，具有一定的语义，如环境音镜头，音乐镜头等。

(4)音频高层语义单元。

由镜头的不同组合形成的具有完整丰富语义内容的音频结构单元。根据需要可以有多层。

它的分析是以下层单元为基础的，是音频结构化的目标(高层语义单元的生成方法不在本文研究范围之内)。这些结构单元是层次化音频结构组成要素，描述了音频结构化从低到高不断提升的过程。

从图 9-14 中可以看出这种结构化模型最终也是通过分类和分割来实现的，与基于分类的结构化模型本质上是一致的。

2. 音频特征提取

音频特征的分析与抽取是音频分类的基础，所选取的特征应该能够充分表示音频频域和时域的重要分类特性。

(1)特征抽取的相关技术。

音频是一种缓慢时变的信号，可以应用数字信号处理技术和信号系统理论来抽取音频的物理特征。对音频特征的抽取要用到多种方法，其中短时时域处理技术、短时频域处理技术和同态处理技术是最基本、最典型的技术。这里仅简单介绍音频短时处理技术。

音频是一个非平稳随机过程，其特性是随时间变化的，但这种变化是很缓慢的。鉴于此，可以将音频信号分成一些相继的短段进行处理。这就是短时处理技术。这些短段一般长为 20～30 ms，称为帧，注意这里说的帧与视频流中帧的概念是不同的。相邻帧可以有部分重叠，每一帧可以看成是从一个具有固定特性的持续音频中截取出来的，这个持续音频通常认为是由该短段音频周期性重复得到的。因此，对每个短段音频进行处理就等效于对持续音频的一个周期进行处理，或者说等效于对固定特性的持续音频进行处理。

短时处理技术根据在研究域上的不同分为短时时域处理技术和短时频域处理技术。短时时域处理主要是计算音频的短时能量、短时平均幅度、短时平均过零率和短时自相关函数。这些计算都是以音频信号的时域抽样为基础的。短时频域处理主要是对各个短段音频信号进行频谱分析，因而又叫作短时傅里叶分析。

(2)特征分析与抽取描述。

根据短时处理技术的理论，音频帧是处理音频的最小单位，通常的音频处理中帧的长度一般取为 20～30 ms，过短的话将得到粒度过细的信息而不能反映各类音频的区别特性，而过长则容易导致音频特征平均化以后不能反映特征的时序变化特性。例如，针对如图 9-14 所示的音频层次化结构，可以采用 clip 和帧结合的音频特征分析与抽取方法。这种方法首先将音频流切分成 clip 序列，对每一个 clip 再加窗成帧，并计算基于帧的音频特征，在此基础上再计算基于 clip 的音频特征。具体的做法可以参见其他文献。

(3)特征抽取。

特征抽取的基础是数字信号处理技术和信号系统理论，实际应用中特征抽取包括 3 个步骤：原始音频预处理，特征抽取和特征集的构造。

1)原始音频预处理。

原始音频往往含有尖锐噪音，会影响处理效果。同时音频处理的单位是帧，所以特征提取前，需要对原始音频数据做预处理，包括预加重、切分和加窗成帧。

2)特征抽取。

根据特征分析和抽取描述的结论，首先计算帧层次上的特征，然后在此基础上抽取子带能量比均值，带宽均值、频率中心均值、基音频率标准方差、和谐度、平滑基音比、High ZCR 比率、Low Frequency Energy 比率和频谱流量等 clip 层次上的特征来构造特征集。

3)特征集构造。

在特征抽取的基础上构造音频分类的特征集合。上述基于 clip 的一至七类特征共 13 维，由于不同音频特征的值有很大的差别，所以要对特征集合进行归一化处理。

3. 音频分类

音频类别特征可以通过低层特征来表达，即它们之间存在着一定的映射关系，而事实上它们之间是存在距离的。因此，在特征抽取的基础上如何构造一个性能良好的分类器以便更好地建立低层特征与高层类别特征之间的映射关系是音频分类工作的技术难点与核心。

(1)基于规则的静音与噪音分类器。

静音和噪音是识别相对简单的声音类别，特征与其他音频类别区别明显，所以采用基于规则的方法识别这两类音频类别。

1)静音的识别规则。

静音是指人耳听不到的声音，它与音强有关；由人的听觉特性可知，静音还与音长有关。这些特性表现在能量谱上，就是在一定的时间内音频流的能量较低。如图 9-15 所示，段 a～b，e～f，k～l是静音段，虽然 c，d，g，h，i，j 等点处的能量也很小，但其持续的时间较短，一般不能将其判为静音。

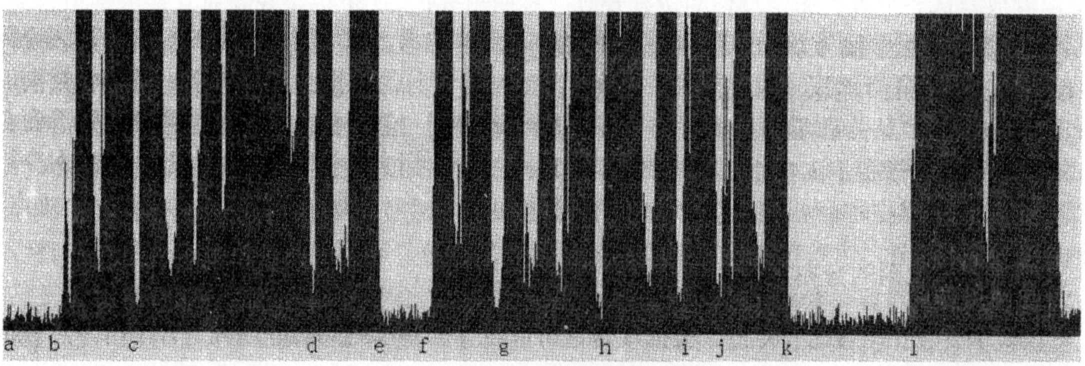

图 9-15　一段连续语音的能量谱

2)噪音的识别规则。

噪音是指不包含任何语义内容的音频 clip，主要考虑宽带噪声。宽带噪声是比较普遍的一类噪声，其来源很多，包括热噪声、气流(如风、呼吸等)噪声及各种随机噪声源。其在频域上与语音中的辅音频谱相似，宽带噪声的 ZCR 很高，这是因为其高频分量的能量较大，在时域上表现为信号比较杂乱、无规律。

(2)多类分类器的构造。

我们需要将非静音噪音 clip 分为纯语音、含背景音的语音、音乐和环境音 4 类。根据 SVM 决策树方法来构建多类分类器，则需要构建 3 个 SVM。SVM 1 区分出语音 clip 和非语音 clip；SVM2 对语音 clip 识别，区分出纯语音和带有背景音的语音；SVM3 将非语音 clip 分为音乐和环境音。基于 SVM 决策树方法的多级分类器结构图如图 9-16 所示。

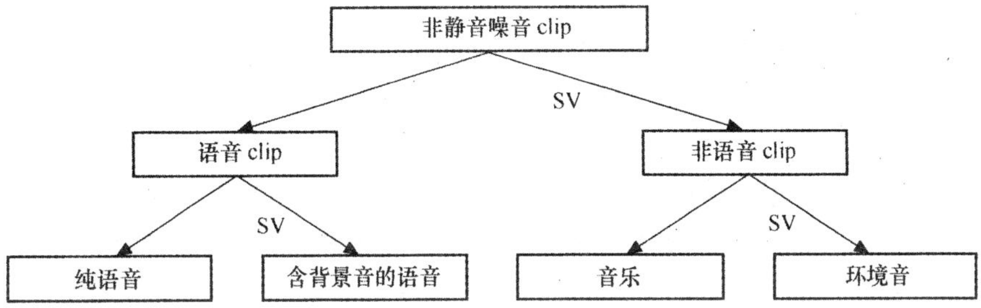

图 9-16　SVM 多级分类器结构图

4. 音频分割

音频分割是音频镜头切分的技术基础，它直接关系到音频镜头切分的精度，进一步会影响到音频语音内容提取的准确性。音频分割实际完成两个方面的工作：一是根据音频连续特性对分类结果进行平滑，修正违背音频连续性的误分类；二是合并类别相同的音频 clip，对音频流按类别在时间轴上进行分割，生成音频镜头。本节介绍 3 种音频分割的方法：滑窗法、基于规则的分割方法，以及基于熵与动态规划算法的分割方法。

(1)滑窗法。

传统的音频分割方法通常是采用简单的滑动窗口技术，即用固定长度的滑窗对音频流简单分割，在滑窗内部按"投票规则"(Vote Rule)将音频流平滑为一个类别，即哪个类别的 clip 数最多，就认为该滑窗内所有的 clip 都属于该类别。然后将具有相同音频类别的滑窗合并得到最终的分割结果。这种方法忽略了滑窗外部的音频流对分割的影响，是一种静态分割方法；而平滑过程本身就是带有一定误差的简单处理，同时，滑窗大小的确定也是一个难点。

(2)基于规则的分割方法。

该方法基于音频连续特性，根据该特性可以设计分割准则对 clip 序列进行平滑，然后再将具有相同类别的 clip 合并得到最终的分割。不同的分割工作中根据需要和具体音频分类的类别可以采用不同的分割准则。下面是一组分割的准则。

1)准则 1。

假设 c1、c2、c3 是 3 个相邻的 clip，如果 c1 和 c3 属于同一个音频类别，而 c2 与 c1、c3 类别不同，则认为 c2 的类别判断错误，c2 应与 c1、c3 类别相同。例如，c1、c3 是音乐，c2 是语音，则 c2 分类错误，应该是音乐。

2)准则 2。

假设 c1、c2、c3 是 3 个相邻的 clip，如果它们的类别各不相同，则认为 c2 的分类应该与 c1 相同。例如，c1 是纯语音，c2 是音乐，c3 是带背景音的语音，则 c2 应与 c1 分类一致，c2 应为纯语音。

3)准则 3。

上述两条准则对静音和噪音不适用，因为静噪音可能突然或频繁出现。例如，如果三个相邻 clip 分别为语音、静音和语音，则认为这种情况是合理的，不应用上述两个准则。

该方法基于音频流的自身特性，具有一定的合理性，比滑窗法具有更好的分割性能和准确率，但也是一种静态方法。

(3)基于熵和动态规划算法的分割方法。

滑窗法和基于规则的分割方法本质上都是静态方法，也就是说它们只考虑了音频流局部的分割情况，而忽略了局部的平滑处理对于相邻的分割以及整个音频流的影响。某分割局部的clip类别修正从该分割内部看来可能是合理的，但是从整个音频流看可能并不是最优的选择。如何量化这种分割的好坏程度呢？从本质上讲，分割的准确度表现为一个分割中某个类别的clip数多于其他类别的程度，程度越高说明该分割越准确合理，我们定义这种“程度”为该分割的同质度(Homogeneity)。那么最优分割就是所有分割选择中同质度之和最大的那种分割。这就是基于熵和动态规划算法的分割方法的基本思想。该方法解决了最优分割的量化问题，充分考虑了相邻clip之间的影响，以及不同分割选择的整体最优情况，是一个动态寻优过程，从本质上区别于上述两种静态方法。

5. 基于内容的音频检索

目前在互联网上主要的音频信息有音乐、语音和广播等，音频基于内容的检索也主要是针对这些音频信息。

人们总是想从互联网上找到自己喜欢旋律的音乐。这种寻找相似旋律和相似风格音乐的方式在网上购买音乐方面用途较大，譬如，人们并不知道某首歌曲的名字和主唱，但是对某些歌曲的旋律和风格非常熟悉，于是人们可以通过嘴巴将他熟悉的旋律“哼”出来。这些旋律通过麦克风数字化输入给计算机，计算机就可以使用搜索引擎去寻找一些歌曲，使反馈给用户的歌曲中包含用户所“哼”的旋律或风格，这种方式称为使用“哼”进行音乐检索(Audio Retrieval by Humming)。

对于广播等音频数据，由于广播中包含了广告、天气预报、主持人主题新闻和新闻详细报告等不同部分，而这些部分往往是混合在一起的。不同的人对这些不同部分偏好不同，例如，有些人只关心“新闻摘要”，那么他只需要听主持人主题新闻就可以了；有些人对新闻详细分析也感兴趣，那么他需要听主持人主题新闻和新闻详细报告两部分；可以说，很少有人喜欢广告，所以广告可以尽可能从新闻中去除。如果能够将新闻分成如上几个部分，可以很方便人们对广播新闻不同层次的需要。

最后，与图像和视频一样，人们对相似音频示例的检索需求也很大，总是想从互联网中找到自己需要的音频示例。例如，有些人想找相似的“枪声”，有些人想找相似的“鼓掌声”等，这就是相似音频示例的检索。

在实现相似风格“歌曲”和相似音频示例检索时候，人们所提交的检索信息是什么？

当然，最直接的是提交一个语义描述，如“爵士音乐”和“爆炸声”等这样的文字后，然后把蕴涵了这些语义标注音频示例或歌曲寻找出来，反馈给用户。但是，要自动完成这样的任务，是相当困难的。因为音频低级听觉特征和其蕴涵的高级语义之间存在很大的鸿沟，不可能自动从“歌曲”或“音频示例”中获取完整语义。如果实在要完成这样的检索任务，一般是对每个收集了相似音频示例或歌曲的音频库进行手工语义标注，识别之后，基于标注信息完成检索。在这里，人为手工标注因为人的主观感知不一致，很难取得一个公正的语义标注。

二是提交一个音频示例，提取这个音频示例的特征，按照前面介绍的音频示例分类识别方法判断这个音频示例属于哪一类，然后把识别出的这类所包含的若干样本按序返回给用户，这是基于示例的音频检索。

第三种是使用“哼(Humming)”作为输入。例如，用户自己哼一段想找寻的音乐，然后基于用户“哼”出来的音乐，去寻找与之相似风格和旋律的歌曲，反馈给用户。这其实也是一种基于示例的音频检索方法，不过，其示例是靠“哼”出来的。

上面第一种查询方式叫基于语义描述的音频查询方式。由于对一段音频示例可以有不同的语义描述，如何处理不同语义描述其内涵的一致性以及是否存在语义描述不一致的问题，是前一种检索方式面临的挑战。后面两种是基于听觉内容的音频示例检索(Audio Retrieval by Clip)。

基于示例的音频检索与视频检索一样，用构造的分类模型将用户提交检索的音频示例归属到某类音频，最后按照排序方法返回给用户属于这个音频类的若干相似音频示例。在这种方法中，提取音频示例特征、对音频示例进行判别和构造某类音频模板，都可以用前面介绍的技术完成，关键是如何管理和构造一个庞大的音频示例库。这种方式限制了检索手段，很难想象以后在多媒体检索时，会让检索客户提供多媒体示例才能顺利进行检索。

另外，在相似音频示例检索过程中，应该给用户提供一种机制，让用户可以对反馈结果进行在线评估，然后将评估结果反馈给检索系统，让检索系统根据用户评估，重新进行检索，直到用户满意，这叫作“音频示例相关反馈”。

9.5.5　基于内容的视频结构化与摘要

1. 视频媒体基本特性

(1)视频序列。

视频数据是连续的图像序列。为了对视频序列进行分类和检索，必须对视频序列的数据结构有所了解。视频序列主要由镜头(Shot)组成，每一个镜头包含一个事件或一组连续的动作。每个镜头中的内容发生在一个场景(Scene)中，一个场景可以分散在多个镜头之中。一个故事将由一组镜头组成，这中间将会有多个场景不断地进行变化。对视频序列的分割最基本的单位就是镜头，往下就是镜头中对象的运动或图像，可以另外处理；往上是场景，将由多个镜头组成。镜头的产生和边界的示意如图 9-17 所示。

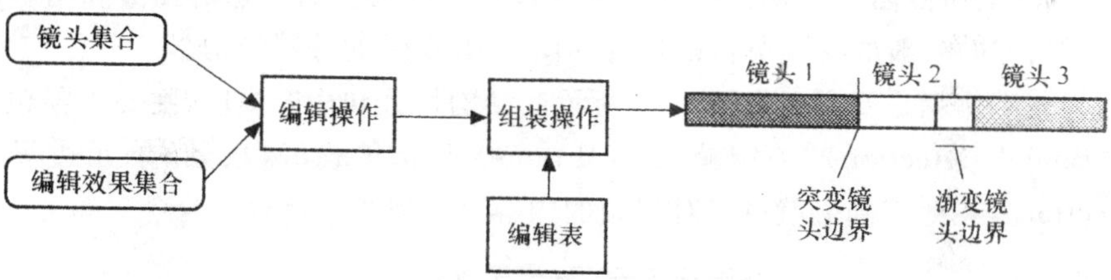

图 9-17　镜头的产生和组装

(2)镜头的切换。

镜头的切换点是视频序列中两个不同镜头之间的分隔和衔接，是在导演切换台上或特技发生器上做出来的。切换的方法主要有两类。

1)直接切换。

一个镜头与另一个镜头之间没有过渡，由一个镜头的瞬间直接转换为另一个镜头的方法叫做直接切换。由于画面的改变是在视频的消隐场期间进行的，所以画面的接点不会出现跳动。在实际应用中，直接切换可使画面的情节和动作直接连贯，不存在时间上的差异，给人以轻快、利索的感觉。直接切换的次数还反映了视频内容的节奏。

2)渐变切换。

镜头与镜头之间的变换是缓慢过渡的，没有明显的镜头跳跃。包括淡入(Fade In)、淡出(Fade Out)，慢转换(Diss)和扫换(Wipe)等。将画面逐渐关闭消失称为淡出，将画面逐渐加强称为淡入。一个画面消失的同时另一个画面逐渐出现称为慢转换。图像从画面的某一部分开始逐渐地被另一画面取而代之的方式称为扫换。扫换是由特技发生器产生出来的，方式有上百种。这些镜头切换的技巧使得镜头之间的连接更加紧密。

(3)镜头的运动。

在拍摄时根据剧情的需要，可以采用多种镜头的运动方式对镜头进行处理。镜头的运动方式主要包括以下一些操作。

1)推拉镜头(Zooming)。

从远处开始，逐渐推进到拍摄的对象，这种镜头运动称为“推”；或者是从近处开始，逐渐地拍成全景，这种镜头运动称为“拉”。这两种方式可以用运动摄影的方式实现，也可以用变焦的方式实现。

2)摇镜头(Panning)。

摄像机的拍摄位置不变，在拍摄过程中，以云台为轴心改变拍摄方位。摇摄是观察者在不改变观察位置的情况下，转动眼球或颈项观看对象方式的再现。镜头向一个方向移动，逐步地拍出更大的场景。

3)跟踪(Tracking)。

镜头跟踪着被拍摄对象移动，镜头随拍摄对象的移动而移动，形成追踪的效果。

4)其他。

还有一些镜头运动的方式，如水平、乖直的移动，仰视、侧视拍摄，近摄、远摄等，都取决于所要表现的内容。

(4)视频的层次化结构。

视频数据从表面上看是非结构化的数据流，其最高层是整个视频流，最低层是一帧帧的图像，这种非结构化的特点阻碍了视频数据的有效管理与使用。而从它的拍摄和情节的组织上来讲，视频是有结构的，一般的视频节目都具有如图 9-18 所示的分层结构。

视频结构化工作就是要实现如图 9-18 所示的结构切分和内容提取，主要步骤包括镜头边界探测(Shot Bound Detection)、关键帧(Key Frame)提取和故事(场景)单元边界探测(Story Bound Detection)，在此基础上就可以对视频的内容进行浓缩和摘要。

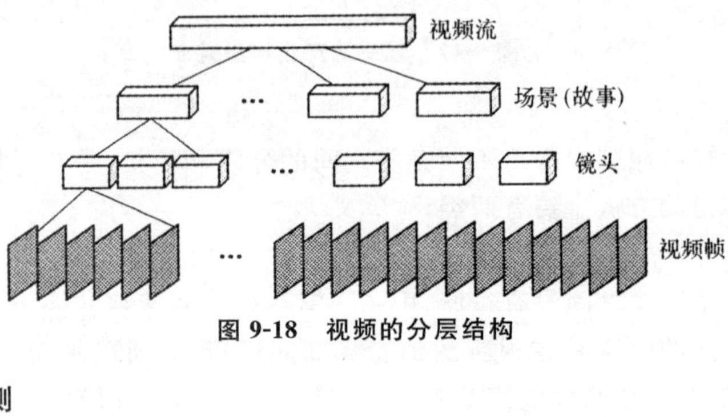

图 9-18 视频的分层结构

2. 镜头边界探测

镜头边界探测最简单的就是用人工的方式标识出来，但效率显然很低。用计算机自动地进行检测，不仅有利于快速地分割视频，而且还有利于快速地分类。

镜头边界自动探测方法可分为两种类型：一种是解压域下的镜头探测。这类方法通过对视频流数据进行解压，得到一系列的视频图像帧，再在图像帧的基础上，比较帧与帧之间的差异，进而探测到镜头边界。这类方法的主要差别在于帧与帧之间的比较方法不同，有代表性的方法包括像素匹配法、颜色与灰度直方图的比较方法、边缘变化率方法以及上述方法的结合。

另一类镜头探测方法在压缩域上进行。一方面可以节省人量的解压时间，另一方面也充分考虑了压缩数据之间的相关信息。这类方法包括DC图方法、基于运动矢量的方法、基于宏块的方法以及上述方法的结合。

下面介绍直方图比较法、双重比较法和基于背景的探测方法的基本思想。

(1)直方图比较法。

直方图比较法是一种简单的镜头分割方法。由于在连续的视频序列中，如果没有特殊的处理，相邻的两幅图像的差别是很小的。这样，这两幅图像的特征在很大程度上也是相差无几的。假设第 f 帧图像的直方图用 $H_t(h_1,h_2,\cdots,h_N)$ 表示，第 $f+1$ 帧的图像直方图用 $H_{t+1}(h_1,h_2,\cdots,h_N)$ 表示，N 为颜色或灰度的级，这两帧图像的直方图差值可以通过欧氏距离描述，即将它们看作欧氏空间中两点间的距离：

$$d(H_t+H_{t+1})=\sqrt{\left(\sum_{i=1}^{N}(H_t(h_i)+H_{t+1}(h_i))^2\right)}$$

也可以采用下述的简化公式，对直方图进行比较：

$$d(H_t+H_{t+1})=\sum_{i=1}^{N}\frac{(H_t(h_i)+H_{t+1}(h_i))^2}{H_{t+1}(h_i)}$$

这样，两者的差值 d 总会限定在一个阈值以内。如果发生了镜头转换，在帧与帧的差值上就会发生大的改变，如图9-19所示。从图中可以看出，对于突变镜头切换来说，帧与帧之间的直方图差值是很明显的，也就很容易确定出视频序列中的镜头起点和终点。确定一个阈值，如果直方图差值超过这个阈值，就认为是镜头进行了切换。阈值的确定可以根据统计的结果得出。

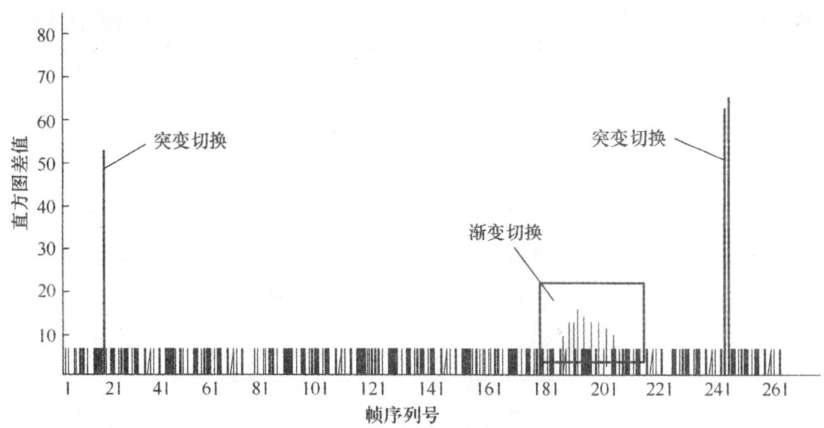

图9-19　镜头的帧间直方图差值

(2)双重比较法。

对于采用渐变类的镜头切换来说，直方图的差值虽然有，但不很明显。由于镜头是渐变的，所以相邻的两帧直方图也是逐渐改变的。这种变化在采用摇镜头、推拉镜头时都会有十分相似的结果。如果仍采用单一阈值，要么识别不出镜头的切换点，要么识别的镜头切换点就会有误。可以采用双重比较法(Twin Comparison)来解决这个问题。因为镜头的渐变是很缓慢进行的，而且变化有规律，所以通过两重比较就可以识别出这种变化的规律。在一个较大的范围内进行比较，就能确定出镜头渐变切换部分的起点和终点，从而确定出镜头的分割。

所谓双重比较法，是指采用两个阈值。首先用第一个较低的阈值来确定出潜在渐变切换序列的起始帧。一旦确定了这个帧，就将它与后续的帧进行比较，用得到的差值来取代帧间的差值。这个差值必须是单调的，应该不断地加大，直至这个单调的过程中止。这时，将这个差值与第二个较大的阈值进行比较，如果超过了这个阈值，就可以认为这个不断比较差值单调增的视频序列对应的就是一个渐变切换点。

(3)基于背景的镜头探测方法。

镜头通常定义为摄像机的一次动作。通过对镜头的观察可以发现，同一镜头通常都含有相同的背景区域。摄像机在做摇动、推拉和旋转等运动时，其对象有可能移动、变化、快速运动或者消失，但是背景区域的变化相对而言却很小。基于这种观察，不妨认为具有相同背景区域的图像帧可能属于同一镜头，一旦背景区域发生了显著变化，则认为出现了镜头边界。同时，为避免出现背景相似而镜头内容完全不同的情况，即漏检某些镜头，在分析背景区域的基础上，对主要对象区域进行分析，以辅助镜头边界的准确探测。

如图 9-20 所示，为简化计算，将背景区域定义为图像帧的边缘区域，即图像帧的上部(H)、左列(V_1)与右列(V_2)3 个矩形区域，将这些区域所围成的部分中间区域称为主要对象区域(Main)。对主要对象区域进行适当的处理即可寻找合适的视频关键帧。图像帧的上部区域可包含摄像机水平方向的运动，左列与有列区域分别包含摄像机垂直方向的运动，综合考虑上部、左列与右列区域，可包含摄像机两个对角线上的运动。这样，通过对背景区域的分析，基本上可以获得摄像机的运动特征。图 9-20 中的 w 值取为图像帧宽度的 1/10，l 值为图像帧的宽度，h 值为图像帧的高度与 w 值之差，则图中背景区域的面积大概占整幅图像面积的 1/5 左右。接下来分别针对 3 个子背景区域 H、V_1、V_2 进行处理，将每个子区域的像素值转换为一维数组，再利用图像编码中高斯金字塔迭代的方法得到图像帧中每个子背景区域的两个特征值 Feature 和 FT。这两个特征值不仅含有背景区域的颜色信息，同时也包含有一定的空间信息。

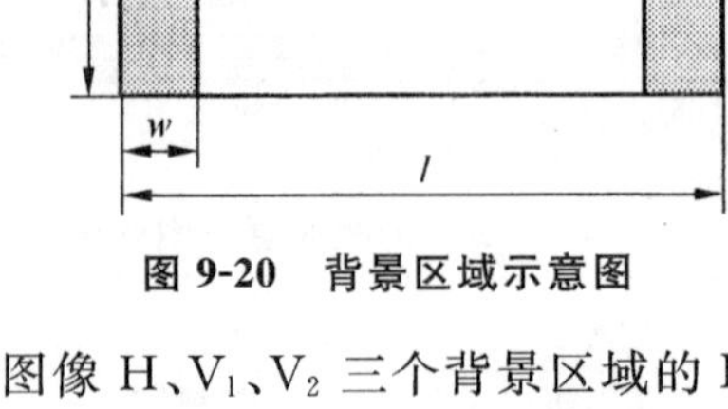

图 9-20　背景区域示意图

算法的思想是首先对两幅图像 H、V_1、V_2 三个背景区域的 FT 值分别进行匹配，若至少有两个区域的 FT 值不匹配，则可能出现了镜头边界。在此基础上，对主要对象区域(Main 区域)的 FT 值进行匹配，若不匹配，则计算该区域的颜色直方图，若直方图仍不匹配，则可以判定此处一定出现了镜头边界。若上述条件均不满足，再分别对两幅图像 H、V_1、V_2 三个背景区域的 Feature 值进行跟踪，若 3 个背景区域的 Feature 值连续匹配的像素个数均小于规定的匹配长度，则认为出现了镜头边界。

基于背景的镜头探测算法有着较好的实验结果，另外该算法仅需设定两个阈值，而且阈值的设定对算法结果的影响不大。

3. 关键帧提取

镜头边界探测虽然获得了每个镜头在视频流中的绝对起止位置，但一个镜头仍由很多帧组成，采用什么方式来描述和表示这一段镜头的内容呢？一种浓缩表示镜头内容的方法就是在镜头中选择一个或几个帧作为“代表”来描述和表示，我们称之为“关键帧”或“代表帧”（Key Frames）。关键帧表示法带来的问题就是选择哪些帧作为关键帧合适？如何选择？下面就介绍几个常用的关键帧提取算法。

(1)首尾帧法和中间帧法。

在这种方法中，将切分得到镜头中的第一幅图像和最后一幅图像作为镜头关键帧。这种方法来自这样的观察和假设：既然在一组镜头中，相邻图像帧之间的特征变化很少，所以整个镜头中图像帧的特征变换也应该不大，因此选择镜头第一帧和最后一帧可以将镜头内容完全表达出来。首尾帧法对于突变镜头很有效，但对渐变镜头往往不准确，因为此时首尾帧中都包含部分上、下镜头的部分内容，很难正确“代表”。因此又提出了中间帧法，即无论镜头多长都选择在时间上居中的一幅图像作为关键帧，这种方法简单实用，适合多种类型的镜头。

首尾帧法和中间帧法虽简单，但它不考虑当前镜头视觉内容的复杂性，并且限制了镜头关键帧的个数，使长短和内容不同的视频镜头都有相同个数的关键帧，这样做并不合理，事实上首帧、尾帧和中间帧往往并非关键帧，不能精确地代表镜头信息。

(2)基于颜色特征法。

在基于视频图像颜色特征提取关键帧的方法中，镜头当前帧与最后一个判断为关键帧的图像比较，如有较多特征发生改变，则当前帧为新的一个关键帧。

在实际中，可以将视频镜头第一帧作为关键帧，然后比较后面视频帧图像与关键帧的图像特征是否发生了较大变化，逐渐得到后续关键帧。

按照这个方法，对于不同的视频镜头，可以提取出数目不同的关键帧，而且每个关键帧之间的颜色差别较大。

但基于颜色特征的方法对摄像机的运动(如摄像机镜头拉伸造成焦距的变化及摄像机镜头平移的转变)很不敏感，无法量化地表示运动信息的变化，会造成关键帧提取不稳健。

(3)基于运动分析法。

在视频摄影中，摄像机运动所造成的显著运动信息是产生图像变化的重要因素，也是提取关键帧的一个依据。

在这种方法中，将相机运动造成的图像变化分成两类：一类是由相机焦距变化造成的；一类是由相机角度变化造成的。对前一种，选择首、尾两帧为关键帧；对后一种，如当前帧与上一关键帧重叠小于 30%，则选其为关键帧。

(4)基于聚类的方法。

聚类方法在人工智能、模式识别和语音识别等领域中有着很广泛的应用，也可以使用聚类方法来提取镜头关键帧。基于聚类的关键帧提取方法不仅计算效率高，还能有效地获取视频镜头变化显著的视觉内容。对于低活动性镜头，大多数情况下它会提取少量的关键帧或仅仅一个关键帧。但对于高活动性镜头，它会根据镜头的视觉复杂性自动提取多个关键帧。有兴趣的读者可以参阅其他书籍，此处不详细介绍。

4. 故事单元边界探测

故事又称"故事单元"(Story Unit),一般由多个连续的镜头组成,描述一段具体的语义内容,针对的是同一环境下的同一批对象,描述的是发生在同一环境下的一段情节。在有些文献中使用"场景"(Scene)的概念。

对于新闻视频,我们更倾向于从语义的角度去理解新闻视频的内容,故采用"故事"或"故事单元"这种称呼方法,而"场景"的概念更多地反映镜头以某种方式组织在一起的特性。下面我们以新闻视频节目播音员镜头探测为例来说明故事单元边界的探测。

新闻视频节目可以分为多种类型,这里简单地将其分为播报类新闻节目和其他类新闻节目。所谓播报类新闻,是指以播报形式为主的新闻节目,即播音员播报一段新闻的主要内容后,再对新闻故事进行详细展开。大多数电视台的新闻节目都属于这种类型,如中央电视台的新闻联播、晚间新闻节目等。而其他类新闻节目则不采用这样固定的播报风格,以评述或访谈方式为主。

不同类型的新闻节目其叙事结构也不尽相同。所谓叙事,指的是故事情节的展开。叙事结构则是指为了表现故事情节如何组织这些故事单元,即如何安排视频结构单元在时间和空间上的关系。对于播报类新闻节目而言,其叙事结构较为固定,一般都以播音员镜头开始,接下来是详细的新闻故事内容,包含几个到几十个镜头,以下一个播音员镜头的出现作为该则新闻故事的结束,如图 9-21 所示。从图中可以看出,播音员镜头是新闻视频叙事结构的重要特征之一,也是一般故事单元边界探测的主要方法之一。

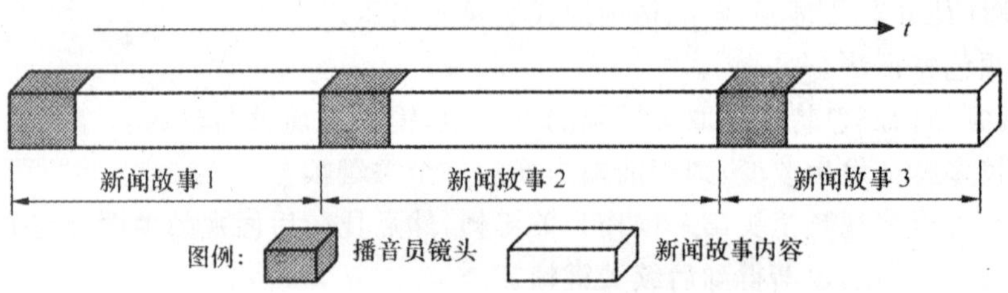

图 9-21　典型的播报类新闻节目的叙事结构

播音员镜头(简称口播帧)是指在新闻视频中重复且间隔出现的含有一个(或多个)播音员的镜头,是新闻视频所特有的结构标志,它的出现通常被视为一个新的新闻故事单元的开始。广义上的播音员镜头未必一定要出现播音员,只要满足是新闻故事边界的标志即可。

对播音员镜头探测比较有代表性的方法包括模板匹配法、多特征融合法以及聚类法。

(1)模板匹配法。

模板匹配法通过提取播音员镜头的特征来构造标准模板并进行匹配。如果特征提取得合适,这种方法可以获得较为准确的探测结果。这种方法的代表包括利用人脸的肤色特征来构造模板的方法;通过提取播音员半身像的边缘曲线作为模板,并采用广义 Hou 曲变换进行曲线匹配的探测方法。

(2)多特征融合法。

多特征融合法是综合视频、语音和同步文本来分析新闻视频的故事单元边界,一种探测方法是采用语音信息进行定位,然后再利用同步文本信息辅助定位;另一种方法是采用特征和启发式规则相结合的方式,首先利用颜色特征对镜头聚类,得到候选播音员镜头类,再用人脸探测滤除不存在大尺度人脸的候选镜头类,然后根据镜头时间序列规则得到真正的播音员镜头。

(3)聚类法。

聚类法通过将视觉相似的播音员镜头聚集到一起来实现播音员镜头探测。在一段新闻节目中，播音员镜头的出现具有一定的规律性。首先，新闻故事通常以播音员镜头作为开始和结束，播音员镜头在新闻中多次出现；其次，播音员镜头运动较小，一般只存在播音员微小的动作变化；第三，同类播音员镜头之间非常相似，播音员衣着和播音室背景等一般不会改变太大；第四，播音员镜头比一般新闻镜头时间长，并且相邻的播音员镜头之间存在一定时间间隔。根据这些规律，首先利用聚类得到候选播音员镜头类，然后提取这些镜头类的时空特征。某些非播音员镜头在新闻中也会重复出现，而且视觉相似度较高，因而被探测为候选播音员镜头。然而，播音员镜头和非播音员镜头的出现在时间和空间上的规律明显不同，可以采用统计方法提取候选播音员镜头类的时空特征，并按照合适的规则进行判断，最后得到播音员镜头类。

在新闻节目中，播音员镜头和非播音员镜头在时间和空间特征上的不同表现在：播音员镜头重复出现次数较多，而非播音员镜头重复出现次数较少；通常播音员镜头需持续一定时间，并且至少播报一条新闻，故同类播音员镜头平均持续时间较长；同类的相邻播音员镜头间存在一定的时间间隔，而同样多次重复出现的非播音员镜头则经常连续出现。

基于上述差异，我们选取类中镜头的平均时间跨度(播音员镜头的出现在时间上有较大跨度)、类中镜头平均长度(播音员镜头类镜头平均长度较长)、类中镜头数目(播音员镜头类中镜头数目较多)和类中镜头平均距离(播音员镜头类镜头平均距离较小)这 4 个特征作为判定播音员镜头类的主要特征。综合考虑这几种特征，将有效地实现播音员镜头类和非播音员镜头类的分类。

5. 视频摘要

所谓视频摘要，就是以自动或半自动的方式，通过对视频的结构和内容进行分析，从原视频中提取出有意义的部分，并将它们以某种方式合并成紧凑的、能充分表现视频语义内容的视频概要。其目标就是把原始视频流的内容用一句简单的“话”表达出来。

视频摘要有多种表现形式，它可以是一段文字、一幅图像或多幅图像的组合，也可以是一段视频或者由多种媒体组合而成的多媒体文档。

(1)文字描述(Textual Description)。

这种方式是最紧凑的视频摘要形式，非常便于用户理解和建立索引，但很难由计算机自动生成能准确概括视频内容的文字描述。一般采用人工输入的方式，也可通过识别视频标题或视频中的其他注释文字获得。

(2)视频代表帧(Video Keyframes)。

这是一种使用较多的视频表现形式，前面已经介绍过的镜头、场景和故事单元都可以用一幅或几幅从视频中抽取的图像来作为这段镜头、场景和故事单元的摘要。

(3)情节串连图(Storyboard/Filmstrip)。

这种摘要十分类似于电影海报，它是由一组从视频中抽取的图像按照时间顺序组合而成，有些此类摘要用图像大小的不同来表示影片中相应内容的重要程度，它依据影片镜头的长度和新颖程度来计算它们的相对重要性，并通过对图像和声音的分析探测影片中的一些重要的语义事件，依据重要程度选择代表帧，并确定它们的尺寸。最终，将这些代表帧合成在一起，形成名为“漫画书”(Comic Book)的视频摘要。此类摘要可以向用户给出视频情节的总体描述，在浏览过程中可以方便地定位到影片中感性趣的部分。但它有一个明显的弱点，就是损失了影片中十分重要的动态和声音信息。

(4)视频剪辑(Clip)。

视频剪辑或称缩略视频，是由视频中的一些片段拼接而成，或者是由视频中的图像序列和声音片段合成得到。用户可以通过播放这些相对短小的视频片段了解整个视频的内容。电影预告片/宣传片(Preview/Trailer)就属于这一类。

(5)多媒体视频摘要(Multimedia Film Summary)。

多媒体视频摘要是由多种媒体形式组成的视频内容表现方式。它将文字、图像、声音和视频等媒体综合集成在一起来表现视频的主要内容，例如，在一个 HTML 的页面中，可以包含文字形式的视频名称、简介；图像形式的视频中的人物、场景图；声音形式的对白；视频形式的精彩片段等。

很显然，对于文章来说摘要与原文是同一种媒体形式，即文字。而对于富含多媒体信息的视频来说，视频剪辑和多媒体摘要也应该是最具表现力的视频摘要形式。因为，表现媒体的差异，往往会带来较多的信息丢失。在以上的几种视频摘要形式中，文字描述的抽象程度最高，但往往难以用有限的文字描述清楚视频的全部内容。例如，一段某位名人与其他一些知名人士在宴会上交谈的场景，该怎样确定这段视频的标题呢？是给出这些名人的名字，还是交待这一事件，或者描述宴会的场景。图像形式的摘要也存在同样的问题。而多媒体形式的视频摘要(视频剪辑和多媒体视频摘要)与原始视频的表现形式最接近，包含的信息内容更丰富，也就最利于人理解。

9.6 跨媒体信息检索技术

9.6.1 跨媒体概念的产生

1. 跨媒体思想的萌芽

新一代新闻传播媒体时代与传统传媒时代比较，提出了跨媒体的思想。跨媒体不仅是传统媒体(报纸、杂志、图书、户外广告、电视、广播、电影)与网络媒体的统称，而且是传统媒体和网络媒体的整合。

跨媒体技术有着广泛应用前景。例如，一个电视节目除了在电视台播出之外，素材同样可做成面向宽带的节目在网上播出，其文稿可放在网上或刊登在杂志上，网上收集到的观众反馈又可成为新一期节目或报纸的素材，做到“一鱼多吃”。

目前，有中央电视台和凤凰卫视等具备跨媒体的雏形，它们同时拥有电视、平面媒体(《中国电视报》、《凤凰周刊》)和网站。Tom. com 也正在通过一系列的收购组合构筑面向新传媒时代的跨媒体平台。

2. 计算机与信息科学方面的跨媒体概念

受新传媒时代的跨媒体思想的启发，我们首次提出了计算机与信息科学方面的跨媒体概念。跨媒体(cross-media)应该是横跨平面媒体、立体媒体和网络媒体的三维平台组合。

1)平面媒体：数字、文本、图像、图形等离散类媒体。

2)立体媒体：复杂媒体等(如视频、音频、3D 模型、动画等时基类媒体)。

3)网络媒体：网站等(包括电子邮件、网页访问、即时消息、传真、通信网络载体等)。

跨媒体的核心是平面媒体和立体媒体的组合，但是只有实现了“1×1×1”的立方组合，才是跨媒体。

跨媒体是建立在多媒体及其技术的基础上，寻求三维平台组合的多媒体资源整合，信息融合，共存于一体。最大限度获取不同媒体间的关联性和协同效应、互补性和多维互动，从而达到需求的识别、检索、发布、交换以及发现重构共生新用等，高效地使用各种媒体。

不过，这里我们也要明确跨媒体与主打媒体以及跨媒体与多媒体之间的区别，具体分析如下。

(1)跨媒体与主打媒体。

主打媒体及其平台是指必须拥有独立的价值和发展空间的媒体与平台。跨媒体发展并非无主打媒体，它的发展也非一味地强调多元化媒体方式，而是更加注重在概念和策略上与通常多种媒体的运作机制的极大差别。

跨媒体发展的轨迹揭示了整合媒体资源、构筑跨媒体平台、逐步摸索的学习、并购整合多种资源，从而形成跨媒体的过程。要构筑跨媒体巨舰，资源整合是必经之路。

(2)跨媒体与多媒体。

跨媒体概念在国外有的也叫多媒体。我们讲的跨媒体与多媒体既有密切联系，但又有些区别。通常多媒体更多的是一个静态的概念，而跨媒体的运作则是一个动态的操作过程。

多媒体是若干种表现形式或表达手段的统称，它使用不同的数字化技术和特点来表现各种信息内容，或对一种信息内容同时用多种媒体形式协同表达(如影视视频)。

跨媒体是在多媒体的基础上，利用各种媒体的形式和特点，对相同或相关的信息用不同的媒体表达形式进行编辑、发布，并由此而产生存储、检索、交换等活动。其特点体现在跨媒体的形式含义和内在含义。

3. 跨媒体的特性

跨媒体信息在不同媒体之间的流布与互动，至少应包含两层含义：一是相同信息在不同媒体之间的交叉传播与整合，同样的内容可以根据用户的不同需求多次利用；二是媒体之间的合作、共生、互动与协调。其中内容与服务的特性如下。

1)内容生成的即时性：越来越多的内容的生成和传播的过程正在重合。

2)内容获取的即地性：人们可以在任何地方，以任何手段获取即时信息。

3)内容传播的互动性：内容的接收方对接收的内容有更多的选择权。

4)服务投放的定向性：服务者可更有效地针对个人目标用户投放服务。

21 世纪跨媒体平台的特点是超大信息容量、即时传输信息、智能性、互动性和个性化。跨媒体化的发展，使得上述几方面的变化成为可能，并越来越成为主流趋势。

真正意义上的跨媒体在价值评估方面比单一媒体更加受到重视。跨媒体的“一鱼多吃”，跨媒体平台的互补性与跨媒体模式的坚实性，多维互动的跨平台套餐方式，这些都是跨媒体在价值评估方面更为重要的原因。

9.6.2　跨媒体信息检索技术的发展

随着各种数码设备(如数码照相机、录音机、摄像机等)的普及，使得大量的多媒体信息的数字化存储与处理越来越普遍。同时，人们在网络上迅速便利地检索大规模海量多媒体信息的要求也日益增多。目前，从多媒体信息检索技术逐步过渡到跨媒体信息检索技术。

1. 相似性检索

常规的信息检索研究主要基于文本，如 Yahoo 和 Alta Vista 这样的搜索引擎。经典的信息检索问题是利用一组关键字组成的查询来定位需要的文本文档，并可以按照"相关"度排序，显示给用户以便进一步搜索。这种信息检索过程同样适用于多媒体属性信息（如名字、文件格式、采样率等）的检索。

基于内容的图像检索，是多媒体数据检索技术研究发展较早的领域。检索方式主要基于色彩、形状、纹理、对象空间关系等特征来进行，这方面新颖或改进的算法层出不穷。

视频检索方面已有的研究，包括基于底层视频特征或镜头的检索，整合镜头的时间空间特征，采用动态分层的方法描述视频文件，基于对象和事件的探测与识别等。

对于音频检索，Muscle Fish 是一个商业化的基于音频感知特征的音频检索引擎；国防科技大学利用音频模板进行检索和分类，并开发了试验搜索引擎 ARS；清华大学对音频分类与分段，进行应用概率模型聚类的理论研究。其他类似的成功系统有 Virage、QBIC、VisualSee 以及由中国科学院计算技术研究所和北京图书馆研制的"基于特征的多媒体信息检索系统 MIRES"等。

目前对于单一媒体形式下基于内容检索，以对媒体底层特征的提取与分析为基础，以提供样例相似性查询为主。上述研究较好地解决了相似感知特性的多媒体内容检索问题。

2. 内容检索

多媒体信息资源不但可以体现感知特性，而且还能表达非常丰富的知识内涵。虽然媒体相似度检索能查找可感知物理特征相似的同种媒体资源，但并不能从中反映出媒体所表达的意义上的相似性。

从检索的特点看，更需要寻找知识含义相似的资源，仅仅基于感知特征相似的检索是很难满足检索要求的。语言是表达知识含义的最直接的途径，所以常用语义来表达知识含义。有研究者提出为多媒体资源加注内容描述关键字作为语义内容的标注，借助发展较成熟的文本匹配检索技术，提供基于关键字的注释文本检索方式，试图实现一定程度上的语义内容检索。例如，通过对视频添加手工注释，实现基于内容的视频查询；通过提取视频中的文字信息，从而获得一定程度的语义内容。

人工文本标注方法简单易行，但所需要耗费的人力物力较大，对于海量信息的处理能力较弱，且受到人主观因素的影响。也有学者提出机器自动标注，通过列象区域的自动标识，实现基于对象或场景的图像和视频检索。IBM 提出了通过机器学习构建知识库的方法实现视频媒体的自动注释，但知识受领域性的约束较强，同时关键字本身的表达能力和准确性也有限，不利于机器学习、自动处理，所以，实现效果并不甚理想。

由于依靠底层特征和语义关键字标注无法准确表达出用户对多媒体内容的主观理解，因此语义层面上的多媒体内容检索成为研究热点。研究图像的底层特征与高层语义之间转化的途径，主要利用统计学方法对图像进行归并和产生语义映射辞典以及利用相关反馈和对象模型库将底层特征与高层语义建立联系。讨论图像检索中情感语义的提取问题，结合特定领域进行了试探性研究，但通用性不强。

综观上述研究成果我们发现，目前研究的焦点集中在底层特征分析基础上的多媒体资源的语义知识表达与反映，实现了对于单一媒体基于简单语义的检索。

3. 综合检索

从基于底层特征相似性的单一媒体检索，到基于语义相关性的多种媒体综合检索。为了实现多媒体信息的表达能力与呈现方式上的突破，借助多种媒体之间相互协调与配合非常重要。

针对多媒体数据的不同结构化方法所带来的数据类型复杂化问题，MPEG 组织制订了 MPEG-7 标准，采用面向对象技术对多媒体文档(多媒体数据的文档表示)进行标准化描述。由于采用 XML 技术，使其描述具有良好的开放性，并作为多媒体内容描述的标准接口而广泛研究和应用。

对于多媒体信息系统数据模型的设计而言，MPEG-7 具有对数据内容的描述能力。但对于多媒体信息基于内容的检索，其描述还应具有合理的分层和粒度，然而 MPEG-7 的描述能力却是有限的。因此就多媒体文档内容描述的层次化问题，根据多媒体文档内容的抽象层次分类，提出了一个合理的层次化信息描述方法，通过定义多媒体描述单元实现完整内容描述的单元定义，论述了层次化信息描述的方法以及描述层次间存在的映射关系。

所提出的多媒体数据描述方法，在兼顾多媒体内容层次特性的基础上对 MPEG-7 进行了扩充，实现了多媒体信息的统一描述。尽管这仅仅是多种媒体资源中基于语义相关性检索的基础，但基于语义相关性的综合查询，已经成为多媒体检索的必然发展趋势。

4. 跨媒体信息检索

当今世界的传媒日益普及，媒体市场正在逐步形成传统媒体与网络媒体相互融合的态势，以更好地发挥不同媒体之间的协同效应，力求将整合后的信息内容通过各种媒介，及时、快速、低成本地传递给最大范围的受众。随着信息技术及其应用的迅速发展，跨媒体海量信息检索和智能处理将成为网上信息资源整合与共享的必然趋势，它将成为未来信息领域中的研究热点。

IBM 公司与索尼公司研发的数字资产管理系统(DAM 系统)帮助 CNN(美国有线电视新闻网)将自己庞大的录像带库数字化，使摄影胶片得到更好的保护和利用，用户可以通过台式机访问 CNN 的数字视频、音频、图像和文本文件。

北大方正以实现数字化新闻信息资产的保值与增值为目标，开发了涵盖媒体数字资产的采集、编辑制作、存储管理和跨媒体利用的方正 DAM 系统，并被 100 多家报社采用。

这些商用跨媒体传媒产品从一定程度上解决了海量多媒体数据的存储和管理问题，但对于跨媒体的综合检索仍处于初级阶段，主要因为难以在多种媒体数据之间建立有效的语义关联。

目前的新闻视频处理系统，试图通过对视音频特征进行多模态的综合分析来获取新闻视频基本的语义内容，完成新闻视频的自动分段与按主题编目功能，其发展趋势应该是能够进行跨媒体内容的按语义编目和检索，并能够按照特定的格式模板对一定范围内的多种媒体数据自动进行内容重构组合。

将报纸上的新闻稿和电视上的新闻片断自动获取并处理后存储在数据库中，根据用户的需要，将与某一主题相关的所有内容通过不同的网络媒体，如高速光纤网、ADSL 网络、有线电视网等，传输到不同的用户终端上，并根据终端的类别和用户的需求提供不同的服务界面。但这种媒体之间关联的建立仍然采用关键字匹配方式，并不能通过高层语义分析而检索到更多的相关信息，如新闻中出现的人物简介、与新闻相关的背景事件等。另外，通过对已有信息进行分析重组，自动产生出跨媒体形式的新闻简报的功能仍在初始研究阶段。

跨媒体领域是一个新颖的多学科交叉的研究领域，具有新功能和新特点，因而必须有创新的思维模式，创新的思想和理论方法，创新的算法及其创新的系列技术。例如：

1)跨媒体平台、跨媒体模型、跨媒体引擎和多模态特征方法。

2)跨媒体语言、跨媒体的内容存储管理方法。

3)跨媒体信息融合、识别与检索技术。

4)适于跨媒体的面向对象技术、新一代数据库技术、网络通信技术。

5)多粒度主题聚类、分类、关系学习、跨媒体语义分析。

6)适于跨媒体的图像处理、语音识别、自然语言理解、视频分析。

7)适于跨媒体的分布式智能体 Agent 技术、信息过滤技术、信息推送技术。

8)适于跨媒体的数据挖掘与知识发现、人工智能、机器学习、神经网络等方法与技术。

目前的数据管理和智能处理技术，仍不能满足用户对海量多种媒体进行综合查询的需求。其原因主要有多媒体数据的爆炸性增长，海量存储管理机制的不足，查询手段的单一，检索范围的局限性，媒体间缺乏知识的共享与互助，检索结果的处理缺乏智能化，等等。

针对日益增长的多媒体数据检索需求，研究 TB 级以上容量的海量多媒体的信息检索的有效机制，从多种类型的多媒体中建立起跨媒体的语义网络，实现跨媒体的数据融合、识别与综合检索，研究复杂媒体数据以及检索机制，建立智能高效的海量数据检索和智能处理技术，达到多媒体资源的共享。研究内容包括：

(1)跨媒体表达的相关技术。

跨媒体表达的研究，包括统一的跨媒体元数据结构，跨媒体的关联元数据结构，概念库的定义，海量信息的存储问题，等等。

(2)复杂媒体的智能处理及其检索机制。

对复杂媒体数据(如视频、3D 模型、动画等)的智能处理技术及检索机制的研究，涉及视频的多层表达，多粒度高效检索，3D 模型的特征量化，相似度定义，基于几何特性的分层模式索引，动画数据库检索的基础性研究，等等。

(3)跨媒体信息融合和识别技术。

跨媒体信息融合、识别与检索技术包括媒体语义信息的挖掘，如人工注释或标识，语义的自动探测与识别；跨媒体关联挖掘与语义网的构建，包括用户层、结果层、特征层、语义层等不同层面的关联性。

(4)跨媒体知识表达、积累与推理的技术和算法。

跨媒体知识的表达与推理的研究，有扩展 MPEG-7 对语义的表达，知识的不确定性推理，主动式与被动式机器学习法，知识的重构与新生，知识的领域识别模型，等等。

(5)跨媒体海量信息的综合检索系统实现技术。

海量信息的综合检索实现技术涉及面广泛，例如分布集成和三级存储的相关管理策略与构架，跨媒体信息检索与分布式智能代理技术，自然语言与样例集的查询方式，跨媒体的高维索引机制，基于对象代理的信息过滤与信息推送整合，跨媒体海量信息的综合检索模型，等等。

9.6.3 跨媒体信息检索系统

1. 跨媒体语义网的建立

面对海量的信息环境和复杂的多媒体数据类型，智能处理手段是高效检索机制中必不可少的部分。目前，大量智能技术的研究正在广泛开展。如针对 Internet 在语义表达、智能检索等方面存在的缺陷，W3C提出了下一代Internet的概念——语义网。

语义网的研究目标是：为Internet上的信息提供具有计算机可以理解的语义，实现网上信息资源在语义层上的全方位互联；在此基础上实现更高层的、基于知识的智能应用。此目标正是跨媒体协同作用、综合检索的实现基础。

为推动语义Web的发展，RDF Core和Web Ontology这两个工作组，对实现语义Web的一些基础技术进行开发和标准化。RDF Core工作组致力于修订RDF模型和语法的推荐标准，完成RDF模式规范并在规范中提供与XML模式中的数据类型规范紧密结合的支持。Web Ontology工作组致力于创建一种语言，以定义结构化的、基于Web的本体。

目前，语义Web模型是一个理想化的模型，其中的一个重要思想就是以本体来表示语义信息，通过在语义Web中引入本体层来实现语义信息的共享，提高网络信息服务的智能化与自动化。多媒体资源的检索是语义网的典型应用领域之一，语义网的构建可能会成为跨媒体知识的表达与推理实现的重要途径。

建立跨媒体语义网的关键在于从不同渠道获得媒体间的关联性，主要包括以下几个方面。

1)在人机交互过程中，利用用户的信息反馈发现跨媒体潜在的语义共性。

2)利用媒体的物理特性，发现其子媒体之间可能存在的语义关联性，如视频中的文字和声频之间的语义关联性。

3)利用媒体可能存在的人工注释，通过自然语言分析来获得跨媒体语义关联性。

4)利用低级特征，发现同类型媒体间特征关联性，如颜色直方图相似的图像之间的关联性。

5)通过join、group by等操作产生的不同代理类中不同类型媒体的语义关联。

6)基于机器学习的方法，利用领域概念库，对自动分割的媒体子区域或整个媒体对象进行手工标识，通过规则构造器，使系统能够对对象、事件、场景、情感等信息进行识别，从而为跨媒体语义关联信息的挖掘提供支持。

7)基于本体构建的跨媒体关联。

根据图像之间的关联性构建的语义网，可以按照一定规则为相似媒体创建代理类，从而屏蔽媒体之间的类型差异性。相似媒体通过代理类进行聚集的同时，还可追加其特有属性，如语义描述、公有方法等。

数据库中新增媒体文件经过语义挖掘后，若满足某个代理类规则，将会自动添加到该代理类中，并与该类中所有媒体文件产生关联。由于任意一个媒体可能存在于多个代理类中，因此需要为其创建一个代理类表，从而提高跨媒体检索效率。

2. 系统体系结构的构建

我们用自行研制开发的对象代理数据库存储跨媒体数据，将通过分布/三级存储方式来实现跨媒体数据的海量存储需要开发跨媒体信息处理模块和跨媒体综合查询模块。跨媒体信息处理模块实现跨媒体信息特征提取、识别、注释、融合等功能。跨媒体综合查询模块实现基于有限自然语言和样例组合查询功能。

用户可以用有限自然语言表达自己的查询请求，如“查询检索最近2个月与间谍代号007接触过的人”。系统则把这个查询请求转换成跨媒体语义关联，近2个月与代号007在同一相片或视频中出现的人，或在讲话中提到代号007的人，等等。根据这些语义关联通过跨媒体语义网，就可以找到用户所需要的。

有些查询请求无法用自然语言表达，可以利用多个不同媒体语义表达方式的互补性，通过多个不同媒体的样例组合表达用户的查询请求，系统将利用跨媒体语义网理解用户的查询请求。

我们设计的系统跨媒体关联与知识挖掘模块，可以从跨媒体数据、用户查询、媒体处理过程中获取跨媒体知识，所有跨媒体知识将保存在跨媒体的知识库。基于跨媒体知识库，我们开发跨媒体智能推理器用于跨媒体综合查询和智能推理。

系统分析跨媒体数据的本质特征和内在联系，建立三层跨媒体数据模型，实现跨媒体数据的海量存储管理。

系统构建跨媒体信息识别机制、跨媒体信息注释机制和跨媒体信息融合机制，实现基于有限自然语言和多样例集组合查询功能。

系统建立知识的重构和新生算法，挖掘出跨媒体数据间更深层次的语义关联，提高检索的精确度。

系统设计分布式网络环境下三级存储结构的海量跨媒体信息综合检索系统的体系结构，开发面向特定领域的实验平台，实现实时、高效、智能的跨媒体海量信息综合检索。

9.6.4 跨媒体中的检索机制

1. 基于内容的图像数据检索

(1)各项特征的提取。

1)颜色：从 RGB、YCbCr(亮度色度)、HSV(色相、饱和度和明暗度)、HIS(色相、亮度和饱和度)空间提取各分量值。

一般视频颜色内容包含两个概念，对应于全局颜色分布和对应于局部颜色信息。按照全局颜色分布来索引图像，可通过计算每种颜色像素的个数并构造颜色直方图来实现，这对检索具有相似的总体颜色内容的图像是一种很好的途径。局部颜色信息是指局部相似的颜色区域，包括颜色的分类与一些初级的几何特征。

2)纹理：图像的局部不规则，而宏观有规律的特性，一般通过维数和距离函数来描述。纹理可以视为某些近似形状的重复分布，纹理描述的难点是其与物体形状之间存在密切的关系，千变万化的物体形状与嵌套式的分布使纹理的分类变得十分困难。

3)形状：形状的表示可分为基于边界和基于区域两类，前者使用形状的外部边界，而后者使用整个区域。基于形状的操作是对图像中物体引用一些由其结构基础来确定的操作，以简化物体，成为更有启发性的形状。其构造基础是那些可用来描述物体某些方面信息的形状特征。使用不同的代数知识的结合，应用这些结构基础并将其转换成数据的形式，再使用一些数据构造法，将形状特征分解表达成一些独特的数据表达形式。将结构基础嵌入到这些数据，可消除一些不必要的噪音。

4)空间：利用图像区域之间的边缘，进行图像分割的方法，容易导致边缘孤立或不连续；利用区域之间的邻接和相似性，可进行区域生长和区域合并。

5)行为：常用于视频中通过视频帧间差异，体现对象运动信息。一种基于静态背景帧，累积相同视频段内其余帧与背景帧对应像素点的色彩差异；另一种是基于动态背景帧，如经典的光流算法，记录相邻两帧对应区域的移动，产生其运动向量，但该方法分割出的对象并不封闭。

(2)基于底层特征的检索。

基于底层特征的图像检索是根据图像本身所具有的颜色、纹理、形状等视觉特征来进行检索，这些视觉特征是可以自动地、客观地直接从图像中获得信息。

图像检索的一种方法是基于全局色彩直方图，匹配速度快，但由于丢失了颜色的位置信息，匹配正确率较低。对该方法进行改进的算法较多，如利用图像区域等分，用一个子区域色彩直方图的序列来表示该图像等。由于考虑了色彩位置信息，从而在兼顾检索速度的同时，减小了匹配错误率。

另一种是基于区域延伸的方法，具体步骤如下。

1)颜色与空间特征结合分割图像。将图像分割成 n 个矩形，针对每个矩形内颜色数量量化图像；根据量化后的色彩相似性及相邻关系，产生初始区域；根据颜色距离、边缘距离、区域距离、邻接关系对初始区域进行合并；利用颜色散度来控制合并停止时间。颜色散度表示图像中各个区域的总的颜色不统一的程度。

2)确立合并区域间的关系。通过以上获得的区域信息，记录各个区域两两之间的距离、相邻角度与方向等空间关系信息。

3)计算图像间相似度并构建索引。按照一定的需求，为各个图像表达参数设定权值，计算图像间距离，即相似度。将数据库中所有与图像 A 的相似度小于一个特定阈值的图像，事先通过指针链接到此图像 A 中，从而提高检索速度。

(3)基于对象的检索。

我们利用色彩、纹理与方位特征相结合的方法，基本步骤是：在亮度色度空间提取像素色彩值；对图像进行平滑滤波，降低纹理锐度；利用层选择的方法描述纹理；使用 EM(Expectation—Maximization)算法将像素聚类，从而获得近似的对象区域信息；采用半自动的方式，提供基于区域相似性的检索；等等。

我们获得对象级的区域信息后，可以根据其内部特征构建对象模板，方便对象级别的图像内容匹配与检索。

(4)基于语义的图像检索。

现实生活中，人们判断图像相似性并不仅仅建立在视觉相似上。很多情况下，仅以图像低级特征为检索依据，得到的结果不尽如人意，甚至存在较大的偏差。用户总是按照一定的概念信息去查找图像，这个概念建立在图像所描述的对象、事件，甚至情感的含义上。

图像的含义是指图像的高层语义特征，包含人对图像内容的理解，这种理解是无法直接从图像的视觉特征来获得的，而是根据人的知识进行判断，并建立在对图像所描述的对象或事件的语义理解基础上。只有这样，图像检索系统才能更贴近用户的需求，更便于用户表达对图像的查询请求，更具有可用性。

图像的语义受到图像本身构成和用户主观判断等因素的影响，很难通过图像的底层特征，直接提取图像语义的文字描述。一般方法是通过人工对图像进行标注，提取其语义特征。然而图像内容是复杂多样的，不同人对图像的理解不完全一致，一般难以用准确的词汇描述图像内容，况且对海量图像数据靠人工加标注的方法也不可行。这就大大增加了图像检索中高层语义特征提取的难度。

我们需要引入人工智能和机器学习技术，解决这个高层语义难题。例如：通过嵌入知识表达、推理学习机制和机器学习技术，采用统计的方法自动建立图像多维信息特征索引结构，自动选取合适的底层特征组合实现图像与其语义内容的对应，实现语义图像的有效检索。

2. 基于内容的视频数据检索

(1)视频数据获取与检索的方法。

1)视频数据的建模与检索分类。

视频帧(frame)是视频数据的最小单位;镜头(shot)是集中于一个对象或对一个事件描述的帧集合;场景(scene)是发生在同一地点或设计同一行为的多个或单个镜头的集合。检索粒度可为 frame、shot、scene 或整个视频流。

基于分段的方法:递归的将视频数据分解成场景、镜头、帧。将关键帧作为镜头和场景的摘要,通过它来检索。

基于注释的方法:在视频流头信息中加入内容描述层,每个描述子与逻辑上的视频序列或物理上的镜头、场景相关。两种相关性互相独立,并可以附加。

基于关注对象的方法:提取出视频数据中关注的对象,如人、建筑、交通工具等,利用它们的时空关系来表达事件、场景等语义层内容。

(2)边界探测。

边界探测的方法有两种,一是基于镜头边界的探测方法,二是基于场景变化的探测方法。

基于镜头边界的探测:

1)从视频序列中提取每个视频帧的各种特征,通过相似性测量的方法,计算相邻帧或者均与背景帧比较的差异。当差异大于一个全局阈值时,认为有边界存在。

2)把镜头直接作为处理的对象。将以往在帧中提取的特征进行训练,构建一个镜头模型,并根据多种特征产生一个高维特征向量,包括向前或向后预测的宏块、当前帧与以前帧的 YUV 柱状图的交集,以及当前帧 YUV 各分量的标准偏差等。将当前帧与镜头模型匹配,决定其成为镜头边界的概率。

基于场景变化的探测:

操作对象为 MPEG 压缩视频。使用随机序列分析理论,为每帧产生一个低维特征向量 Y_k,这些特征被假设形成一个满足高斯分布的多位随机向量序列。当该分布的平均参数发生变化时,有可能存在场景边界。该方法对于突然或平缓的场景变化,都呈现出很好的效果。

(3)镜头内容表达。

1)使用镜头关键帧。

2)使用最优颜色直方图和空间结构直方图的内容描述器,测量内容的变化,并表达子镜头。

3)使用镜头树表达镜头内容关系,统一了场景表达中浏览与相似性查询的问题。浏览时仅需使用树的根节点(关键帧);而对于相似性匹配,可将树的 2、3 层也作为匹配内容。

4)利用纹理、形状或行为特征,对镜头中对象进行探测或跟踪,并为各种特征设立权值,利用对象信息来表达镜头信息。

(4)视频检索中的相关技术问题。

1)语义相关性。

视频中的语义内容不会孤立地显示,而是具有相互作用,并会对上下文构成影响。即某些对象的存在可以促进与其有语义相关性对象的探测,而削弱其他对象的干扰。因此,时空约束性能增强探测,并充分运用以往信息支持对象行为的预测。

视频检索中也可将声频、文本等作为辅助探测对象。多媒体之间虽然存在表达形式的差异,但在语义层可能有一定相关性，特别是对事件的描述存在一定的共性。

2)高维检索。

为了有效表达视觉媒体，需要多特征的使用，以至于特征向量的维数很高，甚至可以达到100。但多数情况下，相当一部分维数没有意义。因此，需要有确定本质性维数和降低维数的技术，尽量用最少维的特征向量来实现视觉信息的表达。

3)相似性匹配。

视觉信息的检索为了评估相似度，经常需要用到各种匹配技术。以往大多数系统都是使用欧几里得距离公式，但它在一定的视觉内容中，却与人的视觉感观判断相差很远。因此，通过一些距离公式获得的客观保真度，应该与人眼主观判断的结果保持一致。

4)基于动态背景帧的对象跟踪。

以往许多系统都局限于静态背景帧中提取关注对象，或者虽然背景也在移动，但镜头焦点始终为关注对象。然而在大多数视频中，视频对象与背景存在异步运动的状况，给对象的探测与跟踪带来了极大的困难。因此需要有效地利用视频信息中的向量特征，有效地区分前景与后景。

5)对复杂运动的非刚性物体的准确识别与跟踪。

现在许多系统对于静态背景帧中刚性物体的跟踪，已经达到很好的效果，同时对于运动状态变化不快的非刚性物体的粗略跟踪，也取得了相当大的进展。然而，在非刚性物体发生较大运动变化时，很难采取有效的规则对其精确跟踪。并且，规则需要专家级的知识来促进系统的自学习能力。

2. 相似性匹配技术。

基于内容的视频检索，主要使用样例查询法。该方法的技术策略是将查询转换为镜头或片断级别的匹配问题。

(1)镜头相似性度量。

我们将最优匹配的思想运用到镜头相似度度量计算中。不过由于镜头经常包含成百上千个视频帧，而最优匹配算法计算上百个节点构成的二分图最大权，是比较耗时的。因此，考虑镜头内容的冗余性，可以降低镜头的帧数，以加快检索速度。例如，采用子镜头构造带权二分图，或等间隔采样构造带权二分图等。

(2)视频片断相似性度量。

可以采用镜头构造二分图的方法，为视频片断(片断)构造带权二分图。但是视频片断是由表示统一语义的连续镜头组成的，一个视频片断内部镜头本身就会相似，因此两个片断的二分图会出现普遍的一对多、多对一和多对多的匹配情况。

最大匹配比最优匹配的速度快很多，我们在使用最大匹配法进行一一匹配的前提下，过滤与查询片断不相似的片断。

1)基于一对一匹配的片断相似度度量。

片断的相似度除了考虑颜色、纹理、行为等特征外，还要考虑片断内不同镜头对应关系的相似性，片断中相比较内容的时间顺序，两个相似片断中可能存在无法对应的镜头等。因此，最优匹配可以在一对一匹配的前提下进行计算。

2)基于多对多匹配的片断相似度度量。

进行片断相似度度量计算过程中，由于镜头分割算法的原因，导致同一段视频可能出现不同的镜头边界，因此在片断匹配时，需要通过一对多或多对多的镜头匹配方法，解决这个问题。

(3)视频对象级处理技术。

视频对象区域的探测、识别、跟踪与预测，是对象级视频处理的一系列研究内容，它们在基于语义的视频检索、实时视频监控、MPEG-4 编码压缩等领域，有着广泛的应用前景。目前，对象级视频处理主要是以静态背景的视频作为研究内容，而现实生活中的绝大多数视频数据，并不会局限于静止的背景。

视频对象级处理技术存在的主要难点：

1)光线变化情况下的对象跟踪。当物体由室内移动到室外，或出现闪光等现象，导致对象区域特征发生变化，从而出现识别误差，产生“跟丢”现象。

2)物体遮挡问题。当关注物体移动过程中被静止物体部分遮挡，或者多个关注物体相互遮挡时，同样可能出现“跟丢”的情况。

3)非刚性物体的跟踪。由于非刚性物体在运动过程中会出现形变、褶皱，或自身遮挡、阴影等情况，因此在跟踪过程中一般很难精确获得对象边缘信息，而仅采用最小矩形框来代替。

4)前景与背景特征相似。其主要表现在前景对象区域的色彩、纹理等特征与背景相似，以至于很难通过常用的特征差异法进行探测与识别。在物理学上，可以利用红外射线等方法实现探测与跟踪；而在计算机领域，已有的策略是采用动态纹理技术，但该领域的研究工作很少。

5)对象运动状态突变。突变包括对象的突然加速、倾斜、旋转等运动，致使超出了探测算法的处理能力，导致“跟丢”现象发生。

6)对象的高速和缓慢运动。目前的视频对象处理技术，以假设对象做正常运动为前提，无法保证在高速或缓慢运动情况下，仍然可以正确探测与跟踪。尽管我们通过改变视频帧提取速率的方法，能够部分解决此类问题，但还是很难获得对象的完整信息。

7)动态背景下的对象跟踪。动态背景视频是前景与背景区域均处于运动状态，使得传统基于帧差的方法失去效用。在这种情况下，若出现光线变化，对可能出现遮挡问题的非刚性物体的跟踪，则变得更为复杂。

目前，动态背景下的对象跟踪技术，需要进一步大力开展深入的研究。特别是研究如何实现基于动态背景的全自动多对象探测、识别、跟踪及预测，并适合于不同领域视频的特点以及视频环境变化等系列技术，是具有极富挑战性与广泛应用前景的重要课题。

(4)基于语义的视频检索。

基于底层特征的检索方法仅适合于同一媒体内部的检索，要实现跨媒体综合检索，必须上升到语义层面。上节介绍的对象级处理技术是底层特征向高层语义过渡的一种途径，但是由于提取出的对象区域信息还未与现实生活中的语义概率相对应，因此难以称为语义层视频检索。

目前视频语义的挖掘大体分为以下两类。

1)相关媒体的辅助作用。

利用视频中可能存在的音频和文本信息与视觉特征相结合，共同判断该视频段或视频帧可能包含的语义信息。

例如，足球比赛中的进球事件的探测，仅利用视觉特征进行识别难度较大，此时可充分利用与视频同步的相关媒体信息，如声频信息的观众欢呼声、解说员的语音，或视频中的字幕等，获取需要的信息。

目前，视频数据库检索系统普遍采用的方法，是利用其他媒体的辅助作用。这种方法实现难度相对较小，但是受领域性约束很强，同样的规则在不同领域可能表达不同的事件或场景语义，同时也存在一定的误差。因为视频中的声频、文字信息与视频流并非同步，即探测到的声频和文字内容，可能并不代表此时视频段/帧所表达的含义。

2)基于规则库的方法。

该方法主要是通过构建语义规则库，实现对象、事件、场景等语义概念的识别与探测。

由于语义的领域性以及表达的复杂性，目前仅能实现一些简单常见概念的识别，如“天空”、“草原”、“海边”等场景概念，“老虎”、“斑马”、“足球”等对象概念，“射门”、“爆炸”、“喝水”等事件概念。

具体实例有由IBM中国研究院提出的一种视频语义概念学习系统，该系统通过人工方式将视频中的语义区域或段与语义概念相对应，通过贝叶斯模型、马尔柯夫模型等统计学方法，在不断学习过程中构建语义概念模板，最终实现视频或图像的自动注释，为基于语义的检索提供支持。

3. 有待解决的问题

(1)适当的信息反馈。

全自动化的多媒体数据库(MDB)检索并不能获得满意的结果，通过用户交互，将用户的选择作为反馈，往往能起到更好的效果。

反馈信息的获取可以通过直接用户输入，或由一些智能软件代理捕捉用户浏览倾向，将信息反馈到服务器，并动态调整用户的查询结果。

(2)对于各种媒体语义信息的提取。

跨媒体中多种媒体共存的DB检索技术，实际上是对各种媒体处理技术的整合。然而现有的技术手段，对许多媒体本身语义信息的挖掘和提取，其效果仍然不好，且受到领域性的约束，需要进一步研究。

(3)媒体相关性的构建。

现有技术局限于通过手动或跟踪用户操作的方式，构建媒体对象之间的关联性。但这种方式对于海量的媒体数据不太适合，且受到人主观因素的影响，导致有关联误差，并不能完全满足跨媒体智能检索的要求。同时，各种媒体由于结构与特征的差异，很难找出一个绝对共性的特性，因此需要构建逻辑关联层或提出局部关联性的概念。

(4)低层特征与高层语义的沟通。

当前研究倾向于高层描述性信息，以及视觉内容的检索。大多数高层信息提取技术都假设高层描述的有效性，并仅通过高层信息进行查询。但真正智能化的系统，应该使用视觉媒体的底层特征表达，并为高层基于内容的对象表达提供一个模型。

现在主要运用的一些信息有对象方位、随时间发生的变化等，将它们与特定领域里特殊事件相关联。这种方法将特征与高层内容进行了联系，但它受限于事件的识别效果。

内容建模的分类技术，使用三层结构的含义如下。

第一层：利用颜色柱状图、形状和纹理描述符、对象踪迹等特征，对原始视频数据进行建模。提供检索，如有红色物体从左下角移到右上角的镜头。

第二层：使用各种统计学和逻辑学上关于对象特性的结论，描述视频媒体。提供检索，如凄凉的城堡。

第三层:高层语义信息的提取与推理,获得被描述对象或场景的内涵和意图等。提供检索,如描述饥饿痛苦的人。

语义的获取与检索是一个不断开拓进取和研究的课题。目前,我们课题组正在为实现跨媒体的海量信息的综合语义检索,进行更深层次的研究与实践。

第 10 章　网络多媒体技术及其应用

10.1　网络多媒体概述

随着网络的普及和多媒体技术的迅速发展，多媒体技术逐渐向网络化发展。网络多媒体技术是多媒体技术与网络技术相结合的产物。网络多媒体系统具有如下特性。

1. 集成性

多媒体系统的集成性主要体现在两个方面，即多媒体信息媒体的集成和多媒体处理设备与设施的集成。由于多媒体中的每一种媒体都会对另一种媒体所传递信号的多种解释产生某种限制作用并保留了媒体间的关系和其中蕴藏的大量信息，因此，多媒体的集成可以减少信息理解的多义性。此外，多媒体系统建立在一个大的信息环境之下，系统的各设备和设施应成为一个整体。

2. 实时性

单一多媒体系统对实时性要求较弱，而网络多媒体系统对实时性要求较强。由于在多媒体信息处理中，要求实时、综合地处理带有时间关系的媒体。这意味着系统在处理多媒体信息时要有着严格的时序要求和很高的速度要求，同时也意味着在多媒体系统中与时间相关的媒体已占据了主导地位。

3. 数据的分布性

多媒体数据覆盖范围大、类型多且多样性并跨越不同的硬件平台，原始素材也往往分布在不同的空间和时间里，使得多媒体应用的开发工作涉及各种专业人员。多媒体数据的分布性使得他们之间必须协同工作。

4. 数据的交互性

数据的交互性是多媒体应用的重要特性，是与传统数据应用相区别的标志。在传统媒体应用中，人们习惯于被动地接收信息，而多媒体系统具有很强的人机交互、加工和控制信息的能力。对于多媒体数据主要实施的操作是选择和查看。

5. 信息表现形式的多样性

多媒体信息不仅类型不同，而且它们被获得的渠道也各不相同。媒体信息之间不仅有一定的时间关系，而且还有一定的空间关系，这就需要考虑如何协调多种媒体信息的同步问题和多种媒体的传输在发送、传送和接收过程中在时间和空间上的相对关系问题，这显然比单一媒体的通信要复杂得多。

10.2 超文本与超媒体

10.2.1 超文本与超媒体概述

1. 超文本

超文本(Hypertext)结构类似于人类这种联想记忆结构,它采用一种非线性的网状结构组织块状信息,没有固定的顺序,也不要求读者按某种顺序来读。超文本把文本按其内部固有的独立性和相关性划分成不同的基本信息块,称为节点(Node),如卷、文件、帧或更小信息单位。节点之间按它们的自然关联,用链连接成网,链的起始节点称为锚节点(Anchor Node),终止节点称为目的节点。一个超文本结构示例如图 10-1 所示。

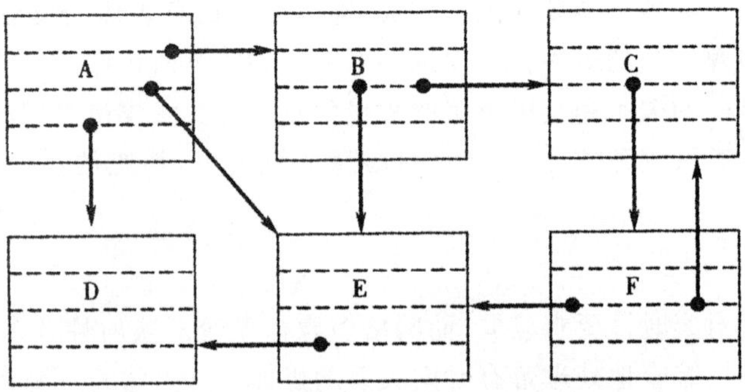

图 10-1 具有 6 个节点和 9 条链的超文本结构

图 10-1 所表示的超文本结构实际上就是由节点和链组成的一个信息网络,称为 Web。读者可以在这个信息网络中任意"航行"浏览。这里要强调的不仅仅是"阅读",而更重要的是用户可以主动地决定阅读节点的顺序。假如读者是从标记为 A 的文本块开始阅读,与单一路径的文本不同,该超文本结构有 3 条阅读路径摆在读者面前,即可到 B、D 或 E。如果读者选择 B,则可以继续选择到 C 或 E,从 E 又可以到 D。当然读者也可以从 A 选择直接到 D。

这个例子表明,在超文本结构中任意两节点之间可以有若干条不同的路径,读者可以自由地选择最终沿哪条路径阅读文本。这同时要求超文本结构的制作者事先必须为读者建立一系列可供选择的路径,或者由超文本系统动态地产生出相应的路径,而不是单一的线性路径。

下面给出超文本的一个简洁的定义:超文本是由信息节点和表示信息节点间相关性的链构成的一个具有一定逻辑结构和语义的网络。在超文本这种信息管理技术中,节点为基本单位,它比字符高出一个层次。抽象地说,它可以是一个信息块;具体地说,它可以是某一字符文本集合,也可以是屏幕中某一大小的显示区。节点的大小由实际条件来决定。

2. 超文本系统

所谓超文本系统即是能对超文本进行管理和使用的系统。超文本与超文本系统的关系和数据库与数据库管理系统的关系类似。一个超文本系统一般具有以下特点。

1)在用户接口(界面)中包括对超文本的网络结构的一个显式表示,即向用户展示节点和链的网络形式。

2)向用户给出一个网络结构动态总貌图,使用户在每一时刻都可以得到当前节点的邻接环境。

3)在超文本系统中一般使用双向链(Bi-directional Link),这种链应支持跨越各种计算机网络,如局域网和国际网(International Network)。

4)用户可以通过自己联想和感知,根据自己的需要动态地改变网络中的节点和链,以便对网络中的信息进行快速、直观、灵活的访问,如浏览、查询、标注等。这种联想和感知是准确定义的,并要求有良好的性能价格比。

5)尽可能不依赖超文本的具体特性、命令或信息结构而是更多地强调其用户界面的"视觉和感觉"。

3. 超媒体

由于多媒体强调人们的主动参与,因此也称为"交互式多媒体"。不同的媒体能够有机地连接起来,用户可以按照自己设定的线路在各种媒体和信息中进行"航行",称这种连接机制或结构为"超媒体"(Hypermedia)。

超媒体最早起源于超文本(Hypertext)。随着信息技术的进步,需传递的信息除文字外还包含有图形、图像等。也就是说,节点的信息除文字、数值外,还可以是图形、图像、声音等多媒体信息,因此,超媒体概念引申为:多媒体+超文本。

目前,从研究内容来看,超文本与超媒体很难区分,亦即它们所代表的含义几乎相同,所以往往不加区分地使用。

10.2.2　超文本与超媒体系统

1. 超文本系统的组成要素

通常,超文本系统的主要组成要素包括节点、链、热标和宏节点等。

(1)节点。

在超文本信息管理技术中,节点是超文本中的信息基本单元,是围绕一个特殊主题组织起来的数据集合。它比字符高出一个层次,抽象地说,它可以是一个信息块,具体地说,它可以是某一字符文本集合,也可以是一段声音、一幅图像,甚至一段动画或视频信息,节点的大小由实际条件来确定。节点中可以嵌入链,使它能与其他节点相链接。

在超文本系统中,节点有很多种,不同类型的节点表示不同的信息,而且分类方法也有很多种。在早期超文本中,节点的内容一般是有形的节点,内容主要是文本、符号或数字等。随着计算机技术和多媒体技术的发展,媒体的种类越来越多,其内容和功能也越来越丰富。节点可以是媒体节点,其中可以包含多种媒体、数据库、文献等,也可以是其他类型的节点,如动作与操作节点、组织型节点、推理型节点等。节点慢慢从有形的变成无形的。

根据节点表示方法的不同可以把节点分为如下几种类型。

1)媒体类节点。

媒体类节点中存放各种媒体信息,包括文本、图像、图形、视频、动画等各种媒体,也包括数据库和文献,存放这些媒体信息的来源、属性和表现方法等。在有些情况下,每一节点中确实包含媒体数据本身,但也有一些情况特别是在网络环境下,许多媒体数据需要临时从网络或机器中得到,所以节点中只有路径、属性等信息,而没有数据本身。

节点中对媒体数据的描述直接关系到多媒体数据的表现,不同的媒体会有不同的属性和表现方法。例如，对文本要能够表现出文本的字体、排版和大小等；对图像来说要能够指明位置和大小；对视频要能够定义诸如快进、暂停之类的操作；对数据库这种结构化的数据要能具有符合数据库操作的手段。对混合媒体来说，媒体之间的同步、配合和效果就要有更复杂的描述形式。

2)动作与操作节点。

动作与操作节点是一种动态节点，它通过超媒体的按钮来访问，所以也有人称之为按钮节点。这种节点常常被定义一些操作，通过这些节点为用户提供动作和操作的可能。例如一些超媒体系统就专门提供电话通信、传真、电子邮件等功能的按钮，只要用户选择了该按钮，就会执行相应的操作：拨打一次电话、在当前节点上发送所需传真、发送电子邮件等。实际上，这类节点是通过按钮做一些超媒体表现以外的工作，赋予人的操作或动作。

此类节点并不一定需要专门的节点，它可以嵌入到任何节点中，按钮也一般都与链相连接，只不过连接的是执行链。链与按钮的区别在于，链是连接一对节点，而按钮是执行某一过程，按钮节点是用宏表示某一过程执行的结果。

3)组织型节点。

组织型节点是组织节点的节点。加索引是描述节点的一种方法，同时也是数据库管理的需要。组织型节点可以实现数据库的部分查询工作，如结构查询。组织型节点包括各种媒体节点的目录节点和索引节点。

目录节点包含各个媒体节点的索引指针，指向索引节点。索引节点由索引项组成，索引项用指针指向目的节点，或指向相关的索引项，或指向相关表中相对应的一行，或指向原媒体的目录节点。

4)推理型节点。

推理型节点用于辅助链的推理与计算，它包括对象节点和规则节点。对象节点用来描述对象的性质。规则节点用来存放规则，指明符合规则的对象，判定规则是否被使用，以及对规则的解释说明等。对象节点和规则节点都是用来辅助链的推理与计算，是超文本智能化发展的产物。

尽管现代很多的超媒体系统中有的已经没有节点的概念，或者说节点是无形了。有的系统将节点分为原子节点和组合节点，原子节点是不能再分割的对象，组合节点是由原子节点构成的。学习节点的概念，仍有助于对超文本的理解。

(2)链。

链又称超链(Hyperlink)，是节点间的信息联系，它以某种形式将一个节点与其他节点连接起来。由于超媒体没有规定链的规范与形式，所以分类方法也不尽相同。但最终达到的效果却是一致的，即建立起节点之间的联系。链是有向的，一般结构可分为以下3个部分：链源、链宿及链的属性。

①链源：一个链的起始端称为链源。链源是导致节点信息迁移的原因，可以是热字、热区、图区、热点、媒体对象或节点等。热字是在文本节点当中用特殊符合标注的字词。

②链宿：是链的目的所在。一般超文本链的链宿都是节点，当然也有个别的系统链宿与链源一样形式多样。

③链的属性：决定链的类型，它是链的主要特性。还有一般的特性，如链的版本、权限等。当链的特性很强时，链可以作为独立的实体，如基本结构的链、索引链类型链和推理链等。

1)基本结构链。

基本结构链是构成超媒体的主要链形式，它具有固定明确的特点，必须在建立一个超媒体文献时事先由作者指明，是一种实链。基本结构链又包括基本链、交叉索引链和节点内注释链。

①基本链：它是建立节点之间基本顺序的链，这有些类似于一本书中具有的章、节、小节、段落等结构。它使信息在总体上呈现出层次结构，如图 10-2 中的实线所示。基本键的链源和链宿都是节点。在表现时常用“上一节点”、“下一节点”等来表现节点的先后顺序，也即链的方向。

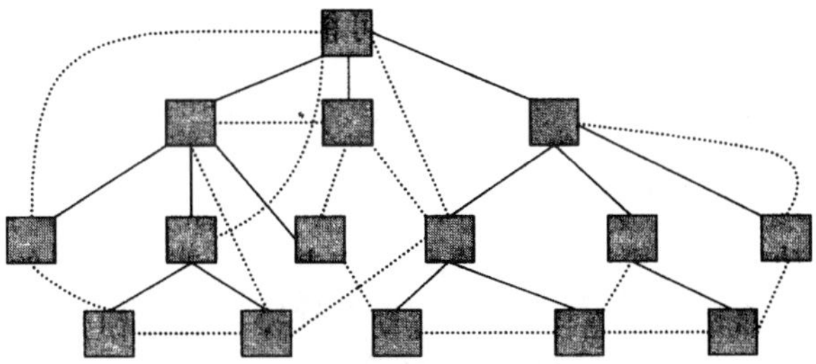

图 10-2　节点中的基本链和交叉索引链

②交叉索引链：它将节点连接成交叉的网状结构，如图 10-2 中的虚线所示。交叉索引链的链源可以是各种热标、单媒体对象及按钮，链宿为节点或任何内容。在表现时，常常用热标激活转移、“回退”、“返回”等表示先后顺序，需要注意的是，这些操作基本链与交叉索引链是不同的，基本链的动作决定节点间的固定顺序，而交叉索引链的动作决定的是访问顺序。

③节点内注释链：它是一种指向节点内部附加注释信息的链，注释源主要通过热标确定，注释体则为一单媒体对象。之所以称其为节点注释链，是因为链源和链宿均在同一节点内，一般这种节点都是混合媒体节点。采用节点内注释链的好处是不用另设节点，在需要时注释才出现。在表现形式上，注释需要对热标进行激活才能动作。

2)组织链和推理链。

组织链用于节点的组织，推理链则在链的迁移过程中通过推理来决定目标。

①索引链：它将用户从一个索引节点到该节点相应的索引入口。索引用于文献与数据库的接口及查找共享同一索引项的文献，按钮表现常是“总目录”、“影片索引”等。

②执行链：它将一种执行活动与按钮节点相连。执行链使应用程序不再是孤立的，可以激发一个动作或操作。一般的操作系统无法记录程序的功能、目的等，但超媒体的按钮节点与执行链可以通过建立节点方便地解释应用程序的功能和目的，使超媒体成为高层程序的界面。

3)其他链型。

①自动链接：它是超媒体系统中一个非常重要的概念。它允许系统自动把当前节点与相似主题或满足某些条件的所有其他节点链接在一起。例如，可以在文本文件中搜索关键词并报告关键词所在的行数，或者通过特殊的通信协议与外部的服务器中的内容建立联系等。

自动链接的意义在于对超媒体进行基于内容的检索，检索时输入某些主题、特征或条件，超媒体将能满足该主题、特征或条件的节点自动链接起来，提交用户浏览。这样大大减少了用户在查找信息时所花的时间，提高了网络的利用率。

②类型链：有些超媒体系统允许用户描述两个节点之间的关系，也即用户可以定义链的类型。例如，节点 B 给出一个例子，来说明节点 A 中的规则或原理，连结 A、B 的链就称为“注释”链。但假设存在另一个节点 C，它对节点 B 有一个更常用的解释，可以称“B、C”之间的链尾“扩展”链。对于这种类型的链必须要用一个独立的数据实体来描述。链实体独立于节点，因为任何给定的节点都可以用不同的方式与其他节点链接。

采用类型链的好处在于：首先，在一条链迁移之前，用户可以预先知道目标节点的自然属性。其次，从理论上讲，它允许用户对节点进行预查询。另外有了类型链，开发智能超媒体就大大方便了，这是因为关于知识最重要的方面是事实、假设或规则之间的关系。单个的事实、假设或规则都不能说明问题，除非知道它们之间是怎样相互关系的。如果超媒体网络中存储了关于各种节点之间关系的知识，则可以查询这些知识。

(3)热标。

热标是确定信息关联的链源，由它将引向相关内容的转移。不同的应用有不同形式的热标。根据媒体种类的不同，热标一般有以下几种。

1)热字。

热字是文本中被指定具有特殊含义或进一步解释的字、词或词组。如图 10-3 所示，图中黑体加斜体和下画线的词都是热字，点击这些词就会按设计者的设计出现进一步的解释或说明，或更形象的媒体演示。

> ***超文本***这个术语与数学家 F. Klein 在 1704 年提出并流行于 19 世纪的“***hyperbolick space***”有关。他用“hyperspace”描述了一个多维几何空间，而人类的***思维结构***也是一个***多维空间***。科学研究表明，人类的记忆是一个联想式的记忆，它形成了人类记忆的网状结构。对联想、记忆的探索形成了人类思维概念化的基础。

图 10-3 带热字的文本

2)热区。

热区是在所显示的图像或某个显示区域中指明的一个特殊敏感区域，热区可以作为转移的源点。例如，在一幅人体图像中的不同区域可以设置不同的热区，当触发某个热区时，系统就会按照事先设定好的方式进行表现，介绍人体对应部位的详细情况。

3)热元。

在图形媒体中，图元是其最基本的单位。例如，一个图、一条线、一串文字等。为了使这些相对独立的图形单位能够作为信息转移的链源，就引入了热元的概念。这种方式非常适合于在不影响图形本身的变换(例如移位、放大或缩小)的同时，又可以由该图元引发相应的进一步关联信息的表现。同样，热元也可以用在 CAD 工程设计中作建筑图注释、机器设备联机维护手册等方面。由热元而导致的转移与热区相似。

4)热点。

热点主要用于时基类媒体如动态视频、声音等在时间轴上的触发转移。在应用中常常出现这种情况，例如，当用一般视频在介绍某个重大历史事件过程中，往往突然会对其中某个片段更感兴趣，从而希望了解更多的内容。这就要求能从这段视频的相应时间轴处转移到另外有关解释的其他内容处，这个起点处就称为热点。在这一点上它与文本媒体十分相似，帧序列可以像文本段一样在序列内、文献内或文献间进行转移。视频对象可以采用长序列，要由起始帧和结尾帧确定所选定的视频段，从而可以从一个视频段直接跳往另外一个视频段，也就可以实现自我解释。其他时基类媒体也基本相同。

由于时基类媒体是动态的，在使用时不能仅将热点定为时间上的某一时刻，因为用户很难准确地确定这一时间点。热点应是一个由用户设定的时间区间。热点如果定于 x,则在识别时应给出一个$[b,x,c]$的敏感区间,在此区间内的触发都应算作有效。由于时基类媒体有“表现—理解”的滞后效应,往往在理解了某一段内容后才可能有了解它信息的愿望,而此时该时刻已过。为了正确地对应,热点区间亦往后对应,一般至少区间$[b,x]$要远小于区间$[x,c]$,以适应该滞后效应。

5)热属性。

热属性是将关系数据库中的属性作为热源使用的。由于关系框架下的各元组可以根据操作产生许多不同的结果,例如,不同的排序顺序、选择不同元组子集等,但总的来说,数据媒体是一种特定的格式化符号数据,所以大多数情况下可以采用类似于热字的热标方法。热标源单位一般为一个属性,用特定的保留属性字的方法指明热标触发表现的内容。属性中的元组有多个,每个元组又都对应不同的内容,所以在把属性当作热源时,就要对每一个元组都能指明不同的链。元组改变,方向也就改变。

(4)宏节点。

宏节点是链接在一起的节点群,更确切地说,一个宏节点就是超文本网络的一部分——即子网,如图 10-4 所示。图中虚线框中的节点和链组成了宏节点,宏节点与宏节点之间用实线连接,表示了它们之间的物理关系,位于不同宏节点内的节点在逻辑上可以有任意的连接,如图 10-4 中的虚线所示。

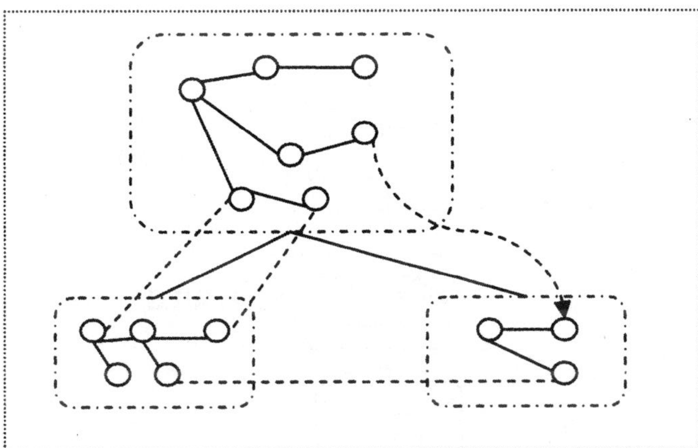

图 10-4　宏节点

宏节点的概念十分有用,当超文本信息网络十分巨大时,或当该信息网络分散在各个物理地点上时,仅用一个层次的超文本网络管理会很复杂,分层是简化网络拓扑结构的最有效的方法。

国外有人专门提出了宏文本(Macrotext)和微文本(Microtext)的概念,表示不同层次的超文本。微文本又称小型超文本,它支持对节点信息的浏览;而宏文本又称大型超文本,支持对宏节点(文献)的查找与索引。它强调存在于许多文献之间的链,构造出文献相互间的关系,查询与检索将跨越文献进行。

宏节点的引入虽然简化了 Web 网络结构,却增加了管理与检索的层次。目前国际上已推出了一些宏文本模型系统。事实上宏文本和微文本之间的界限十分模糊,在应用中却令人一目了然。

(5)网络。

超文本系统内部都是由链、节点等构成的有向图即为网络。用户可以在信息网络中任意"航行"。

2. 超文本系统的结构模型

在理论上超文本系统可以划分为三个层次结构:数据库层,主要实现存储、共享数据和网络访问;超文本抽象机层,确定节点和链及其关系;用户接口层,提供用户接口。这是由 Campbell 和 Goodman 提供的一种比较标准化的超文本抽象机(Hypertext Abstract Machine,HAM)模型。此外,从事超文本标准化研究的 Dexter 小组也提出了一种 Dexter 参考模型,这两个模型除了使用的术语和层次之间的接口不同之外,它们之间的结构和功能基本相似的。

(1)HAM 模型。

1988 年,Campbell 和 Goodman 提出超文本抽象机(Hypertext Abstract Machine,HAM)模型。HAM 模型把超文本系统划分为 3 个层次,自顶向下为:用户界面层、超文本抽象机层、数据库层。超文本抽象机模型如图 10-5 所示。

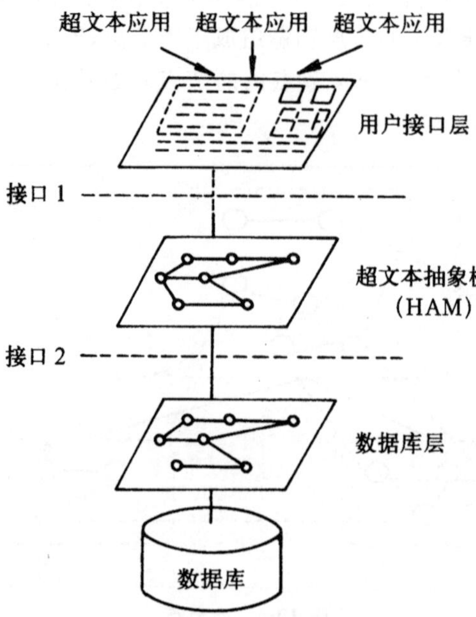

图 10-5 HAM 模型

1)数据库层。

数据库层是模型中的最底层,比普通的数据库管理系统更为简单,用于处理所有信息存储中的传统问题。首先它要保证信息的存取操作对于高层的超文本抽象机来说是透明的,即无论高层访问的信息是存储在本地或在远地,是存储在一台计算机中还是存储在多台计算机中,数据库层都能保证正确存取。不仅如此,数据库层还要处理其他传统的数据库问题,如多用户并发访问信息的安全性、版本维护以及响应速度等问题。

此外,就数据库层而言,超文本的节点和链都是没有什么特殊含义的数据对象。它们各自占据若干比特的存储空间,构成在同一时间只有一个用户可修改的单元。因此,对于数据库层来说,了解比它的数据对象的信息更多的信息是很有用的。增加对节点和链的索引和查询信息,是为了更有效地管理数据空间，并提高响应速度。因此，在超文本数据库层的设计中，实际上用到了大量传统数据库的思想和方法。

2)超文本抽象机层。

超文本抽象机层(HAM)，介于数据库与用户接口层之间，这一层决定了超文本系统节点和链的基本特点，记录了节点之间的链的关系，并保存了有关节点和链的结构信息。在这一层中可以了解到每个相关联的属性。

虽然文本与超媒体系统还没有统一的标准，但最终标准化工作要求超文本系统之间必须具有相互传送或接收信息的能力，因此，必须提供信息转换格式。而 HAM 就是实现超文本输入输出格式标准化转换的最理想层次。

实际上，在超文本系统中的超文本抽象机层(HAM)可以理解为超文本的概念模式，它提供了对数据库下层的透明性和对上层用户界面层标准性。这就是说，无论下层采用什么样的数据库，也无论上层采用何种风格的用户界面形式，总可以通过接口(用户界面/超文本概念模式＜接口 1＞，超文本概念模式/数据库＜接口 2＞)，使之在 HAM 达到统一。设计超文本抽象机层是设计超文本的关键，需要有关超文本节点和链方面的知识，包括它们的功能、分类及其他属性。

3)用户接口层。

用户接口层又称表示层或用户界面层，是 3 层模型中的最高层，也是构成超文本系统特殊性的重要表现，并直接影响着超文本系统的成功。它应该具有简明、直观、生动、灵活、方便的特点。它是超文本和超媒体系统的人机交互的界面。它构成超文本系统特殊性的重要表现，并直接影响超文本系统的功能。

超文本系统的 HAM 层定义了许多种类的节点和链，但在用户接口层它可以根据用户的权限规定哪些节点和链是可见的，哪些是不可见的。用户接口层决定了信息的表现方式、交互操作方式、导航浏览方式以及用户对信息的访问权限等。在大多数超文本系统中，信息的显示以窗口的方式操作，每个窗口对应相应的节点，并可同时打开多个窗口。用户接口层决定了信息的表现方式、交互操作方式以及导航等方式。

(2)Dexter 模型。

1980 年，由 J. Leggett 和 J. Walker 发起组织了一个研究超文本模型的团体，以后逐渐发展成了一个超文本参考模型，并以当时讨论地旅馆的名字 Dexter 命名，简称 Dexter 模型。这个模型的目标是为开发分布信息之间的交互操作和信息共享提供一种标准或参考规范。

Dexter 模型也分为 3 层，即存储层、运行层和成员内部层，各层之间通过定义好的接口相互连接。与 HAM 模型相比，Dexter 模型除了术语不同并且更加明确了层次之间的接口之外，两个模型还是基本相似的。Dexter 模型如图 10-6 所示。

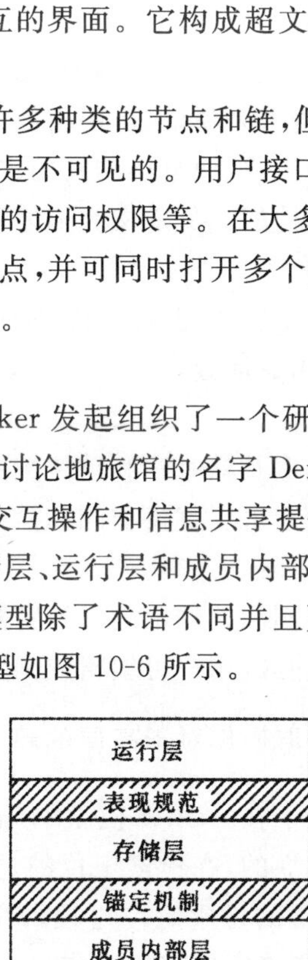

图 10-6　Dexter 模型

1)存储层。

存储层描述成员之间的网状关系,这是超文本的基础。存储层定义了由成员组成的数据模型。成员是对超文本系统基本单元的抽象描述,包括节点和链等。原子成员是最小成员单位,也即超文本中的节点,其内容可为不同媒体的信息。复合成员是由原子成员和链复合而成。复合成员和链还可构成具有嵌套层次的复合成员。链是用于表示元素与元素之间关系的一种实体,一般链由两个或多个成员"节点"构成。

在Dexter模型中,每个成员都有一个唯一的标识符,称为UID。在存储层的描述中,超文本由一个有限个成员组成的集合和两个函数构成:

$$\text{Hypertext}=(E_1,E_2,\cdots,E_n,F_1,F_2)$$

其中,$E_1,E_2,\cdots,E_n$ 为有限个成员,F_1,F_2 是用于检索定位的函数,称为访问函数和分解函数。

访问函数的功能是当用户指定某个成员的UID时,能够在超文本系统中定位找到该成员;分解函数的功能是当用户指定某个成员的UID而不能直接找到该成员时,需要将目标成员UID分解为由一个或多个中间UID组成的集合,以便根据中间UID集合的成员找到目标UID指定的成员。

此外,在存储层中还定义了由多个函数组成的操作集合,用于实时地对超文本系统进行访问和修改。各个表中都含有相关成员的描述规范、成员标识和锚接口标识。

2)成员内部层。

成员内部层定义了各个成员内部的不同内容和结构。成员内部层并不是Dexter模型的核心,但是必不可少的组成部分。在一个成员中,其内容和结构是没有限制的,从内容来说,可以是任何媒体的任何可用数据模型;从结构上来说,成员可由简单结构和复杂结构组成。简单结构就是每个成员内部仅由同一种数据媒体组成,而复杂结构的成员内部又由各个子成员组成,而子成员的结构又与成员相同。这种嵌套结构的成员定义为描述复杂的混合类型的成员提供了灵活性和多样性。

在Dexter模型中,成员内部层是开放的,也就是说,Dexter模型对成员内部的实现不作硬性规定,可由应用程序根据实际情况作出灵活处理。

3)运行层。

在存储层和成员内部层定义的数据及其时序和链接关系对用户来说是不可见的。运行层则为用户提供了一种可视可听的工具。它可以直接访问和操作在存储层和成员内部层定义的网状数据模型。

在运行层中最基本的概念是成员例示。例示的过程实际上就是将元素播放给用户。在实现过程中,首先将元素的内容拷贝到缓冲区,用户可编辑或浏览缓冲区内的内容。当缓冲区的内容被改变后,运行层会定时将缓冲区的内容备份到存储层中。

4)定位机制。

定位机制通过锚定接口完成。由于在Dexter模型中,描述成员间链接关系的存储层和描述成员内部结构的成员内部层是各自独立的,在检索定位的过程中就需要一个接口来维护从存储层到成员内部层、成员内部层到存储层的检索定位过程。在Dexter模型中,介于存储层与成员内部层之间的接口称为锚定接口,由它来完成定位工作。

锚定接口的基本组成部分是锚。锚由两部分组成:锚号和锚值。锚号是每个锚的标识符,锚值用来指定成员内部的位置和子结构。从存储层来看锚值是没有意义的,只有成员内部层的应用程序才能解释锚值。锚号不同于成员的 UID，成员的 UID 从整个超文本系统来看都是不同的，而锚号只是在各个成员内部编号不同。因此，从整个超文本系统全局来指定一个锚则必须使用(UID，锚号)才行。

在 Dexter 模型中，锚号是一个相对固定的值，而锚值则是一个经常变化的值。由于超文本系统的成员内部结构在运行过程中可能会改变，因此，成员内部层的应用程序必须实时调整锚值的变化，保持它原有的指向。锚与链的不同之处在于链仅指向元素，而锚则可指向成员内部的具体内容。

5)表现规范。

在 Dexter 模型中介于存储层与运行层之间的接口称为表现规范，它规定了同一数据呈现给用户的不同表现性质，确定了各个成员在不同用户访问时表现的视图和操作权限等内容。

Dexter 模型的提出，为超文本的设计起了重要的指导作用。相当多的系统虽采用了这个模型，但也很不一致。许多新的模型还在进一步的研究之中。

3. 典型的超文本系统

(1)KMS。

KMS 是卡内基—梅隆大学在工作站上开发的“Knowledge Management System”的简称，它是该校于 1972 年开始研究的 ZOG 项目在工作站上的新版本。它作为一个通用工具，已用于联机手册、录像带盘的管理、飞机专家系统的界面及交互任务的管理等。

KMS 的基本信息单元为帧，最大占用一个屏幕。一帧有一个名字、一个标题、一个正文或图形描述以及多指向其他帧的标志。例如，一篇文献的第一页构成一帧，文章的标题及摘要作为该帧的标题及内容，文章的各节点名、关键字、交叉引用、注释等均可作为指向相应帧的标志(链源，也称 Hotword)。在 KMS 屏幕上有一组通用菜单项，如 Save、Reset、Prey、Next、Home、Goto、Info、Disp、Exit，用户可对它进行所需要的操作。

(2)Guide。

Guide 系统是由 Peter Brown 在英国的坎特伯雷大学作为一个研究项目发展而来的。之后，由办公工作站有限公司在 IBM PC 机和 Apple 的 Macintosh 机等上作为商业软件推出，它是一个最为广泛应用的超文本系统。

Guide 支持 4 种不同的链类型。

1)替换链(Replacement Link)：使当前窗口中的文本用该链的目的节点中的正文所替代。在文本中，一个链的实体通过光标位置的改变而被指明。用户也可以改变显示的文本(使用斜体、黑体)，以增进对不同类型链的识别。

2)记事链(Note Link)：弹出显示资料正文的窗口。

3)引用链(Reference Link)：引出带有目的正文的新窗口。这些链允许用户在不同资料或同一资料的不同部分中的相关题目之间移动。

4)查询链(Inquiry Link)：类似于表示链，但这种链是互斥的。在某一时刻，对某一查询只有一种表示可以被显示在屏幕上。

(3)NoteCards。

NoteCards 是美国 Xerox 公司的 PARC 研究中心在 1987 年为设计师、作家和研究人员分析信息和构造模型等应用开发的一个基于工作站的系统。其基本框架是一个由链连接起来的记事卡组成的语义网络，为用户提供了显示、修改、操作和通过网络航行的工具。

NoteCards 包含 4 个基本的要素，即记事卡(Notecard)、链(Link)、浏览器(Browser)和文件盒(Filebox)。

1)记事卡：是一张电子模拟索引卡片。每一张记事卡都有一个标题和可以被编辑的内容资料，如正文和图形。

2)链：表示记事卡之间的关系，把单个的记事卡连接成相关卡片的网络。每个链接是一个在源卡片和目的卡片之间的有向链。

3)浏览器：含有 NoteCards 网络的结构图。在 NoteCards 系统中，浏览器一般被视为支持编辑的工具。用户可以通过对浏览器中的节点和边的操作来编辑网络结构。用户也可以做一些临时的修改，然后测试它，以决定是否将所做的修改变成永久的改变。

4)文件盒：提供了将卡片组织成目录或者类别的一种方法，用来帮助用户管理 NoteCards 庞大的网络。

NoteCards 系统的核心结构是一个语义网络，它由电子记事卡组成，这些电子记事卡通过分类链将节点连接起来。每个记事卡含有任意数量的信息，具体表现为正文、图形、映像或某些其他可编辑的信息；每个链设计为两个记事卡之间的一种专门的关系，这种关系可以由用户或系统来定义。系统提供浏览器和文件盒这两种特殊类型的卡片，以帮助管理卡片和链的网络。一个浏览器含有卡片网络的结构图，它可以被系统生成或被用户生成，浏览器是一个描述工具和编辑机制。文件盒可以用于聚集和组织记事卡，产生由系统管理的分层文件结构。此外，NoteCards 还包括一组协议和功能，以创建新的卡片类型和操纵网络中的信息。这种面向应用的扩展在公式化表示中起着重要作用。

(4)HyperCard。

1987 年 8 月，美国苹果公司在 Macintosh 微机上推出了 HyperCard 系统，这是一个十分形象的集图文声为一体的超文本系统，它的出现对超文本技术的推广起着重大作用。

HyperCard 的基本信息单元为卡片，相当于节点，第一个版本上一张卡片占有一个屏幕，它可由用户通过工具来制作。这类工具有编辑器、图符库、剪辑板、绘图工具等。

一张卡片有其固定背景部分，包括一些按钮、可填充的域及图形边框；一张卡片还有其本身的卡片名、索引号、域内容、正文及图形内容等。一组卡片由用户组成堆(Stack)，如“产品”堆卡片可包括公司的许多不同产品。

卡片堆以索引号排序，堆的主人可对卡片堆进行各种操作：加一张卡片，修改某卡片内容，删一张卡片，按一域的内容重新排序卡片，按某字符串查找卡片，往前一张卡片，向后一张卡片，返回第一张卡片，显示最近看过的卡片清单等。

各堆卡片可组成堆的目录，目录也是一张卡片，可用浏览工具漫游各个卡片堆。在 HyperCard 2.0 版本中已构造了许多应用卡片堆，如电话本、日历、备忘录、产品目录、价格表、图片集、相片集、看图识字本等。

在 HyperCard 软件中用户可交互地制作软件，也可通过该软件提供的一个面向对象语言 Hypertalk 来编写脚本，脚本附于按钮，按钮出现在 HyperCard 堆的卡片里。

图 10-7 展示了 HyperCard 环境的概念结构。由于 Macintosh 具有许多方面的工具，因而 HyperCard 制作、浏览均十分方便灵活。HyperCard 的链只有顺序、重新排序等，比较简单，因而连接复杂关系时尚支持不够。但是，1987 年首先推出的这一商品软件以它丰富多彩的界面、灵活方便的构造工具，向广大计算机用户展示了超文本的生命力。

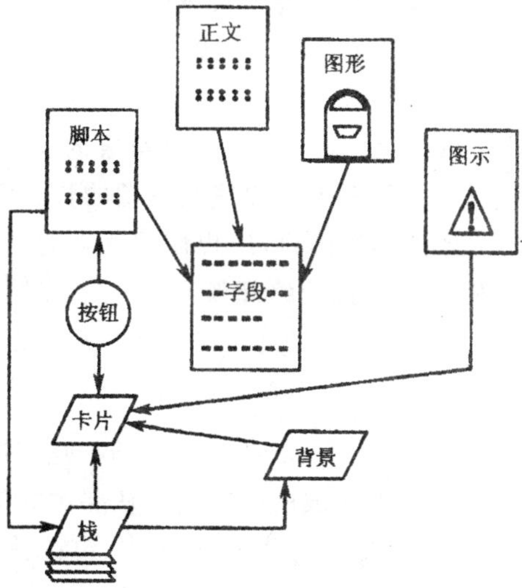

图 10-7　HyperCard 环境的概念结构

10.2.3　Web 超媒体系统

1. 分布式超媒体系统

1989 年，在位于瑞士日内瓦的欧洲量子物理实验室 CREN，一位叫伯纳斯·李(Tim Berners-Lee)的研究人员，为了能与其他研究机构的研究人员协作探讨高能物理研究的最新成果，在 ARPA 网上建立起了环球信息网(World Wide Web，简称 WWW 或 W3，又译为万维网)，很快便在很大范围内传播开来。在随后的几年里，WWW 取得了很大的成功，成为 Internet 中最佳的信息检索体系结构，并得到了广泛地应用。WWW 的资源也成为 Internet 资源的主体，超过了以往在 Internet 上使用的其他信息资源。

WWW 采用客户/服务器(Client/Server)体系结构，支持可以通过 Internet 进行访问的分布式超文本(Distributed Hypertext)。WWW 的客户端软件称为 Web 浏览器(Web Browser)，在用户端提供统一管理各种媒体的界面，负责向服务器提出请求，解释和定位资源，利用"统一资源定位符 URL(Universe Resource Locator)"统一管理网络上的所有资源，让用户可以方便地定位到自己所需的资源上进行存取。服务器端软件也称为 Web 服务器，它负责将多种媒体集成起来，根据客户端的请求进行相应的回答，以统一的格式传送给客户端。

理论上，Web 超文本系统可以分成 3 层结构。

1)表现层：即用户接口层。

2)超文本抽象机器层 HAM：存储节点和链。

3)超文本信息库层：存储数据，共享数据和网络访问。

用户计算机上的浏览器完成对 WWW 表现层的管理。浏览器的种类很多，分别由不同的公司和研究机构开发，目前比较流行的是微软的 Internet Explorer。

在 WWW 超文本抽象机层，由超文本标记语言 HTML 和超文本传输协议 HTTP 组成了所谓的超文本抽象机。WWW 服务器向客户软件提供的数据全部采用 HTML 的格式，在网络传输中采用的标准通信协议是 HTTP 协议。采用这种方式，用户就可以使用各种不同的计算机和不同的软件来浏览 WWW 上的信息，只要计算机和软件能够使用 HTTP 进行交谈。

由遍布 Internet 上的服务器组成 WWW 信息库层，负责为网络上其他计算机提供各种各样的信息资源。而用户可以不必关心服务器的所在位置，不必关心所使用的软件和硬件类型，也不必关心内部的存储机制。

作为一种非常成功的网络多媒体系统，由文本信息组成的 WWW 文档可以内嵌图形、动画和声音等多媒体信息，用户可以借助 URL 对信息进行透明的资源定位。采用标准的 HTML 文档使多种计算机都可以表现出一致的信息内容，用户使用适当的浏览器便可访问存储在服务器上的各种文档。WWW 可以被称为第一代网络超媒体信息系统的代表。下一代超媒体是向着智能化超媒体的方向发展。

2. 超文本传输协议 HTTP

超文本传输协议 HTTP(Hyper Text Transfer Protocol)是传送某种信息的协议，而这种信息是为了使超文本的链接能够高效率地完成所必需的。从层次的角度看，HTTP 是面向事务的应用层协议，它是互联网上能够可靠地交换文件(包括文本、声音、图像等)的重要基础。

(1)HTTP 的工作过程。

HTTP 采用请求/响应的握手方式，其工作过程如图 10-8 所示。一个请求程序(称之为“客户”)首先与接收程序(称之为“服务器”)建立一条连接，并向“服务器”发送请求服务的消息，“服务器”接到请求后发一个响应消息给“客户”，然后关闭连接。

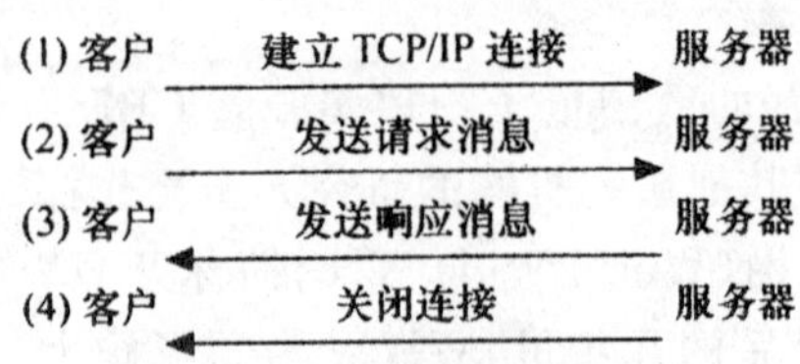

图 10-8　HTTP 的工作过程

其中，“客户”与“服务器”是一个相对概念，只存在于某个特定的连接期间，而非专用程序，即在某个连接中的“客户”在另一个连接中可能作为“服务器”，这也就是说对于 HTTP 中的程序，它应具有“客户”与“服务器”双重功能。HTTP 的“服务器”还可以是其他类型的信关，通过这样的服务器代理，HTTP 允许超媒体访问现存的 Internet 协议，如 SMTP、NNTP、FTP、Gopher 和 WAIS 等。

在 Internet 上的通信一般是建立在 TCP/IP 连接上的，HTTP 的连接也不例外。正常的握手过程要求“客户”在每次请求之前先建立连接，并由“服务器”在发送响应之后关闭，但“客户”和“服务器”都还必须具有处理任意一方因突发情况(如用户强制、自动超时或程序失败等)的发生而关闭连接的能力，在这些情况下通常不论当前状态怎样都中止当前请求。

(2)HTTP 的消息结构。

HTTP 的消息有两类，即“客户”发出的请求消息与“服务器”发出的响应消息。HTTP 的请求消息采用了开放式的方法库形式，即方法可以扩充。用方法表示请求的目的，用 URL(Uniform Resource Locator)表示某个方法用在哪个资源上，即链接。消息的传送格式与 Internet Mail(Internet 邮件)和 MIME(Multipurpose Internet Mail Extersions，多用途 Internet 邮件扩展)的相似。

完整的请求消息格式如下：

请求消息＝请求行 *(通用信息头|请求头|实体头)CRLF[实体内容]

请求行＝方法　请求 URL　HTTP 版本号　CRLF

方法＝“GET”|“HEAD”|“POST”|扩展方法

URL＝协议名称＋宿主名＋目录与文件名

下面就是一个仅含请求行的简单请求消息的例子：

HTTP 的响应消息以状态码来表示响应类型。状态码可以扩充，用三位数字表示，其中第一位标识不同的响应类型。目前共有 5 种类型：1××，表示保留，HTTP 未用；2××，表示请求成功地接收；3××，表示为了完成请求“客户”必须进一步细化请求；4××，表示“客户”错误；5××，表示“服务器”错误。

完整的响应消息格式如下：

响应消息＝状态行 *（通用信息头|响应头|实体头）CRLF[实体内容]

状态行＝HTTP 版本号　状态码　原因叙述

(3)HTTP 使用的方法。

尽管 HTTP 是为了用于 Web 而设计的，但为了着眼于未来的面向对象应用，它被有意识地设计得比 Web 所需要的更加通用。正是基于此原因，HTTP 并不仅仅只支持请求一个 Web 页面，而是支持更加通用的操作也被称为方法。内置的 HTTP 请求方法如表 10-1 所示。

表 10-1　内置的 HTTP 请求方法

方法	说明
GET	请求读取一个 Web 页面
HEAD	请求读取一个 Web 页面的头部
PUT	请求存储一个 Web 页面
POST	附加一个命名的资源(如 Web 页面)
DELETE	移除 Web 页面
TRACE	送回收到的请求
CONNECT	保留以便将来使用
OPTIONS	查询特定选项

1)GET 方法。

GET 方法请求服务器发送页面，按照最为一般化的情形，对象是在实践中，通常只是一个文件。该页面以 MIME 适当的编码，发送给 Web 服务器的请求都是 GET 方法。GET 的常见形式如：

GET filename HTTP/1.1

其中，filename 是要被取回来的资源(文件)的名字，1.1 是所用的协议的版本号。

2)HEAD 方法。

HEAD 方法只是请求消息头，而不是真正的页面。利用这个方法可以得到一个页面的最后修改时间，也可收集各种为建立索引而需要的信息，或者只是测试一下 URL 的有效性。

3)PUT 方法。

PUT 方法与 GET 方法相反：它不是读取页面，而是写入页面。通过这个方法可以在远程服务器上建立起一组 Web 页面，这个请求的主体包括页面。页面有可能利用 MIME 来编码，在这种情况下，跟在 PUT 后面的行可能是 Content-Type 和认证头，通过认证头可以证明呼叫者确实有权执行所请求的操作。

4)POST 方法。

POST 方法与 PUT 方法有点类似。它也携带一个 URL，但不是替换掉原来的数据，而是将新的数据“附加”到原来的数据后面，如向新闻组张贴一条消息，或者向公告牌系统添加一个文件。在实践中，PUT 和 POST 方法都用得不多。

5)DELETE 方法。

DELETE 方法的用途是移除页面。与 PUT 方法类似，认证和许可机制在这里起到了很重要的作用。DELETE 方法并不保证一定会成功，因为即使远程的 HTTP 服务器愿意删除这个页面，但是，该页面文件的访问模式可能禁止 HTTP 服务器修改或者删除它。

6)TRACE 方法。

TRACE 方法用于调试。它指示服务器送回收到的请求。当请求没有被正确地处理而客户希望知道服务器实际得到的是什么样的请求时，这个方法将非常有用。

7)CONNECET 方法。

CONNECET 方法现在没有使用，它被保留以便将来使用。

8)OPTIONS 方法。

OPTIONS 方法提供了一种办法来让客户向服务器查询它的属性，或者查询某个特定文件的属性。

3. 超文本标记语言 HTML

标准通用标记语言(Standard Generalized Markup Language，SGML)是 1986 年发布的国际标准，规定了在文档中嵌入描述标记的标准格式。

超文本标记语言(HyperText Makeup Language，HTML)是一种用来创作 WWW 页面的描述语言，是 SGML 的一个子集。

一个 HTML 文档通常由文档头与正文构成，在正文中包含了表格、段落和列表等文档元素。用 HTML 组织的文件是普通的文本文件，可以用文本编辑器(如记事本)进行编辑，也可以使用专门的 HTML 文档编辑器来编辑，如 Microsoft 公司的 FrontPage、Macromedia 公司的 Dreamweaver 等。

HTML 标记由“＜”、“标记名称”和“＞”三部分组成，如＜head＞。标记可以分为单标记和双标记。

单标记只需单独使用就能完整地表达意思，其语法为＜标记名称＞。

双标记由“起始标记”和“结束标记”两部分构成，而且必须成对使用，语法是＜标记名称＞内容＜/标记名称＞。

HTML 标记可以嵌套，标记名称中的字母不分大小写，标记还可以包含“属性”，用于提供相应的附加信息，如颜色、字体、对齐方式等。

HTML 文档以 .htm 或 .html 为扩展名保存后，由浏览器打开显示。

(1)HTML 文档基本结构。

一般说，简单的 HTML 文档仅由一个 HTML 元素组成，即＜html＞开始和＜/html＞结尾，在＜html＞和＜/html＞之间的部分都是 HTML 的元素体。HTML 元素的元素体又可分为两大部分，即头元素<head>…</head>和主体元素<body>…</body>以及相应的注释组成。

头元素和主体元素的元素体也是由其他的元素和文本及注释组成的。一个 HTML 文档基本结构如下：

```
<html>
    <head>
    <title>…</title>
    </head>
<body>
        正文内容
    </body>
</html>
```

下面对其进行简要介绍。

1)<html>…</html>：标记 HTML 文档开始和结束，其中包括<head>和<body>标记。HTML 文档中所有的内容都应该在这两个标记之间。

2)<head>…</head>：HTML 文档的头标记，主要包括页面的一些基本描述的语句。

3)<title)…</title)>：文档名称标记，包含具体的 HTML 文档名称，在浏览器的标题栏中显示相应的内容，字符数通常不超过 64。

4)<body>…</body>：HTML 文档的主体标记，绝大多数 HTML 内容都放置在这个区域中。通常它在</head>标记之后，而在</html>标记之前。

此外，还有大量的其他标记，如排版标记、列表标记、表格标记、表单标记、框架标记、图像与多媒体标记、超链接标记等，下面将与多媒体相关的一些标记作简单介绍。

(2)超链接标记。

超文本链接(Hypertext Link)通常称为超链接(Hyperlink)，或者简称为链接(Link)。链接是指将文档中的文本或者图像与另一个文档、文档的一部分或者另一幅图像链接在一起。使用超链接可以使顺序存放的文件在一定程度上具有随机访问的能力。

在 HTML 中，链接的基本格式是：

<a href="URL 地址">…</a>

其中<a>是超链接标记，<a>与</a>之间的内容在浏览器中会以特定的方式显示出来，鼠标在上面单击时，浏览器会按 URL 地址打开新的文档。属性 href 是不可缺少的，其值可以是 URL 形式或 mailto 形式。

URL 即统一资源地址，是识别 Internet 上任何一个文件地址或资源地址的标准表示方法，通过<a href="URL 地址">…</a>即可创建一个链接到文本或图像的超链接。超链接可分为以下三种类型。

1)内部链接：指向文档内部的链接，通常在浏览很长的文档时使用以便于导航。

2)本地链接：指向本地服务器或计算机中文档的链接。可以用绝对路径表示，也可以用相对路径表示。

3)外部链接：指向非本地服务器上的文档的链接。总是用绝对路径。

当 href 的值是 mailto 时，在 mailto 后紧跟想要发送电子邮件的地址，就可以创建一个自动发送电子邮件的链接。例如：

<a href="mailto:userinfo@host">电子邮件</a>

(3)多媒体标记。

超文本标记语言之所以在很短的时间内如此广泛地受到人们的青睐，很重要的一个原因就是它能支持多媒体的特性，可以在网页中嵌入图像、声音、视频和动画等多媒体元素。

1)插入图像。

超文本支持的图像格式一般有 PNG、GIF、JPEG 三种，因此，对图片处理后要保存为这三种格式中的一种，才可以在浏览器中看到。其中比较常用的是 JPEG 和 GIF。

①内联图像。内联图像(Inline Image)是指与 Web 网页中的文本一起下载和显示的图像，表现为文本和图像显示在同一网页上，这种图像也称为内嵌图像或者内插图像。在 HTML 文档中插入图像文件的格式如下：

<img src="URL 地址" align="" border="" width="" height="" alt="">…</img>

其中，src 属性指定路径，其值是图像文件的 URL 地址；align 属性指定图像在页面中的位置，其值可以是 left、middle、right、bottom、top 等；border 为图像指定边框；width 和 height 分别指定图像显示在页面中的宽和高；alt 的值是在浏览器尚未完全读入图像时，在图像位置显示的文字。

②外联图像。在 HTML 文档中，如果内联图像文件太大，在浏览网页时就需要很长的下载时间。在编写 HTML 文档时，可以用文字或者小的内联图像来代表大图像，而把大图像当作一个单独的文档，然后把文字或者图标与大图像文件链接在一起，当用鼠标单击这个链接后，大图像显示在另一个窗口中，这种图像就称为外联图像(External Image)。链接外联图像可使用下面的语句：<a href="URL 地址">…</a>。通过 href 指定外联图像，其值为外联图像的 URL 地址。

③图像作为网页的背景。使用图像作为网页背景的语句如下：<body background="URL 地址">。<body>标记的 background 属性指定图像文件，浏览器将其平铺，布满整个网页。

2)插入声音或视频。

①在文档中链接声音或视频文件。在 HTML 文档中，使用与外联图像类似的语句把声音文件或视频链接到文档中，差别只是文件扩展名不同。

②在文档中嵌入声音或视频文件。在 HTML 文档中，除了可以在文档中链接声音或视频文件外，还可以使用下面的语句将声音或视频文件嵌入到 HTML 文档中。<embed src="URL 地址" align="" autostart="" loop="" height="" width="">…</embed>。嵌入视频文件的方法与声音文件嵌入方法相同，只要将音频文件改为视频文件即可。

③在文档中嵌入背景声音。在页面中还可以嵌入背景音乐，这种音乐多以 MIDI 文件为主。嵌入背景音乐的基本语法结构如下：<bgsound src="URL 地址" loop="" volume="">。其中，src 指定背景音乐的 URL 地址，loop 表示循环的次数，volume 表示音量大小，音乐在打开 HTML 文档时开始播放。

4. 扩展的标记语言 XML

随着网络应用越来越广泛，仅仅靠 HTML 单一文件类型来处理千变万化的文档和数据已经力不从心，而且 HTML 本身语法十分不严密，严重影响网络信息传送和共享。人们早已经开始探讨用什么方法来满足网络上各种应用的需要。作为下一代 Web 运用的数据传输和交互工具的 XML 便应运而生。

XML(Extensible Markup Language)是一种扩展性标记语言。XML 的崛起来自 W3C 的 SGML 社评委员会的关注，因为他们感觉到 HTML 在朝着错误的方向发展。为了改善现状，提出了一种与现有 Web 技术相一致的标记语言，使用的一些工具仍旧是为使用 HTML 开发的，但以其更加容易管理的技术而向前迈进了一大步。XML 的目标是要恢复 Web 最初的承诺，将混乱复杂的网页创作现状简单化。

XML 的语法类似 HTML，都是用标签来描述数据。HTML 的标签是固定的，只能使用，不能修改；XML 则不同，它没有预先定义好的标签可以使用，而是依据设计上的需要，自行定义标签。所以用 XML 来建立数据，再由 HTML 来显示，将是设计网页的新方向。

(1)XML 文档基本结构。

XML 文档就是用 XML 标记写的 XML 源代码文件，可以使用记事本创建和修改文档。XML 文档的后缀名为 xml，用 IE 5.0 以上版本的浏览器可以直接打开 XML 文件，但所看到的只是 XML 文件的源代码，而不会显示页面内容。

(2)XML 语法规则。

XML 文档 HTML 文档类似，用标识来标识内容。创建 XML 文档必须遵循下面一些原则。

1)必须有 XML 声明语句。

声明一般是 XML 文档的第一句，作用是告诉浏览器或者其他处理程序：当前文档是 XML 文档。其格式如下：

<?xml version="1.0" encoding="UTF-8" standalone="yes/no"? >

声明最多可以包含 3 个属性：version 是使用的 XML 版本，目前该值必须是 1.0；encoding 是该文档所使用的字符集，默认值是“UTF-8”，如果要想使用中文字符集，可以指定 encoding 的值为“GB2312”；standalone 可以指定该 XML 文件是否需要调用外部文件，默认值为“no”，如果不需要调用外部文件则值为“yes”。

2)XML 元素必须区分大小写。

XML 元素是区分大小写的。在 HTML 中，<h1>和<H1>是相同的；而在 XML 中，它们是不同的。例如，以下代码就是非法的 XML 代码：

<h1>这是一级标题文字</H1>

3)属性值必须使用引号。

与 HTML 一样，XML 元素同样也可以拥有属性。在 HTML 代码里面，属性值可以加引号，也可以不加引号。而在 XML 中元素的属性以名字/值成对的出现。XML 语法规范要求 XML 元素属性值必须用引号，否则将被视为错误。

4)所有的标记必须有相应的结束标记。

在 HTML 文档中，一些元素可以是没有结束标记的，例如，<p>This is a paragraph。而在 XML 中规定，所有的标记必须成对出现，有一个开始标记，就必须有一个结束标记，否则将被视为错误。

5)所有的空标记必须被关闭。

空标记就是在标记对之间没有内容的标记。例如，
、<img>等标记。在 XML 中，规定所有的标记必须有结束标记，针对空标记，在 XML 中处理的方法是在原标记最后加“/”。例如，
应写为
<img src="cool.gif">或写为<img src="cool.gif"/>。

6)所有的 XML 元素必须合理包含。

在 HTML 中,允许有一些不正确的包含,例如,下面的代码可以被浏览器解析:<b><i> really love</b></i>,在 XML 中所有元素必须正确的嵌套包含,上面的代码应该写成:<b><i> really love </i></b>。

7)XML 中的空白将被保留。

在 XML 文档中,空白部分不会被解析器自动删除。这一点与 HTML 是不同的。在 HTML 中,这样的一句话:"Hello my name is Michael"将会被显示成:"Hello my name is Michael",因为 HTML 解析器会自动把句子中的空白部分去掉。

8)XML 文档中的注释。

XML 注释与 HTML 一样,它可以出现在文档的任何位置,并且以<! --开始,以-->结束。注意,注释中不能出现字符串"--",另外,不允许注释以-->结尾。

(3)XML 的三要素。

XML 主要有 3 个要素,即文档定义(DTD/XML Schema)、XSL 和 Xlink。文档定义描述了 XML 文件的逻辑结构,定义了 XML 文件中的元素、元素的属性以及元素的属性之间的关系,它可以帮助 XML 的分析程序校验 XML 文件标记的合法性;XSL 是用于规定 XML 文档样式的语言,它能在客户端使 Web 浏览器改变文档的表现形式,从而不再需要与服务器进行交互通信;Xlink 允许链接 XML 文件,它允许多个链接目标以及其他先进的特性,而且较 HTML 的链接机制有更强大的功能。

1)DTD 与 XML Schema。

XML 提供了数据定义机制,目前存在两种方式:DTD 和 Schema。XML 语言必须有严格的规范。在特定的应用中,数据本身有语义、数据类型、数据关联的限制。微软的 Schema 成为现今的 W3C 定义的 Schema 的原型。但是 W3C 发展了一套不同于 DTD 方法来定义的 XML 数据类型,并给出自己的定义。

Schema 相对于 DTD 的明显好处是 XML Schema 文档本身也是 XML 文档,而不是像 DTD 一样使用特殊格式。这大大方便了用户和开发者,因为他们可以使用相同的工具来处理 XML Schema 和其他 XML 信息,而不必专门为 Schema 使用特殊的工具。

Schema 是一种描述信息结构的模型,它是借用数据库中的一种描述相关表格内容的机制,为一类文件建立了一个模式。这个模式规范了文件中标签和文本可能的组合形式。

当人们判断地址合法性时,实际上是经过一个 Schema 检查。检查过程是一个邮政地址包括:一个人名和一个公司或组织名、一行或多行地址、一个城市名、一个省区名、一个邮政编码,另外再加上一个国家名。依照这个标准,上面的邮政地址是合法的。在 Schema 中规范内容模式限制和数据类型限制:前者用来规定文件中元素的顺序,后者用来限制数据单元的合法性。

2)XSL。

XSL(Extensible Stylesheet Language)可扩展样式语言,是用于将 XML 数据翻译为 HTML 或其他格式的语言。XSL 本身也是基于 XML 的,可以解释数量不限的标记,使 Web 的版面更丰富多彩,是设计 XML 文档显示样式的主要文件类型。

XSL 实际上包括两个部分,即一部分是 XSLT(XSL Transformation),它能将 XML 文件转换成另一种格式,转换后的文件会另存为一个新文件,不会更改原有的 XML 文件;另一部分是 XSLFO(XSL Formatting Objects),它提供大量的格式指令,可以精确设置屏幕显示格式或打印格式。在下文中，XSL 均指 XSLT。

在整个 XSL 的发展过程中，XSLT 已经被完全独立出来，它是目前国际万维网联盟（The World Wide Web Consortium，W3C）推荐使用的标准。XSLT 可以将 XML 文件转换成其他格式的文件，最常见转换有以下几种。

①XML→HTML：大部分 Web 浏览器都支持 HTML，但并不是所有的浏览器都支持 XML，如果想要让所建立的 XML 文件能被更多的人查阅，可以将 XML 转换成 HTML，这样就不必再以 HTML 格式重新建立原来的数据。

②XML→XML：将 XML 文件转换成其他的 XML 文件，这是很有商业价值的。XML 允许用户自行定义标记，因此，不同公司在表示数据时，可能使用不同的标记，这时可以通过 XSLT 将一个公司的 XML 文件，转换成另一个公司能解读的 XML 文件。

③XSL→XSL：由于 XSL 本身就是一个良好的 XML 文件，所以 XSL 转换成 XSL，可以视为 XML 转换成 XML 的特例。就用途而言，可以将一个现有的 XSL 样式表转换成另一种格式的样式表，这样就可以使 XML 文件以不同的面貌显示。

XSLT 主要的用途就是将 XML 文档转换成 HTML 格式的文件，然后再交付给浏览器，由浏览器显示转换的结果，要对 XML 文件做转换需要 XSL 处理器，整个 XSLT 工作流程如图 10-9 所示。

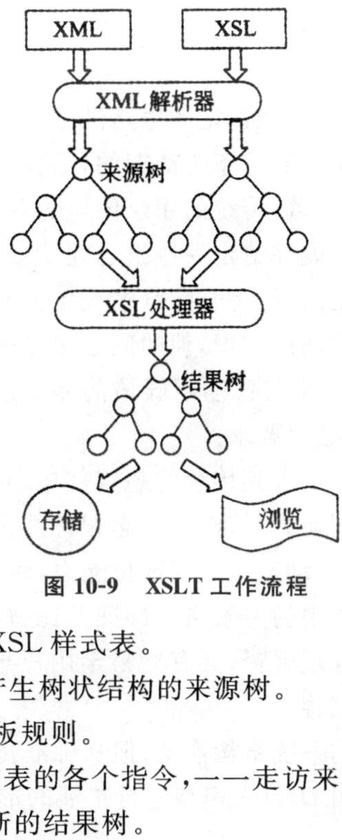

图 10-9　XSLT 工作流程

1）读取 XML 文件和对应的 XSL 样式表。

2）经过 XML 解析器解析后产生树状结构的来源树。

3）XSL 处理器读取所有的样板规则。

4）XSL 处理器依据 XSL 样式表的各个指令，一一走访来源树的各个节点，将符合条件的节点，依照 XSL 样式表的设置产生新的结果树。

5）结果树可以在浏览器中显示，或是存储成新的文件。

除了上述的转换外，XSLT 也可以将原有的 XML 数据重新排序，或是将现有的数据重新以表格显示等功能。

3)Xlink。

Xlink(Extensible Linking Language)可扩展的链接语言，它是说明如何在网络上做到标识、定址和链接的规范。它扩展了HTML链接的功能，可以支持更加复杂的链接。通过Xlink，不仅可以在XML文件之间建立链接，而且可以建立其他类型数据之间的链接。Xlink还为文件内部定位提供了全新的方式，允许链接的建立者利用文件结构指定文件内部资源片断。

Xlink有一重要功能就是建立topicmaps，这是一种依据metadata连接到各种不同网络资源的方式。topicmaps允许不同的资料有外在的注释。因此，可以说topicmaps是有结构性的metadata，而依据各特性关联主题，可以链接到不同的网络资源。

Xlink定义了几种常用的链接形式：Simple、Extended、Group和Document。其中，Simple的用法比较接近在HTML内的a标志的用法；Extended的用法包含arc和locator的元素，并允许各种种类的扩充链接；Group和Document的用法，是让群组链接到一些特别的文件。

10.2.4 智能超媒体系统

1. 智能超媒体概述

智能超媒体(Intelligent Hypermedia)或专家超媒体(Expertext)是Rada和Barlow在1989年最早提出的，他们将具有专家系统特点的超媒体定义为智能超媒体。Expertext这个新术语就是由Expert利Hypetext这两个词组合而成。

由于传统的超媒体文献内部及文献之间的链在系统创作过程中就由作者定义好了，用户在使用系统时，只能按照作者在创作时已经选定的思路浏览文献，而不能根据应用的具体需要动态地确定目标，因此，传统超媒体系统中的链不是动态的，不具有推理和计算“智能”。

例如，如果用户正在浏览医学专著，传统的超媒体化的专著可以对每一个病症都给出相应的解释，以及解释的解释，但是它却不能在给定一些组合症状条件下得到相应的解释，因为传统超媒体在设计时节点之间的链是固定的，而组合症状情况下要想确定链的方向，就必须经过计算。如果是学生在通过超媒体学习这些病症知识，他的问题也会千变万化的，因此，用固定链结构很难体现这些变化。这就是传统超媒体与智能超媒体的差别所在——即能否进行智能计算。因此，超媒体的智能化是应用发展的必然要求。

智能超媒体将专家系统的特征引入到传统的超媒体中，可以说这是一个理想的结合。一方面超媒体的节点虽具有丰富的表现能力，但链的动态跟踪能力还很弱，容易迷航，专家系统特征的引入，不仅使链具有计算与推理等动态跟踪与定位能力，而且使节点中的多媒体信息能够智能化地表现给用户；另一方面，超媒体中的专家系统特征又比普通的专家系统高一个层次，因为它能够利用丰富的多媒体信息增强推理解释，具有更易于用户理解的知识交互界面。智能化使得超媒体的节点和链都更加丰富与完善。

智能超媒体目前还没有标准的系统结构模型，但从标准化意义上讲，它具有与一般超媒体系统相似的系统体系结构，例如，采用Dexter模型进行扩展的形式。但对节点、链等元素要进行适当的扩充。

2. 智能超媒体的节点和链

节点和链是构成超媒体的核心，智能超媒体扩展了普通超媒体节点和链的类型，以适应于链的计算和推理，以及多媒体信息的智能化表现。前面已经介绍了超媒体节点和链的基本功能和分类，这里重点介绍与智能超媒体有关的推理类节点和相应的链。

推理类节点是辅助链进行推理与计算的节点，它包括对象节点和规则节点两类。对象节点用于描述对象，由槽、继承链和嵌入过程组成。对象节点同 Is-a 链连接起来用于表现知识的结构；规则节点用于保存规则，并指明满足规则的对象、判定规则的使用与否、解释规则（当自规则使用时）等。

链定义了超媒体的结构，提供了浏览、查询节点的能力，因此，链是超媒体的灵魂。智能超媒体的链要能计算与推理，故此它除了定义基本结构型链以外，还定义了组织型和推理型链。下面主要介绍一些与智能化操作有关的链型。

1）Is-a 链：这种链与语义网中的 Is-a 链类似，它用于指明对象节点中的某类成员。

2）Has-a 链：这种链用于描述节点具有的属性。

3）蕴含链：这种链用于连接推理树中的事实，它相当于正在触发或已经触发的规则。

在语义丰富的智能超媒体中，推理型链的含义是由谓词定义的。可以通过逻辑编程来增强超媒体嵌入谓词的能力。这样链可以实时地在逻辑运行当中建立，因此，推理型链是一种虚链或称之实时链。

3. 智能超媒体的推理模型

有了组织和推理型节点与链，超媒体在确定的推理模型上就能协助推理，进行各种运算。目前较为适合智能超媒体的推理型为语义网模型和流控模型。

（1）语义网模型。

语义网与超媒体的结构是十分相似的，它也是由节点和链组成的。但它的节点是一种概念或知识的描述，链则是表示节点之间的逻辑关系。它通过沿层次链的继承性或主动扩散进行推理，其中最简单的形式就是主动扩散，即从两个节点开始，向与这两个节点相连的各方向节点扩散，被扩散的节点再向其他节点扩散，围绕两个起始节点源形成一个扩散范围。当某些概念从两个方向被同时扩散时，就能得出一个结论。

在智能超媒体中，推理节点与链构成的网络就可看成是一个语义网络，同样可采用主动扩散进行推理和计算。

（2）流控模型。

流控模型是一种由固定点和转移链组成的图表式模型，用○表示固定点，用→表示转移链，如图 10-10 所示。

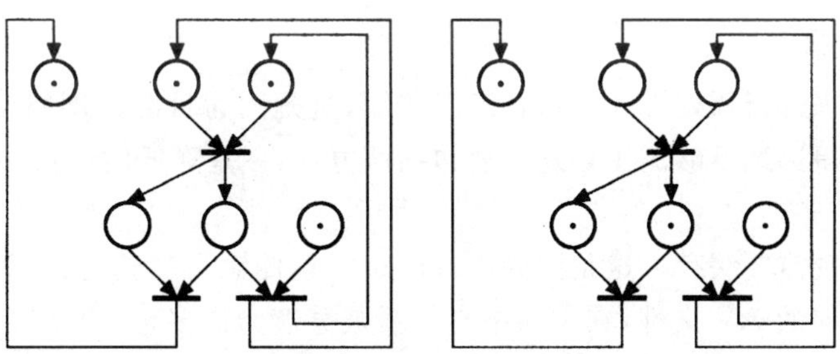

图 10-10　流控模型出发前后

当固定点满足条件时，可在其中央加小圆点标记，转移链传递圆点标记，但对于有若干输入转移链的固定点，只有当所有输入转移链均传递了圆点标记时，该固定点才可加小圆点标记，表明条件满足，称这一过程为点火。图 10-10 的两个图就是点火前后固定点的标记情况。

用流控模型可以构造智能超媒体的推理模型，并能控制浏览过程：将超媒体的节点表示为固定点；将推理链表示为转移链。

10.3 流媒体技术

10.3.1 流媒体技术概述

1. 流媒体的概念

目前，流媒体尚无一个公认的精确定义，简单而言，流媒体就是指“流化”(Streaming)过的媒体。“流化”是相对于传统的从 Internet 上获取音频和视频等连续媒体数据的“下载—回放”方式而言的一种新的获取多媒体数据流的方式。这种方式支持多媒体数据流实时传输和实时播放，即服务器(Server)端向客户机(Client)发送稳定的和连续的多媒体数据流，客户机则一边接收数据，一边以一个稳定的流回放(将数据转换为视频显示和音频播放)，而不是等数据完全下载后再播放，而且边播放边丢弃数据包。这种对多媒体文件边下载边播放的流式传输方式具有以下优点。

(1)低启动延迟。

用户不用等待所有内容下载到硬盘上才开始浏览，通常来说，当用户发出点播请求后，只需等待几秒钟的缓冲延迟即可开始观看，而且在播放过程中一般不会出现断续的情况，另外，全屏播放对播放速度几乎无影响，但快进、快倒时需要时间等待。

(2)对客户系统缓存容量的需求较低。

由于 Internet 是以包传输为基础进行断续的异步传输，数据被分解为许多包进行传输，动态变化的网络使各个包可能选择不同的路由，故到达用户计算机的时间延迟也就不同。所以，在客户端需要缓存系统来弥补延迟、抖动的影响和保证数据包传输顺序的正确，从而使媒体数据能连续输出，不会因网络暂时拥堵而使播放出现停顿。虽然流式传输仍需要缓存，但由于不需要把所有的动画、视/音频内容都下载到缓存中，因此，对缓存的要求降低。

(3)流式传输的实现有特定的实时传输协议。

采用 RTSP 等实时传输协议，更加适合动画、音视频在网上的流式实时传输。

2. 流媒体技术原理

多媒体数据必须进行预处理才能适合流式传输，这是因为目前的网络带宽对多媒体巨大的数据流量来说还显得远远不够。预处理主要包括两方面：一是降低质量；二是采用先进高效的压缩算法。

流式传输的实现需要缓存。这是因为 Internet 以包传输为基础进行断续的异步传输，对一个实时 AV 源或存储的 AV 文件，在传输中它们要被分解为许多包，由于网络是动态变化的，各个包选择的路由可能不尽相同，故到达客户端的时间延迟也就不等，甚至先发的数据包还有可能后到。为此，使用缓存系统来弥补延迟和抖动的影响，并保证数据包的顺序正确，从而使媒体数据能连续输出，而不会因为网络暂时拥塞使播放出现停顿。通常高速缓存所需容量并不大，这是因为高速缓存使用环形链表结构来存储数据：通过丢弃已经播放的内容，“流”可以重新利用空出的高速缓存空间来缓存后续尚未播放的内容。

流式传输的实现需要合适的传输协议，WWW 技术是以 HTTP 协议为基础的，而 HTTP 又建立在 TCP 协议基础之上。由于 TCP 需要较多的开销，因此，不太适合传输实时数据。在流式传输的实现方案中，一般采用 HTTP/TCP 来传输控制信息，而用 RTP/UDP 来传输实时音频数据。

流式传输的过程为：用户选择某一流媒体服务后，Web 浏览器与 Web 服务器之间使用 HTTP/TCP 交换控制信息，以便把需要传输的实时数据从原始信息中检索出来；然后客户机上的 Web 浏览器启动 A/VHelper 程序，使用 HTTP 从 Web 服务器检索相关参数对 Helper 程序初始化。这些参数可能包括目录信息、A/V 数据的编码类型或与 A/V 检索相关的服务器地址。

需要说明的是，在流式传输中，使用 RTP/UDP 和 RTSP/TCP 两种不同的通信协议与 AV 服务器建立联系，是为了能够把服务器的输出重定向到一个不同于运行 A/VHelper 程序所在的客户机的目的地址。实现流式传输一般都需要专用服务器和播放器，其基本原理如图 10-11 所示。

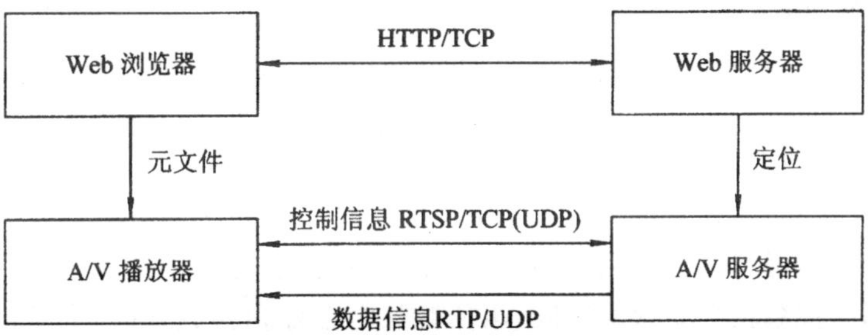

图 10-11　流式传输的基本原理

实现流式传输有两种方法，即实时流式传输（Realtime Streaming）和顺序流式传输（Progressive Streaming）。一般说来，如视频为实时广播，或使用流式传输媒体服务器，或应用如 RTSP 的实时协议，即为实时流式传输。如使用 HTTP 服务器，文件即通过顺序流发送。采用哪种传输方法依赖用户的需求。当然，流式文件也支持在播放前完全下载到硬盘。

(1)实时流式传输。

实时流式传输指保证媒体信号带宽与网络连接相配匹，使媒体可被实时观看。实时流式传输与 HTTP 流式传输不同，它需要专用的流媒体服务器与传输协议。

实时流式传输必须配匹连接带宽，这意味着在以调制解调器速度连接时图像质量较差。而且，由于出错丢失的信息被忽略掉，因而网络拥挤或出现问题时视频质量很差（此时顺序流式传输也许更好）。实时流式传输总是实时传送的，特别适合现场事件，也支持随机访问，用户可快进或后退以观看前面或后面的内容。理论上，实时流一经播放就不可停止，但实际上，可能发生周期性的暂停。

实时流式传输需要特定服务器，如 QuickTime Streaming Server、RealServer 与 Windows Media Server。这些服务器允许终端对媒体发送进行更多级别的控制，因而系统设置、管理比标准 HTTP 服务器更复杂。实时流式传输还需要特殊的网络协议，如 RTSP（Realtime Streaming Protocol）或 MMS（Microsoft Media Server）。这些协议在有防火墙的系统应用中有时会出现问题。

(2)顺序流式传输。

顺序流式传输是顺序下载,即用户可在下载文件的同时观看在线媒体。但在给定时刻,用户只能观看已下载的那部分,而不能跳到还未下载的前头部分。顺序流式传输不能在传输期间根据用户连接的速度做调整。由于标准的 HTTP 服务器可发送这种形式的文件,也不需要其他特殊协议,它经常被称作 HTTP 流式传输。

顺序流式传输比较适合高质量的短片段,如片头、片尾和广告,由于该文件在播放前观看的部分是无损下载的,这种方法保证了电影播放的最终质量。这意味着用户在观看前,必须经历延迟,对较慢的连接尤其如此。

通过调制解调器发布短片段,顺序流式传输显得很实用,它允许用比调制解调器更高的数据速率创建视频片段。尽管有延迟,但毕竟可让用户发布较高质量的视频片段。

顺序流式文件放在标准 HTTP 或 FTP 服务器上,易于管理,基本上与防火墙无关。顺序流式传输不适合长片段和有随机访问要求的视频,例如,讲座、演说与演示。它也不支持现场广播,严格说来,它是一种点播技术。

3. 流媒体的播放方式

流媒体具有以下 3 种播放方式,即单播、组播、点播与广播。

(1)单播。

在客户端与媒体服务器之间需要建立一个单独的数据通道,从一台服务器送出的每个数据包只能传送给一个客户机,这种传送方式称为单播。每个用户必须分别对媒体服务器发送单独的查询,而媒体服务器必须向每个用户发送所申请的数据包拷贝。这种巨大冗余首先给服务器造成沉重的负担,响应数据需要很长时间,服务器甚至会停止播放;管理人员也被迫购买硬件和带宽来保证一定的服务质量。

(2)组播。

媒体服务器只需发送一条媒体流,之后通过组播转发树再复制并转发该媒体流,使网络中的所有客户端共享同一条流,这种播放方式称为组播。可见,组播的好处是减少了网络上传输的媒体流的数量,从而节省了网络带宽。

(3)点播与广播。

点播是指客户端主动与服务器取得联系,要求服务器传送他指定的媒体流。点播连接时,用户可以对流进行开始、暂停、后退等 VCR 操作,实现了对流的最大控制。由于点播最终传送的是单播流,因此,当点播的用户数不断增加时,网络带宽会迅速消耗殆尽。

广播指的是用户被动接收流。在广播过程中,客户端接收流,但不能控制流。例如,用户不能暂停、快进或后退该流。广播方式中数据包的单独一个拷贝将发送给网络上的所有用户。

使用单播发送时,需要将数据包复制多个拷贝,以多个点对点的方式分别发送给那些需要的用户;而使用广播方式发送,数据包的单独一个拷贝将发送给网络上所有的用户,而不管用户是否需要。这两种传输方式都会非常浪费网络带宽。组播吸收了上述两种发送方式的长处,克服了上述两种发送方式的弱点,将数据包的单独一个拷贝发送给需要的那些客户。组播不会复制数据包的多个拷贝传输到网络上,也不会将数据包发送给那些不需要它的客户,保证了网络上的多媒体应用占用网络最小的带宽。

4. 流媒体的系统组成

流媒体系统包括音/视频源的编码/压缩、存储、流媒体服务器、媒体流传输网络、用户端播放器 5 个部分。原始音/视频流经过编码和压缩后，形成流媒体文件并存储，媒体服务器根据用户的请求把流媒体文件传递到用户端的媒体播放器。这 5 个部分有些是网站需要的，有些是客户端需要的，而且不同的流媒体标准和不同公司的解决方案会在某些方面有所不同。

一个流媒体系统应至少包括以下三个组件。

(1)编码器(Encoder)。

编码器是用于将原始音视频转换成流媒体格式的软件或硬件。流媒体在传输之前，必须对要传送的多媒体数据进行预处理，将多媒体文件经过压缩编码，处理成流媒体文件格式，这种格式的文件尺寸较小，并且加入了流式信息，适合在网络上边下载边播放。流式文件的压缩编码过程如图 10-12 所示。常用的流媒体文件格式有 *.wma、*.wmv、*.avi、*.rm、*.mp3、*.mov等。

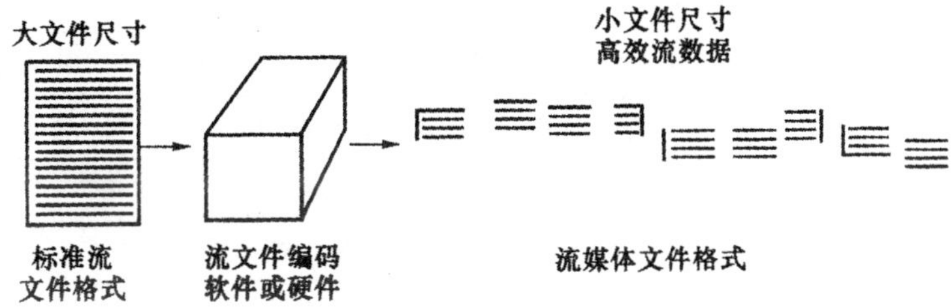

图 10-12　流媒体格式文件的压缩编码过程

(2)媒体服务器(Media Server)。

媒体服务器是流媒体系统的核心，其性能直接决定流媒体系统的总体性能。媒体服务器用来存放编码器编码后的流媒体文件，在和用户进行通信时，媒体服务器负责将编码数据封装成数据包发送到网络中。每次从流媒体文件中获取一帧数据，然后分成几个数据包，并将时间戳和序列号添加到包头，属于同一帧的数据包具有相同的时间戳。一旦到达数据包所应播放的时间后，媒体服务器便将这一帧的音视频数据包发送出去，然后再读取下一帧数据。

(3)播放器(Player)。

播放器是客户端用来收看(听)流媒体的软件。位于客户端的播放器实际上就是一个解码器，它能够解码收到的流媒体文件。此外，播放器还通过与媒体服务器的相互通信来提供对流的交互式操作。

不仅如此，要实现流媒体的传输，客户端需要缓冲系统来缓存流数据。流媒体文件通过 IP 网络传输时，最终是以一个个 IP 分组的形式传送的。IP 分组在传输时是各自独立的，因此，会根据路由选择协议动态地选择不同的路由到达客户端，导致客户端接收到的分组延时不同，次序被打乱。因此，需要缓冲系统将 IP 分组按正确的顺序进行整理，保证媒体数据的顺序输出。并且，当网络出现暂时拥塞使得数据分组延误到达时，由于缓冲区事先缓存了一定数量的数据，因此，节目不会中断，从而保证了播放的连续性。缓冲区采用环形链表结构存储数据，该结构能使已经播放完的数据随即被丢弃，空出的缓冲区空间再重新被利用来缓存后续的媒体内容。

除了以上这三个组件之外，通常为了用户操作的简单和直观，流媒体系统还采用 Web 服务器向用户提供流媒体节目的目录信息，用户可以通过自己的 Web 浏览器获得这个目录信息，从而定位节目所在的媒体服务器的位置，之后与媒体服务器建立联系。

5. 流媒体的文件格式

流媒体文件是流媒体系统处理的主要内容，任何要发布的内容都经常是以文件的形式存储和传送，即使是直播方式也要经过压缩，按照一定的格式传送给用户。用户检索媒体文件往往并不是直接获取文件，而是经过一个中间文件（媒体发布文件）。根据这些媒体发布文件的不同用途，将它们分为压缩媒体文件格式、媒体流格式、媒体发布格式。

（1）流式文件格式。

流式文件经过特殊编码，适合在IP网络上边下载边播放，而不是等到下载完整个文件后才能播放。在网上可以以流的方式播放标准媒体文件，但效率不高。将压缩媒体文件编码成流式文件，必须加入一些附加信息，如计时、压缩和版权信息。表10-2列举了常用的流式文件类型。

表10-2　常用的流式文件类型

文件格式扩展名	媒体类型与名称
.asf	Advanced Streaming Format(Microsoft)
.rn	Real Video/Audio File(Progressive Networks)
.ra	Real Audio File(Progressive Networks)
.rp	Real Pix File(Progressive Networks)
.rt	Real Text File(Progressive Networks)
.swf	Shock Wave Flash(Macromedia)
.viv	Vivo Movie File(Vivo Software)

（2）媒体发布格式。

媒体发布格式不是压缩格式，也不是传输协议。其本身并不描述视听数据，也不提供编码方法，它是视听数据安排的唯一途径，物理数据无关紧要，只需知道数据类型和安排方式即可。以特定方式安排数据有助于流式多媒体的发展，因为我们希望有一个开放媒体发布格式为所有商业流式产品所应用，为应用不同压缩标准和媒体文件格式的媒体发布提供一个事实上的标准。

单个媒体发布格式应能包含不同类型媒体的所有信息，如计时、多个流同步、版权和所有人信息。实际视听数据可位于多个文件中，而由媒体发布文件包含的信息来控制流的播放。常用的媒体发布格式如表10-3所示。

表10-3　常用的媒体发布格式

媒体发布格式扩展名	媒体类型与名称
.asf	Advanced Streaming Format(Microsoft)
.smn	Synchronised Multimedia Integration Language
.ram	RAM File
.rpm	Embedded RAM File

（3）三种主要的流格式。

1）Real Networks公司的Real Media格式。

Real Networks公司的Real Media包括Real Audio、Real Video和Real Flash三类文件，其中Real Audio用来传输接近CD音质的音频数据，Real Video用来传输不间断的视频数据，Real

Flash 则是 Real Networks 公司与 Macromedia 公司新近联合推出的一种高压缩比的动画格式。Real Media 文件格式的引入，使得 Real System 可以通过各种网络传送高质量的多媒体内容。第三方开发者可以通过 Real Networks 公司提供的 SDK 将它们的媒体格式转换成 Real Media 文件格式。

.ra 格式是 Real Networks 公司所开发的一种新型流式音频 Real Audio 文件格式。.rm 格式则是流式视频 Real Video 文件格式，主要用来在低速率的网络上实时传输活动视频影像，可以根据网络数据传输速率的不同而采用不同的压缩比率，在数据传输过程中边下载边播放视频影像，从而实现影像数据的实时传送和播放。客户端通过 Real Player 播放器进行播放。

2）Microsoft 公司的 ASF 格式。

ASF 由 Microsoft 公司制定，是一个独立于编码方式的，在 Internet 上实时传播多媒体的技术标准。ASF 是一种数据格式，音频、视频、图像以及控制命令脚本等多媒体信息通过这种格式，以网络数据包的形式传输，实现流式多媒体内容发布。其中，在网络上传输的内容就称为 ASF 流。ASF 支持任意压缩/解压缩编码方式，并可以使用任何一种底层网络传输协议，具有很大的灵活性。

ASF 最大的优点就是体积小，因此，适合网络传输，使用微软公司的最新媒体播放器（Microsoft Windows Media Player）可以直接播放该格式的文件。用户可以将图形、声音和动画数据组合成一个 ASF 格式的文件，也可以将其他格式的视频和音频转换为 ASF 格式，而且用户还可以通过声卡和视频捕获卡将诸如麦克风、录像机等外设的数据保存为 ASF 格式。另外，ASF 格式的视频中可以带有命令代码，用户指定在到达视频或音频的某个时间后触发某个事件或操作。

现代的多媒体传输系统能够动态地调整以适应网络资源紧张的情况（如带宽不足）。多媒体内容的制作者能够指定流的优先级。随着可伸缩媒体类型的出现，流的优先级的安排变得复杂起来，因为在制作的时候很难决定各媒体流的顺序。ASF 允许内容制作者有效地表达他们的意见（有关媒体的优先级），甚至在可伸缩的媒体类型出现的情况下也可以。

3）Apple 公司的 QuickTime 的 QT 格式。

Apple 公司于 1991 年开始发布的 QuickTime 软件，是 Apple 公司面向专业视频编辑、Web 网站创建和 CD-ROM 内容制作领域开发的多媒体技术平台，QuickTime 软件几乎支持所有主流的个人计算平台和各种格式的静态图像文件、视频和动画格式，是数字媒体领域事实上的工业标准，是创建 3D 动画、实时效果、虚拟现实、音频、视频和其他数字流媒体的重要基础。

QuickTimeMovie 的 .QT 格式是 Apple 公司开发的一种音频、视频文件格式，用于保存音频和视频信息，具有先进的音频和视频功能，由包括 AppleMacOS，Microsoft Windows95/98/NT 在内的所有主流计算机操作系统支持。QuickTime 文件格式支持 25 位彩色，支持 RLC、JPEG 等领先的集成压缩技术，提供 150 多种视频效果。在 Windows 平台上播放 QuickTime 格式文件需要安装 QuickTimePlayer。

Apple 公司的 QuickTime 电影（Movie）文件现已成为数字媒体领域的工业标准。QuickTime 电影文件格式定义了存储数字媒体内容的标准方法，使用这种文件格式不仅可以存储单个的媒体内容（如视频帧或音频采样），而且能保存对该媒体作品的完整描述；QuickTime 文件格式被设计用来适应为与数字化媒体一同工作需要存储的各种数据。因为这种文件格式能用来描述几乎所有的媒体结构，所以它是应用程序间（不管运行平台如何）交换数据的理想格式。

QuickTime 文件格式中媒体描述和媒体数据是分开存储的,媒体描述或元数据(Meta Data)叫做电影(Movie),包含轨道数目、视频压缩格式和时间信息。同时 Movie 包含媒体数据存储区域的索引。媒体数据是所有的采样数据,如视频帧和音频采样,媒体数据可以与 QuickTime Movie 存储在同一个文件中,也可以在一个单独的文件或者在几个文件中。

10.3.2 流媒体传输协议

一般的数据传输采用的协议有 HTTP 或 FTP,这两种基于 TCP 可靠传输的协议可以完成普通数据在网络上的传输。对于实时音视频数据的传输业务,HTTP 或 FTP 虽然也能支持,但是却具有较大的局限性。首先,数据的实时性需求无法在传输中得到保证,更不能提供像现场直播这样的高实时性的业务。其次,无法支持快进、快退等功能。最后,无法实现实时加密,对数据版权的保护有限。

流式传输协议是为了在客户机和视频服务器之间进行通信而设计和标准化的。目前,互联网上用于多媒体数据流的技术协议有实时传输协议(RTP)、实时传输控制协议(RTCP)、实时流协议(RTSP)、资源预留协议(RSVP)等。根据它们的功能,网络上与流媒体相关的协议分为三类。

(1)网络层协议:网络层协议提供了基本的网络服务支持。IP 协议就是网络上流媒体使用的网络协议。

(2)传输协议:传输协议为流服务提供端对端的网络传输功能。TCP、UDP、RTP 和 RTCP 就是网络上流媒体使用的传输协议。

(3)程序控制协议:程序控制协议定义消息和程序。RTSP 就是一种程序控制协议。

1. 实时传输协议 RTP

RTP(Real-time Transport Protocol,实时传输协议)主要用于 Internet 上针对多媒体数据流的传输。它一般使用 UDP 协议来传送数据,最初是为"组播"传输情况而设计的,其主要目的是提供时间信息和保证流同步,不过现在也用于一对一的传输情况。RTP 协议主要完成对数据包进行编号、加盖时戳、丢包检查、安全与内容认证等工作。通过这些工作,应用程序会利用 RTP 协议的数据信息保证流数据的同步和实时传输。

RTP 协议最初是在 20 世纪 70 年代被提出来的,为了尝试传输声音文件,把包分成几部分用来传输语音、时间标志和队列号。经过一系列发展,RTP 第一版本在 1991 年 8 月由美国的一个实验室发布了,到 1996 年形成了标准的版本。很多著名的公司如 Netscape,就宣称"Netscape Live Media"是基于 RTP 协议的。Microsoft 也宣称他们的"NetMeeting"也是支持 RTP 协议的。

由于 Internet 是一个共享数据包的网络,数据包在 Internet 中传输时,可能会遇到不可预期的延迟和不稳定性这些问题。但是多媒体数据的传输恰恰需要精确的时间控制,以保证多媒体内容最终能够正常地回放。RTP 正是在这种需求下产生的协议,它在数据传输的时间上制定了特别的机制。下面具体讨论一下 RTP 协议是如何工作的。

(1)RTP 数据包。

RTP 数据包中包括 4 项基本内容,如图 10-13 所示。

图 10-13　RTP 数据包

RTP 数据包由固定包头(RTP Header)和有效载荷(RTP Payload)两部分组成。其中,固定包头又包括时间戳、顺序号、同步源标识、贡献源标识等;有效载荷类型就是传输的音频或视频等多媒体数据。

1)时间戳(Time Stamping):这是实时应用中的一个重要概念。发送端会在数据包中插入一个即时的时间标记,即“时间戳”。时间戳会随着时间的推移而增加。当数据包抵达接收端后,接收端根据时间戳重新建立原始音频或视频的时序,以此去除由网络引起的数据包的抖动。时间戳也可以用于同步多个不同的数据流,帮助接收方确定数据到达时间的一致性。

2)顺序号(Sequence Number,SN):由于 UDP 协议发送数据包时无时间顺序,因此,人们就使用“顺序号”对抵达的数据包进行重新排序。同时,接收端可以用“顺序号”来检查数据包是否丢失。

3)同步源标识(Synchroniration Source Identifier,SSRC):可以帮助接收端利用发送端生成的唯一数值来区分多个同时的数据流,得到数据的发送源。例如,在网络会议中通过同步源标识可以得知哪一个用户在讲话。

4)有效载荷类型(Payload Type,PT):对传输的音频、视频等数据类型给以说明,并说明数据的编码方式,从而让接收端知道如何破译和播放负载数据。RTP 可以支持 128 种不同的有效载荷类型。

对于声音流,这个域用来指示声音使用的编码类型,例如,PCM、ADPCM 或 LPC 等;如果发送端在会话或者广播的中途决定改变编码方法,发送端可以通过这个域来通知接收端。

对于电视流,这个域用来指示电视编码的类型,例如,motion JPEG, MPEG-1,MPEG-2 或 H. 231 等;发送端也可以在会话期间随时改变电视的编码方法。

需要注意的是,在任意给定时间的传输中,RTP 发送端只能传输一种类型的负载。

(2)RTP 固定包头。

RTP 固定包头的格式如图 10-14 所示。除了“CSRC”(贡献源标识)外,其他内容都会出现在每一个 RTP 固定包头中。

0~1	2	3	4~7	8	9~15	16~31
V	P	X	CC	M	PT	顺序号(Sequence Number, SN)
时间戳(Time Stamping)						
同步源标识(Synchronization Source Identifier, SSRC)						
贡献源标识(Contributing Source Identifier, CSRC)						

图 10-14　RTP 固定包头格式

1)V:RTP 协议的版本号,占 2 位。当前的协议版本号为 2。

2)P:填充标志,占 1 位,指明载荷区最后是否有填充数据。如果有填充数据,则载荷区的最后一字节中装载填充数据的长度。

3)X:扩展标志,占1位,如果X=1,则在RTP固定包头后跟有一个扩展报头。

4)CC:CSRC计数器,占4位,指示CSRC标识符的个数。

5)M:标记,占1位,标识连续码流中的某些特殊事件,标记的具体解释则在轮廓文件中定义。

6)PT:有效载荷类型,占7位,用于说明RTP固定包头中有效载荷的类型,接收端可以据此解释并播放RTP数据。

7)顺序号:占16位,用于标识发送者所发送的RTP报文的顺序号,每发送一个报文,顺序号增1。接收者通过顺序号来检测报文的丢失情况,重新排序报文,恢复数据。

8)时戳(Time Stamping):占32位,反映了该RTP固定包头的第一个字节的采样时刻。接收者使用时戳来计算延时和延时抖动,并进行同步控制。

9)同步源标识符(SSRC):占32位,用于标识同步源。该标识符是随机选择的,参加同一视频会议的两个同步源不能有相同的SSRC。

10)贡献源标识符(CSRC):每个CSRC标识符占32位,可以有0～15个,具体数目则由上面的CC字段给出。每个CSRC标识了包含在该RTP固定包头有效载荷中的所有贡献源。

(3)RTP协议的特点。

RTP传输协议有如下一些特点。

1)协议的灵活性。RTP不具备传输层协议的完整功能,其本身也不提供任何机制来保证实时的数据传输,不支持资源预留,也不保证服务质量。另外,RTP将部分运输层协议功能(如流量控制)上移到应用层完成,简化了运输层处理,提高了该层效率。

2)数据流和控制流分离。RTP的数据报文和控制报文使用相邻的不同端口,这样大大提高了协议的灵活性和处理的简单性。

3)协议的可扩展性和适用性。RTP通常为一个具体的应用来提供服务,通过一个具体的应用进程实现,而不作为OSI体系结构中单独的一层来实现。RTP只提供协议框架,开发者可以根据应用的具体要求进行充分的扩展。

2. 实时传输控制协议RTCP

RTCP(Real-time Transport Control Protocol,实时传输控制协议)和RTP一起提供流量控制和拥塞控制服务。在RTP会话期间,RTCP协议将控制包周期性地发送给所有连接者,各参与者周期性地传送RTCP包。RTCP包中含有已发送的数据包的数量、丢失的数据包的数量等统计资料,因此,服务器可以利用这些信息动态地改变传输速率,甚至改变有效载荷类型。RTP和RTCP配合使用,它们能以有效的反馈和最小的开销使传输效率最佳化,因而特别适合传送实时数据。

(1)传送控制信息的RTCP数据包。

在RFC 1889文档中定义了5种传送控制信息的RTCP数据包。这5种数据包如下。

1)SR(Sender Report,发送端报告):由活动的发送端产生。它包含发送端信息部分、媒体间的同步信息、数据包累计计算、发送的字节数等。

2)RR(Receiver Report,接收端报告):由非活动的发送端产生。主要是数据传输的接收质量反馈,包括接收的最大数据包数、丢失的数据包数、计算发送端和接收端的往返延迟等。

3)SDES(Source Description,源描述):包含源描述的信息。

4)BYE(Indicates end of Participation):表示结束参与。

5)APP(Application Specific Functions):应用特殊功能。

通过上述5种控制信息数据包,RTCP可以完成接收、分析、产生和发送控制报文的功能。

(2)RTCP可以实现的功能。

通过上述5种控制信息数据包,RTCP可以实现以下功能。

1)QoS监视和网络阻塞控制。这是RTCP最主要的功能,它向应用程序提供数据发布质量的反馈。这个控制信息无论对发送端、接收端,还是第三方监视都很有用。发送端可以根据接收端反馈的信息调整数据的发送,而接收端可以得到网络阻塞的情况。

2)源标识。在RTP数据包中,数据源的标识是一个随机产生的32位标识符,这一标识符对于应用者用处不大。而RTCP的SDES(源描述)数据包中则包含会话参与者的全球统一标识符。如果愿意的话,可以使用用户名、E-mail地址等信息。

3)调节信息的缩放。RTCP数据包在多个会话参与者之间周期性地发送,当参与者数量增加时,需要在得到最新的控制信息和限制控制通信之间调节。为了放大多点传送成员数,RTCP必须防止调节通信量占用全部的网络资源。RTP限制调解通信量最多能达到整体会话通信的5%,而RTCP加强了这一点。

3. 实时流协议RTSP

RTSP(Real Time Streaming Protocol,实时流协议)是由RealNetworks和Netscape共同提出的,该协议定义了一对多应用程序如何有效地通过IP网络传送多媒体数据。RTSP在体系结构上位于RTP和RTCP之上,它使用TCP或RTP完成数据传输。HTTP与RTSP相比,HTTP传送HTML,而RTP传送的是多媒体数据。HTTP请求由客户机发出,服务器作出响应;使用RTSP时,客户机和服务器都可以发出请求,即RTSP可以是双向的。

RTSP是应用级协议,控制实时数据的发送。RTSP提供了一个可扩展框架,使实时数据,如音频与视频的受控、点播成为可能。数据源包括现场数据与存储在剪辑中数据。该协议目的在于控制多个数据发送连接,为选择发送通道如UDP、组播UDP与TCP提供途径,并为选择基于RTP上的发送机制提供方法。

(1)RTSP提供的操作。

RTSP提供的操作主要有以下几种。

1)从媒体服务器上取得多媒体数据,客户端可以要求服务器建立会话并传送被请求的数据。

2)要求媒体服务器加入会议,并回放或录制媒体。

3)向已经存在的表达中加入媒体。当任何附加的媒体变为可用时,客户端和服务器之间要互相通报。

(2)RTSP协议的特点。

RTSP协议具有以下几个特点。

1)扩展性好:新方法和参数很容易加入RTSP。

2)易解析和安全:RTSP可由HTTP或MIME解析器解析,并且使用网页安全机制。

3)不需要特定传输协议:RTSP可以使用数据报协议UDP、RTP等。

4)多服务器支持:每个流可放在不同服务器上,用户端自动与不同服务器建立几个并发控制连接,在传输层执行媒体同步。

5)记录设备控制:协议可控制记录和设备。

4. 资源预留协议 RSVP

RSVP(Resource Reservation Protocol,资源预留协议)原本是为网络会议应用而开发的,后被互联网工程任务组(IETF)的 Integrated Services 工作组集成到通用的资源预留解决方案中。RSVP 协议是施乐公司的 Palo Alto 研究中心、麻省理工学院(MIT)以及美国加州大学信息科学学院等研究机构共同的成果。1994 年 11 月提交到互联网工程指导组(IESG)请求提议标准,1997 年 9 月 RSVP Version 功能规范成了 Internet 标准。

(1)RSVP 协议的工作原理。

RSVP 协议是网络控制协议,它使 Internet 应用传输数据流时能够获得特殊服务质量(QoS)。RSVP 是非路由协议,它同路由协议协同工作,建立与路由协议计算出路由等价的动态访问列表。RSVP 协议属于 OSI 7 层协议栈中的传输层。RSVP 的组成元素有发送端、接收端和主机或路由器。发送端负责让接收端知道数据将要发送,以及需要什么样的 QoS;接收者负责发送一个通知到主机或路由器,这样它们就可以准备接收即将到来的数据;主机或路由器负责留出所有合适的资源。

RSVP 的工作原理大致是这样的:发送端首先向接收端发送一个 RSVP 信息,RSVP 信息同其他 IP 数据包一样通过各个路由器到达目的地。接收端在接收到发送端发送的信息之后。由接收端根据自身情况逆向发起资源预留请求,资源预留信息沿着与原来信息包相反的方向对沿途的路由器逐个进行资源预留。

在每个节点上能否建立预留需要进行判断,其判断是根据“Policy Control(策略控制)”和“Admission Control(接入控制)”两个条件决定的。策略控制主要用来判断该用户是否有建立预留的权限,而接入控制则用来判断是否有足够的资源满足该请求。RSVP 会逐个询问沿途的路由器检查这两个条件,如果其中任何一个条件不能满足,则 RSVP 程序会返回一个错误通知,应用无法进行。如果两个条件都满足,则 RSVP 会在“Packet Classifier(数据包分类器)”和“Packet Scheduler(数据包排程器)”中设定参数获得被请求的 QoS。同时,RSVP 也会与路由处理进行通信,决定传输预留请求的路径,如图 10-15 所示。

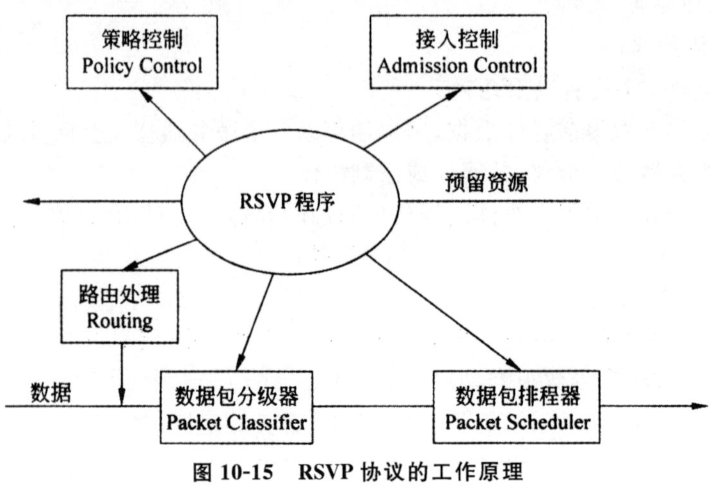

图 10-15 RSVP 协议的工作原理

发送端与接收端之间传递的 RSVP 信息分为两种类型,即一种是“Path”信息,另一种是“RESV”信息。“Path”类型的信息是从发送端到接收端的,这类信息中包含发送方模板描述(数据格式、源地址、源端口)和通信特征描述等信息,该信息被用于接收端查找发送端的路径以及决定预留什么资源。“Path”信息会在路由器上建立路径软状态,“Path”信息抵达接收端后,如果接收端希望产生一个资源路由,则会向发送端反向传递一个“RESV”信息。

“RESV”类型的信息是由接收端生成并向发送端传递的信息,包含“flow”和“filter”两个规范。“flow”参数用于数据包排程器中,其内容依服务而定,主要说明数据流所需的 QoS。“filter”规范指定哪些数据包被数据包分离器所使用,定义特定的流。依据“Path”信息在路由器上建立的路径软状态,“RSVP”信息会依次找回原来的发送端。在途中经过的路由器上,判断是否有可预留的资源,如果有就建立一个预留软状态,经过过滤合并,继续向上游转发。一旦“RESV”消息成功到达发送端,意味着一个端到端的资源预留被建立。

(2)RSVP 协议的特点。

RSVP 协议具有以下特点。

1)RSVP 可以在点对点传播和多点组播的网络通信应用中进行预留资源的申请,可以动态地调节资源的分配,以满足多点组播中组内成员的动态改变,与路由状态改变的特殊需求。

2)RSVP 比较简单,如它只为单向的数据流申请资源。

3)RSVP 是面向接收端的,由数据流的接收端进行资源申请,并负责维护该数据流所申请的资源。

4)RSVP 在路由器和主机端维持“软”状态,解决了组群内成员的动态改变和路由的动态改变所带来的问题。

5)RSVP 并不是一种路由协议,依赖于目前或将来出现的路由协议。

6)RSVP 本身并不处理流量控制和策略控制的参数,而仅把它们送往流量控制和策略控制模块。

7)RSVP 提供几种资源预留的模式供选择,以适应不同的应用需求。

8)RSVP 对不支持它的路由器提供透明的操作。

9)RSVP 支持 IPv4 和 IPv6。

10.3.3 常见的流媒体系统

1. Real System 系统

Real Networks 公司最新的网上流式视/音频解决方案叫 Real System IQ,Real System IQ 容易安装,在高低带宽均可提供良好的视音频质量,但价格较贵。作为流媒体领域的主导厂商,Real Networks 公司凭借其优秀的技术,占领了一多半的网上流式视/音频点播市场。

(1)Real System 系统组成。

Real System IQ 由服务器端流播放引擎(RealServer)、内容制作、客户端播放三个方面的软件组成。

1)制作端产品:RealProducer 有初级版和高级版两个版本。其作用是将普通格式的音频/视频或动画媒体文件,通过压缩转换为 RealServer 能进行流式传输的流格式文件,即是 RealSystem 的编码器。它能够提供两种编码格式选择:HTTP 和 Sure Stream,能充分利用 RealServer 服务器的服务能力。

2)服务器端产品:服务器端软件 RealServer 用于提供流式服务。主要有 Basic、Plus、Internet、Professional 几种版本。代理软件 RealSystem Proxy 提供专用的、安全的流媒体服务代理,能够使因特网服务商有效降低带宽需求。

3)客户端产品:客户端播放器 RealPlayer 分为 Basic 和 Plus 两种版本。RealPlayer 既能独立运行,也能作为插件在浏览器中运行。个人数字音乐控制中心 RealJukebox 能方便地将数字音乐以不同的格式在个人计算机中播放和管理。

(2)Real System 的通信过程。

RealServer 使用两种通道与客户端软件 RealPlayer 通信:一种是控制通道,用来传输诸如"暂停"、"向前"等命令,使用 TCP 协议;另一个是数据通道,用来传输实际的媒体数据,使用 UDP 协议。RealServer 主要使用两个协议来与客户端联系:RTSP(Real Time Streaming Protocol)和 PNA(Progressive Networks Audio),如图 10-16 所示。

图 10-16 RealServer 与 RealPlayer 之间的通信

在 Real System 中,通信过程可分为以下两个部分。

1)Encoder 与 RealServer 之间的通信:当 Encoder 需要向 RealServer 传输压缩好的数据时,通常使用 one-way(UDP)与 RealServer 通信。而一些防火墙通常禁止 UDP 数据包通过,因此,RealProducer 可以设置成使用 TCP 协议向服务器传输数据。

2)RealServer 与 RealPlayer 之间的通信:当用户在浏览器上点击一个指向媒体文件的链接时,RealPlayer 打开一个与 RealServer 的双路连接,通过这个连接与 RealServer 之间来回传输信息,一旦 RealServer 接受了客户端的请求,它将通过 UDP 协议传输客户请求的数据。

RealPlayer 的播放过程如图 10-17 所示,浏览器通过 HTTP 协议向 RealServer 服务器发出请求,在 URL 请求中包含激活 RAMGEN 的参数。指向被请求 SMIL 文件的 URL 引发 RAMGEN 自动产生一个包含 SMIL 文件位置的 RAM 文件,这个 RAM 文件将被传送给浏览器。RAM 文件的扩展名(.ram 或者 .rpm)将使得浏览器激活 RealPlayer 程序。

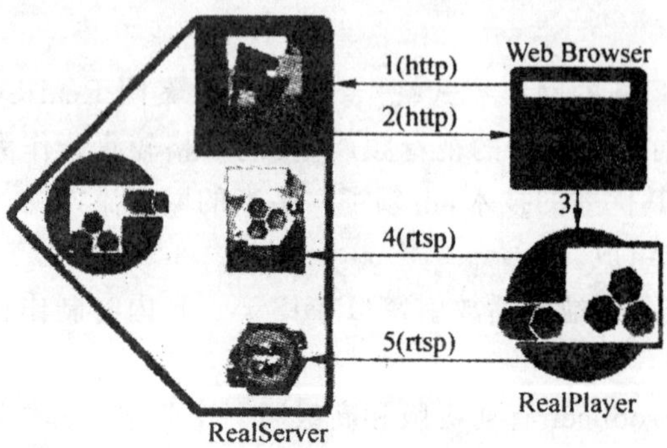

图 10-17 RealPlayer 的播放过程

图 10-17 示意的播放过程可以分为以下五步。

1)通过 HTTP 协议,Web Browser 向 RealServer 发出载入 SMIL 文件的请求,这时 SMIL 文件的 URL 地址中包含了 Ramgen 参数。

2)RealServer 同样通过 HTTP 协议回应 Web Browser。

3)RealServer 的回应使得 Web Browser 启动 RealPlayer 作为辅助播放程序,同时将 SMIL 文件的 URL 传递给 RealPlayer。

4)RealPlayer 通过 RTSP 协议向 RealServer 请求 SMIL 文件。

5)根据 SMIL 文件中的设定,RealPlayer 向 RealServer 发出请求并接收其通过 RTSP 协议"流"式传输过来的各个媒体文件的数据,同时开始播放。

RealNetworks 公司在 RealSystem 系统中率先实现了 RTSP 标准协议通信。RTSP 协议通信是一种有状态的通信,在语法及操作上均与 HTTP1.1 很相似,但仍有许多方面区别很大,如 RTSP 服务一般需要保持状态,而 HTTP 本质上是无状态的。对于 RTSP 通信,数据可以通过不同的协议进行传输(如 RDT 或 RTP)。目前,RealServer 通过标准的实时传输协议 RTP 和 Real 数据传输协议 RDT 两种数据包格式将流媒体数据发送到 RTSP 客户端。

1)标准 RTP 通信。RTSP 客户端在 UDP 上使用 RTP 协议与 RTSP 服务器通信时建立 3 个网络信道,如图 10-18 所示。全双工 TCP 连接用来进行控制、协商,单工 UDP 信道用来使用 RTP 包格式传送媒体数据。全双工 UDP 信道用来向客户端提供同步信息,将包丢失信息发送给服务器。

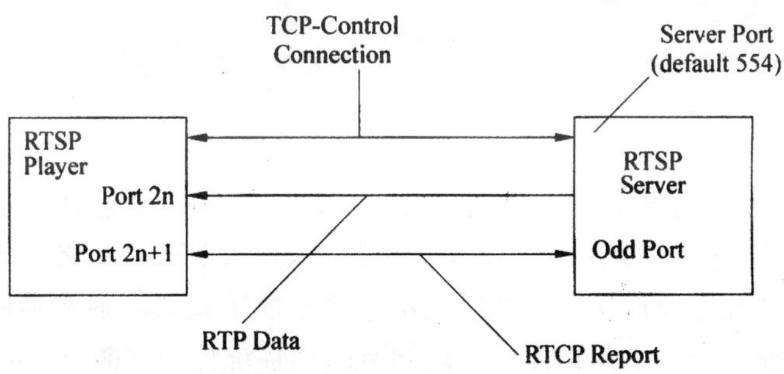

图 10-18　RTP 通信方式

2)RDT 通信。当数据使用 RDT 发送时,RTSP 客户端与 RTSP 服务器通信时建立 3 个网络信道,如图 10-19 所示。全双工 TCP 连接用来进行控制、协商,单工 UDP 信道用来使用 RTP 包格式传送媒体数据。另一条 UDP 信道是客户端用来向服务器请求重发送丢失的 UDP 媒体数据包。

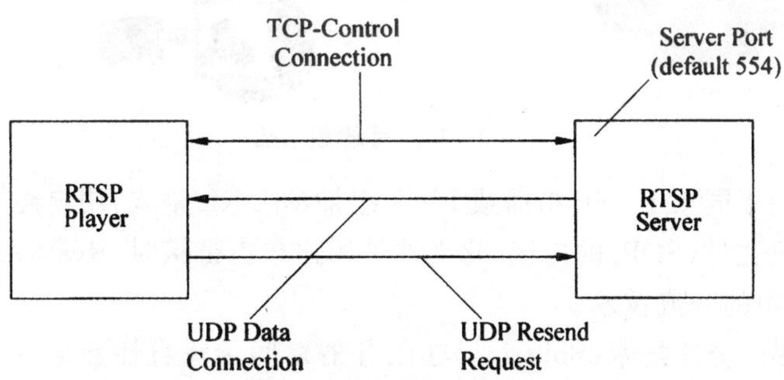

图 10-19　RDT 通信方式

(3)RealServer 中的组播。

RealServer 中的组播是将一个现场直播流同时传递给多个客户端,无需为每一客户的连接发送一个单独的数据流，客户端只需连接到该数据流，而不是连接到 RealServer 服务器，从而降低带宽的使用。为了利用组播技术所带来的优点，在 RealServer 与 RealPlayer 之间的所有设备（如路由器、交换机和其他网络设备）都必须支持组播技术。因此，组播通常用在 Intranet 环境中。

RealServer 中的组播有两种，即反向信道组播（Back-channel Multicast）和可伸缩组播（Scalable Multicast），这两种方法可同时使用。

1）反向信道组播。在客户端和服务器之间保持一个用于统计和控制信息交互的控制信道，如图 10-20 所示。由于客户端和 RealServer 之间的信息交换是双向的，从而能发送验证信息、服务质量和用户统计信息等。反向信道组播的访问可以使用 RTSP 或 PNA 协议，RTSP 组播比 PNA 组播多提供一项智能流功能，两者均能提供验证和连接统计功能。

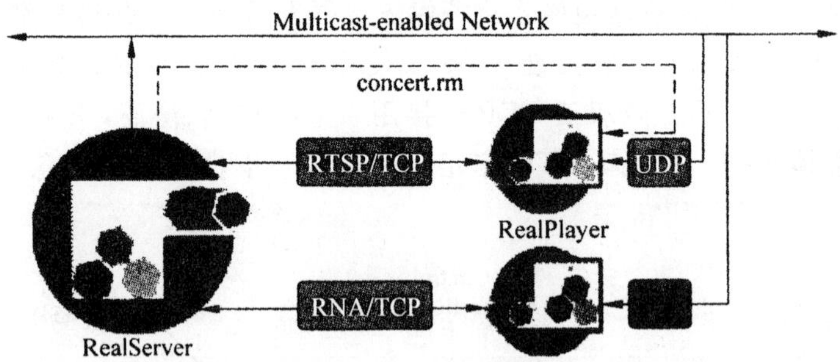

图 10-20　反向信道组播

2）可伸缩组播。与反向信道组播不同，它没有控制信道，所以这种方法占较少的带宽，RealServer 的系统资源使用也很少。由于没有控制信道，Java Monitor 之类的监视工具就不能跟踪用户的活动，用户统计也只能在组播结束或用户停止播出或关闭播放器时进行。由于传输是单向的，可伸缩组播能向无限的用户播放，提供验证、连接统计和智能流功能，如图 10-21 所示。

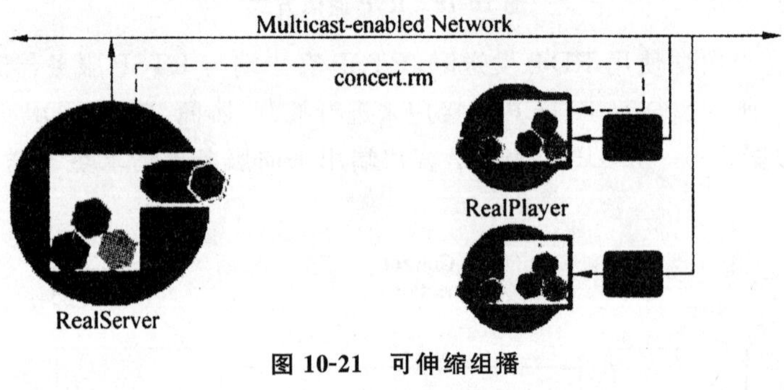

图 10-21　可伸缩组播

可伸缩组播使用不同于 RTSP 组播或 PNA 组播的 URL 格式，用户连接到可伸缩组播是通过单击会话描述协议文件（SDP）的连接，此文件是用户单击链接时，RealServer 自动产生的。

（4）RealServer 中的分流技术。

RealServer 中使用分流技术（Splitting）在服务器之间传输直播数据。Splitting 方法可以解决 RealServer 超负荷的问题，使得客户端可以就近访问 RealServer 服务器，获得更好的访问质量，并且减小带宽使用，服务更多用户。

Splitting 技术可以采用 UDP 单播、UDP 组播和 TCP 三种方式进行通信。通过分流，一个或者多个 RealServer 服务器加入到发送服务器(Transmitter)中,来分散 Transmitter 的流数量,而不是所有的请求都到达一个 RealServer 服务器。

如图 10-22 所示,实况内容源处的 RealServer 是发送服务器(Transmitter),它将实况播放给其他 RealServer 服务器接收,接收的 RealServer 服务器(Receiver)一般更靠近访问者。网页上的链接指向接收的 RealServer 服务器而不是发送服务器。当用户点击链接时,接收服务器识别出特定的 URL,然后把从发送服务器来的视频流转播给用户。

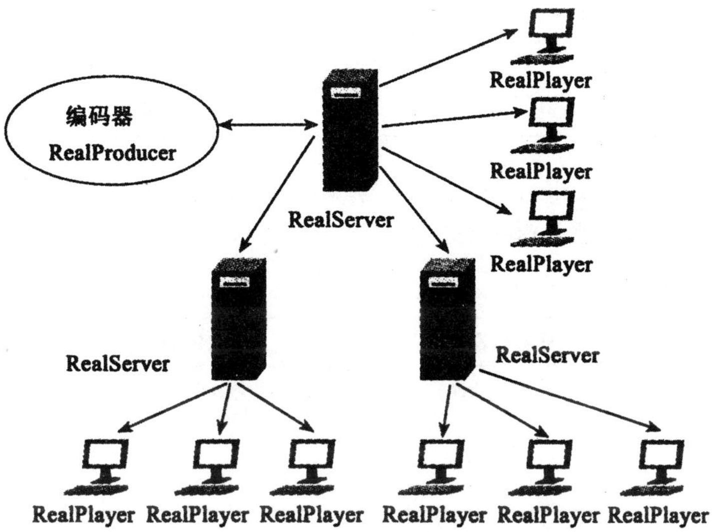

图 10-22　分流技术

当 Transmitter 开始播放实况流时,它将节目广播给所有的 Receiver。当用户从 Receiver 上请求一个播出节目时,Transmitter 和 Receiver 之间已经建立了一个连接,播出节目也就立即发送到用户。

Real System 8 中有以下两种分流方法,即推(Push)和拉(Pull)。

1)推模式:要求要预先建立一个连接,所以第一个客户端的连接不用等待。当等待 Listen 的过程中要占用带宽,如果有另一个客户端请求一个媒体文件时,由于 Transmitter 和 Receiver 之间的连接已经建立,因此可以立即传送媒体流,这是 RealSystem 8 的默认方式。

2)拉模式:不需要预先建立一个连接,当第一个连接建立后就要保持该连接,除非编码器停止编码。第一个请求的客户端必须等待 30 秒钟或更长来建立一个连接。一个连接请求将列出包含该媒体文件的 Transmitter 和 Receiver 之间的名字,当一个 Receiver 收到一个传送文件的请求时,将向 Transmitter 请求打开一个媒体流,RealServer 将媒体流发送给 Splitter,Splitter 再将媒体流发送给客户端。

(5)RealServer 的系统需求。

1)硬件平台与操作系统。支持的硬件平台与操作系统,如表 10-4 所示。

表 10-4　支持的硬件平台与操作系统

处理器	操作系统
Intel Pentium	Windows NT 4.0 or 2000 Workstation or Server Linux,glib c6,SCO,FreeBSD 3.0
Sun SPARC	S0laris 2.6,2.7,2.8
IBM RS/6000 PowerPC	AIX 4.3
HP PA-RISC2.0	HP-UX 11.x
R4000 running MIPS3 instruction	IRIX 6.5

2)内存需求。在原先 RealServer 占用的 64 MB 可用内存基础上,每 kb/s 数据流还要占用 12 kb/s 的内存。常见的算法的内存需求量如表 10-5 所示。

表 10-5　常见的算法的内存

数据流速率	每流所需内存	最大流数	总共内存需求
20 kb/s	240 kB	60	78.4 MB
80 kb/s	960 kB	100	160 MB
20 kb/s	240 kB	2000	544 MB

3)带宽需求。带宽需求用以下方法计算:每 kb/s 数据速率 X 最大流数,各种流量如表 10-6 所示。

表 10-6　带宽需求

数据流速率	最大流数	带宽需求	连接示例
20 kb/s	60	1.2 Mb/s	T1
60%20 kb/s,40%20 kb/s	100	4.4 Mb/s	Fractional T3
80 kb/s	100	8 Mb/s	10 Mb/s,Fractional T3
20 kb/s	2000	40 Mb/s	T3

4)存储需求。系统需要的存储空间大小需要依据用户的实际情况而定,对于互联网直播应用的情况,需要相对较小的存储空间,而对于 VOD 的应用情况则需要较大的存储空间。RealServer 本身大约需要 8 MB 的存储空间和另外的媒体数据流所需空间,其具体算法如下:

磁盘空间=数据流速率×所需时间÷8

对于自适应流式媒体文件的算法计算比较复杂,要求对每个嵌入式速率都进行运算,如表 10-7 所示。

表 10-7　存储需求

数据流速率	媒体所需时间	存储需求
20 kb/s(single rate)	180 s	450 kB
20 kb/s(SureStream) 20 kb/s rate 12 kb/s rate 8 kb/s rate	180 s	900 kB

5)WebServer 的要求。RealServer 与现在的大部分 WebServer 都是互相兼容的,并且支持 MIME 格式的建立。

2. Windows Media 系统

Microsoft 公司是较晚涉足流媒体技术这个市场的,但它利用其 Windows 操作系统的便利性,将它的流媒体产品——Windows Media 捆绑在 Windows 操作系统这个平台上,免费提供流媒体服务以及相应的播放器,从而很快占据了相当的市场份额。

(1)Windows Media 的系统结构。

Windows Media 的系统结构类似于 Real System,也是由三部分组成,包括 Windows Media Encoder、Windows MediaServer 和 Windows MediaPlayer。Encoder 用于将源音/视频数据转换成 Windows Media 使用的格式文件(*.asf、*.wma、*.wmv 等)并传送给 MediaServer;MediaServer 用于网络流媒体发布;MediaPlayer 位于客户端,用于音/视频数据的解码。

Windows Media 的核心是高级流格式(Advanced Streaming Format,ASF),它既是一个独立于编码方式的、支持在 IP 网上实时传播多媒体数据的公开技术标准,也是一种数据格式,即微软定义为同步媒体的统一容器文件格式。ASF 可以使用任何一种底层传输协议,支持任意的压缩/解压缩编码方式,其在网络上传输的内容被称为 ASF 流。

音/视频、控制命令脚本等多媒体数据通过 ASF 技术编码成 ASF 格式,经网络传输,实现流式多媒体内容的发布。图 10-23 说明了通过 Windows Media 系统向用户提供流媒体内容的过程。

图 10-23 中:

①Windows Media 工具将其他格式的文件转换为 .asf 格式文件存入 ASF 文件仓库。

②Encoder 直接创建 .asf 文件放入 ASF 文件仓库(数据库)中存储起来。

③Encoder 将实时媒体内容(例如一个摄像头实时捕捉到的信息)通过一个端口传送给 MediaServer。

④MediaServer 可以使用 ASF 文件仓库中的非实时文件。

⑤MediaServer 将其发布的媒体内容单播到客户端。

⑥MediaServer 将其发布的媒体内容组播到客户端。

.asf 文件内容包括音/视频数据,后来微软公司将仅限于音频的 .asf 文件改为 .wma 扩展名,将仅限于视频的 .asf 文件改为 .wmv 扩展名。

(2)Windows Media 服务器组件。

Windows Media 服务器组件由 Windows Media 组件服务和 Windows Media 管理器组成。

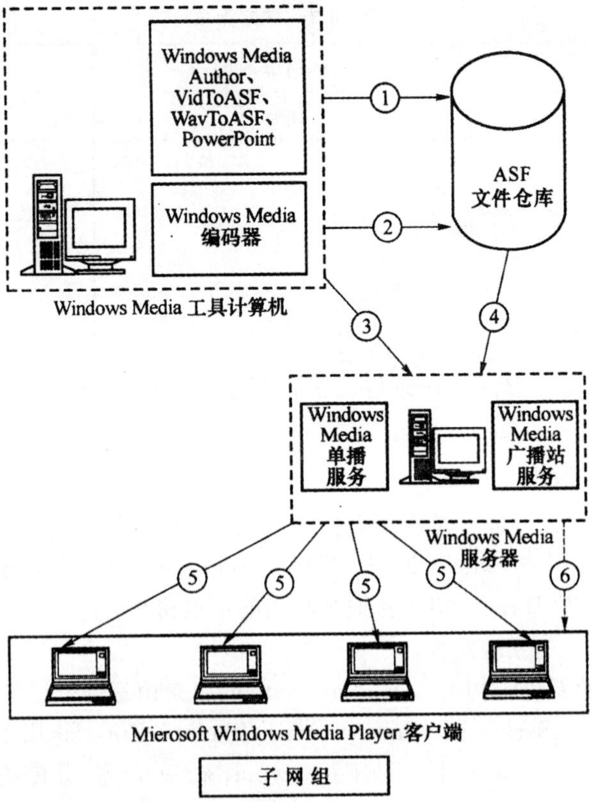

图 10-23 Windows Media 的系统结构

①Windows Media 组件服务。

Windows Media 组件服务是运行于 Microsoft Windows 2000 Server 上的一系列服务。这些服务通过单播和组播广播视频和音频内容给客户端。组件服务是指 Windows Media 监视器、节目、广播站和单播服务。

• Windows Media 监视器服务(Windows Media Monitor Service):提供服务以监视客户端和服务器与 Windows Media 服务的连接。

• Windows Media 节目服务(Windows Media Program Service):用于将 Windows Media 流组合至 Windows Media 广播站服务的连续节目内。

• Windows Media 广播站服务(Windows Media Station Service):为传输 Windows Media 内容提供组播和分发服务。

• Windows Media 单播服务(Windows Media Unicast Service):将 Windows Media 流点播内容提供给网络客户,为客户提供了点对点连接方式的服务。

②Windows Media 管理器。

Windows Media 管理器是一系列运行于 Microsoft Internet Explorer 5 浏览器窗口的 Web 页,用来管理 Windows Media 组件服务。通过 Windows Media 管理器您可以控制本地服务器,也可以控制一个或多个远程 Windows Media 服务器。若要管理多个服务器,需将这些服务器添加到服务器清单,并连接到您想要管理的服务器。

Windows Media 管理器可运行于 Microsoft Windows 2000 Server、Microsoft Windows

2000 Professional、Microsoft Windows 98 或 Microsoft Windows NT 4 SP4 或以后版本。Windows Media 管理器运行于 Internet Explorer 4.01 或 Microsoft Windows 95 上是可能的，但不支持这些平台。

(3)分发播放。

Windows Media 服务允许在 Windows Media 服务器间进行分发流。服务器可以将流从单播服务器进行分发，由其他单播服务器、组播服务器或者这些服务器的组合所接收。分发是将 ASF 流从一个服务器发送到另一个服务器。

Windows Media 服务器间分发 ASF 流要建立分发广播站，它是一个具有帮助作用的广播站，用于将服务器 A 中的 ASF 流分发到服务器 B 中的广播站，这样服务器 B 可以组播 ASF 内容。其他广播站如果要访问分发广播站，需要使用 MSAD 协议创建与分发广播站 .nsc 文件的连接。从服务器分发 ASF 内容，包括两个基本步骤。

①从 Windows Media 服务器分发 .asf 文件，创建一个单播发布点。分发由 Windows Media 的编码器、广播站，或远程单播发布生成的实况流，创建广播单播发布点。

②在目标 Windows Media 服务器中，创建一个广播站、节目和流，以接收分发的内容。

3. QuickTime 系统

Apple 公司的 QuickTime 是数字媒体领域事实上的工业标准，它实际上是一个媒体集成技术，包含了各种流式和非流式的媒体技术，是一个开放式的结构体系。它支持真正的流媒体是从 1999 年发布的 QuickTime 4.0 版本开始的。QuickTime 同样依托于其操作系统 Mac OS 的便利，拥有不少的用户。

QuickTime 5.x 是 Apple 公司最新的流视频平台，对于使用 Mac OS 的用户是一个比较理想的视频流选择方案。当前，它是仅次于 RealPlayer、Windows Media Player 的流媒体播放器，支持开放标准 RTP、RTSP 协议及 HTTP 流。

(1)QuickTime 5.x 的组成。

QuickTime 5.x 主要由 3 个方面的产品组成，包括 QuickTime Pro：客户端播放、编码和高级工具；QuickTime 5.x 播放器：客户端播放、编码、编辑工具；Quick Time Streaming Server：流视频服务器。

(2)QuickTime 的 RTSP 通信过程。

QuickTime 用开放标准取代专有的数据流格式，支持 IETF 数据流标准，以及 RTP、RTSP、SDP、FTP 和 HTTP 等协议。当服务器收到 RTSP 请求，它先产生 RTSP 请求对象，然后完成调用特定角色的模块。对于单播服务，客户端通过 RTSP 协议向服务器请求视频内容，RTSP 请求过程如图 10-24 所示。

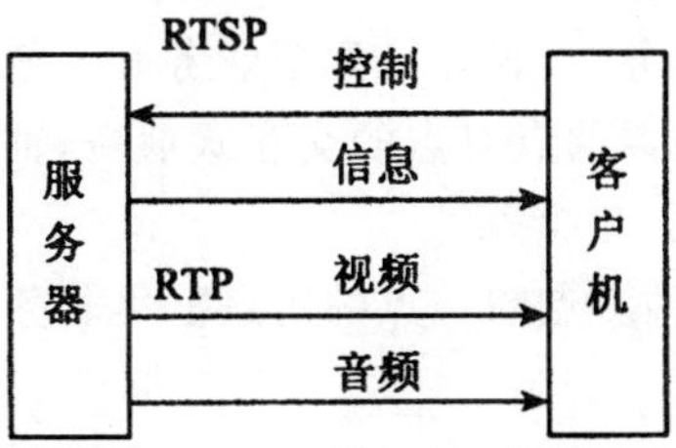

图 10-24　RTSP 请求过程

服务器通过 RTSP 协议的应答信息,将请求的内容以会话的形式描述,内容包括数据流含多少个流、媒体类型和编码格式。一个流会话由一个或多个数据流组成,如音频/视频流,实际的数据流通过 RTP 协议传递到客户端。当 QuickTime 电影格式的内容通过 RTP 协议流式传输时,每一个轨道都是一个单独的流。

(3)QuickTime 的技术特点。

QuickTime 系统中,客户端通过 SDP 文件就可知道如何加入一个组播组。SDP 文件通常贴在网站上来预告节目,SDP 文件包含组播地址和端口,同时包含流的描述信息。

对于不支持组播的网络,客户端可以通过与反射服务器建立连接来接收组播。反射服务器是一个 RTSP 服务器,反射服务器加入组播,将组播转换为一系列单播,然后将流发送到向其发出请求的客户端;QuickTime 5. x 支持同步多媒体集成语言 SIML Extensions;QuickTime 5. x 支持 JavaScript 控制 QuickTime 插件;Mac OS 系统中 QuickTime 5. x 支持 AppleScript;QuickTime 5. x 还支持 QuickTimeVR。

10.4 网络多媒体应用系统

10.4.1 网络多媒体应用系统概述

多媒体技术正在许多领域影响着人们的工作和生活。多媒体通信业务的种类很多,并且随着新技术的不断出现和用户对多媒体业务需求的不断增长,新型多媒体通信业务也会不断出现。今后,越来越多的宽带业务将全部是多媒体业务。根据 ITU—T 的定义,多媒体业务共分为六种。

1)多媒体会议型业务:具有多点、双向通信的特点,如多媒体会议系统等。

2)多媒体会话型业务:具有点到点通信、双向信息交换的特点,如可视电话、数据交换业务。

3)多媒体分配型业务:具有点对多点通信、单向信息传输的特点,如广播式视听会议系统。

4)多媒体检索型业务:具有点对点通信、单向信息传输的特点,如多媒体图书馆和多媒体数据库等。

5)多媒体消息型业务:具有点到点通信、单向信息传输的特点,如多媒体文件传送。

6)多媒体采集型业务:具有多点到一点、单向信息传输的特点,如远程监控系统等。

以上多媒体业务的特点有些很相似,可以进一步将其归为以下四种类型。

1)人与人之间进行的多媒体通信业务:会议型业务和会话型业务都属于此类。会议型业务是在多个地点上的人与人之间的通信,而会话型业务则是在两个人之间的通信。另外,从通信质量来看。会议型业务的质量要高些。

2)人机之间的多媒体通信业务:多媒体分配型业务和多媒体检索型业务都属于此类。多媒体检索型业务是一个人对一台机器的点对点的交互式业务;而多媒体分配型业务是一人或多人对一台机器、一点对多点的人机交互业务。

3)多媒体采集型业务:是一种多点向一点的信息汇集业务,一般是在机器和机器之间或人和机器之间进行的。

4)多媒体消息型业务:属于存储转发型多媒体通信业务。此类多媒体信息的通信不是实时的,需要先将发送的消息进行存储,待接收端需要时再接收相关信息。

在实际工作中，上述这些业务并不都以孤立的形式运行，而以交互的形式运行。从推动网络多媒体系统发展的技术因素来看，与多媒体通信相关的技术有视/音频压缩技术、网络技术、媒体同步技术、存储技术等。实用的网络多媒体系统有多媒体视频会议系统、多媒体合作应用、远程学习系统、远程医疗系统、多媒体监控系统、电子交易、多媒体检索系统、多媒体邮件系统和视频点播等。经过多年的发展，这些应用系统已在人们的生活和工作中发挥着重要的作用。

10.4.2　多媒体视频会议系统

1. 视频会议系统概述

视频会议又称会议电视或视讯会议，实际上是一种多媒体通信系统，是 21 世纪多媒体通信领域中一个非常热门的话题。视频会议技术融计算机技术、通信网络技术、微电子技术等于一体，它要求将各种媒体信息数字化，利用各种网络进行实时传输并能与用户进行友好的信息交流。

随着现代社会生活节奏和工作效率的加快，传统的通信手段已经远远不能满足用户的要求。视频会议正是在这种巨大的市场驱动下应运而生的新一代通信系统。视频会议是一种以视觉为主的通信业务，它的基本特征是可以在两个或多个地区的用户之间实现双向全双工音频、视频的实时通信，并可附加静止图像等信号传输。它能够将远距离的多个会议室连接起来，使各方与会人员如同在面对面进行通信，使与会人员具有真实感和亲切感。要开好视频会议，要求系统具备以下条件：

1)高质量的音频信息。

2)高质量的实时视频编/解码图像。

3)友好的人机交互界面。

4)多种网络接口(ISDN、DDN、PSTN、Internet、卫星等接口)。

5)明亮、庄重、优雅的会议室布局和设计。

在视频会议发展初期，网络环境相对简单，基本上是专线 2 Mb/s 速率，各公司单纯追求一流的编/解码技术，各自拥有专利算法(至今，视频会议供应商还是或多或少地保留了一些自己的专用算法)，产品间无法互通，技术垄断，设备价格昂贵，视频会议市场受到很大限制。随着各种技术的不断发展和一系列国际标准的出台，打破了视频会议技术及其设备由少数大公司一统天下的垄断局面，逐渐发展成为由国外如 VTEI、Picture-Tel、VCON 公司和国内中兴、华为等大企业共同分享视频会议市场的竞争局面。现在，高速 IP 网络及 Internet 的迅猛发展，各种数字数据网、分组交换网、ISDN 以及 ATM 的逐步建设和投入使用，使视频会议的应用与发展进入了一个新的时期。

在我国，视频会议系统具有十分广阔的应用前景，因为它可以减轻交通压力，减少经费开支。我国视频会议系统的应用有两种形式：一种是以预约方式租用电信运营商经营的公用视频会议系统，此系统覆盖主要城市，会议需要在专用的会场中进行；另一种是组建专用系统，目前海关、铁路、银行、石油、教育等部门多采用这种方式。

根据所完成的功能的不同，视频会议的方式可以有很多种。按照参与会议的节点数目，视频会议可以分为点对点会议系统和多点会议系统。按照所运行通信网络的不同，视频会议可以分为数字数据网(如 DDN)、局域网(LAN)/广域网(WAN)和公共电话网(PSTN)三种会议系统。在数字数据网(DDN)方式中，信息的传输速率是 384～2048 kb/s，提供帧频为 25～30 f/s 的 CIF

或 QCIF 格式的视频图像。在局域网和广域网环境中，信息的传输速率低于 384 kb/s，帧频为 15～20 f/s。在公共电话网中，信息的传输速率只有 28.8 kb/s 或 33.6 kb/s，帧频也只能达到 5～10 f/s。按照所使用的主要设备，视频会议分为电视会议和计算机会议系统。按使用的信息流，视频会议可分为音频图形会议、视频会议、数据会议、多媒体会议和虚拟会议。

由于视频会议的会议内容常具有保密特征，因此其安全性就很重要。现有的很多视频会议系统都属于专用系统，许多行业部门也都使用自己的专用系统。而基于互联网的桌而会议系统具有开放性的特征，但安全性无法保证。在一定时期内，这两种系统会并存。

2. 视频会议系统的关键技术

视频会议技术实际上不是一个完全崭新的技术，也不是一个界限十分明确的技术领域，而是随着现有通信技术、计算机技术、芯片技术、信息处理技术的发展而发展起来的。如果没有这些技术的发展，多媒体通信、视频会议、可视电话等都只能停留在理论研究上，更谈不上视频会议实用系统。视频会议系统的关键技术可以概括为以下几个方面。

(1)多媒体信息处理技术。

多媒体信息处理技术是视频会议十分关键的技术，主要是针对各种媒体信息进行压缩和处理。可以这样说，视频会议的发展过程也反映出信息处理技术特别是视频压缩技术的发展历程。目前，编/解码算法从早期的、经典的熵编码、变换编码、混合编码等发展到新一代的模型基编码、分形编码、神经网络编码等。另外，还不断地将图形图像识别、理解技术、计算机视觉等内容引入到压缩编码算法中。这些新的理论、算法不断推动着多媒体信息处理技术的发展，进而推动着视频会议技术的发展。特别是在网络带宽不富余的条件下，多媒体信息压缩技术已成为视频会议最关键的问题之一。

(2)宽带网络技术。

影响视频会议发展的另外一个非常重要的因素就是网络带宽问题。多媒体信息的特点就是数据量大，即使通过上述压缩技术，要想获得高质量的视频图像，仍然需要较宽的带宽。如 384 kb/s 的 ISDN 提供会议中的头肩图像是可以接受的，但不足以提供电视质餐的视频。要达到广播级的视频传输质量。带宽至少应该在 1.5 Mb/s 以上作为一种新的通信网络，B-ISDN 网的 ATM 带宽非常适合于多媒体数据的传输，它可以把不同种类的多种业务集中起来，在同一网络上既能传输 VBR 数据又能传输 CBR 视频。过去，ATM 由于成熟度不足且交换设备价格昂贵而难以推广应用。经过这些年的大工作，ITU-T 和 ATM 论坛已经完善了许多标准，各大通信公司生产、安装了大量的 ATM 设备，同时．ATM 接入网也逐步扩充，越来越多的应用已经可以在 2 Mb/s 的速率上运行。

另外，还要解决目前通信中的接入问题，它是多媒体信息到用户端的“瓶颈”。全光网、无源光网络(PON)、光纤到户(FTTH)被公认为理想的接入网。但目前就全世界来说，接入网仍处于一个“过渡”时期，即使在日本，要实现 FTTH 的目标，也要到 2010 年之后。因此，目前的 xDSL技术、混合光纤同轴(HFC)、交互式数字视频系统(SDV)仍然是当前高速多媒体接入网络的发展方向。

正在迅速发展的 IP 网络，由于它是面向非连接的网络，因而对实时传输的多媒体信息而言是不适合的，但 TCP/IP 对多媒体数据的传输并没有根本性的限制。目前世界各个主要的标准化组织、产业联盟、各大公司都在对 IP 网络上的传输协议(如 RTP/RTCP、RS-VP、IPv6 等)进行改进，并已初步取得成效，为在 IP 网上大力发展诸如视频会议之类的多媒体业务打下了良好的基础。据预测，在不远的将来，IP 网上的视频会议业务将会大大超过电路交换网上的视频会议业务。

(3)分布式处理技术。

电视会议不单是点对点通信，更主要的是一点对多点、多点对多点的实时同步通信。视频会议系统要求不同媒体、不同位置的终端的收发同步协调，多点控制设备(MCU)有效地统一控制，使与会终端共享数据、工作对象、工作结果、数据资料，有效协调各种媒体的同步，使系统更接近我们人类的信息交流和处理方式。实际通信、合作、协调正是分布式处理的要求，也是交互式多媒体协同工作系统(CSCW)的基本内涵。从这个意义上说，视频会议系统是 CSCW 主要的群件系统之一。

(4)芯片技术。

视频会议系统对终端设备的要求较高。要求接收来自于摄像机的视频输入、麦克风的音频输入、共享白板的数据输入以及来自于网络的信息流数据，同时进行视频编/解码、音频编/解码、数据处理等，并将各种媒体信息复用成信息流之后传输到其他终端。在此过程中要求能与用户进行友好的交流，实行同步控制。目前，视频会议终端有基于 PC 机的软件编/解码解决方案、基于媒体处理器的解决方案和基于专用芯片组(ASIC)的解决方案。不管采用何种方案，高性能的芯片是实现这些视频会议方案所必需的基础。

3. 视频会议系统的组成

视频会议是两地或多地间的双向通信，它不仅传送语音、数据，而且还传送实时的活动图像。但由于活动图像是连续的数据流，多个信道间不能直接连接(否则来自不同地方的图像将重叠在一起，无法分辨)，因此一个完整的视频会议网不仅要有视频会议系统、传输网络，而且应设置多点控制设备(MCU)，以进行图像的切换、语音的混合切换及数据的分流。电视会议系统由网络、终端设备、多点控制单元三部分组成。

(1)网络。

传输网络是视频会议信息传输的通道，目前视频会议业务可以在多种通信网络中展开，例如 SDH 数字通信网、ISDN、LAN、Internet、ATM、DDN、PSTN 等，其传输介质可以采用光缆、电缆、微波以及卫星等数字信道，或者其他类型的传输通道。在用户接入网范围内，可以使用 HDSL、ADSL、HFC 网络等设备进行传输。

(2)终端设备。

终端设备指用户召开视频会议时所用的终端设施的总称。

1)视频、音频的输入输出设备。视频输入设备包括摄像机及录像机。摄像机主要分为主摄像机、辅助摄像机和图文摄像机。它们将视频信号通过视频输入口送入编码器内进行处理，通常视频输入口不少于 4 个。参加会议人员通过控制器来控制主摄像机的上下、左右转动以及焦距的调节，也可以控制对方会场的主摄像机的转动。主摄像机主要用来摄取发言人的特写镜头。辅助摄像机主要用来摄取会场全景图像或不同角度的部分场面镜头，或摄取白板上的内容。辅助摄像机由人工操作。图文摄像机一般固定在某一位置，用来摄取文件、图表等，其焦距已事先调好。录像机可播放事先已录制好的活动和静止图像。视频输入设备的信号都经终端设备的视频输入口，将视频信号送入编码器内进行处理。

视频输出设备主要包括监视器、投影机、电视墙、分画面视频处理器。监视器用于显示接收的图像；会场人数较多时，可采用投影机或电视墙。为了在监视器上既显示接收的图像，同时又显示本会场的画面，一般采用画中画的方式，即在监视器屏幕上的某个角落留出一个小窗口，用于显示本会场的画面，而在屏幕上的其余部分显示接收的图像。

音频输入、输出设备主要包括麦克风、扬声器、调音设备和回声抑制器。麦克风和扬声器主要用于参加会议人员的发言和收听对端会场的发言。调音设备为辅助设备，用于调节本会场麦克风的音色及音量。同声抑制器起抑制回声的作用。

2)信息通信设备。信息通信设备包括白板、书写电话、传真机等。白板供本会场与会人员与对方会场人员讨论问题时写字、画图用，其上内容通过辅助摄像机的摄取而输入编码器，传送到对端，在对方会场的监视器上显示。书写电话为书本大小的电子写字板，供与会人员将要说的话写在此板上，变换成电信号输入到视频编/解码器，再传送到对方会场，并显示在监视器上。

(3)多点控制单元。

视频会议业务是一种多点之间的双向通信业务，限于目前的网络，多点间视频会议信号的切换必须用专用的设备——多点控制单元(MCU)来完成。MCU 是整个会议电视网的控制中心。MCU 在一个会议电视网中可以有多个，但并不是无限增加的，也不是任意连接的，应根据相应的国际标准和传输控制协议设置。MCU 和终端的连接网结构呈星形，通常 MCU 放置在星形网络的中心处，即参加会议的各个终端都以双向通信的方式和 MCU 相连接。由于 MCU 端口数是有一定限制的，因此，在遇到会议点特别多的情况时，可以级联多个 MCU 来使用，但同一级的级联一般不多于两级。

处在上面一层的 MCU 是上层 MCU，处在下面一层的 MCU 为从 MCU，从 MCU 受控于上层 MCU。MCU 是一个数字处理单元，通常设置在网络节点(汇接局)处，可供多个地点的会议同时进行相互间的通信。MCU 应在数字域中实现音频、视频、数据信令等数字信号的混合和切换，但不得影响音频、视频等信号的质量。

MCU 主要由线路单元、音频处理单元、视频处理单元、控制处理单元等模块组成。

线路单元由网络接口单元、呼叫控制单元、多路复用和解复用单元组成，完成输入/输出码流的波形转换、输入码流的时钟同步、复合码流的分解及复接。

控制处理单元完成信息流进出 MCU 的控制，控制信息的提取和处理，控制各模块内部的操作，并协调各模块之间的动作。

音频处理单元提取与会各点的声音并进行混合，然后经编码与其他信息合起来发往各对应点；同时，提取与语音码相连的控制信息码送给控制层。完成相应的处理。该模块也可以与控制层一起根据声音电平的高低实现图像的自动切换。

视频处理单元提取各点传来的图像信息，根据 MCU 图像切换和选择准则的规定，完成视频图像的交换和发送，并进行相应处理后与其他信息合起来发往各对应点。该模块提供用户之间数据信息的交换。

4. 视频会议的发展趋势

视频会议作为交互式多媒体通信的先驱，已经有 20 多年的历史，顺应三网合一的发展趋势，势必要进入一个新的发展阶段。主要原因是：第一，交互式多媒体通信所依附的传输网络基础，由电路交换式的 ISDN 和专线网络向分组交换式的 IP 网络过渡；第二，其针对的市场目标将由大型公司、政府机构的会议室向小型化的工作组会议室、个人化的桌面延伸，最终发展到家庭；第三，功能已由原先单纯的视频会议功能发展成远程教学系统、远程监控系统、远程医疗系统等多方面的综合业务。尽管在此转型期间视频会议发展的势头强劲，但就目前这一阶段而言，视频会议的发展仍不会以一种形式取代另一种形式，而是同时存在着多种解决方案。值得注意的是，现在很多新的技术已经深入并逐渐应用到视频会议中，视频会议出现了一些新的发展趋势。

(1)基于软交换思想的媒体与信令分离技术。

在传统的交换网络中，数据信息与控制信令一起传送，由交换机集中处理。而在下一代通信网络中的核心构件却是软交换(Softswitch)，其重要思想是采用数据信息与信令分离的架构，信令由软交换集中处理，数据信息则由分布于各地的媒体网关(MG)处理。相应地，传统的 MCU 也被分离成完成信令处理的 MC 和进行信息处理的 MP 两部分，MC 可以采用 H.248 协议远程控制 MP。MC 处于网络中心，MP 则根据各地的带宽、业务流量分布等信息合理地分配信息数据的流向，从而实现“无人值守”的视频会议系统，还可以减少会议系统的维护成本和维护复杂度。

(2)分布式组网技术。

这个技术是与信令媒体分离技术相关的。在典型的多级视频会议系统中，目前最常见的是采用 MCU 进行级联。这种方式的优点是简单易行，缺点是如果某个下层网络的 MCU 出现故障，则整个下层网络均无法参加会议。如果把信令和数据分离，那么对于数据量小但对可靠性要求高的信令可以由最高级中心进行集中处理，而对数据量大但对可靠性要求低的数据信息则可以交给各低级中心进行分布处理，这样既可提高可靠性又可减少对带宽的要求，对资源实现了优化使用。

(3)最新的视频压缩技术——H.264/AVC。

H.264 具有统一 VLC 符号编码、高精度、多模式的运动估计以及整数变换和分层编码语法等优点。在相同的图像质量下，H.264 所需的码率较低，大约为 MPEG-2 的 36%，H.263 的 51%，MPEG-4 的 61%，优势很明显。所以可以预计：H.264 必将会在视频会议系统中得到广泛的应用。

(4)交换式组播技术。

传统的视频会议设备大多只能单向接收，采用交互式组播技术则可以把本地会场开放或上传给其他会场观看，从而实现极具真实感的“双向会场”。

10.4.3　IPTV 系统

1. IPTV 的定义和需求

IPTV(Internet Protocol TV 或 Interactive Personal TV)也叫交互式网络电视，是一种基于互联网的多媒体技术。IPTV 是一种以家用电视机或 PC 为显示终端，通过互联网络协议(IP)传送电视信号，提供包括电视节目在内的内容丰富的多种交互式多媒体服务。IPTV 是计算机、通信、多媒体和家电产品新技术的融合。

IPTV 业务利用 IP 网络(或者同时利用 IP 网络和 DVB 网络)，把来源于电视传媒、影视制片公司、新闻媒体机构、远程教育机构等各类内容提供商的内容，通过 IPTV 宽带业务应用平台(该平台往往不仅支持 TV，也支持其他业务)整合，传送到用户的个人电脑、机顶盒＋电视机、多媒体手机(用于移动 IPTV)等终端，使用户得以享受 IPTV 所带来的丰富多彩的宽带多媒体业务内容。

目前，IPTV 在全球范围内迅速发展。2006 年 6 月 30 日，全球 IPTV 用户数达到 300 万，是 2005 年同期的两倍，其中欧洲用户数最多并且在 2006 年发展最快，法国电信、意大利电信、英国电信都提供了 IPTV 业务。从相关咨询机构对 IPTV 的预测来看，IPTV 业务的发展前景非常乐观。在中国，IPTV 也在向积极的方向发展，中国电信和中国网通分别在 6 个地市获得了 IPTV 落地许可。

2. IPTV 系统的组成

IPTV 的工作原理是把源端的电视信号数据进行编码处理，转化成适合 IP 网络传输的数据形式，然后通过 IP 网络传送，最后在接收端进行解码，再通过电脑或是电视播放。由于数据的传输速度要求比较高，因此要采用最新的高效视频压缩技术，例如 H. 264、MPEG-4 等。

IPTV 系统主要包括了节目提供系统、内容管理系统、中心媒体服务系统、运营支撑系统、IP 网络、边缘流媒体服务器、接入系统和 IPTV 终端等，如图 10-25 所示。

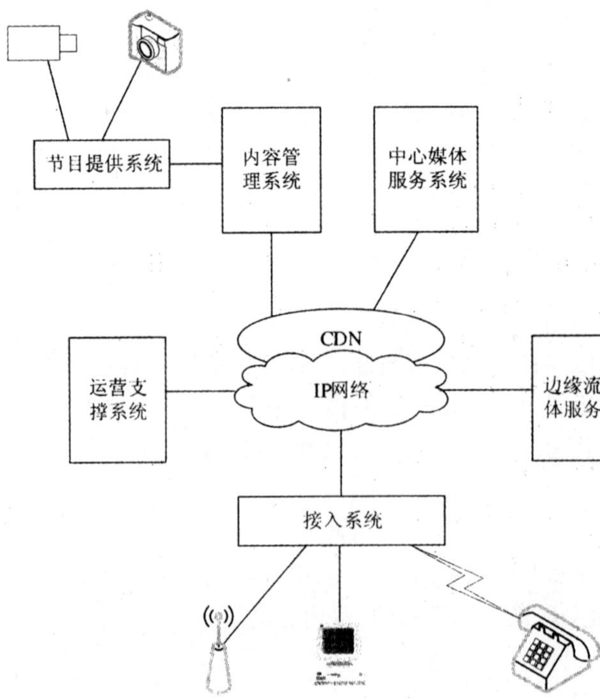

图 10-25 IPTV 的系统组成

(1)节目提供系统。

该部分主要完成节目的数字化，使原始节目成为能够在 IP 网络上传输的数字节目。其主要功能是直播节目的编码压缩、转换和传送。

(2)内容管理系统。

内容管理系统的主要功能是对 IPTV 的节目和内容进行管理，即主要进行内容管理和用户管理，功能包括内容审核、内容发布、内容下载、用户管理以及用户认证计费等。

(3)流媒体传送系统。

流媒体传送系统主要包括的设备是中心/边缘流媒体服务器和存储分发网络。

存储分发网络可以由多个服务器组成，它们之间通过负载均衡来实现大规模组网，如 CDN (Content Delivery Network，内容分发网络)。

流媒体服务器是提供流式传输的核心设备，要求有很高的稳定性，同时能满足支持多个并发流和商播流的应用需求。

(4)接入系统。

接入系统主要为 IPTV 终端提供接入功能，使 IPTV 终端能够顺利接入到 IP 网络。目前常见的接入方式为 xDSL 和 LAN 方式；也可采用 FTTC/FTTB 的方式，结合 ADSL、SDSL、Cable Modem 等技术，使用 FTTCq-HFC 的方式向用户提供宽带接入。

(5)IPTV 终端。

目前 IPTV 终端主要有三种形式，即 PC、机顶盒＋普通电视机和手机。其中，机顶盒＋普通电视机是 IPTV 的用户最常见的消费终端。

3. IPTV 的体系架构

IPTV 系统是一个涉及内容提供/运营商、电信运营商和最终用户的综合系统，流媒体数据、用户认证/授权信息、账务信息等要在这几个参与者之间实时地交互。

组成 IPTV 的平台在结构上分为四层：用户接入层、业务承载层、业务应用层和运营支撑层，平台结构如图 10-26 所示。

用户接入层通过机顶盒完成用户向 IP 业务的接入，可以采用 ADSL、HFC 和手机接入方式。承载层涉及运营和业务的承载网络，还有内容分发的承载网络，IPTV 对承载网有很高的要求。IPTV 的承载网络可以是 IP 网、有线电视网和移动网。业务应用层使用户通过节目目录享受多种多媒体服务，涉及多种网络增值业务。运营支撑层完成运营商对业务及用户的管理，如接入认证授权、计费结算、平台管理和数字版权的管理等。

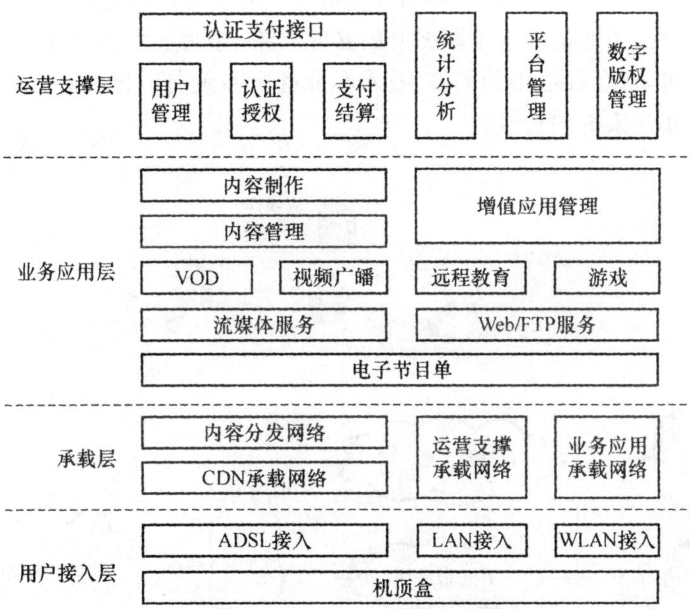

图 10-26　IPTV 平台总体结构

可将 IP 终端大致分为：PC 终端、电视＋机顶盒终端和手机移动终端。

(1)基于 PC 的终端系统。

基于 PC 的终端系统是沿用互联网视频的应用形式，利用网络流媒体技术传送某种格式的数据流，用户可在计算机上利用相应的播放器对压缩的视音频流媒体文件解压后进行播放。这种形式的终端硬件比较简单，只需要一台具有以太网卡的计算机安装相应的播放器应用软件就可以播放音视频节目和上网浏览。

PC机终端系统优点是简单、方便、成本低等。缺点是每一种播放器软件都局限于厂商私有的文件格式，通用性差。利用PC显示器观看电视节目相对于电视机观看屏幕小并且舒适度差。

(2)电视＋机顶盒终端。

机顶盒STB(Set-Top-Box)就是放在电视机上的盒子，起源于数字电视，是一种将数字电视信号转换成模拟信号的变换设备。由于IPTV的发展，出现了基于IP协议的机顶盒(简称IP-STB)。IP-STB在提供与大多数有线或卫星电视机顶盒相同的功能外，还可使用低成本的互联网和基于IP的网络设施并支持一系列的应用和交互式服务。

基于STB的终端系统是兼顾PC和电视机的功能，以电视机作为显示器，利用专用的IP-STB对网络音视频媒体数据接收和解压，转换为电视信号格式输送给TV播放。

(3)手机移动终端。

IPTV的移动终端系统是指借助于3G手机，处理图像、音乐、视频流等多媒体，并利用无线通信网络和互联网相结合提供网络电视、视频电话、网页浏览、电视会议、电子商务等多种媒体服务。

但是IPTV的移动终端应用中始终存在很多问题，如无论采用什么技术播放的图像，其速度都会受到网络速度的制约，很难有像电视实时传输的平滑效果。近年来，随着IPTV业务的发展和普及、用户量的上升，网络带宽和手机处理能力逐步成为人们关注的焦点。此外，目前手机电源技术无法与IPTV移动终端的强大功能相匹配，手机的待机时间太短，手机的发热量，手机操作系统的稳定性等各种因素，都限制了移动终端的IPTV业务的前进步伐。

但IPTV业务是人类通信需求不断提升的必然结果，作为三网融合的产物，它体现了现有网络向下一代网络演进，信息社会中的网络、技术和业务全面走向融合的必然趋势。图10-27所示即为典型的IPTV业务系统的构成。

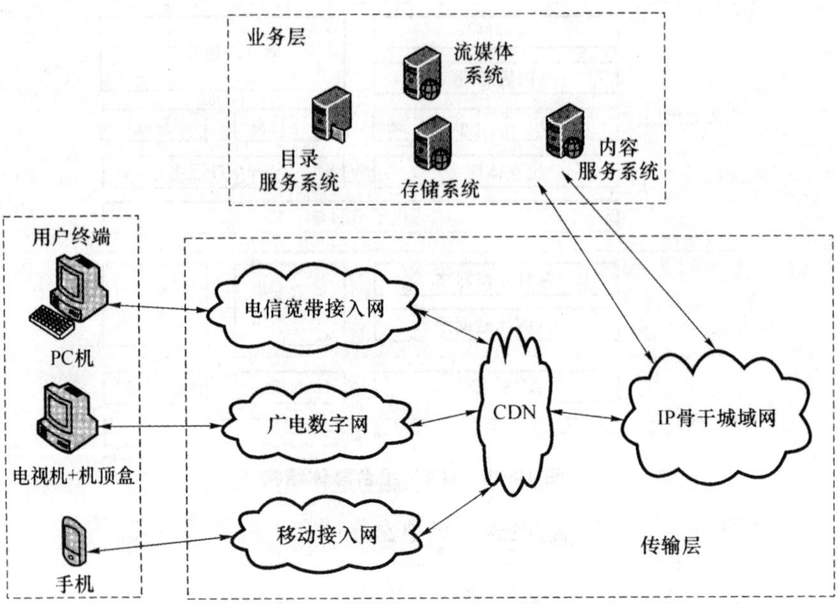

图10-27　典型IPTV业务系统的构成

4. IPTV 系统的关键技术

IPTV 技术是一项系统技术，其关键技术主要包括音/视频编/解码技术、流媒体传送技术、宽带接入网络技术、IP 机顶盒技术等。

(1)音/视频编/解码技术。

IPTV 音/视频编/解码技术在整个系统中处于重要地位。IPTV 作为 IP 网络上的视频应用，对音/视频编/解码有很高的要求。首先，编码要有高的压缩效率和好的图像质量，压缩效率越高，传输占用带宽越小；图像质量越高，用户体验则越好。其次，IPTV 平台应能兼容不同编码标准的媒体文件，以适应今后业务的发展。最后，要求终端支持多种编码格式或具备解码能力在线升级功能。

IPTV 采用了先进、高效的视频压缩编码技术，使得视频流在 800 kb/s 的有限带宽上接近 DVD(MPEG-2)的视觉效果(DVD 的视频传输带宽通常为 3 Mb/s)。目前主要编/解码技术是 MPEG-4、H. 264 与 AVS 三种。MPEG 系列是重要的视频编码标准，所有的视频编码技术都参照了 MPEG 技术。MPEG-4 具有高质量、低传输速率等优点，已广泛应用于网络多媒体、视频会议与监控等图像传输系统中。H. 264 是新一代视频编码标准，2003 年 3 月公布了标准的最终草案，全称是 H. 264/AVC 或 MPEG-4 Visual Part 10。AVS 是中国拥有自主知识产权的第二代音/视频编码技术标准，是高清晰度数字电视、宽带网络流媒体、移动多媒体通信、激光视盘等数字音/视频产业群的基础性标准。AVS 2006 年 3 月正式成为国家标准。2007 年 5 月在斯洛文尼亚举办的 ITU-TFG IPTV 工作组第四次会议期间，AVS 获得国际认证，其视频部分成为 IPTV 四个可选视频编码格式之一，这从经济上为我国节约了巨大的专利费开支，否则，如果中国采用 MPEG 或者 H. 264 标准，每年将支付大约 200～500 亿元人民币的专利费(MPEG 专利代理公司 MPEGLA 规定，每一台 MPEG-2 解码设备，必须由设备生产商交纳 2.5 美元的专利使用费)。而 AVS 的专利政策对发展中国家较为合理，所有专利打包价格是每台解码器 1 元人民币。AVS 与 MPEG 相比，具有编码效率高、实现复杂度低、专利授权模式简单、收费低等优势。

(2)流媒体传送技术。

IPTV 的核心业务是数字音/视频流业务，因此流媒体传送技术相当重要。如果传送技术高效可靠，不仅可以节约系统带宽。还可以减轻系统负担，使系统得到优化。通常，IPTV 系统中流媒体的传送方式随用户接收方式的不同而不同，从终端用户看，主要有点播和广播两种接收方式。

1)点播接收方式下的流媒体传送。

点播接收的特点是个性化，接收的内容和时间取决于用户喜好，具有实时交互性能。同时，点播业务对网络带宽的需求也很大，为了避免大量消耗骨干带宽，同时保证服务质量，要求 IP 网络能有效地将视频流推送到用户接入网络，使用户尽可能就近访问。内容分发网络(Content Delivery Network，CDN)就能提供这种支持。CDN 有时也称为 MDN(Media Delivery Network)。CDN 是建立在现有 IP 网络基础结构之上的一种增值网络，是在应用层部署的一层网络架构。在传统的 IP 网络中，用户请求直接指向基于网络地址的原始服务器，而 CDN 业务提供了一个服务层，补充和延伸了 Internet，把要频繁访问的内容尽可能向用户推进，提供了基于内容进行流量转发的新能力，把路由导引到最佳服务器上，动态获得需要的内容。它改变了分布到使用者信息的方式，从被动的内容恢复转为主动的内容转发。

其具体工作过程是：CDN 把流媒体内容从源服务器复制分发到最靠近终端用户的缓存服务

器上，当终端用户请求某个业务时，由最靠近请求来源地的缓存服务器提供服务。如果缓存服务器中没有用户要访问的内容，CDN会根据配置自动到源服务器中搜索，抓取相应的内容，提供给用户。

2)广播接收方式下的流媒体传送。

广播接收在用户看来是被动的，用户对内容的选择只限于所提供的频道，是非交互型的。由于用户收看的内容是相同的，为了减少网络带宽浪费，广播接收方式对IP网络提出了组播功能要求。

组播是一种允许一个或多个发送者(组播源)一次同时发送单一的数据包到多个接收者的网络技术。组播源把数据包发送到特定组播组，只有属于该组播组的地址才能接收到数据包。在IPTV里，组播源往往仅有一个，即使用户数量成倍增长，主干带宽也不需要随之增加，因为无论有多少个目标地址，在整个网络的任何一条主干链路上都只传送单一视频流，即所谓“一次发送，组内广播”。组播提高了数据传送效率，减少了主干网出现拥塞的可能性。

(3)宽带接入网络技术。

IPTV接入可以充分利用现有宽带接入技术，主要有xDSL、FTTx+LAN、Cable Modem等三种。

1)xDSL。

目前，xDSL技术中最常用的技术有ADSL和VDSL。

ADSL是上下行传输速率不相等的DSL技术，它在一对双绞线上提供的下行速率为1.5～8 Mb/s，上行速率为16～640 kb/s。目前ADSL是我国主要的宽带接入方式，普通家庭用户的ADSL速率通常在下行1 Mb/s左右，而IPTV需要大约3 Mb/s的下行带宽，因此，普通用户的ADSL可以通过提速支持IPTV业务。

VDSL在一对双绞线上提供的下行速率为3～52 Mb/s，上行速率为1.5～2.3 Mb/s。因此，VDSL可以更好地支持IPTV业务。

2)FTTx+LAN。

FTTx技术是光纤到x的简称，它可以是光纤到户(FTTH)、光纤到局(FTTE)、光纤到配线盒/路边(FTTC)、光纤到大楼/办公室(FTTB/O)。

光纤具有很宽的带宽，可以说，光纤到户技术非常有利于开展IPTV业务。

3)Cable Modem。

Cable Modem接入方式是利用有线电视的同轴电缆传送数据信息的，它的上下行速率可高达48 Mb/s。但Cable Modem是一种总线型的接入方式，同一条电缆上的用户互相共享带宽，在密集的住宅区，若用户过多，Cable Modem一般难以达到较为理想的速率。

5. IP机顶盒技术

IP机顶盒主要实现以下三方面的功能：

· 与宽带接入网连接，收发和处理IP数据和视频流。

· 对接收的视频流进行解码，包括对MPEG-1、MPEG-2、MPEG-4、WMV、Real等编码格式的解码，支持视频点播、电视屏幕显示、数字版权管理等功能。

· 支持HTML网页浏览、网络游戏等。

IPTV机顶盒所有功能的实现均基于高性能微处理器，嵌入式操作系统是对芯片实时解码和纯软件实时解码应用的基本支撑平台。目前，IPTV机顶盒的嵌入式操作系统基本上分为嵌入式 WinCE 和嵌入式 Linux 两类。

1)嵌入式 WinCE 机顶盒。

WinCE 的最大特点是其 API 与 Win32 兼容，这有利于使用 Windows 环境开发 WinCE 应用。此外，WMV-9 播放器还可直接运行于 WinCE，许多现成的 Windows 组件稍加改造就能应用于终端上的网络管理以及视频流控制等，这些对 DSL 低带宽环境充分分享 Windows Media 优秀成果而言，不能不说是事半功倍的终端开发捷径。

2)嵌入式 Linux 机顶盒。

嵌入式 Linux 机顶盒以专用的多媒体微处理器为核心，辅以以太接口和视频接口构成系统。多媒体微处理器带有 MPEG-2 或 MPEG-4 实时解码功能芯片。

10.4.4　多媒体远程监控系统

随着通信技术和编码理论的飞速发展，多媒体监控系统广泛应用在机场、宾馆、银行、仓库、交通、电力等各种重要场所和机构。传统的监控系统，其终端与传输设备大多采用模拟技术，设备庞大、连线复杂、操作维修不便，不利于系统的程序化控制，更难以利用现有的通信网络(LAN、PSTN、ISDN 等)进行数据传输，实现远距离监控。随着 Internet 网络技术和多媒体通信技术的发展，一种以数字化、智能化为特点的多媒体远程监控系统应运而生，它实现了由模拟监控到数字监控的质的飞跃，能将监控信息从监控中心释放出来，监控的视频、音频、现场告警与控制信号可传至网络所及的每一个节点，人们可以利用计算机网络在不同地点同时监视、控制远程某一或某些场所，同时控制云台、镜头等设备并获得各种报警信号，进行远程指挥。

远程监控系统主要采用点对点和多址广播两种传输技术，多数情况下以点对点方式为主。它的主要特点是实时性要求高，延迟小，而且往往要求可控制、可切换视频源。另外，因被监控的对象运动幅度不同，所以要求的图像质量也不一样。一般像道路监控这样的场合，被监控的对象是高速运动的车辆，而且要求至少能看清车牌，因而要求的图像质量相当高，采用 MPEG-1 格式还难以满足要求，必须采用高码流的 MPEG-2 格式才行；而对楼宇监控这样的场合，在多数情况下被监控的对象是静止不动的，因而图像质量可适当降低些，一般采用 MPEG-1 格式就能满足要求。

1. 系统结构

图 10-28 是多媒体远程监控系统的结构示意图。系统由监控现场、传输网络和监控中心三部分组成。

(1)监控现场。

监控现场的核心是本地处理设备，是监控远端必配的设备，其主要功能是对摄像机采集到的图像信息和声音信息进行 A/D 变换和压缩编码。

监控现场的工作方式有以下两种。

第一种方式是由本地的主机对所设置的不同地点进行实时监控，适合于近距离监控。摄像机捕获的视频信号既可以实时存储到本地的硬盘中，也可以只供观察，一旦有报警触发，便自动将高质量的画面记录到硬盘中。本地端的主机可以无需外加画面分割器，同时监视多个流动画面(根据需要设置其数量)。录制在硬盘中的视频画面有较高的清晰度，图像的压缩比可调。硬盘中的数据循环存放，硬盘满后可覆盖最开始的记录，这样可以保证存储的数据是最新的。

存储在硬盘中的画面可供工作人员随时回放、搜索、图像调整(局部放大、调光等)等，同时可

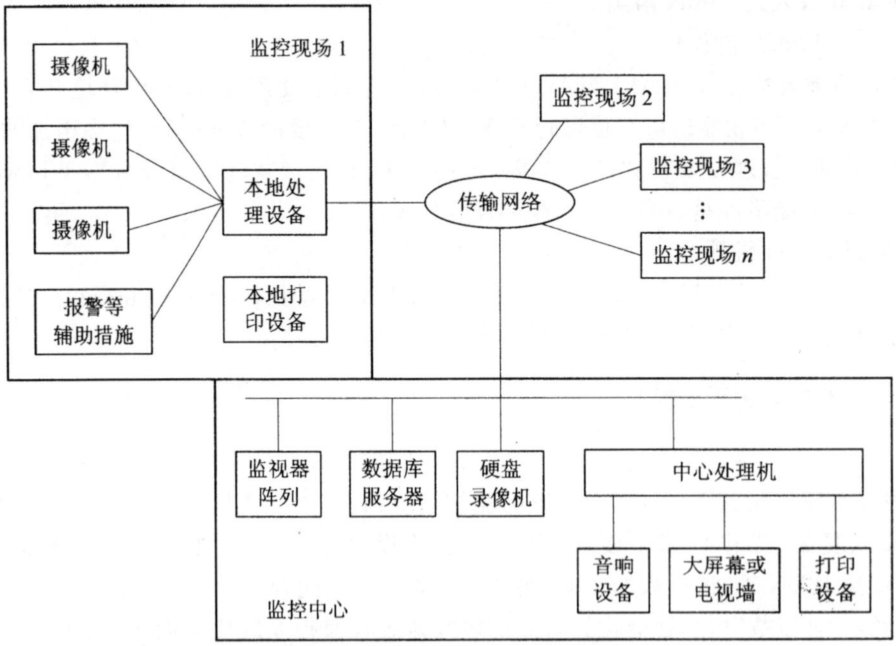

图 10-28　多媒体远程监控系统结构示意图

接打印机打印视频画面，也可以按照数据库方式查询检索。用户在软件中可设置捕捉图像的时间和长度，以及在无人值守时可分不同情况、时段进行不同的系统设置，并采取不同的处理措施。本地主机装有摄像机控制器，其主要作用是调控摄像机参数，如上、下、左、右地摇镜头，拉近、拉远镜头，调整光圈大小，聚焦等。云台的转动及可变焦镜头的控制也可由摄像机控制器通过本地主处理设备接收监控中心的指令来控制。

报警探头可根据现场需要配置不同的类型以满足多种监测需求，如红外、烟雾、门禁等。报警采集器将报警探头传来的报警信号收集起来并上传至本地处理设备，本地处理设备接到报警信号后按照用户设置采取一系列措施，如拨打报警电话、录像、灯光指示、关闭大门、开灯等。

临控现场的第二种工作方式是由本地处理设备将采集的图像通过线路接口送入通信链路并传至监控中心，同时把本地端报警采集器采集到的报警信息打包成一定格式的数据流，通过传输网络传到监控中心；监控现场则把监控中心传来的控制信令抽取出来，进行命令格式分析，并按照命令内容执行相应的操作。

(2)监控中心。

监控中心的核心设备是中心主处理机，其任务是将监控远端传来的经过压缩的图像码流解码并输出至监视器，选择接收任意一个远端的声音解码输出到扬声器，并把监控中心下行的声音编码传送给所选择的任意一个远端，也可用广播方式把声音传送给多个远端，同时它还能接收远端上传的报警信息，下达控制指令给远端处理设备，控制远端的各种设备。由于系统需要存储大量的视频信息，因此专门建立了一个硬盘录像机，用来存储现场传输过来的各摄像机拍摄的视频信号。系统中使用了大量的数据库表，包括摄像头信息表、地图和子地图信息表、报警器信息表、报警器预设信息表、视频通道的设置信息表、硬盘录像机的信息设置表、硬盘录像的定时时段设置表、操作日志记录表、硬盘录像存放位置表等。为了方便用户对这些数据进行操作和管理，专门增加了一台数据库服务器。

通过地理信息系统，监控中心可以显示监控地点信息的地图，在需要时也可以随时将某地点的图像信息传送过来。

监控中心的显示设备包括监视器阵列和大屏幕监视器。监视器阵列用以显示各个监控远端的图像，在条件允许的情况下，可使用与监控远端数目相同数量的监视器；当监视器数量少于监控远端的数目时，可在后台通过软件设置轮询功能，定时在各个监视器上轮流播放所有远端的图像。如果某个远端传来报警信号，监控中心就把整个带宽都分配给该远端用于图像传输，这样会得到高速率的图像传输，监控人员可以立即采取相应的措施。在事件发生后，监控中心还可以将存储在该远端处理设备硬盘上的视频图像文件上载过来，回放高质量的监控图像。在监控中心，大屏幕监视器用以显示当前最为关心的一路视频。它主要有两种情况：一种是操作人员在当前想观看的视频画面；另一种是当远端发生告警时，大屏幕上的画面自动切换到报警现场，并自动产生一系列动作，如记录报警时间、地点、场所、类型等参量，启动警铃，遥控远端切换图像至报警源，佩示闪烁告警标志等。

2. 系统特点

多媒体远程监控系统与传统的模拟监控系统相比，有无可比拟的优势，主要表现在以下几个方面。

(1)音频和视频数字化。

能够实现活动多画面视窗，完成任意分割，静态存撽及视频捕捉；能够实现长时间大容量、多通道硬盘录像，完成单路/多路回放及检索；能够实现多路视频报警、动态跟踪、图像识别，并能适应各种条件；能够支持多种视频压缩标准，满足各种不同层次的需要。

(2)监控网络化。

由于多媒体远程监控系统的传输网络是基于 LAN/WAN 的数字通信网络，因此，系统可以实现点对点、一点对多点、多点对多点的任意网络监控组合。并能通过建寺网络问不同级别的安全权限，满足大型网络：‰控的需求。

(3)管理智能化。

由于系统模块化强，便于扩展，方便维护，能根据需要生成与之相匹配的多级监控系统，并辅助以强大的软件控制，因此，系统能自动跟踪、记录在监控中发生的一切信息并存储起来，进行统计分类，定时完成输出打印工作，实现全自动化管理。

3. 远程监控基于宽带接入网的实现

(1)基于 ADSL/Cable Modem 的点对点实现方式。

基于 ADSL/Cable Modem 点对点方式的远程监控系统的结构如图 10-29 所示。住户家庭若有 PC 机，则在 PC 上增加一视频捕获卡，可接入 1～4 路模拟摄像信号。而 ADSL 用户传输单元 ATU-R 可充当视频处理的网络接口，经双绞线与 ISP 机房内的 DSLAM 数字用户线访问多路复用器中的 ATU-C。远端用户采用 ADSL/CM/LAN/Modem 等接入方法接入 Internet，再根据住户 ADSL 下的 IP 地址找到家庭内的 PC 或视频服务器，提取经 MPEG 压缩的图像信号，对家中老人、小孩、病人进行图像观察和语言交流。因住户需将数字图像上传至 Internet，故速率将受限于 ADSL 的上行速率(64～640 kb/s)。通过 Cable Modem 工作时，情况基本相同，只是 ATU-R 换成 Cable Modem，DSLAM 换为 CMTS，而且 HFC 传输图像的上行速率最大可达 1.5 Mb/s，速率将高于 ADSL 的最大上行速率，但 HFC 传输存在带宽共享的问题。

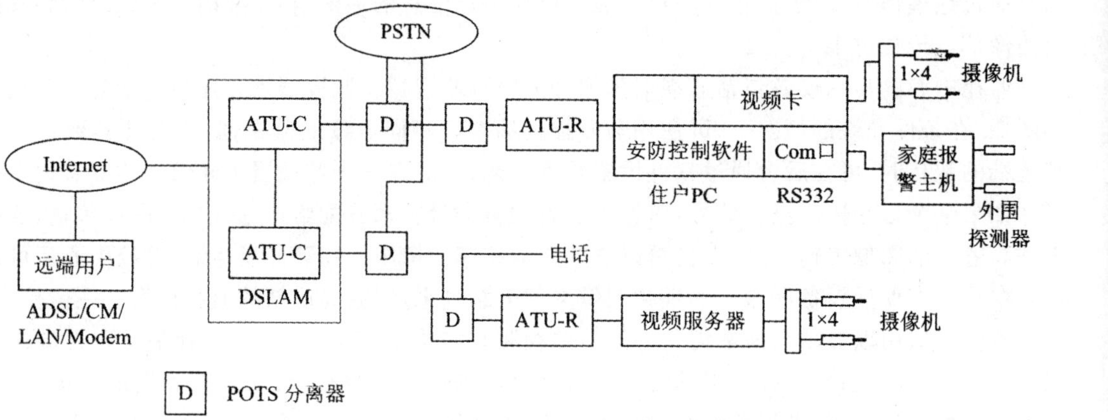

图 10-29 ADSL 方式的家庭远程控制系统的结构图

由于服务提供商不同，ADSL 与 Cable Modem 所提供的 IP 地址可能是动态的，但每次开机后 IP 地址将是不变的，因此远端用户根据这一 IP 地址可以找到住户家庭内的视频服务器，也可由住户家庭 PC 开机后固定地向远端用户发送告知 IP 地址的方法来实现互联。若住户 PC 内安装有专用安防控制软件，通过串行口接收家庭报警主机的 RS232 上传信号，可同时实现家庭安防系统的远程监视和控制(设防/撤防等)。

(2)基于宽带智能小区的局域网实现方式。

利用 FTTX+LAN 的方式，宽带智能小区向住户提供了多种服务。同样，借助于小区局域网，亦可向住户提供远程监控的业务。基于宽带智能小区的局域网方式的远程监控系统结构如图 10-30 所示。可在小区局域网上根据用户图像数量设置多台视频服务器，与视频矩阵经 RS232 接口相连。利用 CCTV 控制软件可经视频服务器对视频矩阵的 1000 路摄像机输入进行视频切换，即可由视频服务器 4 个视频输入通路调用 1000 路摄像机输入中的任意一个图像，这样便大大扩展了可监视的图像数量。而家庭安防系统的临控则可由局域网上的安防系统服务器来完成。当然，同时亦允许通过住户自身 PC 机来完成单独的视频图像输入和家庭安防情况的上传。

远端用户经 Internet 找到小区局域网的外部 IP 地址，经权限验证后由接入服务器的 IP 内部地址绑定，找到相应的视频服务器，经 CCTV 控制软件对视频矩阵的 1000 个视频输入进行调用切换。

鉴于大多数小区视频监控系统仍沿用传统的模拟摄像机加视频矩阵方式，以上远程监控系统结构也基于此系统构架。若小区使用数字视频系统，外围使用 IP Camera 或模拟 Camera 加 IP Server，核心使用 NVR(网络视频录像机)或直接使用中心控制软件调用外围图像，则可更方便地实现远程监控功能。

(3)基于企业局域网 VPN 的实现方式——TYCO/VIDEO 工程方案实例。

随着视频技术的发展，企业视频监控系统也经历了从传统模拟摄像机加视频矩阵、模拟摄像机加数字视频录像机(DVR)、网络摄像机 IP Camera(或模拟摄像机/视频服务器 IP Encoder)加 NVR 网络视频录像机，到最新中心管理软件/远程客户端软件直接调用控制外围 IP 摄像机的发展过程。具体参数见表 10-8。

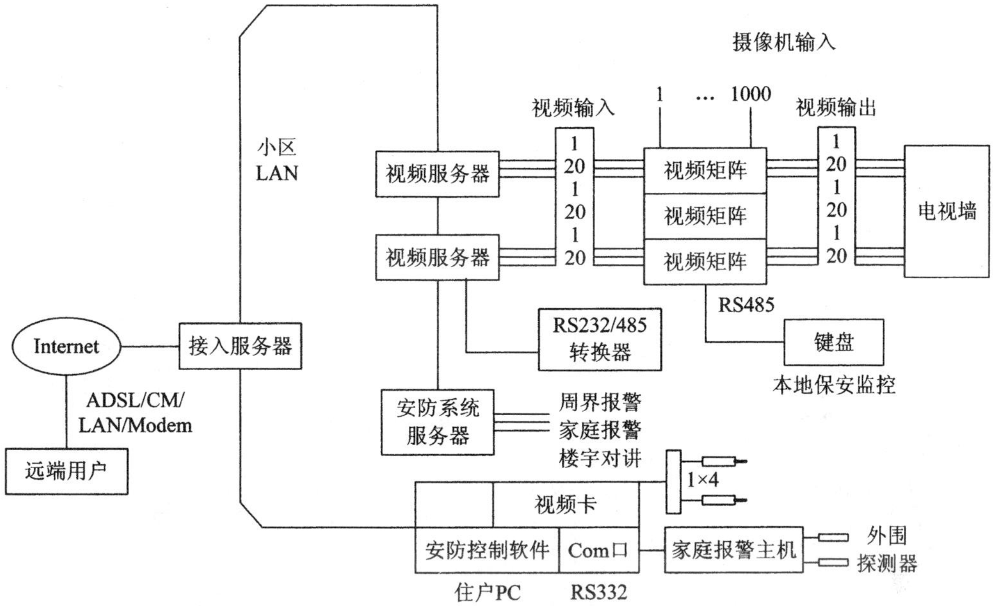

图 10-30　基于宽带智能小区的局域网方式的远程监控系统的结构

表 10-8　企业视频监控系统参数

视频技术发展	中心设备	外围摄像机	远程监控
1	视频矩阵/长时间录像机	模拟摄像机	
2	视频矩阵/DVR	模拟摄像机	客户端软件
3	NVR/IP Decoder＋TV WALL	IP Camera 或 Camera＋IP Encoder	NVR 客户端软件
4	中心管理软件/档案管理软件（Achiver Manager）	IP Camera 或 Camera＋IP Encoder	远程登录视频软件

远程监控基于企业局域网方式的实现为企业的一些实际问题提供了解决方案。下面以某工程方案为例进行分析。

此工程方案中使用了美国 TYCO 公司旗下 TYCO/VIDEO 品牌的产品。TYCO/VIDEO 能够提供从传统系统到最新网络视频/远程监控的全面解决方案。此方案使用了基于 IP 的网络视频/远程监控系统，系统框图如图 10-31 所示。

鉴于 IP 摄像机在镜头选择性、环境适应性、性价比等方面的问题，多数数字系统仍会选择传统模拟摄像机/快球与 IP Encoder（单路、回路、8 路等）相配合使用。该系统使用 TYC0470 固定摄像机和 ULTLAVII 917 快球作为外围监控设备，包括防水/防爆等不同配置以适应不同环境的要求，中心机房使用中心控制软件、客户端软件、存储管理软件对外围 Camera 图像进行切换控制、存储管理，而远端用户则使用客户端软件经 WAN 登录来实现远程监控、调用图像、快球 PTZ 控制。

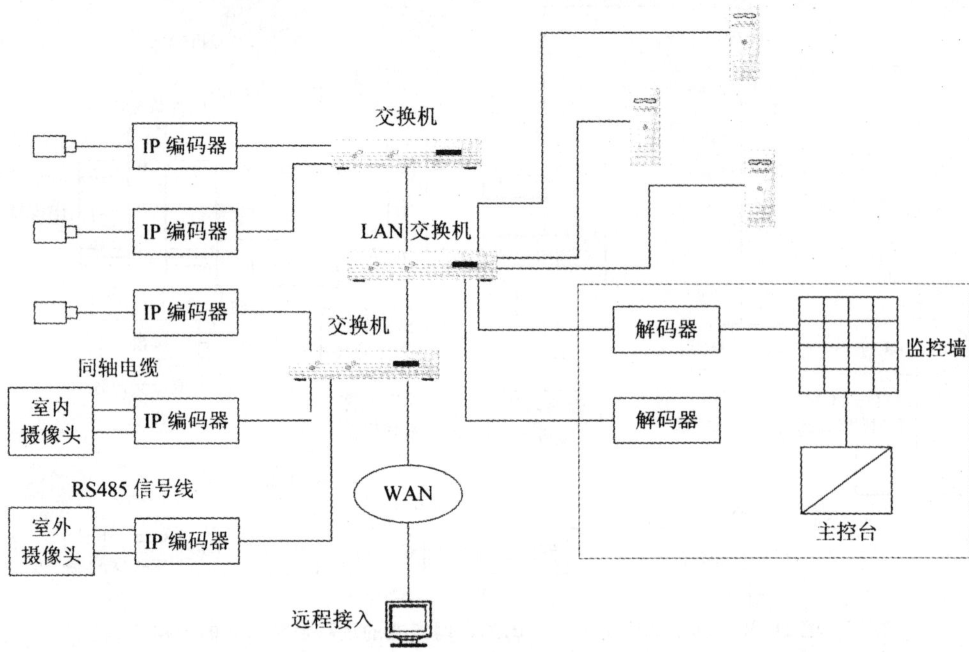

图 10-31　基于 IP 的网络视频/远程监控系统

10.4.5　虚拟现实系统

1. 虚拟现实的概念

虚拟现实(Virtual Reality,VR)或称虚拟环境(Virtual Environment,VE)是由计算机生成的、具有临场感觉的环境,它是一种全新的人机交互系统。虚拟现实能对介入者——人产生各种感官刺激,如视觉、听觉、触觉、嗅觉等,给人一种身临其境的感觉,同时人能以自然方式与虚拟环境进行交互操作,它强调作为介入者——人的亲身体验,要求虚拟环境是可信的,即虚拟环境与人对其理解相一致。

虚拟现实技术是多媒体技术发展的更高境界,它使计算机从使用常规键盘、鼠标、显示器等输入、输出设备对其操作的系统,变成了人处于计算机创造的虚拟环境中,通过多种感官渠道与虚拟环境进行比较"自然"的实时交互的系统,从而体验真实的环境,为人们探索宏观世界和微观世界,研究各种复杂、危险的环境下事物的运动变化规律,提供了极大的便利和全新的方法。近年来,虚拟现实技术引起了各国学者的关注,得到了飞速地发展,成为十分活跃的研究领域。

虚拟现实的概念最早源于 1965 年 Ivan Sutherland 发表的论文"The Ultimate, Display",限于当时的软硬件技术水平,长期没有实用化系统。1968 年,Ivan Sutherland 研制出头盔式显示器(HMD)、头部及手跟踪器,是用于虚拟现实技术的最早产品。飞行模拟器是 VR 技术的先驱者,鉴于 VR 在军事和航天等方面有着重大的应用价值,美国一些公司和国家高技术部门从 20 世纪 50 年代末就开始对 VR 进行研究。NASA 在 20 世纪 80 年代中期研制成功第一套基于 HMD 及数据手套的 VR 系统,并应用于空间技术、科学数据可视化和远程操作等领域。

1989 年,美国 VPL 研究公司的创始人加隆·雷尼尔(Jaron Lanier)提出了 Virtual Reality 一词,用于统一表述当时涌现的各种借助计算机及传感装置而创造的一种新的人机交互手段概念。我国著名科学家钱学森先生把 Virtual Reality 译为“灵镜”。

虚拟现实系统具有多感知性、沉浸感、交互性、自主性 4 个特征。交互性和沉浸感是虚拟现实系统的两个实质性特性。

(1)多感知性(Multi-sensation)。

多感知性是指虚拟现实环境除了具有一般计算机所具有的视觉感知和听觉感知之外,还应包括触觉感知、运动感知、味觉感知、嗅觉感知等。理想的虚拟现实应该具有一切人所具有的感知功能。

(2)沉浸感(Immersion)。

沉浸感又称存在感,是指参与者存在于虚拟环境中的真实程度。理想的虚拟现实应该达到使操作者感觉和真实环境一样。沉浸感可分为视觉浸入、听觉浸入、触觉浸入、嗅觉浸入和味觉侵入。

(3)交互性(Interaction)。

交互性是指用户对虚拟环境中物体的可操作程度和用户从虚拟环境中得到的实时反馈的自然程度。

(4)自主性(Autonomy)。

自主性是指虚拟环境中的物体依据现实世界物理运动定律的程度。要求用户能以客观世界的实际动作或以人类熟悉的方式来操作虚拟系统,让用户感觉到面对的是一个真实的世界。

根据虚拟现实技术的特征,特别是交互性以及沉浸程度的不同,虚拟现实可以分为桌面虚拟现实、沉浸虚拟现实、遥现虚拟现实和分布式虚拟现实 4 类。

2. 虚拟现实的系统结构及关键技术

(1)虚拟现实的系统结构。

虚拟现实系统主要由以下 5 个模块构成。

1)检测模块:检测用户的操作命令,并作用于虚拟环境。

2)反馈模块:接受来自传感器模块的信息,为用户提供实时反馈。

3)传感器模块:一方面接受来自用户的操作命令,并将其作用于虚拟环境;另一方面将操作后产生的结果以各种反馈的形式提供给用户。

4)控制模块:对传感器进行控制,使其对用户、虚拟环境和现实世界产生作用。

5)建模模块:获取现实世界组成部分的三维表示,并由此构成对应的虚拟环境。

(2)虚拟现实的关键技术。

1)动态环境建模技术。动态环境建模技术是虚拟现实技术的核心内容,它根据应用的需要,利用获取的三维数据建立相应的虚拟环境模型。

2)实时三维图形生成技术。该技术的研究内容主要是如何在不降低图形质量和复杂度的前提下提高刷新频率。

3)立体显示和传感器技术。虚拟现实的交互能力依赖于立体显示和传感器技术的发展,虚拟现实设备的跟踪精度和跟踪范围也有待提高。

4)应用系统开发工具。为实现虚拟现实的应用,必须研究虚拟现实的开发工具,如虚拟现实系统开发平台、分布式虚拟现实技术等。

5)系统集成技术。系统集成技术包括信息的同步技术、模型的标定技术、数据转换技术、数据管理模型、识别和合成技术等。

3. 虚拟现实技术的应用

虚拟现实技术的应用领域十分广泛。它开始于军事领域，在军事和航空航天的模拟及训练中起到了非常重要的作用。此外，虚拟现实技术在医疗、制造业、娱乐和教育等方面的应用也具有很大的潜力，是21世纪广泛发展和必将得到广泛应用的新技术。虚拟现实的应用范围如表10-9所示。

表 10-9 虚拟现实的应用范围

应用领域	主要用途
医学	外科手术、远程遥控手术、医学影像、药物研制
教育	虚拟天文馆、远程教学
艺术	虚拟博物馆、音乐
商业	虚拟会议、空中交通管制、产品展示、建筑设计、室内设计、城市仿真
科学计算视觉化	数学、物理、化学、生物、考古、天体物理、虚拟风洞、分子结构分析
国防及军事	飞行模拟、军事演习、武器操控、武器对抗、太空训练
工业	工业设计、虚拟制造、机器人设计、远程操控、虚拟装配
娱乐	电脑游戏

(1)军事应用及视景仿真。

虚拟现实的视景仿真技术由于其在应用上的安全性，在航空航天、航海、核电等方面一直备受重用。特别是在军事领域，视景仿真技术已成为武器系统研制与试验的先导技术、校验技术和分析技术。美国宇航局利用虚拟现实技术对空间站、哈勃太空望远镜等进行了仿真，已经建立了航空、卫星维护、空间站虚拟现实训练系统。美军采用虚拟现实技术进行了包括军事教育、军事训练、飞行训练、战场场景虚拟等研究，并不断开发其在武器试验方面的功能，扩大其应用范围，将其用于导弹的飞行环境仿真、虚拟电磁环境仿真等。美国的响尾蛇空对空导弹，爱国者、罗兰特及尾刺地对空导弹，先进中程空对空导弹等都进行了虚拟现实试验。采用虚拟现实仿真技术，可使实弹减少15%～30%，研制费用节省10%～40%，研制周期缩短30%～40%。美军认为："在涉及武器及国防系统的野外试验中，计算机建模与仿真起着很重要的作用，尤其是那些复杂的系统，或者是效果难以重复或根本不可能重复的系统，如战略核武器和电子技术系统更是如此。"

(2)科学计算可视化。

科学计算可视化是指用计算机图形产生视觉图像，帮助理解科学概念或结果的复杂数值表示。通过视觉信息掌握系统中变量之间、变量与参数之间、变量与外部作用之间的变化关系，可直接了解系统的静态和动态特性，深化对系统模型概念化和形象化的理解。这是由于在三维环境中信息的显示要比信息的二维显示更有价值，更容易被理解与应用。

物体受力、红外光、微波、雷达、电磁场、在通道中流动的各种物质影响的数据都不是可见的，利用虚拟现实技术，可以很容易地将这些东西可视化和形象化，并进行交互式分析。

(3)教育培训及娱乐。

在虚拟环境中培训不仅可以减少费用，而且也允许进行高度冒险和高难度培训。通过虚拟现实技术，领航员和医学人员能再现紧急过程，警察可以用其来恢复人质被劫现场。娱乐应用是虚拟现实系统的一个重要应用领域，它能够提供更为逼真的虚拟环境，从而使人们享受其中的乐趣，带来更好的娱乐感。如高尔夫球虚拟现实系统，可以模拟多个著名球场的实况。另外，利用虚拟现实技术，可以对文物古迹进行复原，并进行漫游，使人们领略古老的文化，同时也对文物起到了保护作用。

(4)医学应用。

虚拟现实在医学方面的应用大致上有两类。

一类是虚拟人体，也就是数字化人体。虚拟人体在医学方西的应用具有十分重要的现实意义，使医生更容易了解人体的构造和功能。在虚拟解剖教学中，学生和教师可以直接与三维模型交互。借助于跟踪球、HMD、感觉手套等虚拟的探索工具，可以达到采用模型或真实标本等常规方法不可能达到的效果。

另一类是虚拟手术系统，其意义表现为两个方面：一方画通过虚拟现实再现手术过程，对手术过程进行分析和指导；另一方面可以进行远程手术，医生对病人模型进行手术，他的动作通过通信系统传送给远处的手术机器人，使其对实际的病人进行手术。手术的实际图像也可以传回到远处的医生处，以实现交互。

(5)虚拟制造。

虚拟制造技术采用计算机仿真和虚拟现实技术，在分布技术环境中开展群组协同工作，实现产品的异地设计、制造和装配，是 CAD/CAM 等技术的高级阶段。

虚拟现实技术的应用前景十分广阔，它还可以在遥控机器人学、多媒体远程教育、艺术创作等方面得到应用，发展前景诱人。从某种意义上说，它将改变人们的思维方式，改变人们对世界、自己、空间和时间的看法。随着 Internet 技术的发展，Internet 技术与 VR 技术的结合为虚拟现实的未来提供了更广阔的应用前景。

10.4.6　多媒体远程教育系统

1. 远程教育的概述

远程教育(Distance Education)是指处于不同地点的知识提供者和学习者之间通过适当的手段进行交互的教育行为。从最早的函授教育到广播电视教育，再到今天以计算机网络和多媒体技术为基础的现代远程教学系统，远程教育已经经历了很长的发展历史。

(1) 远程教育的分类与特征。

远程教育通过函授、广播、电视等途径打破时间和空间的限制，将教学信息传送给校园内外。现代远程教育通过通信网络、计算机网络等实现实时和非实时的、双向交互的教学环境，为校园外学生提供虚拟学习过程的教育形式。现代远程教学大量采用先进的计算机技术、通信技术和多媒体技术，与大型数据库、课件库、教学中心相连，实现各类资源的共享和重复利用，为各类学生提供了一个无围墙、无距离的虚拟学校，无论身处何处都能及时地进行学习。具体可归纳现代远程教育特征如下。

- 师生并非实地面对面，存在地域上的距离。
- 实时交互式的信息交流功能。
- 授课和学习条件以现代通信技术、计算机网络技术和多媒体技术为基础。
- 学生可以根据个人的需要或自选时间上课，不受时空的限制。

·政府行政管理部门对教育机构的资格认证。

远程教学采用的各种方式和教学资源构成了远程教学系统。现代远程教学系统包括实时教学系统和非实时辅助教学系统。

1)非实时辅助教学系统。

非实时辅助教学系统也可称异步多媒体远程教学系统,由教师预先将所讲的内容制作成课件,放在网络的课件服务器中,并能够随时在网上发布。学生在原地只要具备基本的上网的条件以及基本的设备,就可以通过网络下载服务器中的课件教材,在本地运行,这种异步教学系统就像学生在远地阅读一本好书一样,用户可以反复阅读,学习进度自己掌控,例如针对具体某一章节仔细推敲,也不影响别人。用户可以通过该系统,点播授课录像,登录课件库自学或通过电子邮件向教师提交作业和问题。这种方式特别灵活,造价也低,不受任何限制。典型的非实时辅助教学系统一般包括教学教务管理系统、WWW 系统、FTP 系统、E-mail 系统、BBS 系统、广播和点播系统以及课件库系统等。图 10-32 所示为异步远程教学系统图。

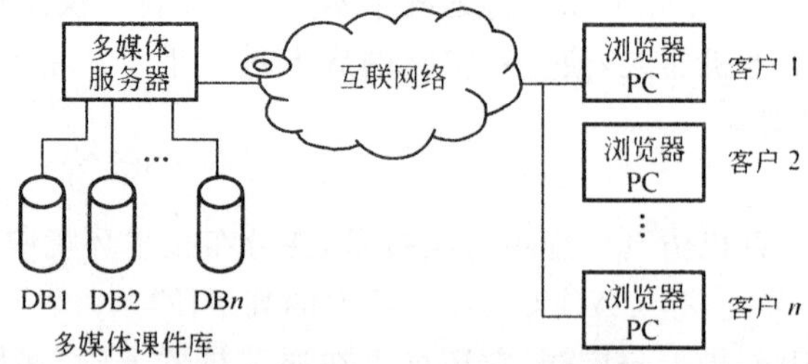

图 10-32 异步远程教学系统图

2)实时教学系统。

所谓同步教学是指实时地进行网络教与学。利用不同的带宽高速网络基础设施,将现场正在教学的教学过程、教学内容实时播放出去,从某种意义上来说就是把教学的课堂通过网络扩大到网络所能达到的地方,图 10-33 所示为实时同步远程教学系统。

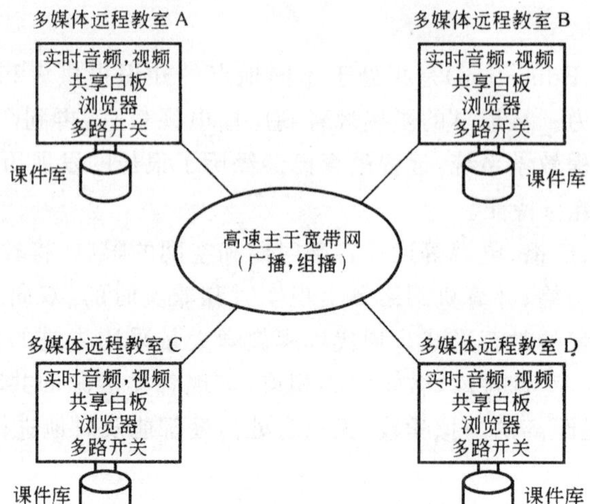

图 10-33 实时同步远程教学系统

实时同步远程教学具有很好的诸多特点:

1)实时音频、视频传输。教师讲课的声音要同步传输到网络的端点,可以是多媒体教室,也可以是个人网络上多媒体的终端，通过大屏幕教室的投影设备或显示器，可以基本上达到和教师面对面交流的教学环境。

2)共享白板功能。通过共享白板，教师在黑板上写的教学内容可以通过白板功能不但看到，还可以达到相互交流意见的目的。

3)共享浏览器。当教师在选择教学课程内容以及各种图表时，学生可以在本地浏览器共享空间同步地看到。

当学生有问题可以向主控节点(教师为主控节点)提出问题，教师可以看到听到学生的意见(通过多路开关)。教师也可以有效地转播某节点广播到各节点或组播到相关的节点上。可见这种方式突出教学的临场感和交互性，教学效果比较好，但易受时间限制。

(2)远程教育的构架。

图 10-34 所示的是层次框架构造的现代远程教育系统图。

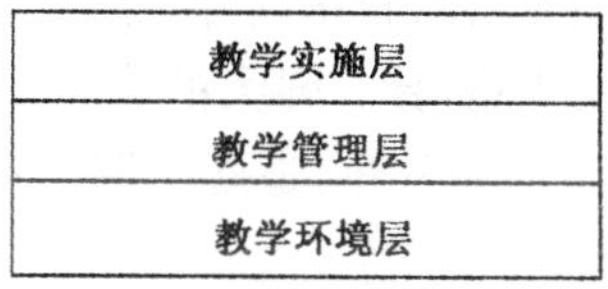

图 10-34　现代远程教育系统框架模型

教学环境层主要包括构成系统的硬件、软件环境，远程网络的接入，远程站点的组织以及多媒体信息的运用等。这一层不但为教学提供环境，还为学生进一步学习和自学的条件提供必要的保证，是远程教育系统提供必要的技术基础和应用环境。

教学管理层是提供远程教育系统中的教学组织与管理，包括教学计划安排、学生学籍管理、课程考试组织、学生成绩管理以及网络教学平台建设、教学方法探讨、教学内容和手段改进等。

教学实施层在网络的支持下，通过多媒体化知识表现形式以多种交互手段完成教与学的任务。主要作用是实现知识的传授和共享。

上述框架中，教学环境是基础，教学管理是核心，教学实施是目标。各层次相互独立并有一定的联系，不同角色人员通过分工和协作，共同实现面向特定目标的现代远程教育系统。

2. 远程教育系统关键技术

远程教育系统是以高速宽带网络为基础，以多媒体技术为核心，以课件制作为主线，以学生为主的教学模式。

(1)高性能课件服务器。

高性能的课件服务器在远程教育系统中是极其重要的，教学内容在传输以前都要经过压缩处理并存入发送的服务器当中。因此发送端服务器的处理能力、检索速度、吞吐能力、内存空间、CPU 速度和 I/O 处理能力都会对整个教学系统产生决定性影响。因为在实施教学过程中，会发生相当数量的用户同时登录实时课程教学活动；会出现同时点播相同或不同的课件。此时各种请求会在服务器端排队等候处理。如果服务器性能差，在任何一个环节上出现瓶颈，即使网络拥有足够的带宽，其传输速率也上不去，很可能就是因为服务器的缘故。

(2)构建高速宽带的网络教学环境。

基于网络的远程教育系统，目前最广泛的是由 Internet 服务器、远端客户和 Internet 网络组成。该系统采用浏览器/服务器(B/S)模型，综合运用 Web、FTP、E-mail、BBS 等多种 Internet

服务实现一种全新的教学模式。教学系统可提供网上课件、虚拟教室、视频点播等多种形式的教学服务。通常要求1000 Mbit以太网或者光纤网提供高速宽带和QoS保障,提供双向实时、交互式教学环境,支持一点到多点和组播的支持环境。

(3)多媒体教学课件的制作技术。

运行在网络上的多媒体课件应制做成HTML网页的形式,以Web网页的方式在Internet和Intranet上发布。常用的制作技术有以下三种。

1)制作图形文件。

利用数码相机或扫描仪将外部图形录入计算机制成图形文件,或者利用计算机屏幕抓取软件将计算机屏幕图制成图形文件。然后利用图形处理软件(例如Adobe公司的Photoshop)进行处理,再加工成所需要的形式,转换成JPEG格式的图形文件,以便在网上传输。

2)制作动画。

由Macromedia公司推出的Flash动画制作软件,是目前制作网络交互式动画的最有效的制作工具。它支持动画、声音以及交互功能,具有强大的交互式多媒体编辑能力,并且可以直接生成主页代码。用Flash制作的动画文件非常小,适合于网上远程教学使用。

3)制作音频视频文件。

可以利用计算机视频输入设备(视频头)将现场实况录入计算机并制成视频文件(如MPEG)。

可利用屏幕捕捉软件将连续动作的计算机屏幕操作以及通过传声器录入的实时讲解同步制成AVI视频文件。这种方法特别适合于制作计算机类的教学课件。

利用Premiere及After Effect等视频编辑软件可以将多个分离的图像、声音文件组合在一起,并可以加入特级效果,从而生成最终的视频文件。

3. 远程教育规范

图10-35所示是以ATM为主骨干网,以卫星传输为辅的大型课堂式多媒体远程教育网络结构图。

上述系统的端点主要由终端主机、外接设备、MCU、网络管理系统组成。终端主机设备符合H.320技术标准,基于开放式PC平台和Windows操作系统;符合H.261/H.263视频编解码标准;支持T.120、高速T.120(H-MLP),符合T.126多点静态图像和注释规范、T.127多点二值文件传输规范和T.128应用程序共享规范。外接设备有电子白板、摄像机、图文摄像等。多点控制单元(MCU)支持H.321、H.243标准;支持T.120、高速T.120标准;支持H.281标准的远端摄像机控制规程。

而基于IP网络的远程教育系统(包括LAN系统)则如图10-36所示。当课堂人数不多时,采用PC机终端,可分布在LAN或Internet,通过网关的协议转换,实现在ISDN上的传输,其传输速率为128~384 Kbps。

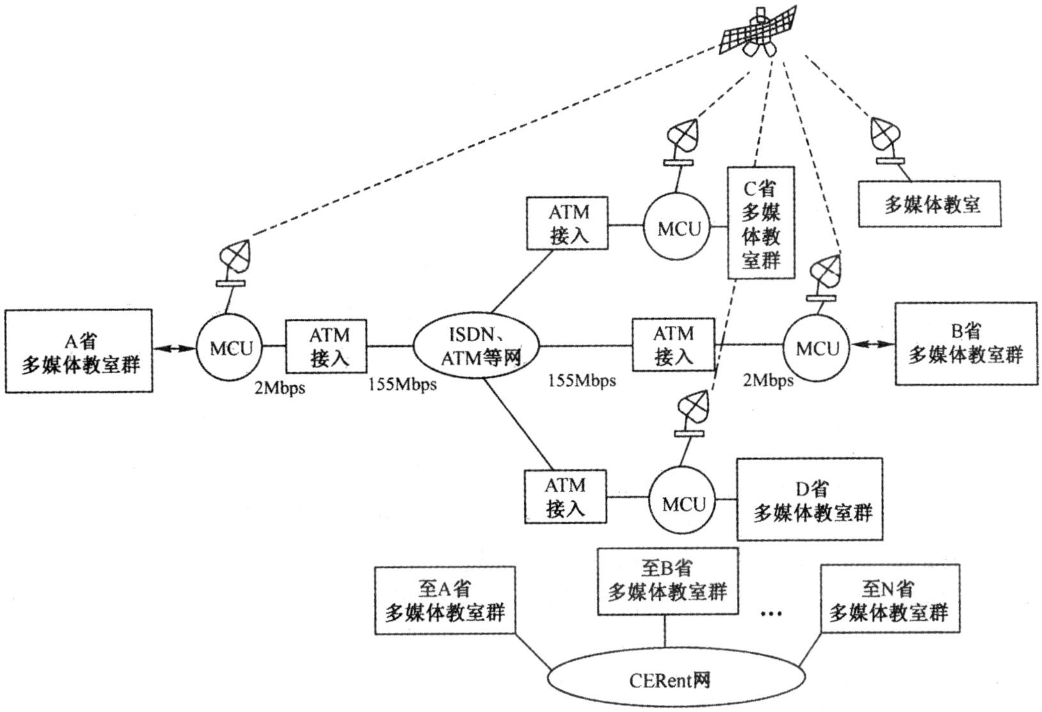

图 10-35　大型多媒体远程教育网络结构图

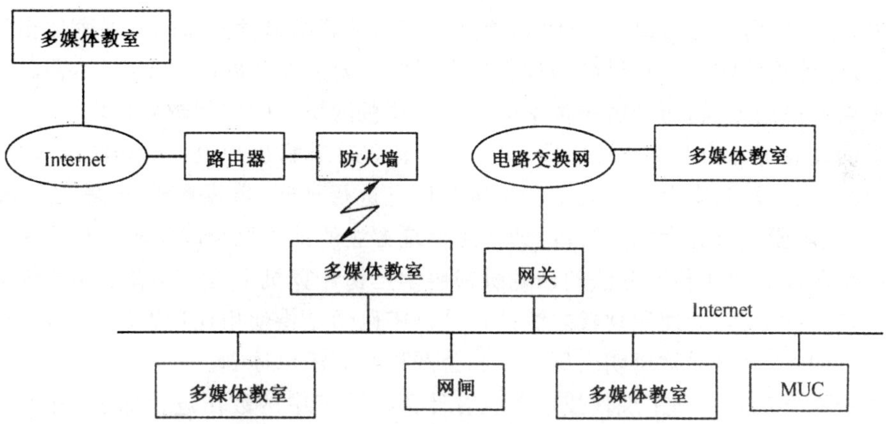

图 10-36　基于 IP 网络的远程教育系统

终端主机设备。符合 H323V2 的 PC 型终端，其速率为 128～3848 kbps；符合 H-323V2 的会议室型终端，速率为 512 kbps～2 Mbps；视频编码符合 H. 261/H. 263 标准。网关能提供 H. 320 与 H. 323 之间视频、音频、数据协议的转换。网闸，提供地址转换以及许可控制。

随着我国信息基础设施的迅速发展，宽带光纤网络的全面建设，远程教学费用将会大大降低，这样将推动基于宽带网络的远程教育的发展。基于 IP 的多媒体远程教育必将彻底突破时空限制，提供多形式、多功能、全方位的教学服务。

第 11 章　多媒体信息安全技术研究

11.1　数据加密技术

11.1.1　数据加密概述

1. 密码学的发展史

密码学是一门古老而深奥的学科，它以认识密码变换为本质，以加密与解密基本规律为研究对象。一般人对密码学是陌生的，因为长期以来，它只被应用在军事、外交和情报等部门。

早在几千年前，人类就已经有了保密通信的思想和方法，但这些保密方法都是非常朴素、原始和低级的，而且大多数是无规律的。有记载的最早的密码系统可能是希腊历史学家发明的 Polybios，这是一种替代密码系统。

1949 年，信息论的创始人香农(C. E. Shannon)发表了一篇著名的文章，论证了一般经典加密方法都是可以破解的。到了 20 世纪 60 年代，随着电子技术、信息技术的发展及结构代数、可计算性理论和复杂度理论的研究，密码学又进入了一个新的时期。

近年来，密码学研究之所以十分活跃，主要是它与计算机科学的蓬勃发展密切相关；此外，还有在电信、金融等领域防止日益泛滥的计算机犯罪的需要。在互联网出现之前，密码技术已经广泛应用于军事和民用方面，而今密码技术应用于计算机网络中的实例越来越多。

密码学的发展可分为两个主要阶段：第一个阶段是计算机出现以前的传统密码学阶段，即古代密码学阶段，该阶段基本上依靠人工和机械对信息进行加密、传输和破译；第二阶段是计算机密码学阶段，该阶段又可分为两个阶段，即使用传统方法的计算机密码学阶段和使用现代方法的计算机密码学阶段。使用传统方法的计算机密码学是指计算机密码工作者沿用传统密码学的基本观念进行信息的保密；而使用现代方法的计算机密码学是指使用现代思想进行信息的保密，其中包括两个方向：一个是对称密钥密码体制和公开称密钥密码体制。

计算机密码学是研究利用现代技术手段对计算机系统中的数据进行加密、解密和变换的学科，是数学和计算机学交叉的学科，也是一门新兴的学科。随着计算机网络和现代通信技术的发展，计算机密码学得到了前所未有的发展和应用。在国外，计算机密码学已成为计算机系统安全的主要研究方向，也是计算机安全课程教学中的主要内容。

密码学包括密码编码学和密码分析学。密码编码学是研究密码变化的规律并用之于编制密码以保护秘密信息的科学，即研究如何通过编码技术来改变被保护信息的形式，使得编码后的信息除指定接收者之外的其他人都不能理解；而密码分析学是研究密码变化的规律并用之于分析(解释)密码以获取信息情报的科学，即研究如何攻破一个密码系统，恢复被隐藏起来的信息的本来面目。密码编码学是实现对信息加密的，密码分析学是实现对信息解密的，这两部分相辅相成，互相促进，同时也是矛盾的两个方面。

在 20 世纪 70 年代，密码学的研究出现了两大成果，即一个是 1977 年美国国家标准局

(NBS)颁布的联邦数据加密标准(DES),而另一个是 1976 年由 Diffie 和 Hellman 提出的公钥密码体制的新概念。DES 将传统的密码学发展到了一个新的高度,而公钥密码体制的提出被公认为是实现现代密码学的基石。这两大成果已成为近代密码学发展史上的两个重要里程碑。

随着计算机网络不断渗透到国民经济各个领域,密码学的应用也随之扩大,数字签名、身份认证等都是由密码学派生出来的新技术和新应用。

2. 密码学的基本概念

密码学(Cryptology)作为数学的一个分支,是研究信息系统安全保密的科学,是密码编码学和密码分析学的统称。

在密码学中,有一个五元组:{明文,密文,密钥,加密算法,解密算法},对应的加密方案称为密码体制(或密码)。

明文(Plaintext)是作为加密输入的原始信息,即消息的原始形式,通常用 m 或 p 表示。所有可能明文的有限集称为明文空间,通常用 M 或 P 来表示。

密文(Ciphertext)是明文经加密变换后的结果,即消息被加密处理后的形式,通常用 c 表示。所有可能密文的有限集称为密文空间,通常用 C 来表示。

密钥(Key)是参与密码变换的参数,通常用 k 表示。一切可能的密钥构成的有限集称为密钥空间,通常用 K 表示。

加密算法(Encryption Algorithm)是将明文变换为密文的变换函数,相应的变换过程称为加密,即编码的过程,通常用 E 表示,即 $c = E_k(p)$ 。

解密算法(Decryption Algorithm)是将密文恢复为明文的变换函数,相应的变换过程称为解密,即解码的过程,通常用 D 表示,即 $p = D_k(c)$ 。

对于有实用意义的密码体制而言,总是要求它满足:$p = D_k(E_k(p))$,即用加密算法得到的密文总是能用一定的解密算法恢复出原始的明文来。而密文消息的获取同时依赖于初始明文和密钥的值。

一般地,密码系统的模型可用图 11-1 表示。

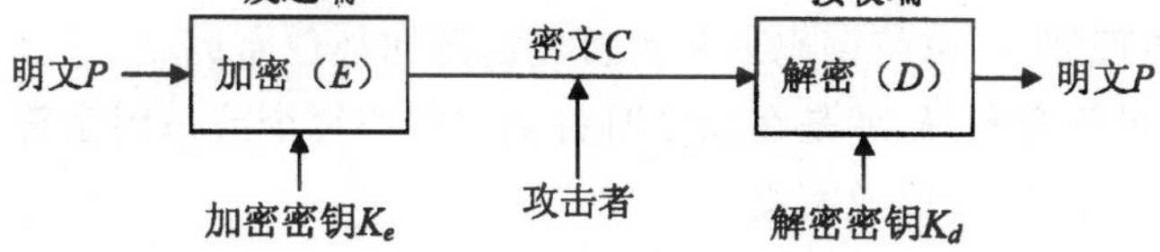

图 11-1　一般密码系统示意图

3. 密码的分类

从不同的角度,根据不同的标准,可将密码分为不同的类型。

(1)按历史发展阶段或应用技术划分。

按密码的历史发展阶段或应用技术划分,可将其划分为手工密码、机械密码、电子机内乱密码和计算机密码。

1)手工密码:是以手工方式或以简单器具辅助操作完成加密和解密过程的密码。第一次世界大战前主要使用这种方式。

2)机械密码:是以机械密码机或电动密码机来完成加密和解密过程的密码。这种密码在第一次世界大战中出现,到第二次世界大战时得到普遍应用。

3)电子机内乱密码:通过电子电路,以严格的程序进行逻辑运算,以少量制乱元素生产大量的加密乱数,因为其制乱是在加解密过程中完成的而不需预先制作,所以称为电子机内乱密码。这种密码在 20 世纪 50 年代末期出现,到 70 年代已得到广泛应用。

4)计算机密码:是指以计算机软件程序完成加密和解密过程的密码,是目前使用最广泛的加密方式。

(2)按保密程度划分。

按保密程度划分,可将密码划分为理论上保密的密码、实际上保密的密码和不保密的密码。

1)理论上保密的密码:是指不管获取多少密文和有多大的计算能力,对明文始终不能得到唯一解的密码,也叫理论不可破的密码,如客观随机一次一密的密码就属于这种。

2)实际上保密的密码:是指在理论上可破,但在现有客观条件下,无法通过计算来确定唯一解的密码。

3)不保密的密码:是指在获取一定数量的密文后可以得到唯一解的密码。如早期的单表代替密码,后来的多表代替密码以及明文加少量密钥等密码,现在都是不保密的密码。

(3)按密钥方式划分。

按密钥方式划分,可将密码划分为对称式密码和非对称式密码。

1)对称式密码:是指收发双方使用相同密钥的密码。传统的密码都属此类。

2)非对称式密码:是指收发双方使用不同密钥的密码。如现代密码中的公共密钥密码就属此类。

(4)按明文形态划分。

按明文形态划分,可将密码划分为模拟型密码和数字型密码。

1)模拟型密码:用以加密模拟信息。如对动态范围内连续变化的语音信号加密的密码,就为模拟型密码。

2)数字型密码:用于加密数字信息。如对两个离散电平构成 0、1 二进制关系的电报信息加密的密码就为数字型密码。

(5)按转换原理划分。

按密码转换的原理划分,可将密码划分为替代密码和换位密码。

1)替代密码:也叫替换密码,就是在加密时将明文中的每个或每组字符又另一个或另一组字符替换,原字符被隐藏起来,即形成密文。

2)换位密码:也叫置换密码,就是在加密时对明文字母(字符、符号)重新排序,每个字母位置变化了,但没被隐藏起来。移位密码是一种打乱原文顺序的加密方法。

替代密码加密过程是明文的字母位置不变而字母形式变化了,而移位密码加密过程是字母的形式不变而位置变化了。

11.1.2 传统的数据加密技术

传统的数据加密技术主要由两个基本模块组成,即替代(或替换,Substitution)和换位(或置换,Transposition)。

1. 替代密码

在传统密码学中,替代密码有简单替代、多名或同音替代、多字母替代和多表替代四种类型。

(1)简单替代密码。

简单替代密码也叫单表替代密码。简单替代就是将明文的一个字母,用相应的一个密文字母代替;其规则是根据密钥形成一个新的字母表,与原明文字母表有相应的对应(映射)关系。简单替代加密方法有移位映射法、倒映射法和步长映射法等,如图 11-2 所示。

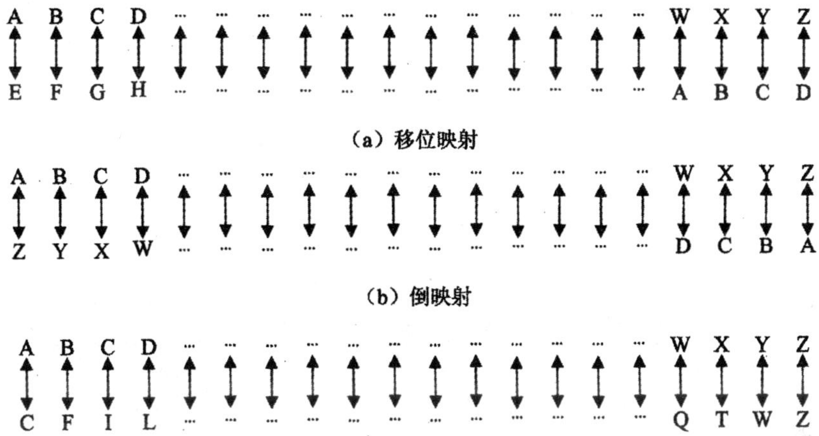

(c) 步长映射(步长为 3)

图 11-2　简单替代加密示意图

例如,移位映射的移动距离为+4(按字母顺序向右移动 4 个字母位置),则明文 A、B、C、…、Y、Z 可分别由 E、F、G、…、C、D 代替。如果明文是 about,则变为密文就是 efsyx,其密钥 k=+4,如图 11-2(a)所示。

简单替代密码很容易破译,因为它没有把明文不同字母出现的频率隐藏起来,所有密文都是由 26 个英文字母组成,字母出现的统计规律不变。破译这种密码的算法已经有很多种。

(2)多名或同音替代密码。

该方法与简单代替密码类似,区别在于映射为一对多关系,每个明文字母可以加密成多个密文字母,如 A 可对应于 5、12、29 或 46,B 可能对应于 2、19、35 或 40 等。同音代替密码比简单代替密码更难破译,尤其是当对字母的赋值个数与字母出现频率成比例时,这是因为密文符号的相关分布会近似于平的,可以挫败频率分析。然而,若明文字母的其他统计信息在密文中仍很明显时,那么同音代替密码仍然是可破译的。

(3)多字母替代密码。

多字母代替密码将明文字符划分为长度相同的消息单元,称为明文组,对字符块成组进行代替,因而使密码分析更加困难。多字母代替的优点是容易将字母的自然频度隐蔽或均匀化,从而有利于抗击统计分析。Playfair 密码和 Hill 密码都是这一类型的密码。

(4)多表替代密码。

因为带有原始字母使用频率的一些统计学特性,单表代换密码较容易被攻破。一种对策是对每个明文字母提供多种替代,即对明文消息采用多个不同的单表替代。这种方法一般称之为多表替代密码。例如,字母 e 可以替换成 16、74、35 和 21 等,循环或随机地选取其中一个即可。如果对每个明文元素(字母)分配的密文元素(如数字等)的个数与此明文元素(字母)的使用频率成一定比例关系,则使用频率信息就完全被隐藏起来了。

所有多表替代方法都有以下的共同特征:

①采用多个相关的单表代换规则集。

②由密钥决定使用的具体的代换规则。

多表替代密码引入了“密钥”的概念，由密钥来决定使用哪一个具体的替代规则。此类算法中最著名且最简单的是 Vigenere 密码。这种替代法是循环地使用有限个字母来实现替代的一种方法。若明文信息 $m_1m_2m_3\cdots m_n$，采用 n 个字母（ n 个字母为 B_1,B_2,B_3 ）替代法，那么 m_1 将根据字母 B_n 的特征来替代，m_{n+1} 又将根据 B_1 的特征来替代，m_{n+2} 又将根据 B_2 的特征来替代，如此循环。可见，$B_1,B_2,\cdots,B_n$ 就是加密的密钥。

表 11-1 所示的加密表是以字母表移位为基础，把 26 个英文字母进行循环移位，排列在一起形成 26×26 的方阵。该方阵被称为 Vigenere 表。采用的算法为

$$f(a)=(a+B_i)\bmod n(i=1,2,\cdots,n)$$

表 11-1　Vigenere 表

	A	B	C	D	E	F	G	H	I	J	K	L	M	N	O	P	Q	R	S	T	U	V	W	X	Y	Z
A	A	B	C	D	E	F	G	H	I	J	K	L	M	N	O	P	Q	R	S	T	U	V	W	X	Y	Z
B	B	C	D	E	F	G	H	I	J	K	L	M	N	O	P	Q	R	S	T	U	V	W	X	Y	Z	A
C	C	D	E	F	G	H	I	J	K	L	M	N	O	P	Q	R	S	T	U	V	W	X	Y	Z	A	B
D	D	E	F	G	H	I	J	K	L	M	N	O	P	Q	R	S	T	U	V	W	X	Y	Z	A	B	C
E	E	F	G	H	I	J	K	L	M	N	O	P	Q	R	S	T	U	V	W	X	Y	Z	A	B	C	D
F	F	G	H	I	J	K	L	M	N	O	P	Q	R	S	T	U	V	W	X	Y	Z	A	B	C	D	E
G	G	H	I	J	K	L	M	N	O	P	Q	R	S	T	U	V	W	X	Y	Z	A	B	C	D	E	F
H	H	I	J	K	L	M	N	O	P	Q	R	S	T	U	V	W	X	Y	Z	A	B	C	D	E	F	G
I	I	J	K	L	M	N	O	P	Q	R	S	T	U	V	W	X	Y	Z	A	B	C	D	E	F	G	H
J	J	K	L	M	N	O	P	Q	R	S	T	U	V	W	X	Y	Z	A	B	C	D	E	F	G	H	I
K	K	L	M	N	O	P	Q	R	S	T	U	V	W	X	Y	Z	A	B	C	D	E	F	G	H	I	J
L	L	M	N	O	P	Q	R	S	T	U	V	W	X	Y	Z	A	B	C	D	E	F	G	H	I	J	K
M	M	N	O	P	Q	R	S	T	U	V	W	X	Y	Z	A	B	C	D	E	F	G	H	I	J	K	L
N	N	O	P	Q	R	S	T	U	V	W	X	Y	Z	A	B	C	D	E	F	G	H	I	J	K	L	M
O	O	P	Q	R	S	T	U	V	W	X	Y	Z	A	B	C	D	E	F	G	H	I	J	K	L	M	N
P	P	Q	R	S	T	U	V	W	X	Y	Z	A	B	C	D	E	F	G	H	I	J	K	L	M	N	O
Q	Q	R	S	T	U	V	W	X	Y	Z	A	B	C	D	E	F	G	H	I	J	K	L	M	N	O	P
R	R	S	T	U	V	W	X	Y	Z	A	B	C	D	E	F	G	H	I	J	K	L	M	N	O	P	Q
S	S	T	U	V	W	X	Y	Z	A	B	C	D	E	F	G	H	I	J	K	L	M	N	O	P	Q	R
T	T	U	V	W	X	Y	Z	A	B	C	D	E	F	G	H	I	J	K	L	M	N	O	P	Q	R	S
U	U	V	W	X	Y	Z	A	B	C	D	E	F	G	H	I	J	K	L	M	N	O	P	Q	R	S	T
V	V	W	X	Y	Z	A	B	C	D	E	F	G	H	I	J	K	L	M	N	O	P	Q	R	S	T	U
W	W	X	Y	Z	A	B	C	D	E	F	G	H	I	J	K	L	M	N	O	P	Q	R	S	T	U	V
X	X	Y	Z	A	B	C	D	E	F	G	H	I	J	K	L	M	N	O	P	Q	R	S	T	U	V	W
Y	Y	Z	A	B	C	D	E	F	G	H	I	J	K	L	M	N	O	P	Q	R	S	T	U	V	W	X
Z	Z	A	B	C	D	E	F	G	H	I	J	K	L	M	N	O	P	Q	R	S	T	U	V	W	X	Y

实际使用时，往往把某个容易记忆的词或词组当作密钥。给一个信息加密时，只要把密钥反复写在明文下方（或上方），每个明文字母下面（或上面）对应的密钥字母就说明该明文应该用 Vigenere 表的哪一行加密。

例如，以 HOW 为密钥，明文为 ILOVEYOU

P=ILOVEYOU

K=HOWHOWHO

$E_K(P)$=PZKCSUVI

其加密过程就是以明文字母选择列，以密钥字母选择行，两者的交点就是加密生成的密文字母。解密时，以密钥字母选择行，从中找到密文字母，密文字母所在列的列名即为明文字母。

2. 换位密码

换位密码加密时只对明文字母重新排序，字母位置变化了，但它们没有被隐藏。换位密码加密是一种打乱原文顺序的替代法。

例如，把明文 this is a bookmark 按行写出，分为 3 行、5 列，则成为以下形式。

t　h　i　s　i

s　a　b　o　o

k　m　a　r　k

读出时按从左到右的列顺序进行，可得到密文 tskhamibasoriok。则它的密钥就是 12345，即按列读出的顺序。

此外，还可以用另一种顺序选择相应的列输出得到密文。如用 china 为密钥，将 this is abookmark 排列成上述矩阵，密钥 china 对应的序号为 23451。再以从小到大的顺序输出，即可得到密文 ioktskhamibasot。

又如，对于句子“移位密码加密时只对明文字母重新排序字母位置变化但它们没被隐藏”，可选择密钥 362415，并循环使用该密钥对上句进行换位加密。密钥的数字序列代表明文字符（汉字）在密文中的排列顺序。按照该密钥加密可得到一个不可理解的新句子（密文）“密密位码移加对字只明时文新字重排母序置但位变母化没藏们被它隐”。解密时只需按密钥 362415 的数字从小到大顺序将对应的密文字符排列，即可得到明文。

3. 一次一密钥密码

一种理想的加密方案为一次一密钥密码，由 Major Joseph Mauborgne 和 AT&T 公司的 Gilbert Vernam 在 1917 年发明的。一次一密钥密码就是指每次都使用一个新的密钥进行加密，然后该密钥就被丢弃，下次加密时再选择一个新密钥。一次一密钥密码的密钥就像每页都印有密钥的簿子一样，称为一次一密密钥本（One-TimePad）。一次一密密钥本就是一个包括多个随机密钥的密钥字母集，其中每一页上记录一条密钥。

使用一次一密密钥本加密的过程类似于日历的使用过程，每使用一个密钥加密一条信息后，就将该页撕掉作废，下次加密时再使用下一页的密钥。

发送者使用密钥本中每个密钥字母串加密一条明文字母串的过程，就是将明文字母串和密钥本中的密钥字母串进行模 26 加法运算。

接收者有一个同样的密钥本，并依次使用密钥本上的每个密钥去解密密文的每个字母串。在解密信息后，同样销毁密钥本中用过的一页密钥。

例如，如果信息是：

ONETIMEPAD

密钥本中的一页密钥是：

GINTBDEYWX

则可得到密文：

VWSNKQJOXB

这是因为：

(O+G)mod 26=V

(N+I)mod 26=W

(E+N)mod 26=S

这样，加密后得到的密文与明文的位数相同。

如果破译者不能得到加密信息的密钥本，则该方案就是安全的。由于每个密钥序列都是等概率的(因为密钥是以随机方式产生的)，因此，破译者没有任何信息对密文进行密码分析。

如果接收者选择的密钥是：

QIPVLAPFIN

则解密后可得明文为：

ENCRYPTION

如果接收者选择的密钥是：

RRPVLAPFIN

则解密后可得明文为：

DECRYPTION

可见，选择不同的密钥就能得到不同的明文。由于密钥是等概率的，得到的明文也是等概率的，因此，绝大多数明文是不可理解的。即使是像上述两例的明文一样碰巧是有意义的，解密者也没有办法确定哪个明文是正确的。随机密钥序列异或随机的明文信息，产生完全随机的密文信息，再大的计算能力对它也无能为力。

一次一密钥的密钥字母必须是随机产生的。对这种方案的攻击实际上是依赖于产生密钥序列的方法。不要使用伪随机序列发生器产生密钥，因为它们通常有非随机性。如果采用真随机序列发生器产生密钥，这种方案就是安全的。

理论上，对一次一密钥密码已经很清楚了。但是在实际中，一次一密钥密码提供完全的安全性存在两个基本难点。

1)产生大规模随机密钥的实际困难。一次一密钥密码需要非常长的密钥序列，这需要相当大的代价去产生、运输和保存，而且密钥不允许重复使用进一步增大了这个困难。实际应用中提供这样规模的真正随机字符是相当艰巨的任务。

2)密钥的分配和保护。对每一条发送的消息，需要提供给发送方和接收方等长度的密钥。因此，存在庞大的密钥分配问题。

因为上面这些困难，一次一密钥密码在实际中很少使用，而主要用于安全性要求很高的低带宽信道。例如，美国和前苏联两国领导人之间的热线电话据说就是用一次一密钥密码技术加密的。

11.1.3　对称密码体制

对称密码体制，也叫单钥密码体制。它是指如果一个加密系统的加密密钥和解密密钥相同，或者虽然不相同，但是由其中的任意一个可以很容易地推导出另一个，即密钥是双方共享的，则该系统所采用的就是对称密码体制。形象地说就是一把钥匙开一把锁。

对称密码体制根据每次加密的数据单元的大小，又可分为序列密码和分组密码。

(1)序列密码。

序列密码也叫流密码，是用随机的密钥序列依次对明文字符加密，一次加密一个字符。流密码速度快、安全强度高。由于字符前后不相关，因此，序列密码很适合在实时性要求较高的场合使用。

(2)分组密码。

分组密码是将明文划分为长度固定的组，逐组进行加密，得到长度固定的一组密文。密文分组中的每一个字符与明文分组的每一个字符都有关。分组密码是目前应用最为广泛的一种对称密码体制。

下面讨论几种常见的对称密码算法。

1. DES 算法

由 IBM 公司开发的数据加密标准(Data Encryption Standard，DES)算法，于 1977 年被美国政府定为非机密数据的数据加密标准。DES 算法是第一个向公众公开的加密算法，也是迄今为止应用得最广泛的一种商业的数据加密方案。

(1)DES 算法的基本思想。

DES 算法是一个分组密码算法，它将输入的明文分成 64 位的数据组块进行加密，密钥长度为 64 位，有效密钥长度为 56 位(其他 8 位用于奇偶校验)。其加密过程大致分成 3 个步骤，即初始置换、16 轮的迭代变换和逆置换，如图 11-3 所示。

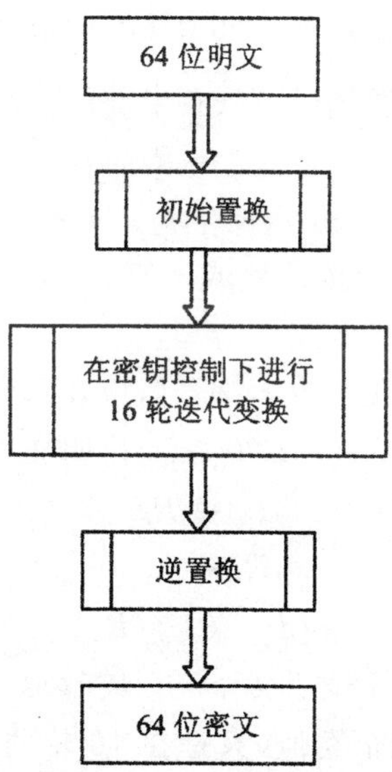

图 11-3　DES 算法的加密过程

首先，将 64 位的数据经过一个初始置换(这里记为 IP 变换)后，分成左右各 32 位两部分进入迭代过程。在每一轮的迭代过程中,先将输入数据右半部分的 32 位扩展为 48 位,然后与由 64 位密钥所生成的 48 位的某一子密钥进行异或运算,得到的 48 位的结果通过 S 盒压缩为 32 位,将这 32 位数据经过置换后,再与输入数据左半部分的 32 位数据异或,最后得到新一轮迭代的右半部分。同时,将该轮迭代输入数据的右半部分作为这一轮迭代输出数据的左半部分。这样,就完成了一轮的迭代。通过 16 轮这样的迭代后,产生了一个新的 64 位数据。需要注意的是,最后一次迭代后,所得结果的左半部分和右半部分不再交换,这样做的目的是为了使加密和解密可以使用同一个算法。最后,再将这 64 位的数据进行一个逆置换,就得到了 64 位的密文。

可见,DES 算法的核心是 16 轮的迭代变换过程,这个迭代过程如图 11-4 所示。

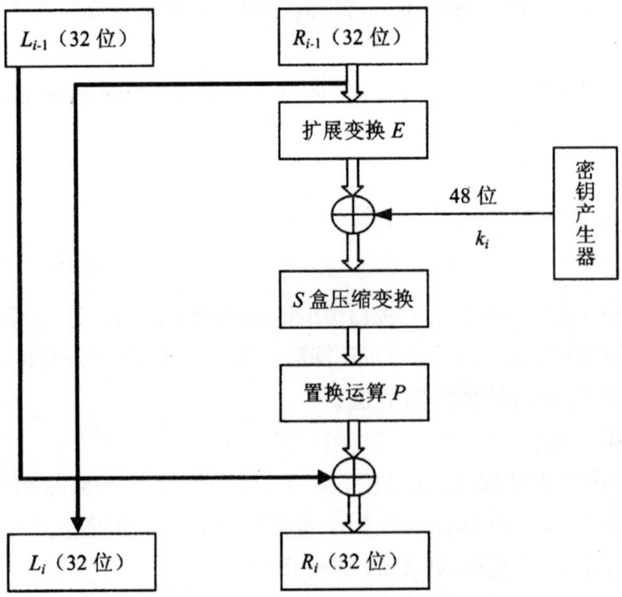

图 11-4　DES 算法的迭代过程

从图 11-4 可以看出,对于每轮迭代,其左、右半部的输出分别为:

$$L_i = R_{i-1}$$

$$R_i = L_{i-1} \oplus f(R_{i-1}, k_i)\ (i=1,2,3\cdots16)$$

其中,i 表示迭代的轮次,$\oplus$ 表示按位异或运算,f 是指包括扩展变换 E、密钥产生、S 盒压缩、置换运算 P 等在内的加密运算。

这样,可以将整个 DES 加密过程用数学符号简单表示为:

$$L_0R_0 \leftarrow IP(<64\text{ 位明文}>)$$

$$L_i \leftarrow R_{i-1}$$

$$R_i \leftarrow L_{i-1}$$

$$R_i \leftarrow L_{i-1} \oplus f(R_{i-1}, k_i)$$

$$<64\text{ 位明文}> \leftarrow IP^{-1}(R_{16}L_{16})$$

DES 的解密过程和加密过程完全类似,只是在 16 轮的迭代过程中所使用的子密钥刚好和加密过程中的反过来,即第一轮迭代时使用的子密钥采用加密时最后一轮(第 16 轮)的子密钥,第 2 轮迭代时使用的子密钥采用加密时第 15 轮的子密钥……最后一轮(第 16 轮)迭代时使用的子密钥采用加密时第 1 轮的子密钥。

(2)DES 算法的安全性分析。

鉴于 DES 的重要性,美国参议院情报委员会于 1978 年曾经组织专家对 DES 的安全性进行了深入地分析,最终的报告是保密的。IBM 宣布 DES 是独立研制的。

DES 算法的整个体系是公开的,其安全性完全取决于密钥的安全性。在该算法中,由于经过了 16 轮的替换和换位的迭代运算,使得密码的分析者无法通过密文获得该算法的一般特性以外的更多信息。对于这种算法,破解的唯一可行途径是尝试所有可能的密钥。对于 56 位长度的密钥,可能的组合达到 $2^{56}=7.2\times10^{16}$ 种。对 17 轮或 18 轮 DES 进行差分密码的强度已相当于穷尽分析;而对 19 轮以上 DES 进行差分密码分析则需要大于 2^{64} 个明文,但 DES 明文分组的长度只有 64 比特,因此实际上是不可行的。

为了更进一步提高 DES 算法的安全性,可以采用加长密钥的方法。例如,IDEA(International Data Encryption Algorithm)算法,它将密钥的长度加大到 128 位,每次对 64 位的数据组块进行加密,从而进一步提高了算法的安全性。

DES 算法在网络安全中有着比较广泛的应用。但是由于对称加密算法的安全性取决于密钥的保密性,在开放的计算机通信网络中如何保管好密钥一个是个严峻的问题。因此,在网络安全的应用中,通常将 DES 等对称加密算法和其他的算法结合起来使用,形成混合加密体系。在电子商务中,用于保证电子交易安全性的 SSL 协议的握手信息中也用到了 DES 算法来保证数据的机密性和完整性。另外,在 UNIX 系统中,也使用了 DES 算法用于保护和处理用户密码的安全。

2. IDEA 算法

国际数据加密算法(International Data Encryption Algorithm,IDEA)是由瑞士的 James Massey 和中国的来学嘉(Xuejia Lai)等人提出的,1990 年被正式公布并在随后得到了增强。这种算法是在 DES 算法的基础上发展起来的。

(1)IDEA 算法的基本思想。

IDEA 算法也是一种分组密码算法,分组长度为 64 bit,但密钥长度为 128 bit。作为对称密码体制的密码,其加密与解密过程雷同,只是密钥存在差异,IDEA 无论是采用软件还是硬件实现都比较容易,而且加解密的速度很快。IDEA 算法的加密流程如图 11-5 所示。

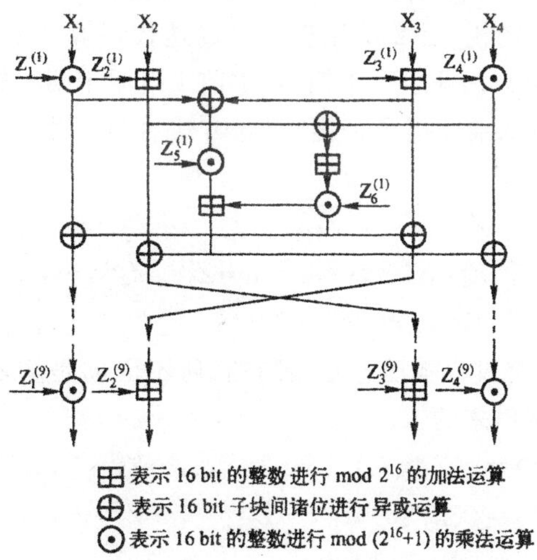

图 11-5　IDEA 的加密流程

64 bit 的数据块分成 4 个子块，每一子块 16 bit，令这 4 个子块为 X_1、X_2、X_3 和 X_4，作为迭代第 1 轮的输入，全部共 8 轮迭代运算。每轮迭代都是 4 个子块彼此间及 16 bit 的子密钥进行异或，mod 2^{16} 进行加法运算，mod $(2^{16}+1)$ 进行乘运算。任何一轮迭代第 3 和第 4 子块互换，每一轮迭代运算步骤如下。

1)将 X_1 和第 1 个子密钥块进行乘法运算。

2)将 X_2 和第 2 个子密钥块进行加法运算。

3)将 X_3 和第 3 个子密钥块进行加法运算。

4)将 X_4 和第 4 个子密钥块进行乘法运算。

5)将①和③的结果进行异或运算。

6)将②和④的结果进行异或运算。

7)将⑤的结果与第 5 子密钥块进行乘法运算。

8)将⑥和⑦的结果进行加法运算。

9)将⑧的结果与第 6 个子密钥块进行乘法运算。

10)将⑦和⑨的结果进行加法运算。

11)将①和⑨的结果进行异或运算。

12)将③和⑨的结果进行异或运算。

13)将②和⑩的结果进行异或运算。

14)将④和⑩的结果进行异或运算。

结果的输出为⑪、⑬、⑫、⑭，除最后一轮外，第 2 和第 3 块交换。第 8 轮结束后，最后输出变换如下。

1)将 X_1 和第 1 个子密钥块进行乘法运算。

2)将 X_2 和第 2 个子密钥块进行加法运算。

3)将 X_3 和第 3 个子密钥块进行加法运算。

4)将 X_4 和第 4 个子密钥块进行乘法运算。

一次完整的 IDEA 加密运算需要 52 个子密钥。这 52 个 16 bit 的子密钥都是由一个 128 bit 的加密密钥产生的，生成过程如下：首先，将 128 bit 加密密钥以 16 bit 为单位分为 8 组，其中前 6 组作为第一轮迭代运算的子密钥，后 2 组用于第二轮迭代运算的前 2 组子密钥，然后将 128 bit 加密密钥循环左移 25 bit，再分为 8 组子密钥，其中前 4 组用于第二轮迭代运算的后 4 组子密钥，后 4 组用作第三轮迭代运算的前 4 组子密钥，照此方法直至产生全部 52 个子密钥。这 52 个密钥子块的顺序为：

$$Z_1^{(1)},Z_2^{(1)},\cdots,Z_6^{(1)},Z_1^{(2)},Z_2^{(2)},\cdots,Z_6^{(2)};$$

$$Z_1^{(3)},Z_2^{(3)},\cdots,Z_6^{(3)};\cdots Z_1^{(8)},Z_2^{(8)},\cdots,Z_6^{(8)};$$

$$Z_1^{(9)},Z_2^{(9)},Z_3^{(9)},Z_4^{(9)}$$

IDEA 的解密过程与加密过程本质上是相同的，所不同的是解密密钥子块 $K_i^{(r)}$ 是从加密密钥子块 $Z_i^{(r)}$ 按下列方式计算出来的：

$$(K_1^{(r)},K_2^{(r)},K_3^{(r)},K_4^{(r)})=((Z_1^{(10-r)})^{-1},-Z_3^{(10-r)},-Z_2^{(10-r)},(Z_4^{(10-r)-1}),r=2,3,\cdots,8$$

$$(K_1^{(r)},K_2^{(r)},K_3^{(r)},K_4^{(r)})=((Z_1^{(10-r)})^{-1},-Z_2^{(10-r)},-Z_3^{(10-r)},(Z_4^{(10-r)-1}),r=1,9$$

$$(K_5^{(r)},K_6^{(r)})=(Z_5^{(9-r)},Z_6^{(9-r)}),r=1,2,\cdots,8$$

其中，Z^{-1} 表示 $Z\bmod(2^{16}+1)$ 的乘法逆；$-Z$ 表示 $Z\bmod 2^{16}$ 的加法逆。

(2)IDEA 算法的安全性分析。

IDEA 的密钥长度为 128 bit,如果采用穷搜索进行破译,则需要进行 $2^{128}=34028\times10^{38}$ 次尝试,这将是用同样方法对付 DES 的 $2^{72}=4.7\times10^{21}$ 倍工作量。目前,尚没有成功攻击 IDEA 的报道,有关学者进行分析也表明 IDEA 对于线性和差分攻击是安全的。

3. AES 算法

高级加密标准(Advanced Encryption Standard,AES) 又称 Rijndael 加密算法,是美国政府所采用的一种分组加密标准。这个标准用来替代原先的 DES,已经被多方分析并且在全世界内广泛使用。

(1)GF(2^8)域。

一个形如$[a_3,a_2,a_1,a_0]$的 32 bit 的字可以表示为系数在有限域上的一个四项的多项式:

$$a(x)=a_3x^3+a_2x^2+a_1x+a_0$$

其中,各个系数分别表示一个字节。

将其与下面的多项式

$$b(x)=b_3x^3+b_2x^2+b_1x+b_0$$

相加,也就是对上面两式相应的系数执行有限域上的加法。就是做四个系数的字节向量的逐比特异或运算。

现在来做上面两式的乘法。假定乘积为下面的多项式:

$$c(x)=c_6x^6+c_5x^5+c_4x^4+c_3x^3+c_2x^2+c_1x+c_0 \tag{11-1}$$

则可得各系数之间的关系为:

$$c_0=a_0\cdot b_0$$
$$c_1=a_1\cdot b_0\oplus a_0\cdot b_1$$
$$c_2=a_2\cdot b_0\oplus a_1\cdot b_1\oplus a_0\cdot b_2$$
$$c_3=a_3\cdot b_0\oplus a_2\cdot b_1\oplus a_1\cdot b_2\oplus a_0\cdot b_3$$
$$c_4=a_3\cdot b_1\oplus a_2\cdot b_2\oplus a_1\cdot b_3$$
$$c_5=a_3\cdot b_2\oplus a_2\cdot b_3$$
$$c_6=a_3\cdot b_3$$

式中,"·""$\oplus$"分别表示有限域上的乘法和加法。如果对式(11-1)用多项式 x^4+1 做模运算,则取模后的结果对应的多项式系数为:

$$d_3=a_3\cdot b_0\oplus a_2\cdot b_1\oplus a_1\cdot b_2\oplus a_0\cdot b_3$$
$$d_2=a_2\cdot b_0\oplus a_1\cdot b_1\oplus a_0\cdot b_2\oplus a_3\cdot b_3$$
$$d_1=a_1\cdot b_0\oplus a_0\cdot b_1\oplus a_3\cdot b_2\oplus a_2\cdot b_3$$
$$d_0=a_0\cdot b_0\oplus a_3\cdot b_1\oplus a_2\cdot b_2\oplus a_1\cdot b_3$$

将上式表示成矩阵的形式:

$$\begin{bmatrix}d_3\\d_2\\d_1\\d_0\end{bmatrix}=\begin{bmatrix}a_0&a_1&a_2&a_3\\a_3&a_0&a_1&a_2\\a_2&a_3&a_0&a_1\\a_1&a_2&a_3&a_0\end{bmatrix}\begin{bmatrix}b_3\\b_2\\b_1\\b_0\end{bmatrix}$$

(2)Rijndael 算法的基本思想。

Rijndael 算法是一种具有可变分组长度和可变密钥长度的重复的分组密码。分组长度和密钥长度可独立选择为 128 bit、192 bit 和 256 bit。

类似于明文分组和密文分组,算法的中间结果也需要分组,称算法中间结果的分组为状态,所有操作都在状态上进行。状态可以用以字节为元素的矩阵阵列表示,该阵列有 4 行,列数记为 N_b ,N_b 等于分组长度除以 32。$N_b = 6$ 的状态见表 11-2 所示。

表 11-2　$N_b = 6$ 的状态

$a_{0,0}$	$a_{0,1}$	$a_{0,2}$	$a_{0,3}$	$a_{0,4}$	$a_{0,5}$
$a_{1,0}$	$a_{1,1}$	$a_{1,2}$	$a_{1,3}$	$a_{1,4}$	$a_{1,5}$
$a_{2,0}$	$a_{2,1}$	$a_{2,2}$	$a_{2,3}$	$a_{2,4}$	$a_{2,5}$
$a_{3,0}$	$a_{3,1}$	$a_{3,2}$	$a_{3,3}$	$a_{3,4}$	$a_{3,5}$

加密密钥类似与用一个以字节为元素的矩阵阵列表示,该阵列有 4 行,列数记为 N_k ,N_k 等于分组长度除以 32。$N_k = 6$ 的种子密钥的矩阵阵列表示见表 11-3 所示。

表 11-3　$N_k = 6$ 的种子密钥的矩阵阵列表示

$k_{0,0}$	$k_{0,1}$	$k_{0,2}$	$k_{0,3}$	$k_{0,4}$	$k_{0,5}$
$k_{1,0}$	$k_{1,1}$	$k_{1,2}$	$k_{1,3}$	$k_{1,4}$	$k_{1,5}$
$k_{2,0}$	$k_{2,1}$	$k_{2,2}$	$k_{2,3}$	$k_{2,4}$	$k_{2,5}$
$k_{3,0}$	$k_{3,1}$	$k_{3,2}$	$k_{3,3}$	$k_{3,4}$	$k_{3,5}$

有时也将这些分组当作一维数组,其每一元素是上述矩阵表示中的 4 字节元素构成的列向量,数组长度可为 4、6、8,数组元素下标的范围分别是 0～3、0～5 和 0～7。4 字节元素构成的列向量有时也称为字。

迭代的轮数记为 N_r ,N_r 与 N_b 、N_k 有关,其关系见表 11-4。

表 11-4　N_r 的取值

N_r	$N_b=4$	$N_b=6$	$N_b=8$
$N_k = 4$	10	12	14
$N_k = 6$	12	12	14
$N_k = 8$	14	14	14

Rijndael 算法的加密流程如图 11-6 所示。

1)字节代换。

字节代换是非线性变换,独立地对状态的每个字节进行。代换表(即 S 盒)是可逆的,有以下两个变换的合成得到:首先,将字节看作 GF(2^8)上的元素,映射到自己的乘法逆元,'00' 映射到自己。然后对字节作如下的仿射变换:

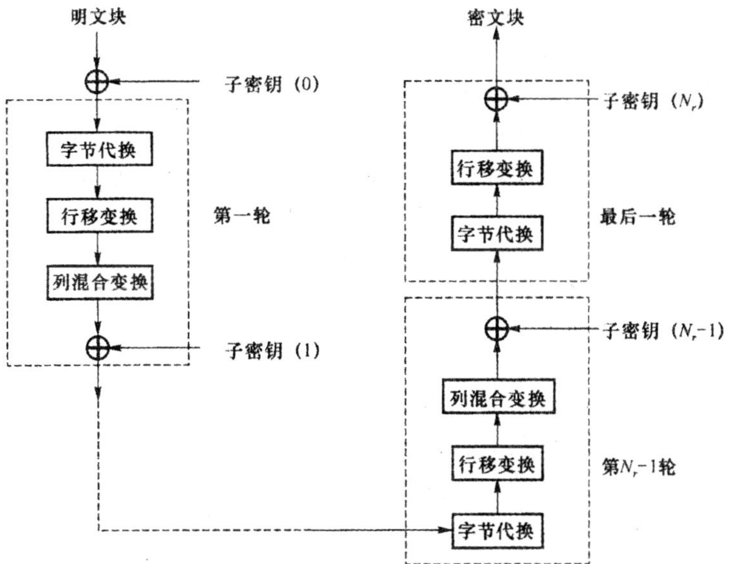

图 11-6 Rijndael 算法的加密流程

$$\begin{bmatrix} y_0 \\ y_1 \\ \vdots \\ y_7 \end{bmatrix} = \begin{bmatrix} 1 & 0 & 0 & 0 & 1 & 1 & 1 & 1 \\ 1 & 1 & 0 & 0 & 0 & 1 & 1 & 1 \\ 1 & 1 & 1 & 0 & 0 & 0 & 1 & 1 \\ 1 & 1 & 1 & 1 & 0 & 0 & 0 & 1 \\ 1 & 1 & 1 & 1 & 1 & 0 & 0 & 0 \\ 0 & 1 & 1 & 1 & 1 & 1 & 0 & 0 \\ 0 & 0 & 1 & 1 & 1 & 1 & 1 & 0 \\ 0 & 0 & 0 & 1 & 1 & 1 & 1 & 1 \end{bmatrix} \begin{bmatrix} x_0 \\ x_1 \\ \vdots \\ x_7 \end{bmatrix} + \begin{bmatrix} 1 \\ 1 \\ 0 \\ 0 \\ 0 \\ 1 \\ 1 \\ 0 \end{bmatrix}$$

上述 S 盒对状态的所有字节所做的变换记为：

ByteSub(State)

ByteSub 的逆变换由代换表的逆表做字节代换，可通过两步实现：首先进行仿射变换的逆变换，再求每一字节在 GF(2^8)上的逆元。

2)行移变换。

在此变换的作用下，数据块(表 11-5 所示)的第 0 行保持不变，第 1 行循环左移 C_1 个字节，第 2 行循环左移 C_2 个字节，第 3 行循环左移 C_3 个字节，其中，移位值 C_1 、C_2 和 C_3 与 N_b 有关。

按指定的位移量对状态的行进行的行移变换记为：

ShiftRow(State)

表 11-5 行移变换

N_b	移位值		
	C_1	C_2	C_3
4	1	2	3
6	1	2	3
8	1	3	4

3)列混合变换。

在列混合变换中,将状态阵列的每个列视为 $GF(2^8)$ 上的多项式,再与一个固定的多项式 $c(x)$ 进行模 x^4+1 乘法。当然要求 $c(x)$ 是模 x^4+1 可逆的多项式,否则列混合变换就是不可逆的,因而会使不同的输入分组对应的输出分组可能相同。Rijndael 算法的设计者给出的 $c(x)$ 为:

$$c(x)='03'x^3+'01'x^2+'01'x+'02'$$

$c(x)$ 是与 x^4+1 互素的,因此,是模 x^4+1 可逆的。列混合运算也可写为矩阵乘法。设 $b(x)=c(x)\otimes a(x)$,则

$$\begin{bmatrix} b_0 \\ b_1 \\ b_2 \\ b_3 \end{bmatrix} = \begin{bmatrix} 02 & 03 & 01 & 01 \\ 01 & 02 & 03 & 01 \\ 01 & 01 & 02 & 03 \\ 03 & 01 & 01 & 02 \end{bmatrix} \begin{bmatrix} a_0 \\ a_1 \\ a_2 \\ a_3 \end{bmatrix}$$

对状态 State 的所有列所做的列混合变换记为:

MixColumn(State)

列混合运算的逆运算是类似的,即每列都用一个特定的多项式 $d(x)$ 相乘。$d(x)$ 满足

$$('03'x^3+'01'x^2+'01'x+'02')\otimes d(x)='01'$$

由此可得

$$d(x)='0B'x^3+'0D'x^2+'09'x+'0E'$$

4)密钥加。

密钥加是将轮密钥简单地与状态进行逐比特异或。轮密钥由种子密钥通过扩展产生,轮密钥长度等于分组长度 N_b 。

状态 State 与轮密钥 RoundKey 的密钥加运算表示为:

AddRoundKey(State,RoundKey)

(3)Rijndael 算法的安全性分析。

Rijndael 算法对抗线性密码分析的理论分析结果是 4 轮 Rijndael 加密的最佳线性逼近的偏差为 2^{-75},而 8 轮加密的最佳线性逼近的偏差为 2^{-150};对抗差分密码分析的理论分析结果是 4 轮 Rijndael 加密的最佳差分特征的概率为 2^{-150},而 8 轮加密的最佳差分特征的概率为 2^{-300} 。

"Square"攻击是针对 Square 算法提出的一种攻击方法。理论分析结果说明它对 7 轮以下 Rijndael 的攻击是有效的,但对 7 轮以上对 AES 的攻击是免疫的。

期望的穷举密钥搜索的运算量取决于加密密钥的长度,密钥长度分别为 128 bit、192 bit 和 256 bit 时,其对应的运算量分别为 2^{127}、2^{191} 和 2^{255}。

Rijndael 算法的安全目标达到了 K-安全和封闭性。

11.1.4 公钥密码体制

公开密码体制的概念是由美国斯坦福大学(Stanford University)的研究人员 Diffie 与 Hellman 于 1976 年提出的。所谓公开密码体制就是使用不同的加密密钥与解密密钥,是一种"由已知加密密钥推导出解密密钥在计算上是不可行的"密码体制。

公开密码体制的产生主要有两个原因,一是由于常规密码体制的密钥分配问题,另一是由于

对数字签名的需求。

在公开密码体制中，加密密钥也称为公钥(Public Key，PK)，是公开信息；解密密钥也称为私钥(Secret Key，SK)，不公开是保密信息，私钥也叫秘密密钥；加密算法 E 和解密算法 D 也是公开的。SK 是由 PK 决定的，不能根据 PK 计算出 SK。私钥产生的密文只能用公钥来解密；另一方面，公钥产生的密文也只能用私钥来解密。

利用公钥和私钥对可以实现以下安全功能。

(1)提供认证。

用户 B 用自己的私钥加密发送给用户 A 的报文，当 A 收到来自 B 的加密报文时，可以用 B 的公钥解密该报文，由于 B 的公钥是众所周知的，所有其他用户也可以用 B 的公钥解密该报文，但是 A 可以知道该报文只可能是由 B 发送的，因为只有 B 才知道他自己的私钥。

(2)提供机密性。

如果 B 不希望报文对其他用户都是可读的，B 可以利用 A 的公钥对报文加密，A 可以利用他的私钥解密报文，由于没有其他用户知道 A 的私钥，所以其他用户都无法解密报文。

(3)提供认证和机密性。

B 可以先用 A 的公钥来加密报文，这样就确保了只有 A 才能解密报文，然后再用 B 自己的私钥对密文进行加密，这就确保了报文是来自 B 的。当 A 收到该报文时，他先用 B 的公钥解密该报文，得到一个结果，然后 A 自己的私钥对得到的结果再次进行解密。

公钥算法的特点为：

①发送方用加密密钥 PK(公钥)对明文 X 加密，在接收方用解密密钥 SK(私钥)解密，恢复出明文，即

$$D_{SK}(E_{PK}(X))=X$$

加密和解密运算可以对调，运算结果是一样的，即

$$E_{PK}(D_{SK}(X))=X$$

②加密密钥不能用它来解密，即

$$\mathrm{D_{PK}(E_{PK}(X))\neq X}$$

③从已知的 PK 不可能推导出 SK，在计算上是不可能的。

④加密算法和解密算法是公开的。

⑤可以很容易地生成 PK 和 SK 对。

下面讨论几种常见的公钥密码算法。

1. RSA 算法

RSA 算法是在 1977 年由美国的 3 位教授 R. L. Rivest、A. Shamirt 和 M. Adleman 在题为《获得数字签名和公开密钥密码系统的一种方法》中提出的，算法的名称取自 3 位教授的名字。RSA 算法是第一个提出的公开密钥算法，是至今为止最为完善的公开密钥算法之一。

(1)RSA 算法的基本思想。

下面通过具体的例子说明 RSA 算法的基本思想。

首先，用户秘密地选择两个大素数，这里为了计算方便，假设这两个素数为：$p=7$、$q=17$。计算出 $n=p\times q=7\times 17=119$，将 n 公开。

用户再计算出，z 的欧拉函数 $\varphi(n)=(p-1)\times(q-1)=6\times 16=96$。从 1 到 $\varphi(n)$ 之间选择一个和 $\varphi(n)$ 互素的数 e 作为公开的加密密钥(公钥)，这里选择 5。

计算解密密钥 d，使用 $(d\times e)\bmod \varphi(n)=1$，这里可以得到 d 为 77。

这样，将 $p=7$ 和 $q=17$ 丢弃。将 $n=119$ 和 $e=5$ 公开，作为公钥，将 $d=77$ 保密，作为私钥。这样就可以使用公钥对发送的信息进行加密，接收者如果拥有私钥，就可以对信息进行解密了。

例如，要发送的信息为 $s=19$，那么可以通过如下计算得到密文：

$$c=s^e \mathrm{mod}(n)=19^5 \mathrm{mod}(119)=66$$

将密文 66 发送给接收端，接收者在接收到密文信息后，可以使用私钥恢复出明文：

$$s=c^d \mathrm{mod}(n)=66^{77} \mathrm{mod}(119)=19$$

例子中选择的两个素数 p 和 q 只是作为示例，并不大，但可以看到，从 p 和 q 计算 n 的过程非常简单，但从 $n=119$ 找出 $p=7$、$q=17$ 还是不容易。在实际应用中，p 和 q 将是非常大的素数（上百位的十进制数），那样，通过 n 找出 p 和 g 的难度将非常大，甚至接近不可能。所以这种大数分解素数的运算是一种“单向”运算，单向运算的安全性就决定了 RSA 算法的安全性。

（2）RSA 算法的安全性分析。

如前所述，RSA 算法的安全性取决于从 z 中分解出 p 和 q 的困难程度。因此，如果能找出有效的因数分解的方法，将是对 RSA 算法的一个锐利的“矛”。密码分析学家和密码编码学家一直在寻找更锐利的“矛”和更坚固的“盾”。为了增加 RSA 算法的安全性，最实际的做法就是增加 n 的长度。随着 n 的位数的增加，分解 z 将变得非常困难。

随着计算机硬件水平的发展，对一个数据进行 RSA 加密的速度将越来越快，另一方面，对 n 进行因数分解的时间也将有所缩短。但总体来说，计算机硬件的迅速发展，对 RSA 算法的安全性是有利的，也就是说，硬件计算能力的增强，使得人们可以给 n 加大位数，而不致于放慢加密和解密运算的速度；而同样硬件水平的提高，对因数分解计算的帮助却没有那么大。

2. ElGamal 算法

ElGamal 算法是由 ElGamal 于 1985 年提出来的，是一种基于离散对数问题的密码体制。ElGamal 既可以用于加密，又可以用于签名，是 RSA 之外最有代表性的公钥密码体制之一，并得到了广泛的应用。

（1）ElGamal 算法的基本思想。

①选取大素数 p，$\alpha \in Z_p^*$ 是一个本原元，p 和 α 公开。

②随机选取整数 d，且使 $1\leqslant d\leqslant p-1$，计算

$$\beta=\alpha^d \bmod p$$

其中，β 是公开的加密密钥，d 是保密的解密密钥。

③明文空间为 Z_p^*，密文空间为 $Z_p^* \times Z_p^*$。

④加密变换：对任意明文 $M\in Z_p^*$，秘密随机选取一个整数 k，$1\leqslant k\leqslant p-2$，计算

$$C_1=\alpha^k \mathrm{mod} p, C_2=M\beta^k \mathrm{mod} p$$

得到密文 $C=(C_1,C_2)$。

⑤解密变换：对任意密文 $C=(C_1,C_2)\in Z_p^* \times Z_p^*$，明文为

$$M=C_2(C_1^d)^{-1} \mathrm{mod} p$$

（2）ElGamal 算法的安全性分析。

ElGamal 算法的安全性基于有限域 Z_p 上的离散对数问题的困难性。目前，尚没有求解有限域 Z_p 上的离散对数问题的有效算法。所以当 p 足够大时，ElGamal 算法是安全的。

此外，加密中使用了随机数 k 。k 必须是一次性的，否则攻击者获得 k 就可以在不知道私钥的情况下加密新的密文。

11.1.5　密钥管理

密钥是加密算法中的可变部分，利用加密手段对大量数据的保护归结为对密钥的保护，而不是对算法或硬件的保护。密码体制可以公开，密码设备可能丢失，但密码机仍可以使用。然而一旦密钥丢失或出错，不但合法用户不能获取信息，而且可能使非法用户窃取信息，因此，网络系统中密钥的保密和安全管理问题就成为首要的核心问题。

密钥管理是处理密钥自产生到最终销毁整个过程中的有关问题，包括密钥的设置、生成、分配、保护、存储、使用、备份和销毁等一系列过程。密钥管理方法实质上因所使用的密码体制（对称密码体制和公钥密码体制）而异，所有的这些工作都围绕一个宗旨，即确保使用中的密码是安全的。

1. 密钥设置协议

一般的密钥管理方案中都采用层次的密钥，主要目的是减少单个密钥的使用周期，增加系统的安全性。从总体上将密钥分为两大类：数据加密密钥（DK）和密钥加密密钥（KK）。前者直接对数据进行操作，后者用于保护密钥，使之通过加密而安全传递。

2. 密钥生成

密钥的产生首先必须考虑具体密码系统的公认的限制，如果用一个弱的密钥生成方法，那么整个体制是弱的。因为能破译密钥生成算法，所以就不需要去破译加密算法了。好的密钥应该是随机密钥，且为了便于记忆，密钥不能过长，也不能选完全随机的数串，密钥的生成是困难的，特别对公钥密码体制来说，生成密钥更加困难，因为密钥必须满足某些数学特征（如素数、二次剩余等）。

3. 密钥分配

密钥分配的研究一般解决两个问题：一是引进自动分配密钥机制，以提高系统的效率；二是尽可能减少系统中驻留的密钥量。当然这两个问题可能统一起来解决。

目前，典型的自动密钥分配途径有两类：集中式分配方案和分布式分配方案。所谓集中式分配是指利用网络中的“密钥管理中心”来集中管理系统中的密钥，“密钥管理中心”接受系统中用户的请求，为用户提供安全分配密钥的服务。分布式分配方案取决于它们自己的协商，不受任何其他方面的限制。当然，系统密钥分配可能采取两种方案的混合，主机采用分布式分配密钥，而主机对于终端或它所属通信子网中的密钥可采用集中方式分配。

4. 密钥的保护

密钥从产生到终结的整个生存期中，都需要加强安全保护。密钥决不能以明文的形式出现，所有密钥的完整性也需要保护，因为一个攻击者可能修改或替代密钥，从而危机机密性服务。另外，除了公钥密码系统中的公钥外，所有的密钥需要保密。

在实际中，存储密钥的最安全的方法是将其放在物理上安全的地方。当一个密钥无法用物理的办法进行安全保护时，密钥必须用其它的方法来保护，可通过机密性（例如，用另一个密钥加密）或完整性服务来保护。在网络安全中，用最后一种方法可导致密钥的层次分级保护。

5. 密钥的存储

在对密钥进行存储时必须保证密钥的机密性、认证性、完整性、防止泄露和修改。通常可将密钥储存在磁卡、ROM 密钥卡或智能卡中，用户先将物理标记插入加密箱上或连在计算机终端上的特殊读入装置中，然后把密钥输入到系统中。当用户使用这个密钥时，并不明确知道它，也就不能泄露它了。从而使得储存和保护它更加地直观。把密钥平分成两部分，一半存入终端，一半存入 ROM 密钥使得这项技术更加安全。美国政府的 STU—Ⅲ保密电话就是用的这种方法。丢失了 ROM 密钥并不能使加密密钥受到损害，只要换掉它一切就正常如初。丢失终端密钥情况也如此。这样，其中一方被损害都不能损害整个密钥。

6. 密钥备份/恢复

密钥的备份是非常有意义的，在密钥主管发生意外的情况下，以便恢复加密的信息，否则加密的信息就会永远地丢失了。

有几种方法可避免这种事情发生。最简单的方法称密钥托管方案，它要求所有雇员将自己的密钥写下来交给公司的安全官，由安全官将文件锁在某个地方的保险柜里(或用主密钥对它们进行加密)。当发生意外情况时，可向安全官索取密钥。

一个更好的方法是采用一种秘密共享协议，即将密钥分成若干片，然后，每个有关的人员各保管一部分，单独的任何一部分都不是密钥，只有将所有的密钥片搜集全，才能重新把密钥恢复出来。

7. 密钥的销毁

任何一个密钥都不可能无限期地使用。通常，密钥使用的时间越长，泄露的概率就越大。如果密钥已经泄露，那么使用的时间越长造成的损失也越大。因此，密钥必须定期更换，而密钥更换以后，原来的密钥就必须销毁，包括该密钥所有的拷贝以及重新生成或重新构造该密钥所需的信息都要全部删除，结束该密钥的生命周期。

11.2 信息隐藏技术

11.2.1 信息隐藏概述

1. 信息隐藏的定义

首先，给出一些基本的定义。A 打算秘密传递一些信息给 B，A 需要从一个随机消息源中随机选取一个无关紧要的消息 c，当这个消息公开传递时，不会引起怀疑，称这个消息 c 为载体对象。然后把需要秘密传递的信息 m 隐藏到载体对象 c 中，此时，载体对象 c 就变为伪装对象 c′。伪装对象和载体对象在感官上是不可区分的，即当秘密信息 m 嵌入到载体对象中后，伪装对象的视觉感官(可视文件)、听觉感官(声音)或者一般的计算机统计分析都不会发现伪装对象与载体对象有什么区别，这样，就实现了信息的隐蔽传输，即掩盖了信息传输的事实，实现了信息的安全传递。

秘密信息的嵌入过程，可能需要密钥，为了区别于加密的密钥，信息隐藏的密钥称为伪装密钥。

图 11-7 中，通信一方 A 需要给另一方 B 秘密传递一个消息，并且希望信息的传递不会引起

任何人的怀疑和破坏。首先 A 从载体信息源诸佛那个选择一个载体信号，它可以是任何一种多媒体信号，在其中，使用信息嵌入算法，将秘密信息 m 嵌入多媒体信号中，嵌入算法中可能需要使用密钥。嵌入了信息的载体通过公开信息传递给 B，用户 B 知道用户 A 使用的嵌入算法和嵌入密钥，利用相应的提取算法将隐藏在载体中的秘密信息提取出来。提取过程中可能需要或不需要远是载体对象 c，这就取决于 A，B 双方约定的信息嵌入算法。

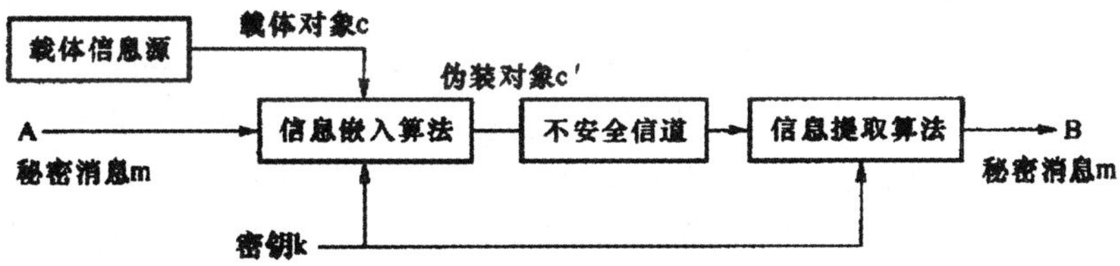

图 11-7　信息隐藏原理

在信道上监视通信过程的第三方，他只能观察到通信双方之间传递的一组载体对象 c_1，c_2，…，c_n，由于伪装对象与载体对象很相似，或者说从感官上（甚至计算机的统计分析上）分辨不出哪些是原始载体对象，哪些是伪装对象，因此，观察者无法确定在通信双方传递的信息中是否包含了任何秘密信息。可见，不可视通信的安全性主要取决于第三方有没有能力将载体对象和伪装对象区别开来。在载体信息源的产生上也应该建立一些约束，并不是所有的数据都可以作为不可视通信的载体的。一方面，存在冗余空间的数据可以作为载体。由于测量误差，任何数据都包含一个随机成分，称为测量噪声。这种测量噪声可以用来掩饰秘密信息。如图像、声音、视频等，在数字化之后，都存在一定的测量误差，它们是不能被人类感官系统精确分辨的，因此，在这些测量误差的位置放入秘密信息，人类的感官系统仍然无法察觉。而另一些不存在冗余空间的数据也可以作为载体，但是它们所携带秘密信息的方式就与前一类载体有所区别，因为不存在冗余空间的数据，不允许在数据上进行些许修改，否则将引起数据的改变。例如文本文件，文件编码的任何一个比特发生变化，将引起错误的文字。因此，在这样一类数据上的信息隐藏，应该考虑另外的方式。针对不同的载体信号，设计不同的信息隐藏方式。

另一方面，应该有一个较大的载体信息库供选择，原则上，一个载体不应该使用两次。因为如果观察者能够得到载体的两个版本，那么，他有可能利用两次的差别来重构秘密信息，或者破坏秘密信息。

2. 信息隐藏的分类

信息隐藏技术可大致分为三类：无密钥信息隐藏、私钥信息隐藏和公钥信息隐藏。

(1)无密钥信息隐藏。

如果一个信息隐藏系统不需要预先约定密钥，称其为无密钥信息隐藏系统。在数学上，信息隐藏过程可描述为一个映射 $E: C\times M\to C'$，这里 C 是所有可能载体的集合，M 是所有可能秘密消息的集合，C′是所有伪装对象的集合。信息提取过程也可看作一个映射 $D: C'\to M$，从伪装对象中提取秘密消息。发送方和接收方事先约定嵌入算法和提取算法，但这些算法是要求保密的。

(2)私钥信息隐藏。

对于无密钥信息隐藏，系统的安全性完全依赖于隐藏和提取算法的保密性，如果算法被泄漏，则信息隐藏无任何安全性可言。

在密码学的研究中，有一个公认的设计准则。1883 年，Auguste Kerckhoffs 阐明了第一个密码系统的设计准则:密码设计者应该假设对手知道数据加密的方法,数据的安全性必须仅依赖于密钥的安全性。因此,在密码设计时应该考虑满足 Kerckhoffs 准则。尽管如此,在密码学的历史上,仍不断出现"通过对加密算法的保密来确保安全性"的事情。

信息隐藏的安全性也同样存在这样的问题,信息隐藏系统的设计也应该考虑满足 Kerckhoffs 准则。前面的无密钥信息隐藏系统,其安全性完全建立在隐藏算法的安全性上,显然违反了 Kerckhoffs 准则,在现实中是很不安全的。

因此,设计安全的信息隐蔽传输算法时,应该假定信息隐藏算法是公开的,也就是说,之间传递的每一个载体对象进在线路上监视的第三方知道信息隐藏算法,他可以对 A,B 之间传递每一个载体对象进行分析,用相应的信息提取算法秘密信息。但是,在他不知道伪装密钥的情况下,无法提取出有效的秘密信息,正如同已知加解密算法,但不知道密钥,仍然无法破译密码一样。

一个私钥隐藏系统类似于私钥密码系统:发送者选择一个载体对象 c,并使用伪装密钥 k 将秘密信息嵌入到 c 中。伪装密钥是由发送者和接收者所共同拥有的。接收者利用手中的密钥,用提取算法就可以提取出秘密信息。而不知道这个密钥的任何人都不可能得到秘密信息,并且载体对象和伪装对象在感官上是相似的。

(3)公钥信息隐藏。

公钥信息隐藏系统使用了公钥密码系统的概念,它需要使用两个密钥:一个公开钥和一个秘密钥。通信各方使用约定的公钥体制,各自产生自己的公开钥和秘密钥,将公开钥存储在一个公开的数据库中,通信各方可以随时取用,秘密钥由通信各方自己保存,不予公开。公开钥用于信息的嵌入过程,秘密钥用于信息的提取过程。

一个公钥信息隐藏的协议由 Anderson 首次提出。它的方法是:A 用 B 的公钥对需要保密的消息进行加密,得到一个"外观"随机的消息,并将它嵌入到一个载体对象中去,嵌入方法就是替换掉载体的测量噪声。前面说过,任何数字化的载体信号都存在或多或少的测量噪声,测量噪声具有"自然随机性"。如果加密后的消息可以达到近似于"自然随机性",那么嵌入后不会影响载体的感官特性。这里还可以假设加密算法和嵌入函数是公开的,因此任何人都可以利用提取函数得到外观上随机的序列。但是只有接收者 B 拥有解密密钥,用解密密钥可以解出 A 发来的秘密信息。而第三方监视者虽然也可以得到这样的随机序列,但是由于他不拥有解密密钥,他无法肯定这样的随机序列是载体信号的自然噪声还是秘密信息被加密后产生的随机序列。当然,接收者 B 也无法肯定他每一次接收的伪装对象中都包含有加密信息,因此他只能每次运行解密算法,试图用秘密钥去解密,如果伪装载体确实含有秘密信息,则解密出来的就是 A 发来的秘密信息。

这样一种公钥信息隐藏的安全性取决于所选用的公钥密码体制的安全性。同时,还要求用公钥加密后的数据具有良好的随机性,并且这种随机性应该与载体测量噪声的自然随机性在统计特征上是不可区分的。

在密码系统中,公钥体制和私钥体制可以结合使用。首先用公钥体制完成密钥的交换,然后用这个密钥进行数据的加密传递。与密码系统中的公钥体制和私钥体制的使用一样,公钥信息隐藏和私钥信息隐藏也可以结合使用。首先,通过使用公钥信息隐藏系统执行一个密钥交换协议,使得 A 和 B 可以共享一个密钥,然后它们就可以在私钥信息隐藏系统中使用这个密钥。

3. 信息隐藏的基本过程

(1)信息隐藏嵌入过程。

1)对原始主信号作信号变换。

2)对原始主信号作感知分析。

3)在步骤②的基础上,基于事先给定的关键字,在变换域上将隐藏信息嵌入主信号,得到带有隐藏信息的主信号。

(2)信息隐藏检测过程。

1)对原始主信号作感知分析。

2)在步骤①的基础上,基于事先给定的关键字,在变换域上将原始主信号和可能带有隐藏信息的主信号作对比,判断是否存在隐藏信息。

4. 信息隐藏的特征

(1)鲁棒性(Robustness)。

指不因数据文件的某种改动而导致隐藏信息丢失的能力。这里所谓"改动"包括传输过程中的信道噪音、滤波操作、重采样、有损编码压缩、D/A 或 A/D 转换等。

(2)不可检测性(Undetectability)。

指隐蔽载体与原始载体具有一致的特性。如具有一致的统计噪声分布等,使非法拦截者无法判断是否有隐蔽信息。

(3)透明性(Invisibility)。

利用人类视觉系统或人类听觉系统属性,经过一系列隐藏处理,使目标数据没有明显的降质现象,而隐藏的数据却无法看见或听见。

(4)安全性(Security)。

指隐藏算法有较强的抗攻击能力,即它必须能够承受一定程度的人为攻击,而使隐藏信息不会被破坏。

(5)自恢复性。

由于经过一些操作或变换后,可能会使原图产生较大的破坏,如果只从留下的片段数据仍能恢复隐藏信号,而且恢复过程不需要宿主信号,这就是所谓的自恢复性。

信息隐藏不同于传统的加密,因为其目的不在于限制正常的资料存取,而在于保证隐藏数据不被侵犯和发现。因此,信息隐藏技术必须考虑正常的信息操作所造成的威胁,即要使机密资料不易被正常的数据操作(如通常的信号变换操作或数据压缩)所破坏。尽管信息隐藏技术起源于保密通信,但近几年来,由于互联网市场的迫切需求,数字多媒体水印技术及其应用已成为信息隐藏技术研究的重点。对于某一特定的信息隐藏算法来讲,它不可能在上述的衡量准则下同时达到最优。显然,数据的嵌入量越大,签字信号对原始主信号感知效果的影响也会越大;而签字信号的鲁棒性越好,其不可检测性也会随之降低,反之亦然。

11.2.2　信息隐藏方法

信息隐藏(或称为信息伪装)的手段非常多。从隐藏信息的载体来看,有以下几种。

1. 在文本中隐藏信息

利用语言的自然冗余性,将信息直接编码到文本内容中去,或者将信息直接编码到文本格式中去（比如，调整字间距或行间距）。如果载体文本以固定格式（像 HTML，LATEX 或 Postscript 文件）的形式传输，则信息可以嵌入到格式中而不是消息内容本身，秘密信息可以存储在行间距或列间距中。如果两行之间的距离小于某个门限值，就表示隐藏的信息是“0”，否则隐藏的信息是“1”（类似的方法也可用于传输文本的信息，偶尔的附加空格字符可以用来构成秘密信息）。将信息编码隐藏在字处理系统的断行处。

在文本消息中能否存在安全和健壮的信息隐藏，仍然是一个悬而未决的问题。一个攻击者只需简单地试图重新调整文本的格式，就可以破坏掉所有嵌入在文本格式中的信息。另外，文本消息可以以各种不同的格式进行存储（像 HTML，TEX’s DVI，Postscript，PDF 或者 RTF），从一种格式转化到另一种格式对嵌入的消息也有很大的损害。

2. 利用阈下信道隐藏信息

比如，利用 ElGamal 型数字签名方案，按如下方式可以实现隐藏信息的通信。为了生成 ElGamal 密钥，用户首先选择一个素数 p，选择 Z_p^* 的一个生成元 g 和一个随机数 $x<p$。然后用户计算 $y\equiv g^x \bmod p$，于是公钥为三元组，$<y,g,p>$，私钥为 x。为了对消息 M 签名，用户首先选择一个随机数 k，且使 k 与 p－1 互素，计算 $a\equiv g^k \bmod p$。并从方程 $M\equiv xa+kb \bmod (p-1)$ 求解 b。签名就是 $<a,b>$。为验证该签名，验证方程 $y^a a^b\equiv g^M \bmod p$。为了在数字签名中隐藏附加的秘密信息，接收者必须获得发送者的私钥 x。为了将秘密消息 M' 与某些无关紧要的消息 M 一起发送，M' 在基本的 ElGamal 方案中扮演随机数 k 的角色，签名仍然是 $<a,b>$ 并像上述那样进行验证。如果接收者已获得 x，则他可以利用扩展的欧几里得算法重构 M'。

3. 利用操作系统中的隐蔽信道来隐藏信息

在一个操作系统里，运行在高安全级别的进程 A 能够向一个磁盘写数据，而运行在低安全级别的另一个进程 B 能够访问其文件表（即由前一个进程创建的所有文件的名字和大小），虽然它没有访问数据本身。这种情形可以导致一个隐蔽信道，进程 A 通过选择合适的文件名和大小来向 B 发送消息。一个 IP 包的时间戳可以用来传输 1 bit 数据。以太网物理层的碰撞检测系统可以被修改，因特网控制消息可以被利用等。

4. 在可执行文件中隐藏数据

可执行文件以这样的方式包含许多冗余信息，如可以安排独立的一串指令，或者选择一个指令子集解决特定的问题。代码迷乱技术，最初主要用来保护软件产品的不正当再处理，它能用来在可执行文件中存储额外的信息。这种技术试图把一个程序 P 变换成一个功能等价的程序 P'，而 P' 更难以反向编程。在信息伪装应用中，秘密信息隐藏在所用的一系列变换中。如果 $P\rightarrow P'$ 是源程序 P 到目标程序 P' 的一个变换，并满足两个条件：如果 P 未能终止或以一个错误信息终止，则 P' 可以终止也可以不终止，否则终止 P' 并产生与 P 一样的输出。Collberg 等人列出了许多可用来迷乱 Java 代码的技术。它们中有“分支插入”变换和“循环条件插入”变换。第一个变换通过写两个功能等价的代码块引入一个额外的分支，而代码块根据分支条件来选择。第二个变换扩展循环条件使得循环执行总时间不受影响。

5. 在视频通信系统中隐藏信息

在一个综合业务数字网（ISDN）视频会议系统里，可以嵌入一个 GSM 电话对话（带宽高达 8 kbps）而不会使视频信号严重降质，从而形成了一个秘密通信。但是，到目前为止，研究最成熟的信息隐藏载体是图像。

11.2.3　信息隐藏分析

1. 信息隐藏分析方法

信息隐藏分析的目的有三个层次。首先，要回答在一个载体中是否隐藏有秘密信息。第二，如果藏有秘密信息，提取出秘密信息。第三，如果藏有秘密信息，不管是否能提取出秘密信息，都不想让秘密信息正确到达接收者手中，因此，第三步就是将秘密信息破坏，但是又不影响伪装载体的感官效果（视觉、听觉、文本格式等），也就是说使得接收者能够正确收到伪装载体，但是又不能正确提取秘密信息，并且无法意识到秘密信息已经被攻击。

信息隐藏算法，可以类似于密码设计，分为无密钥信息隐藏、私钥信息隐藏和公钥信息隐藏。信息隐藏的分析应该如何入手呢？既然信息隐藏的目的就是想方设法不引起怀疑，那么对所有正常和看似正常的信息传递，应如何下手进行分析呢？首先参考一下在密码分析中是如何做的。对密码破译者来说，可以使用的攻击方法有仅知密文攻击、已知明文攻击、选择明文攻击和选择密文攻击。在仅知密文攻击中，密码破译者只能得到加密的密文。在已知明文攻击中，密码破译者可能有加密的消息和部分解密的消息。选择明文攻击是对密码破译者最有利的情况，在这种情况下，密码破译者可以任意选择一些明文以及所对应的密文。如果再能获得加密算法和密文，密码破译者就能加密明文，然后在密文中进行匹配。选择密文攻击可用于推测加密密钥。密码分析的难点不是检测到已加密的信息，而是破译出加密的信息。

隐藏分析，需要在载体对象、伪装对象和可能的部分秘密消息之间进行比较。隐藏的信息可以加密也可以不加密，如果隐藏的信息是加密的，那么即使隐藏信息被提取出来，还需要使用密码破译技术，才能得到秘密信息。

(1)发现隐藏信息。

信息隐藏技术主要分为这样几大类，一个是时域替换技术，它主要是利用了在载体固有的噪声中隐藏秘密信息；另一个是变换域技术，主要考虑在载体的最重要部位隐藏信息；另外还有一些其他常用的技术，如扩频隐藏技术、统计隐藏技术、变形技术、载体生成技术等。在信息隐藏分析中，应该根据可能的信息隐藏的方法，分析载体的变化，来判断是否隐藏了信息。

对于在时域（或空间域）的最低比特位隐藏信息的方法，主要是用秘密信息比特替换了载体的量化噪声和可能的信道噪声。在对这类方法的隐藏分析中，如果在仅知伪装对象的情况下，那么只能是从感官上感觉载体有没有降质，如看图像是不是出现明显的质量下降，对声音信号，听是不是有附带的噪声，对视频信号，要观察是不是有不正常的画面跳动或者噪声干扰等。如果还能够得到原始载体（即已知载体攻击的情况下），可以对比伪装对象和原始载体之间的差别，这里应该注意，应区别正常的噪声和用秘密信息替换后的噪声。正常的量化噪声应该是高斯分布的白噪声，而用秘密信息替换后（或者秘密信息加密后再替换），它们的分布就可能不再满足高斯分布了，因此，可以通过分析伪装对象和原始载体之间的差别的统计特性，来判断是否存在信息隐藏。

在带调色板和颜色索引的图像中，调色板的颜色一般按照使用最多到使用最少进行排序，以减少查寻时间以及编码位数。颜色值之间可以逐渐改变，但很少以一比特增量方式变化。灰度图像颜色索引是以 1 比特增长的，但所有的 RGB 值是相同的。如果在调色板中出现图像中没有的颜色，那么图像一般是有问题的。如果发现调色板颜色的顺序不是按照常规的方式排序的，那么也应该怀疑图像有问题。对于在调色板中隐藏信息的方法，一般是比较好判断的。即使无法判断是否有隐藏信息，对图像的调色板进行重新排序，按照常规的方法重新保存图像，也有可能破坏掉用调色板方法隐藏的信息，同时对传输的图像没有感官的破坏。

对于用变换域技术进行的信息隐藏，其分析方法就不那么简单了。首先，从时域(或空间域)的伪装对象与原始载体的差别中，无法判断是否有问题，因为变换域的隐藏技术，是将秘密信息嵌入在变换域系数中，也就是嵌入在载体能量最大的部分中，而转换到时域(或空间域)后，嵌入信息的能量是分布在整个时间或空间范围内的，因此通过比较时域(空间域)中的伪装对象与原始载体的差别，无法判断是否隐藏了信息。因此，要分析变换域信息隐藏，还需要针对具体的隐藏技术，分析其产生的特征。这一类属于已知隐藏算法、载体和伪装对象的攻击。

另外，对于以变形技术进行的信息隐藏，通过细心的观察就可能发现破绽。如在文本中，注意到一些不太规整的行间距和字间距，以及一些不应该出现的空格或其他字符等。对于通过载体生成技术产生的伪装载体，通过观察可以发现与正常文字的不同之处。比如用模拟函数产生的文本，尽管它符合英文字母出现的统计特性，尽管能够躲过计算机的自动监控，但是人眼一看就会发现那根本不是一个正常的文章。对于用英语文本自动生成技术产生的文本，尽管它产生的每一个句子都是符合英文语法的，但是通过阅读就会发现问题，比如句与句之间内容不连贯，段落内容混乱，通篇文章没有主题，内容晦涩不通等，它与正常的文章有明显的不同。因此通过人的阅读就会发现问题，意识到有隐藏信息存在。

另外还有一些隐藏方法，是在文件格式中隐藏信息的。比如说声音文件(*.wav)图像文件(*.bmp)等，在这些文件中，先有一个文件头信息，主要说明了文件的格式、类型、大小等数据，然后是数据区，按照它定义的数据的大小存放声音或图像数据。而文件格式的隐藏就是将要隐藏的信息粘贴在数据区之后，与载体文件一起发送。任何人都可以用正常的格式打开这样的文件，因为文件头没有变，而且数据尺寸是根据文件头定义的数据区大小来读入的，因此打开的文件仍然是原始的声音或图像文件。这种隐藏方式的特点是隐藏信息的容量与载体的大小没有任何关系，而且隐藏信息对载体没有产生任何修改。它容易引起怀疑的地方就是，文件的大小与载体的大小不匹配，比如一个几秒钟的声音文件以一个固定的采样率采样，它的大小应该是可以计算出来的，如果实际的声音文件比它大许多，就说明可能存在以文件格式隐藏的信息，计算机磁盘上未使用的区域也可以用于隐藏信息，可以通过使用一些磁盘分析工具，来查找未使用区域中存在的信息。

(2)提取隐藏信息。

如果觉察到载体中有隐藏信息，那么接下来的任务就是试图提取秘密信息。提取信息是更加困难的一步。首先，在不知道发送方使用什么方法隐藏信息的情况下，要想正确提取出秘密信息是非常困难的。即使知道发送方使用的隐藏算法，但是对伪装密钥、秘密信息嵌入位置等仍然是未知的，其困难可以说是等同于前一情况。再退一步，即使能够顺利地提取出嵌入的比特串，但是如果发送方在隐藏信息前进行了加密，那么要想解出秘密信息，还需要完成对密码的破译工作。一般情况下，为了保证信息传递的安全，除了用伪装的手段掩盖机密信息传输的事实外，还同时采用了密码技术对信息本身进行保护。可以预见，要想从一个伪装对象中提取出隐藏的秘密信息，其难度有多大。

(3)破坏隐藏信息。

在信息监控时，如果发现有可疑的文件在传输，但是又无法提取出秘密信息，无法掌握确凿的证据证明其中确实有问题，这时可以采取的对策就是，让伪装对象在信道上通过，但是破坏掉其中有可能嵌入的信息，同时对伪装载体不产生感官上的破坏，使得接收方能够收到正常的载体，但是无法正确提取出秘密信息。这样也能够达到破坏非法信息秘密传递的目的。

对于以变形技术在文本的行间距、字间距、空格和附加字符中隐藏的信息，可以使用文字处理器打开，将其格式重新调整后再保存，这样就可以去掉有可能隐藏的信息。在第二次世界大战中，检查者截获了一船手表，他们担心手表的指针位置隐含了秘密信息，因此对每一个手表的指针都做了随机调整，这也是一个类似的破坏隐藏信息的方法。

对于时域（或空间域）中的 LSB 隐藏方法，可以采用叠加噪声的方法破坏隐藏信息，还可以通过一些有损压缩处理（如图像压缩、语音压缩等）对伪装对象进行处理，由于 LSB 方法是隐藏在图像（或声音）的不重要部分，经过有损压缩后，这些不重要的部分很多被去掉了，因此可以达到破坏隐藏信息的目的。

对于采用变换域方法的信息隐藏技术，要破坏其中的信息就困难一些。因为变换域方法是将秘密信息与载体的最重要部分“绑定”在一起，比如在图像中的隐藏，是将秘密信息分散嵌入在图像的视觉重要部分，因此，只要图像没有被破坏到不可辨认的程度，隐藏信息都应该是存在的。对于用变换域技术进行的信息隐藏，采用叠加噪声和有损压缩的方法一般是不行的。可以采用的有效的方法包括图像的轻微扭曲、裁剪、旋转、缩放、模糊化、数字到模拟和模拟到数字的转换（图像的打印和扫描，声音的播放和重新采样）等，还可以采用变换域技术再嵌入一些信息等，将这些技术结合起来使用，可以破坏大部分的变换域的信息隐藏。

这里讨论破坏隐藏信息的方法，不是有意提倡非法破坏正常的信息隐藏，它主要有两个方面的作用。一方面，国家安全机关对违法犯罪分子的信息监控过程中，为了对付犯罪分子利用信息隐藏技术传递信息，可以采用破坏隐藏信息的手段。另一方面，作为合法的信息隐藏技术研究的辅助手段，来研究一个隐藏算法的健壮性。当我们研究信息隐藏算法时，为了证明其安全性，必须有一个有效的评估手段，检查其能否经受各种破坏，需要了解这一算法的优点何在，能够经受哪几类破坏，其弱点是什么，对哪些攻击是无效的，根据这些评估，才能确定一个信息隐藏算法适用的场合。因此，研究信息隐藏的破坏是研究安全的信息隐藏算法所必须的。

2. 信息隐藏分析的分类

（1）根据已知的消息进行分类。

1）仅知伪装对象分析：在研究时，只能得到伪装对象作为进行检测的条件。这是最主要的检测方式，检测是否存在秘密信息。

2）已知载体分析：可以获得原始的载体和伪装对象。可以利用原始的载体和伪装对象进行对比，从而得出伪装对象是否含有秘密消息。这种类型的分析相对较容易，但是能够得到原始载体的场合不多。

3）已知消息分析：攻击者可以获得隐藏的消息。即使这样，分析同样是非常困难的，甚至可以认为难度等同于仅知伪装对象分析。许多时候通过这些分析，可以为其他未知秘密消息情况的检测提供一些基础。

4）选择伪装对象分析：知道被怀疑的对象所常用的隐藏工具（算法）和该对象的一些媒体信息，利用已知的隐藏工具（算法）对该对象作适当操作，从而推导出该对象是否含有秘密信息。

5）选择消息攻击：攻击者可以用某个隐藏算法对一个选择的消息产生伪装对象，然后分析伪装对象中产生的模式特征。它可以用来指出在隐藏中具体使用的隐藏算法。

6)已知隐藏算法、载体和伪装对象攻击:已知隐藏算法和伪装对象,并且能得到原始载体情况下的攻击。

(2)根据隐藏算法进行分类。

1)空域信息隐藏的分析。

对于利用文件格式法进行的信息隐藏,首先要分析每种媒体文件格式,利用文件结构块之间的关系,或根据块数据和块大小之间的关系等,来判断是否存在不正常的信息。

最低有效位(LSB)信息隐藏算法是通过修改较低比特位来进行信息隐藏的,它是一种常见的信息隐藏方式,在商业隐藏软件中得到大量应用。一般认为,数字载体中总存在噪声,不容易检测 LSB 上的变化。但是,自然噪声与人为替换后的噪声还是有细微的差别的,利用这一点可以进行信息隐藏的分析。

2)频域信息隐藏的分析。

空间域的信息隐藏由于涉及的技术简单、计算量小且隐藏的信息量大,仍是主要的信息隐藏方式。但随着科技进步,变换域信息隐藏的不足也逐渐克服,而且人们对短信息传递的需求也在增长,同时变换域信息隐藏也较为健壮。变换域信息隐藏较空间域信息隐藏涉及的技术要复杂的多。变换域信息隐藏的方法千变万化,其复杂性表现在变换域可包括 FFT 域、DCT 域、小波变换域等,并且在变换域的基础上,其隐藏算法也千差万别,如有修改低频系数进行信息隐藏的,也有修改中频系数进行信息隐藏的,有利用相邻变换域系数之间关系来隐藏信息的,也有利用与原图像的变换域系数之间关系来隐藏信息的等等。针对变换域的信息隐藏分析较难,但针对一些具体的隐藏算法,仍可能研究出适当的信息隐藏分析方法。

(3)根据分析方法分类。

1)感官分析。

为了能够抵抗攻击,一般在载体比较敏感的区域隐藏信息,但同时也可能产生感官痕迹,从而暴露隐藏信息。感官分析利用人类感知和清晰分辨噪音的能力来对数字载体进行分析检测。在数字载体的失真和噪声中,人类可感知的失真或模式最易被检测到。辨别这种模式的一个方法是比较原始载体和携密载体,注意可见的差异。如果没有原始载体,这种噪声就会作为载体的一个有机部分而不被注意,感官检测的思想是移去载体信息部分,这时人的感官就能区分剩余部分是否有潜在的信息或仍然是载体的内容。当然,因为人的感知有一定的冗余度,感官检测并不表示单纯的用人的感官感知,而信息隐藏的首要要求就是不能超出人类感觉的冗余度,但是即使人类感官系统不易觉察到,这种变形和降质确实存在,可以配合对载体的处理,使得感官检测达到一定的功效。

2)统计分析。

这种分析方法是将原始载体的理论期望频率分布和从可能是隐密的载体中检测到的样本分布进行比较,从而找出差别的一种检测方法。信息隐藏改变载体数据流的冗余部分虽然不改变感觉效果,但是却经常改变了原始载体数据的统计性质,通过判定给定载体的统计性质是否属于非正常情况,从而可以判断是否含有隐藏信息。统计分析的关键问题是如何得到原始载体数据的理论期望频率分布,在大多数应用情况下,我们无法得到原始信号的频率分布。

3)特征分析。

特征分析的依据是:由于进行隐藏操作使得载体产生变化,由这些变化产生特有的性质——特征,这种特征可以是感官的、统计的或可以度量的。广义地来说,进行分析所依赖的就是特征,这种特征必须根据具体的应用情况通过分析发现，进而利用这些特征进行分析。感官上的、格式上的特征一般来说较明显，也较容易，如基于文件格式中空余空间的隐藏分析，磁盘上未使用区域的信息隐藏分析，TCP/IP 协议包头中隐藏信息的分析，这些都比较直观。其他较复杂的隐藏特征则要根据隐藏算法进行数学推理分析，确定原始载体和隐密载体的度量特征差异。通过度量特征差异分析信息隐藏往往还需要借助对特征度量的统计分析。

11.2.4 信息隐藏的应用

1. 信息隐藏技术在电子商务安全中的应用

(1)版权保护。

由于数字作品具有易复制、易修改的特点，数字作品的版权受到严重威胁。使用数字水印技术，在多媒体内容中嵌入创建者或所有者的标识信息。在发生版权纠纷时，提取其中的水印来验证版权所有者。用于版权保护的水印一般称为鲁棒水印，具有很强的鲁棒性，除了要求在一般图象处理(如滤波、加噪声、换、压缩等)中生存外，还需能抵抗一些恶意攻击。

(2)数字指纹。

为了避免数字产品被非法复制和散发，作者可在其每个产品拷贝中分别嵌入不同的水印(称为数字指纹)。如果发现了未经授权的拷贝，则通过检索指纹来追踪其来源。在此类应用中，水印必须是不可见的，而且能抵抗恶意的擦除、伪造以及合谋攻击等。

(3)使用控制。

在特定的应用系统中，多媒体内容需要特殊的硬件来拷贝和观看使用，插入水印来标识允许的拷贝数，每拷贝一份，进行拷贝的硬件会修改水印内容，将允许的拷贝数减一，以防止大规模的盗版。

(4)内容保护。

在一些特定应用中，数字产品的所有者可能会希望要出售的数字产品能被公开自由地预览，以尽可能多地招徕潜在的顾客，但也需要防止这些预览的内容被他人用于商业目的，因此，这些预览内容被自动加上可见的但同样难以除去的水印。

(5)票据防伪。

无论是传统商务还是电子商务，买卖双方都需要一定的票据作为交易的凭证。报价单、还盘单、定货单等电子票据在电子商务中占据着重要地位。随着高质量图像输入输出设备的发展，使得货币、支票以及其他票据的伪造变得更加容易。在数字票据中隐藏的水印经过打印后仍然存在，可以通过再扫描回数字形式，提取防伪水印，以证实票据的真实性。

(6)真实性鉴别。

尽管数字产品的真实性鉴别(认证)可通过数字签名来完成，但利用脆弱水印技术认证同内容是密不可分的，简化了处理过程。水印由数字作品的内容通过 Hash 函数得到，隐藏在数字作品中。当数字作品内容发生改变时，水印会发生一定程度的改变，从而可以鉴定原始数据是否被篡改。易损水印对一般图象处理有较强的鲁棒性，同时要求具有较强的敏感性，即允许一定程度的失真，又能将失真情况探测出来。

(7)不可抵赖性。

使用数字水印技术，在交易体系的任何一方发送或接收信息时，将各自的特征标记以水印的形式加入到传递的信息中，这种水印应是不能被去除的，以达到确认其行为的目的。

(8)数字水印与数字签名相结合。

将数字签名信息以数据形式隐藏到普通印章图像中，与图像合二为一，能够取得“白纸黑字”的书面凭证，而且可以对纸质文档进行签名。打印后仍能提取，使得文件具有双重安全效果。

(9)隐蔽通信。

隐蔽通信用于电子商务信息的安全通信，保护嵌入到隐蔽载体中的信息。采用隐蔽通信技术将秘密商务信息隐藏在普通多媒体中传输。由于网上存在大量的多媒体信息，使得隐蔽信息难以被盗窃发现或窃取。在电子商务中，隐藏通信可以用于传输一些机密商务信息。

在未来的电子商务安全架构中，应该是认证与访问控制技术、密码技术和信息隐藏技术的结合，信息隐藏技术将会在电子商务中发挥越来越重要的作用。

2. 信息隐藏技术及其在信息安全中的应用

随着计算机和通信网技术的发展与普及，数字音像制品以及其他电子出版物的传播和交易变得越来越便捷，但随之而来的侵权盗版活动也呈日益猖獗之势。近年来，数字产品的版权纠纷案件越来越多，原因是数字产品被无差别地大量复制是轻而易举的事情，如果没有有效的技术措施来阻止这个势头，必将严重阻碍电子出版行业乃至计算机软件业的发展。

为了打击盗版犯罪，一方面要通过立法来加强对知识产权的保护，另一方面必须要有先进的技术手段来保障法律的实施。信息隐藏技术以其特有的优势，引起了人们的好奇和关注。人们首先想到的就是在数字产品中藏入版权信息和产品序列号，某件数字产品中的版权信息表示版权的所有者，它可以作为侵权诉讼中的证据，而为每件产品编配的唯一产品序列号可以用来识别购买者，从而为追查盗版者提供线索。此外，保密通信、电子商务以及国家安全等方面的应用需求也推动了信息隐藏研究工作的开展。

信息隐藏也被称为“信息隐匿”或“信息隐形”。到目前为止，信息隐藏还没有一个准确和公认的定义。一般认为，信息隐藏是信息安全研究领域与密码技术紧密相关的一大分支。信息隐藏和信息加密都是为了保护秘密信息的存储和传输，使之免遭敌手的破坏和攻击，但两者之间有着显著的区别。信息加密是利用单钥或双钥密码算法把明文变换成密文通过公开信道送到接收者手中。由于密文是一堆乱码，攻击者监视着信道的通信，一旦截获到乱码，就可以利用已有的对各种密码体制的攻击方法进行破译了。由此可见，信息加密所保护的是信息的内容。信息隐藏则不同，秘密信息被嵌入表面上看起来无害的宿主信息中，攻击者无法直观地判断他所监视的信息中是否含有秘密信息，换句话说，含有隐匿信息的宿主信息不会引起别人的注意和怀疑。信息隐藏的目的是使敌手不知道哪里有秘密，它隐藏了信息的存在形式。这就好比隐形飞机不能被雷达探测到，从而避免了被袭击的危险。众所周知，密码的不可破译度是靠不断增加密钥的长度来提高的，然而随着计算机计算能力的迅速增长，密码的安全度始终面临着新的挑战。如今令人们欣喜的是，信息隐藏技术的出现和发展，为信息安全的研究和应用拓展了一个新的领域。而且，由于近年来各国政府出于国家安全方面的考虑，对密码的使用场合及密码强度都作了严格的限制，这就更加激发了人们对信息隐藏技术研究的热情。

中国自古就有这样的谚语，叫做“耳听是虚，眼见为实”，“百闻不如一见”，英语中也有“Seeing is believing”的说法。这些都表明人们往往过分相信自己的眼睛，而这正是信息隐藏技术得以存在和发展的重要基础，在这一研究领域，大量事实告诉人们：眼见不一定为实！下面我们先对信息隐藏的历史做个简短的回顾，然后介绍几种典型的信息隐藏技术及其应用。

(1)历史上的隐写术。

现代信息隐藏技术是由古老的隐写术(Steganography)发展而来的,隐写术一词来源于希腊语,其对应的英文意思是“Covered writing”。隐写术的应用实例可以追溯到非常久远的年代。被人们誉为历史学之父的古希腊历史学家希罗多德(Herodotus, 486—425),在其著作中讲述了这样一则故事:一个名叫 Histaieus 的人筹划着与他的朋友合伙发起叛乱,里应外合,以便推翻波斯人的统治。他找来一位忠诚的奴隶,剃光其头发并把消息文刺在头皮上,等到头发又长起来了,把这人派出去送“信”,最后叛乱成功了。

历史上诸如此类的隐写方法还有多种。17 世纪,英国的 Wilkins(1614—1672)是资料记载中最早使用隐写墨水进行秘密通信的人,在 20 世纪的两次世界大战中德国间谍都使用过隐写墨水。早期的隐写墨水是由易于获得的有机物(例如牛奶、果汁或尿)制成,加热后颜色就会变暗从而显现出来。后来随着化学工业的发展,在第一次世界大战中人们制造出了复杂的化合物做成隐写墨水和显影剂。在中国古代,人们曾经使用挖有若干小孔的纸模板盖在信件上,从中取出秘密传递的消息,而信件的全文则是为打掩护用的。现代又发明了很多方法用于信息隐藏:高分辨率缩微胶片、扩频通信、流星余迹散射通信、语义编码(Semagram)等。其中,扩频通信和流星余迹散射通信多用于军事上,使敌手难以检测和干扰通信信号;语义编码是指用非文字的东西来表示文字消息的内容,例如把手表指针拧到不同的位置可表示不同的含义,用图画、乐谱等都可以进行语义编码。

上述各种隐藏消息的手段都有一个共同的特点,就是为了不引起人们的注意和怀疑。下面介绍的现代信息隐藏技术主要是研究基于计算机系统的各种手段和方法。

(2)版权保护中的几种信息隐藏技术。

1)数据锁定。

出版商从降低成本的角度出发,可以把多个软件或电子出版物集成到一张光盘上出售,盘上所有的内容均被分别进行加密锁定,不同的用户买到的均是相同的光盘,每个用户只需付款买他所需内容的相应密钥,即可利用该密钥对所需内容解除锁定,而其余不需要的内容仍处于锁定状态,用户是看不到的。这样,拥有相同光盘的不同用户,由于购买了不同的密钥,便可各取所需地得到光盘上相应的内容,这为用户和商家都提供了极大的便利。同理,在 Internet 上数据锁定可以应用于 FTP(文件传送协议)服务器或一个 Web 站点上的大量数据,付费用户可以利用特定的密钥对所需要的内容解除锁定。但随之而来的问题是,解除锁定后存于硬盘上的数据便可以被共享、拷贝,因此,仅仅依靠使用数据锁定技术还无法阻止加密锁定的数据被非法扩散。

密码在数据锁定技术中扮演着重要的角色,如果能做到破译密码的代价高于被保护数据的价值,那么我们就有理由认为数据锁定技术能够使出版商的利益得到可靠的加密保护。

2)隐匿标记。

这里我们主要介绍如何利用文字间隔的改变来嵌入隐匿标记。

在文本文件中,字与字间、行与行间均有一定的空白间隔,把这些空白间隔精心改变后可以隐藏某种编码的标记信息以识别版权所有者,而文件中的文字内容不需作任何改动。

现在的激光打印机具有很高的解析度,可以控制字符使之发生微小的位移,人眼对字间距、行间距的微小差别并不十分敏感,而现在的扫描仪能够成功地检测到这一微小的位移。我们用扫描仪可以高分辨率地获得印刷品的图像,并通过适当的解码算法找到其中的隐匿标记。

利用 ASCII 字符的显示特性,用那些在 CRT 上不显示出来的字符作为隐匿信息嵌入文件中，一般的文字处理器读不出这些信息，而利用特定的软件进行解码运算可以读出隐匿信息。

在20世纪80年代的英国，有过关于隐匿标记的一个典型应用实例。当时的英国首相玛格丽特·撒切尔夫人发现政府的机密文件屡屡被泄露出去，这使她大为光火。为了查出泄露机密文件的内阁大臣，她使用了上述这种利用文字间隔嵌入隐匿标记的方法，在发给不同人的文件中嵌入不同的隐匿标记，虽然表面看文件的内容是相同的，但字间距经过精心的编码处理，使得每一份文件中都隐藏着唯一的序列号，不久那个不忠的大臣就被发现并受到了应有的惩罚。

3)数字水印。

数字水印是镶嵌在数据中，并且不影响合法使用的具有可鉴别性的数据。它一般应当具有不可察觉性、抗擦除性、稳健性和可解码性。改变图像中的像素点可以嵌入数字水印信息，在一个很大的宿主文件中嵌入的隐匿信息越少就越难以被察觉。带宽和不可察觉性之间可以根据不同的应用背景取得合理的折衷。

为了保护版权，可以在数字视频内容中嵌入水印信号。如果制订某种标准，可以使数字视频播放机能够鉴别到水印，一旦发现在可写光盘上有“不许拷贝”的水印，表明这是一张经非法拷贝的光盘，因而拒绝播放。还可以使数字视频拷贝机检测水印信息，如果发现“不许拷贝”的水印，就不去拷贝相应内容。对于一些需要严格控制数量和流通范围的数字媒体，可通过该技术在其中嵌入数字水印，加以控制。

数字水印能够用于静态数字图像(彩色或灰度级的)、数字音频、数字视频的版权保护，推而广之，可以保护各种多媒体产品，为它们作上特殊标记。数字水印以其他信号为载体(即嵌入其他信号中)，数字水印的加入不会干扰被它所保护的数据，载体信号受到嵌入其中的水印信号的影响非常小，一般是通过改变数字视频或数字音像数据的最低有效位或噪声部分(因为数字化信息——数字化电视节目、摄像机摄取的图像等均含有本底噪声，有用信号和本底噪声一起能够被计算机系统高保真地存储和传输)来加入水印信息，以使人眼(耳)根本无法察觉。水印不改变其载体数据量的大小。把一幅照片数字化后生成的数字图像，噪声部分约占全部信息5%～10%，由于嵌入的水印数据不易与原始信息数字化过程中引入的噪声区别开来，因此，嵌入处理的安全性很强。数字水印必须具有难以被破坏和伪造的特性，它能够唯一确定地表示数字产品的版权所有者。盗版者无法去除水印，水印具有在滤波、噪声干扰、裁剪和有失真压缩(如JPEG、MPEG)下的稳健性，因而能够抵御各种有意的攻击。数字水印一般是由伪随机数发生器、置乱器和混合系统产生。人们通常讲的数字水印都是稳健型数字水印，与稳健型水印性质不同的另一类水印是脆弱数字水印，它与稳健性特征相反，具有较强的敏感性，且检测阈值低，可用于识别敌手对信息的恶意篡改，用于保证信息的完整性。

正因为数字水印在版权保护方面是一种很有前途的技术，对它的攻击也就不可避免[6]。目前数字水印方面的工作是希望找到一种公钥密码体制的技术方法，任何人都可以鉴别，但只有版权所有者可以嵌入，与之相关的问题是要建立复杂的水印公证体系。

通过以上的介绍，我们可以发现这样一个特点，数字水印与它所保护的媒体内容或版权拥有者密切相关，而其他信息隐藏技术只关心被藏信息的隐蔽性。数字水印通常可看作是一对多的通信，而其他信息隐藏技术往往是一对一的通信。

(3)保密通信中的几种信息隐藏技术。

1)数字签名中的阈下信道。

阈下信道是一种典型的信息隐藏技术。阈下信道的概念是Gustavus J Simmons于1978年在美国圣地亚国家实验室(Sandia National Labs)提出的，之后又做了大量的研究工作。阈下信道(又叫潜信道)是指在公开(Overt)信道中所建立的一种实现隐蔽通信的信道，这是一种隐蔽(Covert)的信道。

经典密码体制中不存在阈下信道。分组密码(例如 DES 加密方案)中也不存在阈下信道，因为与明文块(长度为 64 bit)相对应的密文块 (长度为 64 bit)的大小是相同的。如果存在阈下信道，则一个明文块要对应多个不同的密文块，而事实上在 DES(数据加密标准)方案中明、密文块是一一对应的。但在大多数基于公钥体制的数字签名方案中，明文 m 与数字签名 S(m)不是一一对应的，这是由于会话密钥具有可选择性，从而对同一个消息可产生多个数字签名，即对每个 m 可以有多个 S(m)。但这并不影响对签名的验证，即对于多个不同的签名，只要私钥相同，则验证者可以通过计算 S－1(S(m))＝m 来验证签名的有效性，这就为阈下信道的存在提供了条件，阈下收方可以根据这些不同的数字签名获取公开收方无法得到的阈下信息。研究表明，绝大多数数字签名方案都可包含阈下信道的通信，其最大特点是阈下信息包含于数字签名之中，但对数字签名和验证的过程无任何影响，这正是其隐蔽性所在。即使监视者知道要寻找的内容，也无法发现信道的使用和获取正在传送的阈下消息，因为阈下信道的特性决定了其安全保密性要么是无条件的，要么是计算上不可破的。

阈下信道在国家安全方面的应用价值很大。如果采用全球性标准，那么世界上任何地方的用户检查点都能即时检查出数字证件上的信息完整性，并能确定持证人是否合法持证人。将来可以在数字签名的数字证件中建立阈下信道，把持证人是否为恐怖主义分子、毒品贩、走私犯或重罪犯等情况告诉发证国的海关人员，以及向金融机构、商业实体透露持证人的信用评价、支付史等情况，而仅检查公开信息的人是无法看到此类阈下信息的，持证人自己也无法获得和修改这些阈下信息。

2)Internet 上的匿名连接。

在网络通信中，跟踪敌手的数据包，进行业务量分析，以及判断谁和谁在通信，也是收集谍报信息的一个重要来源，而采用隐匿通信的技术就是为了保护通信信道不被别人窃听和进行业务量分析，这种技术提供一种基于 TCP/IP 协议的匿名连接，从数据流中除去用户的标识信息，即用该技术建立连接时，并不是直接连到目的机器的相应的数据库，而是通过多层代理服务器，层层传递后到达目的地址，每层路由器只能识别最临近的一层路由器，第一层路由器对本次连接进行多层加密，以后每经过一层路由器，除去一层加密，最后到达的是明文，这样每层路由器处理的数据都不同，使敌手无法跟踪。连接终止后，各层路由器清除信息。这有点类似于地下工作者的单线联络，每个人只知道与前后哪两个人接头，而对自己所传的消息最初从哪儿来、最终到哪儿去一概不知。从应用的角度讲，比如你在网上购物，却不想让中途窃听者知道你买了什么东西，或者你访问某个站点，却不想让别人知道你是谁，就可以用这种技术。这种技术可用于有线电话网、卫星电话网等，它不但适用于军用，而且适用于商用，还可广泛用于 E-mail、Web 浏览以及远程注册等。

近年来，利用网络进行各种犯罪活动的案件逐年增加，政府情报部门在查找犯罪线索方面扮演着重要的角色。网上信息收发的“隐私权”(或者说匿名性、不可追踪性)问题也一直是人们所关注的，与此相矛盾的是情报部门所要求的透明性(或者说可追踪性)。

由于信息隐藏的应用领域十分宽广，不同的应用背景对其技术要求也不尽相同，因此，有必要从不同的应用背景出发对信息隐藏技术进行分类。根据应用背景的不同，目前信息隐藏技术的应用主要包括以下几个方面。

1)版权保护(Copyright Protection)。

到目前为止,信息隐藏技术的绝大部分研究成果都是在这一领域中取得应用的。信息隐藏技术在应用于版权保护时,所嵌入的签字信号通常被称作"数字水印(Digital Watermark)"。版权保护所需嵌入的数据量最小,但对签字信号的安全性和鲁棒性要求也最高,甚至是十分苛刻的。为明确起见,应用于版权保护的信息隐藏技术一般称作"鲁棒型水印技术",而所嵌入的签字信号则相应的称作"鲁棒型水印(Robust Watermark)",从而与下文将要提到的"脆弱型水印"区别开来。一般所提到的"数字水印"则多指鲁棒型水印。

2)数据篡改验证(Tamper Proof)。

当数字作品被用于法律、医学、新闻及商业领域,常常需要确定其内容是否被修改、伪造或进行过某些特殊的处理,"脆弱型水印(Fragile Watermark)"技术为数据篡改验证提供了一种新的解决途径。该水印技术在原始真实信号中嵌入某种标记信息,通过鉴别这些标记信息的改动,达到对原始数据完整性检验的目的。与鲁棒型水印不同的是,脆弱型水印应随着主信号的变动而做出相应的改变,即体现出脆弱性。但是,脆弱型水印的脆弱性并不是绝对的,对主信号的某些必要性操作,如修剪或压缩,脆弱型水印也应体现出一定的鲁棒性,从而将这些不影响主信号最终可信度的操作与那些蓄意破坏操作区分开来。另一方面,对脆弱型水印的不可见性和所嵌入数据量的要求与鲁棒型水印是近似的。

3)扩充数据的嵌入(Augmentation Data Embedding)。

扩充数据包括对主信号的描述或参考信息、控制信息以及其它媒体信号等等。描述信息可以是特征定位信息、标题或内容注释信息等,而控制信息的嵌入则可实现对主信号的存取控制和监测。例如,一方面针对不同所有权级别的用户,可以分别授予不同的存取权限。另一方面,也可通过嵌入一类通常被称作"时间戳(Time Stamp)"的信息。以跟踪某一特定内容对象的创建、行为以及被修改的历史。这样,利用信息隐藏技术可实现对这一对象历史使用操作信息的记录,而无需在原信号上附加头文件或历史文件,因为使用附加文件,一是容易被改动或丢失,二是需要更多的传输带宽和存储空间。与此同时,在给定的主信号中还可嵌入其它完整而有意义的媒体信号,例如在给定视频序列中嵌入另一视频序列。因此,信息隐藏技术提供了这样一种非常有意义的应用前景,它允许用户将多媒体信息剪裁成他们所需要的形式和内容。例如,在某一频道内收看电视,可以通过信息隐藏方法在所播放的同一个电视节目中嵌入更多的镜头以及多种语言跟踪,使用户能够按照个人的喜好和指定的语言方式播放。这在一定意义上实现了视频点播(VOD,Video on Demand)的功能,而其最大的优点在于它减少了一般VOD服务所需的传输带宽和存储空间。

11.3 数字水印技术

随着数字时代的到来,多媒体数字世界丰富多彩,数字产品几乎影响到每一个人的日常生活。保护这些数字产品的各种方法,如版权保护、信息安全、数据认证以及访问控制等等,就被日益重视及变得迫切需要了。借鉴普通水印的含义和功能,人们采用类似的概念保护诸如数字图像、数字音乐这样的多媒体数据,因此就产生了"数字水印"的概念。所谓数字水印技术就是将数字、序列号、文字、图像标志等版权信息嵌入到多媒体数据中,以起到版权跟踪及版权保护的作用。比如将在数码相片中添加摄制者的信息，在数字影碟中添加电影公司的信息等。与普通水印的特性类似，数字水印在多媒体数据中(如数码相片)也几乎是不可见的，也很难被破坏掉。日常生活中为了鉴别纸币的真伪，人们通常将纸币对着光源，会发现真的纸币中有清晰的图像信息显示出来，这就是“水印”。之所以采用水印技术是因为水印有其独特的性质：第一水印是一种几乎不可见的印记，必须放置于特定环境下才能被看到，不影响物品的使用；第二水印的制作和复制比较复杂，需要特殊的工艺和材料，而且印刷品上的水印很难被去掉。因此水印常也被应用于诸如支票、证书、护照、发票等重要印刷品中，长期以来判定印刷品真伪的一个重要手段就是检验它是否包含水印。

11.3.1　数字水印的功能

数字水印最主要的功能就是进行多媒体数据的版权保护。随着计算机和互联网的发展，越来越多的艺术作品、发明或创意都开始以多媒体数据的形式表达，比如用数码相机摄影，用数字影院看电影，用 MP3 播放器听音乐，用计算机画画等。这些活动所涉及的多媒体数据都蕴含了大量价值不菲的信息。与作者创作这些多媒体数据所花费的艰辛相比，篡改、伪造、复制和非法发布原创作品在信息时代变成了一件轻而易举的事情。任何人都可以轻而易举地创建多媒体数据的副本，与原始数据比较，复制出的多媒体数据不会有任何质量上的损失，即可以完整地“克隆”多媒体数据。因此如何保护这些数据上附加的“知识产权”是一个亟待解决的问题。那么数字水印则正好是解决这类“版权问题”的有效手段。比如以前的画家用印章或签名标识作品的作者，那么今天他可以通过数字水印将自己的名字添加到作品中来完成著作权的标识。同样，音像公司也可以把公司的名字、标志等信息添加到出版的磁带、CD 碟片中。这样通过跟踪多媒体数据中的数字水印信息来保护多媒体数据的版权。

除了在版权保护方面的应用，数字水印技术在文档(印刷品、电子文档等)的真伪认证上面也有很大的用途，例如对政府部门签发的红头文件进行认证。文件认证的传统方法是鉴别文件的纸张、印章或钢印是否符合规范和标准，缺点是无论纸张、印章或钢印都容易被伪造。特别是印章，虽然政府部门对印章的管理和制作有严格规定，但社会上还是有所谓“一个萝卜刻一个章”的说法。这说明传统方法有着极不完善的地方。使用数字水印技术则可以有效解决这个问题。以数字水印作为信息载体，将某些信息添加到红头文件中，使得文件不仅有印章或钢印，而且有难以察觉的数字水印信息，从而大大增加了文件被伪造的难度。将数字水印信息添加到文档中，也意味着某些信息可以在文档中被写入两次。例如护照持有人的名字在护照中被明显印刷出来，也可以在头像中作为数字水印被隐藏起来，如果某人想通过更换头像来伪造一份护照，那么通过扫描护照就有可能检测出隐藏在头像中的水印信息与打印在护照上的姓名不符合，从而发现被伪造的护照。

此外，数字水印还用作多媒体数据的访问控制和复制控制。比如 CD 数据盘中秘密的数字水印信息可以有条件的控制什么样的人可以访问该 CD 盘中的内容。目前 DVD 已经普及，有很多大公司开始研究如何应用数字水印系统改进 DVD 的访问与复制控制。比如希望消费者手中的 DVD 播放器允许无限制地复制家庭录像或过期的电视节目，家庭录像中所添加的数字水印不含任何控制标识。而电视节目里的数字水印标识为“复制一次”、“复制多次”，而商业的视频节目则标识为“不允许复制”，相关的播放设备将对这些数字水印标识进行判别并起相应作用。这样就既保证了消费者私下复制、交换节目的自由，又有效控制了商业上的侵权行为。

数字水印技术还可以应用于信息的安全通信。由于人们很难觉察到数字水印信息在多媒体数据中的存在，某些重要信息在传输的过程中就可以隐藏在普通的多媒体数据，从而避开第三方的窃听和监控。国外报纸报道恐怖分子头目本·拉登就利用公开发布的数字水印技术，将给基地组织的指令通过数字水印隐藏在普通数码相片中，然后发布到一些网站的 BBS 上，基地组织成员根据约定好的规则将数码相片中的数字水印信息提取出来。这种做法与普通的电话通信、电子邮件通信以及加密通信相比，隐蔽性高，不容易监控，而且很难被察觉。

11.3.2 数字水印的基本原理

数字水印(Digital Watermark)技术是通过一定的算法将一些标志性信息直接嵌入到多媒体内容当中，但不影响原内容的价值和使用，并且不能被人的知觉系统觉察或注意到，只有通过专用的检测器或阅读器才能提取。其中的水印信息可以是作者的序列号、公司标志、有特殊意义的文本等，可用来识别文件、图像或音乐制品的来源、版本、原作者、拥有者、发行人、合法使用人对数字产品的拥有权。与加密技术不同，数字水印技术并不能阻止盗版活动的发生，但它可以判别对象是否受到保护，监视被保护数据的传播、真伪鉴别和非法拷贝、解决版权纠纷并为法庭提供证据。

下面介绍在一个数字图像上加上数字水印的过程。假设有一幅数字摄影图像，为了标识作者对该作品创作的所有权，可以采用在原图上加入可见标记的方法，但这样可能伤害图像的完整性，因此可以利用数字水印嵌入技术，将作者标识作为一种不可见数据(数字水印)隐藏于原始图像中，达到既注明了所有权又不伤害图像的主观质量和完整性的目的。含水印图像能保持原图的图像格式等信息，并不影响正常信息的复制和处理，从主观质量而言，两幅图像差别微乎其微，无法用肉眼察觉。只有通过特定的解码器才能从中提取隐藏信息。该技术是数字隐藏技术的一个重要应用分支。

为了更好地实现对数字产品知识产权的保护，一个数字产品的内嵌数字水印应具有以下基本特性。

1. 不易察觉性

数字产品引入数字水印后，应不易被接收者察觉，同时又不能影响原作的质量。在早期研究中，往往采用“不可感知性”来描述这一特性，但这仅是一个完美的设想。如果一个内嵌信号真的做到了不可感知，那么在理论上，基于感知特性的有损压缩算法将很容易消除水印，无法达到标识的目的，而现在用于 Internet 网上的大量图像信息传递格式采用 JPEG 格式，这就是一种典型的有损压缩编码方式。

2. 安全可靠性

数字水印应能对抗非法的探测和解码，面对非法攻击也能以极低差错率识别作品的所有权。同时数字水印应很难为他人复制和伪造。

3. 隐藏信息的鲁棒性

数字水印必须对各种信号处理过程具有很强的鲁棒性。即能在多种无意或有意的信号处理过程后产生一定的失真的情况下，仍能保持水印完整性和鉴别的准确性。如对图像进行的通常处理操作带来的信号失真，这包括数/模与模/数转换，再取样、再量化、低通滤波；对图像和视频信号的几何失真，包括剪切、位移、尺度变化等；对图像进行有损压缩编号，如变换编码，矢量量化等，对音频信号的低频放大等等。虽然从理论上，水印是可以消除的，但必须具备相应的解除信息，成功的数字水印技术在解除信息不完备的情况下，任何试图去除水印的方法均应直接导致原始数据的严重损失。对于数字水印而言，其隐藏信息的鲁棒性在实际应用中由两部分组成。

①在整体数据出现失真后，其内嵌水印仍能存在。

②在数据失真后，水印探测算法仍能精确地探测出水印的存在。例如，许多算法插入的水印在几何失真(如尺度变化)后仍能保存，但其相应探测器只有在首先去除失真后才探测水印，如果失真无法确定或无法消除，探测器就无法正常识别。

4. 抗攻击性

在水印能够承受合法的信号失真的同时，水印还应能抗击试图去除所含水印的破坏处理过程。除此之外，如果许多同样作品的复件存在不同的水印，当水印用作购买者的鉴定(数字指纹技术)，就可能遭受许多购买者的合谋攻击。即多个使用者利用各自具有的含水印的合法副本，通过平均相同数据等手段，销毁所含水印或形成不同的合法水印诬陷第三方。水印技术必须考虑这些攻击模式，确保水印探测的准确性。

5. 水印调整和多重水印

在许多具体应用中，希望在插入水印后仍能调整它。例如，对于数字视盘，一个盘片被嵌入水印仅允许一次复制。一旦复制完成，有必要调整原盘上的水印禁止再次复制。最优的技术是允许多个水印共存，而且便于跟踪作品从制作到发行到购买，可以在发行的每个环节上插入特制的水印。

除了以上的基本特性，数字水印的设计还应考虑信息量的约束，编解码器的运算量(该点对于商业应用十分重要)，以及水印算法的通用性，包括音频、图像和视频。

在数字水印技术中，水印的数据量和鲁棒性构成了一对基本矛盾。理想的水印算法应该既能隐藏大量数据，又可以抗各种信道噪声和信号变形。然而在实际应用中，这两个指标往往不能同时实现，因此实际应用一般只偏重其中的一个方面。如果是为了隐蔽通信，数据量显然是最重要的，由于通信方式极为隐蔽，遭遇敌方篡改攻击的可能性很小，因而对鲁棒性要求不高。但对保证数据安全来说，情况恰恰相反，各种保密的数据随时面临着被盗取和篡改的危险，所以鲁棒性是十分重要的，此时，隐藏数据量的要求居于次要地位。

加入水印的算法是数字水印技术的关键环节，更是没有一定成规，当然是越难破译、越坚固越好。目前已有的数字水印技术大都是利用空间域、频率域、时间域制作的，它们各有特点，抗攻击能力也各不相同。

早期的数字水印算法利用的是空间域。以图像为例，有几种不同的方法，可以嵌入到一幅图像的亮度、色彩、轮廓或结构中。普通水印制作方法利用的是亮度，因为它包含了一幅彩色图像的最重要的信息。制作空间域水印还可以用色彩分离的办法，水印只存在于色谱的一个颜色中，这样水印看起来很淡，正常情况下很难发现。一种比较坚固的水印技术可以与在纸张上制作水印的方法类比，这种技术可以将水印符号叠加到图像上，而后调节图像上因叠加了水印而发生了变化的那些像素的亮度，根据亮度值的大小，水印可以做成可见的或不可见的。

图像空间域水印的一个缺点是经不住修剪(图像编辑中的一种普通处理方法)，但如果将水印信息制作得很小，利用“草堆里找针”的方法，可以解决这个问题。一个数字产品好比是一个草堆，它里面不是只有一根针，而是很多针，每一根针都是水印的一个副本，这样就能经得住图像修剪处理，除非修剪到图像失去任何欣赏价值。盗贼如不想被抓住，就必须从草堆中把所有的针都找出来并除去，这样他们就将面临这样的选择：要么耗其余生寻找所有的针，要么干脆烧掉草堆以确保毁掉所有的针。

文本的水印通常也是在空间域制作的，常用的方法有：文本行编码、字间距编码及字符编码。

频率域制作水印的算法是比较坚固的方法，它是利用一个信号可以掩盖另一个较弱的信号这一频率掩盖现象，在频域变换中嵌入水印，包括快速傅里叶变换（FFT）、离散余弦变换（DCT）、Hadamard 变换和小波变换。频域水印制作中一个比较重要的问题是频率的选择，任何一段频率应该都是可以利用的，但在各频段调制出的水印却有着不同的特性。高频会在有损压缩和尺寸调整中丢失，故调制在高频中的水印在低通滤波和几何处理方面显得不够坚固，但对于 γ 校正、对比度/亮度调节等则具有很好的坚固性。水印调制在低频不会提高噪声水平，所以水印适于调制在较低的频率中，低频水印所表现出来的特性与高频正好相反，它对低通滤波、有损压缩等具有很强的坚固性，而对 γ 校正、对比度/亮度调节等处理则比较敏感。如果将高、低频率水印的互补优点结合起来，就可以得到坚固性非常高的水印技术。因为频域中的水印在逆变换时会散布在整个图像空间中，故不像空间域水印技术那样易受到修剪处理的影响。最好是用原作品中含有重要信息的那些频率（即感觉最敏感的频率），这样水印就最不易被去除。

一般数字水印的通用模型包括嵌入和检测、提取两个阶段。数字水印的生成阶段，嵌入算法的目标是使数字水印在不可见性和鲁棒性之间找到一个较好的折中。检测阶段主要是设计一个相应于嵌入过程的检测算法。检测的结果或是原水印（如字符串或图标等），或是基于统计原理的检验结果以判断水印存在与否。检测方案的目标是使错判与漏判的概率尽量小。为了给攻击者增加去除水印的不可预测的难度，目前大多数水印制作方案都在加入、提取时采用了密钥，只有掌握密钥的人才能读出水印。

11.3.3 数字水印的分类

数字水印技术可以从不同的角度进行划分，分类的出发点不同导致了分类的不同，它们之间是既有联系又有区别。最常见的分类方法有下列几种。

1. 按特性划分

按水印的特性可以将数字水印分为鲁棒数字水印和脆弱数字水印。鲁棒数字水印主要用于在数字作品中标识著作权信息，它要求嵌入的水印能够经受各种常用的编辑处理；脆弱数字水印主要用于完整性保护，脆弱水印必须对信号的改动很敏感，人们根据脆弱水印的状态就可以判断数据是否被篡改过。

2. 按水印所附载的媒体划分

按水印所附载的媒体，可以将数字水印划分为图像水印、音频水印、视频水印、文本水印以及用于三维网格模型的网格水印等。随着数字技术的发展，会有更多种类的数字媒体出现，同时也会产生相应的水印技术。

3. 按检测过程划分

按水印的检测过程将数字水印分为明文水印和盲水印。明文水印在检测过程中需要原始数据，而盲水印的检测只需要密钥，不需要原始数据。一般明文水印的鲁棒性比较强，但其应用受到存储成本的限制。目前数字水印大多数是盲水印。

4. 按内容划分

按数字水印的内容可以将水印划分为有意义水印和无意义水印。有意义水印是指水印本身也是某个数字图像(如商标)或数字音频片段的编码;无意义水印则只对应于一个序列号。有意义水印如果受到攻击或其他原因致使解码后的水印破损,人们仍然可以通过视觉观察确认是否有水印。但对于无意义水印来说,如果解码后的水印序列有若干码元错误,则只能通过统计决策来确定信号中是否含有水印。

5. 按用途划分

不同的应用需求造就了不同的水印技术。按水印的用途,可以将数字水印划分为票据防伪水印、版权保护水印、篡改提示水印和隐蔽标识水印。

票据防伪水印是一类比较特殊的水印,主要用于打印票据和电子票据的防伪。一般来说,伪币的制造者不可能对票据图像进行过多的修改,所以,诸如尺度变换等信号编辑操作是不用考虑的。但另一方面,人们必须考虑票据破损、图案模糊等情形,而且考虑到快速检测的要求,用于票据防伪的数字水印算法不能太复杂。

版权标识水印是目前研究最多的一类数字水印。数字作品既是商品又是知识作品,这种双重性决定了版权标识水印主要强调隐蔽性和鲁棒性,而对数据量的要求相对较小。

篡改提示水印是一种脆弱水印,其目的是标识宿主信号的完整性和真实性。

隐蔽标识水印的目的是将保密数据的重要标注隐藏起来,限制非法用户对保密数据的使用。

6. 按水印隐藏的位置划分

按数字水印的隐藏位置划分为时域数字水印、频域数字水印、时/频域数字水印和时间/尺度域数字水印。时域数字水印是直接在信号空间上叠加水印信息,而频域数字水印、时/频域数字水印和时间/尺度域数字水印则分别是在 DCT 变换域、时/频变换域和小波变换域上隐藏水印。随着数字水印技术的发展,各种水印算法层出不穷,水印的隐藏位置也不再局限于上述四种。实际上只要构成一种信号变换,就有可能在其变换空间上隐藏水印。

11.3.4　数字水印的应用领域

以下几个引起普遍关注的问题构成了数字水印的研究背景和应用领域。

1. 数字作品的知识产权保护

版权标识水印是目前研究最多的一类数字水印。由于数字作品的复制、修改非常容易,而且可以做到与原作完全相同,所以原创者不得不采用一些严重损害作品质量的办法来加上版权标志,而这种明显可见的标志很容易被篡改。数字作品的所有者可用密钥产生一个水印,并将其嵌入原始数据,然后公开发布其水印版本作品。当该作品被盗版或出现版权纠纷时,所有者即可从盗版作品或水印版作品中获取水印信号作为依据,从而保护所有者的权益。

目前用于版权保护的数字水印技术已经进入了初步实用化阶段,IBM 公司在其“数字图书馆”软件中就提供了数字水印功能,Adobe 公司也在其著名的 Photoshop 软件中集成了 Digimarc 公司的数字水印插件。

2. 商务交易中的票据防伪

随着高质量图像输入输出设备的发展,特别是高精度彩色喷墨、激光打印机和高精度彩色复印机的出现，使得货币、支票以及其他票据的伪造变得更加容易。据报道，美国、日本以及荷兰都已开始研究用于票据防伪的数字水印技术。麻省理工学院媒体实验室受美国财政部委托，已经开始研究在彩色打印机、复印机输出的每幅图像中加入唯一的、不可见的数字水印，在需要时可以实时地从扫描票据中判断水印的有无，快速辨识真伪。

此外在电子商务中会出现大量过渡性的电子文件，如各种纸质票据的扫描图像等。即使在网络安全技术成熟以后，各种电子票据也还需要一些非密码的认证方式。数字水印技术可以为各种票据提供不可见的认证标志，从而大大增加了伪造的难度。

3. 标题与注释

即将作品的标题、注释等内容(如照片的拍摄时间和地点等)以水印形式嵌入到作品中，这种隐式注释不需要额外的带宽，且不易丢失。

4. 篡改提示

由于现有的信号拼接和镶嵌技术可以做到移花接木而不为人知，基于数字水印的篡改提示是解决这一问题的理想途径，通过隐藏水印的状态可以判断声像信号是否被篡改。为实现该目的，通常可将原始图像分成多个独立块，再将每个块加入不同的水印。

同时可通过检测每个数据块中的水印信号，来确定作品的完整性。与其他水印不同的是，这类水印必须是脆弱的，并且检测水印信号时，不需要原始数据。

5. 使用控制

这种应用的一个典型的例子是 DVD 防复制系统，即将水印信息加入 DVD 数据中，这样 DVD 播放机即可通过检测 DVD 数据中的水印信息而判断其合法性和可复制性，从而保护制造商的商业利益。

6. 隐蔽通信及其对抗

数字水印所依赖的信息隐藏技术不仅提供了非密码的安全途径，可以实现网络情报战的革命。网络情报战是信息战的重要组成部分，其核心内容是利用公用网络进行保密数据传送。由于经过加密的文件往往是混乱无序的，容易引起攻击者的注意。网络多媒体技术的广泛应用使得利用公用网络进行保密通信有了新的思路，利用数字化声像信号相对于人的视觉、听觉冗余，可以进行各种信息隐藏，从而实现隐蔽通信。

11.3.5 数字水印算法

1. 数字水印的基本框架

完整的数字水印方案一般包括三个基本方面：数字水印的生成、数字水印的嵌入和数字水印的提取(或检测)。数字水印技术实际上是通过对原始载体媒质的分析、待嵌入水印信息的预处理、信息嵌入位置的选择、嵌入方式的设计、嵌入调制的控制等几个相关技术环节进行合理优化，寻求满足不可感知性、安全可靠性、鲁棒性等诸条件约束下的准最优化设计问题。而作为数字水印信息的重要组成部分——密钥，则是每个设计方案的一个重要特色所在。往往可以在水印信息预处理、嵌入位置选择和调制控制等不同环节入手完成密钥的嵌入。

整个数字水印方案的基本框架如图 11-8 所示。

图 11-8 展示了数字水印的嵌入过程。该系统的输入是水印信息 W、原始载体数据 I 和一个

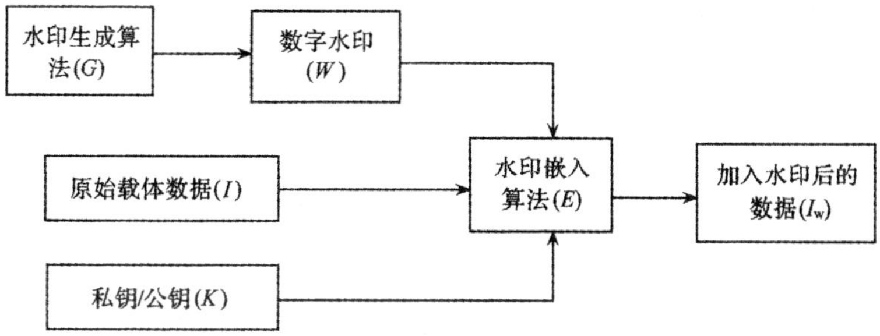

图 11-8　数字水印的嵌入

可选的私钥/公钥 K。其中，水印信息可以是任何形式的数据，如随机序列或伪随机序列，字符或栅格，二值图像、灰度图像或彩色图像，3D 图像等。水印生成算法 G 应保证水印的唯一性、有效性、不可逆性等属性。水印信息 W 可由伪随机数发生器生成，另外，基于混沌的水印生成方法也具有很好的保密特性。密钥 K 可用来加强安全性，以避免未授权的恢复和修复水印。所有的实用系统必须使用一个密钥，有的甚至使用几个密钥的组合。

数字水印的嵌入算法很多，总体来看可以分为空间域算法和变换域算法。由图 11-8 可以定义数字水印嵌入过程的通用公式：

$$I_w = E(I, W, K)$$

式中，I_w 为嵌入水印后的数据（即含水印载体数据）；I 为原始载体数据；W 为水印信息；K 为密钥集合。这里，密钥 K 是可选项，一般用于水印信号的再生。

图 11-9 是数字水印的检测过程。由图 11-9 可以定义数字水印检测过程的通用公式为

需要原始载体数据 I 时，

$$\widehat{W} = D(\widehat{I}_w, I, K)$$

需要原始数字水印 W 时，

$$\widehat{W} = D(\widehat{I}_w, W, K)$$

无需原始信息时，

$$\widehat{W} = D(\widehat{I}_w, K)$$

上述式中，$\widehat{W}$ 为估计水印；D 为数字水印检测算法；$\widehat{I}_w$ 为在传输过程中受到攻击后的含水印载体数据。

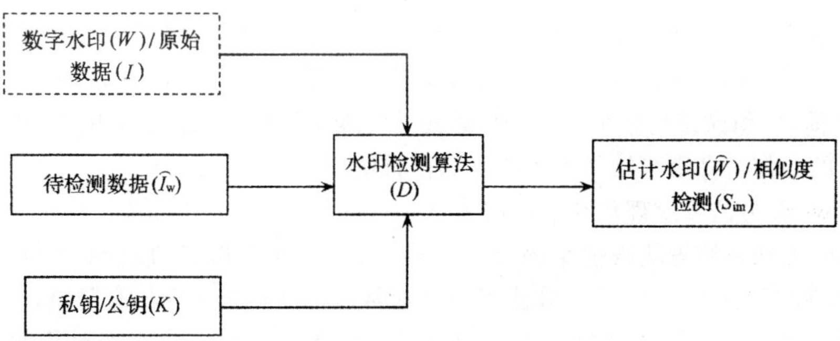

图 11-9　数字水印的检测过程

检测水印的手段可以分为两种：一是在有原始信息的情况下，可以做嵌入信号的提取或相关性验证；二是在没有原始信息的情况下，必须对嵌入信息做全搜索或分布假设检验等。如果信号

为随机信号或伪随机信号，证明检测信号是水印信号的方法一般就是做相似度检验。水印相似度检验的通用公式为

$$S_{im}=\frac{W\cdot\widehat{W}}{\sqrt{W\cdot\widehat{W}}}\text{ 或 }S_{im}=\frac{W\cdot\widehat{W}}{\sqrt{W\cdot W}\sqrt{\widehat{W}\cdot\widehat{W}}}$$

式中，$\widehat{W}$ 为估计水印；W 为原始水印；S_{im} 为不同信号的相似度。

2. 空间域数字水印算法

这是最早也是最简单的数字水印算法，其基本原理就是通过在空间域内使用各种各样的方法直接修改原始载体数据，并将数字水印信息直接加载在载体数据上。总体来说，空间域数字水印方法普遍具有算法简单、速度快、容易实现的特点，而且很多算法在提取水印和验证水印的存在时不需要原始载体信号，特别是它几乎可以无损地恢复水印信息，这对于某些应用是必要的。但因其基本原理限制，它抵抗加噪、压缩、滤波等攻击的能力较差，而且可嵌入的水印容量也受到了限制。以下给出几种比较典型的空间域数字水印方法。

(1)最低有效位方法(Least Significant Bit)。

这是一种典型的空间域数据隐藏方法，Turner L F 与 Van Schyndel R G 等先后利用此方法将特定的标记隐藏于数字音频和数字图像内。就图像数据而言，一幅图像的每个像素是以多比特的方式构成的。例如，在灰度图像中，每个像素通常为 8 位；而在真彩色图像(RGB 方式)中，每个像素为 24 bit，其中 RGB 三色各为 8 位，每一位的取值为 0 或 1。在数字图像中，每个像素的各个位对图像的贡献是不同的。对于 8 位的灰度图像，每个像素的数字 g 可用公式表示为

$$g=\sum_{i=0}^{7}b_i2^i$$

式中，i 为像素的第几位；b_i 为第 z 位的取值，$b_i\in\{0,1\}$。

这样，便可以把整个图像分解为 8 个位平面，从 LSB(最低有效位 0)到 MSB(最高有效位 7)。从位平面的分布来看，随着位平面从低位到高位(即从位平面 0 到位平面 7)，位平面图像的特征逐渐变得复杂，细节不断增加。到了比较低的位平面时，单纯从一幅位平面上已经逐渐不能看出测试图像的信息了。由于低位所代表的能量很少，改变低位对图像的质量没有太大的影响。LSB 方法正是利用这一点在图像低位隐藏入水印信息。图 11-10 分别显示了原始 Camera 图像(256 级灰度图)及其从高位到低位的八个位平面。

在进行数字图像处理和图像变换后，图像的低位非常容易改变，攻击者只需通过简单地删除图像低位数据或者对数字图像进行某种简单数学变换就可将空间域利用 LSB 方法加入的水印信息滤除或破坏掉，因此同变换域方法相比，这种水印算法的鲁棒性非常弱。尽管如此，由于 LSB 方法实现简单，隐藏量比较大，以 LSB 思想为原型，产生了一些变形的 LSB 方法，目前 Internet 上公开的图像信息隐藏软件大多使用这种方法。

(2)Patchwork 方法及纹理块映射编码方法。

Patchwork 方法及纹理块映射编码方法都是 Bender 等人提出的。Patchwork 方法是一种基于统计的数字水印嵌入方法，这种算法不是像通常做法那样把一个消息隐藏在伪装载体中，而是简单地回答下面的二元问题："这个人是否知道在嵌入和提取一个水印时所使用的密钥?"在 Patchwork 算法中，一个密钥用来初始化一个伪随机数发生器，而这个伪随机数发生器将产生载体中放置水印的位置。Patchwork 算法的基本思想是：在嵌入过程中，版权所有者根据密钥 K 伪随机地选择 n 个像素对，然后通过下面的两个公式更改这 n 个像素对的亮度值 (a_i,b_i)：

(a) 原始 camera 图　(b) 位平面 7　(c) 位平面 6

(d) 位平面 5　(e) 位平面 4　(f) 位平面 3

(g) 位平面 2　(h) 位平面 1　(i) 位平面 0

图 11-10　原始 Camera 图像的八个位半面

$$\tilde{a}_i = a_i + 1 \quad \tilde{b}_i = b_i - 1$$

这样，版权所有者就对所有的以 a_i 加 1 和对所有的 b_i 减 1。在提取的过程中，也使用同样的密钥 K 将在编码过程中赋予水印的 n 个像素对提取出来，并计算这样一个和：

$$S = \sum_{i=1}^{n} (\tilde{a}_i - \tilde{b}_i)$$

如果这个载体确实包含了一个水印，就可以预计这个和为 $2n$，否则它将近似为零。

Patchwork 方法隐蔽性好，并且对 JPEG 压缩、FIR 滤波及图像剪切操作有一定的抵抗力，但该方法嵌入的信息量有限。为了嵌入更多的水印信息，可以将图像分块，然后对每一个图像块进行嵌入操作。

纹理块映射编码方法(Texture Block Coding)则是将数字信息隐藏于数字图像的任意纹理部分，该算法对于滤波、压缩和扭转等操作具有抵抗能力，但仅适用于具有大量任意纹理区域的图像，而且尚不能完全自适应。

3. 变换域数字水印算法

所谓变换域数字水印算法，就是首先对原始载体数据进行适当变换(全局变换或者局部变换)，然后将数字水印信息嵌入到变换域选定的系数上，最后再通过相应的反变换恢复出含有水印的载体信号。其中，所采用的变换包括傅里叶变换(DFT 或 FFT)、离散余弦变换(DCT)及小波变换(DWT)等。变换域数字水印算法具有如下优点:在变换域中嵌入水印的信号能量可以分布到所有的载体数据上,有利于保证水印的不可感知性;在变换域中,可以利用人类感觉系统的某些特性,更方便、更有效地进行水印的编码;变换域的方法可与国际数据压缩标准兼容,从而实现在压缩域内的水印编码。但由于变换和反变换过程有损且计算量较大,故对于一些精确应用场合或需要快速应用的场合不太合适。

(1)DCT 变换域方法。

基于分块的 DCT 是常用的变换之一,而基于分块 DCT 的图像水印技术也是比较早的数字水印方案之一。该数字水印方案是由一个密钥随机地选择图像的一些分块,在频域的中频上稍稍改变一个三元组以隐藏二进制序列信息。选择在中频分量编码是因为在高频编码易于被各种信号处理方法所破坏,而在低频编码则由于人的视觉对低频分量很敏感,对低频分量的改变易于被察觉。该数字水印算法对有损压缩和低通滤波是鲁棒的。

Cox 等人提出了基于图像全局变换的数字水印算法,其突出贡献表现在明确提出了加载在图像的视觉敏感部分的数字水印才能有较强的鲁棒性。该数字水印方案是先对整个图像进行 DCT,然后将水印加载到 DCT 域中幅值最大的前 k 个系数上(除去直流分量),通常为图像的低频分量。若 DCT 系数的前 k 个最大分量表示为 $D=\{d_i\}$,其中 $i=1,2,\cdots,k$,水印是服从高斯分布的随机实数序列 $W=\{\omega_i\}$,其中 $i=1,2,\cdots,k$,那么水印的嵌入算法为 $d_i=d_i+\alpha\omega_i$,其中常数 α 为尺度因子,用来控制水印添加的强度。然后用新的系数做反变换得到含水印图像 I_w 。水印检测函数则是分别计算原始载体图像 I 和含水印载体图像 $\widehat{I}_w$ 的离散余弦变换,并提取嵌入的水印 $\widehat{W}$,再做相关检测 $\dfrac{W\cdot\widehat{W}}{\sqrt{W\cdot W}\sqrt{\widehat{W}\cdot\widehat{W}}}$,以确定水印的存在与否。该算法不仅在视觉上具有数字水印的不可感知性,而且鲁棒性非常好,可经受 JPEG 有损压缩、滤波、D/A 和 A/D 转换及重量化等多种信号处理,也可经受一般的几何变换,如剪切、缩放、平移及旋转等操作。

此外,Barni、Piva、Hsu、Tang 等也在 DCT 域做了很多有实际意义的工作。

(2)DWT 变换域方法。

DWT(小波变换)是一种时间—尺度(时间—频率)信号的多分辨率分析方法,在时频两域都具有表征信号局部特征的能力。根据人类感觉系统的掩蔽效应(特性),可以将数字水印信息嵌入到原始载体的不易被感知区域(如图像的纹理和边缘等)。相应于图像的小波变换域,图像的纹理、边缘等信息主要表现在 HH、HL 和 LH 细节子图中一些有较大值的小波系数上。这样就可以通过修改这些细节子图上的某些小波系数来嵌入水印信息。

Deepa Kundur 等提出了一种基于小波变换的私有水印和公开水印算法。前者将图像和要嵌入的水印信息分别做小波分解,根据视觉特性进行数据融合,此方法在提取水印时需要原始图像;后者对小波系数做特殊的量化后嵌入信息,此方法提取水印不需要原始图像。牛夏牧、陆哲明、孙圣和等提出一种基于多分辨率分解的数字水印技术。利用多分辨率分解技术,相同分辨率层次的灰度级数字水印嵌入到对应的相同分辨率层次的原始静态图像之中,使水印对原始图像具有自适应性。由于水印的嵌入过程是基于原始图像的不同分辨率层次之间的关系,所以水印的提取过程不需要原始图像。该方法具有很强的鲁棒性。刘九芬等人提出了水印算法中小波基的选择和正交小波基的性质与鲁棒性的关系,研究结果表明正交小波基的正则性、消失矩阶数、支撑长度及小波图像能量在低频带的集中程度对水印鲁棒性的影响极小,同时得到一个有意义的结论:Haar 小波比较适合于图像水印,这对于在 DWT 域嵌入水印对小波基的选择有重要意义,因为选择不同的小波基对嵌入水印的性能有很大影响。

由于小波变换不仅可以较好的匹配人类感觉系统的特性,而且具有与 JPEG 2000、MPEG4 压缩标准相兼容等特点,同时利用小波变换产生的水印具有良好的不可感知性和抵抗多种攻击的能力,因此基于 DWT 域的数字水印技术是目前主要的研究方向,正逐渐代替 DCT 成为变换域数字水印算法的主要工具。

(3)DFT 变换域方法。

DFT 方法是利用原始载体的 DFT 相位来嵌入水印信息。以 DFT 图像水印方法为例,因为 Hayes 研究证明一幅图像的 DFT 相位信息比幅值信息更为重要。而且通信理论中调相信号的抗干扰能力比调幅信号抗干扰的能力强,同样在图像中利用相位信息嵌入的水印也比用幅值信息嵌入的水印更稳健,而且根据幅值对 RST(旋转-rotation、比例缩放-scale、平移-translation)操作的不变性,所嵌入的水印能抵抗图像的 RST 操作。这是针对几何攻击提出的方法。

DFT 方法的优点在于可以把信号分解为相位信息和幅值信息,具有更丰富的细节信息。但是 DFT 方法在水印算法中的抗压缩的能力还比较弱。目前基于 DFT 的水印算法也相对较少。

参考文献

[1] 刘海疆,周培祥等. 网络多媒体应用技术. 北京:清华大学出版社,2005.

[2] 马华东. 多媒体技术原理及应用(第 2 版). 北京:清华大学出版社,2008.

[3] 彭波,孙一林. 多媒体技术及应用. 北京:机械工业出版社,2006.

[4] 马武. 多媒体技术及应用. 北京:清华大学出版社,2008.

[5] 胡泽,赵新梅. 流媒体技术与应用. 北京:中国广播电视出版社,2006.

[6] 蔡安妮. 多媒体通信技术基础(第二版). 北京:电子工业出版社,2008.

[7] 张文俊. 数字媒体技术基础. 上海:上海大学出版社,2007.

[8] 鲜继清,张德民等. 现代通信系统. 西安:西安电子科技大学出版社,2006.

[9] 王兴亮. 现代通信技术与系统. 北京:电子工业出版社,2008.

[10] 房少军. 数字微波通信. 北京:电子工业出版社,2008.

[11] 邬正义,范瑜,徐惠钢. 现代无线通信技术. 北京:高等教育出版社,2006.

[12] 周继军,蔡毅. 网络与信息安全基础. 北京:清华大学出版社,2008.

[13] 刘增基等. 光纤通信. 西安:西安电子科技大学出版社,2001.

[14] 朱虹等. 数字图像处理基础. 北京:科学出版社,2009.

[15] 匡松,梁庆龙. 大学计算机基础. 四川:西南财经大学出版社,2007.

[16] 齐从谦. 多媒体技术及其应用. 北京:机械公用网出版社,2008.

[17] 冯博琴等. 大学计算机基础. 西安:西安交通大学出版社,2007.

[18]向华,徐爱芸. 多媒体技术与应用. 北京:清华大学出版社,2007.

[19]张文俊等. 数字媒体技术基础. 上海:上海大学出版社,2007.

[20]金永涛. 多媒体技术应用教程. 北京:清华大学出版社,2009.

[21]李显军,徐玮等. 多媒体技术与应用. 北京:人民邮电出版社,2006.

[22]陆芳,梁宇涛. 多媒体技术及应用. 北京:电子工业出版社,2007.

[23] 周长发. 多媒体计算机原理与应用. 北京:电子工业出版社,1998.

[24] 张有权. 计算机文化基础. 武汉:武汉理工大学出版社,2006.

[25] 王岚. 计算机多媒体技术. 天津:南开大学出版社,2001.